७५ 75 YEARS आपसे हैं हम

आधुनिक भारत का ऐतिहासिक यथार्थ

सन्दर्भ : भगवतीचरण वर्मा, यशपाल, अमृतलाल नागर और
गुरुदत्त के राजनीतिक उपन्यास

भारतीय उच्च अध्ययन संस्थान शिमला में वर्ष 2019-2021 में
अध्येता रहते हुए लिखा गया मोनोग्राफ़।

भारतीय उच्च अध्ययन संस्थान
शिमला

आधुनिक भारत का ऐतिहासिक यथार्थ

सन्दर्भ : भगवतीचरण वर्मा, यशपाल, अमृतलाल नागर
और गुरुदत्त के राजनीतिक उपन्यास

हितेन्द्र पटेल

राजकमल प्रकाशन

ISBN : 978-93-92757-44-0

मूल्य : ₹1295

पहला संस्करण : 2022

प्रकाशक : राजकमल प्रकाशन प्रा.लि.
1-बी, नेताजी सुभाष मार्ग, दरियागंज
नई दिल्ली-110 002
शाखाएँ : अशोक राजपथ, साइंस कॉलेज के सामने, पटना-800 006
पहली मंजिल, दरबारी बिल्डिंग, महात्मा गांधी मार्ग, प्रयागराज-211 001
36 ए, शेक्सपियर सरणी, कोलकाता-700 017
वेबसाइट : www.rajkamalprakashan.com
ई-मेल : info@rajkamalprakashan.com

मुद्रक : बी.के. ऑफसेट
नवीन शाहदरा, दिल्ली-110 032

ADHUNIK BHARAT KA AITIHASIK YATHARTH
by Hitendra Patel

पूज्यवर पिताजी के लिए
जिनकी अब स्मृति ही मेरा पाथेय है

क्रम

इस अंधविश्वास को त्याग देना चाहिए कि दुनिया के सभी देशों का इतिहास एक जैसा होना चाहिए।

—रवीन्द्रनाथ टैगोर, *भारतवर्षेर इतिहास,* 1903

...while history has to rely on reality...as an art it is related to poetry.

—Leopold von Ranke, *On the Character of Historical Science*

आभार

आखिरकार तीस बरस बाद राजनीतिक उपन्यासों के आधार पर आधुनिक भारत के ऐतिहासिक यथार्थ को पुस्तकाकार रखने का सपना पूरा हो ही गया!

इस विचार का जन्म कृष्ण चन्द्र पांडेय की कक्षा में हुआ जब वे हमें *मैला आँचल* पढ़ा रहे थे। यह भाव आया—'असली इतिहास तो यहाँ है!' उन्हीं दिनों दो पुस्तकें और मिलीं—*भूले बिसरे चित्र* और *करवट*। उसके बाद इस विचार ने मेरा पीछा नहीं छोड़ा। अगले कई वर्षों तक प्रयास करता रहा। पहले जादवपुर विश्वविद्यालय में और फिर अलीगढ़ में विद्वान् शिक्षकों से भी बातचीत की। आखिरकार ज.ने.वि. पहुँचा और वहाँ कोशिश की। इस बीच रूपा भी इस दिशा में साथ-साथ काम करने की कोशिश कर रही थी। वह साहित्य की ओर से इतिहास में और मैं इतिहास की ओर से साहित्य से गहरे जुड़ने की कोशिश कर रहा था। मित्रों और शिक्षकों से इस विषय पर लगातार चर्चा होती थी। जिन लोगों से इस विषय पर गम्भीर चर्चाएँ हुईं उनमें मैनेजर पांडेय, सब्यसाची भट्टाचार्य, माजिद सिद्दीक़ी, हेतुकर झा, कर्मेंदु शिशिर, भगवान् जोश, इन्दीवर कामतेकर, राजकुमार त्रिवेदी, इरफ़ान हबीब (अलीगढ़), दीपक कुमार, अतहर फ़ारूक़ी, देवेश वर्मा, जगदीश्वर चतुर्वेदी, और मंगलमूर्ति का उल्लेख करना जरूरी है। पी.सी. जोशी, नामवर सिंह और बिपन चन्द्र को सुनते हुए भी मदद मिली। मेरे अनन्य मित्र विजय शर्मा और गीतेश शर्मा से भी बहुत सारी जानकारियाँ मिलीं। इस दिशा में एक बड़ा ब्रेक थ्रू तब मिला जब देवेन्द्र चौबे, रश्मि चौधरी, बद्री नारायण, अनूप शुक्ला, पद्मनाभ समरेन्द्र, पूर्णेंदु रंजन, जगनारायण सिंह और विनय गुप्ता जैसे साथियों से इस विषय पर चर्चाएँ हुईं। रूपा से तो लगभग रोज इस विषय पर चर्चा होती रही। विभिन्न कारणों से शोध की दिशा दूसरी हुई लेकिन मन के भीतर यह बात बनी रही कि मौका मिलते ही उपन्यासों के आधार पर आधुनिक भारत के इतिहास पर लिखना है। शोध कार्य के पूरा होने के बाद पूरे मनोयोग से इस दिशा में काम करने लगा। कई बरसों तक कोशिश की, आलेख लिखे, जो लोगों

को पसन्द भी आए लेकिन फिर भी उपन्यासों के सहारे इतिहास में जाना सम्भव है यह मानने के लिए लोग तैयार नहीं होते थे।

2007 में एक प्रपोजल का खाका बनना शुरू हुआ जब सब्यसाची सर के सुझाव पर मैंने 1857 के साहित्य में चित्रण पर काम करना शुरू किया। मेरा काम बहुत पसन्द किया गया और मेरे पर्चे को दिल्ली, बनारस, कलकत्ता, राँची और भागलपुर में श्रोताओं ने महत्त्व दिया और इसे बहुत सारी पत्रिकाओं में और पुस्तक के अध्याय के रूप में छापा गया। इतना सब होने के बावजूद स्वाधीनता संग्राम के इतिहास पर राजनीतिक उपन्यासों के आधार पर लिखने के मेरे विचार को पर्याप्त समर्थन नहीं मिला। पर कुछ वर्षों की असफलताओं के बाद आखिरकार मुझे देश की दो बड़ी संस्थाओं—नेहरू म्यूजियम और लाइब्रेरी ने सीनियर फेलोशिप और भारतीय उच्च अध्ययन संस्थान, शिमला ने इस विषय पर काम करने के लिए फेलोशिप एक ही साथ दे दिया।

जिन मित्रों और विद्वानों ने मुझे इतने लम्बे समय तक इस विषय पर सोचने-विचारने का मौका दिया उन सबके प्रति मैं कृतज्ञ हूँ। साथ ही इन दोनों फेलोशिप के लिए दोनों संस्थानों के निदेशक—शक्ति सिन्हा (जो अब हमारे बीच नहीं रहे) और मकरंद परांजपे और चयन समिति के सदस्यों के प्रति मैं कृतज्ञ हूँ। उनकी अनुकम्पा के बिना यह काम सम्भव नहीं होता।

जिन मित्रों और विद्वानों ने इस पूरी प्रक्रिया में मेरा विशेष सहयोग किया उनमें वरुण त्रिपाठी, गिरीश चन्द्र पांडेय, आनन्द कुमार, राजीव लोचन, नरेन्द्र शुक्ला, राजशेखर बसु और रमाशंकर सिंह थे। तीन मूर्ति और उच्च अध्ययन संस्थान के बीच के अत्यंत कठिन चुनाव में रमाशंकर सिंह का यह दबाव कि 'मैं शिमला ही आऊँ' मेरे लिए निर्णायक सिद्ध हुआ।

शिमला उच्च अध्ययन संस्थान ने मुझे दो वर्षों तक जिस तरह से काम करने के लिए प्रेरित किया उसके लिए मेरे पास शब्द नहीं हैं। अध्यक्ष कपिल कपूर, उपाध्यक्ष चमन लाल गुप्ता, निदेशक मकरंद परांजपे, सचिव विजय तिवारी (विशेषकर ग्रास कॉटेज आवंटन के लिए), प्रेमचन्द और सभी कर्मचारियों के प्रति मैं कृतज्ञ हूँ। संस्थान की लाइब्रेरी मेरे काम के लिए सोने की खान सिद्ध हुई और अत्यंत तत्पर होकर सभी कर्मचारियों ने मदद की। इनकी बदौलत लगभग हर दिन दो वर्षों के दौरान सुबह से सात-आठ बजे तक स्टडी में बैठकर काम करना सम्भव हो सका। इन सबके प्रति आभार।

दो वर्ष उच्च अध्ययन संस्थान में रहना मेरे लिए वरदान से कम सिद्ध नहीं हुआ। इस दौरान मैंने अपने प्रपोजल को बहुत सावधानी से जाँचा-परखा और इस प्रक्रिया में साथियों से कितना कुछ सीखने को मिला! शरद और मेधा देशपांडे (विशेषकर नुसबाम की पुस्तक सुझाने के लिए), माधव हाड़ा (ड्राफ्ट को सुधारने के लिए

विशेष तौर पर), एम.पी. सिंह, आर.सी. प्रधान, अभिषेक यादव (प्रस्तुति के दौरान अध्यक्षता के लिए) मंडोली नारायणन, विजया रामास्वामी (जिनके अचानक निधन ने बहुत व्यथित किया), रेखा चौधरी, सुजाता पटेल, सर्वर चहल, अश्विन पारिजात, अजय कुमार, आशुतोष भारद्वाज, बलराम शुक्ल, सतेन्द्र कुमार, सुतपा दत्त, शर्मिला चन्द्रा, सी.के. राजू, आदिल, सुमनदीप, विक्रम कुलकर्णी, सुब्रह्मण्यम, डी.आर. पुरोहित, राजबीर शर्मा और अन्य विद्वानों का कितना अधिक समय मैंने लिया! और कितने प्रेम से उन्होंने अपना समय मुझे दिया!!

दो वर्षों में कई विद्वानों से और कई प्रतिभाशाली एसोसिएट्स से परिचय हुआ। जिनसे विशेष रूप से चर्चा की उनमें सुधीर चन्द्र, हरीश त्रिवेदी, अमिय सेन, समीर बनर्जी, सूरज कुमार, विनोद विश्वकर्मा, रामभरोसे, अमित और परमार जी प्रमुख हैं। इन सबसे अपने विषय पर चर्चा की और कुछ-कुछ हासिल भी किया। इसी दौरान प्रियंकर पालीवाल, सुरेश मिश्र (जो हमसे बिछुड़ गए), राधा वल्लभ त्रिपाठी, विजय बहादुर सिंह, हरनाम सिंह वर्मा, आलोक बाजपेई और रत्नेश्वर मिश्र से हुई चर्चाओं से भी मदद मिली।

पुस्तक लिखने के दौरान मेरे विश्वविद्यालय के कुलपति सब्यसाची बसु रायचौधरी, डीन निर्माल्य नारायण चक्रवर्ती, रजिस्ट्रार सुबीर मैत्र, विभाग के सहकर्मी सुजाता दी, सुश्नात दा, आशीष, अनुराधा, सहारा तथा अन्य मित्रों के प्रति सहयोग के लिए आभार।

लखनऊ में जाकर फील्ड वर्क के दौरान सूरज सिंह कलहंस, महेन्द्र सिंह, सुभाष कुशवाहा, आनन्द जी (यशपाल के सुपुत्र), वीरेन्द्र यादव, राजेश्वर यादव, प्रीति चौधरी, मंगलमूर्ति, बन्धु कुशावर्ती जैसे मित्रों ने बहुत सहयोग किया। इलाहाबाद और लखनऊ में जितने प्रेम से युवा मित्रों ने इस विषय पर सुना उसने मुझे बहुत बल दिया। इसके लिए बसंत त्रिपाठी और हेरम्ब चतुर्वेदी को भी धन्यवाद।

मेरे अनन्य मित्र कृष्ण कुमार मंडल को भी मैं उनके लगातार सहयोग के लिए धन्यवाद देता हूँ। राघव शरण शर्मा से पिछले दो सालों में गहन संवाद होता रहा। राघव जी ने राजनीतिक इतिहास को एक दूसरी दृष्टि से भी देखने के लिए प्रेरित किया। शान कश्यप से भी इतिहास लेखन की राजनीति पर बातचीत और नोक-झोंक होती रही, जिससे मदद मिली। मनीन्द्रनाथ ठाकुर, जयन्त जिज्ञासु, अनीश अंकुर और राजेन्द्र राजन को भी मदद के लिए आभार।

मेरे शोध छात्रों को मेरे शिमला जाने से बहुत असुविधाएँ हुईं, लेकिन सबने अपने तरीके से मेरा सहयोग किया। सुदामा साहा, पियूष राय प्रामाणिक और अरिंदम घोष मेरे साथ लगातार रहे और मुझे उन्होंने सभी झमेलों से दूर रखा। ऐसे समर्पित छात्रों ने मेरे प्यारे पुत्र मनन के साथ रहकर मेरे लिए सिर्फ काम में लगने की सुविधा प्रदान की। मैं उनके प्रति विशेष रूप से कृतज्ञ हूँ। मनन शिमला में साथ रहा, यह मेरे लिए

बहुत आनन्द की बात रही। शाम को स्टडी से लौटने पर उसे देखकर सारी थकान मिट जाती थी। मेरे सभी विद्यार्थियों जिनमें सौमेन, अनिल, अर्नब, अहीन, कृशानु, अशोक, नीपा, शिप्रा और महितोष ने समय-समय पर मेरी मदद की। कुछ अन्य विद्यार्थियों, जिनके नामों का उल्लेख करना यहाँ सम्भव नहीं है, ने भी आइडिया से लेकर सामग्री जुटाने में मेरी भरपूर मदद की। इन सभी के प्रति आभार।

मेरे शिमला में रहने से रूपा को दिक्कत हुई, पर इस साहित्य और इतिहास के बीच झूलने की 'बीमारी' बढ़ाने में उसकी जो भूमिका रही है उसको ध्यान में रखते हुए मेरे इस तरह 'भाग जाने' को उसे भुला देना चाहिए। उसके बिना मेरा बौद्धिक कर्म क्या कोई भी कर्म कभी सफल नहीं हो सकता। उसको क्या धन्यवाद देना!

इस कार्य के दौरान जीवन का सबसे दुखद समय भी देखना पड़ा। इस कार्य को देखकर जिन्हें सबसे अधिक खुशी होती वे 10 सितम्बर, 2020 को अचानक छोड़कर चले गए। शोक के दौरान मैं बीस दिन अपने गाँव में रहा। उस समय एक अन्त:प्रेरणा से पिता को श्रद्धांजलि स्वरूप मैंने निश्चय किया कि इस पुस्तक को अंग्रेजी में नहीं हिन्दी में लिखूँगा। अब तक के लिखे लगभग छह सौ पृष्ठों को दुबारा हिन्दी में लिखने का निश्चय मेरे लिए बहुत श्रमसाध्य लेकिन बहुत सन्तोषजनक सिद्ध हुआ। मेरे गाँव के लोगों ने मेरे शिक्षक पिता के देहान्त के बाद जिस भक्ति और श्रद्धा से उनके प्रति अपना संचित सम्मान दिखलाया और अपने घर के आदमी की तरह काम किया उसने मुझे अभिभूत कर दिया। अब तक के मेरे लिखे को वे भी पढ़ सकेंगे, इस बात से मुझे बहुत सन्तोष है।

माँ और अपने गाँव-घर के लोगों ने मुझे हमेशा विशेष स्नेह दिया है। इस समय अपने चाचाजी की भी याद आ रही है। काश, वे और पिताजी आज होते और इस किताब को अपने हाथ में ले पाते!

इसको प्रकाशित करने के लिए भारतीय उच्च अध्ययन संस्थान के प्रकाशन विभाग और राजकमल प्रकाशन को धन्यवाद।

—हितेन्द्र पटेल

1

राजनीतिक इतिहास और राजनीतिक उपन्यास

इतिहास अतीत के बारे में एक विशेष प्रकार का अध्ययन-विश्लेषण है। इतिहासकार के लिए अतीत वर्तमान से हमेशा जुड़ा रहता है।[1] अतीत से वर्तमान तक की यात्रा का एक सुसम्बद्ध विवरण प्रस्तुत करने की कोशिश ही इतिहासकार करता है। वर्तमान बदलता रहता है इसलिए वर्तमान और अतीत के बीच का यह संवाद एक अन्तहीन संवाद होता है। इतिहास का कोई अपरिवर्तनीय रूप सम्भव नहीं हो सकता। हर युग में अतीत की व्याख्या और पुनर्व्याख्या की प्रक्रिया चलती रहती है।

इतिहास अतीत के सभी तथ्यों का नहीं बल्कि इतिहासकार के चुने हुए तथ्यों के आलोक में ही लिखा जाता है। अतीत के तथ्यों और प्रक्रियाओं में से जिसे इतिहासकार अपने लिए उपयुक्त समझता है उसे ही वह अपने इतिहास में स्थान देता है, बाकी को वह छोड़ देता है। राजनीतिक इतिहास के प्रसंग में कुछ ऐसी चेष्टाएँ जो सफल नहीं होतीं, या दूसरे शब्दों में कहें तो जो इतिहास की धारा (march of history) के साथ फिट नहीं बैठतीं उनको इतिहास में क्या स्थान मिले यह एक प्रश्न है। कुछ इतिहासकार यह मानते हैं कि आखिरकार इतिहास में जो हो पाया उसके हिसाब से इतिहास की धारा को समझने की कोशिश इतिहासकार का ध्येय होना चाहिए। उनके लिए ऐसे तथ्यों की अहमियत ज्यादा है जो इतिहास की धारा को समझने में सहायक होते हैं। बाकी के तथ्य 'इतिहास के कूड़ेदान' में चले जाते हैं। दूसरी धारा के लोग 'इतिहास के कूड़ेदान' में फेंक दिए गए तथ्यों को भी इतिहास के लिए, अतीत को समझने के लिए जरूरी मानते हैं।

अतीत बीत चुका होता है और उसे पुनर्प्रस्तुत (Recreate) नहीं किया जा सकता। अतीत से वर्तमान की यात्रा हमें वर्तमान को समझने में सहायक होती है और भविष्य के लिए सोचने-समझने का आधार देती है इसलिए हमें अतीत के अध्ययन की जरूरत है, यह लगभग मान्य विचार हैं। इतिहास को प्रस्तुत करने के बारे में मोटे तौर पर दो तरह के मत हैं। एक मत जो उन्नीसवीं शताब्दी में राङ्के (Ranke) और अन्य विद्वानों के बीच मान्य हुआ उसमें इतिहास के अतीत के वस्तुनिष्ठ विश्लेषण पर बल था जिसके लिए इतिहासकार के लिए अतीत के

तथ्यों को प्रस्तुत करना जरूरी समझा गया। अतीत के तथ्यों को अतीत की कहानी कहनेवाले ये इतिहासकार तथ्य को महत्त्व देते थे। इसके अनुसार इतिहासकार अपने विचारों को अपने इतिहास में न्यूनतम स्थान दे, तथ्यों को बोलने दे।

दूसरी ओर विलहम डिल्थे, आर.जी. कॉलिंगवुड और ई.एच. कार जैसे इतिहास-दार्शनिक यह मानते हैं कि इतिहास सापेक्ष होता है और इतिहासकार ऐतिहासिक साक्ष्यों के आधार पर वर्तमान में अपने हिसाब से इतिहास के समय को पहले अपने मस्तिष्क में फिर से प्रस्तुत करता है और फिर उसको इतिहास के रूप में सामने रखता है। इतिहास के तथ्य वर्तमान में इतिहासकार चुनते हैं और इतिहास की गति (march of history) को समझने की कोशिश करते हैं। इस तरह के विचारों की सबसे मान्य और प्रचारित प्रस्तुति ई.एच. कार के 1961 के ट्रेवेलियन लेक्चर में हुई है और यह भारत समेत दुनिया के बहुत सारे देशों के इतिहासकारों के बीच उसी समय से बहुत प्रचारित रही है। जाहिर है, इस तरह की समझ के कारण वर्तमान इतिहास लेखन के लिए केन्द्रीय महत्त्व का बन जाता है। वर्तमान के हिसाब से, या कम-से-कम वर्तमान के प्रश्नों के आधार पर अतीत को देखना ही इस तरह के इतिहास का मुख्य काम हो जाता है।[2] कार के विचारों पर जो मत आए उसमें दो-तीन बेहद जरूरी बातों का उल्लेख जरूरी है जो इस अध्ययन के सन्दर्भ में उपयोगी हैं।

ई.एच. कार के विचारों की आलोचना करते हुए दार्शनिक ईजाया बर्लिन ने कहा कि इस तरह के इतिहास लेखन से इतिहास पर 'डिटर्मिनिज्म' का दबाव होगा। पूरी प्रक्रिया में अतीत से शुरू करते हुए इतिहासकार के लिए अतीत शुरुआत होगी और वर्तमान उसका अन्तिम सिरा। प्रक्रिया में इतिहास के पात्र अन्त नहीं जानते और इतिहासकार को पता है कि आखिरकार क्या हुआ। इतिहासकार अगर अन्त को ध्यान में रखकर इतिहास की गति को समझने का वृत्तान्त लिखेगा तो वह 'फौजी दस्ते की दृष्टि से लिखा इतिहास' (Big Battalion view of history) ही होगा जिसमें जो सफल नहीं हुए उनकी कहानियाँ इतिहास के कूड़े के ढेर (rubbish heap of history) पर फेंक दिए जाएँगे।[3]

बर्लिन से मिलते-जुलते विचार डच इतिहासकार पीटर गेयल (Peter Geyl) ने भी व्यक्त किए हैं। कार के मशहूर वक्तव्य—'इतिहास अतीत और वर्तमान के बीच एक संवाद है' के मुकाबले पीटर गेयल का कहना है कि इतिहास अतीत और वर्तमान का अन्तहीन संवाद है। इतिहास में संवाद कभी खत्म नहीं होता क्योंकि सिर्फ कुछ सामान्य तथ्यों—मसलन किसी घटना की तारीख जैसे विश्वयुद्ध इस तारीख को शुरू हुआ—पर सहमति हो सकती है, अन्य सभी बातें इतिहासकार की व्याख्या पर ही अधिक निर्भर होती हैं। इतिहास के बारे में अधिकतर बातें इतिहासकारों के चुने हुए तथ्यों—घटनाओं, परिस्थितियों और व्यक्तियों के वर्णन और विश्लेषण पर

निर्भर करती हैं।[4] इतिहास की कोई भी पुस्तक यथार्थ की एक आंशिक प्रस्तुति ही होती है।[5] वे आगे कहते हैं कि इतिहासकार हमारी सामूहिक स्मृति का अधिकारी होता है पर वह प्राय: अपने इस दायित्व का उपयोग (या दुरुपयोग) करके मिथकों का निर्माण करता है जो सत्य का प्रतिनिधित्व करते हैं।[6]

इतिहास लेखन में वर्तमान और इतिहासकार की भूमिका पर कई अन्य इतिहास दर्शन के विद्वानों ने बाद में और भी लिखा है। इस सन्दर्भ में एलन मंस्लो (Alun Munslow) और जॉन केनोन (John Cannon) के विचारों का उल्लेख किया जा सकता है। मंस्लो ने इतिहासकारों की ज्ञानशास्त्रीय (एपिस्टेमोलॉजिकल) समस्याओं पर विचार करने के बाद यह निष्कर्ष निकाला है कि इतिहासकार अतीत को उद्धृत करता है, परन्तु वह अतीत के द्वारा निर्देशित नहीं होता। उन्होंने भी इसी बात पर जोर दिया कि प्राथमिक रूप से अन्तर्वस्तु और उसकी रचना को इतिहासकार कैसे प्रयोग में लाता है।[7] इतिहासकार के महत्त्व को और उसकी इतिहास निर्माण में भूमिका पर केनोन ने कहा है कि, "इतिहास का अध्ययन इसलिए इतना अधिक चुनौतीपूर्ण है क्योंकि इसमें इतना कुछ इतिहासकार के करने के लिए जरूरी रूप से छोड़ दिया जाता है।"[8]

इतिहासकारों द्वारा अतीत को समझने के क्रम में इतिहास के लिए उपयोगी 'तथ्यों' को ही आधार बनाए जाने से अलग विचार कुछ चिन्तकों और लेखकों का है। उनका कहना है कि अतीत की समझ के लिए साहित्यिक स्रोतों का उपयोग भी सम्भव है।[9] दार्शनिक मार्था नुस्सबाम (Martha Nussbaum) अरस्तू के कथन के सहारे उपन्यासों के माध्यम से अतीत से वर्तमान के पाठक को जोड़ने की वकालत करती हैं। वे लिखती हैं—"इतिहास दिखलाता है कि 'क्या हुआ', जबकि साहित्यिक कला (उपन्यास) ऐसी चीजों को सामने रखती है जैसी हुई हो सकती हैं।"[10] वे विशेषकर आधुनिक यथार्थवादी उपन्यासों द्वारा उपलब्ध कराए गए 'जैसा सम्भव है होना' के दृष्टान्तों को अतीत की समझ के लिए उपयोगी मानती हैं। अतीत की समझ के लिए साहित्यिक कृतियों को आधार बनाने की उपयोगिता के सम्बन्ध में धर्मवीर भारती का मत भी उपयोगी है। वे कहते हैं—"...दिन-प्रतिदिन अनेक सामाजिक शक्तियों और मनुष्य के आन्तरिक चिन्तन के घात-प्रतिघात से बनता-बिगड़ता सामान्य मानव के जीवन का सामूहिक और व्यक्तिगत घटनाक्रम ही असली इतिहास है, जिसे बहुधा इतिहासकार लिख ही नहीं पाता है...कुछ असाधारण क्षमता वाले कलाकार होते हैं, जो इस बहुत बड़ी चुनौती को स्वीकारते हैं, इस पूरे युग में मानव के समूचे बदलते हुए साँचे को अपने अध्ययन का विषय बनाते हैं और सैकड़ों पात्रों, सैकड़ों बनते-बिगड़ते सम्बन्ध-सूत्रों, सैकड़ों विविध क्षेत्रों में घटती घटनाओं को, उन सबकी अलग इयत्ता और मार्मिकता कायम रखते हुए, उनके माध्यम से उस पूरे युग का एक

जीता-जागता इतिहास प्रस्तुत करते हैं—सामान्य, अज्ञात चरित्रों के माध्यम से एक ऐसा इतिहास जो इतिहासकारों द्वारा लिखे गए इतिहास से ज्यादा जीवंत, ज्यादा वास्तविक, ज्यादा अर्थवान होता है।"[11] अतीत को समझने के लिए साहित्य का उपयोग एक अन्य दृष्टि से भी भारत जैसे देश के आधुनिक समय में उपयोगी है। यह कहा जा सकता है कि औपनिवेशिक काल में, बीसवीं शताब्दी के पूर्वार्ध में, कई बड़े उपन्यासकार अपने समय का इतिहास भी लिख रहे थे। उनके उपन्यासों में उस समय की कहानी, उस समय की राजनीति समेत बहुत ही प्रामाणिक ढंग से आती है। इनमें उपन्यासकार सायास इतिहासकार के ब्योरे से अधिक वर्णित करने की कोशिश करता है। अमृतलाल नागर के एक प्रसिद्ध उपन्यास—*बूँद और समुद्र* का एक पात्र कहता है—"किसी बात का ब्योरा देना इतिहासकारों की शैली है। तुम अपने से तमाम मैटर को अगर कहानी के रूप में इस तरह से ढाल सकोगे कि उस जमाने की एक-एक तस्वीर पाठक के मन में उभरकर आए, तब तो बिला शक तुम्हारा उपन्यास सफल होगा।"

अतीत के बारे में एक बहस यह भी है कि अतीत के कौन से हिस्से को अधिक महत्त्व मिले—यौद्धिक इतिहास को जिसमें युद्ध जीतने वाला राजा केन्द्र में होता है, या कि सांस्कृतिक इतिहास जिसमें समाज के आपसी संवाद को बढ़ाने वाले तत्त्वों पर अधिक ध्यान दिया जाता है। जो दूसरे प्रकार की चर्चा को अधिक महत्त्व देनेवाले हैं वे साहित्य को अतीत की समझ बनाने के लिए महत्त्वपूर्ण मानते हैं।

इस अध्ययन में 1919 से 1962 के बीच के भारत के राजनीतिक इतिहास के लिए साहित्यिक स्रोत—राजनीतिक उपन्यासों[12] को आधार बनाकर उस युग की राजनीति और आन्दोलनों को समझने की एक कोशिश की गई है।

गांधी के पूर्व, गांधी के राष्ट्रीय नेता बनने (1917-1920), गांधी के नेतृत्व में चल रहे कांग्रेस के राजनीतिक आन्दोलन के वर्षों (1920-1942) के बारे में इतिहास में बहुत चर्चा हुई है। 1942 से 1948 के काल में गांधी जीवित रहे और उनका मान जनता में बना रहा लेकिन इस दौरान राजनीतिक उथल-पुथल बहुत अधिक हुई और इस दौरान राजनीति पूरी तरह गांधी के हाथों में केन्द्रित नहीं रही। इस दौरान राजनीतिक इतिहास में ऐसे परिवर्तन हुए हैं जिनके बारे में 1940 में भी अनुमान करना मुश्किल था। 1945 के बाद अंग्रेजों के भारत से चले जाने की प्रक्रिया शुरू होने के बाद और 1947 में अंग्रेजों के भारत छोड़ देने के बाद इस देश में एक दूसरे प्रकार की राजनीतिक प्रक्रिया शुरू हुई जिसमें सत्ता हस्तान्तरण और देश में आधुनिक लोकतांत्रिक व्यवस्था के निर्माण की प्रक्रिया चली। इस दौरान बाहरी शत्रु के खिलाफ लड़ने के बजाय आन्तरिक समस्याओं से जूझने और उनके समाधान के लिए प्रयास ज्यादा महत्त्वपूर्ण थे। इस दौर में स्वाधीन भारत ने जवाहरलाल नेहरू और सरदार पटेल की अगुआई में लोकतांत्रिक व्यवस्था

बनाने की कोशिश की और तमाम आशंकाओं के बीच भी भारत में लोकतांत्रिक राजनीतिक व्यवस्था को टिकाने में सफलता हासिल की।

1917 से 1962 की राजनीतिक कहानी को भिन्न-भिन्न तरीके से कहा गया है। हालाँकि इस अध्ययन में इस काल-खंड की राजनीति की कहानी को कहने के लिए राजनीतिक उपन्यासों के अध्ययन को ही आधार बनाया गया है पर ऐसा करने के पूर्व अब तक जो राजनीतिक कहानी प्रमुख इतिहासकारों द्वारा कही गई है उसके बारे में कुछ बातों पर गौर करना उचित होगा।

ऐसा इतिहास जो इतिहास की पद्धति का अनुसरण कर लिखा जाता है उसके लिए दो शब्दों का उपयोग होता है—इतिहास (formal history) और अकादमिक इतिहास। इस प्रकार के ऐतिहासिक अध्ययन को ही शिक्षा संस्थानों में पढ़ाया जाता है और इसी प्रकार के इतिहास लेखन हेतु अधिकतर शोध-कार्य होते हैं। इस प्रकार के इतिहास लेखन में जिस वृत्तान्त को अधिक महत्त्व मिला है उसके अनुसार भारतीय राजर्नाति में जनता का आगमन गांधी की देन है। उनके आगमन ने भारतीय राजनीति को बदल दिया। गांधी जन-शक्ति के जागरण के निर्माता थे और उन्होंने राजनीति की पूरी प्रक्रिया को रूपान्तरित कर दिया। उनके प्रभाव से ही औपनिवेशिक शासन के विरुद्ध जन आन्दोलन शुरू हुए और तीन बड़े राष्ट्रीय आन्दोलन उनके नेतृत्व में हुए—असहयोग आन्दोलन (1920-22), सविनय अवज्ञा आन्दोलन (1930-34) और भारत छोड़ो आन्दोलन (1942)। इन आन्दोलनों ने भारतीय जनमानस को एकता के सूत्र में बाँधा और एक राष्ट्रीय एकता, एक राष्ट्रीय स्वप्न को रूपाकार दिया। इस पूरी प्रक्रिया में जो सबसे बड़ी बात थी वह थी इस आन्दोलन की प्रकृति। गांधी ने एक ऐसे क्रान्तिकारी राजनीतिक आन्दोलन का नेतृत्व किया जो अहिंसात्मक था। इसमें शत्रु—अंग्रेजों—के प्रति घृणा नहीं थी। गांधी सत्य और अहिंसा के सिद्धान्तों के सहारे एक राजनीतिक आन्दोलन को चला रहे थे, और देश की जनता उनके साथ पूरे मन से त्याग और प्रेम की भावना से अपने को संगठित कर अंग्रेजों पर नैतिक दबाव बनाने के लिए प्रयासरत थी। विश्व इतिहास में यह अभिनव प्रयोग था। गांधी केन्द्रित इस वृत्तान्त को 1947 के बाद लिखे गए इतिहासों में प्रधानता मिली और यही दृष्टि पाठ्यपुस्तकों में भी रही। इस कारण से ही गांधी को राष्ट्र-पिता कहा गया।

इस गांधी केन्द्रित वृत्तान्त के पूरक के रूप में जिस वृत्तान्त को स्थान मिला उसे राष्ट्र-निर्माण के रूप में रेखांकित किया गया है और इसमें 1947 के बाद जवाहरलाल नेहरू के नेतृत्व में देश निर्माण के आख्यान को केन्द्रीयता दी गई। देश की एकता, अखंडता और आत्मनिर्भरता के तीन बिन्दुओं पर देश ने 'आधुनिक भारत के निर्माता' के रूप में नेहरू को पाया और देश आगे बढ़ा। इस दृष्टि ने स्वाधीनता आन्दोलन के आख्यान का उत्तर पक्ष बनकर 1947 से 1962 के

राजनीतिक इतिहास को रखा। इस तरह भारतीय राष्ट्रवाद और राष्ट्र-निर्माण की राजनीतिक कहानी को एक खास विचारधारात्मक दृष्टि से रखने की कोशिश की। इस विचारधारा को बाद में जिस नाम से सम्बोधित किया गया वह है—'भारतीय विचारधारा' (इंडियन आइडियोलॉजी)। इसके बारे में चर्चा बाद में की जाएगी।

इस दृष्टि को एकमात्र दृष्टि कहना ऐतिहासिक रूप से बहुत गलत होगा। इस पूरे राजनीतिक काल-खंड में दूसरे विचार लगातार बने रहे। ऐसे राजनेता भी थे जो अंग्रेजों के विरुद्ध राष्ट्रीय आन्दोलन के साथ थे और इसके लिए हर तरह के त्याग के लिए प्रस्तुत थे, परन्तु गांधी की राजनीति और इसकी सफलता के प्रति सन्देह उनमें शुरू से ही रहे। इन सन्देहों के बारे में विचार करते हुए कम-से-कम चार तरह की दृष्टियों की चर्चा की जा सकती है। गांधी जिस ओर राजनीति को ले जा रहे थे, उससे वे देश में अराजकता की स्थिति पैदा करेंगे यह भाव उन नेताओं में था जो गांधी के महत्त्वपूर्ण बनने के पहले इस देश की राजनीति में महत्त्वपूर्ण थे। बाल गंगाधर तिलक और उनके अनुयायी, एनी बेसेंट, लाला लाजपत राय और कई अन्य नेता शुरू से ही गांधी की नीतियों से सहमत नहीं थे। ऐसा कहना अनुचित नहीं होगा कि बड़े नेताओं में मोतीलाल नेहरू और मदन मोहन मालवीय ही थे जो गांधी के साथ थे। असन्तुष्ट नेतागण और उनके अनुयायी धीरे-धीरे भारतीय राजनीति में हाशिये पर चले गए और भारतीय राजनीति के क्षितिज पर नए नेताओं का उदय हुआ। गांधी की छत्रच्छाया में जो नए राजनेतागण उभरे वे ही कालान्तर में नेतृत्व में आए और इन नेताओं के हाथों में ही स्वतंत्र भारत की राज-सत्ता आई। मुहम्मद अली जिन्ना की स्थिति थोड़ी अलग थी। वे गांधी के साथ थे और शुरू में वे गांधी के उभरने में सहायक भी बने थे,[13] लेकिन धीरे-धीरे यह स्पष्ट होने लगा कि भारतीय राजनीति में गांधी से वरिष्ठ जिन्ना के लिए गांधी की इस नई राजनीति के साथ चलना मुश्किल होगा। जिन्ना को अलग हट जाना पड़ा।[14] गांधी की आँधी के चलने के बाद कांग्रेस में जिन्ना समेत तमाम पुराने नेतागण या तो गांधी के पीछे चलने को बाध्य हुए या फिर उन्हें राजनीति में हाशिये की स्थिति में जाना पड़ा।[15] कांग्रेस के नागपुर सत्र में जिन्ना ने लगभग अकेले ही गांधी की राजनीति का विरोध करने का साहस दिखलाया। कांग्रेस के भीतर एक उग्रवादी तबका लगातार सक्रिय रहा जिसने गांधी के प्रति सम्मान रखते हुए भी हमेशा उनकी नीतियों में पूरा विश्वास नहीं रखा। चित्तरंजन दास और उनके अनुयायियों ने गांधी के साथ रहते हुए भी उनके प्रति भक्ति-भाव नहीं रखा। सुभाषचन्द्र बोस इसी परम्परा के थे।

पिछली पीढ़ी के नेताओं के अलावा कुछ और लोग भी थे जो गांधी की नीतियों का समर्थन नहीं करते थे। इनमें सबसे महत्त्वपूर्ण थे उभरते वामपंथी उग्र विचारों के क्रान्तिकारी लोग। इन लोगों में मानवेन्द्रनाथ राय और शचींद्रनाथ सान्याल का

उल्लेख किया जा सकता है। इन लोगों ने अलग-अलग तरीके से गांधी से संवाद किया और उनके विचारों से अपनी असहमति दर्ज की।

तीसरी श्रेणी में वे लोग थे जो गांधी को तिलक के राष्ट्रीय आन्दोलन के साथ चलनेवाला नहीं मानते थे। ये लोग अहिंसात्मक आन्दोलन की सीमा समझते थे। खिलाफत आन्दोलन के दौरान और उसके बाद उनमें गांधी की नीतियों के प्रति गहरा सन्देह उत्पन्न हो गया। इस दल के सबसे प्रमुख चिन्तक और नेता विनायक दामोदर सावरकर थे। गांधी को मुसलमान नेतृत्व के चरित्र के प्रति सावधान करने के लिए उन्होंने यह कोशिश की कि कांग्रेस मुसलमानों को राष्ट्रीय आन्दोलन के साथ जोड़ने के लिए मुस्लिम तुष्टीकरण की नीति पर न चले। इस ग्रुप के लोग (जिसे सुविधा के लिए हिन्दू राष्ट्रवादी कहना उचित होगा) खिलाफत आन्दोलन के समय से ही गांधी की नीतियों में अन्तर्निहित मुस्लिम तुष्टीकरण का विरोध करते रहे और इसे गलत और राष्ट्र के लिए घातक मानते रहे। इस विषय में थोड़ी चर्चा बाद में की जाएगी।

चौथे समूह में वे लोग थे जो साम्यवादी विचारों से प्रभावित थे और वर्ग संघर्ष और क्रान्ति के समर्थक थे। मानवेन्द्रनाथ राय की चर्चा ऊपर की गई है। वे क्रान्तिकारी पथ पर चलकर साम्यवाद के पथ पर चले। वे शुरू से अन्त तक गांधी की नीतियों के प्रति आश्वस्त नहीं थे और उन्होंने लगातार उनका विरोध किया। गांधी की हत्या के बाद भी सैद्धान्तिक रूप से गांधीवादी राजनीतिक दृष्टि के प्रति उनकी आलोचनात्मक दृष्टि बनी रही।

गांधी विरोधी विचारों को इतिहास लेखन में कम स्थान मिला, यह बात आजादी के बाद हिन्दू राष्ट्रवादी खुले तौर पर कहते रहे। वामपंथी भी राष्ट्रीय आन्दोलन के इतिहास के कांग्रेसी संस्करण को स्वीकार नहीं करते थे। कम-से-कम साठ के दशक तक वामपंथी इतिहासकारों ने गांधी-नेहरू के गुणगान का विरोध किया। बाद में कुछ वामपंथी चिन्तकों और इतिहासकारों ने गांधी और नेहरू के प्रति सकारात्मक दृष्टि से विचार किया।

भारतीय विचारधारा (इंडियन आइडियोलॉजी) का प्रभाव कम-से-कम इतिहास लेखन के क्षेत्र में 1980 के दशक तक तो व्यापक रूप से रहा। उसके बाद स्थिति बदली। 2012 में अन्तरराष्ट्रीय ख्याति के वामपंथी चिन्तक पैरी एंडरसन ने *इंडियन आइडियोलॉजी* पुस्तक में यह कहने की कोशिश की है कि इस आइडियोलॉजी ने भारतीय राष्ट्रवाद के इतिहास को अपने ढंग से पेश किया है। एंडरसन के अनुसार इंडियन आइडियोलॉजी के राष्ट्रवाद को भारतीय राष्ट्रवाद की एकमात्र दृष्टि मानना एक भूल होगी। वे उन भारतीय इतिहास-लेखकों की आलोचना करते हैं जो गांधी और नेहरू की आलोचना से बचते हुए इस 'इंडियन आइडियोलॉजी' के आधार पर इतिहास लेखन करते हैं और इसके भिन्न दृष्टि के लेखन को इतिहास में समुचित स्थान नहीं देते।

स्वतंत्र भारत में इतिहास लेखन की प्रक्रिया और सरकार की भूमिका

1917 से 1962 के भारत के राजनीतिक इतिहास की एक समझ के लिए हमें किस तरह की सामग्री का सहारा लेना चाहिए, इस विषय पर दो तरह के मत हैं। प्रमुख इतिहासकारों का यह स्पष्ट मत रहा है कि इतिहास अनुमान और कल्पना के आधार पर नहीं लिखा सकता। इस तरह के विवरण भ्रम पैदा करते हैं और इससे बचना चाहिए। इससे भिन्न विचार के कुछ अन्य लोग हैं जो मानते हैं कि स्रोतों का विस्तार होना चाहिए और सिर्फ उन स्रोतों के आधार पर राष्ट्रीय आन्दोलन का इतिहास नहीं लिखा जा सकता जिसे सरकार या सरकार पर निर्भर मध्यवर्ग ने तैयार किया है। सरकार की ओर से तैयार रिपोर्ट और दस्तावेजों के आधार पर सिर्फ घटनाओं की तिथि आदि की पुष्टि की जा सकती है, लेकिन उस भावना (स्पिरिट) को नहीं समझा जा सकता है जिसने करोड़ों भारतीयों को अंग्रेजी राज के खिलाफ लड़ने और एक बेहतर समाज के लिए संघर्ष करने के लिए प्रेरित किया। कुछ इतिहासकारों ने भी इस सीमा को समझा और कोशिश की कि गैर सरकारी स्रोतों और अन्य स्रोतों—जैसे मौखिक स्रोतों का उपयोग भी हो। पर कुल मिलाकर प्रमुख इतिहासकारों ने राष्ट्रीय आन्दोलन और राष्ट्र के निर्माण के दायित्व को महत्त्व देकर भारतीयों की ऐतिहासिक एकता को मजबूत करने के लिए इतिहास रचना को महत्त्व दिया।

भारतीय राष्ट्रीय नेतृत्व के कुछ महत्त्वपूर्ण नेताओं ने इतिहास को राष्ट्र-निर्माण के लिए सहायक माना। उनके अनुसार देश को ऐसे इतिहास की जरूरत है जिससे देश निर्माण की भावना का विस्तार हो। स्वतंत्र भारत के प्रथम राष्ट्रपति राजेन्द्र प्रसाद इतिहास के अच्छे अध्येता थे।[16] इतिहासकारों के साथ उनका संवाद चालीस के दशक से ही था। 1949 के अन्त में उन्होंने इतिहासकारों को सम्बोधित करते हुए कहा—"हमारे इतिहास को पिछले तीस बरसों में देश की स्वतंत्रता के लिए संघर्ष करने की एक नई तरकीब (टेकनीक), अहिंसात्मक आन्दोलन का उद्‌भव और उसकी पूरी योजना के कार्यान्वयन पर ध्यान देना चाहिए। मेरी जानकारी में किसी प्रमुख इतिहासकार ने इस विषय पर अपने लेखन में इसको उचित महत्त्व नहीं दिया है।"[17] अपने वक्तव्य में राष्ट्रपति ने गांधी के प्रयोगों की सफलता और आजादी दिलाने में इसकी भूमिका को रेखांकित किया। अहिंसा की इस विजय का महत्त्व उनके हिसाब से युद्ध में विजय से अधिक गौरवशाली था। प्रधानमंत्री जवाहरलाल नेहरू ने इतिहासकारों को लिखा कि वर्तमान के जटिल इतिहास को समझकर लिखना इतिहासकार के लिए जरूरी है। उन्होंने आगे कहा कि औपनिवेशिक काल में यूरोप एशिया पर हावी था। वह दौर समाप्त हो चुका है। वे इतिहासकारों को यह याद दिलाते हैं कि किसी युग को समझने के लिए सिर्फ तथ्यों को पेश कर देना पर्याप्त नहीं है।

बड़े राजनेताओं के इस आह्वान का इतिहासकारों ने स्वागत किया और इस तरह भारतीय स्वाधीनता संग्राम का इतिहास-लेखन विधिवत् शुरू हुआ। यहाँ इस बात का उल्लेख करना उचित होगा कि भारतीय राष्ट्रीय आन्दोलन के बारे में इतिहासकारों का ध्यान ठीक से 1947 के बाद ही गया। उसके पूर्व आन्दोलन के बारे में लिखने का काम मुख्यत: राजनेताओं और साहित्यकारों-पत्रकारों ने ही किया था। 1947 के बाद स्थिति बदल गई। नेताओं के प्रति इतिहासकारों ने पूरी आस्था व्यक्त करते हुए उनके स्वप्न के साथ अपने इतिहास को रखने की चेष्टा शुरू की। जिस भाव से प्रसिद्ध इतिहासकार राजनेताओं के बारे में सोचने लगे उसको समझने के लिए दिसम्बर 1947 में मुहम्मद हबीब[18] का स्वाधीन भारत के प्रथम इतिहास अधिवेशन के सभापति के रूप में दिया गया भाषण विशेष रूप से द्रष्टव्य है। उन्होंने जो कहा[19] उसमें स्पष्ट रूप से वही भाव है जिसकी अभिव्यक्ति राजेन्द्र प्रसाद के अभिभाषण में दो वर्ष बाद दिखाई देती है। गांधी को सार्वकालिक सर्वश्रेष्ठ शिक्षक कहा गया, जिनके नेतृत्व में तीस वर्षों तक चली रक्तहीन क्रान्ति ने विश्व के शक्तिशाली साम्राज्य को आपसी समझ-बूझ के द्वारा खत्म किया। इसके बाद का कथन और भी महत्त्वपूर्ण है जिसमें मोहम्मद हबीब कहते हैं कि न तो विदेशी शासक और न ही उनके भारतीय छोटे अफसरों को किसी प्रकार के कष्ट का सामना करना पड़ा। जो भी दुख और तकलीफें हुईं वे हमें (आम भारतीयों को) हुईं। इस महान नैतिक विजय का श्रेय भी हमें है। पूरे इतिहास में इस तरह की अहिंसक क्रान्ति की महान सफलता का दूसरा उदाहरण हमें नहीं मिलता। हबीब ने यह भी कहना जरूरी समझा कि अगर हम वैदिक ऋचाओं से लेकर महात्मा गांधी जैसे चिन्तकों की नैतिक शिक्षाओं का अनुसरण करें तो हमारे नैतिक मानक पूर्ण और पूरे विश्व के लिए मानने योग्य होंगे।[20]

उस समय के इतिहासकार तत्कालीन प्रशासकों के साथ घनिष्ठ भी थे। उस जमाने के एक शक्तिशाली प्रशासक—एम.सी. चागला, जो बाद में शिक्षामंत्री भी बने (हबीब के ऑक्सफोर्ड के दिनों के साथी और स्वयं भी इतिहास के छात्र) ने उसी कार्यक्रम में अपने स्वागत भाषण में इतिहास और इतिहासकार की भूमिका पर कहा था कि अभी-अभी आजाद हुए देश में सत्ता के दुष्प्रभावों से बचने के लिए इतिहास के अध्ययन से बड़ी मदद मिल सकती है। इतिहासकार का दायित्व यह है कि वे प्रशासक का दिशा-निर्देश करें जिससे उनको पता चल सके कि जिस ओर वे देश को ले जा रहे हैं उसके क्या-क्या सम्भावित परिणाम या दुष्परिणाम हो सकते हैं।[21] अपने कथन को चागला ने और अधिक स्पष्ट करते हुए कहा कि हमारा इतिहास अगर ठोक से देखा जाए तो एकता का इतिहास ही है। हमारे देश के महान चिन्तकों और शासकों ने इस एकता के लिए ही सोचा और इसी स्वप्न के साथ वे आगे बढ़े। यही इतिहास की गति है जिसको इतिहासकार को समझना है।[22]

प्रशासकों और राष्ट्र-निर्माण में अपनी भूमिका के महत्त्व को समझने वाले इतिहासकारों की इस जुगलबन्दी का परिणाम यह हुआ कि देश के इतिहासकार अपने इतिहास में भारत की एकता के सूत्र इतिहास में खोजने लगे। इस मामले में सिर्फ इतिहासकार ही नहीं समाजविज्ञान की अन्य विधाओं के विद्वान भी शामिल थे, जो इतिहास की भूमिका को वर्तमान के सरोकारों के साथ रखने को महत्त्व देते थे। यह काम 1940 के दशक में आजादी के पहले से ही शुरू हो गया था। समाजविज्ञानी धूर्जटी प्रसाद मुखर्जी की एक पुस्तक 1945 में प्रकाशित हुई थी जिसमें वे लिखते हैं कि इन दिनों भारत के इतिहास के पुनर्लेखन का काम शुरू किया जा रहा है। इस समय इस विषय पर सोचना चाहिए ताकि अतीत की गलतियाँ दुहराई न जाएँ, और भारत जैसा आज है वैसा कैसे बना रहे, इस पूरी प्रक्रिया की समझ प्राप्त हो सके।[23]

1950 के दशक में भारतीय इतिहासकारों में इतिहास के विषयों और उसके प्रति अपनी दृष्टि को लेकर पर्याप्त बहसें हुईं। मध्यकाल और प्राचीन काल के इतिहास के बारे में उसके साथ इस्लाम और हिन्दू को जोड़कर देखने को गलत इतिहास-दृष्टि का सूचक माना गया और इस क्रम में यह कोशिश की गई कि सामाजिक-आर्थिक और वर्गीय विश्लेषण के साथ आधुनिक भारत के इतिहास में देश के राजनीतिक इतिहास में अंग्रेजों के विरुद्ध सभी भारतीयों की एकजुटता पर अधिक और हिन्दू-मुसलमानों के आपसी झगड़ों पर कम ध्यान दिया जाए। धीरे-धीरे इतिहासकारों के बीच दो दल-से बनने लगे। एक दल प्राचीन भारतीय समाज की महानता, मध्यकाल में राष्ट्रीय कीर्ति का ह्रास (जिसके साथ भारत में इस्लाम के आगमन को जोड़ा गया था) और आधुनिक युग में अंग्रेजों के शोषण के साथ हिन्दू-मुसलमान विभेद पर ध्यान देता था। इस दल के इतिहासकार मध्ययुग में गुप्त काल को स्वर्ण काल के रूप में देखते थे, सुलतानी समय को 'थियोक्रेसी' कहते थे और मुगल काल में हिन्दुओं के मुगल विरोध को सकारात्मक तरीके से देखते थे। आधुनिक काल में ये अंग्रेज-विरोध को केन्द्रीयता देते हुए भी मुसलमानों के राष्ट्रीय आन्दोलन में साथ न रहने के लिए उसकी आलोचना करते थे और देश विभाजन को एक राष्ट्रीय क्षति मानते थे। दूसरी ओर ऐसे इतिहासकार थे जो प्राचीन काल में सामाजिक और आर्थिक असमानताओं और संघर्षों पर अधिक बल देते थे, मध्य कालीन समाज का विश्लेषण भी उसी सामाजिक-आर्थिक आधार पर करते थे। वे धार्मिक आधार पर किए गए विश्लेषण का तीखा विरोध करते थे। इस प्रकार के इतिहासकार आधुनिक काल में सामाजिक-आर्थिक और राजनीतिक परिवर्तनों को समझने के लिए औपनिवेशिक समाज बनाम राष्ट्रीय होते भारतीय समाज के समीकरण को आधार बनाते थे।

इतिहासकारों के बीच चलने वाली आन्तरिक राजनीति की विशद चर्चा में जाना यहाँ सम्भव नहीं होगा लेकिन यह उल्लेख किया जाना चाहिए कि इतिहास के एक

नए प्रातिष्ठानिक स्वरूप (history establishment) का उदय तीस और चालीस के दशक में राष्ट्रीय आन्दोलन के साथ हुआ था। इसके अन्तर्गत इतिहास लेखन में एक नई दृष्टि का प्रभाव बढ़ा जो कांग्रेस की राष्ट्रीय दृष्टि के साथ सामंजस्य रखता था।[24] भारतीय इतिहासकारों के बीच एक वैचारिक अन्तर उसी समय से बनने लगा था।

इतिहासकारों के बीच के इस अन्तर को समझने के लिए 1961 के इंडियन हिस्ट्री कांग्रेस के कलकत्ता अधिवेशन में दिए गए तीन इतिहासकारों के वक्तव्यों पर ध्यान देना उपयोगी होगा। इन वक्तव्यों से यह स्पष्ट होता है कि इंडियन आइडियोलॉजी के साथ जुड़े भारतीय अकादमिक इतिहासकारों के बीच एक किस्म का आत्मविश्वास भी आ चुका था और ये राष्ट्रवादी घेरे के बाहर जाने की बात भी कर रहे थे ताकि इतिहास के बारे में बेहतर समझ पैदा कर सकें। सर्वपल्ली गोपाल[25] ने आधुनिक इतिहास विभाग के सभापति के रूप में बोलते हुए कहा कि अब समय आ गया है कि इतिहासकार 'व्हिग'[26] इतिहासकार की तरह न सोचें। उनके अनुसार इतिहासकारों ने इस बात को मान लिया है कि 1947 में अंग्रेज जब इस देश से गए तो उस समय दोनों पक्षों के बीच एक-दूसरे के प्रति सम्मान (गुडविल) बचा रहा। शासकों (अंग्रेज) के साथ सहयोग के माध्यम से आजादी हासिल हुई। इस आपसी तालमेल की बात को मानकर इतिहासकारों ने इस बात की ओर ध्यान नहीं दिया कि इस प्रक्रिया में कुछ भी पहले से तय जैसा नहीं था। इसका पूर्वानुमान करना किसी के लिए सम्भव नहीं था। किसी को भी विश्वयुद्ध के परिणाम के बारे में पता नहीं था और कोई भी यह नहीं जानता था कि 1945 में ब्रिटेन में लेबर पार्टी सत्ता में आएगी। खुद अपने समय के बारे में बोलते हुए गोपाल ने कहा कि वे खुद आजादी के तुरन्त बाद देश लौटकर आए थे और उन्होंने उन नेताओं का यशोगान किया जिनके नेतृत्व में भारत की आजादी का आन्दोलन चला था और आखिर में इसे हासिल भी किया गया था। उनका कहना था कि इतिहासकारों को सिर्फ उन लोगों पर केन्द्रित नहीं होना चाहिए जो सफल हुए, बल्कि उनकी बात भी करनी चाहिए जिनके प्रयास सफल नहीं हुए। इतिहासकार अतीत का दास होता है और उसे हमेशा सावधान रहना चाहिए और दरबारी नहीं बनना चाहिए। उन्होंने कहा कि इतनी सामग्री अब इतिहासकारों के लिए उपलब्ध है कि वे अब ऐतिहासिक घटनाओं और प्रक्रियाओं की सही व्याख्या करने की कोशिश कर सकते हैं। वे सत्य की खोज के लिए आग्रह करते हैं और रोमांटिक भ्रमों से इतिहासकारों को दूर रहने की सलाह देते हैं।[27]

इसी तरह का आत्मविश्वास रोमिला थापर[28] के वक्तव्य में भी दिखता है। थापर ने राष्ट्रवादी इतिहासकारों की आलोचना की जो राष्ट्रीय एकता को प्राचीन काल में भी प्रक्षेपित करने का प्रयास करते हैं और यह प्रमाणित करने की कोशिश

करते हैं कि भारतीय समाज प्राचीन काल से ही एकता के सूत्र में बँधा, उदार और एक राष्ट्र के रूप में रहा है। उन्होंने विशेष रूप से आर.जी. भंडारकर और काशी प्रसाद जायसवाल की आलोचना की।[29] थापर ने धर्म के आधार पर काल निर्धारण पर चुटकी लेते हुए कहा कि सौभाग्य से इस समय बौद्ध बड़ी संख्या में नहीं हैं अन्यथा हमें बौद्ध युग के इतिहास को अलग से रखना होता।[30] थापर स्पष्ट रूप में राष्ट्रीय एकता को प्राचीन युग में ढूँढ़ने और उसे राष्ट्र-निर्माण में सहायक बनाने के लिए राष्ट्रवादी इतिहासकारों के प्रयास का विरोध करती हैं। वे राष्ट्रीय एकता के लिए देश पर अभिमान करने की इस इच्छा को आत्महीनता की ग्रंथि से जोड़ती हैं। राष्ट्रीय आन्दोलन के दौरान यह प्रयास किया जा रहा था कि भारतीय अपने देश पर अभिमान कर सकें। यूरोप की श्रेष्ठता इतनी स्पष्ट थी कि उसे ढकने के लिए एक धारणा ने जन्म लिया कि पार्थिव मामलों में भले यूरोप श्रेष्ठ हो, आध्यात्मिक मामलों में एशिया और खास तौर पर भारत श्रेष्ठ रहा है।[31]

इरफ़ान हबीब ने भी आत्मविश्वास के साथ इतिहास लेखन पर अपने विचार व्यक्त किए। उन्होंने हिन्दू (तिलक के समय से) और मुस्लिम साम्प्रदायिक इतिहास-दृष्टि (शिबली नुमानी के समय से) की आलोचना की और पाकिस्तान के इतिहासकार इश्तियाक हुसैन कुरैशी के विचारों और कन्हैयालाल माणिकलाल मुंशी और रोमेश चन्द्र मजूमदार के इतिहास लेखन को जोड़कर देखा। इरफ़ान हबीब ने कहा कि मध्यकाल कोई मुस्लिम काल नहीं था जिसमें मुसलमान शासक वर्ग के रूप में थे, जैसा साम्प्रदायिक इतिहासकार दावा करते रहे हैं। उन्होंने कहा कि पिछले पचास वर्षों में वैज्ञानिक तथ्यों पर आधारित इतिहास लेखन हुआ है जिसके आधार पर नए किस्म का इतिहास लिखा गया है। उन्होंने जदुनाथ सरकार के व्यापक सामान्यीकरण (स्वीपिंग जेनेरलाइजेशन) की आलोचना की पर यह भी कहा कि उन्होंने ऐतिहासिक तथ्यों को जान-बूझकर नहीं छुपाया।

इरफ़ान हबीब ने इतिहासकारों की दुनिया के बाहर की दुनिया को भी अपने वक्तव्य में स्थान दिया और इतिहासकारों से अपील की कि वे पाठ्य-पुस्तकें लिखें, क्योंकि लड़ाई का निर्णायक स्थल स्कूल और कॉलेज की पाठ्य-पुस्तकें ही होंगी। उन्होंने विशेष रूप से ताराचन्द और प्रधानमंत्री जवाहरलाल नेहरू की *डिस्कवरी ऑफ इंडिया* का जिक्र किया जब उन्होंने इस तरह की पुस्तकों का जिक्र किया जिनका प्रभाव 'दिमागों की लड़ाई' में अधिक है।[32]

उपरोक्त आलोचना के आधार पर यह कहना असंगत न होगा कि इतिहासकारों का एक समूह कांग्रेस के राष्ट्रीय आन्दोलन के नेताओं की इतिहासकारों से अपेक्षाओं पर खरा उतरने की कोशिश कर रहा था।

इस तरह 'सरकार के हिसाब से इतिहास' लिखने का विरोध कुछ इतिहासकारों ने किया। दक्षिणपंथी हिन्दूवादी इतिहासकारों ने तो इतिहास की इस तरह की

व्याख्याओं का विरोध किया ही जिनमें मध्यकाल में मुसलमान शासकों को उदार दिखलाने का प्रयास किया गया था। रोमेश चन्द्र मजूमदार जैसे बड़े इतिहासकारों ने भी इतिहास को वर्तमान की जरूरतों के आधार पर व्याख्यायित और वर्णित करने की प्रवृत्ति को गलत बताया। इन इतिहासकारों ने राष्ट्रवाद के उदय और मध्यकाल के हिन्दू और मुसलमानों के बीच के संघर्ष के बारे में दूसरी तरह से विचार किया। मजूमदार चालीस के दशक से भारतीय इतिहास लेखन के लिए किए गए इंडियन हिस्ट्री कांग्रेस के प्रयास के साथ जुड़े थे। लेकिन विशेष कारणों से वे उस प्रक्रिया से अलग हो गए। अपनी आत्मकथा में रोमेश चन्द्र मजूमदार ने उस प्रक्रिया के बारे में विस्तार से लिखा है जिसमें वे आधुनिक भारत के इतिहास के प्रोजेक्ट के साथ कैसे जुड़े और फिर उनको किस तरह अपने काम को अन्ततः कन्हैयालाल माणिक लाल मुंशी के सहयोग से भारतीय विद्या भवन सीरीज के अन्तर्गत करना पड़ा।[33] मजूमदार ने 1970 में प्रकाशित अपनी पुस्तक में लिखा है कि कांग्रेस द्वारा वित्त पोषित इतिहास लेखन में इतिहासकार असुविधाजनक तथ्यों को दबाने में लग गए (deep repression of inconvenient historical realities when the Congress government sponsored history was written)।

मजूमदार ने स्पष्ट लिखा कि स्वतंत्र भारत में दो विचारों को बहुत गम्भीरता के साथ आगे बढ़ाने का प्रयास किया गया। ये दो विचार थे—गांधी दर्शन की सत्य अहिंसा और हिन्दू और मुसलमानों के बीच सौहार्द।[34] उन्होंने कहा कि जब इतिहासकार गम्भीरता से यह कहते हैं कि भारत के पूरे इतिहास में अहिंसा का सिद्धान्त माना जाता रहा है तो बहुत विस्मय होता है। गांधी के नाम पर भी इस तरह से तथ्यों को गलत रूप में पेश करना इतिहासकारों के लिए सर्वथा अनुचित ही था। उन्होंने विशेष रूप से उदाहरण के लिए बिशेश्वर प्रसाद और खलिक अहमद निजामी का उल्लेख किया जो इस तरह के भ्रामक इतिहास लेखन के उदाहरण माने जा सकते हैं। ये दोनों 1964 के इंडियन हिस्ट्री कांग्रेस में क्रमशः सभापति और मध्ययुगीन भारतीय इतिहास के विभागीय सभापति थे।[35] मजूमदार ने लिखा है कि इतिहास में चुने हुए विचारों का प्रचार किया गया और उसको राज्य की नीति के रूप में स्थापित करने का प्रयास हुआ। जिन-जिन तथ्यों को वे अपनी राष्ट्रीय एकता और मजबूती प्रदान करने में सहयोगी नहीं पाते थे उनके उल्लेख को वे बर्दाश्त करने को तैयार न थे।[36]

कुछ अन्य लोगों ने भी उल्लेख किया है कि 1960 के दशक के दौरान इतिहासकारों के बीच प्रवृत्ति बनी कि ऐसे विषयों पर चर्चा नहीं करना जिनसे साम्प्रदायिक सौहार्द के लिए कोई खतरा पैदा हो। इन इतिहासकारों का यह मानना था कि साम्प्रदायिकता का प्रसार इतिहास की गलत व्याख्याओं के कारण ही हुआ इसलिए ऐसे प्रसंगों के विस्तार में जाने से बचा जाना चाहिए जिससे इतिहास के

अप्रिय प्रसंगों (जैसे मन्दिर ध्वंस या भारत विभाजन के हिंसक साम्प्रदायिक दंगों का विवरण) के बारे में लोग ज्यादा चर्चा करें।[37]

वामपंथियों में बहुत सारे लेखक-इतिहासकार इस विचार के थे कि भारतीय स्वाधीनता संग्राम इस तरह से संचालित हुआ कि यहाँ के पूँजीपतियों का स्वार्थ ही सधा। गांधी के नेतृत्व में कांग्रेस आन्दोलन देश में लोगों को जोड़ने में सफल हुआ, परन्तु इस नेतृत्व ने इस बात का ध्यान रखा कि आन्दोलन की बागडोर जनता के हाथ में न चली जाए। वामपंथियों के बीच चालीस के दशक से कम-से-कम साठ के दशक तक इस तरह के विचारों के लोग रहे। समाजवादियों का एक घटक आजादी के पहले और उसके बाद के वर्षों में राष्ट्रीय समाजवादी बनाकर गांधी के प्रति समर्पित रहा, लेकिन कांग्रेस को पूँजीपतियों द्वारा नियंत्रित ही मानता रहा। इसके अलावा एम.एन. राय को माननेवाले और जोगेश चन्द्र चटर्जी जैसे रेवोल्यूशनरी सोशलिस्ट पार्टी के नेता भी राष्ट्रीय आन्दोलन के चरित्र के बारे में आलोचनात्मक बने रहे। इन सबके लिए कांग्रेस अन्तत: पूँजीपतियों की ही सहयोगी थी।[38]

कांग्रेस और गांधी के प्रति वामपंथियों के एक समूह ने बहुत सकारात्मक रूप में सोचना साठ और सत्तर के दशक में शुरू किया जिसके बारे में सबसे स्पष्ट रूप से मोहित सेन ने लिखा है। यह बात अलग है कि इसके कारण उन्हें अपनी पार्टी के भीतर विरोध का सामना करना पड़ा।[39] बाद में बिपन चन्द्र और अन्य मार्क्सवादी इतिहासकारों ने कांग्रेस, गांधी और नेहरू की इतनी सकारात्मक व्याख्या और विश्लेषण किया कि उन्हें मार्क्सवादी कम कांग्रेसी अधिक कहा जाने लगा।

दक्षिणपंथी और वामपंथी विचारकों और राजनेताओं के बीच राष्ट्रीय आन्दोलन और राष्ट्रीय नेतृत्व के बीच का अन्तर बहुत बड़ा था। मूल रूप से इस अन्तर को दो मुद्दों पर केन्द्रित करके समझा जा सकता है—मध्यकाल में हिन्दू और मुसलमानों के बीच का सम्बन्ध और राष्ट्रीय आन्दोलन में भागीदारी।

राष्ट्रवाद के मजबूत होने के दौर में हिन्दू और मुसलमान साम्प्रदायिक इतिहास-दृष्टि और राष्ट्रीय इतिहास-दृष्टि के बीच एक तनाव बना और बढ़ता गया। भारतीय राष्ट्रवाद के मध्यवर्ग के बीच मजबूत होने का जो समय माना जाता है—मोटे तौर पर 1870 के दशक से 1920 के दशक तक—उसी दौर में इस देश में साम्प्रदायिक इतिहास-दृष्टि ने भी मध्यवर्ग में अपने को मजबूत किया। इस कारण से जो राष्ट्रीय इतिहास थे उसमें साम्प्रदायिक इतिहास की भी व्याप्ति थी। राष्ट्रीय एकता के प्रकल्प के साथ जुड़े इतिहासकार इसे एक बड़ी सीमा मानते थे और इसे दूर करके एक वैज्ञानिक इतिहास की जरूरत पर बल देते थे।[40]

यह पहले ही उल्लेख किया जा चुका है कि विनायक दामोदर सावरकर[41] के हिन्दुत्व की थीसिस बीस के दशक में देने के बाद से ही हिन्दू राष्ट्रवादी विचारकों

का मत था कि राष्ट्रीय आन्दोलन तत्त्वतः भारत के हिन्दुओं का राष्ट्रीय आन्दोलन है और मुसलमान इसके साथ नहीं हैं। इससे जुड़े लोगों को यह लगता था कि गांधी के नेतृत्व में कांग्रेस एक मरीचिका का पीछा कर रही है और सोच रही है कि मुसलमानों का दिल विश्वास से जीता जा सकता है और उनको राष्ट्रीय आन्दोलन में शामिल किया जा सकता है। खिलाफत आन्दोलन के दौरान हिन्दू-मुसलमानों की एकता को वे एक छलावा मानते थे। इस विचारधारा के लोग मुसलमानों को राष्ट्र से अधिक अपने सम्प्रदाय से जुड़ा मानते रहे। उनके हिसाब से मुसलमानों के लिए देश उनके मजहब के बाद आता था। वे मुसलमानों को विश्वसनीय नहीं मानते थे और यह उनकी धारणा थी कि वे हिन्दू के साथ लोकतांत्रिक समाज में एक साथ बराबरी के अधिकार के साथ इसलिए कभी रहने को राजी नहीं होंगे क्योंकि उनकी सामुदायिक स्मृति में शासक होने का अहंकार और अत्याचारित हिन्दू समाज द्वारा बदला लेने का भय था। इन हिन्दू राष्ट्रवादी लोगों के लिए मुसलमान कांग्रेस द्वारा मुसलमानों को साथ रखने की गरज से दिए गए प्रस्तावों को अनुचित मानते थे और यह भी कहते थे कि मुसलमान हिन्दू कांग्रेसी नेतृत्व की कमजोरियों का फायदा उठाता था। जब भी मौका आएगा मुसलमान हिन्दुओं के साथ लड़ने की कोशिश करेगा। इस विचारधारा के मूल चिन्तक सावरकर थे। पर इतिहास लेखन में इस धारा के लोगों का प्रभाव कम था। लेकिन राष्ट्रीय आन्दोलन के दौर में जो इतिहास लिखे गए थे उनको परे हटाना सम्भव नहीं था और इतिहास और साहित्य में देश के अतीत के बारे में बहुत सारी बातें ऐसी बनी रहीं जिनके बारे में कहा जा सकता है कि वे इतिहास के उस वैज्ञानिक विश्लेषण से मेल नहीं खाती थीं जिसके साथ इंडियन आइडियोलॉजी के इतिहासकार खड़े थे। इस प्रकार राष्ट्रीय इतिहास के कई मिथकीय तत्त्व बने रहे। इसका एक नुकसान यह हुआ कि इतिहास में मध्य युग में हिन्दू और मुसलमानों की लड़ाई का समीकरण बना रहा। इतिहास पुस्तक में अकबर और महाराणा प्रताप की लड़ाई, औरंगजेब और अकबर की लड़ाई हिन्दू और मुसलमानों की लड़ाई के रूप में भी देखी जाती रही। इस मिथकीय तत्त्व के राष्ट्रीय दौर में बने रहने का एक लाभ कांग्रेस के नेताओं को भी मिला। गांधी और कुछ हद तक नेहरू भी मिथकीय नायक बन गए।

यानी, कुल मिलाकर मध्य युग में हिन्दू-मुसलमान के सम्बन्ध और राष्ट्रीय आन्दोलन के दौर में कांग्रेस के आन्दोलन पर केन्द्रित इतिहास की व्याख्याओं में तीन प्रकार की दृष्टियाँ बनीं। एक को सुविधा के लिए गांधी-नेहरू के फ्रेम के रूप में चिह्नित किया जा सकता है। इस फ्रेम में आन्तरिक मतभेद थे, और गांधी की इतिहास-दृष्टि, राजनीतिक कार्यक्रम और भविष्य के भारत की कल्पना नेहरू से भिन्न थी, लेकिन कुल मिलाकर इस बात पर सहमति थी कि कांग्रेस के नेतृत्व में राजनीतिक आन्दोलन चलेंगे और इस आन्दोलन में हिन्दू और मुसलमान दोनों को

साथ लेकर, देश के सभी वर्गों के हितों को समाहित करते हुए काम किए जाएँगे। नेहरू क्रान्ति की बात करते थे और कई मुद्दों पर वे गांधी को नरम और सुधारवादी मानते थे लेकिन ध्यान से देखने पर पता चलता है कि गांधी-नेहरू-पटेल-राजेन्द्र प्रसाद आदि एक साथ ही रहे। इस श्रेणी में एक समय ऐसा आया—1934 से 1939 के बीच—जब लगा कि कांग्रेस के भीतर एक उग्र राष्ट्रीयता का उभार पुराने नेतृत्व को पछाड़ देगा, लेकिन अन्त में ऐसा नहीं हुआ। सुभाषचन्द्र बोस को पार्टी अध्यक्ष के पद से इस्तीफा देने के लिए मजबूर कर देने के बाद यह स्पष्ट हो गया कि कांग्रेस के भीतर का नेतृत्व गांधी-नेहरू-पटेल के हाथ में ही रहेगा। सुविधा के लिए यहाँ हम कांग्रेस के भीतर दो तरह की दृष्टियों को मान सकते हैं। पहली श्रेणी में वे लोग थे जो गांधी की अहिंसा और सत्य के प्रयोगों के साथ लगातार थे। ये किसी तरह के वर्ग संघर्ष के विरोधी थे और पूँजीपति वर्ग को अपने सहायक के रूप में देखते थे। इसी वर्ग की दूसरी श्रेणी में वे लोग आते थे जो राजनीतिक लड़ाई के साथ ही आर्थिक और सामाजिक क्षेत्र में गुणात्मक परिवर्तन के पक्ष में थे और इसके हिसाब से आम जनता के हित और पूँजीपतियों के हित आपस में टकराते हैं।

दूसरे वर्ग में समाजवादी और साम्यवादी थे। ऐसे लोग देश की जनता के हितों को अमीर और गरीब के हिसाब से देखते थे न कि हिन्दू और मुसलमान के हित के हिसाब से। ये गांधी के लोक जागरण को बहुत सकारात्मक रूप में देखते थे लेकिन इसके नेतृत्व पर गहरा सन्देह करते थे। तीस के दशक में इनका प्रभाव बढ़ा और कांग्रेस के साथ काम करते हुए उनकी ताकत ऐसी हो गई कि वे कांग्रेस के आन्दोलन को दिशा देने का प्रयास करने लगे। लेकिन 1939 के बाद गांधी के प्रति श्रद्धाशील समाजवादियों ने गांधी के साथ चलना शुरू किया और गांधी विरोधी साम्यवादी अपनी राह चलने लगे। इस वर्ग के राष्ट्रीय आन्दोलन में शामिल लोग किसानों और मजदूरों की एकता और उनके हित में काम करने को ज्यादा महत्त्व देते थे। इस वर्ग में गांधी-नेहरू के साथ खड़े होने वालों में जयप्रकाश नारायण थे। गांधी का विरोध करने वालों में मानवेन्द्रनाथ राय, सुभाषचन्द्र बोस और स्वामी सहजानन्द को रखना युक्तिसंगत होगा। जवाहरलाल नेहरू अपने विचारों में इस ग्रुप के साथ थे लेकिन गांधी को छोड़ देने की कीमत पर नहीं।

तीसरे वर्ग में वे लोग थे जिन्हें हम सुविधा के लिए हिन्दू राष्ट्रवादी कह सकते हैं। इससे जुड़े लोग हिन्दू हित और राष्ट्रीय हित में अन्तर नहीं देखते थे। इस वर्ग के चिन्तकों के लिए भारतीय लोगों का संघर्ष सिर्फ अंग्रेजों के विरुद्ध ही नहीं था बल्कि देश के भीतर के उन मुसलमानों से भी था जो राष्ट्रहित से आगे अपने धर्म इस्लाम को रखते थे। इनके बड़े नेताओं में एक ओर ऐसे लोग थे जो कांग्रेस के साथ मिलकर चलते थे जिनके नेता मदन मोहन मालवीय जैसे लोग थे। ये हिन्दू हित की बात करते थे, लेकिन कुल मिलाकर ये समन्वयवादी थे और कांग्रेस के

साथ मिलकर देश के लोगों में एकता की कोशिश करते थे। बीस के दशक के अन्त से एक उग्र हिन्दूवाद का उभार हुआ जिसके सबसे बड़े नेताओं में सावरकर और भाई परमानन्द जैसे लोग थे। ये कांग्रेस की मुसलमानों के प्रति नरमी का विरोध तो करते ही थे, मालवीय जैसे नरम हिन्दू नेताओं के प्रति भी उनकी नाराजगी थी जो हिन्दू राजनीतिक एकता के लिए प्रयास न करके कांग्रेस के पीछे चलने को ही अपने कर्तव्यों की इतिश्री समझ लेते थे।

इन सबके साथ एक ऐसी श्रेणी भी थी जिसकी अलग से चर्चा की जा सकती है। भारतीय राजनीतिक इतिहास में इन्हें क्रान्तिकारी राष्ट्रवादी कहा जाता है। ये अंग्रेजों से किसी प्रकार के समझौते में विश्वास नहीं करते थे। इनका उद्देश्य अंग्रेजों से देश को मुक्त कराना था और इसके लिए वे किसी भी त्याग के लिए तैयार थे। 1905 से 1934 तक इस क्रान्तिकारी धारा का प्रभाव देश के कई हिस्सों में रहा। इस वर्ग के लोग गांधी और कांग्रेस की नीतियों की आलोचना करते थे क्योंकि उनको लगता था कि अहिंसक आन्दोलन और अनुनय-विनय से अंग्रेजों को देश छोड़ने के लिए विवश नहीं किया जा सकता। अपनी कुर्बानियों से इस धारा के लोगों ने जनता के हृदय में स्थान पाया था। इस श्रेणी के लोग कांग्रेस के नेताओं के सम्पर्क में भी रहते थे, लेकिन उनका उद्देश्य हमेशा अंग्रेजों को मारकर भगाने का ही बना रहा। अरबिंदो, बाघा जतीन, रास बिहारी बोस और मानवेन्द्रनाथ राय, शचींद्रनाथ सान्याल, बिस्मिल, आजाद, भगत सिंह आदि इसी धारा के थे। तीस के दशक में इस धारा का स्वतंत्र अस्तित्व धीरे-धीरे मिटता गया और अधिकतर क्रान्तिकारी या तो कम्युनिस्ट पार्टी से जुड़ गए या कांग्रेस के साथ चले गए।

राष्ट्रीय आन्दोलन की इतनी धाराओं के बारे में इस अति संक्षिप्त चर्चा का उद्देश्य इस बात को कहना था कि देश में चल रहे राष्ट्रीय आन्दोलन के भीतर गांधी-नेहरू-पटेल की भारत-विचारधारा के अलावा कम-से-कम दो[42] अन्य प्रकार की विचारधाराएँ—साम्यवादी-समाजवादी विचारधारा और हिन्दू राष्ट्रवादी धारा देश की राजनीति में सक्रिय थीं और उन सबका तीखा विरोध अंग्रेजी हुकूमत से था। देश के राजनीतिक इतिहास में इन अन्तरों को भुलाकर देखने के कारण ही 1917 से 1962 के कालखंड को गांधी और नेहरू युग के रूप में चिह्नित किया जाता है।

जैसा कि पहले ही उल्लेख किया जा चुका है पेरी एंडरसन ने कांग्रेस की 'इंडियन आइडियोलॉजी' और उससे निर्देशित राजनीतिक इतिहास की आलोचना की है। एंडरसन ने कहा है कि यही एकमात्र विचारधारा नहीं थी, पर इस विचारधारा के लोग सत्ता में आए और उनके हिसाब से इतिहास लिखा गया और प्रचारित हुआ। एंडरसन भी रोमेश चन्द्र मजूमदार की तरह यह कह रहे हैं कि राष्ट्रीय आन्दोलन में खास तरह की दृष्टि को प्रधानता दी गई है। वे कांग्रेस के राजनीतिक आन्दोलन की सीमाओं को भी ध्यान में रखने की बात करते हैं।[43]

राजनीतिक उपन्यासों में इतिहास

गांधी के आने के पहले राजनीतिक दशा-दिशा, उनके आने के बाद लोगों की उनके बारे में राय, खिलाफत आन्दोलन के दौरान हिन्दू-मुसलमानों के बीच एकता और उसके समाप्त होते ही दंगों की शुरुआत, लोगों के बीच कांग्रेस समेत अन्य संगठनों के कार्यकलाप, लोगों के बीच की बहसें, असहयोग आन्दोलन और सविनय अवज्ञा पर्व, राजनीतिक नेतृत्व के लिए संघर्ष, विश्वयुद्ध की शुरुआत, अगस्त क्रान्ति के दिन, द्वितीय विश्वयुद्ध के दौरान की अन्दरूनी कहानी, स्वाधीनता प्राप्ति, देश विभाजन, साम्प्रदायिक दंगे और फिर लाखों लोगों के उजड़ने और फिर दूसरी जगह पर बसने की पीड़ादायक कहानी, देश में नए राजनीतिक ऑर्डर के बनने की प्रक्रिया और इसके भीतर के तनाव आदि वे विषय हैं जिनके बारे में इतिहासकारों के अलावा साहित्यकारों ने भी विस्तार से लिखा है। भारतीय राजनीतिक परिवर्तनों के सन्दर्भ को, उसके भीतर चलने वाली बातों को उपन्यासकारों ने अपने तरीके से समझने की कोशिश की है। प्रेमचन्द, मंटो, कुर्रतुल ऐन हैदर, राही मासूम रजा, इंतज़ार हुसैन, फणीश्वरनाथ रेणु, भीष्म साहनी, कृष्णा सोबती, कमलेश्वर, अमरकान्त आदि के साहित्य में इस दौर के सामाजिक और राजनीतिक यथार्थ की अभिव्यक्ति जितने गहन रूपों में सम्भव हुई है उससे हमें उस समय को समझने में बहुत मदद मिलती है।

इस अध्ययन में हिन्दी के उन लेखकों के राजनीतिक उपन्यासों को चुना गया है जिन्होंने गांधी और नेहरू युग को देखा, समझा और विधिवत् पूरे कालखंड के राजनीतिक इतिहास को अपने साहित्य में प्रस्तुत किया। चयन के लिए दो आधार रखे गए हैं। पहला आधार है कि लेखक ने पूरे कालखंड पर लिखा हो। दूसरा आधार है कि जो तीन मुख्य फ्रेम इस समय के राजनीतिक इतिहास में विशेष रूप में सहायक माने गए हैं—कांग्रेस, समाजवादी और हिन्दू राष्ट्रवादी—उनके अलग-अलग दृष्टिकोणों को समझने में मदद कर सके। इस आधार को लेने के कारण रेणु, राही मासूम रज़ा, भीष्म साहनी, कृष्णा सोबती और अन्य कई बड़े उपन्यासकारों को छोड़ना पड़ा, जिन्होंने बहुत असाधारण उपन्यास लिखे लेकिन उनके उपन्यास इस कालखंड के एक हिस्से को ही रख सके हैं। कांग्रेस को राष्ट्रीय दृष्टि से समझने के लिए भगवतीचरण वर्मा और अमृतलाल नागर को रखा गया है, समाजवादी दृष्टिकोण को समझने के लिए यशपाल के उपन्यासों को और हिन्दू राष्ट्रवादी दृष्टिकोण को समझने के लिए गुरुदत्त के उपन्यासों को रखा गया है।[44]

जैसा कि पहले ही कहा जा चुका है कि इस अध्ययन का उद्देश्य हिन्दी के राजनीतिक उपन्यासों में 1917 से 1962 के बीच के भारतीय समाज के राजनीतिक इतिहास और राजनीतिक परिवर्तनों को समझने की कोशिश है। इस विषय पर

किसी अध्ययन के पहले इस प्रश्न पर विचार करना जरूरी है कि किसी भी समय के इतिहास और ऐतिहासिक परिवर्तनों के अध्ययन के लिए उपन्यासों के माध्यम की जरूरत क्यों है? इससे जुड़ा हुआ एक प्रश्न और है कि ऐतिहासिक प्रसंगों की प्रस्तुति (representation) और ऐतिहासिक तथ्यों के बीच का जो अन्तर है उसे उपन्यास में किस तरह अलगाया जा सकेगा? इतिहास की प्रकृति और कल्पना पर आधारित वर्णनों के बारे में इतिहासकारों के बीच हुई बहसों की इस सन्दर्भ में चर्चा जरूरी है जिससे इस तरह के अध्ययन की सम्भावनाओं और सीमाओं को समझा जा सकेगा।

इतिहासकार के लिए ऐतिहासिक विवरण और विश्लेषण तैयार करने में कितना कुछ होता है इसको स्पष्ट करने के लिए एक उदाहरण देना उचित होगा। इतिहास पुस्तक में गांधी के आगमन, उनके चम्पारण सत्याग्रह को शुरू करने से लेकर असहयोग आन्दोलन के शुरू करने और फिर इसके साथ खिलाफत आन्दोलन का एक जुड़ा हुआ इतिहास है। इसके द्वारा गांधी के राजनीतिक उत्थान की कहानी कही जाती है। यह स्वीकृत है कि गांधी एक नई राजनीतिक तकनीक लेकर आए और उन्होंने भारत की राजनीति को बदल दिया। ऐसा करने की प्रक्रिया के बारे में हुई बहसों में विचार करते हुए यह कहा जाता है कि प्रथम विश्वयुद्ध के कारण राजनीतिक परिस्थितियाँ बदल गई थीं और इन बदली हुई परिस्थितियों में गांधी ने जन असन्तोष के उभार को स्वर दिया। विश्वयुद्ध के दौरान भारतीयों के समर्थन के लिए अंग्रेजों ने जो वादे किए थे उन्हें पूरा नहीं किया गया। पूरा करना तो दूर भारतीयों की जायज माँगों को भी अनसुना किया गया और उनके प्रतिवादों का दमन किया गया। इससे व्यापक असन्तोष उभरा और देश के विभिन्न हिस्सों में अंग्रेज विरोधी माहौल बना जिसके कारण गांधी के आन्दोलन को व्यापक जन समर्थन मिला। पर गांधी क्या सोचते थे और उन्होंने किस तरह इस दौरान अपने आन्दोलन को दो स्तरों पर चलाया, यह पक्ष उतना नहीं उभारा जाता। गांधी का अंग्रेजी राज की अच्छाई पर भरोसा था और वे सचमुच यह सोचते थे कि अंग्रेज उनकी सुनेंगे। वे अंग्रेजों के साथ अच्छे सम्बन्ध रखते थे और उनसे उनका संवाद लगातार बना रहा। दूसरी ओर वे जनता के नेता के रूप में 1919 में एक रैडिकल नेता के रूप में जिस तरह की बातें करते रहे उससे यह प्रतीत होता है कि वे क्रान्तिकारी प्रोजेक्ट के साथ जनता का आह्वान कर रहे थे। यह वह दौर था जब कई कारणों से देश में जनता के आदर्शीकरण की शुरुआत हुई। इतिहासकार बलराम नन्दा ने लक्षित किया है कि भारतीय राष्ट्रवाद ने इस दौरान यह महसूस किया कि जैसे जार की सत्ता खत्म हुई उसी तरह ब्रिटिश तंत्र भी खत्म हो सकता है। इस दौर में 'बोल्शेविज्म' एक बहुत भयावह शब्द बन गया। अंग्रेजों को यह डर सताने लगा कि कहीं भारत में भी उस तरह की कोई क्रान्ति न शुरू हो जाए। इस समय गांधी ने जिस प्रकार की

भाषा का प्रयोग किया और उससे अंग्रेजों को राहत भी मिली उसे ध्यान में लाना उचित होगा। गांधी लगातार इस बात को दोहराते रहे कि भारत के लोग 'बोल्शेविज्म' नहीं चाहते। यहाँ की जनता अमनपसन्द है और इसे नैराज्य (अनार्की) बिलकुल स्वीकार्य नहीं है। 1921 के अन्त में भी वह इस बात को दोहराते रहे।[45]

बोल्शेविज्म का खतरा कितना गम्भीर था इस बारे में ध्यान कम दिया जाता है। इसी तरह खिलाफत आन्दोलन के दौरान जो मुसलमान अफ़ग़ानिस्तान 'हिजरत' करने गए और उनमें से अधिकतर लोग किस तरह कम्युनिस्ट बने इस कहानी की भी कम चर्चा होती है। किस प्रकार भारतीय मुसलमान कम्युनिस्ट अफ़ग़ानिस्तान और बाद में ताशकंद में पहले खिलाफती और फिर कम्युनिस्ट के रूप में सक्रिय हुए इसको जानना बहुत जरूरी है। दरअसल इस दौरान अंग्रेज विरोधी दो अलग-अलग धाराओं—खिलाफती और राष्ट्रवादी—का 'फ्यूजन' हुआ। स्वदेशी आन्दोलन के दिनों में शक्तिशाली हुए क्रान्तिकारी आन्दोलन का उभार अरबिन्दो के 1910 में पांडिचेरी जाने के बाद और सावरकर के गिरफ्तार होने के बाद थमा नहीं। अगले कुछ वर्षों में जतीन्द्रनाथ मुखर्जी (बाघा जतीन) के नेतृत्व में चलता रहा।[46] इस दौरान एम.एन. राय (उस समय नरेन भट्टाचार्य), रासबिहारी बोस और अन्य कई क्रान्तिकारी लगातार सक्रिय थे और वे सशस्त्र क्रान्ति के लिए सचेष्ट थे। इन क्रान्तिकारियों की चेष्टाओं के कारण ही 1857 की तरह के एक सिपाही विद्रोह की योजना बनी और राय शस्त्र और अन्य प्रकार के सहयोग के लिए विदेश गए। बाघा जतीन मारे गए और राय और रासबिहारी बोस विदेश से लौट नहीं सके। कालान्तर में राय अन्तरराष्ट्रीय कम्युनिस्ट मुहिम के बड़े नेता बने और उनको यह दायित्व सौंपा गया कि वे भारत में कम्युनिस्ट क्रान्ति के लिए रूस की सामरिक और आर्थिक मदद से ताशकंद को केन्द्र बनाकर कार्य करें। उसी क्रम में ताशकंद में एक सेंटर बना और वहीं अफ़ग़ानिस्तान में जमे खिलाफती से कम्युनिस्ट बने नेताओं के साथ राय की प्रतिद्वंद्विता हुई। इस बीच जो क्रान्तिकारी पेरिस और अन्य जगहों पर क्रान्ति के लिए सचेष्ट थे वे भी इससे जुड़े। इस प्रकार कई राजनीतिक ग्रुप उस समय सक्रिय थे जो देश में सशस्त्र क्रान्ति के लिए सचेष्ट थे और उन सबमें सबसे शक्तिशाली था कम्युनिस्टों द्वारा किया गया प्रयास जिसके अन्तर्गत भारत के अन्दर मजदूरों को संगठित करके एक क्रान्ति की कोशिश करना। इस तरह के खतरे को ही 'बोल्शेविज्म' का खतरा कहा जाता था। इस मुद्दे पर गांधी और अंग्रेज एक थे कि इस देश में रूस की तरह की कोई क्रान्ति न हो। बोल्शेविकों का भय अंग्रेजों को भी था और गांधी को भी था।

गांधी के बारे में पूँजीपतियों में भी एक राय नहीं थी। उन्हें बहुत बाद तक 'अशान्ति फैलानेवाला' ही माना जाता था। सब्यसाची भट्टाचार्य ने दिखलाया है कि बहुत सारे पूँजीपतियों ने गांधी और उनके कथित 'बदमाश' अनुयायियों के असहयोग आन्दोलन

का तीखा विरोध किया था। एक पूँजीपति फीरोज़ सेठना ने बहुत कड़े शब्दों में 'गांधी की भीड़' को अराजक और अशान्ति फैलानेवाला माना था। जमनादास ठाकुरदास ने भी इस तरह की आलोचना को मान लिया था। जब असहयोग आन्दोलन का जनाधार बहुत बढ़ा और बहुत सारे व्यापारी भी इसके पक्ष में हुए तब स्थिति बदल गई।[47]

हिन्दू राष्ट्रवादी शक्तियाँ उस समय कांग्रेस के भीतर और बाहर दोनों ओर सक्रिय थीं। वे असहयोग आन्दोलन के दौरान गांधी के साथ पूरी तरह से नहीं थीं। खिलाफत आन्दोलन के बाद जब साम्प्रदायिक दंगे शुरू हुए और मालाबार से हिन्दुओं के ऊपर मुसलमानों के अत्याचार की कहानी आने लगी तो कांग्रेस के भीतर और हिन्दू संगठनों में गांधी की नीतियों का विरोध होने लगा।

यह बात साफ तौर पर कही जा सकती है कि गांधी के अलावा तीन प्रकार की राजनीतिक शक्तियाँ—वामपंथी, सशस्त्र क्रान्ति के समर्थक और हिन्दू राष्ट्रवादी—जो उस दौर में सक्रिय थीं अंग्रेजों के खिलाफ आन्दोलन और राजनीति को गांधी के नजरिये से नहीं देखती थीं। इस स्थिति को समझने के लिए बंगाल का उदाहरण विशेष रूप से उल्लेखनीय है। बंगाल में असहयोग और खिलाफत आन्दोलन के दौरान चित्तरंजन दास तेजी से राजनीतिक धरातल पर सबसे बड़े नेता के रूप में उभरे। जैसे गांधी पुराने नेताओं को पीछे छोड़ते हुए सबसे बड़े नेता राष्ट्रीय स्तर पर बनकर उभरे थे उसी तरह बंगाल में दास भी उसी दौर में पुराने बड़े नेताओं से आगे निकल आए थे। 1922 में जब देश में असहयोग आन्दोलन को चौरी चौरा के बाद गांधी ने अचानक रोक दिया और देश में दंगे हो रहे थे, गांधी के मुकाबले दास को आगे करने की एक कोशिश कम्युनिस्टों ने की। यह मानवेन्द्रनाथ राय की योजना थी। चित्तरंजन दास क्रान्तिकारियों के साथ जुड़े थे और कांग्रेसी होते हुए भी क्रान्तिकारियों के बारे में उनके विचार गांधी से अलग थे।[48] राय समझते थे कि चूँकि दास खुदीराम बोस के समय से ही क्रान्तिकारियों के लिए लड़ते रहे थे वे जरूर गांधी की अहिंसात्मक नीति के साथ नहीं जाएँगे। उन्होंने अपने दूत अबनी मुखर्जी को गया कांग्रेस में दास को अपनी ओर लाने के प्रयास के लिए भेजा। इस योजना की भनक सरकार को लग गई और सरकार ने इसे अखबारों में छपवा दिया। फिर भी यह उम्मीद की जा रही थी कि दास गांधी के विरुद्ध जा सकते हैं। ऐसा नहीं हुआ और दास ने गांधी की नीतियों का समर्थन कर दिया। यह गांधी विरोधियों के लिए बड़ा झटका था। उसके बाद धीरे-धीरे क्रान्तिकारियों का समूह जो असहयोग आन्दोलन के दौर में कांग्रेस के साथ मिलकर काम कर रहा था वह कांग्रेस से अलग होने लगा और देश के विभिन्न हिस्सों में क्रान्तिकारी गतिविधियों का सिलसिला उसके बाद शुरू होने लगा। जल्द ही क्रान्तिकारियों को लगने लगा कि गांधी महान होते हुए भी देश की राजनीतिक लड़ाई में बाधा ही बन रहे हैं इसलिए उन्हें राजनीति से रिटायर

हो जाना चाहिए। इस आशय का एक पत्र शचींद्रनाथ सान्याल ने गांधी को लिखा था जिसे गांधी ने फरवरी 1925 के *यंग इंडिया* में अविकल छापा था और उसका जवाब अपनी ओर से दिया था।

दूसरी ओर हिन्दू हितों के साथ अपनी राजनीति करनेवाले मालाबार और अन्य दंगों के बाद कांग्रेस की नरम मुस्लिम नीति के कारण गांधी के विरुद्ध हो गए। वे लगातार हिन्दू संगठन की जरूरत पर बल देने लगे। इसी दौर में सावरकर की 'हिन्दू राष्ट्र' की थीसिस आई और उसके बाद हिन्दू राष्ट्रवाद की राजनीति का नया अध्याय शुरू हुआ।

इस दौरान मुस्लिम राजनीति भी तेजी से बदली। खिलाफत के दौर के नायक अली बन्धु ने 1923 में जो कुछ कहा उससे कांग्रेस की मुश्किलें बढ़ीं। वे मुसलमानों के नेता अधिक लगने लगे, राष्ट्रीय नेता कम, कम-से-कम हिन्दू हित की राजनीति करने वालों को ऐसा ही प्रतीत हुआ। इस सन्दर्भ में विशेष उल्लेखनीय है 1923 में दिया गया कांग्रेस के मंच से सभापति के रूप में मुहम्मद अली का काकीनाडा (आंध्र प्रदेश) में दिया गया भाषण। इस भाषण के बारे में इतिहासकारों ने चर्चा नहीं करने का मानो मन बना लिया है। बाद में जब मुहम्मद अली के भाषणों का संकलन किया गया तो उसके एक हिस्से को सम्पादकीय कौशल से निकाल दिया गया। इस भाषण के उस हिस्से पर हमारा ध्यान जाना चाहिए क्योंकि इसका बड़ा असर उस समय की राजनीति पर हुआ था।

इस भाषण में अस्पृश्य जातियों के मुद्दे को (हिन्दू) संगठन के सन्दर्भ में उठाया गया था जिसमें मुहम्मद अली के उद्गार हिन्दुओं को पसन्द नहीं आए। अली जब धर्म परिवर्तन पर बोले तो हिन्दू हित की राजनीति करने वालों के लिए यह लगा कि अली एक साम्प्रदायिक मुसलमान की तरह ही बोल रहे थे। जो अली ने कहा और जिसे बाद के इतिहासकारों ने सम्पादित करके अलग कर दिया उसे मूल (अंग्रेजी) में पढ़ना उचित होगा—

> ...there is one question which can easily furnish a ground for complaint of unfriendly action if communal activities are not amicably adjusted. This is the question of conversion of the Suppressed Classes if Hindu society does not absorb them. The Christian Missionary Society is already busy and no one quarrels with him. But the moment some Muslim Missionary Society is organised for the same purpose there is every likelyhood of an outcry in the Hindu Press. It has been suggested to me by an influential and wealthy gentleman who is able to organise a Missionary Society on a large scale for the conversion of the suppressed classes, that it should be possible to reach a settle-

ment with leading Hindu gentlemen and divide the country into separate areas where Hindu and Muslim Missionaries could respectively work, each community preparing for each other, or longer unit of time if necessary an estimate of the numbers it is prepared to absorb or convert...In this way each community would be free to do the work of absorption and conversion, or rather of reform without chances of collision with one another. I cannot say in what light my Hindu brethren will take it, and I place this suggestion tentatively in all frankness and sincerity before them. All that I say for myself is that I have seen the condition of the Gonds in the Central Provinces and I frankly confess it is a reproach to us all. *If the Hindus will not absorb them into their own society, others will and must and then the orthodox Hindus too will cease to treat them as untouchables* (emphasis added).[49]

यह मुद्दा उस समय जोर पकड़ रहा था। लेकिन पट्टाभि सीतारमैय्या ने कांग्रेस के इस अधिवेशन के इस महत्त्वपूर्ण भाषण का उल्लेख भी नहीं किया। बाद में भी इतिहासकार इस विषय पर बहुत ध्यान नहीं देते। मुशीर उल हसन ने जब मौलाना मुहम्मद अली के भाषणों का संग्रह प्रकाशित किया तो इस हिस्से को सम्पादित कर बाहर कर दिया। यह देखना दिलचस्प होगा कि इस भाषण का उस समय क्या प्रभाव पड़ा। उस समय चीजें कुछ दूसरे तरह से देखी जा रही थीं, इसका एक प्रमाण यह भी है कि सावरकर के लगातार जेल में रहने पर कांग्रेस ने अपना रोष प्रकट किया था और इसकी निन्दा की थी।[50]

यह वह समय था जब हिन्दू और मुसलमानों के बीच एकता टूट रही थी और जो दरारें उस वक्त पड़ीं वो बाद में कभी पाटी न जा सकीं। ऐसा नहीं था कि मौलाना अली का यह भाषण अनसुना रह गया। अली के भाषण के बारे में एम.एन. राय की टिप्पणी कुछ इस तरह की है जिसमें उनकी निराशा बिलकुल साफ है—"He deplores the Hindu Muslim feuds but still insists on Khilafat propaganda." गांधी भी धीरे-धीरे यह समझ गए थे कि 1922 के समय की एकता अब रही नहीं। उन्होंने 14 फरवरी, 1924 को लिखा—

...Unity which I fondly believed, in 1922, had been nearly achieved has, so far as Hindus and Musalmans are concerned... suffered a severe check. Mutual trust has given place to distrust.[51]

उपरोक्त आलोचना को बहुत अधिक न देकर इतना ही उल्लेख पर्याप्त होगा कि इस दौर की राजनीति पर इतिहासकार बहुत अधिक ध्यान नहीं देते और इसी कारण खिलाफत आन्दोलन के दौरान और उसके बाद हिन्दू-मुसलमानों के बीच आए अन्तरों और उसके कारणों पर कम ही बात की जाती है।

मोटे तौर पर यह कहना सही होगा कि तीनों धाराओं ने लगातार गांधी और कांग्रेस की आलोचना की और यह विरोध 1947 और उसके बाद भी बना रहा। प्रस्तुत शोध कार्य में यह देखने का प्रयास किया गया है कि ये सब अन्तर लोगों के बीच किस तरह देखे जा रहे थे। लोगों के बीच क्या-क्या चल रहा था इसे बेहतर तरीके से समझने की कोशिश हुई चुनिन्दा राजनीतिक उपन्यासकारों की प्रमुख कृतियों के सहारे की गई है।

हिन्दी के राजनीतिक उपन्यास

भारत में कथा कहने की परम्परा प्राचीन समय से ही है, लेकिन उन्नीसवीं शताब्दी के उत्तरार्ध में भारतीय भाषाओं में साहित्य की आधुनिक प्रवृत्तियों का विकास हुआ। इसके साथ ही आधुनिक विधा उपन्यास का भी विकास हुआ। लगभग सभी प्रमुख भाषाओं में उपन्यास लिखे गए जिनमें समय की कथा लिखी गई और अपने अतीत की स्मृति और अपने देश के बदलावों (राजनीतिक समेत) को वर्णित करने की चेष्टा की गई। भारत पराधीन था और सीधे-सीधे विदेशी शासकों के विरुद्ध लिखना उनके लिए सम्भव न था, इसलिए यह काम अपरोक्ष रूप में किया गया। देश-चिन्ता को इन उपन्यासों में विभिन्न रूपों में देखा जा सकता है। शुरुआती दौर में भारतीय पढ़े-लिखे लोगों की राजनीतिक चेतना का स्तर बहुत ऊँचा नहीं था, लेकिन उन्नीसवीं शताब्दी के उत्तरार्द्ध (विशेषकर 1870 के बाद) जैसे-जैसे प्रबुद्ध मध्यवर्गीय समाज ने राजनीतिक स्थिति पर सोचना शुरू किया साहित्य और पत्रकारिता में उसका प्रतिफलन होने लगा। इतिहास की पुस्तकें स्कूलों के लिए 1860 के दशक से ही शुरू हो गईं,[52] परन्तु उनमें देश का जो इतिहास पढ़ाया जाता था उससे भारतीय पढ़े-लिखे लोगों को सन्तोष न था। उन लोगों ने अपना इतिहास अपनी साहित्यिक विधा—उपन्यासों—में लिखना शुरू किया। बंकिम चन्द्र चटर्जी जैसे लेखक ने भी, जो इतिहास लिख सकते थे और पश्चिमी ज्ञान से सुपरिचित थे, अपने इतिहास को अपने उपन्यासों में रखने की कोशिश की। उसके बाद से देश के बहुसंख्यक शिक्षित लोगों के लिए इतिहास के बारे में जानने का सुयोग इतिहास की अकादमिक पुस्तकों से कम और उपन्यासों से अधिक बना। दरअसल इस इतिहास को साम्राज्य के विरुद्ध संघर्ष के एक स्थल के रूप में इस्तेमाल होना था जो कि इतिहास की पाठ्य-पुस्तक लिखकर सम्भव न था। इस प्रकार औपनिवेशिक भारत

में इतिहास को दो स्तरों पर लिखा गया—अकादमिक और जनप्रिय साहित्यिक पुस्तकों के रूप में। पहले वाले में अंग्रेजी शासन की हुकूमत की प्रशंसा साम्राज्य के समाप्त होने तक चलती रही जबकि विविध रूपों में उपन्यासों में आया इतिहास धीरे-धीरे राष्ट्रीयता की ओर मुड़ा रहा और इस तरह राष्ट्रीय रोमांस का एक विधा के रूप में विकास हुआ। इस ऐतिहासिक रोमांस में ही देश के प्रबुद्ध लेखकों ने अपने इतिहास को समाहित किया। मकरंद परांजपे ने बिलकुल सही लक्षित किया है कि चूँकि इस इतिहास को, जिसे बंकिम चन्द्र जैसे भारतीय लिख रहे थे, साम्राज्यवाद विरोधी स्थल के रूप में उभरना था, जिसके सहारे देश के अतीत और सुदूर अतीत के प्रति गौरव बोध को भारतीयों के मन में प्रतिष्ठित किया जा सके, इसलिए उन्होंने तथ्यों पर आधारित इतिहास लिखने की जगह ऐतिहासिक रोमांस लिखना श्रेयस्कर समझा।[53] यह सिलसिला बाद में भी नहीं रुका और भारत की सभी प्रमुख भाषाओं में अकादमिक इतिहास और लोकप्रिय इतिहास, जो साहित्यिक विधाओं में आए, के बीच अन्तर बना रहा। कुछ विद्वानों ने लक्षित किया है कि इन दोनों प्रकार के इतिहासों में लोकप्रिय इतिहास का प्रभाव शिक्षित समुदाय पर ज्यादा रहा। जो अकादमिक इतिहास था वह मुख्यत: अकादमिक परिसरों में ही चलन में रहा और अकादमिक संस्थानों के परिसरों में ही सीमाबद्ध रहा। दीपेश चक्रवर्ती ने जदुनाथ सरकार के हवाले से एक उदाहरण दिया है जिसमें सरकार के लिखे शिवाजी पर ग्रंथों और महाराष्ट्र में लोकप्रिय शिवाजी के लोकप्रिय इतिहास के बीच में अन्तर पर बात की गई है। जदुनाथ सरकार को अपने और लोकप्रिय इतिहास के बीच के अन्तर को समझाने के लिए बहुत कोशिश करनी पड़ी और अन्त में वे यह समझाने में सफल नहीं हो सके कि उनकी शिवाजी पर लिखी इतिहास पुस्तक ही असली इतिहास है और लोकप्रिय इतिहास पुस्तकों में शिवाजी के बारे में जो वर्णित है वह कहानी है और उसका आधार कल्पना है।[54]

शुरू में लोकप्रिय इतिहास और अकादमिक इतिहास के बीच का यह अन्तर मुख्यत: प्राचीन और मध्यकाल तक ही होता था। धीरे-धीरे लोकप्रिय इतिहास के दायरे में आधुनिक काल का इतिहास भी आ गया। इस पूरे मामले में एक दिलचस्प बात यह हुई कि अकादमिक इतिहास-पुस्तकों में मुसलमान शासन के अत्याचारों का बखान और ब्रिटिश शासन का गुणगान होता था और लोकप्रिय इतिहास में राष्ट्रवाद के प्रति थोड़ा झुकाव दिखलाई पड़ता था। यह झुकाव धीरे-धीरे बढ़ता गया और गांधी युग में इस तरह के लोकप्रिय साहित्य में इतिहास राष्ट्रीय आन्दोलन और उसके नायकों की गौरवमय कहानी बयान करने लगा।

उपन्यासों में राजनीतिक इतिहास भिन्न-भिन्न रूपों में आया। राजनीतिक उपन्यास की एक दूसरे किस्म की समझ भी विद्वानों के बीच रही है। रवीन्द्रनाथ, शरत और प्रेमचन्द के उपन्यासों में राजनीति नहीं थी यह कहना भूल होगी लेकिन

उनके उपन्यासों को राजनीतिक उपन्यास कहना कठिन है ऐसा भी कुछ लोग मानते हैं। भबानी सेनगुप्ता ने लिखा है कि शायद ही कोई उपन्यासकार राष्ट्रवाद के प्रति उदासीन रहा हो लेकिन भारतीय साहित्य में उल्लेख योग्य राजनीतिक उपन्यास नहीं लिखे गए। बांग्ला उपन्यासकारों के बारे में उन्होंने यहाँ तक लिख दिया है कि बांग्ला राजनीतिक उपन्यासों में वयस्क साहित्यिक व्यक्तित्व का विकास ही नहीं हुआ और उपन्यासकारों ने बांग्ला नाटककारों और कवियों की तुलना में कम संवेदनशीलता दिखलाई।[55] हिन्दी उपन्यासों के बारे में योगेन्द्र मलिक ने भी इसी तरह का मत प्रकट किया है। उनका मत है कि आजादी के पहले और बाद के वर्षों में हिन्दी उपन्यासकार ऐसे उपन्यासों की रचना नहीं कर पाए जिनके बारे में कहा जा सकता हो कि उनमें तत्कालीन राजनीतिक परिस्थितियों का कोई महत्त्वपूर्ण आकलन किया गया है।[56] ये मत निश्चित रूप से प्रश्नांकित किए जा सकते हैं। जिन्हें ऐतिहासिक गल्प (फिक्शन) कहा जाता है उनमें इतिहास दूसरे रूप में आता है। साथ ही ऐसे उपन्यास भी हैं जिनमें सामाजिक और राजनीतिक मुद्दे इस तरह मिले हुए हैं कि इसे दोनों रूपों में पढ़ा और समझा जा सकता है। शरत चन्द्र के *पथ के दावेदार*, रवीन्द्रनाथ के *चार अध्याय* में राजनीति किस तरह से है, इसे आसानी से समझा जा सकता है। यही नहीं, सतीनाथ भादुड़ी के *जागरी* और *ढोडाय चरित* में इतिहास नहीं है यह कहना शायद गलत होगा। कई ऐसे उपन्यास हैं जो उतने चर्चित उपन्यासकारों ने नहीं लिखे हैं इसलिए उनमें वर्णित इतिहास प्रसंगों पर कम बातचीत हुई है। उदाहरण के तौर पर नबेन्दु घोष (जो बाद में फिल्म जगत के एक मशहूर लेखक के रूप में विख्यात हुए) का उदाहरण लिया जा सकता है। उन्होंने एक उपन्यास लिखा था जो 1942 की पृष्ठभूमि को लेकर था। उस उपन्यास को लिखने के कारण उनको अपनी सरकारी नौकरी गँवानी पड़ी थी। उसी तरह फणीश्वरनाथ रेणु के उपन्यास *मैला आँचल* को लिया जा सकता है जिसमें सामाजिक कहानी के साथ ही उस समय की राजनीति का बहुत गहन चित्रण उपलब्ध है। इसी क्रम में नागार्जुन के उपन्यासों को भी रखा जा सकता है जिसमें उस समय के राजनीतिक संघर्ष का यथार्थ चित्रण हुआ है। जान-बूझकर जिन राजनीतिक उपन्यासकारों को इस अध्ययन के लिए चुना गया है उनके उपन्यासों के नामों का उल्लेख यहाँ नहीं किया जा रहा है। यथास्थान उनकी चर्चा की जाएगी।

इन उपन्यासों में आए ऐतिहासिक वर्णन और विश्लेषण को आधार बनाकर क्या हम इतिहास को समझ सकते हैं या नहीं, यह प्रश्न विद्वानों को दो दिशाओं में ले जाता है। विद्वानों का एक दल इस बात को मानता है कि अतीत के बारे में सिर्फ इतिहासकार को ही अधिकार देना अनुचित होगा। मेरी बेयर्ड (Mary Beard) ने माना है कि ऐतिहासिक गल्प और ऐतिहासिक तथ्यों के बीच का सम्बन्ध हमेशा समस्याग्रस्त (प्रॉब्लमेटिक) रहा है और सिर्फ प्रशिक्षित इतिहासकारों को अतीत के

बारे में बोलने का एकाधिकार नहीं होना चाहिए। सिर्फ इतिहासकार इसे नियंत्रित नहीं कर सकते और उन्हें इसका मालिक नहीं माना जा सकता।[57] वे चाहती हैं कि अतीत चर्चा को अधिक लोकतांत्रिक बनाया जाए और हर किसी को अतीत के बारे में बोलने का हक होना चाहिए। वे कहती हैं कि जो प्रशिक्षित इतिहासकार हैं उनका यह दायित्व है कि वे इसको समझें कि अतीत की भिन्न-भिन्न कहानियाँ कैसे निर्मित हुईं।[58] पॉल रिकर (Paul Ricoeur) ने पहले ही कहा था कि इतिहास का हर अध्ययन एक आख्यान ही होते हैं हाल के वर्षों में कई लेखकों ने भी इसी तरह के मत प्रकट किए हैं।

इतिहासकारों के बीच इस विषय पर फ्रांसीसी इतिहासकार जॉर्ज डुबी ने बहुत गम्भीरता से अपनी पुस्तक *History Continues*[59] में विचार किया है। वे यह कहते हैं कि आख्यान इतिहास से अलग है और इसके लिखने का उद्‌देश्य अलग होता है। इस तरह के लेखन का उद्‌देश्य होता है मनोरंजन करना और लोगों को किसी चीज के बारे में ठोस निष्कर्ष देना और इसे करने के साथ लेखक विश्व की एक नई धारणा देता है। इस तरह के लेखन को वे कम निर्भर-योग्य मानते हैं। वे कहते हैं कि लेखक (जो सामान्यतः ईमानदार होते हैं) वही कहता है जो उसे मालूम है और वह अपने जाने हुए को अपने ढंग से कहता है। इस क्रम में वह जाने-अनजाने चीजों को बदलकर अच्छा लिखने के लिए पेश करता है। वह किसी को ज्यादा महत्त्व देता है किसी को कम और किसी हिस्से को छोड़ देता है। कभी-कभी जो नहीं हुआ है उसे अपनी कल्पना के रंग से भरता है। इस तरह वह किसी स्वार्थ के लिए न सही अपनी कल्पना (फैन्टेसी) का कैदी हो जाता है। दुबी का यह कथन एक यथार्थवादी दृष्टिकोण प्रतीत होता है, लेकिन दुबी ने यह उस सन्दर्भ में कहा था जब वे मध्ययुग के शुरुआती समय के लेखकों के बारे में लिख रहे थे। जिस समय लेखक आधुनिक लेखक की तरह ऐतिहासिक समय के बारे में इतिहासकार से अलग सोच रख सकता था। दरअसल दुबी पर लुई अल्थूसर का प्रभाव था, और वे इसे स्वीकार भी करते थे। अल्थूसर यह मानते थे कि एक व्यक्ति अपनी वास्तविक स्थिति के बारे में भी एक काल्पनिक धारणा रखता है।[60] इस कारण से कल्पना को वे वास्तविकता से थोड़ा अलगाकर देखते हैं। इस प्रभाव को रखते हुए भी स्वयं दुबी ने एक बड़े इतिहासकार की तरह सोचते हुए अपने इस कथन का खुद ही अतिक्रमण उसी पुस्तक में किया है। वे इतिहासकार को दस्तावेजों से परे जाने के लिए भी कहते हैं। युद्ध और शान्ति के वर्णन के साथ ही वे चाहते हैं कि इतिहासकार यह देखे कि युद्ध और शान्ति का उनके लिए क्या अर्थ था जो उसके भागीदार थे। वे कहते हैं—"It is not enough to present the readers with 'facts'. It must try to see things through those warriors' eyes."[61] आगे वे कहते हैं, "इस समय इतिहास की रुचि तथ्यों में उतनी नहीं है जितनी कि

सम्बन्धों में। वे इतिहासकार के 'इंप्रेशन' को भी महत्त्व देते हुए कहते हैं कि इसका महत्त्व किसी चीज के निश्चित होने से अधिक है।"[62] दुबी ने इस बात की वकालत भी की है कि इतिहासकार को अपनी स्वाधीनता का उपयोग करना चाहिए, भावना को महसूस करना चाहिए और चुप रखी गई आवाजों को सुनना चाहिए।[63] अपनी बात को पूर्णता देते हुए वे हेनरी गौहिएर को अपनी सहमति के साथ उद्धृत करते हुए लिखते हैं, इतिहासकार को नाटक के उस निर्देशक की तरह होना चाहिए जो स्टेज के तैयार होने के बाद...स्क्रिप्ट को हाथ में रखकर शो को चलने दे और उसे दर्शकों तक जाने दे। वह इतिहासकार को बहाव में जाने तक की बात करते हैं और कहते हैं कि आवेग सत्य का शत्रु नहीं बल्कि यह एक अवसर है जिसके सहारे सत्य का साक्षात्कार और नजदीक से हो सके।[64]

इस आलोचना के बाद यह कहना अनुचित न होगा कि अतीत को समझने के लिए दस्तावेज पर निर्भर इतिहास से आगे जाकर, अतीत का साक्षात्कार करने के लिए साहित्यिक स्रोतों की ओर जाना अतीत के आशयघन वर्णन के लिए उपयुक्त है।

सन्दर्भ

1. अतीत के बारे में लिखनेवाले इतिहासकारों के बीच दो तरह के मत रहे हैं। एक के लिए इतिहास का सम्बन्ध वर्तमान से अधिक होता है अतीत से कम। दूसरे के लिए वर्तमान के हिसाब से नहीं इतिहास को उस समय के हिसाब से देखा जाना चाहिए जिस समय यह घटित होता है।
2. ई.एच. कार कहते हैं—"The facts...are like fish on the fishmonger's slab. The historian collects them, takes them home and cooks and serves them."
3. इस दिलचस्प बहस में जिसमें ई.एच. कार के विचारों के साथ इजाया बर्लिन, ट्रेवर रोपर और पीटर गेयल आदि ने अपनी असहमति व्यक्त की है उसके बारे में एक भारतीय वेद मेहता ने अपनी पुस्तक में दोनों पक्षों पर विस्तार से चर्चा की है। (Ved Mehta, *Fly and the Fly-Bottle: Encounters with British Intellectuals,* Weidenfeld and Nicolson, London, 1963) यह भी ध्यान देने योग्य है कि इस लेक्चर के कुछ महीने बाद भारतीय इतिहासकार सर्वपल्ली गोपाल ने जो सफल नहीं हुए उनके वृत्तान्तों को भी इतिहास में स्थान देने की बात पर जोर दिया था।
4. वही, पृ. 129
5. इस बात को पीटर गेयल पहले से ही बहुत गम्भीरता से कहते आ रहे थे। उन्होंने लिखा है—"No book can reproduce more than a part of that reality." Pieter Geyl, *Debates with Historians, Collins,* 1967 (1955 में पहली बार प्रकाशित), पृ. 9
6. उनका कहना है—"historians (who are the guardians of the mankind's collective memory) often use (or abuse) their guardianship to help in creating the legends which substitute themselves for the reality."

7. Alun Munslow, *The Future of History,* Palgrave Macmillan, 2010, पृ. 16, 29
8. "The prime reason why the study of history is demanding one is that so much is necessarily left to discretion of the historian." (John Cannon, *The Historian at Work,* George Allen and Unwin, London, 1980, पृ. 2)
9. इतिहासवादी चिन्तकों ने साहित्य को महत्त्व दिया लेकिन उन्होंने साहित्य को इतिहास के सहायक के रूप में ही देखा। साहित्य को देखने का एक और नजरिया जो बीसवीं शताब्दी के चालीस के दशक में उभरा उसमें साहित्य को इतिहास से ऊपर रखकर देखने की कोशिश हुई। दोनों को ही अपर्याप्त मानते हुए नव इतिहासवादी चिन्तकों ने कहा कि इस तरह की प्रवृत्ति के स्थान पर साहित्य को भी अतीत को समझने में सहायक मानने की जरूरत है। 1970 और 1980 के दशक में इतिहासवाद और नव इतिहासवाद (cultural poetics) से जुड़े चिन्तकों ने साहित्य को अतीत को समझने के लिए स्वतंत्र और महत्त्वपूर्ण स्रोत मानने पर बल दिया। स्टीफन ग्रीनब्लाट्ट ने सबसे पहले 'न्यू हिस्टोरीसिज्म' पद का प्रयोग किया और अपनी ओर से इसे 'कल्चरल पोएटिक्स' कहा। उन्होंने और कुछ अन्य विद्वानों ने मिशेल फूको और अन्य चिन्तकों के विचारों के आधार पर यह कहा कि ऐतिहासिक और साहित्यिक आख्यानों के मिलने से अतीत की एक बेहतर समझ बन सकती है। इसे वे आशयघन वर्णन (thick description) कहते हैं।
10. "...history simply shows us 'what happened', whereas works of literary art (novel) show us 'things such as might happen' in a human life...literature focuses on the possible, inviting its readers to wonder about themselves." (Martha C. Nussbaum, *Poetic Justice : The Literary Imagination and Publice Life,* Beacon Press, Boston, 1995)
11. चन्द्रकान्त बांदिवडेकर (सम्पादक), *धर्मवीर भारती ग्रंथावली* खंड 6, वाणी प्रकाशन, दिल्ली, 2009, पृ. 253-254
12. यहाँ राजनीतिक उपन्यास के बारे में इरविंग हो (Irwing Howe) की परिभाषा को स्वीकार किया गया है जिसके अनुसार वह उपन्यास जिसे हम राजनीतिक मानें और इसके साथ यह दिखा सकें कि ऐसा मानने का कारण क्या है। उन्होंने कहा है—"a political novel is any novel which we may choose to regard as political and show why we think so." (Irwing Howe, *The Idea of the Political Novel,* 1957)
13. यह बात ध्यान देने योग्य है कि जलियाँवाला बाग की घटना के बाद कांग्रेस का जो महत्त्वपूर्ण अधिवेशन अमृतसर में बाग के पास ही हुआ था और जहाँ से सरकार के सुधारों पर प्रस्ताव लिया गया था उसमें जो सबसे महत्त्वपूर्ण प्रस्ताव लिया गया था उसके प्रस्तावक गांधी थे और उसका समर्थन जिन्ना ने किया था। उस अधिवेशन में मोतीलाल नेहरू ने गांधी को महात्मा गांधी नाम से सम्बोधित किया और जिन्ना ने भी उन्हें महात्मा गांधी ही कहा। यह अधिवेशन गांधी के उत्थान में एक मार्ग चिह्न माना जा सकता है। इस अधिवेशन में तिलक, चित्तरंजन दास और बिपिन चन्द्र पाल ने सरकारी सुधार प्रस्तावों का विरोध किया था और मालवीय, मोतीलाल नेहरू और एनी बेसेंट इन सुधारों के पक्ष में थे। जलियाँवाला बाग हत्याकांड के कुछ महीने बाद ही घटनास्थल से नजदीक ही हो रहे कांग्रेस अधिवेशन में इस हत्याकांड पर बहस हो रही थी। दोनों पक्षों के बीच-बचाव की भावना से गांधी ने एक प्रस्ताव बनाया था। इस प्रस्ताव का

समर्थन जिन्ना ने किया था। गांधी के इस प्रस्ताव में गांधी ने हत्याकांड की निन्दा के साथ ही भारतीयों द्वारा की गई हिंसा की भी निन्दा की थी। गांधी के शब्द थे—"The Government went mad, but our people also went mad।" इस अधिवेशन में ही पुराने बड़े नेताओं का प्रभाव कम हुआ था और नया नेतृत्व गांधी के साथ आगे आया था। उस समय जिन्ना ने गांधी का साथ दिया था। उनके बीच की दूरी तब बढ़ी जब गांधी ने 'डायरेक्ट एक्शन' में रुचि लेना शुरू किया। गांधी का आल इंडिया होमरूल का सभापति बनना भी जिन्ना को पसन्द नहीं आया। जूडिथ ब्राउन ने कहा है कि मुस्लिम नेताओं ने अहिंसा को एक नीति के रूप में ही स्वीकार किया था, उसमें उनका विश्वास न था। गांधी के उत्थान और उसमें सहायक हुए खिलाफत के समर्थकों की भूमिका पर दो इतिहासकारों ने विशेष रूप से अध्ययन किया है। (Judith Brown, *Gandhi's Rise to Power*, 1972; Gail Minault, *The Khilafat Movement: Religious Symbolism and Political Mobilization in India*, OUP, Delhi, 1982)

14. यूँ तो गांधी के साथ जिन्ना के सैद्धान्तिक अन्तर पर बहुत लिखा गया है, लेकिन इस प्रसंग में एक पुस्तक को देखना विशेष रूप से उपयोगी है जिसका प्रकाशन उस समय हुआ था जब देश विभाजन का होना तय नहीं था। इस पुस्तक में यह दिखलाया गया है कि जिन्ना का गांधी से सैद्धान्तिक मतभेद कलकत्ता के कांग्रेस अधिवेशन से नागपुर अधिवेशन के बीच बढ़ा। गांधी ने जिन्ना को जब एक तरह से नई राजनीति में भागीदारी का आमंत्रण दिया तो जिन्ना ने उसे अस्वीकार किया और इसके कारण गिनाए। जिन्ना ने लिखा कि इसका परिणाम बुरा होगा। गांधी की राजनीति ने हिन्दू और मुसलमानों में ही नहीं, हिन्दू और हिन्दू और मुसलमान और मुसलमान के बीच अन्तर पैदा कर दिया है। सरकार के अन्यायपूर्ण रवैये के कारण देश के लोग बेचैन हैं और थोड़े समय के लिए देश के युवाओं और अशिक्षितों में गांधी के कार्यक्रमों का प्रभाव हो गया है। लेकिन इसके कारण एक अव्यवस्था फैलेगी और देश का अहित होगा। (Matlubul Hasan Saiyid, *Mohammad Ali Jinnah (A Political Study)*, Shaikh Muhammad Ashraf, Lahore, 1945, पृ. 264-265)
15. मुहम्मद अली जिन्ना के गांधी के पूर्व के राजनैतिक जीवन पर दृष्टि डालने से यह स्पष्ट हो जाता है कि गांधी के आने से उनकी राजनीतिक स्थिति में गुणात्मक अन्तर आया। दिसम्बर 1915 में बम्बई के दस हजार मुसलमानों ने मुस्लिम लीग के जिन्ना के नेतृत्व में होनेवाले अधिवेशन का विरोध किया था। सरदार सुलेमान कासिम जैसे नेता ने यह कहा था कि इस कांग्रेसपरस्त लीग का नेतृत्व शिया कर रहे हैं और इसमें सुन्नी मुसलमानों की आवाज सुनी ही नहीं जा रही है। (पुलिस कमिश्नर की रिपोर्ट, *Source Material of the Freedom Movement in India*, Vol. II, 1885-1920, पृ. 876-882)
16. उन्होंने तीन ऐसी पुस्तकें लिखी हैं जिनके आधार पर यह कहा जा सकता है कि इतिहास लेखन के बारे में वे गम्भीरता से सोचते थे। उन्होंने *गांधी इन चम्पारण* और *इंडिया डिवाइडेड* लिखी ही है उनकी आत्मकथा भी एक नेहरू की आत्मकथा—*मेरी कहानी* की तरह अपने समय के इतिहास के लिए एक जरूरी पुस्तक है। वे जदुनाथ सरकार के विद्यार्थी रहे थे। सरकार और कलिकिंकर दत्त के सम्पर्क में वे बाद के जीवन में बने रहे थे। जदुनाथ सरकार के साथ उनका इतिहास के रोल को लेकर जो संवाद हुआ है उससे स्पष्ट है कि वे इतिहास के महत्त्व को लेकर बहुत गम्भीर थे।

17. *Proceedings of the Indian History Congress,* Vol. 13 (1950), पृ. 5
18. जन्म 1895, लखनऊ के बैरिस्टर के पुत्र और गांधी जी के अनन्य सहयोगी अब्बास तैयब जी के दामाद, उच्च शिक्षा के लिए ऑक्सफोर्ड गए जहाँ राष्ट्रवाद के प्रति उनका रुझान हुआ; पहले जामिया मिलिया इस्लामिया के साथ जुड़े और फिर असहयोग आन्दोलन के बाद अलीगढ़ मुस्लिम यूनिवर्सिटी में अध्यापन किया; 1925 में मोतीलाल नेहरू के स्वराज पार्टी के सदस्य के रूप में उत्तर प्रदेश की काउंसिल के लिए चुने गए; जवाहरलाल नेहरू के प्रति आदर का भाव रखते थे और अपनी आय का बड़ा हिस्सा उन्होंने कांग्रेस को दान किया, ऐसा कहा जाता है; चालीस के दशक में मार्क्सवाद की ओर झुके और बाद में मध्यकालीन इतिहास के बड़े विद्वान माने गए; कई पुस्तकें लिखीं और अपने समय के मध्यकाल के बड़े विद्वान माने गए; जवाहरलाल नेहरू से दोस्ताना ताल्लुकात; नेहरू के गुजरने के बाद उस परिवार से उतनी नजदीकी नहीं रही; मृत्यु 1967
19. इसके एक अंश को मूल अंग्रेजी में पढ़ा जाना उचित होगा—"In this solemn and sacred hour, when our organisation is meeting for the first time under the flag of a free and independent India, it is our privilege and duty on behalf of ourselves and of students of Indian history in generations yet to come to pay our humble tribute to Mahatma Gandhi and the leaders of the Indian National Congress for their world-historic achievement. This is not a question on which the opinion of well informed contemporaries can be overthrown by the researches of posterity. At a time when, in an atmosphere of inexpressible gloom, our country was lying helpless under the heel of the foreigner, without self respect, without vision and without hope, it pleased the Lord to send to us the *greatest Indian teacher of all times* (emphasis added); and under his divinely inspired guidance we have, after a bloodless struggle of thirty years, liquidated peacefully and by mutual agreement one of the most powerful empires the world has seen. Neither the foreign ruler nor his Indian underling has suffered anything in the process; the wounds and the sufferings have been entirely ours, and our also the glory of the moral endeavor and accomplishment. No Revolution so pacific and so momentous is found in the history of any land."
20. मूल अंग्रेजी में—"If we are true to the teachings of our greatest thinkers from the composers of the Vedic hymns to Mahatma Gandhi, our moral standards will be universal and absolute."
21. मूल अंग्रेजी में—"There is a great necessity in our country which has recently won her freedom to guard against the corruptive influence of power and there is nothing which can act as a greater or better safeguard than a study of history...the duty of the historian is to supply the rudder to the statesman so that he should know the direction he is taking, what are the dangers ahead and how far the course he has decided upon is in keeping with the traditions of his country."
22. मूल अंग्रेजी में—"...Our history, truly visualized, has been a history of unity... Our greatest thinkers and our greatest statesmen have thought and dreamt about the unity of India and if historians must find a rhythm in our history that is the rhythm to which historical events have marched."

23. उन्होंने लिखा—"...rewriting the history of India, an object desired by all Indians...but desires must serve India's future history...the supreme question is whether to treat history as a noun or as a verb...With the help of his materials and methods and by virtue of his being an Indian living in this century, the Indian historian must remake the history of India...We Indians have never been told by the historians that this India is a going concern." (Dhurjati Prasad Mukerji, *On Indian History,* Hind Kitabs, Bombay, 1945, p. vii, 8, 98-99। इस पुस्तक में मार्क्सवादी पद्धति की वकालत की गई है, लेकिन बहुत ही कायदे से इतिहास लेखकों से अपील की गई है कि उन्हें सामाजिक प्रक्रिया के विश्लेषण और इतिहास दर्शन के साथ अतीत की व्याख्या का दायित्व लेना चाहिए ताकि भारत जैसा है वैसा कैसे बना इसकी एक सम्यक समझ बन सके। इस पुस्तक के दो अध्याय 'Demands on the Indian Historian' और 'On Indian History' विशेष रूप से उल्लेखनीय हैं, जिनमें वर्तमान के सरोकारों पर बल देने का प्रयास स्पष्ट है।
24. इस सम्बन्ध में विस्तार से चर्चा के लिए देखें T.C.A. Raghavan, *History Men,* Harper Collins, Noida, 2020
25. जन्म 1923; सर्वपल्ली राधाकृष्णन के पुत्र; कॉलेज और विश्वविद्यालय की शिक्षा ऑक्सफोर्ड में; वहीं अध्यापन भी किया; विदेश विभाग में जवाहरलाल नेहरू के साथ घनिष्ठ रूप से जुड़कर काम किया; इंदिरा गांधी द्वारा जब जवाहरलाल नेहरू विश्वविद्यालय की स्थापना हुई तो वे इतिहास के प्रोफेसर बने; एक लिबरल इतिहासकार के रूप में ख्याति; जवाहरलाल नेहरू की सबसे प्रामाणिक जीवनी के लेखक और उनके 'कलेक्टेड वर्क्स' के सम्पादक; पद्म विभूषण से विभूषित; मृत्यु 2002।
26. इतिहास लेखन के क्षेत्र में 'व्हिग' स्कूल ऐसे इतिहास लेखन की धारा का प्रतिनिधित्व करता है जिसमें इतिहास को एक गंतव्य (telos) की ओर बढ़ते हुए देखा जाता है। बटरफील्ड इस स्कूल के एक प्रमुख इतिहासकार हैं।
27. सभापति का अभिभाषण, आधुनिक भारतीय इतिहास विभाग, *Proceedings of the Indian History Congress,* Vol. 24 (1961), पृ. 197-202
28. जन्म 1931; विख्यात थापर परिवार में जन्म जिस परिवार के सदस्य जवाहरलाल नेहरू और इंदिरा गांधी के बहुत निकट रहे; लंदन विश्वविद्यालय में उच्च शिक्षा और शोध कार्य; कुरुक्षेत्र विश्वविद्यालय (1961-1962), और दिल्ली विश्वविद्यालय (1963-1970) में अध्यापन के बाद जवाहरलाल नेहरू विश्वविद्यालय की स्थापना के बाद प्रोफेसर; प्राचीन भारतीय इतिहास के अध्ययन के लिए विख्यात।
29. मूल अंग्रेजी में—"By maintaining that Indian society has always been an integrated society, tolerant and nationally unified, we have landed ourselves in the difficult position." जायसवाल के लेखन को उन्होंने 'dubious' (सन्दिग्ध) कहा।
30. मूल अंग्रेजी में—"It is indeed fortunate in a sense that there is not a sizable body of Buddhists in India today, else we would no doubt have to introduce a Buddhist period as well."
31. मूल अंग्रेजी में "There was a tremendous desire to delve into India's past...the national movement was creating a pride and enthusiasm in the Indian heritage. But since the material superiority of Europe could not be denied, an attitude

grew up of an inverted inferiority complex, where it was maintained that although Europe was materially in advance of Asia and particularly India, in spiritual matters India had always been superior." *Proceedings of the Indian History Congress*, Vol. 24 (1961), पृ. 345-350

32. मूल अंग्रेजी में—"In view of the importance which general histories have for the lay reader and for the student, it is essential that our leading historians should not consider it beneath themselves to write shorter text books. Dr. Tara Chand's *Short History of the Indian People* was a very important contribution. Our Prime Minister's *Discovery of India* should also be mentioned in this connection. It would not be an exaggeration to say that the battle of minds will ultimately be won at the level of schools and colleges, and for that the need of such shorter books is very great." *Proceedings of the Indian History Congress,* Vol. 24 (1961), पृ. 350-357
33. रोमेश चन्द्र मजूमदार की आत्मकथा—*जीबनेर स्मृति दीपे* (बांग्ला), जनरल प्रिंटर्स, कलकत्ता, 1959
34. रोमेश चन्द्र मजूमदार ने लिखा—"During the post-Independence period...the Government, directly or indirectly, seeks to utilize history to buttress some definite idea, such as Gandhian philosophy of non-violence, the artificial conception of fraternal relation between two great communities of India sedulously propagated by him, and several popular slogans evoked by the exigencies of the struggle for freedom...it practically means in many cases the sacrifice of truth."
35. R.C. Mazumdar, *Historiography in Modern India*, Asia Publishing House, Bombay, 1970, पृ. 50-55
36. वही
37. M. Rajiv Lochan, 'Pangs of Partition', *Summer Hill IIAS Review* Vol. VIII, No. 1, Summer, 2002, p. 19। इतिहासकारों की इस प्रवृत्ति के प्रति आपत्ति दर्ज करते हुए हाल के वर्षों में बहुत आक्रामक भाषा में आलोचना की गई है। शंकर शरण ने लिखा है कि "वे (मार्क्सवादी इतिहासकार) एक नई 'स्मृति' बनाना चाहते रहे, जिसमें बिग-ब्रदर (इतिहासकार) बताएँगे कि किस बात को कैसे याद करना चाहिए।" (शंकर शरण, भारत में मार्क्सवादी इतिहास-लेखन, अनामिका, दिल्ली, 2018, पृ. 196)
38. Jogesh Chandra Chatterji, *In Search of Freedom*, Firma K.L. Mukhopadhyay, Calcutta, 1958
39. Mohit Sen, *A Traveller and the Road: The Journey of an Indian Communist,* Rupa & Co., New Delhi, 2003, पृ. 291-293; मोहित सेन के भारत में राष्ट्रीय आन्दोलन के नेतृत्व के प्रति आस्था और क्रान्ति की इस देश में सम्भावना के प्रश्न पर किए गए विश्लेषण के लिए देखें—Mohit Sen, *Revolution in India: Path and Problems,* Peoples' Publishing House, Delhi, 1977. इसमें उनकी पूर्ववर्ती पुस्तक *Indian Revolution—Review and Perspective* (1970) में व्यक्त विचारों को विस्तार दिया गया है।
40. रोमिला थापर ने इसी अर्थ में काशी प्रसाद जायसवाल के इतिहास लेखन की आलोचना की थी और सर्वपल्ली गोपाल ने इस तरह के रोमांटिक राष्ट्रीय विभ्रमों से इतिहासकारों को सावधान किया था, जिसकी चर्चा पहले की जा चुकी है।

41. सावरकर की राष्ट्रीयता और उनकी राजनीति के शुरुआती दौर के एक गम्भीर अध्ययन के लिए देखें Vikram Sampath, *Savarkar,* Penguin Random House India, 2019
42. इसके अलावा तीसरी क्रान्तिकारी राष्ट्रवादी धारा का उल्लेख भी अलग से किया जा सकता है।
43. Perry Anderson, *The Indian Ideology,* Three Essays Collective, 2015 (2012)
44. ये साहित्यिक किन दलों से सहानुभूति रखते थे इस सम्बन्ध में अब्दुल बिस्मिल्लाह ने कहा है कि यशपाल कट्टर मार्क्सवादी, भगवतीचरण वर्मा कांग्रेसी और नागर जी किसी भी पार्टी में नहीं थे। (देखें *संवेद,* मार्च 2018, पृ. 109)
45. *Young India,* 24 Novemebr, 1921
46. Prithwindra Mukherjee, *Bagha Jatin,* Manohar, Delhi, 2016
47. इस मुद्दे पर बेहद महत्त्वपूर्ण चर्चा के लिए देखें Sabyasachi Bhattacharya, 'Cotton Mills and Spinning Wheels: Swadeshi and the Indian Capitalist Class, 1920-22', *Economic and Political Weekly,* Vol. 11, Issue 47, 20 November, 1976
48. क्रान्तिकारी उल्लासकर दत्त के सवाल पर दास और गांधी के बीच वैचारिक अन्तर पर कांग्रेस में मत विभाजन भी हुआ था और हालाँकि गांधी को अधिक लोगों ने समर्थन दिया था, दास के पक्ष में भी बहुत मत पड़े थे। यह स्पष्ट था कि गांधी को कांग्रेस नेतृत्व से अपदस्थ करने के लिए दास सबसे उपयुक्त व्यक्ति थे।
49. इंडियन नेशनल कांग्रेस के सभापति के रूप में मुहम्मद अली का दिया गया भाषण, काकीनाड़ा अधिवेशन 26 दिसम्बर, 1923, *Select Writings and Speeches of Mohammad Ali*। विष्णु प्रभाकर ने स्वामी श्रद्धानन्द की जीवनी में इस प्रसंग का उल्लेख किया है और कहा है कि मुहम्मद अली ने इस आशय का भाषण दिया कि देश के छह करोड़ अछूतों को हिन्दू और मुसलमानों में बराबर-बराबर बाँट लिया जाए। विष्णु प्रभाकर एवं विष्णुदत्त राकेश, *स्वामी श्रद्धानन्द सरस्वती,* साहित्य अकादेमी, नई दिल्ली, 1993
50. B Pattabhi Sitaramaiyya, *The History of the Indian National Congress,* पद्मा पब्लिकेशन्स, बम्बई, 1946, पृ. 262
51. इसे गांधी ने 14 फरवरी, 1924 को लिखा और इसे *Young India* में भी छापा गया।
52. हिन्दी में इतिहास पुस्तक लिखने का पहला प्रयास शिवप्रसाद 'सितारे हिन्द' ने किया जिसे *इतिहास तिमिर नाशक* के नाम से प्रकाशित किया गया।
53. Makarand Paranjape, *Towards a Poetics of the Indian English Novel,* 2000, पृ. 104। इस पुस्तक में भारत में कहानी कहने की शैली की प्राचीन परम्परा पर भी ध्यान दिलाया गया है जिसमें उपन्यास आकर जुड़ा है। इस सन्दर्भ में जैनेन्द्र कुमार का कथन भी उपयोगी है। उन्होंने लिखा था—"कहानी भारत की अपनी चीज है। यह उपनिषद में है, पंचतंत्र में है और हितोपदेश में भी वही है। इन्हीं के माध्यम से वह विदेशों में फैली, विकसित हुई और नाना रूप धरकर लोक-मन में बसी। आधुनिक कहानी हमने विदेशों से प्राप्त की। पर बाहर से इसकी सूचना ही आई। सूचना आते ही हिन्दी की परम्परा जग पड़ी और फिर उसने अपने को अभिव्यक्त किया।" (उद्धृत, रमेश उपाध्याय, 'कहानी का पाठ : कहानी के निहितार्थ', *आलोचना* अक्टूबर 2001-मार्च 2002, पृ. 161)

54. Dipesh Chakrabarty, *The Calling of History: Sir Jadunath Sarkar and His Empire of Truth*, Permanent Black, Ranikhet, पृ. 12-13
55. 'The Political Novel in Bengal', in Yogendra K. Malik ked., *Politics and the Novel in India,* Orient Longman, New Delhi, 1978, पृ. 86। भबानी सेनगुप्ता एक प्रशिक्षित समाजविज्ञानी होने के साथ-साथ एक उपन्यासकार भी थे और उन्होंने बहुत सोच-समझकर यह वक्तव्य दिया है। 1921 में जन्मे सेनगुप्ता ने न्यूयार्क से पीएच.डी. की थी। वे एक प्रतिष्ठित मार्क्सवादी आलोचक माने जाते थे। उनकी तीन पुस्तकें हैं—*Against the Cold War* (1967), *The Fulcrum of Asia* (1970) और *Communism in Indian Politics* (1972)। इसके अलावा दो राजनीतिक उपन्यास *राजपथ-जनपथ, मुक्खो मंत्री* उन्होंने चाणक्य छद्‌मनाम से लिखे थे। वे सोवियत अध्ययन केन्द्र (जे. एन. यू.) के प्रोफेसर रहे।
56. Yogendra K. Malik 'Contemporary political in Hindi' Y. K. Malik ed., *Politics and the Novel in India,* Orient Longman, New Delhi, 1978
57. https://www.dhakatribune.com/magazine/arts-letters/2019/02/26/mary-beard-interview-being-a-popular-writer-helps-you-say-the-unpopular (इसे 12 April, 2019 को देखा गया है)
58. वही
59. Georges Duby, *History Continues,* University of Chicago Press, Chicago, 1994, पृ. 19,24। वे इस पुस्तक में कई स्थलों पर लेखक के सन्दिग्ध होने की बात करते हैं।
60. देखें Althusser, *Lenin and His Philosophy,* London, 1971
61. वही, पृ. 45
62. मूल अंग्रेजी में—"relying on the 'historian's impressions more than certitudes."
63. मूल अंग्रेजी में—"feel the emotion" and "hear the sound of long silenced voices." (वही पृ. 46)
64. मूल अंग्रेजी में—"Once the stage is ready, the scene set, and the script in hand, the director's job is to put on a show, to put the script to life and get it across to the audience...historian allows himself to be carried away, his performance will only benefit. Passion is not the enemy of truth but an opportunity to approach it more closely." (वही, पृ. 48)

2

भगवतीचरण वर्मा के उपन्यासों में मध्यवर्ग, राष्ट्रीयता और राजनीतिक इतिहास के चित्र

इतिहासकार लाल बहादुर वर्मा ने लिखा है कि आधुनिक काल का निर्माता और संचालक मध्यवर्ग ही रहा है। यही सबसे चेतनशील और सृजनशील वर्ग होता है और यही वर्ग अपनी वंचनाओं को महसूस कर सकता है तथा उसके विश्लेषण की नई राहें भी तलाश कर सकता है। लेकिन भारतीय मध्यवर्ग के बारे में उन्होंने यह माना है कि भारत का मध्यवर्ग औपनिवेशिक स्थिति में ब्रिटिश राज के कारण पैदा हुआ। इस कारण से इसका चरित्र ही बना व्यवस्था के प्रति कृतज्ञ होने का। इसका नैसर्गिक विकास नहीं हो पाया। इसका प्रमाण इससे भी मिलता है कि भारत का राष्ट्रीय आन्दोलन प्राय: समझौतापरस्त रहा—समझौते से ही आजादी मिली और उसी के कारण विभाजन हुआ।[1] इसी से मिलते-जुलते विचारों की अभिव्यक्ति भगवतीचरण वर्मा के राजनैतिक उपन्यासों में हुई है। इस अध्याय में उनके उपन्यासों में वर्णित राजनीतिक इतिहास के चित्रों के अध्ययन से 1919 से 1962 के बीच के राजनीतिक इतिहास को उकेरने की कोशिश की गई है।

भगवतीचरण वर्मा ने हमेशा यही कहा कि उन्होंने जो कुछ किया वह जीविकोपार्जन के लिए किया, बहुत सोच-समझकर नहीं किया। परन्तु उनके कुछ उपन्यासों में आधुनिक भारतीय राजनीति के यथार्थ से परिचित कराते चित्र इतने सुव्यवस्थित ढंग से उपस्थित हैं कि ऐसा माना जा सकता है कि ये राजनीतिक उपन्यास हैं और इनके आधार पर गांधी और नेहरू युग के इतिहास की पुनर्रचना भी सम्भव है। इस अध्ययन में उनके तीन उपन्यासों—*भूले बिसरे चित्र, सीधी सच्ची बातें* और *प्रश्न और मरीचिका* में वर्णित राजनीतिक वृत्तान्तों के सहारे उस युग के राजनीतिक इतिहास के कुछ महत्त्वपूर्ण प्रसंगों की चर्चा की गई है। इन उपन्यासों की कथा-योजना और कालखंडों पर विचार करने से यह स्पष्ट हो जाता है कि लेखक ने एक योजनाबद्ध तरीके से कम-से-कम 1911 से 1964 के बीच की राजनीतिक कथा कहने की कोशिश की है।

अपने उपन्यास *भूले बिसरे चित्र* में उन्होंने 1885 से 1930 की कथा लिखी है। इस उपन्यास के बारे में विश्वंभर नाथ उपाध्याय ने कहा है कि सामाजिक और राजनीतिक विषयों को कुछ सरल तरीके से देखा गया है लेकिन उपन्यास का गठन इस तरह का है कि यह अपने दृष्टि के संवाहक के रूप में स्वीकार्य है। दूसरे उपन्यास *सीधी सच्ची बातें* में 1939 से 1948 के कालखंड की राजनीतिक कथा कही गई है। शुरुआत त्रिपुरी कांग्रेस के समय से होती है और 1942 के आन्दोलन से होते हुए यह कथा गांधी हत्या के दिन 30 जनवरी, 1948 के दिन तक चलती है। 1930 से 1939 की अवधि में उन्होंने एक अन्य उपन्यास लिखा था, जिसमें विचारधारात्मक स्तर पर तीन राजनीतिक विचारधाराओं की टकराहटों को चित्रित करने का प्रयास किया गया है। इस अध्ययन में घटनाक्रमों को ध्यान में रखा गया है जिसमें विचारधारात्मक अध्ययन की गुंजाइश बहुत सीमित है, इसलिए इस अध्ययन में इस उपन्यास—*टेढ़े मेढ़े रास्ते* को दूसरे प्रकार के अध्ययन के लिए उपयुक्त मानकर छोड़ दिया गया है।

भगवतीचरण वर्मा का जन्म एक सम्पन्न कायस्थ वकील के परिवार में हुआ था, परन्तु उनके पिता के 1908 में देहान्त के बाद उनके घर की माली हालत बिगड़ती गई और उनकी आर्थिक दिक्कतें लगातार बनी रहीं। पिता की मृत्यु के समय वे मात्र पाँच वर्ष के थे और उसके बाद उनके घर के खर्च के लिए बस एक बॉन्ड का सहारा था जिससे कुछ मासिक आय थी।[2] उनका परिवार आर्यसमाज से प्रभावित था। उनकी शिक्षा आर्यसमाज स्कूल और थियोसोफी स्कूल में हुई। भगवती जी के स्कूल के बच्चे सम्पन्न परिवारों से आते थे और उनके बीच इन्हें अपनी विपन्नता का बोध होता था, लेकिन वे बहुत स्वाभिमानी थे और किसी की मदद लेना पसन्द नहीं करते थे। एक किस्म का स्वाभिमान उनमें बचपन से ही था और उनका यह स्वभाव अन्त तक ऐसा ही बना रहा। सातवीं कक्षा में वे हिन्दी में फेल हुए और उसके बाद उनके एक हिन्दी शिक्षक ने उन्हें मदद की। कहा जाता है कि हिन्दी शिक्षक ने ही उन्हें हिन्दी साहित्यिक पत्रिकाओं से जोड़ा। वे कविता लिखने लगे और उनकी कविताएँ *प्रताप* पत्रिका में भी प्रकाशित हुईं। उस समय इस पत्रिका का बड़ा मान था और इसके सम्पादक यशस्वी गणेश शंकर विद्यार्थी थे। भगवती 1920 में हाई स्कूल की परीक्षा में बैठे, पर पास नहीं हो सके। अगले वर्ष पास हो सके। इंटर की परीक्षा में भी वे एक बार फेल हुए। 1924 में वे द्वितीय श्रेणी से इंटर पास हुए। इसी बीच उनका विवाह हुआ। कुछ साहित्यिकों से उनका सम्पर्क इन्हीं दिनों हुआ और उनकी इच्छा थी कि वे बनारस हिन्दू विश्वविद्यालय से बी.ए. पास करें, लेकिन उन्हें दाखिला नहीं मिल सका। किसी तरह से वे इलाहाबाद विश्वविद्यालय में दाखिला ले सके। 1924 से 1926 तक वे हर सप्ताह तीन दिन कानपुर में अपनी पत्नी के साथ और चार दिन इलाहाबाद में

अपनी क्लास के लिए रहते रहे। इस दौरान उन्हें पारिवारिक खर्चे के लिए आमदनी के लिए भी काम करना पड़ता था। उन्हीं दिनों उनकी मैत्री सुमित्रानन्दन पंत और रामकुमार वर्मा से हुई। उन्हें *अभ्युदय* के सम्पादक कृष्णकांत मालवीय से भी कुछ सहायता मिली। 1925 में वे एक पुत्री के पिता बने।[3] वे 1926 में बी.ए. द्वितीय श्रेणी से पास हुए और 1928 में उन्हें एल.एल.बी. की डिग्री मिली। इस बीच उन्होंने एम.ए. (प्रीवियस) भी पास कर लिया। एल.एल.बी. करने के बाद उन्होंने कानपुर में वकालत शुरू की, जो चली नहीं। उन्हें अन्दाजा हो गया कि कानून की पढ़ाई का उनका निर्णय ठीक नहीं हुआ। इस बीच वे एक पुत्र के पिता भी हो चुके थे।[4] उन्होंने एम.ए. करने के लिए फिर से इलाहाबाद में नाम लिखाया, लेकिन वे उसे जारी नहीं रख सके। उन्हें वापस कानपुर जाकर अपने पिता के मित्र रहे एक वकील के जूनियर के रूप में काम करना पड़ा। उनका साहित्यिक शौक बना रहा और 1928 में उन्होंने एक उपन्यास लिखा। कविताएँ भी लिखते रहे। कवि के रूप में उनका कुछ नाम भी हुआ।

उनके अपने एक साहित्यिक मित्र गुलाब राय की सहायता से उन्हें 1929 में छतरपुर (बुंदेलखंड) के महाराजा के पास नौकरी करने का मौका मिला। महाराजा उनसे अवध पर कुछ लिखवाना चाहते थे। यह काम भगवती जी को जँचा नहीं और वे वापस कानपुर लौट गए। उस समय यह पता चला कि उनकी पत्नी को टीबी है। उस समय यह एक लाइलाज बीमारी थी। पत्नी को लेकर मित्रों की मदद से वे अल्मोड़ा भी गए, पर वे 1930 में चल बसीं। जब तक वे अल्मोड़ा में रहीं, भगवती जी आते-जाते रहे, पर उन्हें अपने काम के सिलसिले में कानपुर में ही रहना पड़ा। वकालत चलने की उम्मीद लिये एक साल के लिए वे कानपुर से दूर हमीरपुर भी गए जो चालीस किलोमीटर दूर था, पर वहाँ भी उनकी वकालत नहीं चली।

वकालत के क्षेत्र में हाथ-पैर मारने के दौरान खाली समय में उन्होंने अनातोली फ्रांस (1844-1924) और ऑस्कर वाइल्ड (1854-1900) के उपन्यासों को पढ़ा। फ्रांस के उपन्यास *थाइस* (1890) को पढ़कर उन्होंने पाप और पुण्य की धारणा पर एक रचनाकार की दृष्टि से सोचना शुरू किया। उन्होंने उस समय जो उपन्यास—*चित्रलेखा* लिखा उस पर इसका असर है। घर के खर्च को चलाने के लिए उन्होंने उज्जैन के एक पूँजीपति के निजी सचिव के लिए भी आवेदन किया। उन्हें चुन लिया गया और उनका मासिक वेतन दो सौ पचास रुपए तय हुआ। पर एक सप्ताह काम करने के बाद उन्हें लगा कि यह काम उनके लिए उपयुक्त नहीं। लौटते समय उनके एक मित्र[5] ने इलाहाबाद में सुझाया कि वे कालाकाँकर स्टेट जाएँ जहाँ पहले से ही सुमित्रानन्दन पंत एक ताल्लुकेदार के अतिथि के रूप में रह रहे थे।[6] वहाँ से लौटते हुए वे भदरी स्टेट गए जहाँ उनकी मुलाकात ताल्लुकेदार राजा बजरंग बहादुर सिंह से हुई। उन्होंने भगवती बाबू को पसन्द किया और उन्हें कानूनी लड़ाई लड़ने के

लिए सहयोगी दल का प्रभारी नियुक्त कर दिया। इसके बाद भगवती जी जनवरी 1932 में प्रतापगढ़ चले गए। उन्हें केस लड़ने के लिए काम नहीं दिया जाता था। इस काम के लिए अन्य वकील थे। अपने खाली समय का उपयोग भगवती जी ने अपने उपन्यास पर काम करने में लगाया। इस समय तक उनके भाई इलाहाबाद में लेक्चरर नियुक्त हो चुके थे। भदरी के राजा साहब जिनके साथ भगवती जी रहे वे राजनीतिक रूप से मदन मोहन मालवीय के बहुत नजदीकी थे। उनके कारण भगवती जी यरवदा जेल में राजा साहब के साथ महात्मा गांधी से मिल सके। गांधी के साथ जेल में हुई बातचीत में (जो अंग्रेज जेलर की उपस्थिति में हुई) भगवती जी ने कूट भाषा में गांधी से यह निर्देश लिया कि सविनय अवज्ञा आन्दोलन चलना चाहिए या नहीं। गांधी ने कहा था कि अगर लोगों की रुचि कम हो तो आन्दोलन को स्थगित किया जा सकता है।[7] भदरी लौटकर भगवती जी को यह अन्दाजा हो गया कि उन्हें कानूनी काम नहीं दिए जाएँगे और उन्हें अपने साहित्यिक कामों पर ही अपने को केन्द्रित रखना होगा। यह उन्हें अपने लिए ठीक नहीं लगा। स्वाभिमानी लेखक ने इस नौकरी को छोड़ देना उचित समझा।

भदरी की नौकरी छोड़कर वे इलाहाबाद पहुँचे और आनन्द भवन में सरोजनी नायडू और जवाहरलाल नेहरू से कृष्णकांत मालवीय के साथ मिले। इसी समय वे कवि नरेन्द्र शर्मा से घनिष्ठ हुए जिसने उनके जीवन को प्रभावित किया। भगवती जी की पत्नी का देहान्त हो गया था और भगवती बाबू के तीन बच्चे उस समय बहुत छोटे थे। एक वर्ष बाद उन्होंने गिरिजा जी से विवाह किया। उनका उपन्यास *चित्रलेखा* 1934 में प्रकाशित हुआ। तीन वर्ष बाद इस पुस्तक को फिर से भारती भंडार, लीडर प्रेस ने छापा। इसके बाद इस किताब की धूम मच गई। इसकी हजारों प्रतियाँ बिक गईं। 1940 में प्रसिद्ध फिल्मकार केदार शर्मा ने इस पर एक फिल्म बनाई जो व्यावसायिक रूप से सफल भी रही। धीरे-धीरे 1935 से 1939 के बीच भगवतीचरण वर्मा का नाम साहित्य की दुनिया में फैल गया, हालाँकि उनकी आर्थिक मुश्किलें बनी रहीं। वे हिन्दी साहित्य सम्मेलन के साहित्य मंत्री पद के लिए 1935 में चुने गए थे।

भगवतीचरण वर्मा जी कांग्रेस के त्रिपुरी अधिवेशन में शामिल हुए थे। इस अधिवेशन के बाद वे कलकत्ता गए और वहाँ से उन्होंने एक पत्रिका *विचार* निकाली। यह वैचारिक पत्रिका डेढ़ साल तक निकली और इसे एक सफल प्रयोग कहा जा सकता है। इस बीच उनकी दूसरी पत्नी का देहान्त हो गया और उनके परिवार में दो पुत्र और जुड़ गए। पत्रिका निकालने के लिए उन्होंने लक्ष्मी निवास बिड़ला की मदद से एक प्रेस भी शुरू किया। इस काम के साथ एक गम्भीर वैचारिक पत्रिका का सम्पादन करना एक दुष्कर कार्य था। उन्होंने 1942 में बॉम्बे जाकर बॉम्बे टाकीज के डायलॉग राइटर बनने के निमंत्रण को स्वीकार कर लिया। कलकत्ता

में ही उनकी नजदीकी एक लड़की—नन्दिता से हुई जिसके साथ बाद में उन्होंने विवाह कर लिया।

बम्बई में भगवती जी पाँच बरस रहे और यहाँ उन्होंने एक राजनीतिक उपन्यास—*टेढ़े मेढ़े रास्ते* (1946) लिखा। यह एक ताल्लुकेदार और उसके तीन बेटों पर केन्द्रित उपन्यास है, जिसमें तीनों बेटे तीन विचारधाराओं का प्रतिनिधित्व करते हैं। पहला बेटा कांग्रेस, दूसरा कम्युनिज्म और तीसरा क्रान्तिकारी विचारधारा का पक्षधर है। बम्बई में भगवती जी को डॉ. मोतीचन्द का बहुत सहयोग मिला जो प्रिंस ऑफ वेल्स म्यूजियम के डाइरेक्टर थे। बॉम्बे टाकीज में उनकी शायद अमिय चक्रवर्ती से कुछ अनबन रही, जिसके कारण उन्होंने बम्बई को छोड़ दिया, ऐसा कहा जाता है। जीवन के अन्त में दिए गए एक इंटरव्यू में उन्होंने अमिय चक्रवर्ती की प्रशंसा की, इससे लगता है कि उनके बीच की अनबन को उन्होंने दिल से लगाए नहीं रखा। दिलीप कुमार (जो उन दिनों इस स्टूडियो के बड़े स्टार थे) ने अपनी आत्मकथा में भगवती जी को सम्मान के साथ याद किया है।

भगवती बाबू अगस्त 1942 के ऐतिहासिक बम्बई अधिवेशन में उपस्थित थे। उनके सम्पर्क राजनीतिज्ञों से बने रहे पर वे सीधे-सीधे राष्ट्रीय आन्दोलन से नहीं जुड़े। *टेढ़े मेढ़े रास्ते में* उन्होंने तीनों विचारधाराओं की 1930 की टकराहटों का विवेचन जिस तरह से किया है, उससे यह स्पष्ट है कि वे इस दिशा में गम्भीरता से विचार करते रहे थे।

1947 के बाद वे लखनऊ आ गए और यहाँ *नवजीवन* पत्रिका का सम्पादन करने लगे। यह पत्रिका एसोसिएटेड जर्नल की पत्रिका थी जिसको फीरोज गांधी और रफी अहमद किदवई चलाते थे। वे इस पत्रिका के साथ एक वर्ष तक रहे। इस पत्रिका का एक अघोषित उद्देश्य था उस समय की प्रदेश कांग्रेस की राजनीति में गोविन्द बल्लभ पंत ग्रुप के विरुद्ध किदवई ग्रुप का पक्ष लेना। उन्होंने जाने-अनजाने पंत का पक्ष लिया। उन्हें पत्रिका छोड़नी पड़ी। जब यह बात पंत को पता चली तो उन्होंने इसकी भरपाई करने के लिए भगवती जी को छह महीने के लिए एक अंशकालीन कार्य हेतु आठ सौ रुपए प्रतिमाह के वेतन पर नियुक्त कर दिया। अगस्त 1950 में वे आकाशवाणी लखनऊ के सलाहकार नियुक्त हुए। वे इस पद पर सात बरस रहे जिसमें से दो बरस (1953-55) उनको दिल्ली में काम करने का मौका मिला। उस समय जगदीशचन्द्र माथुर आकाशवाणी के डाइरेक्टर जनरल थे।[8] भगवती जी का सम्बन्ध उस समय के प्रभावशाली लोगों से था और उन्हें लखनऊ के एक सम्भ्रांत इलाके में एक प्लॉट मिल गया जहाँ उन्होंने पाँच कमरों का एक बड़ा घर बनवाया। यशपाल और भगवतीचरण वर्मा ने लगभग एक ही समय 1960 के आसपास इसी तरह के प्लाट्स सरकार से पाकर बनवाए। दोनों पड़ोसियों में मित्रता भी रही। 1957 के बाद भगवती जी स्वतंत्र लेखन करने लगे। इसके बाद

5 अक्टूबर, 1981 में गले के कैंसर से देहान्त होने के पहले तक उन्होंने अपना पूरा ध्यान लेखन पर ही केन्द्रित किया। इस दौरान उन्होंने कई महत्त्वपूर्ण उपन्यासों की रचना की जिनमें *भूले बिसरे चित्र* (1959), *सीधी सच्ची बातें* (1968) और *प्रश्न और मरीचिका* (1973) को इस अध्ययन में राजनीतिक उपन्यासों के रूप में देखते हुए उनमें आए ऐतिहासिक यथार्थ का वर्णन और विश्लेषण करने की कोशिश की गई है। जीवन के इन वर्षों में भगवती जी को बहुत यश मिला और 1978 में वे राज्य सभा के सदस्य भी मनोनीत हुए। 1971 में उन्हें पद्म भूषण का पुरस्कार भी सरकार ने दिया। उनके बारे में यह भी कहा जाता है कि प्रभावशाली लोगों से अपने सम्पर्कों का लाभ भी उन्होंने लिया। उनके जनसंघ के साथ ताल्लुकात थे, ऐसा कहा जाता है। चौधरी चरण सिंह भी उन्हें मानते थे और सम्भवत: उनके कारण ही वे एमपी बने थे। वामपंथियों के बीच उनकी छवि वामपंथ के विरोधी की ही रही। 1961 में साहित्य अकादेमी के पुरस्कार के लिए उनके और यशपाल के उपन्यासों के बीच चुनाव किया जाना था। तीन में से दो निर्णायक यशपाल को यह पुरस्कार *झूठा सच* के लिए देना चाहते थे, लेकिन यशपाल के नेहरू विरोधी होने के कारण यह पुरस्कार भगवती जी के उपन्यास *भूले बिसरे चित्र* को दिया गया, ऐसा खुद भगवती जी ने ही लिखा है।[9]

भगवती जी के लेखन में राजनीति के बारे में गहरी दिलचस्पी शुरू से ही रही थी। उन्होंने राष्ट्रवाद, देशप्रेम और सामाजिक-आर्थिक परिवर्तनों के आपसी सम्बन्धों पर अपनी एक दृष्टि बनाई थी और अपने उपन्यासों में उसको कई स्थानों पर स्पष्ट भी किया है। अपने पहले प्रकाशित उपन्यास *पतन* (1928) में उन्होंने लिखा था कि राष्ट्रीयता की भावना भारत के लिए नई चीज थी। यहाँ के लोगों के लिए धर्म की भावना का महत्त्व सबसे अधिक रहा है और यहाँ के धर्म में विश्वास पर बहुत बल है। विश्वासघातकता से घृणा की जाती रही है और इसे सबसे बड़ा पाप माना गया है। अपने स्वामी के प्रति स्वामिभक्ति को सबसे अधिक महत्त्व दिया गया है, इसलिए भी अंग्रेज इस देश में शासन करते रह सके।[10] कालान्तर में भगवती जी ने दिखलाने की कोशिश की है कि जनता की देवता के प्रति भक्ति की आदत बनी रहने के कारण गांधी और नेहरू जैसे नेता देवता की तरह माने गए। अपनी इस धारणा के अनुकूल उन्होंने यह विचार भी व्यक्त किया है कि भारतीय लोगों का नैतिक पतन हो गया है और चेतना की उन्नति के बिना इस देश की उन्नति सम्भव नहीं है। अपनी इन धारणाओं के बावजूद यह उनका औपन्यासिक कौशल है कि उन्होंने अपने उपन्यासों में सामाजिक-आर्थिक और राजनीतिक परिवर्तनों को इस कुशलता से चित्रित किया है कि इन उपन्यासों के आधार पर ऐतिहासिक यथार्थ पर एक गम्भीर चर्चा की जा सकती है। ऐतिहासिक तथ्यों में बिना कोई बदलाव किए उन्होंने अपने उपन्यासों में उस समय की राजनीति का एक यथार्थवादी चित्रण करने

में सफलता पाई है। जब इतिहासकारों समेत पूरा देश गांधी के कांग्रेस के नेतृत्व में हुए राष्ट्रीय आन्दोलन और जवाहरलाल नेहरू के राष्ट्र-निर्माण के प्रोजेक्ट की जय-जयकार में लगा हुआ था भगवती जी ने अपने उपन्यासों में राष्ट्रीय आन्दोलन और इनके नेताओं के बारे में एक विरल किस्म की निष्पक्ष व्याख्या प्रस्तुत करने की कोशिश की। वे राष्ट्रीय आन्दोलन की सीमाओं, हिन्दू-मुसलमान एकता, राष्ट्रीय आन्दोलन के भीतर के तनावों, भारतीय एलीट के औपनिवेशिक राज के साथ अन्तरंग सम्बन्धों, पूँजीपतियों द्वारा मुनाफा और अपने हितों की रक्षा के प्रयासों और स्वातंत्र्योत्तर भारतीय राजनीति में आए गुण-दोषों के बारे में बेबाकी से लिखते रहे। मन्मथनाथ गुप्त जैसे क्रान्तिकारी और लेखक ने भी उनके बेबाक लेखन की प्रशंसा करते हुए कहा है कि इन्होंने कुछ भी छिपाने की कोशिश नहीं की।

यह सही है कि उन्होंने अधिकतर ऐसे पात्रों के बहाने गांधी और नेहरू युग की कथा कही है जो उच्च और मध्यवर्ग के हैं और किसान और मजदूर या गरीब पात्रों की कथा कम ही आई है, लेकिन इससे उनके राजनीतिक उपन्यासों में राजनीतिक यथार्थ के चित्र कम प्रामाणिक नहीं होते।

अपने उपन्यासों में भगवती जी ने एक खास फोकस भी बनाया है। *टेढ़े मेढ़े रास्ते* में जमींदारों पर, *भूले बिसरे चित्र* में औपनिवेशिक ब्यूरोक्रेसी और सरकारी तंत्र पर निर्भर भारतीय श्रेणी पर, *सीधी सच्ची बातें* में राजनीतिज्ञों और पूँजीपति वर्ग पर और *प्रश्न और मरीचिका* में राजनीति के दिल्ली केन्द्रित हो जाने पर फोकस रखा है। इससे उनके उपन्यासों के पीछे एक दृष्टि के होने का भी प्रमाण मिलता है।[11]

भूले बिसरे चित्र में एक कायस्थ परिवार की चार पीढ़ियों की कथा के माध्यम से पुराने सामंती समाज और उसके मूल्यों के टूटने और उसकी जगह नए पूँजीवादी मूल्यों के उभरने और पूँजी के बढ़ते प्रभाव को चित्रित किया गया है। इस संक्रमण काल (1880 से 1930) में वही आगे बढ़ता है जो पूँजी और अंग्रेजों के साथ तालमेल बैठाकर चल सका। मुंशी शिवलाल कोर्ट का एक मामूली खुशामदी अर्जीनवीस है। उसे अंग्रेज साहब की कृपा से अपने बेटे ज्वाला प्रसाद को नायब तहसीलदार की नौकरी दिलाने में सफलता मिल जाती है। यहीं से उसके परिवार की शक्ति धीरे-धीरे बढ़ने लगती है। तरक्की का द्वार उसके पूरे संयुक्त परिवार के लिए खुल जाता है। इसके कारण संयुक्त परिवार टूट भी जाता है, लेकिन जो शक्ति के केन्द्र में है—सरकारी नौकर—उसके अपने परिवार के लोग अंग्रेजों की मातहती में आगे बढ़ते जाते हैं।

इस उपन्यास के पहले भाग में राजनीतिक विषय पर कुछ भी चर्चा नहीं है, बस यही दिखलाया गया है कि पारम्परिक सामंती समाज के लोग कैसे अपने पुराने पड़ चुके मूल्यों को लेकर नई परिस्थिति में जूझ रहे हैं और कमजोर पड़ रहे हैं। जो पारम्परिक समाज से चिपके रहे वे अंग्रेजी व्यवस्था में कमजोर होते जाते हैं

और इसके साथ उनकी शक्ति कम होती जाती है। इसी के साथ परम्परागत सामंती सामाजिक मूल्य बिखरते जाते हैं। पहले के समय में ठाकुरों के सामने बनियों की कोई गिनती न थी, लेकिन कोर्ट-कचहरी और पैसे के जोर से नए समय में बनियों की ताकत बढ़ती जाती है। जमींदार लोगों का काम पूँजी के बिना नहीं चल सकता और पूँजी बनियों के पास है। ठाकुरों को बनियों से पूँजी लेनी पड़ती है। पहले के जमाने में लाठी के जोर से ठाकुर अपना वर्चस्व चला सकते थे, परन्तु अब बनियों के पीछे कानून की ताकत है। उपन्यास में गजराज सिंह जमींदार और लाला प्रभुदयाल बनिया के परिवारों के बीच के संघर्ष को इस सन्दर्भ में रखा गया है। ठाकुर गजराज सिंह एक बड़े जमींदार हैं, जिनकी सालाना आमदनी बीस हजार रुपए है। ठाकुर के लिए शान की कीमत थी और वे दुर्दिन के लिए पैसे बचाने में विश्वास नहीं करते थे। बनिया लाला धीरे-धीरे पूँजी बढ़ाता है और इस स्थिति में आ जाता है कि दूसरे को उधार दे सके। बीस साल पहले उसके पिता के पास एक छोटी सी परचून की दुकान थी, लेकिन बीस साल में उसके पास पूँजी बढ़ गई थी। उसने छह गाँव खरीद लिये थे और अब लाख रुपए दूसरे को उधार दे सकता था। गजराज सिंह ने भी बीस हजार रुपए उससे लिए थे, ताकि अपनी बेटी की शादी खूब धूमधाम से कर सके। गजराज सिंह का छोटा भाई बरजोर भी लाला से हजार रुपए उधार ले चुका था। नियम के हिसाब से उस उधार के बदले उसने एक सौ बीघे खेत को गिरवी रखा था। यह जमीन ही उसकी आमदनी का स्रोत था। हिसाब-किताब वह कम समझता था। बनिये का सूद बढ़ता गया। ऋण दुगुना हो गया और बरजोर सिंह ऋण चुकाने में असमर्थ था। ठाकुर बरजोर ने एक बार लाला का अपमान कर दिया जो किसी ठाकुर के लिए कोई बड़ी बात न थी, लेकिन इस बदले हुए जमाने ने लाला को शक्तिशाली बना दिया था। प्रभुदयाल ने ठाकुर के खिलाफ कोर्ट में मुकदमा दायर कर दिया।

गजराज नायब ज्वाला प्रसाद से कहता है—"नायब साहब, बनिया अब राजा बनना चाहता है।" ज्वाला प्रसाद कहता है कि अब ताकत रुपए में है, शरीर की ताकत में नहीं। अंग्रेजों का राज है और अंग्रेज तो बनिये ही हैं।

ठाकुर गजराज सिंह मानता है कि बरजोर सिंह ने एक हजार रुपए लिये थे और वह बारह सौ लौटा चुका है, इसलिए लाला को सख्ती दिखाकर कोर्ट के सहारे सौ बीघे कब्जियाने की कोशिश नहीं करनी चाहिए। शक्ति के प्रतीक हाथी को लेकर नरम पड़ने को भी लाला तैयार नहीं और यह निश्चित लगने लगता है कि सौ बीघे खेत पर लाला का अधिकार हो जाएगा। नायब ज्वाला प्रसाद बीच-बचाव करते हुए बरजोर सिंह से अपमान के लिए माफी माँगने का प्रस्ताव रखता है। इसे ठाकुर का अभिमानी मन मानने से इनकार कर देता है। वह कहता है कि अब जमाना बदल गया है नहीं तो इस लाला को रातोरात लूट लिया जाता। दूसरी

तरफ लाला भी नरम नहीं पड़ता। नायब लाला को समझाता है कि इससे बरजोर बर्बाद हो जाएगा। लाला को लगता है कि उधार इसलिए दिया जाता है ताकि वह वापस हो। इसमें कौन बर्बाद होता है और कौन आबाद यह देखना उसका काम नहीं है। वह यह भी कहता है कि एक की बर्बादी पर ही दूसरा आबाद होता है।[12]

सीधा और हठजोर बरजोर सिंह अपने क्रोध को सँभाल नहीं पाया और उसने लाला की हत्या कर दी। वह कोई चालाक व्यक्ति या शातिर अपराधी नहीं है। पुलिस जाँच के बाद उसके खिलाफ वारंट निकल जाता है। अपनी गिरफ्तारी को निश्चित जानकर बरजोर आत्महत्या कर लेता है।

समय लाला के परिवार में भी बदलाव लाता है। लाला का बेटा लक्ष्मीचन्द इलाहाबाद में लकड़ी के फर्नीचर बनाने की फैक्टरी लगाता है। पहले इस तरह के काम को छोटा समझा जाता, लेकिन बदलते समय के साथ हर वह काम अच्छा हो जाता है जिससे आमदनी होती हो। भगवती जी ने इस सन्दर्भ में यह भी उल्लेख किया है कि सभी बड़ी दुकानें जिन्हें सरकारी खरीद के लिए ऑर्डर दिए जाते हैं वे सब अंग्रेजों की ही हैं। यानी, तरक्की उसी की होगी जो अंग्रेजों के साथ है, भले ही वह कोई भी कारोबार करता हो।[13]

भगवती जी ने यह दिखलाया है कि सरकारी हाकिम (ज्वाला प्रसाद) और पूँजी का मालिक (लाला और उसके बाद उसकी विधवा) जब एक-दूसरे से जुड़ जाते हैं तो दोनों पक्षों की ताकत बढ़ती जाती है। ज्वाला प्रसाद के बेटे गंगा प्रसाद को पैसे और सम्पर्क दोनों का लाभ मिलता है और वह डिप्टी कलेक्टर की नौकरी पा जाता है। वह द्वितीय श्रेणी से बी.ए. पास है, लेकिन वह अंग्रेजों के प्रिय खेल क्रिकेट और टेनिस में पारंगत है और स्मार्ट भी है। वह अंग्रेज अधिकारियों को प्रिय है। उसकी तरक्की इस समय और अधिक हो सकती थी लेकिन एक भारतीय को भारतीय की सीमा में ही आगे बढ़ने का मौका था। उसके बारे में भगवती जी ने एक महत्त्वपूर्ण बात कहलवाई है—“ ...गंगा प्रसाद साहसी है। वह अंग्रेजों से बराबरी में बात करता है। यह उसका गुण भी है और दोष भी। वह चाटुकार नहीं है क्योंकि वह साहसी है।” वहीं एक जगह कहा गया है कि “यह दुनिया दुरंगी है, आदमी दुरंगा होकर ही पनप सकता है।”[14] उस जमाने में भारतीय अधिकारी के लिए आगे बढ़ने की एक सीमा थी। वह अंग्रेजों की बराबरी नहीं कर सकता था।

समय के बदलाव को गंगा प्रसाद 1911 के बाद से और ठीक से समझ पाता है। उसे तीन महीने के लिए दिल्ली उस समय भेजा जाता है जब दिल्ली दरबार के लिए तैयारियाँ चल रही हैं।[15] दिल्ली जाते हुए ट्रेन में उसकी मुलाकात कलकत्ता के एक व्यापारी किशन और उसकी बीवी से होती है। उनके वार्तालाप के माध्यम से भगवती जी ने उस समय के यथार्थ को सामने रखने की कोशिश की है। राधा किशन नामक वह व्यापारी कहता है कि “मरभुक्खे बंगाली किसी पर भी बम

फेंक देते हैं। अंग्रेज बादशाह की जान की इतनी कम कीमत नहीं होती। इसलिए अंग्रेजों ने दरबार को दिल्ली में करने का निश्चय किया है। दिल्ली केन्द्र में है और कलकत्ता एक कोने में इसलिए उसे लगता है कि दिल्ली में दरबार का आयोजन करना ठीक है। गंगा प्रसाद को भी लगता है कि इस दरबार के बहाने देश के लोगों को अंग्रेजी साम्राज्य के वैभव को देखने का मौका मिलेगा।

1911 के इस प्रसंग के साथ ही इस उपन्यास में राजनीति का प्रवेश होता है। उस डिब्बे में बनारस का डिप्टी कलेक्टर रिपुदमन सिंह भी जा रहा है और उसके साथ हुई बातचीत में गंगा प्रसाद को कुछ दूसरी तरह की बातें सुनने को मिलती हैं। रिपुदमन सिंह ने गंगा प्रसाद को याद दिलाया कि ब्रिटिश शासन विदेशी है और इसके कारण हर अंग्रेज अपने को किसी भी हिन्दुस्तानी से श्रेष्ठ समझता है। अंग्रेज के लिए हिन्दुस्तानी जानवर हैं, दोयम दर्जे के मनुष्य हैं। यह साम्राज्य उनके अहंकार को सम्पुष्ट करता है। यह ब्रिटिश साम्राज्य का शासन दरअसल अंग्रेजों का शासन है। भारतीय अधिकारी ब्रिटिश ऑफिसर से डरते हैं, इसका यही कारण है।[16] रिपुदमन सिंह गंगा प्रसाद को कहते हैं कि अंग्रेज की निगाह में मजदूर से लेकर हैदराबाद का निजाम तक हर कोई अंग्रेजों का गुलाम ही है।[17]

रिपुदमन की कहानी से यह बात और भी पुख्ता होती है कि पुराने नैतिक नियमों को भुलाकर नए पूँजीवादी युग की नैतिकता का प्रभाव बढ़ रहा है। रिपुदमन गंगा प्रसाद से अपनी कहानी साझा करता है। वह एक जमींदार था और उसने अपनी पत्नी और उसके प्रेमी की हत्या इसलिए की थी क्योंकि उसे लगता था, ऐसे अनैतिक लोगों को जीने का कोई हक नहीं है। उसकी बात सुनकर एक पल को गंगा प्रसाद घबड़ाता है क्योंकि उसने उस व्यवसायी की पत्नी से अपनी अन्तरंगता रिपुदमन के सामने जाहिर कर दी थी। पर रिपुदमन उससे कहता है कि अब जब सब कुछ बिकाऊ हो चुका है, इस तरह के कृत्य के लिए किसी को मारने की कोई जरूरत नहीं है। इस नाटकीय संवाद में रिपुदमन कहता है कि अब इस बदले हुए युग में हर कोई इस तरह के अनैतिक के लोभनीय पक्ष के हिसाब से आचरण करता है। वह कहता है कि यह व्यवसायी अपनी पत्नी और गंगा प्रसाद के सम्बन्ध को जानकर भी अनजान बनने की कोशिश करेगा। पहले के समय में वह बदला लेना चाहता, परन्तु अब वह इसके आधार पर कुछ लाभ पाने की कोशिश करेगा। वह कहता है—"यह पूँजीवाद का युग है, बनियों का युग है।"[18] बाद में रिपुदमन की बात सही प्रमाणित होती है और यह सोने का व्यापारी अपनी बीवी के अंग्रेज अधिकारियों के साथ सम्बन्ध के कारण बने सम्पर्कों से बहुत लाभ कमाता है।

भगवती जी ने दिखलाया है कि इस बनिये और पूँजीवाद के युग में चीजें खरीदी-बेची जाती हैं जिसमें हिसाब-किताब ही प्रमुख होता है। लाला प्रभुदयाल (जिसकी हत्या हुई थी) का पुत्र लक्ष्मीचन्द दिल्ली दरबार के फंड में पचास हजार

रुपए देता है और इसके एवज में लाभ पाता है। वह विदेशी सामानों का सबसे बड़ा व्यापारी है, एक कॉटन मिल और चीनी मिल का मालिक है और साथ ही एक फर्नीचर बनाने की फैक्टरी भी उसके पास है। उसके कई केस कोर्ट में चल रहे थे। सरकारी सहयोग को अपने लिए सुरक्षित करने के लिए पचास हजार रुपए उसके लिए लाभ का सौदा ही था। ऊपर से सरकार ने उसे सर की उपाधि से भी नवाजा, जिसकी खबर *द पायनियर* में 1912 के नववर्ष के दिन छपी। इस उपाधि के साथ अब वह समाज और सरकार दोनों के लिए सम्मानित नागरिक बन गया।[19] सच यह था कि वह एक बेईमान बिजनेसमैन था जो अपने फायदे के लिए अपने परिवार के लोगों के बारे में भी नहीं सोच सकता था।

भगवती जी ने बीसवीं शताब्दी के दूसरे दशक में सब कुछ सरकारी तंत्र की छाया में चलता हुआ दिखाया है। बरेली में एक आर्यसमाजी नेता जटिलानंद और अल्लामा वहसी के शास्त्रार्थ के प्रसंग में भी उन्होंने दिखलाया है कि सब कुछ सरकारी तंत्र के हिसाब से ही चलता था। इस शास्त्रार्थ के कारण हिंसा हो सकती थी क्योंकि यह शहर अंग्रेज कलेक्टर के अधीन नहीं था। कलेक्टर छुट्टी पर थे और उन्होंने दायित्व एक मुसलमान अधिकारी मीर जाफर अली को दे रखा था। इस बात को ध्यान में रखते हुए स्वामी जटिलानंद के संरक्षक सोमेश्वर दत्त ने गंगा प्रसाद और एक ऐसे मुसलमान पुलिस अफसर की मदद ली जिसके साथ मीर जाफर के सम्बन्ध अच्छे नहीं थे।

इस प्रसंग में एक पहाड़ी लड़की रुक्मा का प्रसंग आया है जिसे वहशी खरीदकर लाया है। वह उसे मुसलमान बनाकर एक मुसलमान से ब्याहना चाहता है। गंगा प्रसाद बहुत जोखिम लेकर उसे मुसलमान बस्ती से छुड़ाकर ले आता है, लेकिन वह पहाड़ी लड़की अपने प्रेमी पहाड़ी लड़के के साथ भागने के लिए तैयार नहीं होती, क्योंकि उसका धरम उसे नौ सौ रुपए में बिक जाने के बाद निकल भागने की अनुमति नहीं देता।[20] वह इस्लाम धर्म कबूल नहीं करती है, लेकिन उसे यह लगता है कि अगर वह भाग गई तो इसका मतलब धर्मच्युत होना होगा। उसको छुड़ाकर लानेवाले अपने को हारा हुआ मानकर लौट आते हैं।[21]

बहुत विस्तार से शास्त्रार्थ के 'तमाशे' में सरकारी तंत्र के हर स्तर पर शामिल रहने का वर्णन इस उपन्यास में किया गया है। इस वर्णन में एक खास बात यह है कि जो ईसाई बनकर वहाँ बैठा है उसका बाप हिन्दू था और किसी व्यक्तिगत कारण से वह ईसाई हुआ था। उसके पिता का एक मुसलमान वेश्या—अल्लारक्खी से सम्बन्ध था जिसके कारण वह ब्राह्मण से ईसाई हुआ था। इस नाटकीय शास्त्रार्थ का अन्त आर्यसमाज के नेता के 'वाक आउट' से हुआ क्योंकि उनका कहना था कि यहाँ मुसलमान और ईसाई सब मिलकर उन्हें हराने में लगे हुए हैं। गंगा प्रसाद को यह पूरा मामला एक नाटक की तरह लगा।

इस एपिसोड में यह स्पष्ट रूप से उभरकर सामने आ जाता है कि साम्प्रदायिक मसलों पर सरकारी अधिकारियों के हाथ में बहुत कुछ होता था और अगर वे चाहते तो स्थिति को साम्प्रदायिक रंग दे सकते थे।

सरकारी सम्पर्कों का मायाजाल कितना विस्तृत था और इसके तार कैसे पूँजीपतियों के मुनाफे से जुड़े थे इसका विस्तार से वर्णन करते हुए भगवती जी ने यह बिलकुल स्पष्ट कर दिया है कि अंग्रेजी अधिकारी की कृपा के बिना कुछ भी करना मुश्किल था। अंग्रेजों के एलिट सर्किल से जुड़कर ही हिन्दुस्तानी व्यक्ति शक्तिशाली होने की कोशिश कर सकता था। इस पूरे मामले में धनी परिवारों की स्त्रियों की एक भूमिका भी उन्होंने दिखलाई है। सन्तो जैसी सीधी-साधी स्त्री भी धीरे-धीरे इस सर्किल की एक शक्तिशाली सदस्य बन गई क्योंकि उसका एक प्रभावशाली अंग्रेज ऑफिसर वाट्स के साथ शारीरिक सम्बन्ध था। इस तरह के सम्पर्कों के कारण उसका पति राजा साहब बन सका था और वह रानी साहिबा। इस सचाई को वह खुद गंगा प्रसाद के समक्ष स्वीकार करती है। वह कहती है कि जिसे गिरना कहा जाता है वह सफलता की सीढ़ी है।[22] गंगा प्रसाद 1913 के कलकत्ता में देखता है कि कैसे लोग अनैतिक जीवन जी रहे हैं और शक्तिशाली और सम्पन्न बने हुए रह रहे हैं। उनकी सम्पन्नता का आधार मूलत: अंग्रेजों के साथ सम्पर्क ही है। अंग्रेज ही असली दाता हैं जिनकी अनुकम्पा से कुछ भी हासिल किया जा सकता था। गंगा प्रसाद कलकत्ता शहर में रिपुदमन सिंह को एक वैभवशाली सम्भ्रांत के रूप में रहते हुए और सम्मान पाते हुए देखता है। उसके साथ अपनी सुन्दरी लड़की—लावण्य प्रभा का हाथ देते हुए राजा साहब और रानी साहिबा अपने को धन्य महसूस करते हैं। बड़े लोगों की असलियत का एक चेहरा तब और स्पष्ट होता है जब किशन ब्रदर्स में बड़े की बीवी कैलाशो अपनी देवरानी—रानी साहिबा को अपने शरीर को इस्तेमाल करके आगे बढ़ने के लिए लांछित करने की कोशिश करती है। रानी साहिबा (सन्तो) अपनी जेठानी को यह बताना नहीं भूलती कि कैसे उसने अपने देवर से सम्पत्ति के लिए अवैध सम्बन्ध बनाए थे। इसी तरह के अन्य कई चरित्रों के माध्यम से कलकत्ता के भारतीय जमींदारों और सम्पन्न लोगों की कथा को भगवती जी ने बहुत विस्तार से चित्रित किया है। ऐसी स्थितियों में फँसकर गंगा प्रसाद इसे स्वीकार नहीं कर पाता और भाग खड़ा होता है।[23] गंगा प्रसाद सन्तो के मुँह से सुनता है कि जब सभी बिक रहे हों, उसका इस तरह लाखों कमाना ठीक है। गंगा प्रसाद राजा और रानी साहिबा के घर में रहते हुए यह महसूस करता है कि उसकी हैसियत आने-जाने वालों के लिए इतनी भर है कि वह उनका अतिथि है।[24]

भूले बिसरे चित्र में 1919 के आसपास एक नई चेतना के आने के उदय की बात कही गई है। ज्वाला प्रसाद के छोटे भाई ज्ञान प्रकाश के माध्यम से इस

नई चेतना को उपन्यास में दिखलाया गया है। वह गंगा प्रसाद से पाँच बरस बड़े हैं और उन्होंने सात बरस इंग्लैंड में रहकर कानून की पढ़ाई की थी। वे 1919 में लौटकर स्वदेश आए थे। ज्ञान प्रकाश को यह लगता है कि पिछले सात वर्षों में देश बिलकुल बदल गया है।[25] बैरिस्टर बनकर लौटे ज्ञान प्रकाश कांग्रेस के अधिवेशन में शामिल होने अमृतसर जाते हैं। वे अपने बड़े भाई ज्वाला प्रसाद को, जो 1917 में रिटायर हो चुके हैं, भी चलने के लिए कहते हैं पर वे नहीं जाते। ज्वाला प्रसाद को कांग्रेस के आन्दोलन की सफलता में जरा भी यकीन नहीं है।

जब गंगा प्रसाद भी ज्ञान प्रकाश को राजनीति के झमेले में नहीं पड़ने की सलाह देते हैं तो ज्ञान प्रकाश कहते हैं कि यूरोप में जो उन्होंने देखा है, जिस तरह की स्वतंत्रता का उन्होंने अनुभव किया है, उसके बाद यहाँ उनके लिए सब कुछ स्वीकार करना कठिन है। गंगा प्रसाद का मत है कि देश में एक व्यवस्था और सुरक्षा का वातावरण है, फिर स्वतंत्रता की ज्यादा चिन्ता भारतीय क्यों करे? उसे यह भी लगता है कि साम्राज्य बहुत शक्तिशाली है जिसने बड़ी शक्तियों को युद्ध में हराया है। ज्ञान प्रकाश का मत है कि ब्रिटिश सेना की जय का प्रधान कारण भारतीय गोरखा, सिक्ख, पठान, बलोची, राजपूत, गढ़वाली, तेलंगानी और मराठा सैनिक हैं जो उसने लिए युद्ध में लड़े। इस समय भारत को डोमिनियन स्टेटस मिलना ही चाहिए, यह उसे लगता है। भारतीय और अंग्रेज के बीच के अन्तर का एहसास गंगा प्रसाद को भी होता है। उसे लगता है कि उसे शायद डिप्टी कलेक्टर तक ही जाना नसीब होगा; अंग्रेज अधिकारी आते ही उसके ऊपर बैठा दिए जाएँगे। उसे भी लगता है कि अगर डोमिनियन स्टेटस भारत को मिल गया तो उसे भी पदोन्नति का अवसर मिल सकता है। इन सबके बावजूद उसे डर है कि जासूस चारों ओर फैले हुए हैं और अगर उसके विरुद्ध रिपोर्ट हो गई तो दिक्कत हो सकती है। अन्त में अपनी पहचान को छुपाते हुए वह कांग्रेस के अधिवेशन में जाने को राजी होता है। अपने अंग्रेज भक्त पिता को वह यह नहीं बताता कि वह कांग्रेस अधिवेशन को देखने जा रहा है।

वे एक एंग्लो इंडियन के लिए आरक्षित डब्बे में सफर करते हैं जहाँ उनकी मुलाकात एक स्पेनी एंटोन बारडीनो और एक अंग्रेज मिस्टर ग्रिफिथ से होती है। ग्रिफिथ ब्रिटिश पार्लियामेंट के सदस्य हैं और वे भारत को समझने के लिए एक सामान्य नागरिक की तरह ट्रेन में सफर कर रहे हैं। ग्रिफिथ ज्ञान प्रकाश और गंगा प्रसाद के साथ बातचीत में रुचि लेते हैं। इस क्रम में वे बतलाते हैं कि विश्वयुद्ध के बाद दुनिया में बड़े परिवर्तन हुए हैं और इसके कारण पुराने मूल्य बदल गए हैं। इस बदले हुए समय में जो नए मूल्य बन रहे हैं वे बाद में आकार लेंगे।[26] गंगा प्रसाद का कहना है कि भारत में चल रहे राजनीतिक आन्दोलन सफल नहीं होंगे। यह सोचना कि ये गरीब लोग जिनके पास कोई हथियार भी नहीं हैं एक दिन साम्राज्य

को परास्त कर देंगे, बहुत मूर्खतापूर्ण है। वह यह भी कहता है कि जलियाँवाला बाग में जो कुछ हुआ वैसा होना बहुत आश्चर्यजनक नहीं है। इस तरह की घटनाएँ यहाँ पहले भी हुई हैं और इससे भी भयानक हत्याकांड यहाँ नादिरशाह ने किया था। अगर सरकार सख्ती से काम करे और जलियाँवाला बाग जैसी घटना फिर से दोहरा दी जाएँ तो लोग बिलकुल ठंडे पड़ जाएँगे। ग्रिफिथ इन बातों को स्वीकार नहीं करते हैं। उनको लगता है कि भारत में एक नई चेतना का जन्म हो रहा है। वे कहते हैं कि हत्याकांड का इंग्लैंड में बहुत प्रभाव पड़ा है। उनको लगता है कि ब्रिटेन में परिवर्तन हो चुका है। वे यह भी स्पष्ट करते हैं कि नादिरशाह की नृशंसता उसकी व्यक्तिगत नृशंसता थी जबकि जलियाँवाला बाग में जो हुआ उसके लिए साम्राज्य जिम्मेदार है। वे यह भी कहते हैं कि डोमिनियन स्टेटस की बात पर गौर भी नहीं किया जाएगा। ब्रिटेन के लिए इकतीस करोड़ भारतीयों का बहुत महत्त्व है। उन्हें मालूम है कि इन्हीं की बदौलत वे युद्ध में जीतकर आए हैं। वे सोचते हैं कि भारतीय अभी स्वशासन के लिए तैयार नहीं हुए हैं और बहुसंख्यक भारतीय अंग्रेजी शासन से असन्तुष्ट नहीं हैं। यहाँ का शिक्षित वर्ग इस बात से बहुत खुश है कि अंग्रेज इस देश में आधुनिक शिक्षा लेकर आए। यह भूलना भी उचित नहीं है कि उनके अपने स्वार्थ भी इससे जुड़े हुए हैं। अन्त में वे कहते हैं कि जब तक शिक्षित वर्ग के हित को अंग्रेज सुरक्षित रख पाते हैं, उनका साम्राज्य यहाँ चलता रहेगा।[27]

ग्रिफिथ को इस बात पर बहुत आश्चर्य है कि इतनी बड़ी घटना घटने के बाद भी सब जगह शान्ति है। पंजाब में भी जहाँ के लोगों को बहुत उग्र कहा जाता है सर्वत्र शान्ति है। गंगा प्रसाद का मानना है कि इस देश में चेतना का अभाव है। अगर इस देश में चेतना होती तो यह देश यूँ हजारों वर्षों से गुलाम न रहा होता। ग्रिफिथ इस जवाब से सन्तुष्ट नहीं होते। उनको यह समझ में नहीं आता कि जिन सिक्खों ने हजारों जर्मन सेनाओं को मारा था, अपने ही देश में मारे जाने के बाद वे इतने शान्त कैसे हैं? अपने ही देश में वे इतने कायर क्यों हो गए हैं?[28]

गंगा प्रसाद को यह भी लगता है कि लोगों के पास हथियार नहीं हैं और बिना हथियार उनके लिए लड़ना सम्भव नहीं। जब वे युद्ध करने गए थे तो उनके पास हथियार थे इसलिए वे लड़ सके। पत्थरों से तो मशीनगन का मुकाबला नहीं किया जा सकता। वह यह भी स्वीकार करता है कि देश में एकता का अभाव है।[29]

ग्रिफिथ के यह पूछने पर कि वह किस तरह की एकता की बात कह रहा है, गंगा प्रसाद का उत्तर है—हिन्दू-मुसलमान की एकता। वह कहता है कि मुसलमान कम संख्या में यहाँ आए और हिन्दुओं पर उनका राज हुआ। हिन्दुओं में इससे मुक्त होने की अभिलाषा मरी नहीं है। सत्रहवीं शताब्दी में मराठों ने कोशिश की और फिर बाद में पंजाब में सिक्खों ने भी कोशिश की। बाद में अंग्रेज आ गए। अगर अंग्रेज सौ साल और नहीं आए होते तो यह समस्या हल हो जाती। हिन्दुओं ने स्वराज का

नारा बुलंद किया। जलियाँवाला बाग हत्याकांड एक हिन्दू शहर अमृतसर में हुआ, मुसलमान के शहर—लाहौर, रावलपिंडी या पेशावर में नहीं हुआ।[30]

गंगा प्रसाद को यह लगता है कि भारतीय लोग विदेशी के द्वारा शासित होते रहेंगे। ग्रिफिथ के यह पूछने पर कि हिन्दू-मुसलमान के बीच की समस्या वास्तविक है या काल्पनिक, गंगा प्रसाद को यह वास्तविक लगती है, पर ज्ञान प्रकाश को लगता है कि यह अंग्रेजों की तैयार की हुई समस्या है। लखनऊ के 1916 के समझौते ने इस समस्या को सुलझा लिया है, ऐसा उसे लगता है। गंगा प्रसाद को ऐसा नहीं लगता कि यह विश्वास के साथ समझौता हुआ है।[31] अपने प्रशासनिक अनुभवों से गंगा प्रसाद को लगता है कि जमीनी स्तर पर हिन्दू-मुसलमान का विभेद बना हुआ है। जब वह जौनपुर में था, उसने देखा था कि एक सभा में मुसलमान नेताओं ने बहुत जोरदार भाषण सरकार के विरुद्ध दिया था, परन्तु उसमें हिन्दुओं के प्रति भी कठोर शब्दों का प्रयोग किया गया था। इस तरह के भाषण पर डिप्टी कलेक्टर के रूप में वह अधिक ध्यान नहीं देता, लेकिन कलेक्टर के निर्देश के बाद की घटनाओं के कारण उसे दूसरी तरह से सोचना पड़ा। कलेक्टर के कहने पर उसने तीन मुसलमान नेताओं फरहतुल्ला, जो एक नौजवान वकील था, शेख बब्बन, जो एक मस्जिद का इमाम था और मौलाना दाऊद, जो प्रमुख धार्मिक नेता था, को गिरफ्तार करने का हुक्म दिया था।

19 मार्च, 1920 को कांग्रेस ने शोक दिवस का पालन किया था। मुसलमानों की अधिकतर मीटिंग्स उसी दिन रखी गई थीं। हिन्दुओं में तुर्की के मामले को लेकर कोई दिलचस्पी नहीं थी। मुसलमानों में ब्रिटिश सरकार के तुर्की के प्रति आचरण से बहुत आक्रोश था।[32] जमीनी स्तर पर तमाम कांग्रेसी प्रचार के बावजूद मुसलमान और हिन्दू एक होकर नहीं सोच रहे थे, ऐसा गंगा प्रसाद को लगता था।

कांग्रेस का प्रभाव उस समय थोड़ा बढ़ा था और ज्ञान प्रकाश इस आन्दोलन से अपने को जोड़ चुके थे। वे इंग्लैंड से पढ़कर आए थे, फिर भी उन्होंने खादी पहनना शुरू किया और कांग्रेसी सम्पर्क से उन्हें अपनी वकालत चमकाने में मदद मिली। वे कांग्रेस कमेटी के निर्देश का पालन करते थे और इस कारण उनके पास ढेर सारे केस आते थे। वे इसके लिए कोई फीस नहीं लेते थे। पैसे की आमदनी नहीं होती थी, लेकिन इस बहाने उनका कोर्ट में अनुभव बढ़ रहा था।

चाचा और भतीजा खिलाफत के मसले पर यह समझने में असमर्थ थे कि तुर्की के इस मामले से भारत के लोगों का क्या लेना-देना था, परन्तु ज्ञान प्रकाश न समझते हुए भी कांग्रेस के निर्देश को मानने के लिए तैयार था। वह अपने भतीजे से कहता है कि भारत में हिन्दू और मुसलमान भाई-भाई हैं और मुसलमानों का धार्मिक नेता खलीफा है, इसलिए हिन्दुओं को मुसलमानों की मदद करनी चाहिए। ज्ञान प्रकाश कांग्रेस कमेटी के निर्देश का पालन करते हुए तीनों मुसलमान खिलाफती नेताओं

को जमानत दिलवाता है, जबकि उसे खुद उसके भतीजे ने ही गिरफ्तार करवाया था। वह इस मामले में भतीजे के अनुरोध को नहीं मानता है।

ये बातें गंगा प्रसाद को समझ में नहीं आतीं। उसे लगता है कि दोनों कौमें हजारों सालों से आपस में लड़ती रही हैं। वे एक-दूसरे के लिए शत्रु हैं। ज्ञान प्रकाश आंशिक रूप से गंगा प्रसाद से सहमत है। उसे भी लगता है कि मुसलमान मक्का-मदीना और तुर्की से जुड़े हैं, पर चूँकि गांधी जी का कहना है कि हिन्दू और मुसलमान भाई-भाई हैं, इसलिए हिन्दुओं को अपने भाइयों की मदद जरूर करनी चाहिए। ऐसा करने से अगर दोनों सम्प्रदायों के बीच भाईचारा बढ़ता है तो गांधी की बात मानने में उसे कोई बुराई नजर नहीं आती। गंगा प्रसाद को अपने एक अनुभव से लगता है कि यह भाईचारा असली नहीं है, बस इसका प्रचार किया जा रहा है। उसने एक भ्रष्ट मुसलमान कर्मचारी को नौकरी से निकाल दिया था। उसके इस कदम पर मुसलमानों के बीच यह जोर-शोर से प्रचारित हुआ था कि यह किसी हिन्दू को उसकी जगह रखने के लिए किया गया है। तीनों मुसलमान नेताओं को जिन्हें गंगा प्रसाद के आदेश पर गिरफ्तार किया गया था कोर्ट में रिहा कर दिया जाता है। हिरासत से छूटे मुसलमान नेताओं को लेकर एक जुलूस निकला और जब वह जुलूस गंगा प्रसाद के आवास से होकर गुजरा किसी ने यह नारा लगाया कि गंगा प्रसाद काफिर है और अंग्रेजों का गुलाम है। भीड़ ने गंगा प्रसाद मुर्दाबाद के नारे भी लगाए।

चीजों को हिन्दू और मुसलमान के नजरिए से देखा जा रहा है, यह एहसास गंगा प्रसाद को तब और अधिक हुआ जब उसने एक पार्टी में यह सुना कि खिलाफत आन्दोलन मूलतः मुसलमानों का ही आन्दोलन है। अपने सहकर्मियों से बातचीत के क्रम में उसने देखा कि मुसलमान अधिकारी घटनाओं को मुसलमान के नजरिए से ही देखते हैं। उसे यह भी लगा कि गांधी अंग्रेजों के विरुद्ध विद्रोह नहीं कर सकते। कांग्रेस डोमिनियन स्टेटस की माँग करके सुधार के लिए प्रयत्नशील है, उसके ऐसा कहने पर डेप्युटी अब्दुल हक ने यह सवाल पूछा कि बटाला मस्जिद के मुसलमान भाषण देने वालों को विद्रोही क्यों माना गया। इसके उत्तर में गंगा प्रसाद ने याद दिलाया कि मस्जिद की इस मीटिंग में वक्ता किसी सुधार, डोमिनियन स्टेटस या जलियाँवाला बाग के शहीदों का मसला नहीं उठा रहे थे, वे बस तुर्की के खलीफा के प्रति अपने समर्थन की बात कर रहे थे जिसके साथ भारतीयों का कोई सम्बन्ध नहीं था। अब्दुल हक उसकी बात का विरोध करता है और उसे याद दिलाता है कि अंग्रेजों ने मुसलमान सिपाहियों—पंजाबी, बलूची और पठान की मदद से जंग जीती है, फिर भी वे मुसलमानों के श्रद्धेय खलीफा के साथ बुरा सुलूक कर रहे हैं। इसे इस देश के मुसलमान कभी स्वीकार नहीं करेंगे, ऐसा उसे लगता है। हक की इस बात को खान बहादुर मूसा ने पूरा समर्थन दिया। उन्हें यह भी लगता है कि सिर्फ

अंग्रेजी हुकूमत इस बर्बर देश में शान्ति बनाए रख सकती है। वे कहते हैं—"ब्रिटिश हुकूमत ही इस हब्शी और जंगली मुल्क में अमन कायम करा सकती है।"[33]

उस पार्टी में उपस्थित हिन्दू बड़े लोगों में से एक ठाकुर जयप्रताप सिंह अपनी राय रखते हुए कहते हैं कि अब पहले की तरह खूनखराबा इस देश में नहीं हो सकता, इसलिए डोमिनियन स्टेटस की कांग्रेस की माँग से डरने की कोई जरूरत नहीं। अब्दुल हक इसको सुनकर कहते हैं कि डोमिनियन स्टेटस और स्वराज का मतलब अंग्रेजों के अधीन हिन्दू राज की स्थापना है। लोकतंत्र को मुसलमानों के लिए नुकसानदेह बताते हुए वे कहते हैं कि चूँकि हिन्दुओं की आबादी मुसलमानों से अधिक है इसलिए लोकतंत्र में मुसलमानों पर हिन्दुओं की हुकूमत हो जाएगी। उस समय अंग्रेजों की नहीं हिन्दुओं की गुलामी करनी होगी मुसलमानों को। वे यह भी कहते हैं कि हजार सालों से हमने हिन्दुओं पर हुकूमत की है अब स्वराज का मतलब होगा हिन्दू अब मुसलमानों पर हुकूमत करेंगे।[34]

भगवती जी ने जो वर्णन इस उपन्यास में किया है उससे यह प्रतीत होता है कि खिलाफत आन्दोलन के दौर में जब हिन्दू और मुसलमानों के बीच भाईचारे का नारा बुलंद किया जा रहा था, जमीनी स्तर पर वह मुसलमानों का ही आन्दोलन था।

1920 के कलकत्ता कांग्रेस के समय के राजनीतिक माहौल के बारे में भगवती जी स्पष्ट करते हैं कि यह कांग्रेस राजनीति का एक निर्णायक समय था। उस समय ज्ञान प्रकाश जैसे कांग्रेसी को यह लगता था कि ब्रिटिश हुकूमत जमींदारों और आधुनिक शिक्षित लोगों के समर्थन पर निर्भर थी जो अपने निहित स्वार्थों के कारण उनके समर्थन में स्थायी रूप से थे। उसे लगता है कि लोग ठीक से लड़ें तो स्वराज हासिल किया जा सकता है। वह अपने सहयोगी राजबिहारी से कहता है कि दो लाख अंग्रेज (जिसमें से सवा से डेढ़ लाख अंग्रेज सेना में हैं) तीस करोड़ भारतीयों पर शासन इसलिए कर पाते हैं क्योंकि दस से बीस लाख शिक्षित भारतीय लोग अंग्रेजों की सेवा में हाजिर हैं। अगर ये शिक्षित भारतीय अंग्रेजों का सहयोग करना बन्द कर दें तो अंग्रेजों को भारत पर शासन करना असम्भव हो जाए।[35]

राजबिहारी को लगता है कि सुविधा का जीवन जीने वाले सरकारी अफसर कभी भी इसके लिए राजी नहीं होंगे। इसके बाद शिक्षितों में बचे वकील, शिक्षक और विद्यार्थी। फिर भी अन्त में लोग यह मान लेते हैं कि सबको गांधी के पीछे खड़ा हो जाना चाहिए। उनको विश्वास है कि अगर असहयोग आन्दोलन हुआ तो अंग्रेज यहाँ से भाग जाएँगे।

ज्ञान प्रकाश से भगवती जी ने कहलवाया है कि असहयोग आन्दोलन को खिलाफत आन्दोलन से बहुत शक्ति मिली। खिलाफत परिषद के मद्रास अधिवेशन में कांग्रेस के असहयोग आन्दोलन को स्वीकार कर लिया गया है। मुसलमानों ने यह भी माना कि वे इस देश के हैं। उसी समय यह खबर भी आई कि जो मुसलमान

हजारों की संख्या में देश छोड़कर एक मुसलमान देश अफ़ग़ानिस्तान में बसने के लिए गए थे उन्हें वहाँ घुसने से रोक दिया गया है। यह असहयोग आन्दोलन को शुरू करने का सही समय है, ऐसा कांग्रेस के लोगों को लगता है जो गांधी के साथ थे।

राजबिहारी ज्ञान प्रकाश के इस तर्क को स्वीकार नहीं करता कि हिन्दू और मुसलमानों की एकता की खातिर सबको गांधी के साथ खड़ा होना चाहिए। उसका कहना है कि यह एकता स्थायी नहीं है। चूँकि अंग्रेज हिन्दू और मुसलमान दोनों के शत्रु हैं इसलिए दोनों साथ हैं, पर आगे ये एक नहीं रह पाएँगे। उसे लगता है कि मुसलमान अपने को इस देश से जुड़ा नहीं मानते। व्ह कहता है कि किसी भी मुसलमान को अगर मौका मिले तो वह भारत के बजाय अफ़ग़ानिस्तान में बसना पसन्द करेगा।

बातचीत के अन्त में सब लोग यह तय करते हैं कि कलकत्ता कांग्रेस में वे सभी गांधी का समर्थन करेंगे।

भगवती जी ने ज्ञान प्रकाश के कलकत्ता कांग्रेस में भाग लेने के वर्णन के माध्यम से यह बतलाने का प्रयास किया है कि बंगाल के कांग्रेसी गांधी के असहयोग के सिद्धान्त के आगे हार गए थे और एक दूसरे राजनीतिक फ्रंट को खोलने की कोशिश में लगे थे।

यह एक महत्त्वपूर्ण सूत्र है जिससे उस समय की राजनीति का एक ऐसा प्रसंग चर्चा में लाया जा सकता है जिसके बारे में अक्सर कम चर्चा होती है। गांधी के भारतीय राजनीति में आने के बाद वे 1919 की अमृतसर कांग्रेस तक देश के सबसे बड़े नेता नहीं थे। वे तेजी से उभर रहे थे और उन्हें मोतीलाल नेहरू और मालवीय का समर्थन भी मिल रहा था, परन्तु दो अन्य नेता—बाल गंगाधर तिलक और चित्तरंजन दास ऐसे थे जिनके समर्थन के बिना गांधी का कांग्रेस का सबसे बड़ा नेता बनना सम्भव नहीं था। खिलाफत आन्दोलन ने मुसलमानों की बड़ी भीड़ को गांधी के पक्ष में लाकर खड़ा कर दिया। इस खिलाफती भीड़ ने ही गांधी को इतनी ताकत दे दी कि ये दोनों नेता समझ नहीं पा रहे थे कि गांधी का विरोध कैसे करें। जिस तरह की राजनीति गांधी कर रहे थे तिलक उससे सहमत नहीं थे।[36]

गंगा प्रसाद के माध्यम से भगवती जी ने यह दिखलाया है कि जब खिलाफत आन्दोलन चल रहा था और हिन्दू-मुसलमान एकता का नारा बुलन्द हो रहा था, जमीनी स्तर पर लोग हिन्दू और मुसलमान के रूप में ही सोच रहे थे। ऐसा लगता है कि भगवती जी का वर्णन यही संकेत दे रहा है कि खिलाफत आन्दोलन के द्वारा गांधी भारत की एकता के लिए नहीं बल्कि इस्लाम के गर्व और उसकी ताकत के लिए काम कर रहे थे।[37]

गंगा प्रसाद के माध्यम से इस उपन्यास में यह भी देखा जा सकता है कि मुसलमानों में जो गांधी के साथ रहनेवाले राजनेतागण हैं वे कांग्रेस के अहिंसात्मक

आन्दोलन के लिए काम कर रहे हैं, पर वे मुसलमानों के बीच एक मुसलमान की हैसियत से ही सोच रहे हैं। इन दोनों भूमिकाओं को एक साथ निभाने में फरहतुल्ला जैसे नेता बहुत परेशानी का अनुभव करते हैं। जब खिलाफत का जोर था लोग बड़ी संख्या में मीटिंग में आते और सरकार के विरोध में मुखर होते, सरकारी नौकरी और वकालत छोड़ने की बात भी करते, लेकिन फिर जीवन के झमेलों में हिन्दू और मुसलमान बनकर ही सोच पाते। फरहतुल्ला ऐसी ही एक सभा में यह घोषणा करता है कि वह गांधी की आज्ञा के अनुसार वकालत छोड़ रहा है। उसे गांधी के इस वादे पर पूरा भरोसा है कि स्वराज एक साल में हासिल होगा। जब मौलाना मोहम्मद अली और मौलाना शौकत अली जैसे नेता कांग्रेस में शामिल हो गए तो आन्दोलन को सफल होने से कोई रोक नहीं सकता, ऐसा उसका विश्वास है। उस जोश में विक्रम सिंह जैसे थानेदार ने भी अपनी नौकरी छोड़ खादी पहनने का ऐलान कर दिया।

ऐसे जोश के वातावरण में गंगा प्रसाद की एक प्रशासक के रूप में दिक्कतें बढ़ गईं। उसके ऊपर कलेक्टर ने जौनपुर में स्थिति को नियंत्रित करने का पूरा जिम्मा दे दिया था। अब वह एक जिम्मेदार अफसर के रूप में आन्दोलन को दबाने के लिए पूरी सख्ती करने के लिए तैयार था। वह आन्दोलनकारियों से सख्ती से निबट रहा था। जेलों में आन्दोलनकारियों को भरा जा रहा था और उन्हें दंडित भी किया जा रहा था।

इस बीच 8 जुलाई, 1921 के बाद एक परिवर्तन हुआ। कराची में खिलाफत परिषद की बैठक हुई। वहाँ से लौटकर फरहतुल्ला को लगता है कि आन्दोलन ढीला पड़ चुका है। अगस्त के अन्त में कांग्रेसियों की एक सभा बुलाई गई। गंगा प्रसाद धारा 144 लगाना चाहता था ताकि स्थिति नियंत्रण में रहे, लेकिन ब्रिटिश कलेक्टर ने इसके लिए मना कर दिया। पुलिस को ही स्थिति को काबू में रखना था। स्थिति को काबू में करने की चेष्टा हो रही थी। इस बीच गंगा प्रसाद को एक गुप्त सूचना मिली कि अगले दिन फरहतुल्ला की मीटिंग के बाद लूटपाट और आगजनी होगी। ज्ञान प्रकाश को लगता है कि कांग्रेस की अहिंसक भीड़ ज्यादा दिक्कत पेश नहीं करेगी, परन्तु गंगा प्रसाद के पास जो सूचना थी उसके आधार पर कहा जा सकता था कि स्थिति बिगड़ेगी क्योंकि एक साम्प्रदायिक भीड़ स्थिति को अपने हिसाब से इस्तेमाल करने की फिराक में थी। जौनपुर में पुलिस में मुसलमानों की संख्या करीब सत्तर प्रतिशत थी और शहर में मुसलमान बड़ी संख्या में थे। साथ ही, बहुत सारे मुसलमान आसपास के इलाके से शहर में आने वाले थे। गंगा प्रसाद को लगता था कि मालाबार की तरह अन्य स्थानों पर मुस्लिम भीड़ लूटपाट और आगजनी करेगी। उसे पता है कि मालाबार में बहुत सारे हिन्दुओं को मारा और धर्मान्तरण करके मुसलमान बनाया गया है।[38] ज्ञान प्रकाश के सुझाव पर

इस स्थिति को बिगड़ने से रोकने के लिए फरहतुल्ला से जाकर गंगा प्रसाद मदद चाहता है। फरहतुल्ला परिस्थिति को समझकर कि भीड़ और सशस्त्र पुलिस के बीच किसी तरह की मुठभेड़ का परिणाम भयंकर हो सकता है यह आश्वासन देता है कि हिंसा नहीं होगी।

अगली सुबह बड़ी संख्या में बाहर से लोग आने लगते हैं। कलेक्टर स्थिति को ठीक से समझने के लिए शहर में घूमकर देख लेता है। अपराह्न तीन बजे कलेक्टर फोन करके गंगा प्रसाद से कहता है कि अब वह उसकी बात को मानता है कि शहर में दफा 144 लगा देनी चाहिए। अब गंगा प्रसाद के इस आश्वासन को कि उसने सारे इंतजाम कर लिए हैं और हिंसा नहीं होगी, कलेक्टर मानने से इनकार कर देता है। गंगा प्रसाद को हुक्म दिया जाता है कि धारा 144 लगाने की घोषणा करे और सेना को बुलाया जाए। बाध्य होकर गंगा प्रसाद को हुक्म मानना पड़ा। वह कांग्रेस के दफ्तर गया और वहाँ देखा कि फरहतुल्ला प्रशासन की इस अचानक की गई घोषणा से क्षुब्ध हुआ बैठा है। मीटिंग शुरू होने के पहले इस तरह की घोषणा से उसे क्रोध आता है, क्योंकि उसने गंगा प्रसाद से वादा किया था कि मीटिंग के बाद कोई हिंसा नहीं होगी। पचास पुलिसकर्मियों के साथ गंगा प्रसाद मीटिंग की जगह पर जाता है जो कि अताला मस्जिद के पास थी। उसने फरहतुल्ला और उसके छह सहकर्मियों को हिरासत में ले लिया। उनकी गिरफ्तारी के बाद 'अल्लाह ओ अकबर' का शोर उठा और पुलिस पर ईंट के टुकड़े फेंके जाने लगे। पुलिस की कमान सिकंदर खान के हाथ में थी। गंगा प्रसाद ने उसे मस्जिद में घुसकर पत्थर फेंकने वाले को हिरासत में लेने का आदेश दिया। उसने मस्जिद में घुसने से मना कर दिया। अन्य मुसलमान सिपाहियों ने भी ऐसा करने से मना कर दिया। तब गंगा प्रसाद ने हवलदार शिवलाल को मस्जिद में घुसकर पत्थर फेंकने वाले को पकड़ने का हुक्म दिया। इस समय फरहतुल्ला ने उसे सावधान किया और इस घटना को साम्प्रदायिक रंग से बचाने को कहा। उसने खुद भीतर जाकर उन लड़कों को लाने का जिम्मा लिया। दस मिनट के बाद वह पाँच लड़कों को लेकर मस्जिद के बाहर निकला जिन्हें गिरफ्तार कर लिया गया।[39]

इस घटना के बाद गंगा प्रसाद बहुत हताश हो गया।[40]

इस दौरान गांधी के आन्दोलन में तीव्रता आने लगी। गंगा प्रसाद के घर के अन्दर उसका नन्हा बेटा उस समय का एक प्रचलित खिलाफती गीत गाता है—'कह रहे हैं कराची के कैदी, हम तो जाते हैं दो-दो बरस को।' उसकी बेटी गा रही थी—'बोली अम्मा मुहम्मद अली की...' अगली पंक्ति वह भूल रही थी जिसे उसके भाई नवल ने पूरी की—'जान बेटा खिलाफत पे दे दो!'

यह आन्दोलन कब खत्म होगा इसके बारे में कोई कुछ नहीं बता पा रहा था। ज्वाला प्रसाद ने गांधी की तारीफ की कि उन्होंने हिन्दू और मुसलमानों के

बीच एकता कायम कर ली। उनको लगता है कि अली भाइयों की गिरफ्तारी ने पूरे देश में आग लगा दी है और मुसलमान के समर्थन से आन्दोलन को ताकत मिल गई है।

गंगा प्रसाद का तबादला कानपुर हो जाता है और उसे ज्वाइंट मजिस्ट्रेट का दायित्व दिया जाता है। यह किसी भारतीय अफसर के लिए बड़ी बात थी। जिस तरह उसने आन्दोलन को जौनपुर में दबा दिया था उसकी प्रशंसा सरकारी हलकों में हुई थी। उसे कानपुर इसलिए भेजा गया था क्योंकि कानपुर बहुत महत्त्वपूर्ण शहर था और यहाँ से कांग्रेस को बड़ी आर्थिक मदद भी मिलती थी। उसका अन्दाजा है कि यह आन्दोलन ज्यादा दिन नहीं चल पाएगा; आन्दोलन तभी तक बढ़ता रह सकता है जब तक यह हिंसक नहीं होता। जैसे ही यह हिंसक होगा, सरकार उसे सख्ती से कुचल देगी।[41]

कांग्रेस के नेता लोग कांग्रेस के आन्दोलन का विस्तार अछूत जातियों के बीच भी करना चाहते थे। इस उद्देश्य से ज्ञान प्रकाश के पास एक अछूत जाति के व्यक्ति गेंदालाल को जयनाथ पांडे नामक कांग्रेसी लेकर आता है। ज्ञान प्रकाश उसे ज्वाला प्रसाद के घर में बैठने के लिए कहता है, क्योंकि गांधी जी ने अस्पृश्यता को समाप्त कर दिया है। गेंदालाल संकोच करता है, पर ज्ञान प्रकाश के आग्रह पर बैठ जाता है। गंगा प्रसाद एक अछूत को अपने घर में देखकर गुस्से से लाल हो जाता है और वह उसे अपमानित करके घर से निकाल देता है। उसके इस आचरण से ज्ञान प्रकाश को धक्का लगता है। गेंदालाल एफ.ए. पास है और वह चमड़े की फैक्टरी लगाना चाहता है। यह कहने के बाद भी गंगा प्रसाद ने ऐसा व्यवहार किया था, यह देखकर ज्ञान प्रकाश को बहुत आश्चर्य होता है। गेंदालाल के मुँह से भगवती जी ने कहलवाया है कि अछूतों को साथ लाना थोड़े समय का मामला है। बाद में उन्हें भुला दिया जाएगा। जहाँ बैठने देने तक पर आपत्ति है वहाँ संवाद क्या होगा! जाते-जाते वह कहता है कि आप लड़ें, स्वराज हासिल करें, पर हमें भी जीने दें![42] गंगा प्रसाद को भी लगता है कि उसका व्यवहार अनुचित था, परन्तु वह इसे स्वीकार नहीं करता। दरअसल उन दिनों अछूतों को हिन्दू और कांग्रेस के साथ जोड़े रखने के लिए एक राजनीतिक अभियान चला हुआ था। ज्ञान प्रकाश और अन्य कांग्रेसी इसी कारण से अछूतों को स्वराज के आन्दोलन से जोड़ने के लिए सचेष्ट थे। गंगा प्रसाद को यह सब एकता अभियान और उससे स्वराज के आन्दोलन के सफल होने की बात बेकार लगती थी। वह कहता है—देश में पाँच से छह करोड़ अछूत हैं और सात से आठ करोड़ मुसलमान हैं; इन तेरह-चौदह करोड़ लोगों के साथ मामले को निबटाओ फिर उसके बाद स्वराज की बात सोचना।[43]

जयनाथ पांडेय को लगता है कि जैसे गांधी ने हिन्दू-मुसलमान का मामला सुलझा लिया है वैसे ही वे अछूत समस्या का भी समाधान कर लेंगे। गंगा प्रसाद

के लिए यह आन्दोलन बिना सोचे-समझे और बिना किसी योजना के शुरू हुआ है, इसलिए इसका विफल होना तय है।

शहर में विदेशी वस्त्रों को जलाने का कांग्रेसी कार्यक्रम चल रहा है और विदेशी कपड़ों को दिखाने से भी दुकानदार लोग डरने लगे हैं।

गंगा प्रसाद को यह सूचना मिलती है कि शाही राजकुमार के सामने प्रतिवाद करने के लिए जा रहे लोगों को नियंत्रित करने के लिए दिल्ली में गोली चलानी पड़ी। जहाँ-जहाँ राजकुमार को जाना था वहाँ-वहाँ सुरक्षा की समस्या हो सकती थी, इसलिए पूरी व्यवस्था की गई थी कि कोई प्रतिवाद न हो। गंगा प्रसाद को यह स्वीकार करना पड़ा कि कानपुर की स्थिति अच्छी नहीं है और आन्दोलन तेज हो रहा है।

गंगा प्रसाद कानपुर में लक्ष्मीचन्द से भी मिले और यह जानने की कोशिश की कि पूँजीपतियों से कांग्रेस को कितनी मदद मिलती है। लक्ष्मीचन्द के लिए कांग्रेस का यह आन्दोलन बेकार है। देश में विदेशी वस्तुओं की बहुत माँग है, और देश में इतना उत्पादन है नहीं कि इसकी आपूर्ति की जा सके। उसे यह भी लगता है कि इससे खिलाफत और स्वदेशी आन्दोलनों से भारतीय पूँजीपतियों को लाभ है, बाकी सब बेकार की बातें हैं।[44]

दिसम्बर 1921 के तीसरे सप्ताह में ब्रिटेन के राजकुमार कलकत्ता पहुँचते हैं जहाँ उनका बड़ा विरोध होता है। अब सरकार दमन की नीति अपनाती है।

1922 की पहली जनवरी को लक्ष्मीचन्द के घर पर पार्टी थी। उसमें जाने से पहले गंगा प्रसाद की बातचीत ज्ञान प्रकाश से होती है जिसमें गंगा प्रसाद कहता है कि नागपुर कांग्रेस के बाद आन्दोलन अब अधिक दिन चल नहीं सकेगा। लोग बड़ी संख्या में जैसे ही आएँगे हिंसा होगी और उसके बाद जलियाँवाला बाग जैसा ही दमन-चक्र चलेगा और आन्दोलन बन्द हो जाएगा।

लक्ष्मीचन्द की पार्टी में यह पता चलता है कि लक्ष्मीचन्द दोनों को—सरकार के अधिकारी गंगा प्रसाद और कांग्रेस के नेता ज्ञान प्रकाश को—अलग-अलग जानता है और यह नहीं जानता है कि ये दोनों आपस में एक-दूसरे से कैसे जुड़े हुए हैं। गंगा प्रसाद को भी यह अन्दाजा हो जाता है कि लक्ष्मीचन्द जैसे सेठ सरकार और कांग्रेस दोनों को अलग-अलग अपनी आमदनी का एक छोटा हिस्सा देते हैं और दोनों पक्षों को सन्तुष्ट रखते हैं। आन्दोलन तेज होने से उन जैसे पूँजीपतियों को बहुत लाभ है, यह वह अच्छी तरह समझता है। असहयोग आन्दोलन के कारण कम-से-कम उसे पाँच से छह लाख रुपए का लाभ हुआ है। उसमें से एक छोटा सा हिस्सा अधिकारियों को और एक बहुत छोटा हिस्सा कांग्रेसी कार्यकर्ताओं को देने से उन्हें क्या परेशानी हो सकती थी! लक्ष्मीचन्द गंगा प्रसाद को एक गाड़ी उपहार के रूप में दे देता है।

आन्दोलनकारियों को सजा देते समय गंगा प्रसाद उस समय आश्चर्य से भर उठता है जब वह एक माया शर्मा नामक स्त्री को सजा देने लगता है। यह स्त्री

पहले एक मुसलमान वेश्या थी जिसके साथ गंगा प्रसाद की घनिष्ठता रही थी। उसे अपने पास रखने के लिए उसकी अपने एक विश्वस्त मुसलमान के साथ शादी कराने की कोशिश भी की थी। एक दिन वह मुसलमान वेश्या अचानक गायब हो गई थी। अब वह एक हिन्दू स्वराज कार्यकर्ता की बीवी थी और उसने आर्यसमाज के माध्यम से अपना धर्म परिवर्तन भी कर लिया था। इस प्रसंग में वह देखता है कि उस स्त्री के पीछे मुसलमान लोग लगे हैं ताकि उसकी शादी एक मुसलमान से कर दी जाए। वह माया (मूल नाम मलका) के लिए सहानुभूति से भरा हुआ है। उसे यह मालूम है कि उसका पिता पहले हिन्दू था। इस प्रसंग को साम्प्रदायिक रंग देना उसे बर्दाश्त नहीं होता।

जनवरी 1922 में सरकारी दमन बढ़ जाता है। अब तक यह आन्दोलन हिन्दुओं का आन्दोलन हो चुका है। ऐसे में गंगा प्रसाद फरहतुल्ला से मिलता है और उसकी स्थिति देखकर सहानुभूति से भर उठता है। वह समझ लेता है कि उस मुसलमान वकील ने बहुत श्रद्धा के साथ गांधी की पुकार पर खिलाफत आन्दोलन में भाग लिया था और उसके लिए अपनी वकालत भी छोड़ी थी। वह आर्थिक कष्ट में था और उसके अपने धर्म के लोग उसे 'गांधी का मानसिक दास' मानकर उसकी अवहेलना करने लगे थे।

अब कानपुर लौटकर गंगा प्रसाद आन्दोलन के दमन के लिए एक समर्पित राजसेवक की तरह लग जाता है, पर उसके मन में स्वराजियों के प्रति अब थोड़ी सहानुभूति जन्म ले चुकी थी।

माया के आदर्शवादी पति सत्यब्रत से बातचीत में गंगा प्रसाद ने कहा कि यह आन्दोलन अब जल्दी ही समाप्त हो जाएगा। इस बात को सुनकर नाराज सत्यब्रत को समझाते हुए गंगा प्रसाद कहता है कि यह आन्दोलन शहर में मध्यवर्ग तक ही सीमित है। जैसे ही यह आन्दोलन गाँवों में पहुँचेगा, हिंसक हो जाएगा और उसके बाद सरकारी दमन शुरू हो जाएगा, जिसका मुकाबला करना आन्दोलनकारियों के लिए सम्भव नहीं होगा।

कानपुर शहर में एक कैदी की मृत्यु जेल में होती है और हजारों लोग सरकार के विरुद्ध इस मामले को लेकर इकट्ठा हो जाते हैं। सरकार का मानना था कि उसकी मौत स्वाभाविक थी और इसके लिए सरकार को दोष देना अनुचित था। सिविल लाइन्स की सड़क पर, जहाँ अधिकतर अंग्रेज और बड़े अधिकारियों का आवास था, हजारों की भीड़ आ जुटी। भीड़ शान्तिपूर्ण ढंग से प्रतिवाद कर रही थी कि अचानक एक ढेला किसी ने फेंका और गंगा प्रसाद को लाठी चार्ज का हुक्म देना पड़ा। इस लाठी चार्ज में दो सौ वॉलेन्टियर घायल हुए थे, जिनमें से कुछ गम्भीर रूप से घायल थे। उसे इस बात का दुख होता है कि शान्ति से प्रतिवाद कर रही भीड़ को इस तरह पीटा गया। पर उसे इस बात का सन्तोष भी है कि उसने

अधिक हिंसा होने से पुलिस को रोका था। उस लाठी चार्ज के पहले एक स्थिति ऐसी थी कि फायरिंग के लिए पुलिस अधिकारी आगे बढ़ चुका था, लेकिन उसे गंगा प्रसाद ने रोक दिया था। अगर उस समय फायरिंग हो जाती तो कम-से-कम बीस-पच्चीस जानें चली ही जातीं।

ज्ञान प्रकाश का अनुमान है कि अब आन्दोलन गाँवों में फैलेगा और उग्र रूप धारण करेगा। गाँव में टैक्स नहीं देने का ही मुद्दा जोरदार होगा। इससे सरकार पर दबाव बढ़ेगा और दो-तीन महीने में सरकार कांग्रेस के साथ बात करने के लिए बाध्य हो जाएगी। इलाहाबाद में नेताओं की एक मीटिंग भी हो रही थी।

जब चाचा और भतीजा बात कर ही रहे थे तो यह खबर आई कि चौरी-चौरा में भीड़ ने एक सब इंस्पेक्टर और पुलिस के इक्कीस कांस्टेबलों को जिन्दा जला दिया है। गंगा प्रसाद को लगता है कि अगर इस तरह की घटना होती रही तो उत्तर प्रदेश में मार्शल लॉ जारी होगा और यहाँ पंजाब से भी बदतर हालात होंगे। सत्यब्रत मार्शल लॉ की बात सुनकर कहता है कि पूरे देश में मार्शल लॉ लग जाए तो पूरे देश को पता चले कि देश के हालात क्या हैं। उसे लगता है कि ब्रिटिश शासन यहाँ भारतीय सिविलियन की मदद से ही चल रहा है। इस सन्दर्भ में गंगा प्रसाद का मत है कि देश में ब्रिटिश हुकूमत फौज के दम पर है।

अगले दिन चौरी-चौरा की घटना के बारे में सबको पता चल गया। यह भी समाचार आ गया कि गांधी जी इस आन्दोलन को स्थगित करना चाहते हैं। इस बाबत 12 फरवरी को बारदोली की मीटिंग में गांधी के मत को समर्थन मिलने की उम्मीद थी। इस निर्णय को लेकर व्यापक असन्तोष की बात भगवती जी ने कही है। उन्होंने इस बात के साथ यह भी जोड़ा है कि जो आन्दोलन को रोकना नहीं चाहते थे उन्हें यह पता ही नहीं था कि इसे चलाया कैसे जाए। अधिकतर बड़े नेता जेल में बन्द थे। 24 फरवरी को दिल्ली में नेताओं की मीटिंग भी हुई, लेकिन आन्दोलन को आगे बढ़ाने का कार्यक्रम नहीं बन सका। ज्ञान प्रकाश को लगता था कि विजय बहुत समीप है और इस तरह आन्दोलन को स्थगित करने से सब कुछ इधर-उधर हो गया। प्रशासक गंगा प्रसाद के लिए गांधी का निर्णय समझ पाना सहज था। उसे लगता है कि गांधी ने ठीक किया। जैसे ही आन्दोलन गाँवों में फैलता हिंसा के बढ़ने की आशंका थी। पूँजीपतियों को हिंसा से बहुत दिक्कत थी। पूँजीपति कांग्रेस का समर्थन आन्दोलन के हिंसक होते ही हटा लेते। ज्ञान प्रकाश को इस बात का अन्दाजा तब हुआ जब लक्ष्मीपति जैसे पूँजीपतियों ने कांग्रेस को सहायता देना बन्द कर दिया। लक्ष्मीचन्द ने पचास हजार रुपए के सहयोग का वादा किया था, लेकिन उसने देने से मना कर दिया।[45] इलाहाबाद जाने और रैली के लिए उसे पाँच हजार की जरूरत थी, वह भी लक्ष्मीचन्द देने को राजी नहीं हुआ। उसने बड़ी मुश्किल से पाँच सौ रुपए दिए।

दिल्ली की कांग्रेस की मीटिंग के बाद यह तय हुआ कि कांग्रेस के फंड के लिए प्रयास को तेज किया जाए।

इस बीच एक परिवर्तन यह देखा गया कि सरकारी तंत्र इस चिन्ता में पड़ा दिखाई दिया कि कहीं हिन्दू और मुसलमानों के बीच किसी मुद्दे पर तनाव न हो जाए। गंगा प्रसाद इससे बहुत चकित होता है कि अधिकारी इस बात को लेकर चिन्तित हो रहे हैं कि होली में अगर किसी हिन्दू ने मुसलमान पर रंग डाल दिया तो इससे साम्प्रदायिक तनाव न हो जाए। इस तरह के किसी भय के बारे में सैकड़ों वर्षों के इतिहास में किसी को कभी चिन्ता हुई हो इसका कोई प्रमाण नहीं था। उसी समय गंगा प्रसाद ने यह भी देखा कि मुसलमान अधिकारी इस बात से बहुत चिन्तित दिखे कि मुसलमानों में भय और गुस्से का माहौल है।

गांधी द्वारा आन्दोलन स्थगित करने की घोषणा के साथ ही आन्दोलन ढीला पड़ गया। कांग्रेसी कार्यकर्तागण जेल से रिहा होने के बाद बहुत ही हताश थे। 13 मार्च, 1922 को गांधी को जेल में बन्द कर दिया गया। इस तरह गांधी को आन्दोलन स्थगित करने के बाद जेल में डालने की बात ज्वाला प्रसाद को अजीब लगी। उनका कहना था कि गांधी को अगर जेल में डालना था तो आन्दोलन के पहले यह काम हो सकता था। अब इसका क्या मतलब?

असहयोग आन्दोलन के बाद गंगा प्रसाद के लिए एक बड़ा अनुभव तब हुआ जब कानपुर के एक अंग्रेज पूँजीपति मिस्टर हैरीसन ने अपने घर में एक पार्टी दी। उसने शराब पीने के बाद गांधी को भला-बुरा कहना शुरू किया और उन्हें गोली से मारने की बात की। उस पार्टी में राय बहादुर गोपीनाथ भी थे। उनका लाखों का सामान मैनचेस्टर से आ रहा था और वह आन्दोलन से थोड़े परेशान थे। वे इस बात से खुश थे कि गांधी को गिरफ्तार कर लिया गया है। गांधी को लुच्चा, बदमाश आदि कहने पर गंगा प्रसाद को क्रोध आ गया। उसने देखा कि वहाँ उपस्थित बड़े लोगों में किसी ने भी इस अभद्र अंग्रेज का विरोध नहीं किया। उसने प्रतिवाद किया और अन्त में अभद्र अंग्रेज को अपने शब्द वापस लेने पड़े। इसका बदला उसने बाद में लिया। अपनी सरकार के लिए किए गए बड़े काम के लिए गंगा प्रसाद की प्रशंसा हुई थी और उम्मीद की जा रही थी कि ज्वाइंट मजिस्ट्रेट की स्थायी पोस्ट उसे मिल जाएगी। लेकिन उसे यह पोस्ट नहीं दी गई। कहा गया कि यह पोस्ट आईसीएस को ही दी जा सकेगी और उन दिनों कई आईसीएस चुनकर आए थे। गंगा प्रसाद को यह बात साफ समझ में आ गई कि इसके पीछे हैरीसन का हाथ है। झगड़े के दौरान उसने कहा था कि अंग्रेज अंग्रेज है और हिन्दुस्तानी हिन्दुस्तानी। ठीक यही बात उस कमिश्नर ने भी कही जो गंगा प्रसाद के प्रति सहानुभूतिशील होकर भी उसकी कोई मदद नहीं कर सका।

इस बीच एक कांड यह हुआ था कि माया को मुसलमान अपने यहाँ उठाकर ले गए थे और उसका विवाह एक मुसलमान से करने के लिए उस पर दबाव बनाने लगे। बहुत जोखिम उठाकर गंगा प्रसाद और ज्ञान प्रकाश उसे फरहतुल्ला की मदद से ही छुड़ा पाए। अगर फरहतुल्ला ने उनकी मदद न की होती तो उनका सकुशल लौटना मुश्किल था। फरहतुल्ला के मुसलमानों का साथ न देने के कारण मुसलमान नेताओं ने उसकी उपेक्षा शुरू कर दी थी। फरहतुल्ला जैसा कांग्रेसी मुसलमान बहुत परेशान रहा, लेकिन उसने गांधी में अपनी आस्था नहीं छोड़ी, क्योंकि उसे लगता था कि गांधी नेकी के साथ हैं।

फरहतुल्ला के माध्यम से भगवती जी ने मुसलमान कांग्रेसी नेताओं की पीड़ा को समझने का प्रयास किया है, ऐसे नेता जो गांधी के साथ चलने के कारण अपनी बिरादरी की राजनीति में पराए बने और इस कारण उनको तकलीफें उठानी पड़ीं। भगवती जी ने अपने उपन्यासों में राष्ट्रीय आन्दोलन के दौरान सामाजिक और आर्थिक पक्षों की अवहेलना नहीं की है। इसी कारण वे तमाम बिन्दु उनके वृत्तान्त में उभरकर आ जाते हैं जिससे उस समय की एक जटिल तस्वीर उभरती है। फरहतुल्ला गांधी के साथ है, इस कारण उसे अब्दुल हक और अली रज़ा जैसे लोगों का विरोध झेलना पड़ता है; अपना शहर भी छोड़ देना पड़ता है। लेकिन उसे इस बात का पूरा एहसास है कि हिन्दू और मुसलमानों की संस्कृति का भेद पुराना है और दोनों सम्प्रदाय के लोग अलग-अलग ही रहे हैं। उसके मुँह से लेखक ने कहलवाया है कि भारत में बहुत सारे सम्प्रदाय हैं जिनमें धर्म का मामला व्यक्ति पर छोड़ दिया गया है, समूह पर नहीं। मुसलमान ऐसा नहीं कर पाते। उनको एक समूह के रूप में अलग रहने का ही अभ्यास है। इस देश की एक-चौथाई आबादी मुसलमानों की है और यह सबसे अलग है। हिन्दू समाज जाति के कारण बँटा हुआ है और कुछ बुराइयाँ मुसलमानों में भी आ गई हैं। हिन्दू और मुसलमान मिल नहीं सकते। दोनों अलग हैं। वह स्वीकार करता है कि वह गांधी के सुधारवादी दृष्टिकोण से आकृष्ट होकर कांग्रेस में शामिल हुआ था, लेकिन इस आन्दोलन से संघर्ष हुआ। इसे मानने में उसे कोई दुविधा नहीं है कि वह मुसलमान पहले है, फिर कुछ और। उसके बाद वह सब कुछ ऊपर वाले के हाथ में छोड़ देता है। वह गांधी के साथ अब भी है इसीलिए क्योंकि उसे लगता है कि गांधी नेकी के साथ हैं।

विगत अनुभवों के कारण गंगा प्रसाद में एक परिवर्तन होता है। वह नौकरी छोड़कर कांग्रेस में शामिल हो जाने का मन बनाता है। ज्ञान प्रकाश कहता है कि चूँकि वह एक सांसारिक आदमी है उसके लिए ऐसा कर पाना कठिन है। उसे सादा जीवन स्वीकार करना होगा और अपने खर्चे बहुत कम करने होंगे, तब जाकर वह ऐसा कर सकता है। उसे कष्ट करना होगा तब तक जब तक स्वराज नहीं हासिल होता। उसे उम्मीद है कि छह-सात सालों में स्वराज हासिल हो जाएगा।

अचानक यह खबर उसे मिलती है कि मुल्तान में दंगे शुरू हो गए हैं और फरहतुल्ला को वहाँ जाने का आदेश हुआ है। इससे गंगा प्रसाद को धक्का लगता है और वह अपने त्यागपत्र को फाड़कर फेंक देता है। उसे लगता है कि भारतीय एकता असम्भव है। हिन्दू और मुसलमान एक नहीं हो सकेंगे।[46]

इस उपन्यास में अगला हिस्सा 1930 के समय से जुड़ा है जब देश सविनय अवज्ञा के लिए तैयार हो रहा है।

इस समय तक गंगा प्रसाद का पुत्र नवल कॉलेज पास करके यूनिवर्सिटी जाने लगा है। यहाँ भी भगवती जी ने सरकार के सेवक और पूँजी के स्वामी के बीच ही शक्ति और सामर्थ्य के होने को दिखलाया है। दोनों ही औपनिवेशिक शक्ति-तंत्र से बँधे हुए हैं। जैसे ही वे उससे अलग होंगे, देश में चल रहे राष्ट्रीय आन्दोलन के साथ जाएँगे उनकी ताकत कम हो जाएगी। ये बात अलग है कि इस आन्दोलन में एक नए शक्ति-तंत्र के निर्माण की सम्भावना थी, जिसमें जो इससे जुड़े लोग हैं उनके हाथ में सत्ता होगी। इस नए स्वप्न की तरफ बढ़ने की इस यात्रा को गंगा प्रसाद के पुत्र नवल के माध्यम से बहुत सुन्दर तरीके से दिखलाया गया है। वह प्रतिभाशाली है, इलाहाबाद यूनिवर्सिटी के विद्यार्थियों का अध्यक्ष है और आईसीएस की परीक्षा में बैठने के लिए प्रस्तुत है। उसकी मंगेतर एक पूँजीपति की बेटी है। पूँजीपति इस काम के लिए पूरी व्यवस्था करने को तैयार है। लेकिन यह नया समय है जहाँ नौजवानों के लिए एक विकल्प भी दिखलाई दे रहा है। इलाहाबाद में आनन्द भवन में मोतीलाल नेहरू के घर में भी एक नौजवान है जो देश के नेता के रूप में उभर रहा है। क्या वैसा नवल भी बन सकता है? यह बात उसकी बहन के मन में तब आती है जब वह अपने भाई को राजनीतिक आन्दोलन में कूदते देखती है। पर इसी के साथ वह यह भी सोचती है कि बड़ा नेता बनने के लिए बड़ा परिवार भी होना चाहिए। जवाहरलाल नेहरू के पास मोतीलाल नेहरू के शक्तिशाली परिवार की शक्ति है पर नवल प्रसाद के साथ ऐसा नहीं है।

राय बहादुर कामतानाथ का जँवाई बनना छोड़, कीमती विदेशी कपड़ों का कोट-पैंट छोड़ नवल खादी के कुर्ते-पाजामे में जाकर देश के लिए अपने को तैयार करता है और इस प्रक्रिया में उसके अंग्रेजपरस्त दादा ज्वाला प्रसाद का भी नैतिक समर्थन मिलता है। यह इस उपन्यास में एक राजनीतिक बदलाव को समझने के लिए एक महत्त्वपूर्ण सूत्र देता है। 1919 में ज्ञान प्रकाश इंग्लैंड से बैरिस्टर बनकर आया था और उसे वकालत के जीवन की तुलना में एक कांग्रेसी बनना और खादी पहनकर कांग्रेस के अधिवेशन में जाना ज्यादा सही लगा। उसे देश में चल रहे आन्दोलन से आशा थी कि स्वराज देश को गांधी के नेतृत्व से मिल सकता है। 1922 में, जब आन्दोलन स्थगित किया जा चुका है, उसने स्वराज की उम्मीद नहीं छोड़ी थी। उसे लगता रहा कि गांधी ने आन्दोलन को स्थगित करके ठीक नहीं

किया। सफलता सामने थी जब आन्दोलन शहर से गाँव में फैलने लगा था। अब सात-आठ साल बाद फिर से स्वराज के स्वप्न ने एक रूप लेना शुरू किया है। इस बार डोमिनियन स्टेटस नहीं पूर्ण स्वराज की बात राष्ट्रीय आन्दोलन का नेतृत्व कर रही है। इस समय अगली पीढ़ी का नौजवान नवल भी एक निर्णय की स्थिति में है।

नवल के मन में दुविधा है। वह ज्ञान प्रकाश के पास अपनी शंका को रखता है—"मुझे तो ऐसा नहीं दिखता कि देश किसी आन्दोलन के लिए तैयार है।... हर तरफ एक विवशता और एक घुटन दिख रही है बाबा! महात्मा गांधी ने पहले आन्दोलन को वापस लेकर बड़ी गलती की थी।"

ज्ञान प्रकाश का उत्तर बहुत महत्त्वपूर्ण है। वे कहते हैं—"...मेरा तो ऐसा खयाल है कि उन्होंने ठीक किया था। उस समय चेतना हमारे गाँवों में नहीं पहुँची थी; कांग्रेस का प्रभाव केवल नगरों में था। लेकिन इन पिछले सात-आठ वर्षों में कांग्रेस ने अपनी जड़ें गाँवों में जमा ली थीं। मुट्ठी-भर शिक्षित लोगों का आन्दोलन कभी सफल नहीं हो सकता; आन्दोलन तब सफल हो सकता है जब देश की करोड़ों जनता ब्रिटिश साम्राज्य का मुकाबला करने को निकल पड़े।" इसके साथ ज्ञान प्रकाश ने जोड़ा—"लेकिन, नवल, इन करोड़ों आदमियों को नेतृत्व चाहिए—ईमानदार और सच्चरित्र आदमियों का सहयोग। और हमारे देश में चरित्र और ईमानदारी का बड़ा अभाव है।"[47]

नवल एक नई आशा के वातावरण में आनन्द भवन में जमा गाँव के लोगों के साथ अपने को खड़ा करता है और अपने देश के लिए अपने को समर्पित करता है। इस समय तक गंगा प्रसाद की टीबी से मृत्यु हो चुकी है और बूढ़े ज्वाला प्रसाद का भी एक भाव परिवर्तन होता है। वह पीछे मुड़कर देखते हुए कहते हैं कि "पचास साल में क्या से क्या हो गया! सब कुछ बदल गया...।" भगवती जी ने इस नए समय के आगमन और पिछले पचास सालों के अनुभवों के साथ जुड़े बूढ़ों को 'विवश और निरुत्तर' मानते हुए कहा है—"जिनके पास अनुभवों का भंडार था, विवश थे, निरुत्तर थे। और दूर हजारों, लाखों, करोड़ों आदमी जीवन और गति से प्रेरित, नवीन उमंग और उल्लास लिए हुए एक नवीन दुनिया की रचना के लिए चले जा रहे थे।"[48]

इस बात तक उपन्यास में पहुँचने के पहले कई ऐसे प्रसंग हैं जो तत्कालीन राजनीतिक सन्दर्भों से जुड़े हैं। ज्ञान प्रकाश ने एक बार बातचीत में अपने अनुभवों के निचोड़ के रूप में कहा था कि इस देश में अट्ठानवे प्रतिशत ऐसे लोग हैं जो शिक्षा से दूर हैं और अपने जीवन की समस्याओं से जूझ रहे हैं। उनको नेतृत्व की जरूरत है जो शिक्षित वर्ग ही दे सकता है। परन्तु शिक्षित वर्ग अपने स्वार्थों से ऐसे लिपटा हुआ है कि वह लोगों को नेतृत्व नहीं दे सकता। देश में हजारों शिक्षित और बेरोजगार लोग हैं जो परिवर्तन चाहते हैं। ज्ञान प्रकाश को लगता है कि क्रान्तिकारी आन्दोलन के लोकप्रिय होने का यही कारण है।

भगवती जी ने अपने उपन्यासों में नेहरू के उत्थान के पीछे गांधी की ताकत का बहुत विस्तार से वर्णन बाद के उपन्यास में किया है। *भूले बिसरे चित्र* में भी नेहरू के कांग्रेस अध्यक्ष बनने के प्रसंग में एक बातचीत के माध्यम से यह बात कही गई है। जब यह खबर आई कि गांधी जी जवाहरलाल नेहरू को लाहौर कांग्रेस का प्रेसिडेंट बनाना चाहते हैं, वकील लक्ष्मीकान्त वर्मा बोले—"भला बतलाइए। अरे साहब खुद नहीं बनना चाहते तो न बनें, लेकिन लौंडे को, महज इसलिए कि वह मोतीलाल नेहरू का बेटा है, प्रेसिडेंट बना रहे हैं। हिमाकत की भी हद होती है!" इस बात को एक प्रोफेसर ने पसन्द नहीं किया। उन्हें लगता है कि गांधी जी ने ठीक निर्णय लिया। उनके हिसाब से "वह (जवाहरलाल) उठते हुए नवीन भारत का प्रतीक है।...देश के नवयुवकों को नेतृत्व चाहिए, जवाहरलाल देश के नवयुवकों का नेता है।"[49] वकील को यह बात ठीक नहीं लगी। वे बोले—"नवयुवकों का नेता! न जाने कितने नवयुवक नेता मारे-मारे घूम रहे हैं! उन्हें कोई कौड़ी के मोल भी नहीं पूछता। गांधी ने पीठ पर हाथ रख दिया तो जवाहरलाल बन गया।" राय बहादुर कामतानाथ ने बीच-बचाव के लिए कहा—"अगर गांधी ने सभापति बनने से इनकार कर दिया तो दूसरा नाम वल्लभभाई पटेल का है। उन्हें पाँच वोट मिले हैं; जवाहरलाल को कुल दो मिले हैं। फिर जवाहरलाल कैसे हो सकते हैं; होना चाहिए वल्लभभाई पटेल को!"[50] ज्ञान प्रकाश जी का मत है कि गांधी जी जैसा चाहेंगे वह होगा। प्रोफेसर को लगता है कि गांधी कांग्रेस के एकमात्र नेता हैं। वे निकट भविष्य में कोई बड़ा आन्दोलन शुरू करना चाहते हैं, इसलिए नवयुवकों को अपने साथ रखने के लिए उन्हें नेहरू का साथ चाहिए।

अगले उपन्यास में यह प्रसंग विस्तार से चर्चा में आया है नेहरू और गांधी के बीच का सम्पर्क कैसा है और कैसे जवाहरलाल के नेता बनने में गांधी की निर्णायक भूमिका है। यहाँ बस उस ओर संकेत ही किया गया है।

नवल का कांग्रेस की ओर आकर्षण, उसका लाहौर कांग्रेस (25 दिसम्बर, 1929) के लिए रवाना होना, उसके ठीक पहले वाइसराय की ट्रेन को उड़ाने का प्रयास (23 दिसम्बर, 1929) और लाहौर कांग्रेस के वातावरण पर कई महत्त्वपूर्ण टिप्पणियाँ भगवती जी ने की हैं। उस समय के राजनीतिक वातावरण पर उन्होंने जो कुछ लिखा है, उसमें उस समय का राजनीतिक वातावरण बहुत स्पष्ट रूप से उभरकर आया है। उन्होंने लिखा है—

> लाहौर कांग्रेस का समस्त वातावरण उद्विग्नता से भरा था। महात्मा गांधी और लॉर्ड इरविन में समझौते की बात टूट चुकी थी; देश में निराशा और क्रोध का वातावरण भर गया था। लड़ना है, संघर्ष करना है...माँगे से कुछ नहीं मिलने का...जो कुछ लेना है उसे जबर्दस्ती लेना पड़ेगा...पर इन सबके

> लिए नेतृत्व कहाँ है!...गांधी ही नेतृत्व कर सकता है, लेकिन गांधी की शर्तें हैं। बड़ी कठिन शर्तें हैं गांधी की।...जेल जाओ, लाठियाँ खाओ, लेकिन उफ मत करो। क्या यह सम्भव है?...हजारों आदमी थे...हरेक चेहरे पर दृढ़ता थी, विश्वास था, संकल्प था। क्या ये लोग गांधी के बतलाए हुए प्रेम अहिंसा के मार्ग पर चल सकेंगे? गांधी पूछ रहा था—क्या यह हो सकेगा?
>
> गांधी के इस प्रश्न का उत्तर जवाहरलाल में है...विश्वास के रूप में नहीं, नीति के रूप में।...वह गांधी की तरह देवता नहीं है...जवाहरलाल आज के भौतिक युग का प्राणी है। उसने साम्यवाद का अध्ययन किया है। भविष्य का निर्माण इसी साम्यवाद के आधार पर होगा...जवाहरलाल गांधी की पूर्ति है। आशाएँ टूट चुकी हैं। एक भयानक क्षोभ है। आगे क्या होगा, कोई कुछ नहीं जानता। लेकिन आगे कुछ होगा अवश्य, होना ही पड़ेगा। लाहौर कांग्रेस का अधिवेशन भावनात्मक प्रदर्शन है। कोई बौद्धिक उपचार नहीं है नेताओं के सामने, लेकिन संघर्ष दिखाई देता है। लेकिन इस संघर्ष का क्या होगा? कोई योजना नहीं है इस संघर्ष की।...कोई स्पष्ट कार्यक्रम लाहौर कांग्रेस के पास नहीं है... ।[51]

इस वातावरण में तीस की राजनीति आगे बढ़ी जिसमें राष्ट्रीय राजनीति की दो धाराएँ भीतर ही भीतर एक-दूसरे से उलझती हुई आगे बढ़ीं। इस क्रम में नए नेतृत्व और पुराने गांधीवादी नेतृत्व के बीच एक संघर्ष भी पलता रहा। आखिरकार 1939 में युवा नेतृत्व को लगा कि वे पुराने पद के नेताओं को अपदस्थ कर सकेंगे। उस समय तक नेहरू और सुभाष इस नए नेतृत्व के शीर्ष नेता बन चुके थे।

इसके बाद क्या हुआ इसकी राजनीतिक कहानी को भगवती जी ने अपने अगले उपन्यास *सीधी सच्ची बातें* में प्रस्तुत किया है।

सीधी सच्ची बातें उपन्यास में नए और युवा राजनीतिक स्वप्न और पुराने गांधीवादी नेताओं की टकराहट, विश्वयुद्ध शुरू होने के बाद की अनिश्चित राजनीतिक परिस्थिति और बदलाव, बढ़ता जन असन्तोष, भारत छोड़ो आन्दोलन और उसके दमन से लेकर बंगाल के अकाल, विचारधारात्मक टकराव, पाकिस्तान की माँग, स्वतंत्रता और गांधी हत्या की कथा को एक औपन्यासिक रूप दिया गया है। यह भगवती जी का कम सफल उपन्यास माना गया है, परन्तु उस समय की राजनीति की छवियों के लिए यह एक महत्त्वपूर्ण पाठ है, जिसमें लेखक ने कुछ भी नहीं छुपाया।

1939 से 1948 की राजनीतिक कथा में कई ऐसे बिन्दु हैं जिनकी चर्चा करने से बचने की कोशिश की जाती है। कुछ विवादित मुद्दे भी हैं, जिनमें से कम-से-कम चार का उल्लेख किया जा सकता है। सबसे अधिक विवादास्पद है सुभाष का

कांग्रेस को छोड़ने को विवश किया जाना। दूसरा मुद्दा है—गांधी द्वारा आन्दोलन शुरू करने के पहले तीन वर्षों की प्रतीक्षा, जबकि ब्रिटेन सबसे अधिक मुसीबत में इन्हीं तीन वर्षों में था। तीसरा मुद्दा है 1942 के आन्दोलन के बारे में कांग्रेस की नीति और आन्दोलन के चरित्र का मूल्यांकन। इसे गांधी ने तब शुरू किया जब कांग्रेस के भीतर नेहरू जैसे नेता इसके पक्ष में नहीं थे। गांधी के आलोचक यह कहते रहे थे कि वे आम जनता के विद्रोह से डरते थे। उनको लगता था कि आन्दोलन में किसान और मजदूर बहुत सक्रिय हो जाएँगे तो उनका आन्दोलन उनके घोषित सिद्धान्त, अहिंसा, से दूर हट जाएगा, और फिर एक हिंसक आन्दोलन शुरू हो जाएगा। हिंसा से अपने आन्दोलन को दूर रखने के लिए ही उन्होंने चौरी चौरा की घटना के बाद आन्दोलन को स्थगित कर दिया था, जबकि बहुत सारे लोगों को लगता था कि यह आन्दोलन अगर जारी रहता तो ब्रिटिश सरकार के लिए उसे सँभालना बहुत कठिन होता। लाहौर कांग्रेस के दौरान भी वे हिंसा और अहिंसा के प्रश्न पर अडिग रहे। उन मूल्यों पर उनकी आस्था 1934 में और भी स्पष्ट रूप से उभरकर सामने आई, जब उन्होंने कांग्रेस से त्यागपत्र भी दे दिया। जो गांधी जनता के आन्दोलन में आने से बचते रहे थे, उन्होंने 1942 के 8 अगस्त को एक ऐसा आन्दोलन कैसे शुरू किया, जिसमें सब कुछ जनता के ऊपर छोड़ दिया गया? इसी के साथ जुड़ा प्रश्न यह भी है कि जब यह आन्दोलन जनता के हाथ में गया और जनता ने करो या मरो के मंत्र को मारो या मरो में तब्दील कर दिया तो गांधी ने इस आन्दोलन की हिंसा से अपने को अलग करके क्या सन्देश दिया? कांग्रेस ने भी अपने को आन्दोलन की हिंसा से अलग किया। आन्दोलन बहुत बर्बरता से दबाया गया। आन्दोलनकारियों को ही नहीं, जहाँ-जहाँ आन्दोलन हुए थे उन इलाकों के सामान्य नागरिकों को भी बहुत अत्याचार और दमन के सम्मुख होना पड़ा। 1946 में कांग्रेस ने इस आन्दोलन को अपना आन्दोलन कैसे मान लिया? कुछ और भी मुद्दे हैं, जैसे मुस्लिम लीग जो 1940 तक उतनी शक्तिशाली नहीं थी[52] कैसे चार-पाँच वर्षों में इतनी शक्तिशाली मान ली गई कि गांधी ने विभाजन को 1944 में ही मान लिया, वो भी गुप्त रूप में। विभाजन के समय के हिन्दू-मुसलमान दंगों पर भी कई सवालिया निशान बने हुए हैं। गांधी ने क्या अपने आप को उपेक्षित महसूस किया था? सम्भवत: किया था। अगर किया था तो क्या वे तत्कालीन राजनीति में इतने असुविधाजनक हो गए थे कि उनके आस्थावान साथी भी उनके साथ नहीं रहे? फिर भी गांधी की मृत्यु के बाद उनके आलोचकों को इतना धक्का क्यों लगा?

सीधी सच्ची बातें उपन्यास में 1939 से 1948 की राजनीतिक कथा को उच्च और मध्यवर्ग के युवाओं के माध्यम से कहने की कोशिश की गई है। इन पात्रों में दो ऐसे पात्र हैं जो वर्गीय व्याख्या के आधार पर शिक्षित निम्न-मध्यवर्ग के हैं, परन्तु आकांक्षा के स्तर पर ये दोनों उच्च वर्ग से जुड़े हैं। इन दोनों चरित्रों समेत

सभी मुख्य चरित्र वामपंथ या आसपास के हैं, जो उस नई राजनीतिक चेतना से जुड़े हैं जो पुराने गांधीवादी किस्म के संकीर्ण या पारम्परिक विचारधारा के नेताओं को अपदस्थ करने के लिए सक्रिय है। इन चरित्रों को जवाहरलाल नेहरू और सुभाषचन्द्र बोस से नेतृत्व की आशा है। इस उपन्यास में यह उभरकर सामने आता है कि उच्च वर्ग से आए ये सब शिक्षित लोग अपने वर्ग में इस तरह सुरक्षित थे कि तमाम असुविधाओं के बावजूद वे बड़े ही बने रहे। वे कम्युनिस्ट थे, वे कांग्रेस अधिवेशन में कांग्रेस कमेटी के मेम्बर हो सकते थे, बड़ी नौकरियाँ कर सकते थे, फंड जुटाकर भूख से मरते लोगों की मदद कर सकते थे, पर ये लोग अपने परिवार और समाज में सुरक्षित होते थे। इनको राजनीतिक आन्दोलन में बहुत अधिक परेशान नहीं होना पड़ता था। ये लोग अपने वर्ग और समाज को छोड़कर राजनीति नहीं करते थे। ये लोग सुरक्षित और बड़े लोग थे, जिनके परिवार के लोग विश्वयुद्ध के दौरान की स्थिति में लाखों कमा भी रहे होते थे। उनकी शादियाँ अपने समाज और वर्ग के अन्दर ही होती थीं और राजनीतिक गतिविधियों का बहुत अधिक प्रभाव उनके जीवन पर नहीं पड़ता था।

जिन पात्रों के माध्यम से यह महीन राजनीतिक कथा भगवती जी ने कही है, वे पाँच हैं। जो उच्च वर्ग से नहीं आए हैं वे हैं—जगत प्रकाश (अर्थशास्त्र में इलाहाबाद से पीएच.डी. कर रहा शोधार्थी) और जमील (गाँव का साधारण शिक्षित मुसलमान जो रोजगार के लिए गाँव से भागकर बम्बई जाकर मजदूरों का नेता बन गया है और कम्युनिस्ट दल से जुड़ गया है)। ये दोनों ही उत्तर प्रदेश के एक ही गाँव के हैं। जो उच्च वर्ग से आते हैं उनमें हैं अमृतसर के अमीर व्यापारी का बेटा जसवंत कपूर, जो दिल्ली के एक कॉलेज में राजनीति शास्त्र पढ़ाता है, कुलसुम कवासी, जो बम्बई के एक धनी पारसी मिल मालिक की इकलौती तेज-तर्रार बेटी है, त्रिभुवन दास मेहता, मालती मनुभाई और शर्मिष्ठा, जो लाहौर के एक कांग्रेसी पूँजीपति की बेटी हैं। इनके अलावा कई अन्य पात्र हैं, उनमें से कोई जमींदार है तो कोई उद्योगपति। ये सभी नौजवान लोग हैं, जो परिवर्तन चाहते हैं। इनमें से कोई भी गांधी जी को पसन्द करनेवाला नहीं है। तमाम राजनीतिक घटनाक्रमों के बाद उपन्यास के अन्त में गांधी हत्या का समाचार मिलने पर जगत प्रकाश की मृत्यु एक उद्योगपति के घर में होती है। वह गांधी की तरह अपने जीवन और आसपास की परिस्थितियों से बहुत हताश हो गया है। गांधी की तरह उसकी भी जीने की इच्छा खत्म हो गई है। दूसरा जो निम्न-मध्यवर्ग का पात्र जमील है वह कम्युनिस्ट पार्टी का सदस्य और जगत प्रकाश का सबसे नजदीकी है। वह आखिरकार हारकर बहुत व्यथित मन से पाकिस्तान के लिए रवाना होता है। उसके पाकिस्तान चले जाने का दुख जगत प्रकाश के लिए बहुत वेदनादायक है। उसे वह बर्दाश्त नहीं कर पाता है।

उपन्यास की शुरुआत में जगत प्रकाश अपने साथियों के विशेष आग्रह पर

त्रिपुरी के कांग्रेस अधिवेशन में जाता है और वहाँ देखता है कि उनके वामपंथी दोस्तों की आशा के विपरीत सुभाष का दल गांधी के दल के सामने परास्त हो जाता है।

7 मार्च, 1939 को यह अधिवेशन शुरू होता है। उस समय कम्युनिस्ट भी कांग्रेस के सदस्य होते थे। जसवंत कपूर सर्व भारतीय कांग्रेस कमेटी के सदस्य की हैसियत से इस अधिवेशन में शामिल होता है। यह मेला जगत प्रकाश को अन्य मेलों की तरह ही लगता है। यहाँ भी बड़े लोगों का जोर था। कांग्रेसी नेताओं के कारण विदेशी शराब की माँग बढ़ गई थी।[53] इस मेले में पाकेटमारों का आतंक था और प्रान्तीय भावनाएँ अपना प्रभाव दिखला रही थीं। राजनीतिक विचारों को लेकर बहुत बहस हो रही थी और आगे की लाइन क्या हो इसके बारे में किसी के पास स्पष्ट दृष्टि नहीं थी। जसवंत कपूर गांधी और अहिंसा के सिद्धान्त की तीखी आलोचना करता है। उसके और उसके मित्रों को लगता है कि गांधी और उनके कांग्रेसी साथी पूँजीपतियों के इशारे पर चलनेवाले लोग हैं। इसको वह बनिये द्वारा प्रचारित अहिंसा की कायरता मानता है।[54] गांधी को ब्रिटिश का बड़ा सहयोगी मानकर वह कहता है कि बुद्ध और महावीर की अहिंसा से गांधी की अहिंसा अलग है; बुद्ध और महावीर व्यक्तिगत स्तर पर अहिंसा का उपदेश देते थे, लेकिन गांधी सामाजिक अहिंसा की बात कर रहा है जो कि गलत है। गांधी का आन्दोलन जनता के संघर्ष से घबड़ाता है।[55]

बंगाल से आए प्रतिनिधि पूरी तरह से अपने बंगाली नेता सुभाषचन्द्र बोस के साथ हैं। वे गांधी, पंत, राजगोपालाचारी और नेहरू को गालियाँ दे रहे हैं। इससे दूसरे राज्य के लोग नाराज हो रहे हैं। समाजवादियों को लगता है कि इस तरह के समर्थन से सुभाष बाबू को नुकसान ही अधिक हो रहा है।[56]

त्रिपुरी में नेहरू से नौजवान लोग बहुत निराश हैं। नेहरू के समर्थन के बिना युवाओं का दल जीत नहीं सकता था, और नेहरू खुलकर गांधी के पक्ष में आ गए थे। नेहरू अहिंसा के समर्थक नहीं थे, फिर भी वे गांधी के समर्थक बने हुए थे।[57] जसवंत और उसके साथी को नेहरू की यह 'चालाकी' सहन नहीं हो रही थी। वे बहुत निराश थे। उन्हें लगता है कि नेहरू बहुत चालाक है, वह किसी से भी समझौता कर सकता है। उनको लगता है कि 'उसके पास प्रदर्शन है' और वह अभिनय कर सकता है, जो उसका बड़ा अस्त्र है। भविष्य ऐसे ही लोगों का है।[58]

ये वामपंथी युवा गांधी के खादी अभियान को बेकार की चीज मानते हैं। कुलसुम के उद्योगपति पिता खद्दर को एक शौक की चीज मानते थे। कुछ ही लोग यह शौक पाल सकते हैं। जिनको कांग्रेस की राजनीति करनी होती है वही खादी पहनते हैं।[59]

इस बात का भी उल्लेख हुआ कि सेठ चिमनलाल जैसे लोग, जो गांधी के बड़े समर्थक हैं और जो कांग्रेस के फंड में दान देते हैं, वे मजदूरों के हित में नहीं

सोचते और हर किस्म की चालाकी करते हैं, जिससे उनके मुनाफे पर कोई असर न हो।[60] सेठ चिमनलाल, जो दो हजार मजदूरों के लिए अपने कमीशन में कटौती को सहन नहीं करता, दौड़कर गांधी के पास राजकोट पहुँचता है, जब गांधी वहाँ अनशन शुरू करते हैं। यह अनशन त्रिपुरी में होने वाली राजनीतिक भिड़ंत में अपने दल को बल प्रदान करने के लिए किया गया था यह बिलकुल स्पष्ट है। कांग्रेस में हुए बिना ये पूँजीपति कांग्रेस को चलाते हैं, यह मत युवाओं का है।

सुभाष के दल की त्रिपुरी अधिवेशन में पराजय के बाद भी इन वामपंथी युवाओं ने उनका साथ नहीं छोड़ा।[61] कुलसुम चाहती थी कि गांधी हटें और सुभाष उनकी जगह लें, पर वह हुआ नहीं। सुभाष बाबू ने कांग्रेस छोड़ने के बाद एक दल बनाया, पर उस दल में बहुत कम लोग ही साथ आए।[62]

24 जून को कांग्रेस की वर्किंग कमेटी की अगली मीटिंग बम्बई में हुई। इसके पहले जसवंत कपूर सुभाष से मिलने कलकत्ता गए। इस बीच जमील जवाहरलाल नेहरू से इलाहाबाद मिलने गए, ताकि बम्बई की एक मिल में हड़ताल के कारण उत्पन्न स्थिति को सँभालने में नेहरू की मदद मिल सके। नेहरू ने अपनी असमर्थता जताई, क्योंकि राष्ट्रीय स्तर के कुछ मुद्दे उस समय उनके लिए ज्यादा महत्त्व के थे। जमील नेहरू की मजबूरी को समझते हैं। उन्हें लगता है कि बम्बई सरदार का इलाका है जहाँ नेहरू के लिए हस्तक्षेप करना मुश्किल था। एक दिक्कत यह थी कि उस शहर के चिमन लाल समेत सभी सेठ गांधी के अनुयायी थे। ऐसे समय में नेहरू के लिए इस मामले में हस्तक्षेप करना मुश्किल था।[63] जमील के माध्यम से यह भी कहा गया है कि सेठ इस समय ब्रिटिश के सबसे बड़े शत्रु थे और सेठों की मदद की गांधी को जरूरत थी। जमील को लगता है कि राजनीति में समझौते करने पड़ते हैं और गांधी जी को भी करने पड़ते हैं, लेकिन वे कभी सिद्धान्तों के मामले में समझौते नहीं करते।[64]

जमील के माध्यम से भगवती जी ने कई महत्त्वपूर्ण राजनीतिक मंतव्य व्यक्त किए हैं। जमील को लगता है कि यूँ नेता कई हैं, लेकिन दो का व्यक्तित्व ही शक्तिशाली है। ये दो हैं—नेहरू और सुभाष। सुभाष सिद्धान्तों के मामले में समझौता नहीं करेंगे। समझौते का प्रश्न भी तब आता है जब सत्ता पर कब्जा हो। उन्हें यह नहीं मिल सका और उन्होंने पार्टी छोड़ दी। उसे लगता है कि नेहरू गांधी की जगह ले सकते हैं, क्योंकि उनके पास व्यक्तित्व है और साथ ही सिद्धान्तों के मामले में समझौते तक जाने की सम्भावना भी है। नेहरू सिद्धान्त के मामले में भी समझौते के लिए तैयार हो सकते हैं, ऐसा जमील को लगता है। उसका मानना है कि सुभाष के पास बहुत शक्तिशाली व्यक्तित्व नहीं है, लेकिन सिद्धान्तों के मामले में वे अडिग हैं। उन्हें हर स्तर पर जूझना पड़ा है। जवाहरलाल को कभी भी संघर्ष करने की जरूरत ही नहीं पड़ी। भाग्य ने उन्हें देश के ऊपर थोप दिया है। उनके पास सिद्धान्तों के बारे में

सोचने के लिए समय है। उनके पास पुस्तकीय ज्ञान है। वे समाजवादी हैं क्योंकि समाजवाद के बारे में पढ़ा है। उनका सारा ज्ञान दूसरों से लिया हुआ है। सुभाष की तरह अनुभव और संघर्ष से उन्होंने ज्ञान अर्जित नहीं किया है।

नेहरू के बारे में इस तरह के वक्तव्य बहुत महत्त्व रखते हैं। *भूले बिसरे चित्र* के अन्त में लेखक का स्वर यह आया है कि करोड़ों लोगों को ईमानदार और सच्चा नेतृत्व चाहिए, तभी सफलता मिलेगी। नेहरू के बारे में इस तरह का एक आलोचनात्मक रवैया इस उपन्यास में भी बना रहा है और उनके बाद के उपन्यास *प्रश्न और मरीचिका* में भी यही स्वर बना रहा है। नेहरू को भगवती जी ने सिद्धान्तों में आसानी से बदलाव कर लेनेवाला माना है, ऐसा कहा जा सकता है।[65] जगत प्रकाश को नेहरू के बारे में ये विचार स्वीकार्य नहीं हैं। दोनों मित्र नेहरू के आनन्द भवन पहुँचते हैं और वहाँ जसवंत और उसके कम्युनिस्ट दोस्तों को देखते हैं। जाहिर है, जसवंत जैसे लोग सुभाष और नेहरू दोनों के साथ सम्पर्क करके गांधी के विरुद्ध मोर्चा खोलने की कोशिश में थे। उस समय कई कम्युनिस्ट नेता आनन्द भवन में ही रहते थे। बाद में जगत प्रकाश की मुलाकात जसवंत कपूर से होती है। कपूर को लगता है कि सुभाष के पास कोई कार्यक्रम नहीं है और इस हालत में हिंसा की बात करना मुश्किल है। युवा नेतृत्व चाहते हैं और नेहरू गांधी को छोड़कर युवाओं का नेतृत्व लेने के लिए तैयार नहीं हैं। सुभाष नेहरू के रवैये से बहुत नाराज हैं। सुभाष देश का नेतृत्व लेना चाहते हैं, पर देश के लोग गांधी को छोड़कर उनको नेता मानने को तैयार नहीं; खुद सुभाष को नहीं लगता है कि वे गांधी को चुनौती देने के लिए तैयार हैं। गांधी देश के और कांग्रेस के बेताज बादशाह हैं। जसवंत को यह भी लगता है कि सुभाष के पास अपना कोई दर्शन नहीं है। सिवाय इस बात के कि वे हिंसा को स्वतंत्रता के लिए जरूरी समझते हैं। वह स्वीकार करता है कि उसे सुभाष की सफलता के बारे में सन्देह है।[66] सुभाष के बारे में उसका मूल्यांकन है कि वे भावुक हैं और यह भावुकता उन्हें बंगाल की मिट्टी से मिली है, जो क्रान्तिकारियों की धरती है। सुभाष उसे क्रान्तिकारी आतंकवाद के परिष्कृत और विकसित रूप में ही दिखाई देते हैं। ऐसी स्थिति में देश के भविष्य को उनके हाथ में सौंपा जाना उसे कबूल नहीं है। हिंसा जरूरी उसे भी लगती है, परन्तु वह हिंसा संगठित हिंसा होनी चाहिए। इस तरह की हिंसा को संगठित करने योग्य सुभाष उसे नहीं लगते, इसलिए गांधी को इस स्थिति में छोड़ना उसे सही नहीं लगता है। उसे हिंसा में विश्वास के आन्दोलन को गांधी के नियंत्रण में काम करते रहना ही उचित लगता है।[67]

यह एक महत्त्वपूर्ण टिप्पणी है। अक्सर ही सुभाष की त्रिपुरी के अधिवेशन की हार के बाद की बात को चर्चा में नहीं लाया जाता है। जो लोग उनके साथ थे उनमें

से कई लोगों ने सुभाष के कांग्रेस से निकलकर दूसरा दल बनाकर लड़ने की नीति का विरोध किया था और उनका साथ छोड़ दिया था। रेवोल्यूशनरी सोशलिस्ट पार्टी और एम. एन. राय ने भी सुभाष का साथ छोड़ दिया था और कांग्रेस के अगले अधिवेशन में कांग्रेस के भीतर रहकर ही काम करना उचित समझा था। राय अगले अधिवेशन में अध्यक्ष पद के लिए मौलाना आजाद के मुकाबले में खड़े भी हुए थे, जब रामगढ़ कांग्रेस के समय दो अलग-अलग सभाएँ कुछ ही दूरी पर आयोजित की गई थीं। एक ओर कांग्रेस के लोग थे और दूसरी ओर सुभाष के समर्थक थे। जसवंत कपूर जैसे लोगों ने उस समय गांधी का साथ देते रहना जरूरी समझा और सुभाष और सहजानन्द आदि को समर्थन नहीं दिया।

त्रिपुरी के अनुभव ने कांग्रेस को अधिक सावधान बना दिया था। सरदार पटेल एक प्रस्ताव लेकर आए थे कि किसी भी आन्दोलन को शुरू करने के पहले किसी भी कांग्रेसी को वर्किंग कमेटी की स्वीकृति लेनी होगी। इस बात पर जसवंत को बहुत आपत्ति है। जब गांधी देश के बाहर थे, जवाहरलाल नेहरू ने 1933 में एक आन्दोलन शुरू किया था। इस आन्दोलन को दबा दिया गया। बाद में गांधी ने इस आन्दोलन को अपना समर्थन दिया और इस तरह से उस आन्दोलन की विफलता को कांग्रेस के आन्दोलन की विफलता का रूप दे दिया गया। उसे लगता है कि विभिन्न क्षेत्रों की विभिन्न परिस्थितियों में कैसे क्या हो इसे नियंत्रित करने का यह प्रयत्न ठीक नहीं है।[68]

भगवती जी ने बड़े कांग्रेसी नेता और पूँजीपतियों के अन्तरंग सम्बन्धों पर बहुत ध्यान दिया है। वे ये भी दिखलाते हैं कि बड़े घरों के कम्युनिस्ट युवाओं के ऊपर भी उनकी छत्रच्छाया बनी हुई थी। लाला देवराज खन्ना लाहौर के बहुत धनी व्यक्ति थे, जो कांग्रेस के नेता भी थे। वे अपनी बेटी शर्मिष्ठा का विवाह जसवंत कपूर से करना चाहते थे। जसवंत ऐसा नहीं चाहता था। खन्ना जसवंत को सरदार पटेल के पास ले गए। सरदार ने गौर से जसवंत को देखा और उसे पास कर दिया। सरदार के लिए दो चीजें सबसे महत्त्वपूर्ण थीं—अनुशासन और गांधी में आस्था। उनके लिए वामपंथी होना बहुत गम्भीर मामला नहीं था। उनका कहना था—"यह वामपंथ अमीरों का फैशन है।"[69]

सरदार के हस्तक्षेप के बाद जसवंत ने शर्मिष्ठा से शादी के लिए हाँ कर दी। अब इस वामपंथी ग्रुप में लाला देवराज खन्ना की आर्यसमाजी बेटी शर्मिष्ठा आ जुड़ी। वह यह बात दोहराती रही कि मुसलमान और हिन्दू अलग हैं, मुसलमान इस देश को अपना देश नहीं मानते, वे शहजोर हैं और वे कांग्रेस के साथ नहीं हैं। उनके आए बिना देश स्वाधीन नहीं होगा, इसलिए समस्या जटिल है। वह पूरी तरह से अपने इस विचार पर अडिग है कि दो भिन्न संस्कृतियों को एक करने का गांधी का प्रयास विफल होगा; मुसलमान अपनी संस्कृति और भाषा—उर्दू को कभी नहीं

छोड़ेंगे। जगत प्रकाश सोचने को विवश होता है कि उसके गाँव का जमील अपने गाँव में जो भाषा बोलता है वह वही है जो जगत प्रकाश की है, लेकिन बम्बई में वह फारसी शब्दों का प्रयोग अधिक करता है।

सबसे दिलचस्प जमील और जगत प्रकाश के बीच के संवाद हैं। जमील कहता है कि पारसी लड़की कुलसुम शादी अपनी बिरादरी में ही करेगी, वह प्रेम भले ही दूसरे धर्म वाले से कर ले।

गांधी के सम्बन्ध में जमील का मानना है कि गांधी मुसलमानों के लिए दयानन्द से भी अधिक खतरनाक हैं। गांधी ने आर्यसमाज के सुधारवादी कार्यक्रम को ही मोटे तौर पर अपनाया है। गांधी को पता है कि मुसलमान उनके साथ नहीं हैं। जमील को यह भी लगता है कि गांधी मुसलमानों की मदद मुसलमानों को हिन्दुओं का गुलाम बनाने के लिए करना चाहते हैं।[70] *भूले बिसरे चित्र* के फरहतुल्ला के जमाने से बीस बरस में गांधी के प्रति मुसलमानों के बीच जो छवि का परिवर्तन हुआ था उसके सन्दर्भ में कम्युनिस्ट जमील का वक्तव्य बहुत महत्त्वपूर्ण है।

जमील अपनी बात को स्पष्ट करते हुए कहता है कि गांधी मूलत: एक हिन्दू हैं, और वे हिन्दू मूल्यों को ही लेकर चलते हैं। ये मूल्य उन्हें अपनी हिन्दू परम्परा से ही मिले हैं। वे बनिया परिवार में पैदा हुए हैं जिसमें अहिंसा के प्रति आस्था है।[71] मुसलमान गांधी के दृष्टिकोण को कभी भी स्वीकार नहीं करेंगे। मुसलमानों के अंग्रेजों से लड़ने के कारण स्वीकार्य हैं क्योंकि आजादी सबको चाहिए। पर आजादी ही सब कुछ नहीं है। अन्य मुद्दे—सामाजिक मुद्दे, सामाजिक रीति, रोजगार और अन्य दुनियावी चीजें भी महत्त्वपूर्ण हैं। जब-जब ये मसले सामने आते हैं, मुसलमान कांग्रेस के साथ नहीं होते। वह अली बन्धुओं और जिन्ना का उदाहरण देता है जिन लोगों ने कांग्रेस का साथ देने के बाद उसको छोड़ दिया था। वह इस निष्कर्ष पर पहुँचता है कि आजादी का नारा एक धोखा है; हमें मानवता की मुक्ति के लिए प्रयास करना चाहिए। उसे लगता है कि विदेशी (अंग्रेजों) की गुलामी के बाद देशी लोगों (हिन्दू पूँजीपति) की गुलामी अगर आएगी तो वह इससे भी बहुत ज्यादा खतरनाक होगी और उससे लड़ना और भी अधिक कठिन होगा। उसने कहा कि अगर अंग्रेज नहीं आए होते तो अब तक देश की आधी आबादी मुसलमानों की होती। अंग्रेजों के आने से एक नया दृष्टिकोण आया, नई शिक्षा आई जिसके कारण राममोहन राय और दयानन्द जैसे लोग आए, जिन्होंने सुधार आन्दोलन किए। ब्रह्म समाज ईसाई धर्म से लड़ा और आर्यसमाज इस्लाम से। मुसलमानों को अब लोकतंत्र के आने के बाद खतरे का एहसास हुआ है। लोकतंत्र के बाद संख्या के बल पर हिन्दुओं का ही राज होगा। इसका मतलब होगा अस्सी प्रतिशत हिन्दुओं का बीस प्रतिशत मुसलमानों पर राज। मुसलमान हिन्दुओं के गुलाम होंगे।[72] इस विवेचन के आधार पर जमील का कहना है कि गांधी दयानन्द से सिर्फ एक मामले में अलग हैं कि

वे खुले तौर पर इस्लाम का विरोध नहीं करते, लेकिन दोनों के कार्यक्रम एक हैं।[73]

इन सबके बावजूद जमील को लगता है कि चूँकि गांधी अंग्रेजों के खिलाफ लड़ रहे हैं, उनके विचारों से सहमत न होते हुए भी हमको उनका साथ देना होगा।[74]

उन दिनों जब कोई नहीं जानता था कि विश्वयुद्ध कब शुरू होगा, सुभाष ने इस तरह की बातें की थीं जिससे इन नौजवानों को लगता था कि सुभाष का कोई भीतरी सम्पर्क जर्मनी के लोगों से है। कलकत्ता विश्वविद्यालय के एक जर्मन शिक्षक शायनर के माध्यम से इस बात की पुष्टि होती है। दर्शनशास्त्र का यह प्रोफेसर सुभाष के यहाँ दिखा था। वह विश्वयुद्ध शुरू होने के ठीक पहले अपने देश के लिए रवाना हो गया। जसवंत और जगत प्रकाश ने उसके साथ बातचीत करके अन्दाजा लगाया कि सुभाष जो सरकार को छह महीने का अल्टीमेटम देने की बात कर रहे थे उसके मूल में जर्मन से प्राप्त गुप्त सूचना थी, जो उन्हें मिली थी।

यह विश्वयुद्ध शुरू होने के पहले का वह दौर था जब राजनेता और राजनीति का महत्त्व काफी बढ़ गया था। तवायफ के कोठे पर भी दीवारों पर रानी विक्टोरिया के साथ गांधी और नेहरू की तस्वीरें देखकर जगत प्रकाश को ऐसा महसूस हुआ।[75]

उस समय जापान का भय भी लोगों के दिलों में था। ऐसा लगता था कि अंग्रेज सरकार एक लम्बे युद्ध की तैयारी कर रही थी। भारतीय नेताओं को यह अन्दाजा नहीं हो पा रहा था कि इस युद्ध में विजयी कौन होगा। अनिश्चितता के इस दौर में भारतीयों का एक हिस्सा लाभ की स्थिति में था। इस उपन्यास में यह दिखलाया गया था कि युद्ध और उससे जुड़ी समस्याओं के कारण जहाँ लाखों लोग मारे जा रहे थे व्यापारी वर्ग बेशर्मी से पैसे कमाने में लगा हुआ था। युद्ध उनके लिए प्रथम विश्वयुद्ध की तरह मुनाफा कमाने के लिए बहुत मौके लेकर आया। जसवंत कपूर के मामा लाला सेवाराम ने लाखों की कमाई की। युद्ध के कारण विदेशों से सामान की आमद रुक सी गई थी। ऐसे में यहाँ के व्यापारियों के लिए मुनाफे के मौके बने। सेवाराम ने कुछ ही महीने में चार लाख रुपए कमा लिये। उसने अपने लोगों को सलाह दी कि विदेशी वस्तुओं को अपने स्टॉक में रोककर रखें, ताकि बाद में ज्यादा मूल्य पर बेचा जा सके। ठेके पर सप्लाई के लिए सरकार भी मुनाफाखोरों के लिए सहूलियत पैदा कर रही थी। सेना के लिए सप्लाई के काम में कमाई एकदम निश्चित थी, सप्लायर को एडवांस में पैसे भी मिल जाते थे।[76] सप्लायर और व्यापारियों को इस बात से कोई मतलब नहीं था कि कौन कहाँ मर रहा है, उन्हें बस अपने मुनाफे से मतलब था, जो खूब हो रहा था।

जगत प्रकाश की मुलाकात सेवाराम से एक ट्रेन यात्रा में हुई थी जब वह जसवंत कपूर की शादी में अमृतसर जा रहा था। उस शादी के उत्सव में उसने महसूस किया कि मुनाफ़ाखोर, बुद्धिजीवी और कम्युनिस्ट सब एक साथ वहाँ

इकट्ठा थे। इनमें से कई कांग्रेस के त्रिपुरी अधिवेशन में भी थे। सम्भ्रांत लोगों के इस दल में कांग्रेस, कम्युनिस्ट, बुद्धिजीवी और मुनाफाखोर सबको एक साथ देख जगत प्रकाश सोच में पड़ जाता है। लेखक ने इस जगह पाठकों के लिए एक संकेत भी छोड़ा है कि बड़े लोग कहीं भी हों उनके बीच एक अदृश्य किस्म का सम्बन्ध बना रहता है।

जलियाँवाला बाग देखने जब जगत प्रकाश अमृतसर घूमा तो उसे आश्चर्य हुआ कि वहाँ लोग बहुत सम्पन्न और शान्त हैं। उसे आश्चर्य हुआ कि सिक्ख, जिन्होंने मुगलों से लगातार लोहा लिया, कभी कश्मीर और अफ़ग़ानिस्तान को जीत लिया था, अब मौज-मस्ती में डूबे हुए हैं। उन्होंने अपने सोने के मन्दिर बनवा लिये हैं और खुशी-खुशी अपने को अंग्रेजों का गुलाम बनाकर रख लिया है।[77] ये बहुत दिलचस्प वक्तव्य हैं जिनकी ओर इतिहासकार सामान्यत: कम ही ध्यान दिलाते हैं।[78]

इन बड़े लोगों के आपसी रिश्तों और उनके बीच चल रहे कारोबार की असलियत खुलते देख जगत प्रकाश को बहुत बुरा लगता है। विशेषकर अपने को विद्वान समझने वालों पर, जो जोर-जोर से तर्क-वितर्क करते हैं और समझते हैं कि वे समाज के लिए सोचते हैं, उसे बहुत क्रोध आता है। वे विद्वान हमेशा विदेशी विद्वानों के हवाले से अपनी बात कहते हैं, इसे महसूस कर जगत प्रकाश को लगता है कि इनका सारा ज्ञान उधार का ज्ञान ही है। उन विद्वानों के अहंकार को देखकर वह वितृष्णा से भर उठता है।[79]

समय बीतता जाता है और लोग इस बात पर हैरान हो रहे हैं कि जब इतनी अनुकूल स्थिति है, गांधी क्यों नहीं राष्ट्रीय आन्दोलन शुरू कर रहे हैं। इस देरी के कारण कमलाकांत जैसे लोग गांधी को प्रतिक्रियावादी मानने लगते हैं।[80]

जमील को लगता है कि इस देरी का असली कारण देश में हिन्दू-मुस्लिम, मिल मालिक और मजदूर और जमींदार-किसान के बीच एकता का न होना है। उसे लगता है कि किसी भी राजनीतिक आन्दोलन का मतलब गृहयुद्ध होगा।

हिन्दू-मुसलमान के बीच बढ़ते विभेद और शिक्षित मुसलमानों के मुस्लिम लीग की तरफ झुकने के बारे में उस समय के बारे में विस्तार से चर्चा की गई है। बयालीस साल के अब्दुल बशीर अहमद कानपुर के रहने वाले हैं, जिनकी उच्च शिक्षा अलीगढ़ मुस्लिम विश्वविद्यालय में हुई है। उनके बारे में जमील का कहना है कि उनके ससुर ने अपने खर्चे से उनको वहाँ तालीम दिलाई है और वे वहाँ से कम्युनिस्ट बनकर लौटे हैं। एक पात्र से यह कहलवाया गया है कि जो उस विश्वविद्यालय में जाता है वह या तो कम्युनिस्ट बनता है या कम्यूनलिस्ट। वे राष्ट्रवाद से नफरत करने लगते हैं। ये साहब भी कांग्रेस के सदस्य हैं और रामगढ़ की कांग्रेस में जा रहे हैं।[81]

बशीर अहमद जैसे लोगों को लगता है कि मुसलमान मुस्लिम लीग के साथ हैं और कांग्रेस को लीग के साथ कोई समझौता कर लेना चाहिए। उसके बिना

आजादी के बारे में सोचना बेकार है। वे यह भी बोल गए कि कांग्रेस ही असली हिन्दू महासभा है। उसमें जो मुसलमानों के नेता हैं वे असल में मुसलमानों के नेता नहीं हैं। पिछले चुनाव ने स्पष्ट कर दिया है कि कांग्रेस का एक भी नेता मुसलमानों के लिए आरक्षित सीट पर नहीं जीत सकता। बशीर अहमद की इस तरह की बातों से शिवदुलारी देवी जैसे कांग्रेस के लोग भड़क गए। और लोग भी गुस्से में उसका विरोध करने लगे। यह कहने पर कि जिन्ना गांधी के बाद की जगह के लिए यह सब कुछ कर रहा है, बशीर भी भड़क गया। उसने कहा कि जिन्ना क्या गांधी से कम है, दोनों का दर्जा बराबर का है; अगर कांग्रेस ने अपनी नीति नहीं बदली तो बँटवारा तय है।[82]

भगवती जी ने बहुत सारी बातें संकेतों में कही हैं। वे उल्लेख करते हैं कि बशीर डॉ. हमीद के साथ अधिवेशन में रुके। डॉ. हमीद इलाहाबाद ऑफिस में अखिल भारतीय कांग्रेस कमेटी के सक्रिय सदस्य थे और जवाहरलाल नेहरू के घनिष्ठ माने जाते थे। उसके और उस जैसों के बारे में शिवदुलारी देवी ने कहा कि भीतर से ये लोग मुस्लिम लीगी हैं, बाहर से कम्युनिस्ट हैं, और अपने को दिखाते कांग्रेसी के रूप में हैं, जब ये कांग्रेस अधिवेशन में आते हैं।

रामगढ़ अधिवेशन त्रिपुरी के समान जीवंत नहीं हुआ। कांग्रेस की सरकार ने अनदेखी करते हुए नेताओं से पूछे बिना ही भारत को विश्वयुद्ध में शामिल होने की घोषणा कर दी थी। युद्ध के लिए सेना में भर्ती जोर-शोर से हो रही थी, जिसे देखकर कांग्रेस हतप्रभ थी। सभी गांधी की ओर देख रहे थे, सबको गांधी के निर्देश की प्रतीक्षा थी।

उस समय जमील अहमद को ऐसा लगता है कि पूरा देश मानसिक रूप से गांधी का गुलाम है। कुछ लोग अभी भी अंग्रेजी राज के हिमायती हैं, पर उनकी संख्या थोड़ी है। करोड़ों लोग हैं जो गांधी के वाक्य को वेद वाक्य माने बैठे हैं।

गांधी की बातें जगत प्रकाश को निराश करती हैं। उसे लगता है कि गांधी भी हिटलर, स्टालिन या मुसोलिनी की तरह का ही एक तानाशाह है। लोकतंत्र मर रहा है।[83] यह बात भी चर्चा में आती है कि गांधी के बाद दो ही लोगों का महत्त्व है—एक, गांधी के उत्तराधिकारी नेहरू और दूसरे उनके सेनापति सरदार पटेल का।

उस समय बड़े पैमाने पर लोगों से अनाज खरीदकर सरकार अपनी सेना के लिए अपने गोदामों में जमा कर रही थी। जापान के साथ एक लम्बे युद्ध की तैयारी चल रही थी।

उसी दौरान मार्च 1941 में जगत प्रकाश को कम्युनिस्ट होने के सन्देह में गिरफ्तार करके जेल भेज दिया जाता है। उस समय वह इलाहाबाद में अर्थशास्त्र का अध्यापक हो चुका होता है। देउली जेल में उसे डेढ़ बरस रखा जाता है। इस जेल

में उसकी मुलाकात बड़े-बड़े कम्युनिस्टों से होती है जिनके प्रभाव में वह सचमुच कम्युनिस्ट बन जाता है। देउली जेल में वह डेढ़ बरस पहले की बात सोचता है जब वह त्रिपुरी (जबलपुर) अपने मित्रों के कहने पर गया था। जिनके साथ वह गया था वे सभी बड़े घरों के थे, अमीर थे। वे सभी अमीर घरों के कम्युनिस्ट अपने-अपने घरों में सामान्य जीवन व्यतीत कर रहे हैं, और वह कम्युनिस्ट होने के आरोप में यहाँ देउली जेल में सजा काट रहा था![84] नवम्बर 1941 में उसे देउली से बरेली जेल में भेज दिया जाता है। यहाँ उसकी मुलाकात रामकिशोर सिंह से होती है, जो सुभाषचन्द्र बोस का अनुयायी है। वह भूमिहार जाति का है। जनवरी 1942 में जगत प्रकाश को जेल से रिहा कर दिया जाता है।

जेल से निकलने के बाद इलाहाबाद जाने पर उसे पता चलता है कि उसकी नौकरी छूट गई है। वह अपने गाँव जाता है। उसके गाँव में बहुत परिवर्तन हो रहा है। लोग खूब पैसे कमा रहे हैं। वे अनाज बेचकर बहुत पैसा कमा रहे हैं। अन्न के दाम बहुत बढ़ गए हैं। वह इलाहाबाद लौट आता है। वहाँ उसे उसके शोध निर्देशक फिर से नौकरी में बहाल होने और व्यवस्थित जीवन में लौटने में मदद करते हैं।

जगत प्रकाश को यह देखकर बहुत दुख होता है जो नौजवान आर्मी में भर्ती हो रहे हैं वे सिर्फ पैसे के लिए जा रहे हैं; उन लोगों ने कभी ढंग का खाया और पहना नहीं है और वे युद्ध की विभीषिका से भी परिचित नहीं हैं, बस, वे पैसे की खातिर मरने के लिए युद्ध स्थल जा रहे हैं। हताशा के इस माहौल में उसे अपना पूरा देश जेल में जीता लगता है।

उसके मित्र भी स्थिति का अन्दाजा नहीं लगा पा रहे। जसवंत कहता है कि कम्युनिस्ट पार्टी जिन्ना का समर्थन कर रही है। लेकिन उसकी पत्नी शर्मिष्ठा इस बारे में निश्चित है कि पागलपन के इस माहौल में होगा वही जो गांधी चाहेंगे। उस समय भी उसे पाकिस्तान का नारा बोगस लगता है।[85]

शर्मिष्ठा अपने पिता लाला देवराज से कहती है कि वे लाहौर छोड़ दिल्ली आ जाएँ, लेकिन लाला को अपने सशस्त्र सुरक्षा गार्ड्स और अपने शुभचिन्तकों पर भरोसा है; उन्हें लगता है कि लाहौर में वे सुरक्षित हैं। लाहौर के आसपास के इलाके में मुसलमान आबादी भले ही हिन्दुओं से ज्यादा हो लेकिन लाहौर शहर में हिन्दुओं की आबादी मुसलमानों से ज्यादा है, इसलिए उनको अपनी सुरक्षा की ज्यादा चिन्ता नहीं है।

सैलाब जैसे कुछ कम्युनिस्ट हैं जिनको लगता है कि जब इतने लोग मर रहे हों सेवाराम जैसे व्यापारियों का मुनाफा कमाने के लिए लगे रहना ठीक नहीं।[86] लेकिन वह फिर भी उन व्यापारियों से सम्बन्ध विच्छेद नहीं करता, क्योंकि जीवन को जीने के लिए, उसके रस के लिए ऐसा किया जा सकता है। वह कम्युनिस्ट

है, इन सब मुनाफाखोरों को बेईमान समझता है, पर अपने लिए जीवन रस की व्यवस्था के लिए उनकी मदद भी करता है।

शर्मिष्ठा को धीरे-धीरे इस बात का एहसास होता रहता है कि लाहौर असुरक्षित होता जा रहा है; यह समस्या लाहौर की नहीं है, यह पूरे देश में फैल रही है। उसके पति जसवंत कपूर को भी लगता है कि हिन्दू-मुसलमान के बीच का यह विभाजन कम्युनिस्ट पार्टी के अन्दर भी घुस चुका है।

जगत प्रकाश को लगता है कि रूस की मदद होनी चाहिए और युद्ध में ब्रिटेन की विजय होनी चाहिए। वह इसलिए भी कि रूस को कमजोर करना ठीक नहीं। इलाहाबाद के अपने जीवन से निराश होने के बाद जब उसको इमरजेंसी कमीशन के माध्यम से आर्मी में शामिल होने का मौका मिलता है तो वह उसके लिए तैयार हो जाता है। उसे लेफ्टिनेंट बनाकर भारतीय डिवीजन का हिस्सा बनाकर मिस्र भेज दिया जाता है।

जून 1942 में जर्मन और इटली की सेना ने भारतीय सेना को मिस्र के नजदीक पीछे धकेल दिया था। वहाँ जगत प्रकाश की टीम का कप्तान सॉन्डर्स था, जो भारतीयों से घृणा करता था। उसके मुँह पर भारतीयों के लिए अपशब्द ही होते थे। उसके अपमान से दुखी होकर एक अन्य भारतीय सैनिक बख्तावर सिंह ने जगत प्रकाश को कहा कि मौका मिलने पर इस बदमाश को सबक सिखाना होगा। लेकिन जब मौका आया जगत प्रकाश ऐसा नहीं कर पाया। सॉन्डर्स को एक जर्मन ऑफिसर मारने ही वाला था कि जगत प्रकाश की निगाह उस पर पड़ गई और उसने उस जर्मन ऑफिसर को मार कर सॉन्डर्स की जान बचाई।

मृत जर्मन अफसर के पास से मिली उसकी डायरी पढ़कर जगत प्रकाश को लगा कि उसने जिस व्यक्ति की हत्या की है वह अपने परिवार को बहुत चाहनेवाला दयालु जर्मन शिक्षक था। वह युद्ध के समाप्त होने पर घर जाने की राह देख रहा था। चौबीस-पच्चीस बरस के उस नौजवान के अपनी पत्नी को लिखे सन्देश को पढ़कर जगत प्रकाश को लगा कि उसने अनजाने में ही एक गुनाह कर दिया है। ग्लानि से भरकर वह अस्वस्थ हो गया। मानसिक रूप से वह इतना परेशान हो जाता है कि अस्पताल जाकर भी ठीक नहीं हो पाता और आखिरकार उसे युद्ध के लिए अनुपयुक्त मानकर वापस बम्बई भेज दिया जाता है। वह 22 जुलाई, 1942 को बम्बई पहुँचता है। पुराने दोस्तों से मिलकर उसे कुछ राहत मिलती है।

जमील से जगत प्रकाश को पता चलता है कि जापानी इस देश में घुसकर तबाही मचाने ही वाले हैं। वह पन्द्रह दिन पहले ही बंगाल से होकर आया था, जहाँ उसने बड़ी संख्या में अमरीकी और ब्रिटिश सेना के लोगों को तैनात देखा था।[87] जमील का अनुमान है कि गांधी भारत को बचाना चाहते हैं; उनको लगता है कि

अगर अंग्रेज भारत को आजाद कर दें तो स्वाधीन भारत पर जापान आक्रमण नहीं करेगा। अगर ऐसा हुआ तो भारत एक विध्वंस से बच जाएगा। अंग्रेज गांधी की इस व्याख्या से इत्तेफाक नहीं रखते।

14 जुलाई, 1942 को इलाहाबाद में कांग्रेस वर्किंग कमेटी की मीटिंग में कहा गया कि गांधी जी ने कहा है कि अगर अंग्रेज भारत छोड़कर नहीं गए तो वे एक बड़ा आन्दोलन शुरू करेंगे। इस मीटिंग में गांधी जी नहीं आए थे। उनके बिना आगे की भूमिका का निर्धारण करना किसी के लिए सम्भव नहीं था। 8 या 9 अगस्त को कांग्रेस कमेटी को बम्बई में मिलना था, जहाँ से दिशा-निर्देश दिया जाना था।

जमील का मानना है कि गांधी जी ने गलत अन्दाजा लगाया है कि जापानी अंग्रेजों को हरा देंगे। उसे लगता है कि ब्रिटिश बर्मा और मलेशिया में तैयारी के साथ नहीं थे इसलिए उन्हें हार मिली, लेकिन भारत में उनकी पूरी तैयारी थी। ऐसा उसका अनुमान है कि जिस ओर से जापानी आ रहे थे उस ओर घने जंगल और ऊँचे पहाड़ थे, इसलिए उनके लिए भारत में घुसना बहुत आसान नहीं होगा।

जगत प्रकाश को लगता है कि अगर आन्दोलन शुरू हुआ तो उसका प्रसार अधिक नहीं होगा। कांग्रेस के इस आन्दोलन का मुसलमान विरोध करेंगे। उसे चिन्ता होती है। वह तय करता है कि वह कांग्रेस की मीटिंग में जाएगा। जसवंत कपूर भी उस मीटिंग में आया।

पन्द्रह हजार लोग कांग्रेस के पंडाल में उपस्थित थे। देश के कोने-कोने से प्रतिनिधि आए थे। कुलसुम और जसवंत कांग्रेस सदस्य के रूप में थे।

दोपहर बाद पौने तीन बजे 'वंदे मातरम्' के गायन से सभा शुरू हुई। अबुल कलाम आजाद डेढ़ घंटे से भी अधिक बोले। तब गांधी जी बोले। उनके बोलने से स्थिति की गम्भीरता का अन्दाजा लोगों को लगा। वे ज्यादा नहीं बोले, पर सन्तुलित शब्दों में उन्होंने बताया कि आन्दोलन क्यों जरूरी है। उनके एक-एक शब्द में आग्रह था, दिशा-निर्देश था, ऐसा जगत प्रकाश को लगा।

नेहरू द्वारा प्रस्ताव लाते हुए देख जगत प्रकाश बहुत व्यथित हुआ। उसे नेहरू का भाषण बहुत ही सारविहीन लगा। पंडाल से बाहर निकलते हुए उसने सोचा कि कांग्रेस की अहिंसा और सत्याग्रह से मुसलमानों का कुछ लेना-देना नहीं है, इस अवस्था में अंग्रेज अगर भारत को आजादी दे दें तो क्या होगा। जिन्ना कांग्रेस के द्वारा सत्ता को हासिल करने का विरोध कर रहा है और देश के मुसलमान उसके साथ हैं। इस समय आजादी का मतलब गृहयुद्ध होगा। क्या जवाहरलाल को यह बात समझ में नहीं आ रही![88]

जसवंत कपूर को नेहरू के बारे में अपनी राय फिर से सही लगती है कि उसका कोई सिद्धान्त नहीं है। वह अपने प्रदर्शन से लोगों को भ्रमित कर सकता है। कुलसुम के यह कहने पर कि वह युवाओं का हृदय सम्राट है, वह कहता है कि

देश अन्धकार की ओर बढ़ रहा है, और इस अन्धे प्रेम ने देश के लिए मुश्किल हालात पैदा कर दिए हैं।[89]

बारह-तेरह वामपंथी युवाओं के अलावा किसी ने प्रस्ताव का विरोध नहीं किया।

देश संघर्ष के लिए इंतजार कर रहा था, लेकिन संघर्ष किस तरह से हो, कैसे हो, इसके बारे में लोगों को कुछ भी समझ नहीं आ रहा था। जब प्रस्ताव पास हो गया, गांधी मंच पर आए और दो घंटे तक बोले। उस भाषण का मूल नारा था—'करो या मरो!'

गांधी के ऐसा कहने का अर्थ हुआ पूरे देश को अनिश्चय, अराजकता और हिंसा में धकेल देना, ऐसा जगत प्रकाश को लगा। दो घंटे के भाषण में विध्वंस का सन्देश था। गांधी में इतनी कटुता कैसे आई? इसका स्रोत कहाँ है? सरकार में, जिन्ना में या खुद अपने भीतर?[90]

जगत प्रकाश को ऐसा लगता है कि गांधी के भीतर मुसलमानों और जिन्ना के प्रति आक्रोश है। उन्हें पता है कि मुसलमानों में राष्ट्रवाद की भावना नहीं है। उन्होंने मुसलमानों को राष्ट्रीय आन्दोलन में खिलाफत के माध्यम से लाने की कोशिश की; शुरू में उन्हें कुछ सफलता भी मिली, पर बाद में अंग्रेजों की चालाकी के कारण वे राष्ट्रीयता से दूर हो गए। फिर भी कुछ मुसलमान गांधी के साथ रहे, पर फिर जिन्ना आ गए। जिन्ना योग्य था, ईमानदार था, जिन्ना में विद्रोह था, लेकिन जिन्ना मुसलमान था।

गांधी की छाया में नेहरू सत्ता की ओर बढ़ रहा है। जगत प्रकाश को जमील की बात का स्मरण होता है। उसने कहा था कि जिन्ना, गांधी के बाद लेकिन, बराबरी का दर्जा चाहता है। लेकिन जिन्ना में वो गुण नहीं हैं जिनमें गांधी की आस्था है। जिन्ना के रहन-सहन में आभिजात्य है और वह साफ-साफ बोलता है। वह गांधी के सामने झुकने के लिए तैयार नहीं है। जवाहरलाल में वे सभी गुण हैं जो गांधी को पसन्द हैं—वह जेल गया है, खादी पहनता है और उसका गांधी पर विश्वास है।[91] उसे यह भी लगता है कि गांधी द्वारा नेहरू को महत्त्व देने के कारण ही जिन्ना एक साम्प्रदायिक व्यक्ति बने। वह संकीर्ण मुसलमान नहीं हैं, लेकिन उनमें ईगो है और वे महत्त्वाकांक्षी हैं। आज इसके कारण देश में विभाजन के लिए वह तैयार हैं। जिन्ना को यह लगता है कि आजाद भारत में हिन्दू मुसलमान को खा लेंगे। गांधी ने जिन्ना को रोकने की कोशिश तब की जब वे बहुत शक्तिशाली हो चुके थे। गांधी ने तमाम कोशिशें कीं, उन्हें 'कायदे आजम' भी कहा, लेकिन गांधी उन्हें अपने घेरे में नहीं ला पाए। हर स्तर पर जिन्ना गांधी का विरोध कर रहे हैं। दोनों के बीच एक व्यक्तिगत युद्ध-सा चल रहा है। जिन्ना को अंग्रेजों की नीतियों का लाभ भी मिल रहा है। अंग्रेजों को भी जिन्ना से बहुत मदद मिल रही है। ब्रिटिश शासकों को गांधी पर विश्वास नहीं है और उन्हें इस देश को एक करके रखने

में कोई दिलचस्पी नहीं है। उनका पूरा ध्यान जर्मनी और जापान के साथ युद्ध में विजयी होने पर लगा हुआ है।[92]

9 अगस्त, 1942 की रात तक गांधी समेत सभी बड़े नेता जेल में बन्द थे। अंग्रेजों ने पूरी तैयारी पहले ही कर ली थी। उन्हें लगता था कि नेता के बिना लोग आन्दोलन नहीं कर पाएँगे। जसवंत को उस समय अन्दाजा हुआ कि गांधी ने उतना आक्रामक भाषण क्यों दिया था। उन्हें अन्दाजा हो गया था कि उन्हें गिरफ्तार कर लिया जाएगा। कुलसुम ने कहा कि आन्दोलन तो उसी समय शुरू हो गया जब गांधी ने सब कुछ जनता पर छोड़ दिया था।

भारत छोड़ो आन्दोलन शुरू हो गया। बम्बई में उतनी हिंसा नहीं हुई। जसवंत और जगत प्रकाश की एक बातचीत में जसवंत ने कहा कि कांग्रेस के लोग अहिंसा में विश्वास नहीं करते, हाँ, इसे एक रणनीति के रूप में इस्तेमाल करते हैं। उसे लगता है कि 'करो या मरो' का नारा अहिंसक नारा नहीं है। इसका अर्थ है 'मारो या मरो'। जगत प्रकाश भी इसे स्वीकार करता है। जमील का अनुमान है कि कांग्रेस ने इसके लिए तैयारी कर ली है। उसके कई नेता इस बीच फरार हो गए हैं।

जसवंत का कहना है कि जब जापान बर्मा में आगे बढ़ रहा है, इस आन्दोलन से युद्ध प्रयासों में बाधा पहुँचेगी। जमील के पास उस समय कुछ लोग आए हैं जो हर कीमत पर बस अंग्रेजी राज का खात्मा चाहते हैं। एक बार उसका मन हुआ कि पुलिस को इसकी सूचना दे और उनको गिरफ्तार करवा दे, लेकिन वह वैसा नहीं करता। उसे इस बात की तसल्ली है कि पूर्वी बंगाल के बहुसंख्यक लोग मुसलमान हैं और वे इस राष्ट्रीय आन्दोलन के साथ नहीं हैं। वे अंग्रेजों का ही साथ देंगे, इसलिए देश को इस समय कोई बहुत बड़ा खतरा नहीं है।

उस समय सभी बहुत विभ्रम में हैं, किसी को अन्दाजा नहीं हो रहा है कि आगे क्या होनेवाला है।

जसवंत कहता है कि यह कितना विडंबनापूर्ण है कि बरसों से हम इस बात के लिए गांधी की निन्दा करते रहे थे कि वह हिंसा के विरुद्ध हैं, आज जब उन्होंने हिंसा का समर्थन किया है, हम उनके विरुद्ध हैं! जगत प्रकाश भी इस बात से सहमत है कि आन्दोलन उस समय शुरू हुआ है जब आन्दोलन की जरूरत नहीं थी।

जमील का सुझाव है कि कम्युनिस्टों को आन्दोलन नहीं करने के लिए देश-भर में प्रचार करना चाहिए। उसके ऐसा कहने पर जसवंत का कहना है कि ऐसा करने पर देश के लोग उसे गद्दार कहेंगे और मारेंगे।[93]

जगत प्रकाश को अपने गाँव के लोगों की चिन्ता होती है और वह गाँव की ओर चल देता है, लौटते समय वह देखता है कि विध्वंस हर जगह चल रहा है। वह बहुत कठिनाई से अपने गाँव पहुँचता है। वहाँ भी गांधी के बन्दी बनाए जाने के बाद से ही बहुत अधिक उत्तेजना थी। लोग तोड़-फोड़ के

काम में जोर-शोर से लगे हुए थे। जगत प्रकाश को इसका बिलकुल अन्दाजा नहीं था। उसे सपने में भी यह गुमान न था कि उसके गाँव में भी लोग इस तरह के विध्वंस में शामिल हो जाएँगे। वह देखता है कि गाँव में बीस-पच्चीस गुंडे-बदमाश इकट्ठा होकर तोड़-फोड़ की तैयारी में लगे हैं। उनको भड़काने वाले लोग कह रहे हैं कि जापानी आ रहे हैं पूरब से और यह अच्छा समय है सरकारी सम्पत्ति लूटने का। बहुत भड़काऊ भाषण देने के बाद अन्त में वक्ता ने कहा—महात्मा गांधी की जय!

जगत प्रकाश उन्हें समझाने की कोशिश करता है, पर लोगों को लगता है कि वे क्रान्ति कर रहे हैं और वे साहस का परिचय दे रहे हैं। जगत प्रकाश की बात कोई नहीं सुनता।

गांधी के नाम पर जो हिंसा हो रही है वह गलत है ऐसा जगत प्रकाश को लगातार लगता रहा। वह अन्य स्थानों के बारे में जानने के लिए इलाहाबाद जाने की कोशिश करता है। रास्ते में उसने पाया कि रेलवे लाइनें उखाड़ी गई हैं, और सब जगह सब कुछ अस्त-व्यस्त है। किसी को आगे क्या होगा उसके बारे में कोई समझ नहीं थी, बस जिसको जो समझ में आता वह करके अंग्रेजी राज के प्रति विरोध प्रकट कर रहा था। स्टेशन को जलाने की घटना भी हो रही थी। पता चला कि स्टेशन जलाने के प्रयास में चालीस-पचास लोग गोलियों के शिकार हुए। आगे जाना खतरनाक हो सकता था। लोग उसे सलाह देते हैं कि इलाहाबाद जाने का खयाल छोड़कर उसे गाँव लौट जाना चाहिए। बिहार की हिंसक घटनाओं की जानकारी भी पहुँच रही थी। वह अपने गाँव लौटने लगा। रास्ते में उसने स्टेशन की रक्षा में तैनात बड़ी संख्या में पुलिसकर्मियों को देखा। भीड़ आती और पत्थर फेंकती, पुलिस उन पर गोलियाँ चलाती और फिर लोग भागते। रास्ते में कोई इक्के वाला उसे लेकर उसके गाँव जाने को तैयार न था। रुपए का लोभ देने पर ही एक राजी हुआ। रास्ते में दूर से उसे एक मिलिट्री गाड़ी अंधाधुंध फायर करती हुई दिखी। इक्के वाले और जगत प्रकाश ने खेतों में छुपकर अपनी जान बचाई। मिलिट्री की गाड़ी जिसे देखती उसे गोली मारती जा रही थी। गाँव पहुँचकर जगत प्रकाश ने देखा कि मारे जाने वालों में उसकी दीदी भी थी।

उसके परिवार में सिर्फ ही थी। उसकी दीदी मिलिटरी को अंधाधुंध गोलियाँ चलाने से रोकने के लिए गई थी, पर मिलिटरी किसी की कुछ न सुनते हुए बस गोलियाँ चलाती जा रही थी। इस घटना ने जगत प्रकाश को समझा दिया कि अंग्रेज सैनिक भी जर्मन या जापानियों जैसे ही क्रूर हैं।

सत्रह-अठारह दिनों के बाद आन्दोलन ढीला पड़ गया। अपना सब कुछ दूसरों को देकर कुल छह हजार रुपए लेकर जगत प्रकाश इलाहाबाद चला गया।

इलाहाबाद में जगत प्रकाश अपने शोध गुरु के सहयोग से अध्यापक के रूप में फिर से काम करना शुरू करता है। विश्वयुद्ध के उस दौर में हर तरफ से

भयानक समाचार मिल रहे थे। कालाबाजारी जोरों से चल रही थी और सरकार इसको नियंत्रित करने की कोशिश कर रही थी। पहले यह ब्रिटेन में शुरू हुई और फिर भारत में भी होने लगी।[94] खाद्यान्न का संकट सभी ओर था।

भारत छोड़ो आन्दोलन को पूरी तरह से दबा देने के बाद जगत प्रकाश ने इसको दबाने के बारे में सोचा। उसने सेना की मदद से भयानक दमन, हिन्दू-मुसलमान का विभेद और देश में अनैतिकता को इसके दमन का कारण माना।[95] पहले दोनों कारणों के साथ इस देशव्यापी अनैतिकता पर भगवती जी ने बहुत जोर दिया है। इसने लूट का रूप ले लिया। कुछ लोग कमा रहे थे; करोड़ों लोग बहुत तकलीफ में थे, भूखों मर रहे थे। निरर्थक अकादमिक बहसों में वह रुचि नहीं ले पाता था। उसे इन बहसों से नफरत होने लगी। कुछ व्यक्तिगत कटु अनुभवों से परेशान होकर वह बम्बई चला गया। वहाँ उसके कम्युनिस्ट दोस्तों ने उसका स्वागत किया। कुलसुम ने उसका विशेष खयाल रखा।

कुलसुम के घर में रहते हुए जगत प्रकाश कम्युनिस्टों से नियमित रूप से मिलता रहा। वहाँ उसकी मुलाकात कॉमरेड दामले और कॉमरेड सामंत से हुई। उन कम्युनिस्टों का मत था कि गांधी के आन्दोलन से बहुत नुकसान हुआ है और अब कम्युनिस्ट कांग्रेस के भीतर रहकर कुछ कर नहीं सकेंगे। वे अपना संगठन अलग से बनाने का प्रयास करते हैं। 23 सितम्बर, 1943 को एक मीटिंग तय होती है। वे जगत प्रकाश को पार्टी का सदस्य बनाना चाहते हैं।[96] कुलसुम भी चाहती है कि वह कम्युनिस्ट पार्टी का सदस्य बने। वह भावनात्मक स्तर पर पार्टी से जुड़ी थी, लेकिन अपनी परिस्थितियों के चलते इसकी सदस्य नहीं बन सकती थी; अगर जगत प्रकाश सदस्य बन जाता तो वह उसके बहाने अपने मन का कर पाती। उसने जगत प्रकाश के लिए एक फ्लैट की व्यवस्था भी कर दी। जमील की भी वहीं रहने की व्यवस्था कर दी गई। अब जगत के पास इलाहाबाद छोड़कर बम्बई में बसकर पार्टी के लिए काम करने का विकल्प था।

23 तारीख की उस मीटिंग में जसवंत कपूर भी आया। इसमें कांग्रेस की आलोचना की गई और युद्ध के दौरान सरकार की हर सम्भव मदद की बात की गई। जगत प्रकाश को लगा कि वैश्विक स्तर की लड़ाइयों के अलावा देश में जो चल रहा है, उसका भी ध्यान रखने की जरूरत है। देश को करोड़ों लोगों की तकलीफों पर, खासकर बंगाल में जो अकाल की स्थिति है उस पर ध्यान देने की जरूरत है। बंगाल के अकाल के लिए वह अंग्रेज सरकार को दोषी मानता है जिसने अपने युद्ध की जरूरत के हिसाब से पूरे इलाके से अन्न खरीदकर अपनी सेना के लिए सुरक्षित कर लिया, नौकाओं को नष्ट कर दिया, ताकि जापानी सेना जब आए तो उसको खाने के लिए और कुछ न मिले। अंग्रेजों ने एक बार भी यह नहीं सोचा कि यहाँ जो लोग रह रहे हैं, उनका क्या होगा! फजलुल हक

जो कर सकते हैं वे कर रहे हैं, पर कम्युनिस्टों की अपनी तरफ से कुछ करने की कोशिश हो यह विचार हुआ।[97] जमील ने मुस्लिम लीग को बदनाम करने का विरोध किया।

जसवंत पाँच हजार मन गेहूँ सेवाश्रम रिलीफ सोसाइटी के माध्यम से भूखे लोगों के लिए भेजता है। उसके लिए एक चिन्ता यह थी कि भेजा गया अनाज कहीं ब्लैक मार्केट में न पहुँच जाए। ऐसा न हो इसको सुनिश्चित करने के लिए जगत प्रकाश कलकत्ता जाता है।

8 जुलाई, 1943 को जगत प्रकाश कलकत्ता पहुँचता है। अगस्त के पहले सप्ताह में जगत प्रकाश वहाँ के सहयोगी परमेश्वर लाल के साथ बंगाल के सुदूर इलाकों का दौरा करके दो सप्ताह बाद भूखों की बड़ी तादाद देखकर लौटने पर बहुत निराश हो जाता है। उसे स्थिति की गम्भीरता का अन्दाजा हो जाता है। अनाज को बाँटने का काम किसी बंगाली के लिए ही सम्भव था। इस काम के लिए सुबोध कुमार भट्टाचार्य नामक वकील की मदद ली जाती है, पर वह खुद अपनी बेटी की शादी को लेकर उलझा हुआ है। उसे अधिक चिन्ता अपनी बेटी के खुलना के जमींदार परिवार के आईसीएस अधिकारी से विवाह की है।[98] जगत प्रकाश की रहने की व्यवस्था उस इलाके में हो जाती है जहाँ पंजाबी और गैर बंगाली लोग रहते थे।[99] सुबोध बाबू कहते हैं कि स्थिति बहुत गम्भीर है और अच्छे कार्यकर्ताओं का अभाव है। अगर कांग्रेस के लोग जेल के बाहर होते तो यह काम थोड़ा आसान होता।

अन्न की कमी होने पर देहात से लोग कलकत्ता आने लगे। अक्टूबर 1943 के दूसरे सप्ताह में कुलसुम जमील को जगत प्रकाश की मदद के लिए भेजती है। हजारों लोगों का खाने की तलाश में शहर में आना जारी था। सैकड़ों लोग रोज भूख से मरते जा रहे थे। सरकारी आँकड़े मरने वालों की संख्या को बहुत कम करके बता रहे थे। उसी दौरान एक विदेशी पत्रकार स्थिति का हाल जानने के लिए सुबोध बाबू से सम्पर्क करता है, लेकिन उन्हें अपनी बेटी की शादी की तैयारियों से फुर्सत नहीं थी। वे जगत प्रकाश से फिरपो रेस्टोरेन्ट में उस विदेशी से मिलकर बात करने का अनुरोध करते हैं। रेस्टोरेन्ट में जगत प्रकाश खाना नहीं खा पाता, क्योंकि उसे शीशे के पार भूख से मरते-तड़पते लोग दिखलाई पड़ते हैं। बाहर आकर उससे एक आदमी खाना माँगता है, ताकि उसका बच्चा भूख से न मरे। जगत प्रकाश के सामने बच्चा दम तोड़ देता है।

यह बात जगत प्रकाश को हैरान करती है कि जब सैकड़ों-हजारों लोग भूख से दम तोड़ रहे हैं, बाकी कलकत्ता के लोगों को इससे कोई फर्क नहीं पड़ रहा; सब कुछ सामान्य तरीके से चल रहा है!

जमील कहता है कि इस देश में भूख से मरने पर कोई फर्क नहीं पड़ता। कलकत्ता शहर में सात से आठ हजार लोग भूख से मारे गए, लेकिन किसी को कोई

फर्क नहीं पड़ा। कोई भी दुकान नहीं लूटी गई और लोग सड़क पर दम तोड़ते रहे।[100]

जगत के लिए यह समझना असम्भव था कि जहाँ इस तरह लोग दम तोड़ रहे हों, कोई खाना कैसे खा सकता है, जीवन सामान्य तरीके से चल कैसे सकता है!

उसकी पीड़ा और बढ़ जाती है जब इस हाहाकारी परिस्थिति में वह सुबोध बाबू की बेटी की शादी की दावत में एक तरफ भव्य आयोजन और दूसरी तरफ करीब पाँच हजार भूखों को सड़क पर इस भोज की जूठन की आशा में जमा देखता है। इस दारुण दृश्य को वह बर्दाश्त नहीं कर पाता और वापस बम्बई लौट आता है।

1943 की रूस की ठंड ने, जो उस देश के सौभाग्य और जर्मनी के दुर्भाग्य से पन्द्रह दिन पहले शुरू हो गई, जर्मनी की सेना की हार शुरू हुई। अब यह स्पष्ट हो गया कि ब्रिटेन और उसके सहयोगी देश यह युद्ध जीत जाएँगे। इससे जगत प्रकाश को कोई खुशी नहीं होती। अब तक उसके ध्यान के केन्द्र में देश की बदहाली आ चुकी थी। उसने यह समझ लिया था कि पिछले तीन सालों में देश के लोगों ने बहुत तकलीफें उठाई हैं। राजनीतिक निराशा छाई हुई थी। जो लोग जेल से छूट रहे थे वे भी बहुत टूटे हुए थे। 1942 के आन्दोलन की विफलता ने उनके हौसले पस्त कर दिए थे।

17 और 18 तारीख को कांग्रेस की एक मीटिंग लखनऊ में होनी थी। इसमें जगत प्रकाश के कम्युनिस्ट दोस्त भी सक्रिय थे। कम्युनिस्ट लोगों ने मुस्लिम लीग के साथ खड़े होने का फैसला लिया था। इससे जगत प्रकाश को आश्चर्य हुआ। जमील ने इस स्थिति को समझने की कोशिश अपने ढंग से की, पर वह खुद इससे बहुत आश्वस्त नहीं था। उसने कहना चाहा कि कांग्रेस हिन्दू धनपतियों की पार्टी है। कांग्रेस के हाथ में सत्ता के जाने का मतलब होगा इन हिन्दू पूँजीपतियों के हाथों में सत्ता का चले जाना। अगर ऐसा हुआ तो देश को आजादी कभी नहीं मिलेगी। अंग्रेजों से लड़कर आजाद होना आसान है, लेकिन देशी पूँजीपतियों से लड़कर आजादी हासिल करना बहुत कठिन।[101]

जमील को पाकिस्तान की माँग में नफरत दिखाई देती है, जो वर्ग संघर्ष पर नहीं धर्म पर आधारित है। उसे पाकिस्तान की यह माँग खतरनाक लगती है। भाषा के आधार पर किसी देश की बात तो वह समझ सकता है क्योंकि यूरोप में ऐसे उदाहरण हैं, लेकिन धर्म के आधार को वह गलत मानता है। वह इक़बाल को नहीं जिन्ना को इसके लिए कसूरवार मानता है। उसे लगता है कि इसके परिणाम के बारे में जिन्ना को सोचना चाहिए था। जमील को लगता है कि कांग्रेस का एक नेता (राजगोपालाचारी) है जो देश विभाजन के पक्ष में है। वह मद्रास का रहनेवाला है और उसे उत्तर भारत में देश विभाजन के परिणामों का ठीक-ठीक अन्दाजा नहीं है।[102]

गांधी मई के पहले सप्ताह (6 मई, 1944) में जेल से रिहा हुए। उस समय यह बात फैली कि विभाजन का जो प्लान राजगोपालाचारी ने जिन्ना के सामने रखा था

उससे गांधी जी सहमत हैं। लोग चकित होते हैं। इस प्लान में तीन मुख्य बातें थीं : प्रथम, युद्ध के बाद एक कमीशन नियुक्त हो जो मुस्लिम अधिसंख्यक इलाकों की पहचान करे, उसके बाद एक वोट के द्वारा तय हो कि उस इलाके के लोग भारत में रहना चाहेंगे या इससे अलग होना पसन्द करेंगे। अगर भारत से अलग होने वालों के वोट अधिक हों तो उन्हें भारत से अलग होने का अधिकार हो। सीमा पर रह रहे लोगों को भारत और पाकिस्तान में से एक को चुनने का अधिकार हो। जमील को आश्चर्य है कि गांधी ने इसे कैसे मान लिया है। इससे तो देश के बँटवारे को एक तरह से स्वीकार कर लिया गया है। जहाँ हिन्दू आबादी अधिक होगी वहाँ से मुसलमान भागना चाहेंगे और जहाँ मुसलमान अधिक हैं वहाँ से हिन्दू भागेंगे। 1942 के आन्दोलन के पहले इस विचार को रखने पर गांधी नहीं माने थे। इस समय बगैर कांग्रेस के नेताओं से सलाह किए वे इस बात पर राजी हो गए थे। जगत प्रकाश को लगता है कि इस स्थिति का लाभ अंग्रेज भी लेना चाहेंगे।

इस बात के फैलने के बाद पंजाब में साम्प्रदायिक तनाव बढ़ने लगा।[103] जमील का अन्दाजा है कि जिन्ना राजगोपालाचारी के इस प्रस्ताव पर राजी नहीं होगा, क्योंकि इसके हिसाब से उसके पास पाकिस्तान में जो हिस्से आएँगे उनमें प्राकृतिक संसाधन और उद्योग-धंधे वाले इलाके बहुत कम होंगे। इस तरह के पाकिस्तान के लिए जिन्ना का राजी होना असम्भव है। कुलसुम के अलावा हर कोई निराश है। सिर्फ उसी को लगता है कि लोगों को गांधी में विश्वास रखने की जरूरत है।

महायुद्ध समाप्ति पर था। उस समय कांग्रेस मृतप्राय थी। देश ने अपना नैतिक बल खो-सा दिया था। किसी आन्दोलन से ही लोगों में जागृति हो सकती थी, पर किसी आन्दोलन के होने की कोई सम्भावना नहीं थी। 1942 के आन्दोलन की विफलता ने कांग्रेस की रीढ़ तोड़ दी थी।[104]

24 सितम्बर, 1944 को, जब गांधी और जिन्ना के बीच बातचीत चल ही रही थी, जमील ने कहा कि गांधी जिन्ना के लक्ष्य को नहीं समझ रहे हैं। जिन्ना विभाजन नहीं बराबरी का दर्जा चाहता है, जो भारत में बिना विभाजन सम्भव नहीं। हिन्दू बहुल देश में गांधी क्या वह नेहरू के भी समतुल्य नहीं हो सकता।

गांधी और नेहरू के मामले में दोस्तों में बार-बार बहस होती है। वे लोग इस बात से सहमत हैं कि नेहरू को गांधी की छत्रच्छाया के बदौलत ही बहुत लाभ हुआ है।[105] जिन्ना को करोड़ों मुसलमानों ने बहुत शक्तिशाली बना दिया है। यह भी मत पेश किया जाता है कि असली मामला शक्ति का है, पाकिस्तान का नारा उसी के लिए है, जिसे गांधी ने बहुत गम्भीरता से ले लिया है। जमील के लिए यह व्यक्तित्वों की लड़ाई है।

गांधी और जिन्ना की वार्ता विफल हुई। 1944 के अन्तिम कुछ महीने बहुत कठिन थे। हिटलर ने 30 अप्रैल, 1945 को आत्महत्या की, उसके पहले से ही

भारत में स्थिति बहुत खराब हो रही थी। लूट और जालसाजी का बाजार गरम था।

जगत प्रकाश और जमील की वार्ता में उस समय की राजनीति पर विचार चलता रहता है। जगत प्रकाश ने नेताजी के नेतृत्व में जापान की भारत में सैन्य पराजय पर आश्चर्य व्यक्त किया। जमील ने कहा कि भारतीय अंग्रेजों को पसन्द नहीं करते, पर इतना भी नापसन्द नहीं करते कि जापान का साथ दे देते। नेताजी के बारे में उसकी राय है कि उन्हें जापानियों का भी ठीक से समर्थन नहीं मिला। गांधी के अहिंसा के सफल होने में दोनों को सन्देह है।

इस बीच समाचार आया कि गांधी ने भूलाभाई देसाई और लियाकत अली के बीच के समझौते को मान लिया है। इसके अन्तर्गत भारत की राष्ट्रीय सरकार में कांग्रेस और लीग के बराबर-बराबर सदस्य होंगे।[106]

जगत प्रकाश का मानना है कि अंग्रेज भारत को आजाद नहीं करेंगे। गांधी अंग्रेजों को भारत से बाहर करने के लिए विकल थे। इस समय अगर आजादी मिलती है तो वह आजादी का मजाक ही होगा।[107]

24 जून, 1945 को वाइसराय ने शिमला में राष्ट्रीय सरकार के गठन के लिए एक मीटिंग बुलाई थी। सभी दलों—कांग्रेस, मुस्लिम लीग, अस्पृश्य, सिक्ख, गांधी और जिन्ना सभी को आमंत्रण दिया गया। ऐसा लग रहा था कि वाइसराय ने देसाई-लियाकत अली के समझौते के आधार पर ही यह सम्मेलन बुलाया था। गांधी के वक्तव्य ने इसकी पुष्टि भी कर दी।

जगत प्रकाश को समझौते का आधार ठीक नहीं लगा। हिन्दुओं को जाति के आधार पर बाँटकर अलग-अलग प्रतिनिधियों को बुलाना उसे सही नहीं लगा। इससे हिन्दुओं में बँटवारा होता है। उसे लगा कि कांग्रेस के नेतागण अब थक गए हैं। उन्होंने अपनी राजनीतिक बुद्धि का सही प्रयोग नहीं किया।

शिमला सम्मेलन भी असफल हो गया। जिन्ना इस बात पर अड़े हुए थे कि मुस्लिम लीग को भारत के मुसलमानों का प्रतिनिधि स्वीकार किया जाए। वाइसराय इसके लिए राजी नहीं हो रहे थे। बिना लीग के समर्थन के राष्ट्रीय सरकार का गठन बेमानी होता। इसका अर्थ हुआ कि ब्रिटिश शासन जारी रहेगा और शासन की बागडोर ब्यूरोक्रेसी के हाथ में होगी।

इस सम्मेलन के विफल होने पर भिन्न-भिन्न प्रतिक्रियाएँ आईं। जमील को लगा कि यह ठीक हुआ। कांग्रेस और लीग दोनों उसे पूँजीपतियों के दल ही लगते थे। इनमें से किसी के पास सत्ता के जाने से करोड़ों भारतीयों का दुख वैसा का वैसा ही बना रहेगा। जनता जागी हुई नहीं है और देश इस समय स्वशासन के लिए तैयार नहीं है।[108] देश के लोगों को जागरूक बनाना उसे इस समय सबसे ज्यादा जरूरी लगता है।

अधिक सोचने की वजह से जगत प्रकाश को परेशानी न हो इसके लिए डॉक्टर

ने उसे शान्त रहने के लिए कहा। पर उसे चैन नहीं था। उसे द्वितीय विश्वयुद्ध में ब्रिटेन को विजयी बनाने वाले चर्चिल की चुनाव में पराजय से बहुत आश्चर्य हुआ। सबने विश्वयुद्ध के बाद की राजनीति पर विचार करने के बाद यह निष्कर्ष निकाला कि इस महायुद्ध में एक ही देश विजयी हुआ है और वह देश है—अमरीका। बाकी सभी बड़ी शक्तियों ने अपने को इस महायुद्ध में बर्बाद कर लिया है।

जगत प्रकाश के लिए बम्बई में एक कॉलेज में नौकरी के लिए कुलसुम ने प्रयास किया, पर कॉलेज की मैनेजिंग कमेटी के अध्यक्ष लालचन्द हीराचन्द को उसके कम्युनिस्ट होने का सन्देह है, इसलिए उसे वह नौकरी नहीं मिल सकी।

अब जगत प्रकाश कम्युनिस्ट पार्टी का सदस्य बनना चाहता है। पहले उसे इसके लिए कहा गया था और उस समय कुलसुम भी चाहती थी कि वह बने, पर अब वह कहती है कि उसे ऐसी पार्टी में शामिल होना चाहिए जो उसे विचारों की स्वतंत्रता दे। अब वह जगत प्रकाश को कांग्रेस पार्टी में शामिल होने के बारे में सोचने के लिए कहती है।[109]

जगत प्रकाश को लगता है कि उस पार्टी में भी उसे दूसरों की बातें मानने की बाध्यता ही रहेगी। कुलसुम भी इसे स्वीकार करती है और कहती है कि कांग्रेस को एक लोकतांत्रिक पार्टी कहा जाता है, लेकिन एक भद्दे किस्म की तानाशाही वहाँ है। वहाँ एक ही आदमी पार्टी को चलाता है, बाकी उसी का अनुसरण करते हैं।

वाइसराय ने घोषणा की कि सेंट्रल असेंबली का चुनाव किया जाएगा। यह सभा ही नए संविधान का निर्माण करेगी। लेबर पार्टी की इंग्लैंड में सरकार बन चुकी थी। यह पार्टी भारत को स्वाधीन करने के पक्ष में थी, इसलिए यह उम्मीद बनी कि भारत को स्वाधीनता अब मिल जाएगी।

कम्युनिस्ट जसवंत को लगता है कि भारत इस समय स्वाधीनता के लिए तैयार नहीं है। अगर अंग्रेज इस समय गए तो देश में हिन्दू-मुसलमान का झगड़ा इतना बढ़ा हुआ है कि गृहयुद्ध हो सकता है। यह कोई वास्तविक समस्या नहीं थी, परन्तु अंग्रेजों की चालबाजी और महात्मा गांधी की भूलों के कारण यह अब एक वास्तविक समस्या बन चुकी है।[110]

गांधी की गलती इस बात में बताई गई कि प्रथम विश्वयुद्ध के बाद उन्होंने इसे वास्तविक मान लिया। उन्होंने खिलाफत के माध्यम से दोनों को एक जगह लाने की कोशिश की। इस प्रक्रिया में परोक्ष रूप में यह मान लिया गया कि मुसलमान खलीफा को मानते हैं, इस देश को अपना नहीं मानते। यानी, मुसलमान इस देश के प्रति वफादार नहीं। यह आन्दोलन विफल हुआ। इसको विफल होना ही था। हिन्दू-मुसलमान दंगे शुरू हुए। जसवंत ने इसी रूप में इस अलगाव को विश्लेषित किया।

जसवंत कपूर को यह लगता है कि गांधी पुराने विचारों के हैं। राम-रहीम और

ईश्वर-अल्लाह के बीच एकता बनाने की चेष्टा का अर्थ था हिन्दू और मुसलमानों को अलग-अलग मानना। दोनों समुदायों की मूल समस्या एक ही थी—रोटी-कपड़े की समस्या। धर्म उसके बाद आता है।

जसवंत कपूर को यह भी लगता है कि 1930 के कांग्रेस आन्दोलन में मुसलमानों ने बड़ी संख्या में भाग नहीं लिया। गांधी ने एक और भूल की जब उन्होंने हिन्दुस्तानी भाषा बनाई। हिन्दुस्तानी क्या है? धर्म के आधार पर एक भाषा का निर्माण। अब तक वे लगातार कह रहे थे कि भारत की भाषा हिन्दी है जो देश को जोड़ती है। उनके मन में यह बात थी कि हिन्दी हिन्दुओं की भाषा है। एकता की खातिर उन्होंने एक नई भाषा को मुसलमानों को जोड़ने के लिए बनाना चाहा, जो दो लिपियों में लिखी जाती है। इसी के लिए उन्होंने दो भाषा की संस्कृति को मिलाना चाहा। जिसे वे दो संस्कृति कहते हैं, जिन्ना उसी को दो राष्ट्र कहता है। जो बनावटी थी, उसे गांधी ने असल बना दिया। यही सबसे बड़ा दुर्भाग्य है। अगर आज आजादी मिलेगी तो देश का बँटवारा तय है, जसवंत ने साफ कहा। उसी के साथ हिंसा आएगी और लड़ाई होगी।[111]

जसवंत कपूर को लगता है कि इसका मुकाबला सिर्फ कम्युनिज्म द्वारा सम्भव है। दस-बीस सालों तक हमें रूस के मजबूत होने का इंतजार करना चाहिए। उसके बाद ही करोड़ों भारतीयों की गुलामी खत्म हो सकेगी। उसकी राय है कि इस समय असली काम किसानों के बीच गाँवों में किया जाना है। अभी तक कम्युनिस्टों की पहुँच मजदूरों तक ही है, अब किसानों तक पहुँचना होगा। जगत प्रकाश ने कहा कि कांग्रेस का कार्यक्रम गलत है। वह इसलिए क्योंकि नेतृत्व गलत है। वह जगत प्रकाश को कम्युनिस्ट पार्टी नहीं कांग्रेस में शामिल होने का सुझाव देता है। दोनों—जसवंत और जगत आल इंडिया कांग्रेस कमेटी की मीटिंग में जाते हैं। उन्हें यह साफ लगता है कि कांग्रेस का नेतृत्व नेहरू के हाथ में जा रहा है। और इस बात में गांधी की भी सहमति है।[112]

नेताजी सुभाष की मृत्यु का समाचार आता है। आजाद फौज ने आत्म-समर्पण कर दिया है। अनेक अफसरों का लाल किले में कोर्ट मार्शल किया जाना तय हुआ है। नेहरू के सुझाव पर कांग्रेस ने तय किया कि इन अफसरों का बचाव किया जाए। 5 नवम्बर, 1945, को ट्रायल शुरू हुआ। जन समर्थन इन अफसरों के साथ था। 3 जनवरी, 1946 को तीनों ऑफिसर रिहा कर दिए गए। इस ट्रायल के कारण पूरे देश में उत्साह का माहौल बना।

1946 में जब सेंट्रल असेम्बली के लिए चुनाव घोषित हुए जगत प्रकाश को लगा कि कांग्रेस के मुसलमान उम्मीदवार नहीं जीतेंगे। जमील राजेन्द्र प्रसाद की *इंडिया डिवाइडेड* की एक प्रति ले आया। इसके बाद जमील ने कहा कि पाकिस्तान की माँग को स्वीकार कर लिया गया है, अब बस यह चर्चा चल रही है कि इसे

कैसे अंजाम दिया जाए। इसके लिए फार्मूला बनाया जा रहा है। जगत प्रकाश को लगता है कि इस प्रारूप (जो राजगोपालाचारी के फार्मूले पर ही आधारित है) का पाकिस्तान जिन्ना को स्वीकार्य नहीं होगा।

सेंट्रल असेंबली के चुनाव में कांग्रेस मुस्लिम सीटों पर बुरी तरह से हारी। मुस्लिम लीग का दावा सही साबित हुआ।

अंग्रेजों में भारत में अंग्रेजी राज को लेकर दो तरह के मत थे। लेबर पार्टी भारत को आजादी देने के पक्ष में थी, लेकिन अंग्रेजी ब्यूरोक्रेसी भारत में अंग्रेजी राज को चालू रखना चाहती थी। देश की आर्थिक स्थिति अच्छी नहीं थी और अकाल के बादल देश पर मँडरा रहे थे। बंगाल में तैंतीस लाख लोग अकाल में मर चुके थे। एक अनुमान यह था कि अब अगर अकाल हुआ तो चार से पाँच करोड़ लोग दक्षिण में मारे जाएँगे। लोग बहुत कठिन स्थिति में थे, पर बड़े लोगों को अपनी आमदनी बढ़ाने से फुर्सत नहीं थी। नेतागण अपनी सियासी लड़ाई में उलझे हुए थे। विद्रोह की कोई सम्भावना थी तो सेना में ही थी।

सेना का एक विद्रोह 19 मई, 1946 को हुआ। उस दिन जमील और जगत प्रकाश को एक मजदूरों की सभा में थाणे जाना था। रास्ते में उन्होंने देखा कि लोग अपना गुस्सा इस बात पर प्रकट कर रहे थे कि भारतीय जहाजियों के साथ अंग्रेज अफसरों का सलूक अच्छा नहीं है; उनको ढंग का खाना भी नहीं दिया जाता। यह बुरा व्यवहार पहले भी था, लेकिन अब यह बर्दाश्त करने लायक नहीं रहा, ऐसा एक भारतीय अफसर ने कहा।

बीस हजार भारतीय नौसैनिकों ने विद्रोह कर दिया था। बम्बई शहर के मजदूरों ने भी उनका समर्थन कर दिया था। सेना अंग्रेजी हुकूमत की मूल प्राण-शक्ति थी और वही विद्रोह कर रही थी। अब अंग्रेजी राज की नींव हिल गई थी। अंग्रेज सैनिकों की संख्या भारत में कम थी, जो थी उनमें से अधिकतर असम और बंगाल में तैनात थे। अमरीकी सैनिक भारत से वापस लौट चुके थे और भारतीय सैनिकों पर भरोसा करना सम्भव नहीं था। सरकार स्थिति को काबू में लाने में सफल हुई इसका कारण था विद्रोह करने वालों में एकता का अभाव। हड़ताल तीन-चार दिनों तक जारी रही। सेना को बुलाकर विद्रोह को कठोरता से दबाया गया। फायरिंग में सैकड़ों लोग मारे गए, हजारों घायल हो गए। बम्बई शहर में कर्फ्यू लगा दिया गया। अन्त में सरकार ने हड़तालियों की माँगें मान लीं।[113]

जनवरी 1947 में ब्रिटिश पार्लियामेंट का एक कमीशन स्थिति का जायजा लेने के लिए भारत आया। उसकी रिपोर्ट के आधार पर तीन सदस्यीय कमीशन 23 मार्च को कराची पहुँचा। यह कमीशन भारत विभाजन के बारे में तैयारी के लिए नियुक्त हुआ था। अब स्पष्ट हो गया था कि ब्रिटेन भारत को छोड़ने की तैयारी कर रहा था। विश्वयुद्ध ने ब्रिटेन की कमर तोड़ दी थी। अब उसके लिए भारत में अपना शासन

बनाए रखना मुश्किल था। सत्तासीन लेबर पार्टी ने तय कर लिया था कि भारत को स्वाधीन कर देना है। भारत में खाने के लिए अनाज का संकट गम्भीर था और अंग्रेजों के प्रति नफरत लगातार बढ़ती जा रही थी। जमील ने कहा कि गांधी और जिन्ना दोनों पूर्ण स्वतंत्रता चाह रहे थे। यह तब तक सम्भव न था जब तक हिन्दू और मुसलमान के बीच का तनाव कम नहीं होता। यह होता नहीं दीख रहा था।

जुलाई, 1947 का महीना बम्बई के लिए कठिन था। जगत प्रकाश को अपनी जमीन की बन्दोबस्ती के लिए गाँव जाना पड़ा। गाँव पहुँचकर उसने महसूस किया कि गाँव में लोग उससे बस जमीन खरीदने की फिराक में थे, उसमें किसी की कोई रुचि नहीं थी। इससे उसे बहुत दुख हुआ। उसे अपने गाँव और घर से बहुत लगाव था। वहाँ के लोगों के व्यवहार से उसे बहुत तकलीफ पहुँची। भावुक होकर उसने अपने हिस्से की दस बीघे की जमीन और मकान दोनों अपने सेवक सुमेर को दान कर देने का निर्णय लिया।

अगस्त 1946 में वह वापस बम्बई लौट आया। इस महीने कलकत्ता में डायरेक्ट एक्शन दिवस शुरू करके मुस्लिम लीग ने देश-भर को भयभीत कर दिया। जमील के लिए यह स्पष्ट था कि अब यह पूरे देश में होनेवाला है। बम्बई, ढाका, इलाहाबाद, बिहार, नोआखली और अन्य जगहों पर दंगे शुरू हो गए।

केन्द्र में एक कांग्रेस की अन्तरिम सरकार का गठन हुआ और डेढ़ महीने बाद मुस्लिम लीग भी इसमें शामिल हो गई।[114]

20 जनवरी, 1947 को ब्रिटेन के प्रधानमंत्री ने यह घोषणा कर दी कि परिस्थितियाँ जो भी हों, भारत से अंग्रेज जून 1948 तक चले जाएँगे।

अब यह तय हो गया था कि देश का विभाजन होगा। अब चिन्ता शुरू हुई कि कौन सी जगह किस देश में रहेगी। शर्मिष्ठा के धनी पिता उस समय भी लाहौर छोड़ना नहीं चाहते थे और लाहौर भारत में रहेगा या पाकिस्तान में यह तय नहीं था। उनके पास बीस सशस्त्र सुरक्षाकर्मी थे इसलिए उनको लगता था कि उनको कोई नुकसान नहीं पहुँचा सकेगा। वे इस बात के लिए भी तैयार थे कि अगर लाहौर पाकिस्तान में भी रहा तो वे पाकिस्तान के नागरिक बन जाएँगे। उन्हें शहर में अपनी साख पर भरोसा भी था।[115]

विभाजन का काम एक बेहद जटिल काम था। विभाजन इस तरह से हुआ कि बंगाल और पंजाब का आधा हिस्सा जो कम उन्नत था और जहाँ उद्योग-धंधे कम थे वे पाकिस्तान में गए। साथ ही सिंध और फ्रंटियर प्रॉविन्स भी उसे मिले। असम का एक जिला सिलहट उसे मिला। बंगाल लेजिस्लेटिव सभा के सभी मुसलमान सदस्यों ने पाकिस्तान में जाना मंजूर किया। पाकिस्तान के लिए एक अलग केन्द्रीय सभा गठित हुई। दोनों देशों की सीमा का निर्धारण करने के लिए एक कमीशन का गठन हुआ।[116]

इस विभाजन से कोई भी सन्तुष्ट नहीं था। कांग्रेस देश के विभाजन से सन्तुष्ट

नहीं थी और मुस्लिम लीग का दुख था कि उसे अपाहिज और कमजोर देश मिला। पर जिन्ना कुछ नहीं कर सकते थे। पन्द्रह अगस्त का दिन नजदीक आ रहा था और दंगे कम हो रहे थे।

सबसे ज्यादा मुसीबत सिक्खों को लेकर थी। यह अभिमानी कौम पंजाब में फैली हुई थी। इस समुदाय ने मुसलमानों से लोहा लिया था और अब स्थिति ऐसी हो गई थी कि उन्हें मुसलमानों के राज में रहना होगा। बहुत सारे सिक्खों के लिए यह मानना बहुत कठिन था।

पंजाब में 15 अगस्त के चार दिन पहले दंगे शुरू हो गए। आजादी के दिन एक अजीब सी स्थिति थी। गांधी खुद उस दिन देश की राजधानी में नहीं कलकत्ता में थे। जसवंत के लिए यह एक अशुभ संकेत था। जगत प्रकाश के लिए यह गांधी की पराजय का दिन था। वह इस बात से सहमत नहीं था कि भारत को आजादी गांधी के कारण मिली। उसे लगता था कि भारत को आजादी हिटलर और सुभाष के कारण मिली। हिटलर ने इंग्लैंड को तबाह कर दिया था और सुभाष के कारण सेना में बगावत शुरू हुई। नेताजी की मृत्यु ने भी देश की मदद की। गांधी का विभाजन का विरोध निरर्थक था, क्योंकि उन्होंने भारत विभाजन को 1944 में ही मान लिया था।[117]

जगत प्रकाश गांधी की महानता से इनकार नहीं करता लेकिन उसे लगता है कि वे भी मनुष्य हैं और किसी भी मनुष्य से गलती हो सकती है।[118]

आजादी के दिन लाहौर में दंगे शुरू होने की खबर आई और जसवंत अपने ससुर की रक्षा के लिए लाहौर की ओर दौड़ा। ट्रेन सेवाएँ बन्द हो चुकी थीं और वह जगत प्रकाश को लेकर गाड़ी से लाहौर के लिए निकल पड़ा। पूरे रास्ते उसे असहनीय और वीभत्स-नारकीय दृश्य दिखे। सौभाग्य से उसे कर्नल बलीराम मिल गए जो उसके सहपाठी रहे थे। उसने पहले तो रोका लेकिन जब जसवंत नहीं माना तो दो सैनिकों को मशीनगन के साथ लेकर वह उसके साथ चल दिया। लाहौर पहुँचकर जसवंत को पता चला कि उसके ससुर की हत्या की जा चुकी है। शर्मिष्ठा की जान किसी तरह बचाई जा सकी थी और उसे सेना के सुपुर्द कर दिया गया था। हुआ यह कि जिनके भरोसे लाला रुके थे वे सभी सेवक भाग गए। जब हमला हुआ तो लाला ने अंधाधुंध गोलियाँ चलाकर पाँच लोगों को मार दिया। लेकिन उसके बाद भीड़ ने उनको खत्म कर दिया। जसवंत और उनके साथी तुरन्त लौटे। बलीराम ने रक्षकों से कहा कि रास्ते में कहीं गाड़ी न रोकें और अगर कोई रोकने की कोशिश करे तो मशीनगन से फायर करते जाना। इस तरह किसी तरह वे वापस अमृतसर पहुँचे।

बलात्कार, खून और जबर्दस्ती धर्म परिवर्तन के उस पागलपन के दौर में जसवंत पागलों की तरह अपनी बीवी और बच्चे की तलाश में भटकता रहा। पन्द्रह दिनों

तक वह दर-दर भटका। तब तक शरणार्थियों का दिल्ली आना शुरू हो चुका था। वे अपने साथ बहुत सारी हिंसक और खौफनाक कहानियाँ लाए थे। राजनेताओं की सत्ता की लिप्सा ने करोड़ों को अपने घर से और अपने लोगों से जुदा कर दिया था। पश्चिमी पंजाब के साठ लाख हिन्दुओं और सिक्खों को पूर्वी पंजाब में लाना था।[119]

आठ सितम्बर को दिल्ली में हत्याकांड आरम्भ हो गया।

एक दिन अचानक जगत को शर्मिष्ठा बहुत बुरे हाल में एक कैम्प के पास अपने बच्चे के साथ मिलती है और इस तरह जसवंत की खोई हुई बीवी और बच्चा बुरे हाल में ही सही, मिल जाते हैं। उसके परिवार और जगत को लेकर कुलसुम बम्बई चली जाती है। जमील अपने गाँव अपने परिवार की चिन्ता में गया और डेढ़ महीने बाद बम्बई अपने परिवार के साथ पाकिस्तान जाने के लिए आया। उसके पाकिस्तान चले जाने के निर्णय से जगत प्रकाश अचंभित और व्यथित होता है। वह उसे भारत छोड़कर जाने से रोकने की कोशिश करता है। वह जमील से कहता है—"थोड़े दिनों में यह मजहब का पागलपन दूर हो जाएगा। इतना बड़ा कदम मत उठाओ...!"

हताश जमील ने कहा—"काश कि यहाँ रह सकता! लेकिन अब यह मुमकिन नहीं। मौजूदा हालात में मुसलमानों को हिन्दुओं का गुलाम बनकर रहना पड़ेगा, इस देश में। मैं नहीं चाहता था कि इन हालात में आजादी मिले, लेकिन होनेवाला होकर रहता है। अब मुझे जाना ही है, पाकिस्तान में हिन्दुओं की गुलामी तो नहीं करनी पड़ेगी। वहाँ जाकर कम्युनिस्ट पार्टी का काम करूँगा।...इस हिन्दुस्तान में तो अब सेठ, मिल मालिक, बनिए, बरहमन—इन्हीं का बोलबाला रहेगा...यहाँ कम्युनिज्म के काम होने के चांसेज करीब-करीब खत्म हो चुके हैं। इस्लाम कम्युनिज्म के ज्यादा नजदीक है।"[120]

जमील किसी भी तरह से नहीं माना। उसके जाने के बाद जगत हताश और अकेला हो जाता है।

शर्मिष्ठा तब तक थोड़ी संयत हो चुकी है। वह मुसलमानों के भारत में रहने के बिलकुल खिलाफ हो जाती है। उसका कहना है कि "हिन्दुस्तान में मुसलमानों को रहने का कोई अधिकार नहीं है।"[121]

इस उपन्यास के अन्तिम कुछ अनुच्छेदों में लेखक ने कई मंतव्य दिए हैं जिन्हें ध्यान से देखने की जरूरत है। ये जगत प्रकाश के भीतर उमड़ने वाले भावों के रूप में व्यक्त हुए हैं, लेकिन इससे लेखक की सहमति का आभास भी होता है। वे लिखते हैं—"साम्प्रदायिक घृणा का जहर देश के कोने-कोने में फैल गया है... रोज रात के समय रेडियो द्वारा महात्मा गांधी की बातों का प्रसारण होता था...सब व्यर्थ! महात्मा गांधी के प्रवचनों में कभी-कभी एक खीज भी दिखती थी, हिन्दुओं की भर्त्सना भी मिलती थी उनकी साम्प्रदायिकता के लिए, और उस वातावरण में

प्रवचनों का उलटा असर पड़ता था जनता पर। रास्ता चलते, ट्रामों पर, बसों पर लोग महात्मा गांधी को भला-बुरा कहते थे। नफरत के जहर से भरा जन समुदाय प्रेम, दया और अहिंसा का पाठ सुनने को तैयार नहीं था।"[122]

आगे यह भी जोड़ा गया—"सरकार में प्रधानमंत्री जवाहरलाल नेहरू और उप प्रधानमंत्री वल्लभभाई पटेल में मतभेद बढ़ते जा रहे थे। जवाहरलाल नेहरू का साथ महात्मा गांधी दे रहे थे, कांग्रेस का संगठन सरदार वल्लभभाई पटेल के हाथ में था।...गांधी...अपना वश केवल हिन्दुओं पर समझते थे—देश के बँटवारे में वे हिन्दू पक्ष का ही तो प्रतिनिधित्व कर सके थे।"[123]

इसके बाद कुछ ऐसे वाक्य प्रश्न के रूप में हैं जहाँ एक स्पष्ट विचार भी उभर आता है—"क्या महात्मा गांधी की हिन्दुओं की भर्त्सना में हिंसा नहीं थी? क्या महात्मा गांधी के अनशन में हिंसा नहीं थी?"...महात्मा गांधी ने कुछ दिन पहले कहा था—मैं सवा सौ वर्ष जीना चाहता था, लेकिन अब मेरे जीने की इच्छा जाती रही है—मैं भगवान से प्रार्थना करता हूँ कि वह मुझे इस दुनिया से उठा ले।...भारत की राजनीति से महात्मा गांधी हट चुके थे, चीजें उनके हाथ से बाहर हो चुकी थीं।...महात्मा गांधी ने कहा था—अब मुझे जीने की इच्छा नहीं होती, लेकिन जगत प्रकाश को अनुभव हो रहा था कि गांधी के अन्दर जीने की इच्छा मर चुकी थी।[124]

30 जनवरी, 1948 के दिन जब गांधी की हत्या का समाचार जगत प्रकाश को मिलता है तो जगत प्रकाश इसे सहन न कर सका और वह आकाश की ओर देखता हुआ, चेहरे पर असह्य पीड़ा लिए प्राणहीन हो जाता है।

अपने उपन्यास के अन्त में भगवती जी ने कुलसुम के मुँह से कहलवाया है—"गया—महात्मा के पीछे-पीछे एक फरिश्ता भी गया!"

अपने अगले उपन्यास *प्रश्न और मरीचिका* में भगवती जी ने 1947 से 1962 के भारत की राजनीतिक कथा को अपने राजनीतिक उपन्यास में लगभग उसी तरीके से पेश किया है जैसे उन्होंने *सीधी सच्ची बातें* में किया था। जैसे 1939 से 1948 की कथा उन्होंने जगत प्रकाश के माध्यम से कही है वैसे ही इस उपन्यास में उन्होंने उदय राज उपाध्याय के माध्यम से अगले चौदह-पन्द्रह वर्षों की राजनीतिक कथा कही है।

उदय राज उपाध्याय इक्कीस साल का नौजवान है, जो अपने आईसीएस पिता जयराज उपाध्याय और एक इतावली कलाकार माँ की सन्तान है। बचपन में ही उसके माँ और पिता के बीच अलगाव हो गया और वह बम्बई में बड़ा हुआ। उसके पिता ने दूसरी शादी की, और वह दिल्ली में भारत सरकार के बड़े ब्यूरोक्रेट हुए। इस उपन्यास में नौजवान उदय 14 अगस्त, 1947 को दिल्ली आता है और अगले पन्द्रह सालों तक वहाँ की राजनीति और शासन की प्रक्रियाओं से जुड़कर जो कुछ देखता-समझता है वही उपन्यास की कथा है। इन पन्द्रह सालों में उसने

एक ब्यूरोक्रेट के पुत्र, एक पुराने कांग्रेसी नेता के विश्वासपात्र और एक बड़े पत्रकार के रूप में राजनीति के नए समीकरणों और दिल्ली के इर्द-गिर्द, खासतौर पर नेहरू के इर्द-गिर्द शक्ति के सिमटने को देखा। विभिन्न कारणों से कांग्रेस के इस व्यक्ति—नेहरू केन्द्रिक सत्ता तंत्र के बनने और फिर बिखरने की कथा को उपन्यासकार ने बहुत कुशलता से पिरोया है।

यह महत्त्वपूर्ण है कि उदय राज को आजादी के दिन कोई खुशी महसूस नहीं होती। वह उस उम्र में भी विभाजन की पीड़ा को ही अपने भीतर महसूस करता है। आने के बाद वह पाकिस्तान से दिल्ली आए हुए एक शरणार्थी मेलाराम के होटल में टिकता है। मेलाराम सियालकोट से अपना सब कुछ लुटाकर आया था। उसकी बीवी और दो बेटे मुसलमानों के हाथों मारे गए थे और सिर्फ उसका चौदह साल का बेटा उसके साथ यहाँ बचकर आ सका था। उसकी सम्पत्ति सब सियालकोट में ही रह गई थी, और बड़ी मुश्किल से वह एक होटल चलाकर अपना जीवन एक अनजान शहर दिल्ली में किसी तरह काट रहा था।

मेलाराम के मुँह से भगवती जी ने कुछ बातें कहलवाई हैं। वह कहता है—"नफरत की बुनियाद पर हमारी आजादी कायम हो रही है...इस आजादी के माने होंगे : लूटमार, आगजनी, औरतों की बेइज्जती, भेड़-बकरियों की तरह लाखों इनसानों का कत्ल...। आज रात बारह बजे मुल्क को आजादी मिलेगी। लॉर्ड माउंटबेटन साहब हिन्दुस्तान की बादशाहत पंडित जवाहरलाल नेहरू के हाथ सौंप देंगे।...इस बादशाहत की कीमत हम लोगों को चुकानी पड़ रही है।"[125] उदय के मन में यह बात उमड़ी कि देश को स्वतंत्रता दिलाई है महात्मा गांधी ने और वे खुद दिल्ली में नहीं हैं। वे खुद बंगाल में थे जहाँ से लाखों हिन्दुओं के मरने की, लूटे जाने की और घरबार छोड़कर पश्चिमी बंगाल में भागने की खबरें आ रही थीं। आपसी बातचीत में मेलाराम कहता है—"रात के इस अँधेरे में नेहरू को बादशाहत मिल रही है, जबकि देश का देवता (गांधी) बंगाल में नफरत की आग बुझाते हुए पैदल घूम रहा है।"[126]

मेलाराम पुराना कांग्रेसी था और उसने गफ़्फ़ार ख़ान के साथ काम किया था। उसके मुँह से लेखक ने कुछ और भी बातें कहलवाई हैं। "यह जंग (विश्वयुद्ध) ऐसी बुरी भी नहीं थी, अगर उसने कुछ को तबाह किया तो कुछ को बनाया भी।...इंदर सिंह कितना गरीब था...लेकिन जंग में उसने बेतहाशा पैदा किया। सियालकोट में उसने एक शानदार बँगला बनवाया था...कलकत्ता में एक आलीशान छह मंजिली कोठी बनवाई है। उसके पास मोटर हो गई है। असम में उसने जमीन-जायदाद खड़ी कर ली है। सब महज ठेकेदारी के बल पर।"[127] उदयराज भी अनुमोदन करता है—"हिन्दुस्तान भर में लखपतियों और करोड़पतियों की संख्या बढ़ गई है।"

उदय की बातचीत एक-दूसरे नौजवान से बाद में होती है जो महत्त्वपूर्ण है।

उस नौजवान को इस बात से आपत्ति है कि कांग्रेस का झंडा देश का झंडा बने। गांधी के इस परिकल्पित झंडे में, जिसमें केसरिया रंग हिन्दुओं का है, हरा रंग मुसलमानों का और सफेद रंग में भारत के अन्य सभी सम्प्रदाय हैं, उसे सम्प्रदायवाद की परिकल्पना दिखलाई पड़ती है। उदय को सन्देह होता है कि आपत्ति करनेवाला नौजवान राष्ट्रीय स्वयंसेवक संघ से जुड़ा है। लेकिन वह संघ का सदस्य नहीं है। उसका कहना है कि वह संघ के लोगों की तरह 'संकीर्ण' नहीं है, क्योंकि उसे मालूम है कि मुसलमानों को देश से आमूल नहीं निकाला जा सकता। अदला-बदली के बाद भी तीन-चार करोड़ मुसलमानों की आबादी इस देश में है और इसे यहीं रहना है। उस युवक का कहना है कि "साम्प्रदायिक एकता का नारा लगाकर साम्प्रदायिकता की भावना को दूर नहीं किया जा सकता है।...महात्मा गांधी इसमें भयानक रूप से असफल रहे हैं।...साम्प्रदायिकता की भावना को ही मिटाना होगा।"[128] उस नौजवान के बारे में बाद में पता चलता है कि वह बनारस हिन्दू यूनिवर्सिटी का इतिहास का प्रोफेसर जनार्दन सिंह है।

उस नौजवान का कहना था कि गांधी ने देश की मिट्टी और बाहर से तलवार के बल पर लाए गए मजहब में मजहब को अधिक महत्त्व देकर लगातार समझौते करने की गलती की। वह कहता है, "क्या नहीं किया गांधी ने? राम-रहीम, कृष्ण-करीम के गीत गवाए उन्होंने, हिन्दी और उर्दू को मिलाकर हिन्दुस्तानी बनाई... केसरिया के साथ हरा रंग जोड़ा...कुछ थोड़े से हिंसा के पुजारी साम्प्रदायिक नेताओं से समझौता करने के लिए। लेकिन देश का बँटवारा होकर ही रहा, और इस बँटवारे में लाखों आदमियों की हत्याएँ हो रही हैं, करोड़ों आदमियों को अपने देश की मिट्टी छोड़नी पड़ रही है।"[129]

वह प्रोफेसर *सीधी सच्ची बातें* के जगत प्रकाश की तरह अपने एक प्रिय मुसलमान को पाकिस्तान रवाना करके लौटा है।[130]

देश की आजादी के बाद बड़े अफसरों की दुनिया नहीं बदली, बस उन्हें कुछ समीकरणों के हिसाब से खुद को व्यवस्थित कर लेना था। उदय जब अपने पिता के पास गया तो उसने पाया कि नेतागण उनके पीछे-पीछे लगे थे, मानो आजादी अफसरों को ही मिली हो और उनकी शक्ति ही बढ़ी हो। जयराज उपाध्याय के सम्बन्ध पटेल और नेहरू दोनों से अच्छे थे और उस समय यह बात हवा में थी कि जो नेहरू के साथ रहेगा उसको शक्ति का साथ मिलेगा। पुराने नेताओं की कदर भर है, असली चीज नेहरू के खेमे में है।

पंडित शिवलोचन शर्मा एक पुराने गांधीवादी थे। उन्होंने राष्ट्रीय आन्दोलन के दौर में एक बड़े कांग्रेसी नेता के रूप में बहुत प्रतिष्ठा पाई थी। वे सरदार पटेल के नजदीकी माने जाते थे, इसलिए उदय ने नए राजनीतिक समीकरण में उनको कम महत्त्व मिलता देखा। फिर भी उनके राजनीतिक कद को देखते हुए उन्हें मंत्रिमंडल

में स्थान मिलेगा ही, यह माना जा रहा था। वे खुद भी इसके लिए राजी थे। नए समय में शर्मा जी भी अपने को ढालने में लगे थे। वे कहने लगे थे कि आन्दोलनों का दौर समाप्त हो चुका है और अब देश के निर्माण के लिए जुटने का समय आ गया है। देश के नवनिर्माण में अब औद्योगिक विकास के लिए लगना होगा, यह वह सोचते थे।[131] शर्मा जी का व्यक्तित्व बहुत प्रभावशाली था और उदय से उनकी घनिष्ठता हो गई। उनके घर पर जाने के बाद उदय को समझ में आया कि शर्मा जी की पत्नी रूपा शर्मा अपने पति की तरह नहीं, दुनियादार किस्म की महिला थी।

उस समय दिल्ली में साम्प्रदायिक तनाव बहुत अधिक बढ़ा हुआ था। शर्मा जी प्राणपण से साम्प्रदायिक सौहार्द के लिए लगे हुए थे। उदय ने अपने एक पूँजीपति परिवार के साथी शिवकुमार से रूपा शर्मा का परिचय करवा दिया। वह कुछ समय बाद इस बात से बहुत विस्मित हुआ कि इतने बड़े नेता की बीवी ने उसके दोस्त के साथ खूब नजदीकी के बाद रुपए के लोभ में छल किया; उसके साथ शराब पीकर सो गई और उसके सूटकेस को लेकर घर चली गई। इस सूटकेस में पचास हजार रुपए थे।

उसका आश्चर्य और बढ़ गया जब रूपा शर्मा ने उससे कहा कि उसने उसके साथ सोने के बाद उसका सूटकेस लिया है। उसका कहना था कि जब सब कुछ बिक रहा है...कोई ईमान, तो कोई अपनी आत्मा बेच रहा है, इसलिए उसने ठीक ही किया। उसने अपने पति के बारे में कहा कि ये भी ईमान बेच रहे हैं; अब तक शर्मा जी सरदार पटेल के साथ थे, अब समय का रुख देखकर नेहरू के आदमी बनने में लगे हैं। वह जयराज (उदय के पिता) के बारे में कहती है कि कल तक वे अंग्रेजों से मोटी तनख्वाह पाते थे, अपने को अंग्रेजों के हाथों बेचकर बड़े आदमी बने; ठीक उसी तरह शिवकुमार और उसके पिता भी अपना ईमान बेचकर ही बड़े हुए हैं। ऐसे में जो उसने किया वह ठीक ही था।"[132]

गांधी बंगाल से लौटकर दिल्ली आ गए थे और अब पंजाब जाना चाहते थे। लोग घृणा से पागल हो गए थे और उनमें गांधी की बातें सुनने का धैर्य नहीं रहा था। शर्मा जी के साथ मुसलमानों को बचाने के लिए जाते हुए उदय एक मुसलमान लड़की सुरैया और उसकी माँ आएशा के सम्पर्क में आया। उन बदनसीबों को बचाने और अन्य प्रकार की मदद करते हुए उदय सुरैया के साथ नजदीक का रिश्ता बना बैठा।

गांधी के कारण दिल्ली में दंगे रुके। उनके कारण दिल्ली में दंगे दबा दिए गए। गांधी अपने भीतर के बदलाव के लिए आह्वान कर रहे थे, लेकिन उस विकट परिस्थिति में कोई सुनने को तैयार न था। पाकिस्तान एक इस्लामी राज्य बन रहा था और हिन्दुओं को वहाँ से खदेड़ा जा रहा था। हिन्दुओं का पंजाब, सिंध और फ्रंटियर स्टेट में रहना मुश्किल था। सिंध और फ्रंटियर स्टेट के जितने हिन्दू थे वे या तो भागकर भारत आ चुके थे या वहाँ से भागकर आने की प्रक्रिया में थे। कांग्रेस ने जनसंख्या की अदला-बदली का सिद्धान्त पंजाब में स्वीकार कर लिया था। पूर्वी

पाकिस्तान में जनसंख्या की अदला-बदली नहीं हुई लेकिन देश इस्लामिक हो गया और जो पाकिस्तान में हुआ उसकी पुनरावृत्ति वहाँ भी होनी ही थी।[133]

उदय को लगता है कि गांधी और उनके अनुयायी एक सेक्युलर राष्ट्र के निर्माण के लिए प्रतिबद्ध थे। करोड़ों मुसलमानों ने यहाँ रहने का निर्णय लिया था। गांधी प्रतिदिन अपनी प्रार्थना में अपील करते हैं। उनके मन में हिन्दुओं के लिए थोड़ी कटुता है, जो कि अपने प्रति ही है। वे अपने को हिन्दुओं का नेता मानते हैं, इसलिए यह कटुता अपने प्रति ही है।[134]

एक महत्त्वपूर्ण वाक्य इस उपन्यास में यह आया है कि एक संघर्ष देश में चल रहा था और दूसरा दिल्ली में। दोनों जगह सत्ता की ही लड़ाई चल रही थी। उसे लगता है कि देश का बँटवारा नेहरू और जिन्ना के बीच सत्ता के संघर्ष के कारण हुआ। हालाँकि न तो नेहरू हिन्दू हैं और न ही जिन्ना मुसलमान हैं! नेहरू इंग्लैंड में पढ़े हैं और दिल और दिमाग से एक अंग्रेज हैं। वे कभी मन्दिर नहीं गए। उन्होंने धर्म ग्रंथ भी नहीं पढ़े हैं। जिन्ना ने भी कभी नमाज नहीं अता की और उन्होंने हमेशा मुल्ला और मौलवी का मजाक ही उड़ाया। अपने लिबास में वे हमेशा अंग्रेज ही बने रहे। और इन दोनों के संघर्ष ने देश को बाँट दिया![135]

उदय ने *सीधी सच्ची बातें* के जगत प्रकाश और जमील की तरह यह माना है कि गांधी कुछ भी कहें, अपने संस्कार के कारण अपना उत्तराधिकारी किसी हिन्दू को ही बना सकते थे। नेहरू का जन्म एक ब्राह्मण परिवार में हुआ था और जिन्ना का मुसलमान परिवार में। नेहरू की तरह जिन्ना गांधी के अनुयायी होने का दिखावा नहीं कर सकते थे। गांधी ने नेहरू को आगे बढ़ाया और जिन्ना को पीछे धकेला। बाद में गांधी को अपनी भूल का अन्दाजा हुआ, पर तब तक बहुत देर हो चुकी थी। उदय ने यह बात दोहराई है कि झगड़ा नेहरू और जिन्ना के बीच था लेकिन उसकी सजा पूरे देश को भुगतनी पड़ी। देश के करोड़ों लोग ऐसे थे जो भावना से अपने नेता के कहने पर उत्तेजित होकर अपने नेता के लिए कुछ भी करने को तैयार हो जाते थे। यही भावुक लोग आज भुगत रहे थे।

जिन्ना शरीर और मन से बीमार थे। वे अन्दाजा नहीं लगा पाए कि देश विभाजन के परिणाम इतने भयानक होंगे। वे एक देश के बादशाह तो बन गए लेकिन उनके देश के लोगों को इसकी बहुत भारी कीमत चुकानी पड़ी और इसने जिन्ना का दिल तोड़ दिया। जिन्ना बाहर से बहुत मजबूत दिखते हैं, लेकिन भीतर से बहुत नरम थे। वे अपने अनुयायियों के दुख से बहुत व्यथित थे।[136]

उसका एक और निष्कर्ष यह भी है कि गांधी बहुत मजबूत हैं और इनसानी कमजोरियों से ऊपर उठ चुके हैं, पर उनके भीतर दूसरों पर अपने विचार लादने की प्रवृत्ति है। दूसरों पर अपने विचार लादने की यह प्रवणता नेहरू में भी है, और दोनों में कोई विशेष अन्तर नहीं है, भले ही उनके बीच बाहर से बहुत अन्तर

दिखलाई पड़ते हों। जनार्दन सिंह को लगता है कि गांधी दरअसल इस देश के लिए एक समस्या हैं। या तो विभाजन को माना नहीं होता और अगर माना तो उस पर स्थिर रहना चाहिए था।

शिवलोचन शर्मा नई परिस्थिति में नेहरू के दरबारी बन गए थे। मोहम्मद शफी एक राष्ट्रवादी मुसलमान थे। वे मुस्लिम लीग से नफरत करते थे। वे शिवलोचन शर्मा के साथ काम कर चुके थे। दोनों की बातचीत के माध्यम से भी लेखक ने कुछ महत्त्वपूर्ण बातें कही हैं। शफी मुस्लिम लीग को देश विभाजन के लिए जिम्मेदार मानते हैं। वह किसी मुस्लिम लीग के समर्थक को देखना नहीं चाहते। शेख मुस्तफा कामिल जैसे लोग भी मुसलमानों के नेता थे जो मुस्लिम लीग के समर्थक थे, लेकिन आजादी के बाद पलटकर कांग्रेस के नेता बन गए थे। शफी इस बात से चकित हैं कि राष्ट्रवादी मुसलमानों को साम्प्रदायिक मुसलमान नेताओं के नियंत्रण में कैसे छोड़ा जा रहा है। उनका मानना था कि राष्ट्रवादी मुसलमानों ने देश की आजादी के लिए बहुत कुछ किया है।[137]

शिवलोचन शर्मा के विचार कुछ भिन्न हैं। उनको लगता है कि मुसलमान लीग के साथ थे। नेताओं के कारण नहीं मुसलमानों के समर्थन के कारण देश का बँटवारा हुआ। नई परिस्थिति में मुसलमानों को अपनी भूल का एहसास हुआ है और वे कांग्रेस के समर्थक बन गए हैं। उनके साथ नरमी का बर्ताव करना चाहिए और उन्हें कांग्रेस के साथ जोड़ना चाहिए। स्वाधीन भारत में मुसलमान बहुत कठिनाई में हैं। उनको पूरा समर्थन और सहयोग मिलना चाहिए ताकि वे भय के बिना यहाँ रह सकें।

उदय का एक अनुभव ऐसा हुआ जिसके माध्यम से लेखक ने मुसलमानों के बीच चल रही उथल-पुथल की ओर संकेत किया है। उदय और सुरैया के बीच के सम्बन्ध और उसकी परिणति के माध्यम से इसे बयान किया गया है। सुरैया अपनी माँ के साथ दंगों के समय में बच सकी क्योंकि उसे उदय की मदद मिली। दोनों एक-दूसरे के नजदीक आए और उन्होंने शादी करने का निर्णय लिया। लेकिन दोनों शादी नहीं कर सके। दोनों के बीच धर्म की दीवार आ गई। सबसे बड़ी बाधा सुरैया की माँ बनी। उसके कारण अन्ततः वह पाकिस्तान चली गई, जहाँ उसके अब्बा रहते थे।[138]

उदय के पिता नेहरू के नजदीकी थे। उदय के लिए दिल्ली में जमना और बड़े पत्रकार के रूप में प्रतिष्ठित होना बहुत कठिन नहीं था। उसे पूरा सहयोग मिला। प्रधानमंत्री के पास पहुँच के कारण वह ढाई साल के *मॉर्निंग स्टार* के संवाददाता के रूप में अमेरिका चला गया।

ढाई साल अमेरिका में रहकर लौटकर दिल्ली आने के बाद वह पाता है कि भारत में चीजें काफी बदल गई थीं। जनार्दन सिंह जो कांग्रेस के प्रति बहुत ही आलोचनात्मक रवैये के साथ उदय से 1947 में मिला था, वह कांग्रेस में शामिल हो गया था। उसके बाद वहाँ से निकलकर समाजवादी पार्टी में चला गया था। इस

बीच के समय में कुछ लोगों की तरक्की हुई लेकिन अधिकतर लोगों की दिक्कतें बढ़ीं, क्योंकि चीजों की कीमतें बहुत बढ़ीं।[139]

मेलाराम के मुँह से भगवती जी ने एक वाक्य कहलवाया है कि अभी हाल-फिलहाल तक भारतीय गुलाम थे और वे आजाद होने के लिए छटपटा रहे थे; आजादी पाने के बाद वे अमीर बनने के लिए तड़प रहे हैं। उसका अपना बेटा भी अमीर बनने के लिए विकल है।[140] उसके बेटे ने अपने बाप की पुरानी दुकान बन्द करके एक अंग्रेजी टाइप होटल कनाट प्लेस में रूपा शर्मा की मदद से खोल लिया था। इन परिवर्तनों से उदय को आश्चर्य हुआ।

इन ढाई सालों में रूपा शर्मा बहुत शक्तिशाली महिला बन गई थी। शर्मा जी का महत्त्व बहुत कम हो गया था। उन्हें नेहरू ने मंत्री पद नहीं दिया।

इन ढाई सालों में जो नेहरू और उनके तंत्र के साथ थे वे बहुत शक्तिशाली हो गए थे। उदय को अपने पिता से पता चला कि प्रधानमंत्री उदय के काम से प्रसन्न थे और दो-तीन दिनों में उससे मिलना चाहते थे। उसके समझदार और अनुभवी पिता ने उसे सलाह दी कि अगर प्रधानमंत्री उससे भविष्य की योजना के बारे में पूछें तो उसे बहुत साफ-साफ कुछ कहना चाहिए। उदय को लगता है कि पत्रकार का जीवन ही ठीक है, उसे बस अपने पत्र के मालिक की बात सुननी पड़ती है। राजनीति में जाना उसे अपने लिए ठीक नहीं लगा।

रूपा शर्मा अपने पति को नकारात्मक मानती है और उसे लगता है कि शर्मा जी समय के साथ नहीं बदल पाए। शर्मा जी ने कांग्रेस को छोड़ दिया और वे सोशलिस्ट पार्टी में शामिल हो गए थे। मेलाराम जैसा पुराने ढंग का आदमी भी अंग्रेजी ढंग के कपड़े पहनने लगा था। यहाँ आकर उदय को लगता है कि लोग एक मरीचिका का पीछा कर रहे हैं।

शर्मा जी की इस दशा के बारे में जयराज उपाध्याय ने अपने पुत्र को कहा कि लोगों की आकांक्षा का पूरा होना एक आदमी—नेहरू पर निर्भर करता है। अगर वह धागा हाथ से छूट जाए तो मुश्किल है। वह धागा शर्मा जी के हाथ से छूट गया था और उसको उसकी बीवी ने लपक लिया था। शर्मा जी पिछड़ गए और उनकी बीवी आगे बढ़ गई। अब वह धागा उदय के पास आया है जब वह *मॉर्निंग स्टार* का दिल्ली संवाददाता बन सकता है। इसके माध्यम से शक्ति के स्रोत नेहरू के नजदीक बना रह सकेगा।[141] अनुभवी पिता ने उसे यह सलाह भी दी कि सफलता के लिए उसे निर्मम (रुथलेस) होना पड़ेगा। राजनीति में जो कोई सफल है वे सभी नेहरू के पालतू कुत्ते हैं। यह जो मौका उसके पास *मॉर्निंग स्टार* के दिल्ली संवाददाता बनने का आया है वह नेहरू का कुत्ता बनने का ही है। चुनाव दो तरह का कुत्ता बनने के बीच है—नेहरू के पालतू राजनेता बनने का या शिकारी पत्रकार बनने का।[142]

शर्मा भी कटु होकर ऐसा ही सोचते हैं कि चालीस करोड़ लोगों की भक्ति ने नेहरू को भगवान बना दिया है। लेकिन ये चालीस करोड़ व्यक्ति बहुत कमजोर हैं। यह नेहरू की जिम्मेदारी है कि इन लोगों को वह मजबूत बनाएँ लेकिन वे जय-जयकार में अपनी जिम्मेदारी भूल गए हैं। भ्रम में पड़कर वे इस संसार के सबसे महान आदमी बनने का सपना पाल बैठे हैं।

शर्मा ने होशंगाबाद से एम. पी. का चुनाव लड़ने का निश्चय किया। इस काम में उन्हें अपने पुराने विश्वस्त मुसलमान शफी की याद आती है, जो उन दिनों बम्बई में रहकर फिल्मों से जुड़ गया था। शफी का होशंगाबाद के मुसलमानों पर असर था क्योंकि वह उस इलाके में काम कर चुका था और उसका वहाँ के मुसलमानों पर प्रभाव था। उदय शफी के पास बम्बई जाकर उसे शर्मा जी की जीत के लिए काम करने के लिए अनुरोध करने जाता है। शफी के बम्बई के जीवन को देखकर उसे ताज्जुब होता है कि पहले का गांधीवादी शफी अब शराब पीने लगा है और काला बाजार के काम से भी जुड़ गया है। उसने एक नया नाम ले लिया है—दिलवर; इसी नाम से उसे फिल्मी दुनिया में जाना जाता है। शफी को इस बात पर आश्चर्य है कि शर्मा जी जैसे नेता, जिनके कारण कांग्रेस को इतनी मजबूती मिली थी, अब उस पार्टी के खिलाफ सोशलिस्ट पार्टी की ओर से चुनाव लड़ने जा रहे थे। वह कांग्रेस को एक इंजन के रूप में देखता था, जिसके सामने जो भी आएगा उसे कुचल देना उसे आता था। शर्मा जी के त्याग के प्रति उसके मन में आदर था और उस आदर के कारण वह मदद करने के लिए राजी हो जाता है।[143] उदय को उन दिनों नौजवानों को देखकर आश्चर्य हो रहा था। जो अभी बीस साल के भी नहीं हुए थे वे भी करोड़ों कमाने के बारे में सोचते थे। उसे केसर बाई जैसी औरत ही अच्छी लगी जो पुराने ढंग की औरत थी और जिसने उदय को बम्बई में रहते हुए अपनी ओर से अपनत्व दिया था। वह बुरी औरत मानी जाती थी, लेकिन उसके पास एक कोमल और प्रेममय हृदय था।

शफी ने शर्मा जी की मदद करने का निर्णय इसलिए लिया था क्योंकि उसे लगता था कि कांग्रेस सरकार ने ऐसा एक वातावरण बना दिया है जिसमें लोग बदी की ओर जाएँ और उस बदी में बड़े हों।[144] व्यक्तिगत कारण से वह एक केस में उलझा भी हुआ था जिससे उबरने के लिए ऊँचे सरकारी हलकों में पहुँच से बड़ी मदद मिल सकती थी। यह मदद उदय उसे अपने पिता के सम्पर्कों के सहारे दे रहा था। उदय के पिता ने शफी को उस केस में बचा लिया।

होशंगाबाद का चुनाव कांग्रेस और समाजवादी पार्टी के बीच एक काँटे की लड़ाई थी। कांग्रेस के पास संगठन की शक्ति थी। कांग्रेस से मुकाबला कर सके ऐसी शक्ति किसी राजनीतिक दल में नहीं थी। कांग्रेस में जो थे उसके अलावा किसी का कोई राजनीतिक अस्तित्व है ही नहीं, ऐसा उदय को लगा। कांग्रेस किसी

को भी शक्तिशाली बना देती थी।[145]

एम.पी. के चुनाव में पैसे की बहुत जरूरत थी और शर्मा जी के पास यह नहीं था। वे पुराने किस्म के गांधीवादी नेता थे। उन्हें लगता था कि पाँच हजार रुपए इस चुनाव के लिए पर्याप्त थे। शफी बहुत समझदार आदमी था। उसने अन्दाजा लगाया कि इस चुनाव में कम-से-कम पन्द्रह से बीस हजार रुपए का खर्च था। इतने रुपए शर्मा जी को खर्चने ही होंगे, अन्यथा वे जीत नहीं सकते। शर्मा जी के प्रतिद्वंद्वी ने पहले ही पचास हजार से अधिक खर्च कर दिए थे।

दिल्ली में रूपा शर्मा को कांग्रेस पार्टी का टिकट मिल गया। उसका प्रतिद्वंद्वी एक धाकड़ उम्मीदवार था। पैसे के जुगाड़ के लिए जनार्दन सिंह से सम्पर्क किया गया। जनार्दन सिंह समाजवादी पार्टी का सेक्रेटरी था और उसके पूँजीपतियों से सम्पर्क थे। उस समय तक उसने पार्टी छोड़ दी थी लेकिन उदय ने उससे सम्पर्क करके उसे मदद के लिए राजी कर लिया। जनार्दन सिंह ने उसे बताया कि राजनीति बहुत गंदी हो गई है। कोई भी आदमी साफ-सुथरे तरीके से बड़ा आदमी नहीं बन सकता। पार्टी को पैसा चाहिए और यह उन्हीं से मिल सकता था जो बड़े पूँजीपति हैं। और पूँजीपति बेईमान हैं। वे गलत तरीके से पैसे कमाते हैं और उस कमाई का एक हिस्सा पार्टी के फंड में दान देते हैं। एक ईमानदार आदमी के लिए इस तरह की चीजें बर्दाश्त करना बहुत कठिन था, इसलिए उसने पार्टी छोड़ दी। उसे मकान बनाने का ठेका मिल जाता है। अगर वह ईमानदारी से मकान बनाए और अफसरों को रिश्वत दे तो उसे घाटे में जाना पड़ेगा। भ्रष्टाचार इतना बढ़ गया है।

जनार्दन ने उसे बताया कि विदेश से ऋण लिया जाता है, ऐसा ऋण जिसके बारे में नेताओं को लगता है कि इसे वापस नहीं करना होगा। इसी ऋण से बिल्डिंगें बनाई जाती हैं, इंजीनियर्स और अधिकारियों की नियुक्तियाँ होती हैं और मजदूरों को उनकी मजदूरी मिलती है।[146]

शफी ने शर्मा जी के लिए पैसे का जुगाड़ कर लिया। जिस केस को उदय के सहारे उसने बन्द करवाया था उसमें एक सेठ फँसा हुआ था। उस केस के विरुद्ध नहीं जाने के एवज में उसने सेठ से पैसे ले लिए और इस तरह से पैसे का जुगाड़ हो गया।

इस बीच उदय एक अमरीकी पत्रकार सोफी गार्डेनर के सम्पर्क में आया, जो दिल्ली में रिपोर्टर के रूप में आई थी। दोनों अन्तरंग भी हो गए। उनके बीच राजनीतिक मसलों पर खुलकर चर्चा होती थी। सोफी को लगता था कि कश्मीर भारत के साथ बहुत समय तक बना रहेगा, क्योंकि वह पाकिस्तान के साथ नहीं जाना चाहता, स्वाधीन रहना चाहता है। दबाव में यह भारत के साथ आया है। अगर कश्मीर ने भारत के साथ विलय को नहीं माना होता तो उसे पाकिस्तान का हिस्सा बनना होता, जो वह नहीं चाहता। भारत से यह कभी भी अलग हो सकता है, लेकिन

अगर एक बार यह पाकिस्तान का हिस्सा बन गया तो यह फिर कभी भी अलग नहीं हो सकेगा।[147] उसे यह भी लगता है कि कश्मीर एक मुस्लिम बहुल इलाका है और यह भारत का अविभाज्य अंग कभी भी नहीं बनेगा। कश्मीर अपना एक अलग संविधान बना रहा है और शेख अब्दुल्ला का पद प्रधानमंत्री का पद कहलाता है। एक भारतीय को कश्मीर जाने के लिए पासपोर्ट की जरूरत पड़ती है। कश्मीर नाम के लिए नेहरू के शासन में है। कश्मीर वास्तव में भारत का हिस्सा नहीं है। यह नाममात्र को ही भारत का भाग है।[148] यह वह 1952 में कह रही है। उसने उदय को यह भी कहा कि अमेरिका कश्मीर को स्वाधीन बनाने के लिए हर सम्भव कोशिश कर रहा है। सिर्फ पाकिस्तान का भय इसमें बाधा बन गया है। अमेरिका पूरी तरह से इसका पूरा समर्थन इसी कारण नहीं कर रहा है। शेख अब्दुल्ला आजादी के सपने देख रहा है। यह उसने उदय को भारत छोड़ने के पहले बता दिया।[149]

शिवलोचन शर्मा होशंगाबाद से सात सौ बारह मतों से चुनाव जीत गए। इस जीत में शफी अहमद का रोल बहुत महत्त्वपूर्ण सिद्ध हुआ। इस चुनाव क्षेत्र में मुसलमानों की अच्छी आबादी थी और शफी ने उनके बीच शर्मा जी के लिए प्रचार किया। रूपा शर्मा भी दिल्ली से चुनाव जीत गई। यह जीत जनार्दन सिंह के सहयोग के बिना सम्भव न था।

1952 के चुनाव में पूरे देश में नेहरू की कांग्रेस की बड़ी जीत हुई। उदय को लगा कि देश में नेहरू की टक्कर का कोई नेता नहीं है। इस बड़ी जीत के बाद नेहरू के साथ की भीड़ बहुत शक्तिशाली हो गई। नेहरू के निकट की इस भीड़ में बहुत सारे भ्रष्ट, चरित्रहीन और बेईमान लोग थे। ये कांग्रेस के नए लोग थे। उनके पीछे नेहरू की शक्ति थी। पुराने कांग्रेसी धीरे-धीरे पीछे हट रहे थे, संगठन से अलग होते जा रहे थे। ये नए कांग्रेसी जो बहुत सुविधावादी थे, धीरे-धीरे शक्ति को अपने हाथों में ले रहे थे, ऐसा उदय को नेहरू की 1952 के चुनाव में जीत के बाद लगा।[150] कीमती गाड़ियों में महँगे कपड़े पहनकर ये लोग घूमते थे। ये नए कांग्रेसी लोग नेहरू के आगे-पीछे घूमते हुए नए राष्ट्र के निर्माण में लगे हुए थे। पुराने लोग जो नेहरू के साथ दिल से लगे हुए थे वे अब दूसरी पार्टी बनाने के लिए अभिशप्त थे। उसे यह भी महसूस होता है कि शर्मा जी चुनाव जीत पाए इसलिए कि उनके लिए उनके इलाके में मुसलमान नेता ने साम्प्रदायिक प्रचार किया।

शर्मा जी भी इस नई राजनीतिक सचाई को समझते थे। उनको लगता था कि कांग्रेस का विरोध सब जगह था, लेकिन प्रतिपक्ष में कोई एकता नहीं थी। ये विरोधी शक्तियाँ आठ-दस भागों में विभक्त थीं। इनको साथ लाए बिना कांग्रेस को नहीं हराया जा सकता, कम-से-कम तब तक जब तक मुसलमान कांग्रेस के साथ हैं।[151]

उदय को बार-बार यह एहसास होता है कि आजादी के बाद शर्मा जी की तरह के लोगों का युग बीत चुका है।

उत्तर प्रदेश की राजनीति से उदय का जुड़ाव अधिक होने लगता है, उसके पिता इसी प्रदेश के थे और उदय के पिता का उनके परिवार के लोगों से फिर से सम्पर्क बनने लगा था। उदय भी धीरे-धीरे उत्तर प्रदेश की राजनीति के बारे में रुचि लेने लगा। वह देख रहा था कि प्रदेश की राजनीति में जाति का महत्त्व बढ़ता जा रहा है। चुनावों में लोग जाति के आधार पर ही वोट देते थे और उसी के अनुरूप राजनीति की रणनीति भी तय होती थी। व्यक्तिगत सम्पर्क भी महत्त्वपूर्ण होते थे। गाजीपुर, जहाँ से उदय के परिवार के लोग आते थे, तीन जातियाँ संख्या और राजनीतिक शक्ति के हिसाब से बड़ी थीं—अहीर ठाकुर (यादव), भूमिहार ठाकुर और ब्राह्मण।

जब टिकट देने का सवाल पार्टी के सामने होता तो जिस आधार पर चर्चा होती वह इस प्रकार की होती—अहीर संख्या में अधिक हैं और उसके बाद भूमिहार हैं। उसके बाद ब्राह्मण का नंबर आता है। बिंदेसरी देवी भूमिहार है। यादवों ने पिछले चुनाव में कांग्रेस को समर्थन दिया था लल्लू सिंह ने कहा।[152] वो इसलिए कि कांग्रेस का प्रार्थी यादव था, शर्मा ने कहा। उन्होंने लल्लन सिंह से कहा कि जसराज यादव की वजह से उसे यादवों के तीस प्रतिशत वोट मिले थे। इस बात पर लल्लन सिंह ने कहा कि जाति के आधार पर विचार करना कांग्रेस के लिए ठीक है, लेकिन समाजवादी पार्टी के लिए नहीं। उसे लगता है कि कांग्रेस सेक्युलरिज्म की बात करती है लेकिन वास्तव में यह जातिवाद को फैला रही है।[153] शर्मा जी ने लल्लू सिंह को चेतावनी दी कि अगर जसराज को टिकट नहीं दिया तो वह कांग्रेस के साथ चला जाएगा। बिंदेसरी देवी को लल्लन सिंह का समर्थन प्राप्त था। लल्लन सिंह जाति से राजपूत है। उसने शर्मा जी को आश्वस्त किया कि राजपूत लोग बिंदेसरी को वोट देंगे। ब्राह्मण की तरफ से विद्यानन्द उपाध्याय भूमिहार बिंदेसरी देवी का समर्थन करेंगे, ऐसा उसका विश्वास है। लल्लन सिंह राजपूत को राजपूत-भूमिहार और ब्राह्मण की लाठी के बल पर हरिजनों के वोट को नियंत्रित करने का पूरा भरोसा है। हाँ, मुसलमान और अहीर (यादव) का वोट कांग्रेस को जाएगा।[154]

इसी विवरण से स्पष्ट है कि जाति के समीकरण पर ही चुनावी रणनीति तय होने लगी थी।

समय बीतता जाता है और दिसम्बर 1954 आ जाता है। तब तक उदयराज नेहरू के प्रतिष्ठान के पुर्जे के रूप में प्रतिष्ठित पत्रकार हो चुका है। वह प्रधानमंत्री के ऐतिहासिक चीन दौरे के प्रतिनिधि के रूप में भी जा चुका है। नेहरू ने चीन की कम्युनिस्ट सरकार को सबसे पहले मान्यता दी। भारत ऐसा करनेवाला पहला देश बना। यह एक बड़ा और साहस का कदम उदय को लगा था। उसे लगता था कि नेहरू नई विश्व व्यवस्था के बनने में भारत और चीन की भूमिका को महत्त्वपूर्ण मानते थे। वे गांधी की तरह दुनिया को उपदेशों के सहारे बदलने की सोचते थे। वह अपने देश को बदल नहीं पाए थे, पर दुनिया को बदलने का स्वप्न सँजोए थे,

इसलिए उदय को वे बहुत यथार्थवादी नहीं लगे। लगता था यह उनका भ्रम ही है। वे एक मरीचिका के पीछे भाग रहे हैं।[155]

उदय ने चीन यात्रा के दौरान यह महसूस किया था कि जो सत्कार वहाँ भारतीय प्रतिनिधिमंडल का किया गया था, उसमें कोई जोश नहीं था। उसे चीन की जनता काफी डरी हुई लगी थी।

कांग्रेस का मुकाबला करने उतरी समाजवादी पार्टी कांग्रेस विरोधियों को एकजुट करने में सफल नहीं हो सकी और शर्मा जी को इस काम में सफलता नहीं मिली। वे अपनी पार्टी के विभिन्न घटकों को न जोड़ पाने के कारण हैदराबाद के पार्टी अधिवेशन में लौटने के बाद बहुत हताश थे। विभिन्न घटकों के बीच के द्वन्द्व में वे विभिन्न नेताओं के बीच व्यक्तिगत लड़ाई को ही कारण मानते थे।[156]

शर्मा और जनार्दन सिंह भी भारत-चीन मैत्री को लेकर उत्साहित नहीं थे। उनको लगता था कि कुछ भी होनेवाला नहीं है। देश में पूरी ताकत ब्यूरोक्रेसी के पास है और यह ऊपर से नीचे तक भ्रष्ट है। ये भ्रष्ट ब्यूरोक्रेट आपस में बहुत एकता रखते हैं। उन लोगों ने जनप्रतिनिधियों को महत्त्वहीन बना दिया था। जो शक्ति संविधान ने जनप्रतिनिधियों को दी थी वह भी बहुत प्रभावी नहीं हो पा रही थी, क्योंकि वे खुद अपने चुनाव के लिए दूसरों पर निर्भर थे। जीते बिना शक्ति नहीं और जीतने के लिए उन्हें पैसे और ताकत की जरूरत थी। इस पूरी प्रक्रिया में उन्हें ब्यूरोक्रेट्स की मदद की जरूरत होती थी। इसी कारण वे कमजोर हो जाते थे। उन्हें ब्यूरोक्रेसी को पूरी आजादी देनी पड़ती थी। वरना ये नेता अपने को सत्ता में नहीं रख सकते थे।

उदय ने जनार्दन सिंह से पूछा—क्या नेहरू इसे जानते नहीं? इसका उत्तर जनार्दन ने दिया कि नेहरू गांधी के अनुयायी हैं और वे खुद हृदय परिवर्तन में विश्वास करते हैं। उन्होंने भारत की दरिद्रता को भारतीय समस्या के मूल के रूप में देखा है। वे विदेश से कर्ज ले रहे हैं। औद्योगीकरण और रोजगार इससे जुड़े हुए हैं। इसके सहारे वे भारत की समस्या को दूर करने की कोशिश कर रहे हैं और उन्हें विश्वास है कि भारत इसी तरह आगे बढ़ सकता है। वो इसके लिए पाँच-दस प्रतिशत बेईमानी को भी बर्दाश्त करने के लिए तैयार रहे हैं। पर उन्हें इस बात का अन्दाजा नहीं है कि अगर इस पाँच-दस प्रतिशत बेईमानी को न रोका गया तो पूरी व्यवस्था ही भ्रष्ट हो जाएगी।[157] नेहरू अनुशासन के लिए प्रयास इसलिए भी नहीं कर सकते क्योंकि इससे हर जगह विद्रोह हो जाएगा। वे विद्रोह से डरते हैं। इससे सब ओर नैराश्य फैलने का उनको डर रहता है। जो लोग ईमानदार और अनुशासित थे उनको हटाकर जिनको लाया जा रहा है वे दिखावापसन्द हैं और वे बस नेहरू के नए भारत के सपनों के साथ अपने को दिखाने में लगे रहते थे। जनार्दन को लगता है कि नेहरू का आदर्श नकली था और उनके अनुयायी सुविधावादी लोग हैं।[158]

और समय बीतता है। उदय राज देखता है कि उसका चचेरा भाई विद्यानन्द उपाध्याय, जो सोशलिस्ट पार्टी से जुड़ा एक ईमानदार राजनेता है, अपने को नए समय की राजनीति में फिट नहीं कर पा रहा है। अनुभवी जयराज उपाध्याय ने अपने भतीजे को राजनीति में सफलता के लिए नृशंस होने को जरूरी बताया। उन्हें लगता है कि विद्यानन्द में ये नहीं है इसलिए वह राजनीति के लिए उपयुक्त व्यक्ति नहीं है।

विद्यानन्द को लगता है कि समाज को राजनेता की जरूरत है। उसे महसूस होता है कि नेहरू को जनता ने देवता बना दिया है। यह देवता रूस का गुलाम है। यहाँ तक कि समाजवादी पार्टी भी कांग्रेस का मुकाबला करने में सफल नहीं हो रही।

उदय नेहरू के साथ जुड़े होने के कारण सफल है। उसके पिता ने अपना बँगला बना लिया है। इस काम को करने में उनके सम्पर्क का भी योगदान है। रूपा शर्मा ने उदय से मदद माँगी कि किसी भी तरह उसका नाम उस प्रतिनिधिमंडल में जाने वाले लोगों की लिस्ट में आ जाए जो नेहरू के साथ रूस जानेवाला था। उदय को यह काम रूपा शर्मा के लिए सम्मान के हिसाब से ठीक नहीं लगा। उसे यह बेहतर लगता है कि वह किसी और प्रतिनिधिमंडलों के सदस्य के रूप में जाए। रूपा शर्मा इस बात से दुखी है कि सभी प्रतिनिधिमंडलों में अफसरों को ही लिया जाता है।

1957 के चुनाव में विद्यानन्द गाजीपुर से समाजवादी पार्टी के उम्मीदवार के रूप में लड़ता है। उसके लिए सबसे बड़ी समस्या चुनाव लड़ने के लिए पैसे का जुगाड़ करने की है। उसके चाचा (जयराज) ने पाँच हजार रुपए दिए थे और अन्य जगहों से उसे चार-पाँच हजार और मिल सके। उसका प्रतिद्वंद्वी बहुत पैसे वाला आदमी था। उसने अपने पैसे के जोर पर ही टिकट हासिल किया था। विद्यानन्द इस स्थिति में बहुत परेशान होता है। आम वोटरों के बारे में उसकी राय ऊँची नहीं है, उसे लगता है कि ये जानवरों की तरह ही थे जो अपने दिमाग से सोचकर काम नहीं करते थे। एलीट लोगों के अलावा सोचने-समझने में अन्य लोग असमर्थ थे।[159]

1957 के चुनाव में शिवलोचन शर्मा चुनाव हार जाते हैं। इस अप्रत्याशित पराजय के बाद उनको लगता है कि अब कभी भी किसी ईमानदार आदमी के लिए चुनाव में लड़कर जीतना असम्भव होगा। अन्त तक उन्हें इस बात का जरा भी अन्दाजा नहीं था कि वे हार जाएँगे। अन्त में उनके लोगों ने उनके साथ दगा किया और पैसे की खातिर अपने को बेच दिया।[160] शफी ने उनको सलाह दी थी कि वे होशंगाबाद से चुनाव न लड़ें, उनके लिए सागर सीट पर चुनाव लड़ना उचित होगा। शफी को लगता था कि लोग उसी को वोट देंगे जो उनके लिए उपयोगी हो सके, उनके काम आ सके। शफी की बात उन्हें सही लगी, जब वे चुनाव हार गए।

रूपा शर्मा बहुत प्रसन्न हुई जब पंडित नेहरू ने रूपा शर्मा को राज्य सभा के सदस्य के रूप में भेजने का निर्णय लिया। वह चुनाव लड़ने की मुश्किलों से मुक्त हो गई और उसकी संसद की सदस्यता भी बनी रही।

इस बीच उदय को कलकत्ता जाने का मौका मिला जहाँ उसे चीजें एक संकट की ओर जाती दिखीं। उसे लगा कि कलकत्ता बम्बई की तरह का कॉस्मोपोलिटन शहर नहीं है, जहाँ विभिन्न राज्यों के लोग रहते हों। कलकत्ता में अधिकतर बंगाली ही रहते थे। एक बड़ी संख्या उन लोगों की थी जो हिन्दीभाषी राज्यों से आकर यहाँ रह रहे थे। उनमें से कुछ पूँजीपति थे और अधिकतर मजदूर थे। बंगालियों के बीच गैरबंगालियों के प्रति घृणा थी। पूँजी की ताकत गैरबंगालियों के हाथों में थी। पहले यह शक्ति अंग्रेजों के हाथों में थी। बाद में फिसलकर मारवाड़ियों, गुजरातियों और सिंधियों के हाथों में चली गई। बंगाली एलीट ऐयाशी में डूबा था। लोगों के मन में विद्रोह सुलग रहा था और किसी भी समय विद्रोह हो सकता था।[161]

1960 आ गया है और जयराज उपाध्याय रिटायरमेंट के करीब हैं। उन्होंने पहले अंग्रेज सरकार की और फिर नेहरू सरकार की निष्ठापूर्वक सेवा की थी। उन्हें एक विदेशी कम्पनी के सलाहकार की नौकरी के लिए अनुरोध आया जो आय के हिसाब से एक अच्छा प्रस्ताव था। पर वे इससे प्रसन्न नहीं थे। उन्होंने अपने एक साथी ब्यूरोक्रेट को कहा कि अब तक उन्होंने हुक्म चलाया है, शासन किया है, अब उन्हें दूसरे की मातहती में काम करना नहीं सुहाएगा। वे राज्यपाल जैसी कोई पोस्ट चाहते थे। पर इसके लिए उन्हें दूसरों के पास जाकर उनसे अपने लिए समर्थन माँगना होता, जो उनको गवारा नहीं था।

समय बीतता जा रहा था, और उदय नेहरू की छत्रच्छाया में तरक्की कर रहा था। उसे 1961 में कुछ नई किस्म की चीजें होती दिखाई दीं। 1962 का चुनाव आनेवाला था। शर्मा जी चुनाव लड़ने के बारे में सोच रहे थे। रूपा शर्मा इसका विरोध कर रही थी। उसे लगता था कि चुनाव लड़ने के लिए कम-से-कम एक लाख की जरूरत थी और शर्मा जी का जीतना असम्भव था। कांग्रेस के खिलाफ कोई नहीं जीत सकता, जब तक नेहरू जीवित हैं। शर्मा जी को कांग्रेस एक बिखरती हुई संस्था लग रही थी और नेहरू का जादू टूटता दिखलाई पड़ रहा था। उदय को शर्मा जी की बातों में सचाई नजर आ रही थी। पूरे देश में असन्तोष बढ़ रहा था। अन्तर्राष्ट्रीय स्तर पर भारत की प्रतिष्ठा थी, परन्तु देश के अन्दर स्थिति नियंत्रण से बाहर होती जा रही थी। पर समस्या यह थी कि नेहरू के मुकाबले का कोई नेता था ही नहीं जो नेहरू के सामने विकल्प बनकर उभर सके। विपक्ष के जितने नेता थे, उनकी जितनी भी आलोचना करें उनके सामने जाकर उनके अनुयायी हो जाते थे। शर्मा खुद ऐसे ही थे। अगर नेहरू शर्मा के प्रति सहानुभूतिपूर्वक सोचते तो वे कांग्रेस में शामिल हो जाते। उदय के ऐसा कहने पर रूपा शर्मा को बहुत खुशी हुई।[162] शर्मा ने भी उदय की इस बात का विरोध नहीं किया। वे खुद स्वीकार करते हैं कि नेहरू के व्यक्तित्व में एक चुम्बकीय शक्ति है जिससे सभी आकर्षित

होते हैं। वे इसको देश का दुर्भाग्य मानते हैं कि किसी राजनीतिक दल ने उनके मुकाबले का कोई नेता नहीं पैदा किया। कम्युनिस्ट भी दो भागों में बँटते जा रहे थे। समाजवादी पार्टी में दो भाग हो गए थे और जनसंघ एक साम्प्रदायिक पार्टी थी। स्वतंत्र पार्टी विलुप्त होते पूँजीवाद की बची-खुची चीज थी। क्षेत्रीय स्तर पर बहुत सारे दल बन रहे थे, पर आपस में उनमें फूट थी। देश कांग्रेस के नेतृत्व में रहकर बिखर रहा था और इसे बचाने की जरूरत थी, ऐसा शर्मा जी को लगता था। शर्मा जी कहते थे कि "हम लोग देश की स्वाधीनता के लिए लड़े, और इसी देश और इसी जनता के साथ हम लड़े और आखिरकार जीते।"[163] वे एक संयुक्त मोर्चे के निर्माण की योजना बनाते हैं।

1962 का संसदीय चुनाव निकट था। उदय को यह लगता है कि गोवा में भारत की सरकार सैनिक कार्रवाई करेगी। इस बात से शर्मा सहमत नहीं हैं। उन्हें लगता है कि नेहरू सिर्फ समाजवादी पार्टी के गोवा में पर्याप्त कार्य नहीं करने की आलोचना का उत्तर देने की कोशिश कर रहे हैं। नेहरू सरकार से सैनिक कार्रवाई की उनको उम्मीद नहीं है।

परन्तु, भारत सरकार ने 17 दिसम्बर, 1961 को गोवा में हस्तक्षेप किया। 20 तक गोआ पूरी तरह से भारत के नियंत्रण में आ गया था।[164]

8 जनवरी, 1962 को शर्मा जी गम्भीर बीमारी की अवस्था में अस्पताल में थे।

1962 के चुनाव में कांग्रेस की बड़ी जीत हुई। उदय को लगता है कि उस पार्टी को सत्ता से उखाड़ फेंकना कठिन है जिसका कोई विकल्प नहीं हो। गोवा पर सैनिक कार्रवाई के बाद कांग्रेस ने अपनी स्थिति में पर्याप्त सुधार कर लिया है। लेकिन कांग्रेस के एम.एल.ए. की संख्या कम हो गई है। उसे शर्मा की एक बात याद आई कि गांधी अपने पीछे एक नेता छोड़ गए थे। उसे नेहरू की भी एक बात याद आई जिसमें नेहरू ने कहा था कि इस देश में उन्हें कोई ईमानदार आदमी नहीं दिखलाई पड़ता, उन्हें बेईमान आदमियों के सहारे ही देश को चलाना है। शायद वे सही थे। राजनीति में केवल ऐसे ही लोग हैं। यह स्वीकार करके नेहरू ने अपनी आँखें मूँद लीं और बेईमानी और भ्रष्टाचार को देखना बन्द कर दिया।[165]

इस बार जनार्दन सिंह ने एक स्वतंत्र उम्मीदवार के रूप में एक शक्तिशाली कांग्रेस नेता को हराने में सफलता पाई। संसद में उनके पहले भाषण की प्रशंसा हुई। उदय को भी यह भाषण पसन्द आया और अपने समाचार-पत्र में उसे प्रमुखता से छापा।

जनार्दन के दिल्ली आकर उससे मिलने पर उसने कहा कि किसी पार्टी के पास कांग्रेस के मुकाबले का बड़ा नेता नहीं है, साथ ही उनकी कोई विचारधारा भी नहीं है। जनार्दन नहीं माना, उसने कहा कि दो ऐसी पार्टियाँ हैं जिनके पास कार्यक्रम

और अलग नेतृत्व भी है। उसके हिसाब से ये दो दल हैं—कम्युनिस्ट पार्टी और भारतीय जनसंघ। उसका कहना था कि जनसंघ के पास एक स्पष्ट विचारधारा और कार्यक्रम है। कम्युनिस्ट पार्टी के पास कार्यक्रम है, नेतृत्व नहीं है। इनका नेतृत्व रूस से तय होता है।[166] जनार्दन को लगता है कि कम्युनिस्ट पार्टी का इस देश में कोई भविष्य नहीं है, क्योंकि यह रूस के इशारे पर चलती है। उसे लगता है, वास्तव में देश की दो ही पार्टियाँ हैं जिनके पास अपना कार्यक्रम है—कांग्रेस और जनसंघ।[167]

सितम्बर 1962 में उदय राज अपने अखबार का सहायक सम्पादक है। उसे लखनऊ से सूचना मिली कि पाँच समाजवादी एम.एल.ए. ने त्यागपत्र दे दिया है और वे निर्दलीय सदस्य के रूप में असेंबली में बैठने लगे हैं। उन पाँच लोगों में पहला नाम विद्यानाथ उपाध्याय का था। उसने अपने पिता से बातचीत की। खबर यह थी कि ये सभी कांग्रेस में शामिल होंगे और बदले में उन्हें मंत्रिमंडल में कोई पद मिलने की सम्भावना थी। यह प्रस्ताव दिया गया था कि राज्यमंत्री पद लें, लेकिन विद्यानन्द कैबिनेट पद के लिए अड़े हुए थे।

इस परिस्थिति का लाभ लेने के लिए उदय को लखनऊ भेजा जाता है। इस स्थिति में अखबार के लिए विज्ञापन की व्यवस्था सुनिश्चित हो सकती है, ऐसा अनुमान था। सम्पादक की ओर से उसे निर्देश था कि वह मुख्यमंत्री से मिलने की कोशिश करे और उनको अपनी ओर से आश्वासन दे कि समाचार-पत्र उनको अपना समर्थन देगा। उदय को यह जानकारी मिलती है कि अखबार को जो चौदह लाख का विज्ञापन मिलता था उसमें से मात्र चार हजार ही उत्तर प्रदेश से आता था। राज्य के आकार के हिसाब से पत्र को कम-से-कम पचास हजार से एक लाख के विज्ञापन की उम्मीद थी।[168]

इस बीच उदय राज के ससुर विश्वनाथ मदन को लोक सेवा आयोग के चेयरमैन का पद मिल जाता है। वे गृह मंत्रालय से रिटायर हुए थे।

उन दिनों भारत-चीन सम्बन्धों के परिणाम को लेकर बहस का दौर चल रहा था। जयराज उपाध्याय और विश्वनाथ मदन के बीच इसके बारे में चर्चा चल रही थी। उपाध्याय का कहना था कि भारत ने दलाई लामा की सैन्य सहायता न करके एक भूल की है। जिस समय लामा शरण के लिए भारत आए, उनके साथ अन्तर्राष्ट्रीय समर्थन था। इसका लाभ लेना चाहिए था। मदन का कहना था कि चीन के मामले में अन्तर्राष्ट्रीय समर्थन भारत के साथ है, पर कश्मीर के मामले में ऐसा नहीं है। दोनों इस बात पर सहमत हैं कि भौगौलिक कारणों के मद्देनजर चीन भारत पर आक्रमण नहीं करेगा। उदय के यह पूछने पर कि क्या यह मामला बातचीत से नहीं सुलझाया जा सकता, एक ब्यूरोक्रेट शशिभूषण गियानी ने अपनी बात को गुप्त रखने की शर्त पर कहा कि बातचीत से मामले को सुलझाने की कोई आशा नहीं रह गई है; चाऊ एन लाई एकदम अड़े हुए हैं। संघर्ष सिद्धान्तों के बीच

ही नहीं व्यक्तित्वों का भी है। पर यह सबको लगता है कि चीन भारत पर आक्रमण करने का खतरा नहीं उठाएगा।

20 अक्टूबर, 1962 को उदय बीबीसी द्वारा प्रसारित समाचार में सुनता है कि चीन ने भारत पर आक्रमण कर दिया है। मदन जी को यह लगता है कि खुद भारत सरकार को यह पता नहीं है। वे सही थे। उदय ने जब ऑफिस में फोन किया तो पता चला कि इस बारे में उनके पास कोई सूचना नहीं है। अगले दिन से चीन के नेफा और लद्दाख पर चढ़ाई की खबरें आने लगीं। दुर्गम रास्तों के कारण भारतीय सेना को मुकाबला करने में समय लगा। आक्रमणकारी बड़ी संख्या में थे। भारतीय सेनाओं के पास अच्छे हथियार नहीं थे। अच्छे हथियारों के लिए धन चाहिए था। सबसे बड़ी समस्या थी कि अच्छे हथियारों की खोज तब शुरू हुई जब युद्ध शुरू हो चुका था।[169]

भारत को युद्ध के लिए बाहर के देशों से मदद आने में बीस दिन लग गए। 11 और 12 नवम्बर, 1962 के आसपास आस्ट्रेलिया से हथियारों से लदा जहाज कलकत्ता पहुँचा। 17 नवम्बर को चीनी सेना ने दोनों मोर्चों पर बड़ा हमला किया। नेफा और लद्दाख दोनों मोर्चों पर युद्ध शुरू हुआ। नेफा को अधिक कवरेज मिल रहा था। नेफा के नीचे असम का समतल इलाका था, जहाँ किरासन तेल के कुएँ थे। इसके साथ लगा हुआ बंगाल था। बंगाल में कम्युनिस्टों का प्रभाव था। कम्युनिस्ट चीन के पक्ष में आवाज उठाते रहे थे। वे ऐसा भारत में कम्युनिज्म की स्थापना के उद्देश्य से कर रहे थे। देश में वाम और दक्षिण सभी दलों ने चीन के आक्रमण का विरोध किया। लेकिन विरोध में कहने और करने में फर्क है।[170]

चीन की सेना ने वेलंग इलाके पर कब्जा कर लिया। भारतीय सेना पीछे हट गई, ताकि दक्षिण में सेला पास के पास मजबूत मोर्चा लिया जा सके। चीन के लिए उस पास को पार करके आगे बढ़ना बहुत कठिन था। देश को यह आश्वासन दिया गया कि चीनी इसके आगे किसी हालत में नहीं आ सकेंगे। सेला पास से तेजपुर सड़क मार्ग से जुड़ा था। ऐसा माना गया कि सेला पास से पहले का इलाका चीनियों से सुरक्षित रहेगा। लेकिन चीनी सेना के मजबूत इरादों ने भारतीय सेना को गलत प्रमाणित कर दिया। 18 नवम्बर को कुछ दुस्साहसी चीनी सैनिक ऊँचाई से टैंक के पुर्जों और अन्य हथियारों को लेकर उतर आए। वे सेला पास और बौमडिला के बीच उतरे और कुछ ही घंटों में भारतीय सेना के पीछे आ गए और वहाँ से उन्होंने टैंक का हमला शुरू कर दिया। इस अप्रत्याशित हमले से भारतीय सेना में भगदड़ मच गई। उन्हें लगा कि चीनियों ने उन्हें उत्तर और दक्षिण दोनों ओर से घेरकर हमला कर दिया है। घबड़ाकर भारतीय सैनिकों ने यह जाने बिना कि आक्रमण करने वालों की संख्या कितनी है, जंगलों की ओर भागना शुरू कर दिया। उनमें से कुछ को पकड़ लिया गया और कुछ जंगलों में भागने में सफल हो गए।

सेला पास के हाथ में आ जाने के बाद चीन को रोकने के लिए कोई भी शक्ति आगे नहीं बची। पाँच दिनों में 17 से 22 नवम्बर के बीच चीन की सेना ने बोमडिला को कब्जे में लेने के बाद भारत के एक सौ साठ मील के भू भाग पर कब्जा जमा लिया। अब वे तेजपुर से कुछ ही मील की दूरी पर थे।[171]

चीनी सेना के आगे बढ़ने के भयानक परिणाम हो सकते थे। सब घबराए हुए थे। इस अवस्था में चीनियों ने सबको चकित करते हुए 23 नवम्बर, 1962 को पीछे लौटने की घोषणा की और वापस उस जगह लौट गए जहाँ उनके हिसाब से भारत-चीन की सीमा थी।

उदय राज को इस विषय पर एक सम्पादकीय लिखना था। उसे चीनियों के अचानक वापस लौटने के निर्णय को समझने में कठिनाई हो रही थी। वह प्रधानमंत्री नेहरू से मिल नहीं सका, पर उसे पता चला कि खुद नेहरू इस बात से चकित हुए थे।

जब वह इस विषय पर विचार कर रहा था जनार्दन सिंह वहाँ आया। वह उदय की इस बात से सहमत नहीं है कि चीन युद्ध को बढ़ाना नहीं चाहता, क्योंकि इसके बाद पश्चिमी शक्तियाँ भी इस मामले में हस्तक्षेप कर सकती हैं। उसे लगता है कि भारत कम्युनिज्म को कभी भी स्वीकार नहीं कर सकता। यहाँ की कम्युनिस्ट पार्टी द्वारा नेहरू को समर्थन यही प्रमाणित करता है। उदय राज ने व्यंग्य में कहा कि जाने-माने कम्युनिस्ट कृष्ण मेनन को इस्तीफा देना पड़ा। सिंह इस व्यंग्य को समझ नहीं पाया। उसने कहा—सभी को चाहिए कि इस समय नेहरू के हाथ मजबूत करें क्योंकि वह बुद्ध, अशोक और गांधी की परम्परा में हैं। अब तक जनार्दन सिंह जनसंघ में शामिल हो गए थे। जनार्दन सिंह कांग्रेस को एक सड़ी हुई संस्था मानता है, परन्तु देश की परम्परा के अनुसार उसे लगता है कि देश को एक मजबूत नेता की जरूरत है। उसे लगता है कि नेहरू के अतिरिक्त कोई नेता इसके योग्य नहीं है; सिर्फ नेहरू ऐसे नेता हैं जिनके पास इस देश को एक सूत्र में बाँधे रखने का जादू है। उसकी पार्टी जनसंघ का भी यही मत है।[172] उसे यह भी लगता है कि अगर इस समय का फायदा उठाने के लिए प्रयास हो और कांग्रेस के लोग भी उनको हटाकर किसी और को नेता बना दें तो इससे देश में गृहयुद्ध और अराजकता की शुरुआत हो सकती है।

इस बात से उदय को एक दृष्टिकोण मिलता है। उसे लगता है कि इस परिस्थिति में भी देश नेहरू के पीछे ही खड़ा होना चाहता है। पूरी दुनिया इसे देखकर चकित है।

उदय राज को लगता है कि देश की स्थिति खराब है। कुछ परिवर्तन हुए हैं। सेना के प्रमुख को बदल दिया गया है। नेफा के प्रधान ने भी इस्तीफा दे दिया है। लेकिन जिनकी भूल से देश को इतना नुकसान हुआ था उनको कोई विशेष नुकसान नहीं हुआ। उन सबको किसी दूसरी पोस्ट पर नियुक्त कर दिया गया। इस क्षति की

जिम्मेदारी किसी ने नहीं ली। यह सिर्फ सेना की पराजय नहीं हुई थी। इसके लिए सिर्फ सेना को जिम्मेदार नहीं माना जा सकता। इसकी जिम्मेदारी शासक की थी, राजनीति की थी और देश की विदेश नीति की थी। उन मोर्चों पर कोई परिवर्तन नहीं हुआ। यह सम्भव नहीं।[173]

लोकसभा चुनावों में तीन सीटों पर कांग्रेस की पराजय हुई। अगस्त की मीटिंग में यह संकेत मिला कि कांग्रेस का विभाजन होगा। सरकार के विरुद्ध अविश्वास प्रस्ताव गिर गया, लेकिन यह स्पष्ट था कि नेहरू के देवदूत रूप का जादू, जिसने देश में एकता बनाए रखी थी, कमजोर हो रहा था। कांग्रेस के भीतर भी कानाफूसी चल रही थी, लेकिन कोई बड़ा नेता ऐसा नहीं था जो उनका स्थान ले सके।[174]

उदय राज को लगता है कि इस देश की मदद सभी देश कर रहे हैं मानो यह कोई अपंग देश हो। बाहर से बहुत पैसा आ रहा था, पर यह पैसा पूँजीपतियों के पास जमा हो रहा था। यहाँ तक कि जो अनाज बाहर से आ रहा था वह भी सरकार के गोदामों में सड़ रहा था। जो ठंड से सेना को बचाने के लिए पोशाक का सामान था वह कलकत्ता के काला बाजार में बिक रहा था। जिन हाथों में देश के शासन की बागडोर थी उसकी शरीर और आत्मा बीमार हो चुकी है।[175] उपन्यास के अन्त में उदय ने लिखा—"मैं इतिहास नहीं लिख रहा। मैं कहानी लिख रहा हूँ। पर, मैं क्या कर सकता हूँ? मेरी कहानी में इतिहास की सभी बातें मौजूद हैं।"[176]

यह देश के निर्माण के स्वप्न के टूटने और बिखरने का राजनीतिक वृत्तान्त अपने उपन्यासों में रखकर भगवतीचरण वर्मा ने अपने समय का जो इतिहास लिखा है उसमें ऐतिहासिक यथार्थ है यह कहा जा सकता है।

सन्दर्भ

1. लाल बहादुर वर्मा ने ये बातें इतिहासकार बी.बी. मिश्रा के मध्यवर्ग के अध्ययन की चर्चा के सन्दर्भ में कही हैं। (लाल बहादुर वर्मा, *जीवन प्रवाह में बहते हुए*, संवाद प्रकाशन, मुंबई, 2015, पृ. 277-278)
2. पिता देवी शरण की मृत्यु के बाद उनके चाचा ने पैतृक जमींदारी को दस हजार रुपए में बेचकर उसमें से पाँच हजार एक बांड में निवेश किया ताकि एक नियमित आय—कुल बाईस रुपए—हर महीने परिवार को मिल सके। इसी आय पर पूरा परिवार जिसमें माँ और उनके तीनों बच्चे—भगवती, आनन्द स्वरूप और एक बेटी—का पूरा खर्च तब तक चला जब तक बच्चे वयस्क नहीं हो गए। (श्रीलाल शुक्ल, *भगवतीचरण वर्मा*, साहित्य अकादेमी, दिल्ली, 1989, पृ. 10)
3. उनकी पुत्री शकुंतला श्रीवास्तव बाद में एक विदुषी बनी।
4. अभय प्रताप सिंह

5. जगदम्बा प्रसाद मिश्र 'हितैषी'
6. अवधेश सिंह और उनके भाई कुँवर सुरेश सिंह
7. श्रीलाल शुक्ल, उपरोक्त, पृ. 23
8. जगदीश चन्द्र माथुर इस पद पर 1955 से 1962 तक रहे।
9. भगवती जी ने लिखा है कि *झूठा सच* एक महान उपन्यास था। इसको प्रसिद्ध करने में यशपाल की पत्नी प्रकाशवती पाल ने बहुत श्रम भी किया। इसे ही साहित्य अकादेमी पुरस्कार मिलता क्योंकि तीन में से दो चयन समिति के सदस्य—हजारीप्रसाद द्विवेदी और नगेंद्र इसके पक्ष में थे। लेकिन रामधारी सिंह दिनकर, जो समिति के तीसरे सदस्य थे, ने ऐसा नहीं होने दिया। वे नेहरू के करीबी थे और उन्हें ऐसा लगता था कि यशपाल ने इस उपन्यास में नेहरू का विरोध किया है। इस विरोध के कारण यह पुरस्कार भगवती जी की पुस्तक *भूले बिसरे चित्र* को दे दिया गया। (*भगवतीचरण वर्मा रचनावली 13,* राजकमल प्रकाशन, दिल्ली, 2008, पृ. 335)
10. पतन, पृ. 183, डॉ. (श्रीमती) इन्दु शुक्ला, *भगवतीचरण वर्मा और उनका कथा साहित्य* खंड 3, चिन्ता प्रकाशन, पिलानी, 1991, पृ. 17-18, उद्धृत।
11. अपने एक अन्य उपन्यास *सबहिं नचावत राम गुसाईं* में उन्होंने जमींदार, राजनीतिक वर्ग, पूँजीपति और अफसरों को केन्द्र में रखा है। उन्हें लगता है कि ये वर्ग जमींदारी प्रथा के समाप्त होने के बाद शक्तिशाली हो गए थे।
12. *भूले बिसरे चित्र,* पृ. 40
13. वही, पृ. 85
14. वही, पृ. 157
15. दिल्ली दरबार जॉर्ज पंचम के सम्मान में आयोजित किया गया था। वे लाखों भारतीयों को दर्शन देने दिसम्बर 1911 में भारत आए। उनके सम्मान में दिल्ली दरबार का आयोजन हुआ। इसी समय देश की राजधानी कलकत्ता से दिल्ली लाई गई।
16. *भूले बिसरे चित्र,* पृ. 170
17. वही,
18. वही, पृ. 194
19. वही, पृ. 195
20. वही, पृ. 211-213
21. वही, पृ. 214
22. वही, पृ. 223
23. वही, पृ. 235
24. वही पृ. 223, 236-237
25. वही, पृ. 254
26. वही, पृ. 254
27. वही, पृ. 255
28. वही, पृ. 257
29. वही, पृ. 258
30. वही

31. वही, पृ. 259
32. मुसलमान नेताओं ने 1919 में एक खिलाफत कॉन्फ्रेंस की थी। गांधी ने इसका समर्थन किया था। इसके बाद दिल्ली में कांग्रेस और खिलाफत के नेताओं की सभा नवम्बर 1919 में आयोजित हुई। इस संयुक्त सभा में गांधी को सभापति चुना गया। कुछ हिन्दू नेता इस समय चाहते थे कि इस समर्थन के बदले मुसलमान भी हिन्दुओं को कुछ दें। उन्होंने मुसलमानों से गो हत्या को छोड़ देने की बात की। गांधी इस तरह की किसी सौदेबाजी के विरुद्ध थे। (देखें, दामोदर पी. सिंघल, *पाकिस्तान,* प्रेंटिस हाल, न्यू जर्सी, 1972, पृ. 52)। इस दौरान राष्ट्रवादी उलेमा और मुसलमान धार्मिक नेतागण एक साथ आए और दिसम्बर 1919 में जमाएत-उलेमा-ए-हिन्द का गठन किया और अपना समर्थन सरकार के विरुद्ध इस आन्दोलन को दिया। उस समय मुस्लिम लीग की शक्ति कुछ खास नहीं थी।
33. *भूले बिसरे चित्र,* पृ. 270
34. वही
35. वही, पृ. 273
36. चतुरसेन शास्त्री ने अपनी आत्मकथा में उल्लेख किया है कि तिलक गांधी की राजनीति से सहमत नहीं थे। उन्होंने लिखा है—"गांधी जी की अहिंसा और क्रान्तिकारियों की हिंसा में द्वन्द्व चल रहा था।...खास बात यह थी कि गांधी जी की अहिंसा और क्रान्तिकारियों की हिंसा, दोनों ही में उत्कृष्ट देशभक्ति थी...गांधी जी का अभी राजनीति के गगन में उदय ही हुआ था। तिलक खुल्लमखुल्ला उन पर सन्देह कर रहे थे।...गांधी जी का विरोध सर्वत्र था। विरोधियों में लोकमान्य अग्रगण्य थे। केवल जिन्ना और मालवीय नरम थे। लोकमान्य और देशबन्धु उस समय दो चोटी के नेता थे। देशबन्धु का दिल असहयोग की तरफ था। लाला लाजपत राय पसोपेश में थे। पर मोतीलाल नेहरू आगे कदम बढ़ाने के लिए तैयार थे।" 31 जुलाई, 1920 को तिलक की आखिरी रात थी। उस दिन चतुरसेन वहीं उसी कमरे में थे जहाँ तिलक अपनी अन्तिम अवस्था में थे। वे लिखते हैं—"लोकमान्य का मस्तिष्क उस सुषुप्त अवस्था में भी इस राजनीतिक गुत्थी को सुलझाने में अटक रहा था। मुझे याद आता है ठीक बारह का घंटा बजते ही कोई एक असाधारण व्यक्ति कमरे में आए। सम्भवत: वह केलकर थे, परन्तु ठीक नहीं कह सकता। उनके आने की सूचना पाकर लोकमान्य ने नेत्र खोल दिए। उन्होंने कहा—"गांधी देश को कहाँ ले जाएगा। ऐसा ही कुछ वाक्य मैंने सुना।" (आचार्य चतुरसेन, *मेरी आत्मकहानी,* 1963, पृ. 91, 99)
37. ये शब्द रवीन्द्रनाथ टैगोर के हैं। उन्होंने रोमां रोलां के साथ 1926 में हुई बातचीत में यह कहा था—"...in supporting Indian Muslims as he (Gandhi) did in the Khilafat affair Gandhi was not working, as he had hoped, for the unity of India, but for the pride and force of Islam, factors which are at present emerging in violent Hindu-Muslim disturbances of which the latter, cunningly supported by the British government, are the instigators." (देखें, Rakhahari Chatterji, *Gandhi and the Ali Brothers,* Sage, New Delhi, 2013, पृ. 209)
38. *भूले बिसरे चित्र,* पृ. 294
39. वही, पृ. 295
40. वही, पृ. 296
41. वही, पृ. 296

42. वही, पृ. 299
43. वही
44. वही, पृ. 304-305
45. वही, पृ. 326
46. वही, पृ. 344
47. वही, पृ. 393
48. वही, पृ. 440
49. वही, पृ. 398
50. वही
51. वही, पृ. 413-414
52. 1937 के चुनाव में मुस्लिमों के कुल 7,319,445 वोट थे और इनमें से मुस्लिम लीग को सिर्फ 321,772 वोट ही मिले थे। (K. T. Shah, *Why Pakistan? And Why Not?*, Pratibha Publication, Bombay, 1944, पृ. 45)
53. धनी कुलसुम का मामा दिनेश झाबवाला जबलपुर का एक अमीर आदमी है जिसके पास चौदह बँगले हैं, एक शराब की दुकान है और वह आर्मी का एक बड़ा सप्लायर है। वह अपने बेटे को कहता है कि कांग्रेस के होने से शराब की खपत बहुत बढ़ गई है इसलिए व्हिस्की की बोतलों का कांग्रेसी नेताओं के लिए जुगाड़ करो। (*सीधी सच्ची बातें*, पृ. 25)
54. *सीधी सच्ची बातें*, पृ. 35
55. वही, पृ. 42
56. वही
57. *सीधी सच्ची बातें*, पृ. 54
58. वही
59. वही, पृ. 66
60. वही, पृ. 69
61. वही, पृ. 103
62. कुसुम ने जगत प्रकाश को दिल्ली से 11 मई,1940 को लिखा जो उसे जून में मिला।
63. आखिरकार सरदार पटेल ने हस्तक्षेप किया। उनकी बात चिमनलाल ने मानी और हड़ताल खत्म हुई। सरदार के हस्तक्षेप से कुलसुम को बहुत खुशी हुई और उसने कहा—"सरदार बहुत बढ़िया आदमी हैं।" (*सीधी सच्ची बातें*, पृ. 117)
64. *सीधी सच्ची बातें*, पृ. 108
65. वही, पृ. 109
66. वही, पृ. 113
67. वही, पृ. 114
68. वही, पृ. 121-22
69. वही, पृ. 138
70. वही, पृ. 143
71. वही, पृ. 144
72. वही, पृ. 144-45

73. वही, पृ. 146
74. वही, पृ. 147
75. वही, पृ. 192
76. वही, पृ. 226
77. वही, पृ. 227
78. वी. एन. दत्ता एक अपवाद हैं। उन्होंने जब पंजाब के 1919 के आन्दोलनों के दस्तावेजों का संग्रह किया इस पक्ष को भी उजागर किया। देखें, V. N. Datta, *New Light on the Punjab Disturbances* Vol One, IIAS, Simla, 1975. इसकी भूमिका विशेष रूप से इस सन्दर्भ में महत्त्वपूर्ण है।
79. *सीधी सच्ची बातें*, पृ. 228
80. वही, पृ. 249
81. वही, पृ. 257
82. *सीधी सच्ची बातें*, पृ. 259
83. वही, पृ. 268
84. वही, पृ. 283
85. वही, पृ. 321
86. वही
87. वही, पृ. 382
88. वही, पृ. 394-95
89. वही, पृ. 396
90. वही, पृ. 397
91. वही, पृ. 398
92. वही
93. वही, पृ. 404
94. वही, पृ. 424
95. वही, पृ. 439
96. वही, पृ. 456
97. वही, पृ. 462
98. वही, पृ. 465
99. वही, पृ. 466
100. वही, पृ. 468
101. वही, पृ. 478
102. वही, पृ. 484
103. वही, पृ. 491
104. वही, पृ. 497-98
105. वही, पृ. 499
106. वही, पृ. 515
107. वही, पृ. 516

108. वही, पृ. 519
109. वही, पृ. 528
110. वही, पृ. 530
111. वही, पृ. 531
112. वही, पृ. 532
113. वही, पृ. 536
114. वही, पृ. 541
115. वही, पृ. 546-47
116. वही, पृ. 548
117. वही, पृ. 550
118. वही
119. *भगवतीचरण वर्मा रचनावली, भाग 3,* पृ. 480
120. वही, पृ. 484
121. वही, पृ. 485
122. *भगवतीचरण वर्मा रचनावली, भाग 3,* पृ. 486
123. वही
124. वही, पृ. 487
125. वही, पृ.12
126. वही, पृ.13
127. वही, पृ. 17
128. वही, पृ. 26
129. वही, पृ. 27
130. वही, पृ. 29
131. *प्रश्न और मरीचिका,* पृ. 40-41
132. वही, पृ. 66
133. वही, पृ. 74
134. वही, पृ. 75
135. वही
136. वही, पृ. 76
137. वही
138. वही, पृ. 113
139. वही, पृ. 122
140. वही
141. नेहरू के साथ मुलाकात नहीं हो सकी, परन्तु टेलीफोन से यह सन्देश आ गया कि वह *मॉर्निंग स्टार* के दिल्ली संवाददाता के रूप में योगदान कर सकता है।
142. *प्रश्न और मरीचिका,* पृ. 133
143. वही, पृ. 154-156
144. वही, पृ. 181

145. वही, पृ. 184
146. वही, पृ. 192
147. वही, पृ. 209
148. वही
149. वही, पृ. 220
150. वही, पृ. 229
151. वही, पृ. 231
152. वही, पृ. 255
153. वही
154. वही
155. वही, पृ. 271
156. वही, पृ. 282
157. *प्रश्न और मरीचिका,* पृ. 288; उपन्यास में अन्यत्र भी इस बात को अन्य तरीके से कहा गया है। (देखें, पृ. 369, 376, 377, 380)
158. वही, पृ. 289
159. वही, पृ. 394
160. *प्रश्न और मरीचिका,* पृ. 403
161. वही, पृ. 391
162. वही, पृ. 472
163. वही
164. वही, पृ. 493
165. वही
166. वही, पृ. 498
167. वही
168. वही, पृ. 505
169. वही, पृ. 524
170. वही, पृ. 529
171. वही, पृ. 530
172. वही, पृ. 532
173. वही, पृ. 537
174. वही, पृ. 541
175. वही, पृ. 546
176. वही, पृ. 468

3

यशपाल के उपन्यासों में राष्ट्रीय आन्दोलन, राष्ट्रीय नेतृत्व, क्रान्तिकारी समाजवाद और नेहरू का समाजवाद

...पहले आए गांधी। मध्याह्न गगन में उनके आते ही नरमदलीय नेताओं का रंग फीका पड़ गया। हाँ, लोकमान्य ध्रुवतारा बने रहे; खुदीराम बोस, चापेकर बन्धु, मदनलाल ढींगरा और अन्य अगणित वीर और शहीद। बहुत मजे की बात है कि मदनलाल ढींगरा जब साम्राज्यवाद के गढ़ में बम की तरह दहके तो उसी लंदन के आसपास बैठे मोहनदास करमचन्द गांधी को लगा कि बड़ा अनर्थ हुआ।...यहाँ पर यह स्मरण दिला दिया जाए कि श्री अरविन्द ने *Essays on the Gita* तथा लोकमान्य तिलक ने *गीता रहस्य* लिखकर क्रान्ति की विचारधारा पेश की। मेरी आँखों के सामने गांधी युग में इतिहास पर गांधी का पूरा रंग चढ़ा। 1921 में मैं, चन्द्रशेखर आजाद और अनशन में शहीद यतींद्र दास पहले-पहल जेल गए। मैं गांधी का एक अच्छा सिपाही था। इस युग में भारतीय सभ्यता और संस्कृति का मूल मंत्र अहिंसा बताया गया, मानो राम, परशुराम, कृष्ण, राजा युरु, शिवाजी, राणा प्रताप, रानी लक्ष्मीबाई आदि भारत में पैदा ही नहीं हुए थे, या भारतीय सभ्यता और संस्कृति में उनके लिए कोई स्थान नहीं था। महात्मा गांधी जब तक जीवित रहे, क्रान्तिकारियों के विरुद्ध जेहाद छेड़े रहे यद्यपि उन्होंने 'हिन्दू समाज़' में यह माना था कि क्रान्तिकारियों के ही कारण एक के बाद एक शासन सुधार आते रहे। सन् 1921 का असहयोग आन्दोलन रौलेट एक्ट से शुरू हुआ और रौलेट रिपोर्ट से सारा झगड़ा चल पड़ा। रौलेट कमेटी क्रान्तिकारियों को दबाने के उपाय बताने के लिए नियुक्त हुई थी। हमारे चार साथी रामप्रसाद बिस्मिल (4 जून, 1897; जिला-मैनपुरी—19 दिसम्बर, 1927; गोरखपुर जेल), रौशन सिंह, राजेन्द्र लाहिड़ी, अशफाकउल्ला 1927 के दिसम्बर में फाँसी चढ़े थे। जल्लाद के हाथों में बचे हम लोग बारह साल बाद जेल काटकर लौटे थे। नैनी जेल से छूटे तो जवाहरलाल नेहरू ने हमें चाय पर बुलाया। (काकोरी कैदी 1937 में 24 अगस्त को कांग्रेस की प्रान्तीय सरकार द्वारा रिहा किए गए थे) बड़ी भारी

> पार्टी थी। शाम को बहुत बड़ी सभा हुई, जिसमें हमें बधाई दी गई। अगले दिन कानपुर में कविवर बालकृष्ण नवीन के नेतृत्व में दो लाख की सभा हुई। बस गांधी जी बिदककर आपे से बाहर हो गए। उन्होंने इस प्रकार क्रान्तिकारियों के अभिननन्दन को अशोभनीय बताया। लखनऊ में चन्द्रभानु गुप्त के नेतृत्व में अगले दिन अभिनन्दन होना था। रातोरात कांग्रेसी स्वागत समिति का नाम बदलकर अपने को नागरिक समिति करार दिया। वहाँ भी दो लाख की सभा हुई। महात्मा गांधी ने यह जो किया, वह इस कारण कि क्रान्तिकारी इतिहास के सिंहद्वार से बाहर रहें।...इतिहास में कौन रहे, कौन न रहे, इसका झगड़ा सदा से है। इतिहास के क्षेत्र में वे सारे हथकंडे चालू हैं जो बाजारू घटनाओं में प्रचलित हैं।

ये विचार उस क्रान्तिकारी-लेखक—मन्मथनाथ गुप्त के हैं जो काकोरी कांड में बिस्मिल, आजाद और अन्य क्रान्तिकारियों के साथ ट्रेन लूटने में शामिल थे। उस कांड में एक व्यक्ति की मृत्यु हुई थी। जिसकी गोली से वह व्यक्ति मारा गया था वह गोली मन्मथनाथ की ही थी। इस कांड के आरोपियों में चार लोगों को फाँसी हुई। मन्मथनाथ उस समय नाबालिग (19 बरस) थे इसलिए फाँसी की सजा उन्हें नहीं हुई। उन्हें बारह वर्षों की सजा हुई। 1937 में रिहा होने के बाद भी वे क्रान्तिकारी ही बने रहे। दो साल बाद उन्हें आजीवन कारावास हुआ और वह अंडमान जेल भेज दिए गए। वहाँ से 1946 में छूटे। यानी अड़तीस साल के जीवन में उन्होंने बीस साल जेल में काटे थे।

यशपाल पर चर्चा शुरू करने के पहले मन्मथनाथ की इन बातों पर गौर करना अनुचित नहीं होगा। यशपाल की तरह वे भी क्रान्तिकारी आन्दोलन से निकलने के बाद लेखक बने और लम्बे समय तक लेखन कार्य में संलग्न रहे।

क्रान्तिकारी आन्दोलन के लोगों की गांधी के राजनीतिक नेतृत्व से शिकायत वामपंथी देशभक्तों से भी अधिक थी। इस आन्दोलन के बारे में राजनीतिक इतिहास में कम ही लिखा गया है। जो चर्चा हुई है उससे बहुधा यह स्पष्ट नहीं होता कि वे सोच-समझकर अपना आन्दोलन चला रहे थे और उनके उद्देश्य राजनीतिक थे।

यशपाल के बारे में उनके साहित्य और व्यक्तित्व से परिचित श्रीलाल शुक्ल ने लिखा है—"उनकी जोखिम भरी राजनैतिक सक्रियता की जिन्दगी और साहित्य में द्वैत भाव नहीं है। उनका साहित्य मूलतः उनके जीवन कर्म का और उनकी आस्थाओं का ही प्रतिफलन है, एक प्रकार से उनका विस्तार है, जो उन्हें पढ़ाई छोड़कर कम उम्र में ही क्रान्तिकारी संगठनों से जोड़ती हैं, गोलियों और बमों से जूझने का साहस देती हैं, नजरबन्दी और लम्बी कैद के सफर से गुजरती हैं और जन संघर्ष में लेखन को एक औजार की तरह प्रयुक्त करने की प्रेरणा देती हैं।"[1]

क्रान्तिकारी आन्दोलन की धारा से निकलकर क्रान्तिकारी समाजवाद के लिए

क्रान्तिकारी साहित्य की ओर मुड़नेवालों में यशपाल का नाम सबसे प्रमुख लोगों में शामिल है। उनके जीवन, उनके क्रान्तिकारी जीवन और उनके वामपंथी होने की कथा कहने के पूर्व इस देश में रूस की क्रान्ति के बाद समाजवादी विचारों के प्रति आकर्षण और कुछ अन्य बातों की चर्चा करना उचित होगा। यशपाल के साहित्य में राजनीतिक इतिहास के गांधी के आने के बाद हुए परिवर्तनों के बारे में और जनता में अंग्रेजों के प्रति बढ़ते असन्तोष की कहानी में रूस की क्रान्ति के बाद विचारों की दुनिया में आए परिवर्तन का विशेष महत्त्व है। यशपाल वामपंथ के साथ वैचारिक रूप से बाद में गए, लेकिन इस दौर में शुरू हुए परिवर्तनों का असर उनके समय के नौजवानों पर पड़ा था और उनकी वैचारिक यात्रा का प्रस्थान-बिन्दु इसे ही माना जा सकता है।

समाजवादी विचारों के प्रति रुझान के साथ देश में एक वैचारिक परिवर्तन का दौर भारत में शुरू हुआ। विद्वानों ने माना है कि रूस की क्रान्ति के बाद युवाओं में समाजवादी विचारों के प्रति आकर्षण बढ़ने का सिलसिला शुरू हुआ।[2] प्रथम विश्वयुद्ध के दौरान बदले राजनीतिक परिवेश का पंजाब जैसे राज्यों के पढ़ने-लिखने वालों पर भी प्रभाव पड़ा। के. एम. पणिक्कर ने एक दिलचस्प टिप्पणी की है कि पश्चिमी देशों का जो बौद्धिक वर्चस्व एशिया के देशों में बना हुआ था उसको रूस की क्रान्ति ने समाप्त कर दिया। चीन में लु शुन और भारत में प्रेमचन्द के आगमन के बाद पश्चिमी बौद्धिकता का जो सौ साल पुराना वर्चस्व था वह खत्म हो गया।[3]

इस दौर में पंजाब में समाज-सचेतन युवाओं में देश की चिन्ता और उसके लिए कुछ करने की तमन्ना जगी और इस परिवेश में क्रान्तिकारी युवाओं में अंग्रेज विरोधी भावनाएँ बढ़ने लगीं। आर्यसमाज के आन्दोलन, कोमागाटा मारू और गदर पार्टी की गतिविधियों से तो देशप्रेम की लौ जल ही रही थी, प्रथम विश्वयुद्ध के बाद लाला लाजपत राय के लम्बे प्रवास के बाद लौटने, जलियाँवाला बाग के नृशंस हत्याकांड और उसके बाद के दमन ने पंजाब में एक विस्फोटक स्थिति पैदा कर दी। इसी दौर में सिक्खों में सुधार आन्दोलन भी हुए और कांग्रेस की गतिविधियाँ भी संगठित रूप में पंजाब में शुरू हुईं। यही वह दौर था जब लाहौर जैसे शहर में युवाओं के बीच एक नए स्वाधीन, उन्नत भारतीय समाज को गढ़ने का स्वप्न आकार लेने लगा। यह वह समय था जब गरीब किसानों और मजदूरों का आदर्शीकरण साहित्य और पढ़े-लिखे लोगों में शुरू हुआ। इसके पूर्व भी किसानों के विरोध हुए थे, पर उन विद्रोहों को अराजकता पैदा करनेवाला ही अधिक समझा जाता रहा था। जब रूसी क्रान्ति हो गई और वहाँ से श्रमिकों और कृषकों का राज होने और उनकी उन्नति के समाचार आने लगे तो पढ़े-लिखे लोगों में यह भाव पैदा हुआ कि एक बेहतर समाज की कल्पना सम्भव है। एक विश्वास पैदा हुआ कि गरीब

लोग एक बेहतर समाज की लड़ाई लड़ सकते हैं। इस भाव के साथ अंग्रेजी राज की गुलामी के विरुद्ध प्रतिवाद भी जुड़ा रहा और पंजाब सरकार के दमन ने आग में घी डालने का काम किया।

यशपाल एक सामान्य परिवार में काँगड़ा के खत्री आर्यसमाजी परिवार में 3 दिसम्बर, 1903 को फीरोजपुर कैम्प में पैदा हुए थे। उनके पिता दुकानदार और उनकी माँ एक अनाथ बच्चों के स्कूल में पढ़ाने वाली शिक्षिका थीं। आर्थिक अभाव उन्हें घेरे रहा, परन्तु वे प्रतिभाशाली विद्यार्थी थे और 1921 में उन्होंने मैट्रिक की परीक्षा प्रथम श्रेणी से पास की। इस दौरान वे राष्ट्रवाद से गहरे प्रभावित हो चुके थे और रौलेट सत्याग्रह के दौरान कांग्रेस से जुड़ गए थे। वे कांग्रेस आन्दोलन से इतने प्रभावित थे कि उन्होंने सरकारी स्कूल में दाख़िला नहीं लिया, जहाँ उन्हें प्रथम श्रेणी में पास होने के कारण छात्रवृत्ति मिल जाती, जो उनके लिए अपनी पढ़ाई जारी रखने में सहायक होती। असहयोग आन्दोलन को गांधी द्वारा रोक देने से लाखों अन्य अंग्रेज विरोधी लोगों की तरह युवा यशपाल भी बहुत असन्तुष्ट हुए थे। उन्हीं दिनों उन्होंने लाला लाजपत राय द्वारा स्थापित नेशनल कॉलेज में दाख़िला लिया। यहाँ उनका सम्पर्क कुछ ऐसे विद्यार्थियों से हुआ जो क्रान्तिकारी गतिविधियों से जुड़े हुए थे। इस कॉलेज में उनके साथ पढ़ने वालों में—भगवतीचरण वोहरा, भगत सिंह और सुखदेव जैसे लोग थे। साइमन कमीशन के विरुद्ध प्रदर्शन में यशपाल बहुत सक्रिय थे। वे लाहौर में बम बनाने की कोशिश में भी लगे थे। बाद में वे रोहतक गए और वहाँ लेखराज के साथ छद्मनाम से काम करते रहे। 29 दिसम्बर, 1929 को प्रसिद्ध बम कांड योजना में वे शामिल थे, जिसमें लॉर्ड इरविन को उड़ाने की योजना थी।

यशपाल लाहौर में छात्र के रूप में क्रान्तिकारी आन्दोलन से सघन रूप से जुड़े और 1938 तक उनका यह सशस्त्र क्रान्तिकारी जीवन चला। इस बीच वे खतरनाक क्रान्तिकारी गतिविधियों में शामिल हुए, भगत सिंह और चन्द्रशेखर आजाद के साथ सबसे पढ़े-लिखे और प्रतिबद्ध क्रान्तिकारी और संगठनकर्ता के रूप में काम करते रहे। इसी दौरान एक साहित्यिक के रूप में भी वे उभरे। चन्द्रशेखर आजाद की शहादत के बाद उत्तर भारत और पंजाब के क्रान्तिकारियों के नेता हुए। 1931 में पुलिस शूटआउट में मुठभेड़ के बाद गिरफ्तार हुए और उन्हें सश्रम कारावास का दंड मिला। कांग्रेस की जीत के बाद जब क्रान्तिकारियों की रिहाई हुई तो भी उनको अत्यंत खतरनाक मानते हुए छोड़ा नहीं गया। बहुत प्रयासों के बाद वे 1938 में रिहा हुए। जेल से निकलने के बाद उन्होंने क्रान्तिकारी संगठनों का बिखराव देखा और बदली हुई परिस्थिति में उन्होंने क्रान्ति के लिए बुलेट के स्थान पर बुलेटिन को अपने लिए उपयुक्त माना। क्रान्तिकारी जीवन के दौरान उनकी घनिष्ठता प्रकाशवती कपूर से हुई थी। इस घनिष्ठता के कारण उनके क्रान्तिकारी जीवन में कुछ दिक्कतें

भी पैदा हुईं, लेकिन कालान्तर में यह सम्पर्क स्थायी हुआ और दोनों ने विवाह कर लिया। दोनों ने मिलकर अपना एक पत्र—*विप्लव* निकाला[4] जो कई वर्षों तक निकलता रहा। कुछ वर्षों बाद यशपाल हिन्दी के सबसे बड़े लेखकों में एक बन गए। वे वामपंथी धारा के हिन्दी के सबसे प्रभावशाली उपन्यासकारों में एक के रूप में 1976 में मृत्यु तक लखनऊ में रहे।

यशपाल ने अपने उपन्यासों और कथेतर साहित्य में क्रान्तिकारी और राष्ट्रीय आन्दोलन के दौर के बारे में विस्तार से लिखा है। उनकी दृष्टि वामपंथी थी, लेकिन उनके बाद के उपन्यासों में वामपंथी दृष्टि का प्रभाव होते हुए भी संकीर्ण वामपंथी पार्टी दृष्टि नहीं बल्कि एक सम्यक् दृष्टि से विश्लेषण देखने को मिलता है। निश्चित रूप से वे स्थूल वामपंथी समझ से लिखने वाले लेखक नहीं थे। वे कांग्रेस, आर्यसमाज, क्रान्तिकारी संगठनों के कामों से जुड़े रहे थे और उनकी पैनी दृष्टि ने उनके अनुभवों को साहित्य में उतारने में मदद की। वे पूर्वनिर्धारित निष्कर्षों से लिखते हों यह भी सही प्रतीत नहीं होता। उन्होंने कई बार यह कहा था कि वे उन मुद्दों और सरोकारों पर लिखते हैं जिन पर लिखना उन्हें जरूरी लगता था।[5]

अपने सुदीर्घ लेखकीय जीवन में 1938 से 1958 के बीच यशपाल ने समाजवादी विचारों के लेखक के रूप में राजनीतिक परिवर्तनों को देखा-समझा और उसके बारे में बेबाकी से लिखा। उनके राजनीतिक विचारों का प्रभाव उनके उपन्यासों पर पड़ा।[6]

इस अध्ययन में यशपाल के उपन्यासों के आधार पर 1919 से 1962 के भारत के राजनीतिक इतिहास को समझने की एक कोशिश की गई है। इस चर्चा को शुरू करने के पहले यशपाल के कुछ प्रमुख विचारों को स्पष्ट कर देना उचित होगा। यशपाल क्रान्तिकारी थे, लेकिन वे इस आन्दोलन की सीमाओं को समझते थे। वे कांग्रेस की अहिंसा की नीति को उचित नहीं मानते थे और इस बात के बारे में लगातार कहते रहे कि कांग्रेस का गांधीवादी आन्दोलन पूँजीपतियों के स्वार्थ-हित साधन में ही लगा रहा। वे कांग्रेस के भीतर के राजनीतिक तनावों को समझते थे, और इसको उन्होंने अपने उपन्यासों में विस्तार से दिखलाने की कोशिश भी की है। 1942 के आन्दोलन के दौरान जो जन-ज्वार उठा उसके लिए वे कांग्रेस को श्रेय नहीं देते और न ही 1947 की आजादी उसके संग्राम के फल के रूप में देखते हैं। वे भारत की आजादी को 'माउंटबेटन छाप आजादी' मानते थे और यह 'असली आजादी' नहीं थी, इसको वे दोहराते रहे। कांग्रेस सरकार को वे 'पूँजीवादी सरकार' ही मानते रहे।

यशपाल के आलोचक उनके लेखकीय जीवन काल को दो भागों—लाल और गुलाबी काल में बाँटते हैं। पहले दौर में वे गांधीवाद और कांग्रेस आन्दोलन के मुखर आलोचक रहे और इस दौर में उनका कम्युनिस्ट क्रान्तिकारी लेखक रूप ज्यादा

प्रबल रहा। इस समय के उनके कथानायक कम्युनिस्ट या कम्युनिस्ट विचारधारा के निकट होते थे। पचास के दशक में *झूठा सच* के प्रकाशन के बाद उनमें एक-दूसरे प्रकार का दृष्टिकोण देखा गया। वे राष्ट्रीय आन्दोलन और जवाहरलाल नेहरू के प्रति थोड़े नरम हुए।[7] इसके बाद वे राजनीतिक प्रक्रिया के बारे में लिखते हुए कम्युनिस्ट और कम्युनिस्ट आन्दोलन को अतिरिक्त महत्त्व देते हुए दिखलाई नहीं पड़ते। लेकिन गांधी के प्रति उनका दृष्टिकोण लगातार आलोचनात्मक बना रहा।

इस अध्ययन के लिए यशपाल के *मेरी तेरी उसकी बात* (1973, प्रकाशन वर्ष 1976) और *झूठा सच* (दो भागों में—'देश की बात' और 'देश का भविष्य'), जिनके प्रकाशन क्रमश: 1958 और 1960 में हुए, के अलावा अन्य उपन्यासों *दादा कॉमरेड* (1941), *देशद्रोही* (1943), *गीता : पार्टी कॉमरेड* (1948) और उनके कथेतर साहित्य को स्रोत के रूप में लिया गया है। अध्ययन को विशेष रूप से उनके दो वृहद उपन्यासों—*झूठा सच* (दोनों खंडों) और *मेरी तेरी उसकी बात* पर केन्द्रित किया गया है।

दादा कॉमरेड में यशपाल 1929 से 1933 के कालखंड को रखते हैं। इसमें कथानायक (जिसमें यशपाल के जीवन और दर्शन की स्पष्ट छाया है) एक क्रान्तिकारी संगठन का सदस्य होता है और अपने संगठन और बाहर दोनों मोर्चों पर संघर्ष करता हुआ अपने प्राणों की आहुति दे देता है। इस प्रक्रिया में उसके क्रान्तिकारी साथी आधी दूरी तक ही साथ रहते हैं। उसके कुछ क्रान्तिकारी साथी उसके क्रान्तिकारी कार्यों के कारण उसका सहयोग करते हैं, लेकिन जब वह संगठन के भीतर बदलाव की बात करता है और स्त्री और पुरुष की समानता के प्रश्न को उठाता है तो उसके साथी ही उसको क्रान्ति विरोधी मानकर उसका विरोध करते हैं। विरोध इतना बढ़ता है कि उसे खत्म करने तक का निर्णय संगठन प्रमुख द्वारा ले लिया जाता है। इस संगठन के प्रमुख—दादा (जिसमें चन्द्रशेखर आजाद की छवि को देखा जा सकता है) पहले कथानायक के विरुद्ध होते हैं, लेकिन बाद में वे उसके समर्पण और त्याग को स्वीकार करते हैं और उसे अपना आशीर्वाद भी देते हैं।[8] अपने दूसरे उपन्यास—*देशद्रोही* (1943), में यशपाल ने 1939 से 1942 के समय को लिया है। इसमें एक डॉक्टर की कहानी है, जो ब्रिटिश आर्मी में नौकरी करते हुए कबाइलियों द्वारा अपहृत होता है। पहले वह अफ़ग़ानिस्तान में दास और फिर वहाँ से मॉस्को में एक कम्युनिस्ट के रूप में रहते हुए आखिरकार भारत आता है। भारत लौटकर वह एक कम्युनिस्ट कार्यकर्ता के रूप में काम करता है। अपहृत होने के पहले वह एक राष्ट्रवादी था। उसका एक मित्र भी था जो बाद में समाजवादी बन गया। डॉक्टर के लापता होने और फिर मर जाने की खबर आने के बाद उसकी पत्नी आत्महत्या की कोशिश करती है, पर एक कांग्रेसी नेता के सहयोग और समर्थन से वह बच जाती है। धीरे-धीरे सामान्य होकर वह उस कांग्रेसी

से विवाह कर लेती है, जो उसे दुख के समय अपना सहयोग और सहानुभूति देता है। डॉक्टर भारत लौटकर जब अपनी पत्नी के विवाह की बात सुनता है तो दुखी होता है, लेकिन वह इस परिवर्तन को स्वीकार कर लेता है। इस दौरान वह अपनी पत्नी की बड़ी बहन से भावनात्मक स्तर पर सहयोग पाता है। अपने संगठन के कार्यों में संघर्ष करते हुए आखिरकार वह अपनी पार्टी की लाइन (1942 के दौरान) का अनुसरण करते हुए गलत समझा जाता है। वह इस आन्दोलन का विरोध करने के कारण लोगों द्वारा पीटा भी जाता है। बीमारी की अवस्था में सहानुभूति से भरकर पत्नी की बड़ी बहन डॉक्टर को उसकी पूर्व-पत्नी के पास ले जाती है। बदली हुई परिस्थिति में उसकी पत्नी (जो अब किसी अन्य भद्रपुरुष की ब्याहता है) उसका मुँह देखने से भी इनकार कर देती है। वापस लौटते हुए डॉक्टर को जंगल में मरने के लिए छोड़ दिया जाता है, क्योंकि उस स्त्री का पति उनको ढूँढ़ते हुए वहाँ पहुँच जाता है और मार-पीट कर अपनी पत्नी को ले जाता है। आखिरी क्षणों में डॉक्टर कहना चाहता है कि वह देशद्रोही नहीं है। तीसरे उपन्यास—*गीता* (1946) में पार्टी से जुड़ी एक युवती गीता की कहानी है, जो बम्बई में निष्ठापूर्वक पार्टी का काम करती है। पार्टी की पत्रिका को बेचते हुए उसकी मुलाकात एक धनी व्यक्ति से होती है। वह धनी व्यक्ति स्त्रियों को पैसे के बल पर अपनी वासना का शिकार बनाने का अभ्यस्त होता है। गीता के व्यवहार और विचारों से वह आदमी रूपान्तरित हो जाता है और नौसेना विद्रोह के समय अंग्रेजों के विरुद्ध प्रतिवाद करते हुए भीड़ का हिस्सा होकर उसकी मृत्यु होती है। इससे गीता के मन में उस व्यक्ति के प्रति प्रेम और सम्मान का भाव उत्पन्न होता है। वह उसके लिए रोती है।

इन तीनों उपन्यासों के बाद तीन वृहत्काय राजनीतिक उपन्यास यशपाल ने लिखे—*झूठा सच : वतन और देश* (1958) और *झूठा सच : देश का भविष्य* (1962) और *मेरी तेरी उसकी बात* (1974)। इन तीनों उपन्यासों में यशपाल ने 1917-18 से लेकर नेहरू युग के राजनीतिक परिदृश्य का बहुत सघन विवरण-विश्लेषण किया है। पहले दोनों में स्वतंत्रता के पूर्व और उसके बाद के वर्षों के परिवर्तनों को केन्द्र में रखा गया है। तीसरे में फिर से गांधी से लेकर नेहरू युग तक के राजनीतिक परिदृश्य को राजनीतिक दृष्टि से औपन्यासिक रूप में प्रस्तुत किया गया है।

इस अध्ययन के लिए सबसे उपयुक्त टेक्स्ट *मेरी तेरी उसकी बात* (1974) है जो साहित्यिक दृष्टि से *झूठा सच* के दोनों भागों से कमजोर[9] होते हुए भी राजनीतिक इतिहास को समझने के लिए उससे अधिक उपयुक्त ग्रंथ है। *मेरी तेरी उसकी बात* में राजनीतिक घटनाओं को बहुत सीधे तरीके से चित्रित किया गया है, इसलिए यशपाल के अन्य राजनीतिक लेखों और अन्य रचनाओं को साथ में रखने से उनकी उस समय की राजनीतिक समझ और विश्लेषण को सबसे अच्छी तरह इसी पुस्तक के सहारे समझा जा सकता है।

यशपाल ने अपने क्रान्तिकारी जीवन के वर्षों के बारे में चार खंडों में लिखा है और इसे *सिंहावलोकन* शीर्षक से पुस्तकाकार प्रकाशित भी किया। उनके अन्य कुछ ग्रंथों में गांधीवाद, गांधीवादी आन्दोलन और अन्य राजनीतिक प्रश्नों पर विचार किया गया है। इन पुस्तकों में *न्याय का संघर्ष, चक्कर क्लब, गांधीवाद की शव-परीक्षा* और *बात बात में बात* सबसे उल्लेखनीय हैं।

यशपाल ने कई बार यह दोहराया है कि इतिहास अतीत की चीज नहीं है। वे स्पष्ट रूप से कहते हैं कि हम अतीत का विश्लेषण वर्तमान को बेहतर बनाने के लिए ही करते हैं। उनकी ऐतिहासिक दृष्टि के मूल में यह बात थी कि अतीत में श्रम करने वालों के साथ अन्याय होता रहा है। इस अन्याय के लिए मुख्य कारण शोषण-व्यवस्था का होना था। इस व्यवस्था के कारण गरीब और स्त्रियाँ शोषण का शिकार होते रहे। आधुनिक विज्ञान और प्रौद्योगिकी ने एक ऐसे समाज को रचने की सम्भावना पैदा की जिससे समाज में सभी मनुष्यों के लिए मानवीय व्यवस्था सम्भव हो सकती है। इसके लिए जरूरी है कि लोगों में समाजवाद के विचारों का प्रसार हो, ताकि शोषित अपने अधिकारों के प्रति सचेत हो सकें और उसकी प्राप्ति के लिए संघर्ष कर सकें। इस प्रक्रिया में यशपाल शिक्षित समुदाय की विशेष भूमिका देखते थे, क्योंकि वे लोगों को क्रान्ति की ओर ले जाते हुए उनका नेतृत्व कर सकते हैं।

यशपाल इस बात के प्रति सचेत थे कि कुछ लोग समाजवाद को ठीक से समझे बिना ही महान समाजवादी क्रान्ति का स्वप्न देखते हैं और कुछ बगैर समझे ही इसका विरोध यह कहकर करते हैं कि यह एक विदेशी विचारधारा है। गांधीवाद की विचारधारा का विरोध उन्हें इसलिए जरूरी लगा क्योंकि यह एक 'प्रतिक्रियावादी विचारधारा' थी, जो अहिंसा का उपयोग शक्तिशाली लोगों के हित में करती थी। लोगों को यह बात समझ में आए इसके लिए वे लगातार लिखते रहे।

नवम्बर 1938 से ही, जब यशपाल ने *विप्लव* पत्रिका का प्रकाशन शुरू किया, उन्हें लगने लगा था कि भारतीय राजनीति एक संक्रमण काल से गुजर रही है; कांग्रेस ने लखनऊ और फैजपुर में जो प्रस्ताव लिए हैं उससे वह पीछे हट रही है। उन्हें लगा कि उस समय इस बात की सख्त जरूरत थी कि ऐसा न हो। इसके लिए लोगों को सचेत किए जाने की जरूरत थी, ताकि कांग्रेस एक राष्ट्रीय संयुक्त मोर्चे के रूप में अपने दायित्व का पालन करती रहे। 1940 में उन्होंने *न्याय का संघर्ष* लिखा। इसकी भूमिका समाजवादी नेता आचार्य नरेन्द्र देव ने लिखी। यशपाल की परिपक्व राजनीतिक दृष्टि को सबसे पहली बार इसी पुस्तक में देखा जा सकता है। नरेन्द्र देव ने इसकी भूमिका में लिखा है कि "हम विचारों की क्रान्ति के युग से गुजर रहे हैं।" उनकी धारणा है कि "विचारों की क्रान्ति का काम होता है हमारी न्याय की धारणा को नए मार्ग पर लाना।"[10]

इस ओर बढ़ते ही यशपाल गांधी के विचारों और उनके आन्दोलन के प्रति

अपने रवैये को स्पष्ट करते हैं। उनके लिए गांधीवाद एक नए युग के आरम्भ का सूचक न होकर एक युग के अन्त का सूचक है। गांधीवादी विचारों की उन्होंने व्यवस्थित आलोचना करते हुए 1941 में एक पुस्तक—*गांधीवाद की शव परीक्षा* लिखी। शीर्षक से ही स्पष्ट है कि यशपाल के लिए गांधीवाद मृत हो चुका था। गांधी उस समय जीवित थे और पूरे देश में उनका व्यापक प्रभाव था इसलिए इस पुस्तक को लिखकर यशपाल ने बहुत साहस का परिचय दिया था। राहुल सांकृत्यायन और अन्य समाजवादी विचारकों की तरह यशपाल भी गांधी द्वारा जनता को राजनीति में लाए जाने को एक क्रान्तिकारी कदम मानते थे, जिसके लिए गांधी का ऐतिहासिक महत्त्व उनके लिए स्पष्ट था। यशपाल ने करोड़ों देशवासियों के हृदय में गांधी के प्रति सम्मान को कभी नहीं भुलाया। वे समझते थे कि गांधी ने ही लोगों को आन्दोलन से जोड़ा। उन्होंने लिखा—"...कांग्रेस आन्दोलन का नेतृत्व गांधी जी के हाथों में जाने से पूर्व कांग्रेस के आन्दोलन की पहुँच बहुत सीमित थी। उस समय कांग्रेस वैधानिक दाँव-पेचों का ही अखाड़ा था। क्रान्तिकारी लोगों के राजनीतिक आन्दोलन गुप्त होने के कारण जनसम्पर्क से दूर थे। गांधी जी ने कांग्रेस के आन्दोलन को विदेशी सरकार के विरुद्ध असहयोग द्वारा विरोध प्रदर्शन (हड़ताल) का रूप देकर आन्दोलन को सार्वजनिक सम्पर्क का अवसर दिया।"[11] यशपाल ने स्पष्ट रूप से पुस्तक के पहले संस्करण की भूमिका में लिखा था—"सन् 1920 से 1940 तक भारतवर्ष का राजनीतिक इतिहास गांधीवाद का युग कहा जा सकता है।"[12]

गांधी के योगदान को स्वीकार करते हुए भी यशपाल इसकी राजनीति को क्रान्ति विरोधी मानते हैं। उन्होंने लिखा कि गांधी ने सत्याग्रह का कार्यक्रम (जिसके लिए यशपाल एक और शब्द युद्धविधि का प्रयोग करते हैं) अनोखा नहीं था; गांधी के पहले भी लोगों ने इसका प्रयोग किया था। गांधी जी ने 1905 में दक्षिण अफ्रीका में और फिर भारत में 1919 में इस युद्धविधि को अपनाया। भारत में ही उसके बहुत पहले सन् 1877 में नागपुर की एम्पेरेस मिल के हड़ताल में इसका अपनाया जाना सिद्ध है। रजनी पाम दत्त के हवाले से यशपाल ने उल्लेख किया है कि मजदूरों ने सन् 1882 से 1890 के बीच काम के घंटे निश्चित कराने और सप्ताह में एक दिन छुट्टी के लिए पच्चीस बार हड़तालें की थीं। ये सब हड़तालें शान्ति के साथ विरोध (passive resistance) की नीति की युद्ध विधि के अनुसार ही थीं।[13] उन्होंने कुछ अन्य उदाहरण भी दिए।[14]

यशपाल ने जोड़ा कि अब तक इसका प्रयोग शक्तिशाली के विरुद्ध कमजोर लोग करते थे, पर गांधी ने इसका प्रयोग शक्तिशाली के हित की रक्षा के लिए आध्यात्मिकता का आवरण देकर किया।[15] एक वाक्य जो गांधीवाद के बारे में उन दिनों बार-बार दोहराया जाता था वह यशपाल के यहाँ भी आया है—"गांधीवादी सत्याग्रह का लक्ष्य भारत की जनता के स्वाधीनता आन्दोलन को ऐसी सीमाओं में

रखना था कि जनशक्ति का उपयोग भारत से विदेशी सरकार का शासन दूर करने के लिए तो हो सके, परन्तु देश का शासन साधनहीन सर्वसाधारण जनता के हाथों में न चला जाए; देश का शासन विदेशी शासकों के हाथ से इस देश की पूँजीपति श्रेणी के हाथों में सुरक्षित रूप से हस्तान्तरित हो सके।"[16] अपनी इस थीसिस को वे *रामराज्य की कथा* में और विस्तार देते हैं। यशपाल इस पुस्तक में कहते हैं कि आध्यात्मिकता को लाए जाने के पीछे असली उद्देश्य जनता को 'आध्यात्मिक तानाशाही' की गुलामी में जकड़े रहना है।[17] उन्होंने लिखा—"गांधीवाद अपनी आध्यात्मिक सत्ता का दावा केवल धार्मिक और साम्प्रदायिक विश्वास के क्षेत्र में नहीं करता बल्कि राजनीतिक और आर्थिक क्षेत्र में भी करता है। 1919, 1922, 1931 और 1942 में जब देश की स्वतंत्रता के आन्दोलन गांधी जी के नेतृत्व के बाहर जाते दिखाई दिए, जनता ब्रिटिश राज की आधार सामंतशाही और पूँजीवादी आर्थिक व्यवस्था को तोड़ डालने के लिए तैयार दिखाई दी, गांधी जी ने पूँजीवादी सत्य-अहिंसा को खतरे में देखकर, ईश्वरीय प्रेरणा के अधिकार से जनता के क्रान्तिकारी आन्दोलन को स्थगित कर पूँजीपति श्रेणी के स्वार्थ की रक्षा का काम किया।"[18]

गांधी के बारे में यशपाल की राय थी कि गांधी में यह प्रवृत्ति दक्षिण अफ्रीका के समय से ही थी, जहाँ उन्होंने व्यवसायियों के हित को मजदूरों के हित से ज्यादा महत्त्व दिया। यशपाल के अनुसार दक्षिण अफ्रीका का सत्याग्रह धनी व्यवसायियों के साहस के कारण नहीं बढ़ा। गांधी ने आन्दोलन का सारा भार मजदूरों के ऊपर डाला था। गांधी को मजदूरों में अपनी स्थिति को बदलने की आकांक्षा का अन्दाजा था पर वे इस बात पर दृढ़ थे कि हड़ताल के लिए मजदूरों का उपयोग एक बड़ी गलती होगी। वे यही मानते थे कि गांधी का आन्दोलन तीस वर्षों तक इसी सिद्धान्त के अनुसार चला।[19]

यशपाल ने लिखा है कि विश्वयुद्ध के शुरुआती दौर में जब अंग्रेज जर्मन सेना से हार रहे थे और विकट स्थिति में थे, भारतीय जनता संग्राम करने के लिए तैयार थी, गांधी ने आन्दोलन को शुरू नहीं होने दिया। जन आन्दोलन के स्थान पर उन्होंने चालाकी से एक कमजोर व्यक्तिगत सत्याग्रह चलाया।[20] यह व्यक्तिगत सत्याग्रह एक विचित्र किस्म की चीज थी। यह आजादी के लिए नहीं था। यह भारत के विश्वयुद्ध में शामिल होने के विरुद्ध भी नहीं था। यह एक हिंसक युद्ध के विरुद्ध अहिंसा के सिद्धान्त के अधिकार को स्वीकार करने के लिए था। यशपाल इसे जन भावना के साथ खिलवाड़ के रूप में देखते थे।[21] इस व्यक्तिगत सत्याग्रह का जन आन्दोलन के साथ कोई सम्पर्क नहीं था। इसमें सत्याग्रही प्रशासन को पूरी सूचना देकर विरोध प्रकट करने जाते थे और उनको जेल में सुरक्षित पहुँचा दिया जाता था। जब पुलिस उन्हें गिरफ्तार करने नहीं आती तो ये खुद पुलिस के पास जाकर अपनी गिरफ्तारी दे देते। जिसे '1942 की क्रान्ति' कहा जाता है वह दरअसल

गांधी और उनके अनुयायी नेताओं के विरुद्ध था। जब यह आन्दोलन शुरू हुआ गांधी और उनके सहयोगी नेताओं ने इसकी कड़े शब्दों में निन्दा की। उन्होंने कहा कि सरकार ने जनता को उनके नेताओं को गिरफ्तार करके उत्तेजित कर दिया और अगर ये नेता गिरफ्तार नहीं किए गए होते तो ये जनता को नियंत्रण में रखते। यशपाल ने आजादी के बाद नेहरू द्वारा 1942 की क्रान्ति का श्रेय लेने को भी गलत बताया है।[22] अपने समर्थन में यशपाल ने कांग्रेस का इतिहास लिखने वाले पट्टाभि सीतारमैया को उद्धृत किया, जिनके अनुसार गांधी का उद्देश्य शक्तिहीन के पास शक्ति को न जाने देना था। इतना बड़ा खतरा वे नहीं लेना चाहते थे। इस सम्भावना को निरस्त करने के लिए वे कांग्रेस को सौ वर्षों तक अग्नि परीक्षा में रखने के लिए तैयार थे।[23] कुल मिलाकर यशपाल गांधी के धर्म को राजनीति में लाने के खिलाफ हैं। अपनी पुस्तक *चक्कर क्लब* (1942), *बात बात में बात* (प्रकाशन वर्ष 1950) और *देखा-सोचा-समझा* में उन्होंने गांधी के सिद्धान्तों की आलोचना को इसी तरह देखा है। वे सेवाग्राम जाकर गांधी से मिले थे और उस मीटिंग का ब्योरा भी छापा था, जिसमें यह और भी स्पष्ट था कि गांधी के प्रति वे कितने आलोचनात्मक थे। इसमें उन्होंने साफ तौर पर लिखा कि गांधी के अनुयायियों का रवैया प्रगतिशील विचारों के प्रति कितना अनुदार है।

यशपाल ने लिखा है कि वामपंथियों का इंग्लैंड में प्रभाव बढ़ रहा था, इससे इंग्लैंड बहुत चिन्तित था। विश्वयुद्ध ने इंग्लैंड की कमर तोड़ दी थी। अब उनके लिए यह सम्भव न था कि वे भारत को नियंत्रित कर पाते। ऐसे में भारत के समाजवादी खेमे में चले जाने का खतरा था, इसलिए यहाँ का शासन पूँजीपतियों के हाथों सौंपने का विचार उन्हें सही लगा।[24] जवाहरलाल नेहरू के नेतृत्व में बनी भारतीय सरकार ने गांधी और गांधीवाद का कोई खयाल नहीं किया। वे बस उनकी थोथी प्रशंसा बाहर करते रहे। इस सरकार की नीति थी कि ये समाजवादी समाज का निर्माण वर्ग सहयोग से करेंगे। यह सिद्धान्त किसी भी समाजवादी राज्य के सिद्धान्त से नहीं मिलता था। इसके समर्थक वे लोग हैं जो कांग्रेसी किस्म के समाजवादी हैं।[25]

यशपाल राष्ट्रीय आन्दोलन और उसके बाद के समय पर विचार करते हुए इस बात को बार-बार कहते रहे कि इस देश में एक वर्ग रहा है जो यहाँ की आम जनता के विरुद्ध काम करता रहा है। इन लोगों को सन्तुष्ट रखने के लिए स्वराज के स्वप्न को भुलाया न जाए, यह जरूरी है। अगर यह हुआ तो शोषण बदस्तूर जारी रहेगा। अन्तर बस इतना होगा कि पहले यह शोषण विदेशियों के हाथों होता था और बाद में भारतीयों के हाथों आम भारतीय पिसते रहेंगे।[26]

एक अन्य बात यशपाल के लेखन के बारे में उल्लेखनीय है कि वे पार्टीबद्ध कम्युनिस्ट नहीं थे, और पार्टी की लाइन के हिसाब से नहीं लिखते थे। अपनी किताबों में संवाद को विस्तार देने के लिए वे चौदह किस्म के शिक्षितों[27] की चर्चा

करते हैं और उन भिन्न प्रकार के शिक्षितों के गुण-दोष को स्पष्ट करने के लिए उनके बीच की चर्चा को पाठकों के सामने रखते हैं। वामपंथियों के बीच वे तीन श्रेणियों—प्रगतिशील,[28] कामरेड[29] और मार्क्सवादी[30] को रखते हैं। स्पष्ट है कि यशपाल ने एक कठमुल्ला वामपंथी की आँख से गांधी और नेहरू युग की राजनीति को नहीं देखा है।

यशपाल के उपन्यासों में राजनीतिक इतिहास (1938 तक)

यशपाल के जिस उपन्यास में राजनीतिक इतिहास सीधे-सीधे आया है वह है *मेरी तेरी उसकी बात*। इस उपन्यास को मूल रूप से आधार बनाकर भारतीय राजनीतिक परिवर्तनों के इतिहास को देखना युक्तिसंगत होगा। क्रान्तिकारी आन्दोलन और विभाजन के पूर्व और बाद के वर्षों के राजनीतिक इतिहास के लिए अन्य राजनीतिक उपन्यासों का सहारा लेना उचित होगा। कांग्रेस और गांधी के बारे में उनके वर्णनों और विश्लेषणों के लिए उनके उपन्यासों और लेखों का सहारा लेना भी उचित होगा।

यशपाल के लिए कांग्रेस की स्थापना देश की स्वाधीनता की लड़ाई के लिए नहीं हुई थी। यह अंग्रेजी राज के समर्थकों द्वारा ही खड़ी की गई संस्था थी। वे ध्यान दिलाते हैं कि 1905 में भी जब जापान की रूस पर विजय ने एशियाई देशों के राष्ट्रवाद को मजबूत किया था, कांग्रेस ने सरकार के प्रति भक्ति का ही प्रचार किया।[31] कांग्रेस की ओर से पहली बार राष्ट्रीय माँग 1906 में उठाई गई, जब कांग्रेस ने औपनिवेशिक शासन के अन्तर्गत स्व-शासन की बात की और एक प्रस्ताव पास किया। इसके कारण ही शिक्षित निम्न-मध्यवर्ग में औपनिवेशिक शासन के विरुद्ध विरोध का स्वर उठा, जिसकी कांग्रेस के उच्च-मध्यवर्ग के लोग अनदेखी नहीं कर सके। तिलक और लाला लाजपत राय आदि को उनके भाषणों के कारण जेल भेजा गया, लेकिन उनके कार्यक्रम कांग्रेस के कार्यक्रम नहीं बने। कांग्रेस में उनके लिए कोई स्थान न था। उनको अपने लिए अलग राजनीतिक संगठन—होम रूल लीग बनाना पड़ा।[32] प्रथम विश्वयुद्ध के पहले आम भारतीय लोगों के प्रश्नों को लेकर कांग्रेस ने कुछ नहीं किया। यशपाल ने यह भी लक्षित किया है कि स्वदेशी आन्दोलन के समय भारत के व्यापारियों को बहुत आर्थिक लाभ हुआ था।[33] कांग्रेस का कोई जुड़ाव जनता के साथ नहीं था। क्रान्तिकारी आन्दोलन थे, पर उनके साथ कांग्रेस का कोई सम्पर्क नहीं था। कांग्रेस के लोग क्रान्तिकारियों की आलोचना अंग्रेजों के लिए अच्छे बने रहने के लिए किया करते थे। क्रान्तिकारी आन्दोलन कर रहे थे, लेकिन कांग्रेस के नेतागण युद्ध के दौरान अंग्रेजों का सहयोग कर रहे थे। यशपाल ने युद्ध में गांधी के अंग्रेजों को साथ देने के अति उत्साह का जिक्र किया है। गांधी अंग्रेजों को युद्ध के दौरान मदद के लिए इतने उत्साहित थे कि उन्होंने

वाइसराय को चिट्ठी लिखकर अंगेज सिपाहियों की मदद के लिए स्वयंसेवक के रूप में मेसोपोटामिया जाने की अनुमति माँगी। वाइसराय ने उन्हें देश में ही इस कठिन समय में रहकर काम करने की सलाह दी। उन्होंने कहा कि इस समय देश में ही उनकी बहुत आवश्यकता है।[34] बाद में उनके इस रवैये को लेकर द्वितीय विश्वयुद्ध के समय प्रश्न पूछा गया कि उन्होंने इस तरह का विचार क्यों व्यक्त किया था तो उनका उत्तर था कि उन्हें आशा थी कि इसके बदले अंग्रेज भारतीयों को समान अधिकार दे देंगे।[35]

स्थितियाँ प्रथम विश्वयुद्ध के दौरान बदलीं। रूस में 1917 में क्रान्ति हुई और इधर देश में मोंटगू-चेम्सफोर्ड के सुधार और रौलेट एक्ट के लागू होने से बहुत असन्तोष था। इस असन्तोष का लाभ लेने के लिए गांधी ने सत्याग्रह लीग बनाया। इस दौरान गांधी की ब्रिटिश शासन पर बहुत आस्था थी, लेकिन आम जनता की आस्था ब्रिटिश शासन में नहीं थी।[36]

सितम्बर 1920 में जनता में बहुत असन्तोष था। इस समय इसका लाभ लेने के लिए कांग्रेस का उद्देश्य बदला गया। अब औपनिवेशिक शासन के अधीन स्वशासन के स्थान पर शान्तिपूर्ण और वैधानिक तरीके से पूर्ण स्वराज कांग्रेस का उद्देश्य घोषित किया गया। गांधी ने अहिंसा को इस आन्दोलन के लिए सबसे महत्त्वपूर्ण बना दिया। यशपाल ने इस नीति की आलोचना की। उनके अनुसार लोगों के सामने स्वराज का कोई ब्लू प्रिंट नहीं रखा गया। जवाहरलाल नेहरू ने भी उस दौर के नेताओं के बारे में लिखा है कि उस समय के नेताओं ने स्वराज का अर्थ अंग्रेजों से पूरी मुक्ति के रूप में नहीं लिया। नेहरू ने माना था कि इस मामले में गांधी ने कोई स्पष्टता नहीं रखी। यशपाल ये मानते हैं कि अगर ऐसा किया गया होता तो भारत में भी रूसी क्रान्ति की तरह क्रान्ति होती। यशपाल ने बार-बार इस विश्वास को दोहराया है कि अहिंसा के समर्थक कांग्रेसियों को मजदूरों और किसानों से बहुत भय लगता था। असहयोग आन्दोलन में आम लोगों का नहीं शिक्षित लोगों का आह्वान किया गया था। आम आदमियों को अपने घरों में चरखा चलाने के लिए कहा गया। स्पष्ट है कि इस युद्धनीति (कार्यक्रम) में ऐसा कुछ नहीं रखा गया जिससे पूँजीपतियों को किसी किस्म की चिन्ता हो। पूँजीपतियों ने गांधी को अपने अनुकूल पाया। लेकिन लोगों ने आन्दोलन में जमकर भाग लिया। असम, बंगाल और पंजाब में हड़तालें हुईं। लोगों में उत्साह इतना अधिक था कि गांधी ने सितम्बर, 1921 में कहा कि भारत को आजादी आन्दोलन समाप्त होने के पहले ही मिल सकती है। उन्होंने यहाँ तक कह दिया कि अगर 31 दिसम्बर, 1921 तक आजादी नहीं मिली तो वे अपने जीवन को व्यर्थ ही समझेंगे।[37] दिसम्बर 1921 में अहमदाबाद में कांग्रेस अधिवेशन शुरू हुआ तो देखा गया कि देश के लोग आन्दोलन में शामिल होने के लिए बहुत उत्साहित थे। इस अधिवेशन के पहले कम्युनिस्ट पार्टी, जिसका गठन तब तक हो

चुका था, ने एक कार्यक्रम तैयार किया था। इसके अनुसार मजदूरों और किसानों समेत जनता को आन्दोलन करना था।[38] लेकिन सेनापति गांधी इस तरह के किसी जन आन्दोलन के लिए तैयार नहीं थे। यह उस समय स्पष्ट हो गया जब हसरत मोहानी ने स्वराज के अन्तर्गत विदेश नीति के मामले में स्वराज की बात की। गांधी ने इसका विरोध किया। यशपाल के लिए यह आश्चर्यजनक था। उस समय कांग्रेस पूरी तरह से गांधी के पीछे थी और उन्होंने यह निर्णय लिया कि वे मजदूरों और किसानों के सहारे आन्दोलन को और तेज नहीं करेंगे। कांग्रेस ने कर बन्दी का भी समर्थन नहीं किया। दंगों ने लोगों को आन्दोलन में शरीक होने के खतरे से अवगत करा दिया था। यशपाल के अनुसार गांधी भयभीत थे; उन्होंने कर नहीं देने के आन्दोलन का विरोध किया और इसे रोकने का निर्णय लिया। उसके स्थान पर कर नहीं देने का अहिंसात्मक आन्दोलन बारडोली में शुरू हुआ। इसी समय चौरी चौरा की एक छोटी घटना का बहाना बनाकर 12 फरवरी, 1922 को आन्दोलन को रोक दिया। यशपाल के अनुसार अहिंसा का अर्थ था व्यक्तिगत सम्पत्ति की सुरक्षा सुनिश्चित करना। यशपाल को लगता था कि गांधी के लिए अहिंसा स्वराज (शोषण से मुक्ति) से अधिक महत्त्वपूर्ण थी।[39]

चौरी चौरा की घटना के बाद गांधी द्वारा असहयोग आन्दोलन को रोक देने की बात अधिकतर लोगों को पसन्द नहीं आई। सभी क्रान्तिकारियों और यहाँ तक कि मोतीलाल नेहरू जैसे वरिष्ठ और जवाहरलाल और सुभाष जैसे युवा कांग्रेसियों को भी यह पसन्द नहीं आया। गांधी के इस विस्मयकारी निर्णय के तीन दिन पहले ही वाइसराय ने सेक्रेटरी ऑफ द स्टेट फॉर इंडिया को लिखा था कि भारत की स्थिति बहुत गम्भीर है और आन्दोलन का निम्न वर्गों—मजदूर और निचली श्रेणी के कर्मचारियों और किसानों पर बहुत अधिक असर है। ये लोग असम, उत्तर प्रदेश, बिहार, उड़ीसा और बंगाल में आन्दोलनकारियों का साथ दे रहे हैं। वाइसराय ने यह भी लिखा था कि यह आन्दोलन अकालियों तक पहुँच गया है और पूरे देश के मुसलमान अंग्रेजों से बहुत खफा हैं। सरकार एक ऐसी स्थिति के सम्मुखीन है जैसी स्थिति पहले कभी नहीं हुई।[40] उन्होंने बम्बई के गवर्नर मि. लायड के पेयरसन को लिखे सन्देश के हवाले से कहा है कि अगर यह आन्दोलन अगले चरण में पहुँचता तो कुछ भी हो सकता था। आखिर इकतीस करोड़ (उस समय की भारत की जनसंख्या) भारतीयों को तो जेल में नहीं डाला जा सकता था। गांधी ने उस समय भारतीयों को रोककर गलत किया। जैसे ही यह आन्दोलन रोका गया, गांधी को गिरफ्तार कर लिया गया (ताकि जनता के बीच अंग्रेजों से लड़ने की उनकी प्रतिष्ठा बची रहे) और गांधी ने कांग्रेस को कहा कि जमींदारों के विरुद्ध कर नहीं देने का आन्दोलन न चले और साथ ही जमींदारों को कहा कि उनकी जायज बातों में उनके साथ अन्याय करना कांग्रेस का उद्देश्य नहीं है। यशपाल

ने यह स्पष्ट कहा है कि जिस समय आन्दोलन था उस समय देश में कांग्रेस की सदस्य संख्या एक करोड़ तक पहुँच गई थी और जब 1924 में गांधी ने लोगों को चरखा कातने के काम में लगाया तो यह संख्या घटकर बीस हजार हो गई। उस समय दुखी होकर गांधी ने कहा कि जनता केवल सरकार से लड़ने के लिए हमें नेता मानती है।[41]

राजनीतिक निराशा के इस दौर में जब कांग्रेस सो रही थी प्रान्तीय नौजवान सभा जैसी संस्थाएँ गठित हुईं। इस समय सरकार ने भारतीय व्यापारियों को कुछ छूट दी थी, पर व्यापारी वर्ग उस समय विनिमय दर और ब्रिटिश चीजों पर टैक्स को लेकर सरकार से नाराज था। इस समय लोगों का ध्यान बँटाने के लिए साइमन कमीशन को भारत भेजा गया। लोगों को अपने साथ रखने के लिए कांग्रेस ने पूर्ण स्वराज का प्रस्ताव पास किया। इसी समय कांग्रेस के नेताओं का 'इंटरनेशनल लीग अगेन्स्ट इंपीरियलिज्म' के साथ सम्पर्क भी बना। इस समय कांग्रेस के दो युवा नेताओं—नेहरू और सुभाष को कांग्रेस का जेनेरल सेक्रेटरी नियुक्त किया गया। इसी दौरान मोतीलाल नेहरू ने अपनी रिपोर्ट तैयार की जिसमें अंग्रेजी राज में रहते हुए एक भारतीयों की सरकार का मसौदा तैयार किया। पूर्ण स्वतंत्रता की माँग वामपंथियों की थी। 1927 में कांग्रेस के इसे मान लेने के बाद कांग्रेस के ऊपर नियंत्रण के लिए वाम और वाम विरोधियों के बीच संघर्ष का दौर शुरू हो गया।[42]

दिसम्बर 1928 में कलकत्ता अधिवेशन में कांग्रेस के भीतर संघर्ष उभरकर सामने आ गया जब मोतीलाल नेहरू का प्रस्ताव पेश किया गया। कांग्रेस पूर्ण स्वराज के सिद्धान्त से पीछे नहीं हटना चाहती थी। ऐसे में गांधी ने बीच का एक रास्ता निकालते हुए कहा कि अगर सरकार कांग्रेस की माँग को 1929 के अन्त तक नहीं मानेगी तो कांग्रेस सरकार के विरुद्ध असहयोग आन्दोलन करेगी। इस बार यह स्पष्ट कर दिया गया कि आन्दोलन की शुरुआत कर नहीं देने से होगी। कांग्रेस के इस तरह पीछे हटने को बहुतों ने पसन्द नहीं किया। पचास हजार की भीड़ कांग्रेस के पंडाल के सामने जुट गई और उसने कांग्रेस के इस तरह पीछे हटने का विरोध किया। जो एक साल का समय सरकार को गांधी के कारण मिल गया उस दौरान सरकार ने मौके का पूरा फायदा उठाते हुए वामपंथियों के दमन का पूरा प्रयास किया। मार्च 1929 में वामपंथी नेताओं को जेल में डाल दिया गया और उनके विरुद्ध मेरठ षड्यंत्र कांड के अन्तर्गत मुकदमा शुरू किया।[43] 1929 में जब अंग्रेजों ने कांग्रेस की नहीं सुनी तो कांग्रेस ने लाहौर में पूर्ण स्वतंत्रता का प्रस्ताव पास किया। सभापति जवाहरलाल नेहरू थे। गांधी जी ऊहापोह में थे। उन्होंने ग्यारह प्रस्तावों की एक सूची वाइसराय को भेजी। इस पर कोई ध्यान नहीं दिया गया। अब तो आन्दोलन शुरू करना ही था। सुभाषचन्द्र बोस ने यह प्रस्ताव दिया कि भारतीयों को अपनी सरकार का गठन खुद ही कर लेना चाहिए और

शासन की बागडोर अपने हाथ में ले लेनी चाहिए। कलकत्ता अधिवेशन के हिसाब से आन्दोलन की शुरुआत ही कर नहीं देने से होनी चाहिए थी। दोनों ही सूरतों में क्रान्ति होना तय था, लेकिन गांधी ने एक विकल्प चुना जिससे जनता भी खुश हो जाए और सरकार को भी कोई क्षति न हो। उन्होंने नमक सत्याग्रह किया जो कि यशपाल के अनुसार जनशक्ति का अपव्यय ही था।

उन्हीं दिनों पेशावर में एक घटना घटी जब सिपाहियों ने निहत्थी मुस्लिम भीड़ पर गोली चलाने से इनकार कर दिया। सिपाहियों ने कोई विद्रोह नहीं किया और अहिंसक सत्याग्रही की तरह आत्म-समर्पण कर दिया। यशपाल ने कहा है कि इससे गांधी को खुशी होनी चाहिए थी और उन्हें सिपाहियों की प्रशंसा करनी चाहिए थी। लेकिन, गांधी ने उन सिपाहियों की निन्दा की। उन्होंने कहा कि सिपाहियों ने आज्ञा न मानकर दंड पाने का काम किया है और उन्हें दंड दिया जाना चाहिए। बाद में गांधी ने अपनी बात को यह कहकर स्पष्ट किया कि वे सिपाहियों को आज्ञा नहीं मानने की शिक्षा नहीं दे सकते थे, क्योंकि जब भारतीयों के हाथ में सत्ता आएगी तो इन सिपाहियों को ही आज्ञा पालन करना होगा। जब तक गांधी जेल के बाहर रहे आन्दोलन जोरदार नहीं हुआ, लेकिन मई 1930 में, जब वे जेल में बन्द हुए, आन्दोलन जोरदार ढंग से फैला। लगभग साठ हजार लोग जेल में बन्द थे। बम्बई में परिस्थिति इतनी गम्भीर हो गई कि ऐसा लगा कि सेना अगर शहर में नहीं होती तो पूरा शहर एक दिन के अन्दर ही विद्रोही मजदूरों के हाथ में चला जाता। शोलापुर में मजदूरों ने शोलापुर के प्रशासन को अपने हाथों में ले लिया और उसे सात दिनों तक अपने कब्जे में रखा। गांधी जेल से शान्ति बनाए रखने के सन्देश भेजते रहे। गोल मेज कॉन्फ्रेंस के लिए उनके राजी हो जाने के बाद आन्दोलन को रोक दिया गया। इसके पूर्व गांधी इसके लिए राजी नहीं थे क्योंकि उन्होंने कोई परवाह नहीं करते हुए इस प्रस्ताव को ठुकरा दिया था, लेकिन अब वे राजी हो गए। गांधी गोल मेज बैठक के परिणाम से सन्तुष्ट न थे। उन्हें लगा था कि भारत लौटकर उन्हें एक बार फिर आन्दोलन शुरू करना पड़ेगा। लंदन में उन्होंने कहा था कि वे ब्रिटेन में भारतीयों के लिए प्रेम जगाना चाहते थे। इसके लिए अगर उन्हें एक सौ साल भी प्रतीक्षा करनी पड़ेगी तो वे करेंगे। यशपाल के अनुसार भारतीयों के प्रति प्रेम का गांधी का मतलब था भारतीय पूँजीपतियों के प्रति प्रेम।[44] यशपाल अपने पाठकों को यह याद दिलाना नहीं भूलते कि लंदन गोल मेज कॉन्फ्रेंस के समय घनश्याम दास बिड़ला गांधी के साथ थे और एक मौके पर उन्होंने गांधी से कहा था कि बिजनेस के मामले में उनसे बात किए बिना गांधी मुँह न खोलें।[45]

कांग्रेस ने कर बन्दी के साथ आन्दोलन की शुरुआत नहीं की जिससे लोग अधीर हो गए। लोगों को अपने साथ रखने के लिए कर बन्दी अभियान को अनुमति दी गई। यह गांधी के कैद किए जाने के कारण भी सम्भव हो सका। यशपाल ने

लिखा है कि अगर गांधी जेल के बाहर होते तो इसकी अनुमति नहीं देते। आन्दोलन ने जोर पकड़ा और नब्बे हजार लोग इसके कारण गिरफ्तार हुए। यह देखकर गांधी का हृदय 'धड़क रहा था।'[46] गांधी ने 27 फरवरी, 1930 को यह संकल्प लिया था कि एक बार आन्दोलन शुरू होने के बाद जब तक एक भी सत्याग्रही बाहर रहेगा आन्दोलन नहीं रुकेगा, लेकिन उन्होंने 7 अप्रैल, 1935 को आन्दोलन स्थगित कर दिया। इस स्थगन का अर्थ हुआ कि कांग्रेस का यह आन्दोलन बुरी तरह से असफल हुआ और इसने आत्मसमर्पण कर दिया।

यशपाल के तत्कालीन राजनीतिक इतिहास के बारे में लिखने में एक प्रमुख विषयवस्तु है क्रान्तिकारी आन्दोलन का राजनीतिक इतिहास जिसके बारे में यशपाल ने अपने साहित्य में लिखा है। उनके विश्लेषण और विवरण के बारे में लेखकों और उनके क्रान्तिकारी जीवन के साथियों ने अपनी आपत्तियाँ दर्ज की हैं। यहाँ यशपाल के साहित्य में इस विषय पर जो कुछ आया है उसकी संक्षिप्त चर्चा की जा सकती है। अगले हिस्से में यशपाल द्वारा क्रान्तिकारी आन्दोलन के इतिहास के बारे में उनके विवरण का उल्लेख किया गया है।

यशपाल के उपन्यासों[47] में क्रान्तिकारी आन्दोलन के प्रसंग

जैसा कि पहले कहा जा चुका है यशपाल ने सक्रिय क्रान्तिकारी जीवन को 1938 में छोड़ दिया और वैचारिक समाजवादी क्रान्ति के लिए वे लेखन की ओर मुड़े। इस समय तक क्रान्तिकारी आन्दोलन पहले की तरह एक राजनीतिक आन्दोलन के रूप में सक्रिय नहीं रह गया था। इससे जुड़े लोग विभिन्न दलों से जुड़कर अपनी विचारधारा के प्रसार के लिए काम कर रहे थे। यशपाल ने सबसे पहली बार क्रान्तिकारी दौर के बारे में 1941 में अपने उपन्यास *दादा कॉमरेड* में लिखा। उस समय तक राजनीतिक परिस्थितियाँ बहुत बदल चुकी थीं। मई 1941 में लिखे अपने प्राक्कथन में उन्होंने लिखा कि उस समय पूँजीवाद, नाजीवाद, गांधीवाद, और समाजवाद के बीच एक संग्राम चल रहा था। उन्होंने माना कि इस नए दौर में पुराने दिनों में चिपके न रहकर नए ढंग से सोचने की जरूरत है।[48] वे इस बात को समझते थे कि उनके इन बदली हुई परिस्थितियों में व्यक्त विचार उनके क्रान्तिकारी साथियों को पसन्द नहीं आएँगे। यशपाल उस समय क्रान्तिकारी राजनीतिक विचारधारा से आगे बढ़कर समाजवादी विचारों की ओर बढ़ चुके थे, यह बिलकुल स्पष्ट है। *दादा कॉमरेड* में राष्ट्रीय आन्दोलन की दो धाराओं की टकराहट है। एक ओर गांधीवादी अहिंसक आन्दोलन था जिसने जनता को अपने साथ लेकर एक बड़ा आन्दोलन खड़ा किया था। दूसरी ओर था क्रान्तिकारी आन्दोलन जो हर कीमत पर अंग्रेजों को देश से निकाल फेंकना चाहता था। इस उपन्यास में क्रान्तिकारी आन्दोलन के

भीतर वैचारिक अन्तर के उभरने की कथा महत्त्वपूर्ण है जिसमें एक ओर हैं दादा (चन्द्रशेखर तिवारी जो आजाद के नाम से ज्यादा जाने जाते थे) और दूसरी ओर कॉमरेड हरीश हैं। कॉमरेड जो दादा का सहयोगी रहा है। वह दादा के प्रति श्रद्धाशील भी है, लेकिन सामाजिक और वैचारिक क्रान्ति के अगले पड़ाव पर पहुँचकर क्रान्ति को सामाजिक[49] और बड़े राजनीतिक धरातल पर ले जाना चाहता है। इस उपन्यास में एक स्थान पर एक क्रान्तिकारी 'एक्शन' के बाद एक कांग्रेसी अमरनाथ और एक क्रान्तिकारी को सच्चा देशभक्त माननेवाले गिरधारीलाल के बीच का वार्तालाप उल्लेखनीय है। अमरनाथ कहता है कि क्रान्तिकारी पिछले पच्चीस सालों में वह नहीं कर पाए जो गांधी ने दस साल में कर दिखाया है।[50] गिरधारीलाल इसे नहीं मानता। उसको लगता है कि कांग्रेसी तीन महीने जेल जाकर फूलों से लद जाते हैं। ऐसे लोग प्राणों की बाजी लगाने वाले क्रान्तिकारियों की देशभक्ति के समकक्ष नहीं माने जा सकते। अमरनाथ को लगता है कि क्रान्तिकारी अपनी हरकतों से गांधी के नेतृत्व में चलने वाले राष्ट्रीय आन्दोलन की मदद करने के स्थान पर उनके लिए मुसीबतें ही खड़ी करते हैं।

उपन्यास का मुख्य चरित्र हरीश शचींद्रनाथ सान्याल की पुस्तकों से प्रेरित होता है। उसे लगता है कि कांग्रेस का आन्दोलन असफल हो रहा है, लेकिन जनता आन्दोलन के लिए तैयार हो रही है। क्रान्तिकारियों की स्थिति के बारे में एक प्रसंग उल्लेखनीय है। 1931 में कानपुर में क्रान्तिकारियों की एक मीटिंग होती है, जिसमें बंगाल के क्रान्तिकारी कहते हैं कि पुलिस की सख्ती के कारण बंगाल में क्रान्तिकारी गतिविधियाँ बहुत कठिन हो गई हैं। पुराने नेता बोलते बहुत हैं, लेकिन भीतरी रूप में वे कांग्रेस से मिले हुए हैं। बंगाल के क्रान्तिकारी कहते हैं कि बिना आग्नेय अस्त्रों के कुछ कर पाना मुश्किल है। इसके साथ इस बात का उल्लेख आता है कि कम्युनिस्ट युवकों को अपनी ओर खींच ले रहे हैं।[51]

हरीश को लगता है कि उसके दल के लोग राजनीति को और उसके बदलते रूप को ठीक से नहीं समझ पाते क्योंकि वे अध्ययन नहीं करते। दल के लोग उसे वैचारिक रूप से पिछड़े भी लगते हैं, क्योंकि वे यह नहीं समझ पाते कि नए समाज के निर्माण में नारी और पुरुष दोनों को क्रान्ति के लिए प्रयत्न करना होगा। हरीश दादा और अन्य साथियों को समझाने की कोशिश करता है कि डाके डालने और राजनीतिक हत्याओं से क्रान्ति नहीं आ सकती। इससे शक्ति का अपव्यय ही होता है। इससे जनता की सहानुभूति भी उन्हें नहीं मिलती। उसे लगता है कि देश को स्वाधीन होने की जरूरत इसलिए है ताकि शोषण बन्द हो सके और राष्ट्र को अपने निर्णय खुद लेने का अधिकार मिल सके। इसके लिए सौ-डेढ़ सौ क्रान्तिकारी पर्याप्त नहीं। इसे हासिल करने के लिए जन समर्थन की जरूरत है। पिछले तीस सालों में क्रान्तिकारी राजनीतिक आन्दोलन ने कोई उन्नति नहीं की। आज भी यह आन्दोलन

वहीं है जहाँ तीस साल पहले था। लोग क्रान्तिकारी के एक्शन को देखते हैं और उसकी सराहना करते हैं, पर फिर उसके बाद उसे भुला देते हैं। हरीश को लगता है कि क्रान्तिकारियों को अपनी रणनीति बदलनी चाहिए और कांग्रेस में शामिल होकर उसको जन आन्दोलन के लिए काम करने के लिए बाध्य करना चाहिए। वह दल के लोगों को याद दिलाता है कि लेनिन के पहले एक क्रान्तिकारी आन्दोलन रूस में था जो जन समर्थन के बिना ही चलता था। लेनिन ने इस दुर्बलता को समझा और अपनी रणनीति को बदला।[52] हरीश डाके डालने की किसी योजना में भाग लेने से इनकार करता है।

उस दल में बी एम जैसे लोग हैं जो इस तरह हरीश के दल के हिसाब से काम न करने को खतरनाक मानते हैं। अब तक हरीश पंजाब में फंड जुटाने का काम करता था और साथियों को सन्देह है कि उसके पास जुटाया हुआ बहुत पैसा भी है। हरीश के ऊपर लड़कियों से सम्बन्ध रखने का आरोप भी है, जिसके कारण क्रान्तिकारियों की छवि को धक्का लग सकता है, ऐसा भी वे सोचते हैं। दादा इन आरोपों को सुनकर तय करते हैं कि वे खुद पंजाब जाकर जाँच करेंगे और अगर ये आरोप सही पाए गए तो हरीश को गोली मार देंगे। वे कहते हैं कि ऐसी स्थिति पहले 1917 में भी आई थी। अन्य साथियों को लगता है कि सामाजिक और आर्थिक क्रान्ति के लिए सोचने वाले लोग अन्य हैं, उन्हें बस अपनी राजनीतिक क्रान्ति के बारे में सोचना चाहिए।

पंजाब जाकर हरीश शैल के और अन्य साथियों के साथ मिलकर मजदूरों को संगठित करने का काम करता है। दादा और अन्य लोग शुरू में उसे दंड देने के लिए जाते हैं, लेकिन दादा को इस बात का अन्दाजा हो जाता है कि हरीश का उद्देश्य अच्छा है और वह उसकी मदद करने के लिए राजी हो जाते हैं। हरीश अपना चेहरा बिगाड़कर एक-दूसरे नाम से एक ट्रेड यूनियन नेता बनकर मजदूरों की हड़ताल करवाता है, लेकिन उसके आर्थिक संसाधन सीमित हैं और अर्थ के अभाव में हड़ताल टूटने के कगार पर है। दादा उसकी मदद करने के लिए एक डकैती करते हैं। उससे जो पैसा मिलता है उससे हड़ताल को टूटने से बचा लिया जाता है। लेकिन नोट नंबर के पुलिस के पास होने के कारण हरीश को हत्या और डकैती के आरोप में गिरफ्तार कर लिया जाता है और उसे फाँसी हो जाती है। उसे अपनी मृत्यु का कोई गम नहीं, बल्कि इस बात की खुशी है कि वह क्रान्ति के लिए कुछ कर पाया और उसके गुरु दादा ने उसे अपना आशीर्वाद दिया।

इस उपन्यास की कुछ बातें अत्यंत महत्त्वपूर्ण हैं। क्रान्तिकारी जीवन और उनके आदर्श और उनके सांगठनिक पक्ष पर इसमें जिस तरह से विचार किया गया है उससे यह स्पष्ट हो जाता है कि इस आन्दोलन के भीतर यह बात आ चुकी थी कि कुछ क्रान्तिकारियों के सहारे आजादी का स्वप्न देखना ठीक नहीं। यशपाल और

उनके जैसे बहुत सारे क्रान्तिकारी जब जेल से निकले तो उन्होंने राजनीतिक दलों में जाकर अपने क्रान्ति के आदर्श के साथ जन समर्थन को मिलाने की जरूरत को समझा। कई कम्युनिस्ट पार्टी में गए, कुछ कांग्रेस के भीतर शामिल हुए[53] और वहाँ वामपंथी धारा को मजबूत किया, जैसा कि हरीश ने सोचा था। कुछ अन्य लोगों ने साहित्य और अन्य विधाओं में काम करके क्रान्ति के आदर्श को जीवित रखने की कोशिश की।[54]

मेरी तेरी उसकी बात के बहाने राजनीतिक इतिहास पर चर्चा

हिन्दी के कम-से-कम तीन बड़े उपन्यासकारों—भगवतीचरण वर्मा, यशपाल और अमृतलाल नागर—ने अपने जीवन के उत्तरार्ध में गांधी और नेहरू युग के राजनीतिक इतिहास पर सीधे-सीधे तरीके से अपने उपन्यासों में चर्चा की है। ये उनके साहित्यिक जीवन की सबसे बड़ी उपलब्धि भले ही न मानी जाती हों, लेकिन राजनीतिक इतिहास के अध्ययन के लिए बहुत उपयोगी हैं।

यशपाल के 1974 में प्रकाशित *मेरी तेरी उसकी बात* उपन्यास में गांधी युग की राजनीति पर सीधे और बहुत तीखे ढंग से लिखा गया है। केन्द्र में 1930 और 1940 के दशक की राजनीति है, लेकिन कहानी का एक सिरा प्रथम विश्वयुद्ध जनित नई राजनीति के उदय से भी जुड़ा है जिसके सहारे पूरे गांधी युग की राजनीति पर बात भी की जा सकती है। कांग्रेस के भीतर की वाम और दक्षिण पंथ की लड़ाई और 1942 की 'क्रान्ति' के बारे में इससे पहले इस तरह के वर्णन साहित्य क्या इतिहास की पुस्तकों में भी विरल हैं।

इस उपन्यास में दिखलाया गया है कि भारतीय राजनीति का एक नया अध्याय प्रथम विश्वयुद्ध के साथ शुरू हुआ। इस युद्ध की परिस्थिति ने व्यवसायियों के लिए पैसे कमाने का बहुत सुनहरा मौका बनाया। उस समय अंग्रेजों का भारत पर कब्जा सख्त था और भारतीय अंग्रेजों से मन ही मन घृणा करते हुए भी भय से चुप रहते थे। विश्वयुद्ध के दौरान लाखों भारतीयों को अंग्रेजों के सैनिक और सामान ढोने वाले 'पोर्टर' (कुली को अब इसी नाम से पुकारा जाने लगा था) के रूप में देश के बाहर अंग्रेजों की तरफ से लड़ने और काम करने भेजे गए थे।

भारतीय राजनेतागण उस समय अंग्रेजों के युद्ध अभियान में उनका पूरा सहयोग इस उम्मीद से कर रहे थे कि इस सेवा के कारण शिक्षित समुदाय की बातों को सरकार सुनेगी। उस समय लोगों में बाल गंगाधर तिलक, बिपिन चन्द्र पाल और लाला लाजपत राय का बहुत सम्मान था। इनमें से कोई भी उस समय युद्ध अभियान में विरोध नहीं कर रहा था। मदन मोहन मालवीय, गांधी और नरम दल के अन्य नेता अपने देश के लोगों को यह समझाने में लगे थे कि सरकार की इस समय मदद

भारतीयों के लिए लाभदायक है। कांग्रेस के अधिवेशनों में यूनियन जैक फहराया जाता था और अंग्रेज राजा के दीर्घायु होने की कामना की जाती थी।[55] "युद्ध विरोधी और अहिंसा के दूत महात्मा गांधी ने युद्ध में अंग्रेज सरकार के सहायतार्थ सिर कटाने के लिए इतने अधिक जवान भर्ती करवाए कि सरकार ने उनकी सेवा के पुरस्कार में उन्हें राजभक्ति का सबसे बड़ा सम्मान 'कैसरे हिन्द' पदक प्रदान किया।"[56]

उस दौर में दूसरी राजनीतिक विचारधारा क्रान्तिकारी विचारधारा थी जो कांग्रेस के नेताओं के विपरीत 'विदेशी शासन को आतंकित करने और उनके मार्ग में बाधा डालने के लिए बड़े-बड़े अंग्रेज अफसरों का वध कर रहे थे।'[57] दिल्ली में वाइसराय लॉर्ड हार्डिंग पर बम फेंका गया। उत्तर प्रदेश और पंजाब की छावनियों में सेना में विद्रोह करवाने की कोशिशें भी हुईं। कुछ क्रान्तिकारी शस्त्रों से भरा जहाज 'कोमागाटा मारू' कलकत्ता तक ले आए। सरकार इन क्रान्तिकारियों से बहुत परेशान थी और उनको नियंत्रित करने के लिए युद्ध समाप्त होते ही कठोर कानून बनाए गए। 1919 में उनको कुचलने के लिए रौलेट एक्ट लाया गया। अखबारों में अंग्रेजों के हिसाब से ही खबरें छपा करती थीं, पर जनता में अंग्रेजों के प्रति आक्रोश इतना था कि जर्मनी की जीत की किसी खबर को पाकर उनमें खुशी की लहर दौड़ जाती थी।

प्रथम विश्वयुद्ध के दौरान ही यूरोप में एक महामारी शुरू हुई। इसमें बहुत सारे लोग मारे जाने लगे। यह तेजी से फैली। यूरोप से शुरू होकर यह भारत भी आ पहुँची। डाक्टर, हकीम और वैद्य इस बीमारी और उसकी रोकथाम के बारे में कुछ भी नहीं जानते थे। इस बीमारी को इनफ्लुएंजा (लोगों ने इसे फलंजा कहा) कहा गया। इसमें पहले गले और नाक में संक्रमण होता था और उसके बाद खाँसी और बुखार शुरू हो जाता। इसने लाखों लोगों को अपनी चपेट में ले लिया। बहुत कम लोग इससे बच सके। संक्रमित लोगों में मरने वालों की संख्या बहुत होती थी। एक अनुमान के अनुसार दस में से तीन लोग मर जाते थे। चारों ओर लाशें दीखती थीं और पूरे वातावरण में भय छाया हुआ था। किसी चिकित्सक को समझ में नहीं आता था कि इस बीमारी का इलाज कैसे करें। इस बीमारी के भय से बहुत सारे गाँव और स्थानों से लोग भाग गए। लोग सोचते थे कि यह रोग हवा से फैलता है। इससे बचने के लिए लोग देशी इलाज का सहारा लेते और काढ़ा पीते।

कांग्रेस के नेताओं ने सरकार के सामने कुछ माँगें रखीं इस आशा से कि सरकार उनकी बातों पर गौर करेगी। उनकी तीन माँगें थीं—पहली—कठोर नियमों में थोड़ी नरमी बरती जाए, दूसरी—कानून बनाने में भारतीय प्रतिनिधियों से भी राय ली जाए और तीसरी—भारतीयों को भी सरकारी पदों पर चुना जाए। सरकार ने युद्ध समाप्त होते ही अपना असली रंग दिखाया और भारतीयों की युद्ध कालीन सेवा को भुलाकर उनसे सख्ती से पेश आई।

लोगों में असन्तोष बढ़ा और इस काले कानून के विरुद्ध देशव्यापी हड़तालें और प्रदर्शन हुए। अनेक स्थानों पर रेल की पटरियाँ उखाड़ी गईं और रेल स्टेशन और डाकखाने जलाए गए। बड़े शहरों और पंजाब में उग्र प्रदर्शन हुए और अंग्रेज पीटे जाने लगे। अमृतसर में दो अंग्रेज मारे गए। गुजरनवाला नगर पर स्थिति काबू पाने के लिए हवाई जहाज से बम बरसाए गए और मशीनगनों से अंधाधुंध गोलियों की बौछारें हुईं। इसी कड़ी में जलियाँवाला बाग जैसा नृशंस हत्याकांड हुआ। अमृतसर नगर में ही पचास से अधिक लोग फाँसी पर लटका दिए गए। कई शहरों में बाजारों के चौराहों पर फाँसियाँ खड़ी कर दी गईं।

इस भयावह राजनीतिक माहौल में एक और बड़ा परिवर्तन तब हुआ जब मुसलमानों के समर्थन से खिलाफत आन्दोलन शुरू हुआ। दो अंग्रेज विरोधी शक्तियाँ एक जगह आईं। कांग्रेस और खिलाफत का एक संयुक्त मोर्चा बना। 'वंदे मातरम् भारत माता की जय' और 'अल्लाहो अकबर खिलाफत जिन्दाबाद', 'सत् सिरी अकाल' के नारे एक साथ लगने लगे।[58]

यशपाल ने लिखा है कि उस समय देश में साक्षरता दो-तीन प्रतिशत भी नहीं थी। जनता राजनीति को ठीक से समझती नहीं थी। वे गांधी को 'सन्त-महात्मा दैवी पुरुष' समझते थे जो पाप के विरुद्ध लड़ रहे थे। उनमें लोगों का इतना विश्वास था कि वे समझते थे कि "गांधी जब चाहते हैं, जनता को दर्शन देने के लिए जेल की दीवारों और लोहे के जँगलों के बाहर आ जाते हैं। गांधी जी के एक ही समय में दिल्ली, बम्बई और कलकत्ता में उपदेश देने के लिए, आकाश मार्ग से यात्रा की, गांधी के इशारे से नीम और बबूल पर कपास पैदा हो जाने की कहानियाँ प्रचलित हो गईं।"[59]

गांधी कांग्रेस और खिलाफत दोनों के नेता मान लिए गए। उन्होंने वादा किया कि एक साल के अन्दर स्वराज हासिल हो जाएगा। इसके लिए उन्होंने दो शर्तें रखीं—कांग्रेस के एक करोड़ सदस्य बनाए जाएँ और स्वराज फंड के लिए एक करोड़ रुपए जमा हों। दोनों शर्तें पूरी हो गईं। गांधी ने अपना कार्यक्रम लोगों के सामने रखा और कहा कि सरकार का बहिष्कार शुरू हो। कई बड़े वकील पंडित मोतीलाल नेहरू, चित्तरंजन दास, भूलाभाई देसाई, राजगोपालाचारी, डॉ. किचलू, डॉ. आलम और कई अन्य लोगों ने अपनी लॉ की प्रैक्टिस छोड़ दी। लाखों विद्यार्थियों ने स्कूल और कॉलेज छोड़ दिए और आन्दोलन में शरीक हो गए। विदेशी वस्तुओं और शराब के विरुद्ध आन्दोलन शुरू हो गया। विदेशी कपड़ों की होली जलाई जाने लगी। कांग्रेसी कार्यकर्ता विदेशी वस्त्रों की दुकानों पर पहुँच जाते और विक्रेता और क्रेता दोनों को समझाने लगते कि वे विदेशी कपड़े नहीं खरीदें-बेचें। जब वे नहीं मानते तो कार्यकर्ता दुकान के सामने लेट जाते। गांधी का निर्देश था कि सब कुछ शान्तिपूर्ण ढंग से हो, पर जब पुलिस खरीदने वालों को दुकान पर भेजती, ताकि ये

प्रदर्शन सफल न हो सकें, तो ये लोग लेटे हुए प्रदर्शनकारियों को लाँघकर जाते, प्रदर्शनकारी उनके पाँवों को पकड़ लेते ताकि वे दुकान में न घुस सकें। कभी-कभी ये पाँवों के बालों को भी खींच लेते और भेजे गए क्रेताओं की चीखें निकल जातीं।

सरकारी तंत्र की अपनी तरफ से पूरी कोशिश होती कि जैसे भी हो कांग्रेस के वॉलेन्टियर्स को काम न करने दिया जाए। सरकार यह कहकर कि लोगों को चीजें खरीदने में बाधा देना गलत है, वॉलेन्टियर्स से सख्ती से पेश आती। वॉलेन्टियर्स इस सख्ती को सहन करते क्योंकि गांधी ने उन्हें इसी तरह प्रतिरोध करने का मंत्र दिया था। उनको पिटता देख लोगों में उनके प्रति थोड़ी सहानुभूति पैदा होती।

सम्पन्न लोग सरकार का विरोध नहीं करते। उनमें से कुछ लोगों की सहानुभूति आन्दोलनकारियों के साथ थी और वे उन्हें मदद भी करना चाहते थे। लेकिन सीधे आर्थिक मदद देना खतरनाक होता क्योंकि पुलिस कांग्रेस के दफ्तरों के कागजातों की तलाशी लेती थी। कांग्रेस को मदद करने के लिए विश्वस्त लोगों की मदद ली जाती। कांग्रेस को भी आर्थिक मदद की जरूरत थी। इसके बिना आन्दोलन को जारी रखना सम्भव नहीं होता।[60] इस तरह व्यवसायियों और कांग्रेस के कार्यकर्ताओं के बीच एक किस्म का समझौता सा हो गया था। विदेशी कपड़ों के व्यवसाय से जुड़ी जातियाँ—खत्री, वैश्य, जैन और रस्तोगी वैष्णव थे। वे अपनी दुकानों के सामने हिंसा और मारपीट पसन्द नहीं करते थे। वे अपना घाटा भी नहीं चाहते थे और न ही यह चाहते थे कि उनकी दुकानों के सामने हो-हल्ला हो। बीच का एक रास्ता निकाला गया। व्यापारी लोगों ने इंग्लैंड से माल खरीदना बन्द कर दिया और तय किया कि जब आन्दोलन तेज हो वे अपने गोदामों में पड़े विदेशी माल को बेचने की कोशिश न करें।[61] इस समझौते के अनुसार कांग्रेस के लोगों को गोदामों में जाकर देखने की सुविधा दे दी गई, ताकि उनको तसल्ली हो कि समझौते को भंग नहीं किया जा रहा। अगर कोई व्यापारी इसका पालन नहीं करता तो कांग्रेस उनके ऊपर जुर्माना कर सकती थी। यह समझौता ऐसा था जो दोनों पक्षों के लिए सुविधाजनक था।[62]

स्वाधीनता पाने की आस ने ग्रामीण लोगों पर प्रभाव डाला था। गाँव के लोग अहिंसा के सिद्धान्त से परिचित नहीं थे और विभिन्न इलाकों—बम्बई, शोलापुर और चेरापूँजी जैसी जगहों पर जनता और पुलिस के बीच झड़पें होने लगीं। जनता को हिंसा के रास्ते पर बढ़ता देख गांधी जी ने आन्दोलन को स्थगित कर दिया। अब वे चरखा यज्ञ के माध्यम से शुद्धि की बात करने लगे।

यशपाल ने उल्लेख किया है कि बहुत सारे लोगों में अपने देश में पढ़ाए जाने वाले इतिहास के प्रति वितृष्णा थी। इतिहास की पुस्तकों में यह पढ़ाया जाता था कि अंग्रेजों के आने के पूर्व इस देश में बड़ी बदहाली थी। देश में शान्ति को बनाए रखने की कोई व्यवस्था नहीं थी। अंग्रेजों ने ही आकर इस देश में

व्यवस्था बनाई, उसके पहले तो देश में अव्यवस्था थी और देश में एक राजा दूसरे से हमेशा युद्ध करता रहता था। सड़कें नहीं थीं और न ही चिकित्सा की कोई सुविधा थी। अंग्रेजों ने आकर यहाँ यातायात और चिकित्सा की सुविधा के लिए बहुत काम किया। पहले औरतें अपने पति के मरने के बाद पति की जलती चिता की आग में फेंक दी जाती थीं। डाक सेवा और पुलिस लाकर अंग्रेजों ने भारतीयों पर बड़ा उपकार किया था, ऐसा ही पाठ पाठ्यपुस्तकों में पढ़ाया जाता था। इसके बावजूद जनता में अंग्रेजों के प्रति बहुत नफरत थी। पर डर से कोई कुछ बोलता नहीं था। लोग अंग्रेजों के बारे में बुरी-बुरी बातें सोचते थे। वे मानते थे कि अंग्रेजों में कोई नैतिकता नहीं होती, वे गाय और सूअर का मांस खाने वाले थे और अछूतों का छुआ खाने से भी उनको कोई परहेज नहीं। लोग यह भी सोचते थे कि अंग्रेज नहाते नहीं और उनकी औरतें असभ्य आचरण करने वाली होती हैं। वे सोचते थे कि गोरे भारतीय स्त्रियों को पकड़ लेते हैं। वे बच्चों का कलेजा निकालकर खा जाते हैं।[63]

कुछ राष्ट्रवादी लोग अपने देश के अतीत के बारे में ऊँची राय रखते थे। उनके अनुसार पहले इस देश के लोग बहुत सम्पन्न थे और मुसलमानों के आने के पहले तक सुख और शान्ति से जीते थे। आपसी फूट का फायदा उठाकर विदेशी इस देश के शासक बन बैठे। ब्रिटिश इस देश का धन लूटकर अपने देश ले जाते हैं। उनकी मदद करने वालों के प्रति देशभक्तों की राय बहुत बुरी थी। वे कहते कि "जो लोग स्वार्थ के लिए देश के विरुद्ध अंग्रेजों के साथ हैं, वे नीच हैं।"[64] लोगों को याद दिलाया जाता कि दयानन्द ने कहा था कि विदेशी राज स्वराज से कभी अच्छा नहीं हो सकता। वे समझते कि तिलक, महात्मा गांधी, लाजपत राय, मालवीय जी और शौकत अली-मुहम्मद अली देश के नेता हैं और उनकी बातों का जनता पर व्यापक असर था।

ऐसी शिक्षाओं के बीच अमर जो यशपाल के उपन्यास का एक प्रमुख पात्र है, बड़ा होता है। वह आठवीं में पढ़ता है जब काकोरी के चार मुजरिमों—रामप्रसाद बिस्मिल, रोशन सिंह, अशफ़ाकउल्ला और राजेन्द्र लाहिड़ी—को फाँसी देने की खबर अखबारों में छपी। अमर पूछ लेता है कि क्या ये बहुत बहादुर, सुलताना डाकू से भी बहादुर थे? उसके मास्टर जी ने उसे समझाया कि ये लोग डाकू नहीं भारत माता के सपूत थे। मास्टर जी की आँखें नम हैं उन वीरों की कुर्बानियों की बात सोचकर। वे कहते हैं—इन शूरवीरों के नाम अमर रहेंगे, जैसे महाराणा प्रताप, शिवाजी, बन्दा बैरागी, हकीकत राय, गुरु गोविन्द सिंह के बेटों के नाम।[65] इन बातों को सुनकर अमर सेठ उनके सम्मान में उपवास करता है।

अगले साल जब अमर सेठ आठवीं में होता है, यह खबर आती है कि लाला लाजपत राय की साइमन कमीशन के विरोध के कारण पुलिस की लाठी से लगी

चोट के कारण मृत्यु हो गई। इस घटना का पूरे देश पर असर हुआ था। लोग अपने प्रिय नेता के खोने के दुख में डूबे हुए थे। लोगों ने प्रतिवाद किया और दुकानें, शिक्षा संस्थान बन्द रहे। लखनऊ में भी ऐसा ही हुआ। लेकिन जहाँ-जहाँ अंग्रेज और सम्पन्न भारतीय लोग रहते थे (जैसे लखनऊ का हजरतगंज इलाका) वहाँ प्रतिवाद नहीं था। अमर का एक दोस्त रज़ा उसे बताता है कि उसके मामू ने उससे कहा है कि "अंग्रेज उस रोज भागेगा जब हिन्दुस्तानी मजदूरों और फौजों में बेदारी हो जाएगी।" रज़ा के मामू इस काम में कुछ सालों से लगे थे। जिस समय खिलाफत आन्दोलन शुरू हुआ था और गांधी ने नौकरियाँ छोड़ने का आह्वान किया था, उसी समय रज़ा के मामू (जो उस समय अलीगढ़ में पढ़ते थे) ने खिलाफत का काम शुरू किया और कसम ले ली—"दारुलहर्ब (मुस्लिम विरोधी सरकार) मुल्क में नहीं रहेंगे। जिन्दगी खिलाफत के लिए कुर्बान कर देंगे। तुर्की जाकर खिलाफत के लिए शहीद हो जाएँगे।"[66] रज़ा से अमर को पता चलता है कि भारत के मुसलमानों को तुर्की के विद्रोह के बारे में ठीक से जानकारी नहीं है। तुर्की के खलीफा और अमीर वहाँ के लोगों पर अत्याचार करते थे। वे गुलाम भी रखते थे। उनके हरम में सैकड़ों लड़कियाँ होती थीं। तुर्की के प्रगतिशील विचारवाले लोगों ने रूस की क्रान्ति से प्रेरणा लेकर अमीर और उमरावों के विरुद्ध विद्रोह कर दिया जिसका अंग्रेजों ने स्वार्थवश समर्थन किया। प्रगतिशील विचारवालों को एक लोकप्रिय नेता मुस्तफा कमाल पाशा मिल गया। भारत के मुसलमान गलती से यह समझ बैठे कि खिलाफत के अन्त का अर्थ इस्लाम का अन्त है और उन्होंने खलीफा के लिए एक सेना बना ली। भारत में गांधी और कांग्रेस भी यही कहते हैं कि अंग्रेजों ने खलीफा से गलत तरीके से सत्ता ले ली है और उन्हें यह सत्ता हर हाल में वापिस मिलनी चाहिए। रज़ा ऐसे मुसलमानों को गालियाँ देता है जो खलीफा की सेना में भर्ती होने के लिए हज या किसी और बहाने से अफ़ग़ानिस्तान गए। रज़ा को लगता है कि इससे कुछ हासिल नहीं होगा। वे बस कुछ पैसा इकट्ठा कर सके और घायल सैनिकों की सेवा के लिए कुछ वॉलेंटियर भेज सके। रज़ा के मामू जब अफ़ग़ानिस्तान गए थे तो उन्हें वहाँ के लोगों ने डाँटा था और उनसे कहा था कि पहले उन्हें अपने देश की चिन्ता करनी चाहिए फिर किसी और देश की। अपने इन अनुभवों से उसके मामू इस निष्कर्ष पर पहुँचे कि असली धर्म मानवता है।

अमर और रज़ा दोनों को इस बात पर क्रोध होता है कि इतने बड़े नेता लाजपत राय के मरने का कोई गम अंग्रेजों और उनके पिट्ठू भारतीय अमीर लोगों को नहीं है। वे देखते हैं कि अंग्रेजों के बँगलों की देखभाल के लिए दर्जनों भारतीय नौकर लगे हैं। भारतीय और अंग्रेजों सैनिकों के वेतन और उनकी पोशाक में भी अन्तर था। अंग्रेजों को तीन गुणा वेतन और बेहतर पोशाक मिला करते थे। जहाँ आम भारतीय रहते थे उन हिस्सों में अपने देश के नेता के लिए शोक था। उनके

लिए एक सभा का आयोजन किया गया था, जिसमें उनके उच्चरित आखिरी शब्दों का उल्लेख करने पर लोग जोरदार करतल ध्वनि करते थे और उनके प्रति अपना आदर प्रदर्शित करते थे। लाजपत राय ने कहा था—"I declare that the blows struck at me will be the last nails in the coffin of the British rule in India."[67]

इन दोनों मित्रों के मन में यह भाव उठा कि देश के लिए कुछ करना चाहिए।

एक महीने बाद खबर आई कि लाहौर में एक पुलिस अफसर की क्रान्तिकारियों ने लाजपत राय की हत्या का बदला लेने के लिए हत्या कर दी। उन लोगों ने शहर में पोस्टर भी लगाए थे और उन पोस्टरों के अनुवाद विभिन्न अखबारों में छपे थे। इन पोस्टरों को बलराज ने जारी किया था जो पंजाब हिन्दुस्तानी समाजवादी प्रजातंत्र सेना का प्रमुख था।

बहुत सारे लोगों को यह ठीक लगा। अमर जैसे लोगों को यह समझ में नहीं आ रहा था कि इन क्रान्तिकारियों की निन्दा देश के नेतागण क्यों कर रहे थे। कुछ लोगों को गांधी की यह बात कि देश के करोड़ों लोग इस रास्ते पर नहीं चल सकते और लोगों को वह करना चाहिए जो वे बगैर कठिनाई के कर सकें, पसन्द नहीं आ रही थी। रज़ा ने अपने मामू के हवाले से इस बात का उत्तर यह कहकर दिया कि दरअसल गांधी अंग्रेजों से डरते हैं और वे आजादी नहीं चाहते, वे बस वफादारी और सद्व्यवहार का इनाम चाहते हैं। क्रान्तिकारी किसी समझौते में विश्वास नहीं करते। अमर शंका के समाधान के लिए अपने सीनियर नरेन्द्र से मिला। उसने बताया कि क्रान्तिकारी लोग एक खतरनाक पथ पर चल रहे हैं। एक कांग्रेसी आन्दोलन करने पर छह महीने के लिए जेल भेजा जाता है, जबकि क्रान्तिकारी को फाँसी की सजा मिलती है। अमर यह प्रश्न लेकर एक गांधीवादी हरि भैया से मिला। हरि भैया ने उसे समझाया कि गांधी क्रान्तिकारियों की कुर्बानी के लिए उनकी भावनाओं का सम्मान करते हैं, लेकिन वे उनके रास्ते को गलत मानते हैं, क्योंकि इससे कुछ हासिल नहीं हो सकता। गांधी मानते थे कि देश के करोड़ों लोग इस रास्ते पर नहीं चल सकते और शत्रु के हृदय-परिवर्तन के बिना कुछ भी हासिल नहीं होगा।

8 अप्रैल, 1929 को असेंबली में एक बम विस्फोट हुआ। बम फेंकने वाले का उद्देश्य अपने विचारों को देश के लोगों तक पहुँचाना था, ताकि लोग स्वाधीनता की लड़ाई में शामिल हो सकें। बम फेंकने वाले असेंबली में उस दिन पास होनेवाले दो बिलों के विरोध में प्रतिवाद कर रहे थे। अमर को लगता है कि ये क्रान्तिकारी देश की स्वाधीनता की सच्ची लड़ाई लड़ रहे हैं। रज़ा के मामू से मिलकर भी उसे यही समझ में आता है कि असली लड़ाई लड़ने के लिए मजदूरों और क्रान्तिकारियों को एक साथ आना होगा। वह रूस की क्रान्ति के बारे में अपनी कुछ भावनाओं को भी उनके साथ साझा करता है।

नरेन्द्र को भी लगता है कि कांग्रेस गलत राह पर है और यह आन्दोलन विफल हो चुका है। गांधी के आन्दोलन से कुछ भी हासिल नहीं है। उसे महसूस होता है कि गांधी अंग्रेजों को खुश करने में लगे हुए हैं। क्रान्तिकारी उनके दल के सदस्य नहीं थे। उन्हें इन क्रान्तिकारियों की निन्दा करने का अधिकार ही नहीं था। कम-से-कम वे चुप तो रह ही सकते थे। नरेन्द्र और अमर अपनी शंकाएँ लेकर एक सीनियर कांग्रेसी नेता नाथ शास्त्री के पास गए। शास्त्री ने गांधी द्वारा क्रान्तिकारियों की आलोचना को सही ठहराया। उन्होंने कहा कि लोगों में क्रान्तिकारियों के प्रति सम्मान है, लेकिन इन परिस्थितियों में देशवासियों को एकजुट होकर स्वाधीनता के लक्ष्य के साथ लड़ने की जरूरत है। जब यह लक्ष्य हासिल हो जाएगा तब बहुमत से हम निर्णय ले सकेंगे।[68] तब कांग्रेस क्रान्तिकारियों का दल होगा। इस समय कांग्रेस में सब तरह के लोग हैं। शास्त्री का मानना है कि हिन्दुस्तानी जमींदार और पूँजीपति भी अपने ऊपर अंग्रेजों की हुकूमत नहीं चाहते। वे लोग राज अपने हाथ में लेने के लिए आजादी की लड़ाई में मदद क्यों नहीं करेंगे? वे लेनिन के उदाहरण से दोनों नौजवानों को समझाते हैं कि "जब तक जनता को साथ लेकर नहीं चलते, कुर्बानियाँ फिजूल होंगी। रूस में क्रान्ति तभी हो सकी जब मजदूर और सेना एक साथ आ सके। जो देश के लिए कुर्बान होने को तैयार हैं वे एक-दो अंग्रेजों को मारकर फाँसी पर चढ़ जाएँ...उससे कहीं बेहतर है कि अपनी तरह सोचने वाले हजार-दो हजार आदमी तैयार करें।"[69]

नाथ शास्त्री नौजवानों की भावनाओं को समझते थे, पर उन्हें लगता था कि बगैर सैनिकों के लड़ाई नहीं हो सकती। गांधी के कहने पर चालीस-पचास हजार आदमी पुलिस के सामने खड़े होने को तैयार हो जाते थे। ये लोग कांग्रेस की सेना थे। नाथ शास्त्री समझते हैं कि आधी जागी कांग्रेस को पूरी तरह जाग्रत करना उद्‌देश्य होना चाहिए। यही क्रान्ति के लिए बेहतर रास्ता होगा। उन्होंने दोनों नौजवानों को पढ़ने के लिए किताबें दीं। ये किताबें थीं—'हिन्दुस्तानी नौजवानों से दो बातें', 'क्रान्ति का मार्ग', 'आजादी की रूपरेखा', 'साम्यवाद का बिगुल', 'मजदूरों का शोषण' और 'असहयोग की असफलता'।

23 दिसम्बर को जब कांग्रेस का लाहौर अधिवेशन दो दिन दूर था लॉर्ड हार्डिंग की विशेष ट्रेन के नीचे विस्फोट हुआ और दो कम्पार्टमेंट उड़ गए। वाइसराय दूसरे कम्पार्टमेंट में थे, इसलिए बच गए। गांधी की पहली प्रतिक्रिया वाइसराय के सकुशल बच जाने के लिए बधाई थी और उनकी भर्त्सना थी जिन्होंने यह कांड किया था। उनका यह प्रस्ताव मामूली बहुमत से पास हुआ और वहाँ उपस्थित लोगों ने गांधी का विरोध भी किया।

अगले सप्ताह गांधी ने *यंग इंडिया* में 'The Cult of the Bomb' लिखा जिसमें उन्होंने क्रान्तिकारियों की तीखी आलोचना की। इससे नरेन्द्र, अमर, रज़ा

और उनके साथी बहुत नाराज हुए। गांधी के इस लेख के जवाब में जनवरी 1930 में एक लेख आया जिसको इन लोगों ने पसन्द किया। यह जवाब यूनिवर्सिटी की दीवारों पर चिपकाया भी गया। उस समय इस तरह के लीफलेट्स रखने के जुर्म में आजीवन कारावास की सजा भी हो सकती थी इसलिए जो लीफलेट्स नरेन्द्र के पास थे उन्हें एक शुभचिन्तक वकील ने तुरन्त जला दिया।[70]

हरि भैया जैसे कांग्रेस के कुछ कार्यकर्ता पूरे समय कांग्रेस के दफ्तर में रहकर संगठन के काम में लगे रहते थे। इस सेवा को इंडियन नेशनल सर्विस कहा जाता था।[71] इस सेवा से जुड़े लोगों में कुछ लोग सम्पन्न परिवारों से नहीं आते थे। वे जीविकोपार्जन के लिए सैलरी लेने में संकोच का अनुभव न करें इसलिए बड़े नेता भी सैलरी लेते थे। जवाहरलाल नेहरू उत्तर प्रदेश के कांग्रेस के मुख्यमंत्री के रूप में सौ रुपए सैलरी के रूप में लेते थे और इसे वापस संगठन को दे देते थे। दूसरे अधिकारी साठ और हरि भैया जैसे लोग बीस रुपए सैलरी के रूप में लेते थे।

इस बीच कांग्रेस के भीतर भी परिवर्तन हुए थे। यह 1928 से ही कुछ उग्र हुई थी।[72] कुछ उग्र प्रस्ताव लेने के बाद गांधी और वाइसराय के बीच पत्राचार हुआ। इस पत्राचार से असन्तुष्ट होकर 1 जनवरी, 1930 को पूर्ण स्वराज का एक प्रस्ताव लिया गया। गांधी ने इसके लिए सरकार को जिम्मेवार बताया। आन्दोलन फरवरी 1930 में नमक सत्याग्रह से शुरू होना था। वाइसराय के यह कहने पर कि कांग्रेस अपना पक्ष साफ-साफ नहीं रख रही है गांधी ने आन्दोलन को एक महीना के लिए रोक दिया। इसके बाद और संवाद हुआ और अन्त में वाइसराय ने कांग्रेस की किसी भी माँग को मानने से इनकार कर दिया।

गांधी की ओर से 'अन्तिम आन्दोलन' शुरू हो गया था। यह अन्तिम है यह बतलाने के लिए उन्होंने साबरमती आश्रम सरकार को दान कर दिया। सरकार ने इसे स्वीकार नहीं किया। गांधी ने इस आश्रम का त्याग किया और दो सौ किलोमीटर दूर दांडी के लिए प्रस्थान किया। उनके सत्याग्रही साथियों ने उन पर पूरा विश्वास दिखलाते हुए इस अन्तिम संग्राम में उनका साथ दिया।[73]

कांग्रेस के ऑफिस चलाने के खर्चे उन व्यापारियों के चन्दे से भी चलते थे जो विदेशी कपड़ों के व्यापारी थे। यह सोचकर कि ये एक अच्छे काम के लिए हो रहा है इस बात पर कांग्रेस के बड़े अधिकारी ध्यान नहीं देते थे कि पैसा कहाँ से आ रहा है। हरि भैया इस बात से परेशान थे और उन्होंने इस विषय पर उपवास करके अपना प्रतिवाद व्यक्त किया। लेकिन उन्हें इस उपवास को जारी नहीं रखने दिया गया। वे सत्याग्रही के रूप में जेल भेज दिए गए। वे इस बात से दुखी हुए और जब जेल से छूटे तो कांग्रेस के दफ्तर न जाकर अपने घर आए। उन्होंने खद्दर के कपड़े बेचना शुरू किया और कुछ समय बाद अमर के पिता की मदद से उन्होंने 'सेवाश्रम' शुरू किया।

सविनय अवज्ञा आन्दोलन ने जोर पकड़ा और नेताओं को जेल भेजा जाने लगा। लोगों में असन्तोष बढ़ा और हिंसक घटनाएँ होने लगीं। जेल में बैठे गांधी के लिए यह दुखद था। उन्होंने शुद्धि और हरिजनों के उत्थान के लिए 4 मई, 1933 को इक्कीस दिनों का उपवास शुरू किया। यह उपवास सरकार के विरुद्ध नहीं था। सरकार ने उन्हें जेल से रिहा कर दिया। जेल से निकलने के बाद गांधी जी ने कांग्रेस के लोगों को हरिजन आन्दोलन के काम करने के लिए कहा। उन्होंने आन्दोलन को छह सप्ताह के लिए विचार करने के लिए स्थगित कर दिया। सरकार कांग्रेस से आन्दोलन में अपनी विफलता को स्वीकार करवाना चाहती थी। कांग्रेस के कार्यकर्ताओं और नेताओं को नहीं छोड़ा गया। कांग्रेस का उग्रवादी तबका इस तरह आन्दोलन को स्थगित करने के पक्ष में नहीं था। इन उग्र कांग्रेसियों में समाजवादी और पूर्ण स्वराज के समर्थक बिना उद्देश्य की पूर्ति के आन्दोलन को रोकने के पक्ष में नहीं थे। उस समय सुभाषचन्द्र बोस और विट्ठल भाई पटेल विदेश में चिकित्सा करवा रहे थे। उन्होंने वहीं से गांधी के आन्दोलन के रोके जाने के प्रस्ताव का विरोध किया। कुछ कांग्रेसी नेताओं ने सोचा कि उन्हें संवैधानिक तरीके से आगे बढ़ना चाहिए। गांधी ने जो रास्ता चुना उसके हिसाब से आन्दोलन को अब दूसरे हिसाब से चलना था। अब सभी आन्दोलन के लिए स्वतंत्र नहीं थे। गांधी को 'डिक्टेटर' माना गया और उन्हें ही यह अधिकार दिया गया कि वे ठीक करें कि कौन-कौन इस आन्दोलन में शामिल हो सकता है। अमर और उसके दोस्तों के लिए यह अप्रत्याशित था। वे इसे सही निर्णय नहीं मान पा रहे थे। कांग्रेस के सम्पन्न लोग आन्दोलन से थक चुके थे। वे असेंबलियों में प्रवेश चाहते थे। पटना कॉन्फ्रेंस में इस आशय का प्रस्ताव स्वीकृत हुआ जिससे युवाओं को निराशा हुई। युवा लोग सरकार से लड़ने के पक्ष में थे। ये विक्षुब्ध लोग पटना में जुटे और उन्होंने एक अलग दल, कांग्रेस सोशलिस्ट पार्टी के नाम से, बनाया। इन लोगों को लगता था कि असेंबली में जाने का निर्णय ठीक नहीं है। जो मतदाता थे वे शिक्षित और सम्पत्ति वाले लोग थे जो टैक्स देते थे और ये लोग पूरी जनसंख्या का बहुत ही छोटा हिस्सा थे। कांग्रेस समाजवादी पार्टी ने अपने को किसानों, श्रमिकों और गरीबों का प्रतिनिधि कहा जिनको वोट देने का अधिकार ही नहीं था। सभी प्रमुख शहरों में इस नए दल की शाखाएँ खोली गईं। इस दल के सदस्यों का कांग्रेस की नीतियों से मतभेद था, लेकिन इस दल के सभी सदस्यों के लिए कांग्रेस का सदस्य होना अनिवार्य था।

मार्च 1936 में भारतीय राष्ट्रीय कांग्रेस का अधिवेशन लखनऊ में हुआ। इस अधिवेशन में लोगों के अतिरिक्त उत्साह का कारण यह था कि लगातार पन्द्रह वर्षों के संग्राम के बाद आखिरकार ब्रिटिश पार्लियामेंट ने भारत में शासन में राज्य और केन्द्र दोनों जगहों पर आंशिक ही सही स्वायत्तता देने की बात स्वीकार की

थी। इसे कांग्रेस की विजय के रूप में देखा जा रहा था। कांग्रेस के समाजवादी गुट को शक्तिशाली बनाने के लिए उनके नेताओं को जुटाया गया था। नरीमन, यूसुफ मेहर अली, मीनू मसानी, कमला देवी चट्टोपाध्याय बम्बई से, सोमेन ठाकुर और माया घोष कलकत्ता से, भाल सिंह, सरोज गुप्ता दिल्ली से, सोहन सिंह जोश, कॉमरेड रामचन्द्र कपूर और मुंशी अहमद पंजाब से और जयप्रकाश नारायण और रामबृक्ष बेनीपुरी बिहार से जुटे। पूर्णिमा बनर्जी और एम.पी. सिन्हा लखनऊ से। पंडित जवाहरलाल नेहरू कांग्रेस सोशलिस्ट पार्टी में शामिल नहीं थे, लेकिन उनकी इस दल के साथ सहानुभूति सबको पता थी।[74]

इस कॉन्फ्रेंस में अमर सेठ, जो अब मेडिकल का छात्र था, की मुलाकात गोवा की एक आधुनिका मौली बोंजा से हुई। मौली ने एम.ए. की परीक्षा दी थी। वह एम.ए. के बाद शोध करना चाहती थी, पर कॉमरेड सितोले चाहते थे कि वह पार्टी के एक अंग्रेजी पत्र के लिए काम करे। वह कॉमरेड के साथ जुड़ी थी और उन्हीं के साथ यहाँ आई थी। अमर को एक बात याद आई कि कम्युनिस्टों का यूनिवर्सिटी पर कुछ प्रभाव है और इसका एक कारण उनसे जुड़ी लड़कियाँ हैं। अमर, सितोले और मौली इस बात को लेकर चिन्तित हैं कि कांग्रेस पर पूँजीपतियों का कब्जा है। वे चाहते हैं कि कांग्रेस के अधिकतर लोगों को यह पता होना चाहिए। वे इस बात से सहमत हैं कि समाजवादी क्रान्ति की असली शक्ति श्रमिक लोग हैं, जिनको विभिन्न औद्योगिक शहरों में संगठित करने की बहुत जरूरत है।[75]

जनवरी 1937 में चुनाव होने थे। यह पहले के चुनावों से अलग किस्म का चुनाव था क्योंकि वोटरों की संख्या बढ़ गई थी। पहले हजार में एक या दो लोग ही वोट देते थे। अब हर वह आदमी जो पन्द्रह रुपए टैक्स या दुकान का किराया देता था, वोट दे सकता था। इसके अलावा हर मैट्रिक पास पुरुष और स्त्री भी वोट दे सकते थे। इसका मतलब अब यह हुआ कि दो से तीन प्रतिशत लोग (हजार में बीस से तीस) वोट दे सकते थे।

चुनाव के लिए प्रचार करते हुए कांग्रेसियों ने इतना हल्ला-गुल्ला और नारेबाजी की कि ईसाई लोगों को लगा कि "गांधी के गुंडों (गांडी का ब्लडी गुंडा लोग)" को कंट्रोल करना चाहिए।[76]

चुनाव में जीतकर कांग्रेस को सत्ता मिली और गोविन्द बल्लभ पंत प्रधानमंत्री बने। कुछ लोगों को लगता था कि असली शक्ति अभी भी कांग्रेस के मंत्रियों के पास नहीं है। पहले ब्रिटिश सरकार मंत्रियों का चुनाव करती थी—जैसे छतरी के नवाब, बाजपेयी, महाराज सिंह, सी. वाई. चिन्तामणि जैसे लोग, अब उनकी जगह कांग्रेसी मंत्री थे। असली शक्ति पहले की तरह वाइसराय और गवर्नर के पास थी। आठ महीने बाद अमरनाथ को लगा कि कुछ भी परिवर्तन नहीं हुआ।[77] लखनऊ

विश्वविद्यालय की छात्रा उषा पंडित को जवाहरलाल नेहरू की आत्मकथा पढ़कर लगा कि नेहरू जी इन परिवर्तनों से खुश नहीं हैं। नेहरू ने लिखा था कि समाजवादी व्यवस्था के निर्माण के बिना लोगों की समस्याओं का समाधान नहीं हो सकता।[78] नेहरू ने यह भी लिखा था कि कांग्रेस पूँजीपतियों के नियंत्रण में है। अमरनाथ ने दो पुस्तकें उषा को पढ़ने के लिए दीं—जयप्रकाश नारायण की *समाजवाद ही क्यों* और इमाइल बर्न की एक पुस्तक। उषा पंडित एक ईसाई परिवार की युवती थी जो यूनिवर्सिटी की राजनीतिक गतिविधियों को ध्यान से देख-समझ रही थी। यूनिवर्सिटी में दो ग्रुप मजबूत थे—स्टूडेंट कांग्रेस, जिसको कांग्रेस और कांग्रेस सोशलिस्ट पार्टी का समर्थन प्राप्त था, और स्टूडेंट फेडरेशन जिसके साथ कम्युनिस्ट (उस समय प्रतिबन्धित) और उनसे सहानुभूति रखने वाले लोग थे। कम्युनिस्ट रफी अहमद किदवई के पुलिस मंत्री होने के कारण काम करने में थोड़ी रियायत पा जाते थे। कांग्रेस स्टूडेंट्स का नारा था—'महात्मा गांधी की जय', 'कांग्रेस जिन्दाबाद', 'भगत सिंह जिन्दाबाद' और 'इंकलाब जिन्दाबाद' और कम्युनिस्ट नारे लगाते—'कैपिटलिज्म डाउन डाउन', 'वर्कर्स ऑफ वर्ल्ड यूनाइट' और 'इंकलाब जिन्दाबाद'। जनसंघ का प्रभाव स्पष्ट नहीं था। पर मुस्लिम लीग का कुछ प्रभाव था।[79] फेडरेशन में लड़कियाँ अधिक सक्रिय थीं। उनमें थीं—नसीमा हबीबुल्लाह, वहीदा उस्मान, सुरमा सरकार, ललिता तिवारी और माधुरी शर्मा। कांग्रेस के दल में दो ही युवतियाँ मुखर थीं—कपिला दुबे और सरोज सिन्हा। कांग्रेस सोशलिस्ट के लोग *संघर्ष* पत्रिका के दफ्तर में हर शुक्रवार को स्टडी सर्कल में मिलते थे। जिस दिन नरेन्द्र देव या लोहिया आने वाले होते उस दिन मीटिंग के लिए पच्चीस से तीस लोग आते अन्यथा सात-आठ लोग ही इन सभाओं में आते। अमरनाथ सेठ इन गोष्ठियों में जाता था। कम्युनिस्टों के ग्रुप में महिलाओं की ज्यादा उपस्थिति सोशलिस्टों के लिए चिन्ता का विषय होती। वे इस बात से दुखी थे कि उषा जैसी लड़की को भी उस दल ने अपनी ओर कर लिया था। उन दिनों फेडरेशन के एक उम्मीदवार ने यह कहा कि वे अपने को एक छात्र मानते हैं; वे अपने को मुसलमान उम्मीदवार नहीं मानते। दोनों दलों के बीच हुए चुनाव में फेडरेशन का उम्मीदवार जीत गया।

उषा और डॉ. अमरनाथ सेठ ने विवाह कर लिया। इस विवाह में रफी अहमद किदवई (मंत्री), आचार्य नरेन्द्र देव और अन्य लोग आए और उन्होंने एक ईसाई और हिन्दू के बीच के इस विवाह में आकर दोनों को आशीर्वाद दिया।

तत्कालीन राजनीति की जमीनी हकीकतों का यह बहुत ही प्रामाणिक वर्णन है। इसमें यह स्पष्ट होता है कि कांग्रेस के भीतर और युवाओं के बीच एक नई चेतना का प्रभाव बढ़ा था। 1939 के समय देश में एक नई राजनीति की सुगबुगाहट थी।

1939 के बाद के राजनीतिक परिवर्तन

यह स्पष्ट है कि यशपाल के उपन्यास राष्ट्रीय आन्दोलन के लगातार मजबूत होने को चित्रित करते हैं पर इसके साथ ही कांग्रेस के भीतर चल रहे तनावों को भी यथोचित महत्त्व देते हैं। पटना के 1934 के अधिवेशन के बाद युवाओं में गांधीवादी तरीके से इस आन्दोलन के आगे बढ़ने के प्रति शंका भी स्पष्ट हो चुकी थी। इस दौर में कांग्रेस सोशलिस्ट के अलावा कम्युनिस्ट प्रभाव भी बढ़ा था।

फरवरी 1939 में स्थितियाँ बदलती दिखलाई पड़ीं। गांधी ने अपने को कांग्रेस से 1934 में अलग कर लिया था, लेकिन उनका नियंत्रण कांग्रेस पर बना हुआ था। गांधी की इच्छा के विरुद्ध अध्यक्ष बने सुभाषचन्द्र बोस कांग्रेस की नीतियों में परिवर्तन चाहते थे। वे ब्रिटिश शासन के अधीन कांग्रेस द्वारा सरकार बनाने की नीति के विरुद्ध थे। उग्र कांग्रेसी, समाजवादी, और कम्युनिस्ट उनके साथ थे। वे यूरोप से लौटकर आए थे। उन्हें इस बात का अन्दाजा था कि जर्मनी और इंग्लैंड के बीच हुआ म्यूनिख समझौता टिकेगा नहीं और दोनों महाशक्तियों के बीच युद्ध होकर रहेगा।[80] उनके अनुसार ब्रिटिश सरकार के विरुद्ध आन्दोलन शुरू करने का यही मौका था। नेहरू ने सुभाष को गांधी के साथ रहने का सुझाव दिया, लेकिन वे माने नहीं। उनके नेतृत्व में वामपंथियों ने संग्राम की तैयारी शुरू कर दी। गांधी के समर्थक उनके प्रभाव को लेकर आश्वस्त थे। वामपंथी ग्रुप सुभाष के समर्थन में ज्यादा से ज्यादा डेलिगेट्स को जुटाने लगे। अमरनाथ सेठ और उनके साथी उत्तर प्रदेश में बोस के समर्थन में जुट गए। कम्युनिस्ट (खासकर बंगाली) उनका पूरा सहयोग कर रहे थे। ऐसा लगता था कि अगले सम्मेलन में जो त्रिपुरी में होनेवाला था फैसला हो जाएगा कि कांग्रेस सुभाष की नीति से चलेगी या गांधी की नीति से। ऐसे समय में गांधी का यह निर्णय आया कि वे अपने को कांग्रेस से अलग रखेंगे, क्योंकि कांग्रेस में उनकी बात पर समर्थन अल्प मत में है। उन्होंने यह भी कहा कि नए अध्यक्ष सुभाष को स्वतंत्रता से काम करने देने के लिए वे त्रिपुरी के अधिवेशन में भाग नहीं लेंगे। वे फरीदकोट जाकर गरीबों के लिए काम करेंगे। गांधी के इस निर्णय से खलबली मच गई। समाजवादी खेमे के नरेन्द्र देव, जयप्रकाश, लोहिया, मसानी आदि नेता दुविधा में थे। वे संघर्ष की राह पर चलने के लिए सुभाष को चाहते थे, पर जनता को साथ रखने के लिए गांधी को साथ लेना जरूरी था।

लखनऊ से त्रिपुरी के लिए बड़ा दल रवाना हुआ। पहला दर्जा मंत्रियों के लिए आरक्षित था। नरेन्द्र देव और समाजवादी तृतीय श्रेणी में जा रहे थे। समाजवादी गांधी के सुभाष के साथ असहयोग की नीति से खुश नहीं थे। नेहरू ने यह घोषणा कर दी थी कि सुभाष अगर बिना गांधी की सहमति के उनका नाम नई कमेटी में रखेंगे तो वे इसे स्वीकार नहीं करेंगे। समाजवादी यह समझते थे कि गांधी कांग्रेस पर पूरा

नियंत्रण एक डिक्टेटर की तरह चाहते थे।[81] यह भी स्पष्ट था कि अगर गांधी के समर्थक बड़े नेतागण—नेहरू, पटेल, राजेन्द्र बाबू, मौलाना आजाद, राजगोपालाचारी कांग्रेस कार्यकारिणी समिति में नहीं होते तो इसका सीधा मतलब होता कांग्रेस का विभाजन। जनता के लिए गांधी सब कुछ थे और जो पूँजीपति थे, जिनसे आर्थिक सहयोग लेकर कांग्रेस चल रही थी, वे गांधी के साथ थे।

1936 तक कांग्रेस के अधिवेशन बड़े शहरों में होते थे। उसके बाद गांधी के सुझाव पर छोटी जगहों पर किए जाने लगे। अब नए अधिवेशनों में डेलिगेट्स अजीब सी स्थिति में अपने को पाते थे। बहुत सारे डेलिगेट्स ने पहले-पहल बैलगाड़ी इन्हीं अधिवेशनों में देखी। त्रिपुरी अधिवेशन में कांग्रेस के समाजवादी लोग सुभाष के पास पहुँचे। उनके बीच इस विकट राजनीतिक परिस्थिति पर चर्चा हुई थी। बोस अस्वस्थ थे, पर उन्होंने परिस्थिति को समझा। वे बीच के रास्ते के विरुद्ध नहीं थे। समाजवादियों का कहना था कि आगे बढ़ने के लिए गांधी की सहमति किसी भी तरह से जरूरी है। कांग्रेस की रक्षा के लिए यह जरूरी था। वामपंथी और उग्र कांग्रेसी इस बात को चीख-चीख कर कह रहे थे कि गांधी देश से बड़े नहीं हैं। 1934 में गांधी ने कहा था कि स्वराज प्राप्ति के लिए सत्य और अहिंसा की साधना जरूरी है। उस समय कांग्रेस नेतृत्व ने उनकी बात नहीं मानी थी और गांधी ने त्यागपत्र दे दिया था। गांधी ने काउंसिल में कांग्रेस के जाने का भी विरोध किया था, पर उनकी बात नहीं मानी गई थी। वामपंथी और उग्र कांग्रेसियों का कहना था—"आज गांधी के बिना हार्ट फेल हो जाएगा! जनता से आमना-सामना होने पर गांधी इनके लिए शिखंडी! जनता को बहलाना हो तो गांधी की जय![82]

यशपाल ने इस पूरे प्रसंग को बहुत ही विस्तार से चित्रित किया है कि कैसे गांधीवादियों ने सुभाष बोस को अपदस्थ किया। उनके शब्दों में ही पूरे चित्र को देखना उचित होगा। यशपाल ने लिखा है—

> "बोस ज्वर की अवस्था में त्रिपुरी आए थे। वहाँ पहुँचकर परिस्थितियों के विकट तनाव से ज्वर बढ़ गया।...डाक्टर की राय से बोस को पंडाल में स्ट्रेचर पर लाया गया। उनके चेहरे-आँखों को तीखी धूप से बचाने के लिए एक व्यक्ति छतरी लेकर साथ। बोस की भतीजी समय पर दवा-दारू देने और देखभाल के लिए हाथ में छोटा पंखा लिये हुए।
>
> "लौहपुरुष पटेल, देशबन्धु राजेन्द्र बाबू, विधानचन्द्र राय इस दृश्य से चौंके। भाँप लिया : डेलिगेटों की सहानुभूति पाने की चाल। करुणा जगाकर विपक्षी को हृदय परिवर्तन द्वारा जीतने के गांधीवादी हथियार का उपयोग गांधीपंथ के विरुद्ध!

“गांधी समर्थक नेताओं द्वारा तुरन्त अहिंसात्मक प्रत्याक्रमण : बिना टिकट नाटक देखो! रास्ता छोड़ दो! बाअदब बामुलाहिजा होशियार! महाराज की पालकी आ रही है! पालकी पर राजछत्र, पंखा-चँवर लिये सुन्दर दासियाँ। रात छक कर पिया, डटकर कबाब-मच्छी-पुलाव का पथ्य; अब तबीयत खराब?

“क्लिक! क्लिक! झटपट कई कोणों से फोटो।

“बड़े नेताओं के पीछे-पीछे डी. पी. एस. सिन्हा और लोहिया से बात करते कलकत्ता के कांग्रेस समाजवादी मित्रा थे। मित्रा कांग्रेसी नेताओं के व्यंग्य से भड़क गए। विधानचन्द्र राय को सुनाने के लिए गरजे “कितने जहरीले ये गांधीपंथी! ये असलियत इनके सत्य-अहिंसा की...।

“लोहिया और सिन्हा ने मित्रा को चुप कराया। गांधीपंथी नेताओं ने व्यंग्य आक्षेप सहिष्णुता से अनसुना कर दिया।

“पत्रकारों में सनसनी : बोस की वास्तविक स्थिति क्या है? कौन डाक्टर इलाज कर रहे हैं?

“बोस के साथ कलकत्ते से डाक्टर न आया था। कांग्रेस के अधिवेशन में बम्बई से आए सुप्रसिद्ध डाक्टर गाडगिल बोस का इलाज कर रहे थे। गाडगिल ने पूरा ब्योरा दिया : सुभाष बोस को ज्वर 103 डिग्री था। फेफड़ों में गहरा जमाव। रक्तचाप बहुत बढ़ जाने से अनिद्रा।

“बड़े नेताओं के अनुरोध से समाचार दबा दिया गया। फिर भी खबर फैल गई। सिन्हा, शास्त्री, सेठ, पाठक, माया और उषा उदास। कम्युनिस्टों ने क्षोभ में दाँत पीस लिए। पाठक क्रोध वश न कर सका, ‘साबरमती के कन्हैया दो-दो गोपियों को बगल में लेकर चलें तो सन्त। दूसरों के साथ दवा देने के लिए बेटी-भतीजी चले तो बेशर्म ऐयाशी...!’

“डेलिगेट अधिवेशन में मुख्य प्रस्ताव पेश किया पंडित गोविन्द बल्लभ पंत ने : कांग्रेस प्रतिनिधियों का यह अधिवेशन कांग्रेस के नवनिर्वाचित अध्यक्ष को निर्देश देता है कि कार्यकारिणी समिति के सब सदस्यों की नियुक्ति गांधी जी के निर्देश अथवा अनुमति से की जाए।...एक घंटे वक्तृता में कांग्रेस के विकास में गांधी जी के योगदान की स्तुति। कांग्रेस की शक्ति और जीवन गांधी।...बोस की उच्छृंखलता, अनुशासनहीनता के कारण कांग्रेस के निश्चित ध्वंस की चेतावनी। गांधी के नेतृत्व के बिना गांधीपंथी लोगों की कांग्रेस से पूर्ण असहयोग की मजबूरी...। पंडाल में सन्नाटा।

"पंडित पंत के बाद आचार्य नरेन्द्रदेव का भाषण एक घंटे तक। आचार्य जी की अपील : कांग्रेस का ध्येय देश के जनसाधारण को आत्मनिर्णय के अधिकार के लिए समर्थ बनाना और उनके लिए यह अधिकार प्राप्त करना है। आत्मनिर्णय का अधिकार ही प्रजातंत्र का मूल और स्वतंत्रता है। कांग्रेस ने अपने सिद्धान्त और विधान के अनुकूल जनता को निर्णय लेने का अवसर दिया। यह जनता की स्वाभाविक आशा है कि जनता को दिए गए अधिकार के अनुसार उसका निर्णय कार्यान्वित किया जाए।...आचार्य जी ने गांधी जी में पूर्ण भरोसा, विश्वास और श्रद्धा का एलान किया। गांधी जी के अनुयायी महापुरुषों से सहिष्णुता और उदारता से नई उठती जन-भावनाओं को सहयोग और सहायता देने की अपील की।

"दोनों पक्षों की ओर से अनेक भाषण। वही बातें, अपीलें दोहरा-दोहरा कर। प्रस्ताव पर मत लेने से पूर्व प्रतिनिधियों को विचार के लिए समय दिया गया। कांग्रेस समाजवादी नेता विकट दुविधा में। बोस पक्ष की भारी बहुमत से विजय में उनका सहयोग मुख्य सहारा था।...यदि कांग्रेस सोशलिस्ट पूर्ववत् मत देते—बोस पक्ष की पुन: निश्चित विजय और गांधी पक्ष का कांग्रेस से निश्चित असहयोग। कांग्रेस टूट-फूट से तहस-नहस। कांग्रेस समाजवादी नेताओं ने सुझाव दिया : बजाय इस प्रस्ताव के कांग्रेस अध्यक्ष का चुनाव पुन: करा लिया जाए। चुनाव में गांधी समर्थन का आश्वासन।

"गांधी पक्ष के नेता विपक्ष में खलबलाहट भाँप कर अपने प्रस्ताव पर अडिग। वे जनता को गांधी पक्ष की अवज्ञा का पूरा दंड देने पर उतारू। उनका एक ही जवाब, जो निर्णय हो इसी प्रस्ताव पर।

"कांग्रेस समाजवादी नेताओं की राजनीतिक समझ का तकाजा : सबसे जरूरी काम कांग्रेस को विघटन से बचाना। दूसरी ओर नैतिक संकट, गांधीपंथी नेतृत्व की नीति विरुद्ध मत देने के बाद अब उसका समर्थन कैसे करें? दारुण स्थिति में उन्होंने अपने दल को आदेश दिया—इस द्वन्द्व में प्रस्ताव पर मतदान में निष्पक्ष रहा जाए।

"कम्युनिस्ट और रायिस्ट बौखला उठे—बोस को संघर्ष में भिड़ाकर उसकी टाँग घसीटना। निष्पक्षता पर लानत। अनेक कांग्रेस समाजवादी बहुत क्षुब्ध; वे स्वयं इसे बोस के साथ विश्वासघात समझ रहे थे और मोर्चा जीतकर पीठ दिखा देना। दल के विश्वस्त कार्यकर्ताओं से अन्य साथियों को समझाने का अनुरोध किया गया। यह विश्वासघात या पराजय स्वीकार करना नहीं, संघर्ष में पीछे हटकर पुन: आक्रमण के लिए पैंतरा है। हमारा प्रोग्राम कांग्रेस

को समाप्त करना नहीं, कांग्रेस में अपनी शक्ति बढ़ाना है। कम्युनिस्ट को न राष्ट्रीय भावना की न राष्ट्रीय संगठन की चिन्ता। जनता ने हमारी शक्ति का कुछ परिचय पाया, शेष अगले आक्रमण में...।

"वामपंथी मोर्चे को सबल बनाने के लिए रेवोल्यूशनरी सोशलिस्ट पार्टी एक मास पूर्व कांग्रेस समाजवादी दल में सम्मिलित हो गई थी। उनके विचार में बोस विरोधी प्रस्ताव पर कांग्रेस समाजवादियों की निष्पक्षता वाम पंथ से विश्वासघात। रेवोल्यूशनरी सोशलिस्ट पार्टी कांग्रेस समाजवादियों से अलग हो गई। कम्युनिस्टों और रायिस्टों ने भी कांग्रेस समाजवादियों से असहयोग कर दिया। संयुक्त मोर्चा बिखर गया।

"कांग्रेस समाजवादियों की पृथक् सभा में बोस विरोधी प्रस्ताव पर आचार्य जी और लोहिया की धैर्य और दूरदर्शिता की अपीलों के बावजूद त्यागी ने ऐसी निष्पक्षता को ढुलमुल अवसरवादी नीति कहकर इसका विरोध किया। पाठक ने चेतावनी दी : यह कांग्रेस पूँजीपतियों के प्रतिनिधि मठाधीशों के सामने आत्मघाती समर्पण है और सदा के लिए वाम पक्ष के सहयोग की समाप्ति।"[83]

जब यह घोषणा हुई कि नवनिर्वाचित कांग्रेस अध्यक्ष को आदेश है कि सम्पूर्ण कांग्रेस कार्यकारिणी समिति की नियुक्ति गांधी जी के निर्देश और अनुमति से की जाए तो एक उपस्थित व्यक्ति काले खान चीख पड़ा—"तुम्हारी कांग्रेस हिन्दुओं की जमात। गांधी हिन्दुओं का पोप है।"[84] पन्द्रह-सोलह कॉमरेड जुलूस बनाकर नारे लगाने लगे—सरमायादारी तानाशाही नहीं चलेगी!...जनता को दगा देने वाले गद्दार मुर्दाबाद![85] "बीस-पच्चीस समाजवादी भी सुभाष बोस के पक्ष में हाथ उठाए थे ऐसा भी कहा गया। कुल मिलाकर कम्युनिस्टों ने सुभाष का समर्थन जारी रखा, लेकिन समाजवादियों ने पहले सुभाष को समर्थन दिया था, लेकिन जब गांधी के विरोध का मुद्दा सामने आया वे लोग हट गए।

युवा लोग इस घटना से बहुत दुखी थे। दो दिन बाद गांधी ने फरीदकोट के प्रश्न पर अनशन को खत्म कर दिया। उन्होंने कहा—"इस प्रश्न पर मेरा अनशन का निर्णय उचित न था। मुझे खेद है, मैंने ईश्वरीय प्रेरणा को समझने में भूल की।"[86]

नरेन्द्र को लगा कि यह ठीक नहीं हुआ। अमरनाथ सेठ गांधी के प्रति सन्देह नहीं रख सकता था। नरेन्द्र ने उससे कहा कि समाजवादी पार्टी को अपनी भूल को स्वीकार करना चाहिए और इसके लिए जनता से माफी माँगनी चाहिए। गांधी को बार-बार गलतियाँ करने के लिए नहीं छोड़ देना चाहिए। उसके अनुसार गांधी की पहली गलती 1922 में हुई जब उन्होंने आन्दोलन स्थगित कर दिया। दूसरी गलती

1931 में हुई जब नमक सत्याग्रह असफल हुआ। यह तीसरी गलती थी।

अमर को भी लगता है कि गांधी को कोई दैवी शक्ति मानना ठीक नहीं और लोगों की गांधी के प्रति अंधश्रद्धा अनुचित है, पर इसे तुरन्त समाप्त करना दुष्कर है। गांधी ने राष्ट्रवाद का सन्देश देश के जन-जन में फैलाया है इससे किसी को इनकार नहीं है।

त्रिपुरी में दो महीने का समय सुभाष को अपनी कार्यसमिति के गठन के लिए दिया गया। इसे गांधी की सहमति से ही बनाया जाना था। मई के अन्त में डेलिगेट्स का एक अधिवेशन कलकत्ता में आयोजित हुआ। बोस को अपनी कमेटी न बना पाने के कारण हटा दिया गया और राजेन्द्र प्रसाद को उनकी जगह कांग्रेस का नया अध्यक्ष चुना गया। वामपंथियों ने इसे व्यर्थ समझा। दरअसल त्रिपुरी अधिवेशन के बाद पार्टी में शैथिल्य आ गया था। अब अधिक ध्यान स्वामी सहजानन्द के प्रभाव से किसानों की ओर दिया जा रहा था।[87]

3 सितम्बर, 1939 को विश्वयुद्ध की घोषणा हुई। पिछले विश्वयुद्ध की तरह यह समय भी कुछ लोगों के लिए रुपए कमाने का समय था। उन दिनों नब्बे से पंचानबे प्रतिशत दवाइयाँ यूरोप से मँगवाई जाती थीं। मलेरिया का खतरा बढ़ा हुआ था। जैसे पिछले विश्वयुद्ध में इनफ्लुएंजा का खतरा था, इस बार मलेरिया का खतरा आ गया था और व्यवसायियों के लिए फिर से विपदा में रुपए कमाने का पूरा अवसर था। निम्न-मध्यवर्ग के लिए भी रोजगार के नए अवसर पैदा हुए थे। हिटलर-मुसोलिनी के पराक्रम की अफवाहें चार-पाँच बरस से फैल रही थीं। लोग अंग्रेजों से बहुत क्रुद्ध थे और गाली देते हुए कहते—"अब इन मादरचोदों की गाँड़ में डंडा होगा।"[88]

इस समय वामपंथी लोग बहुत क्षुब्ध थे, उनको यह लग रहा था कि त्रिपुरी अधिवेशन के समय बोस का प्रस्ताव दूरदर्शिता का था। इस समय कांग्रेस को संघर्ष के लिए तैयार होना चाहिए था। कांग्रेस नेता मौन थे और गांधी की ओर देख रहे थे। कांग्रेस समाजवादी इस बात से खफा थे कि रूस ने पोलैंड के लिए फासिस्ट जर्मनी से समझौता कर लिया और कम्युनिस्टों और रायवादियों ने रूस की नीति का बचाव किया। बहुत सारे लोग इस उम्मीद में थे कि गांधी और कांग्रेस इस समय जरूर कुछ करेंगे। सितम्बर के अन्त में कांग्रेस ने कहा—"यह साम्राज्यवादी युद्ध है। इसका प्रयोजन पराधीन देशों पर साम्राज्यवादी नियंत्रण को दृढ़ करना है।...कांग्रेस ऐसे युद्ध से असहयोग करेगी।" इसके साथ एक दूसरा प्रस्ताव आया जिसमें यह स्पष्ट करने के लिए कहा गया था कि ब्रिटेन यह कहे कि युद्ध के पश्चात् ब्रिटिश साम्राज्य में भारत की क्या स्थिति होगी?[89]

समाःजवादी आन्दोलन के लिए तत्पर थे और कम्युनिस्ट कोशिश कर रहे थे कि कांग्रेस की साम्राज्यवाद के समर्थन की नीति का पर्दाफाश हो। वे लोक समर्थन

के लिए ऐसा करना चाह रहे थे। अक्टूबर के प्रथम सप्ताह में उन्होंने बम्बई में एक लाख लोगों की रैली अपने समर्थन में की। इसके बाद कम्युनिस्टों की देश-भर में गिरफ्तारी शुरू हो गई। इस समय गांधी का प्रस्ताव आया कि अगर केन्द्र में कांग्रेस की सरकार बन जाए और सत्ता कांग्रेस के हाथ में सौंप दी जाए तो कांग्रेस युद्ध में ब्रिटेन का समर्थन करने के लिए तैयार होगी। उन्होंने वाइसराय से मिलने का समय माँगा।

कांग्रेस के प्रस्ताव का मुस्लिम लीग ने विरोध किया और दावा किया कि मुसलमान इसका विरोध करेंगे। इसी बीच वाइसराय ने गांधी के प्रस्ताव को खारिज करते हुए कहा कि गांधी का प्रस्ताव मान्य नहीं है और जब तक, मुसलमान विरोध करेंगे सत्ता कांग्रेस के हाथों में नहीं सौंपी जा सकती।

वाइसराय की इस घोषणा के बाद कांग्रेस के लिए मुसीबतें बढ़ गईं। ग्यारह में से नौ राज्यों में कांग्रेस की सरकारें थीं और सभी ने त्यागपत्र दे दिया। मुस्लिम लीग ने कांग्रेस सरकार के त्यागपत्र देने के बाद यौमे निजात (मुक्ति का दिन) मनाया। कहा गया कि जब तक मुसलमानों की रगों में एक बूँद भी खून बाकी है, हिन्दू कांग्रेस का राज कायम नहीं हो सकता। वे कहते—"हम मुहम्मद गोरी, मुहम्मद गजनवी और नादिरशाह के वारिस हैं। हमने इस मुल्क को शमशीर से फतह किया है। मुसलमान इस मुल्क में हिन्दुओं के गुलाम बनकर नहीं रह सकते। जब तक सल्तनते बरतानिया कायम है, हम उसकी वफादार रिआया हैं लेकिन मुसलमान हिन्दू हुकूमत बर्दाश्त नहीं करेंगे...।"[90]

इस समय तक उत्तर प्रदेश में मुस्लिम लीग का विशेष प्रभाव नहीं था। प्रभावशाली मुस्लिम नेता—बैरिस्टर खलीकुज्जमा, राजा महमूदाबाद, मौलाना हसरत मोहानी, मदनी नदीम साहब वगैरह कांग्रेस के साथ थे। मुसलमानों में ज्यादा प्रभाव 'अहरार पार्टी' या 'जमीयत उल उलेमा' का था। ये कांग्रेस के साथ थे। इनके लोग खद्दर पहनते थे और सत्याग्रह और असहयोग में भाग लेते थे। अब अचानक मुसलमानों का बहुमत मुस्लिम लीग के साथ आ गया। अब खलीकुज्जमा, राजा महमूदाबाद, मौलाना हसरत मोहानी, मौलाना मदनी सब लीग में सम्मिलित हो गए। महीने-भर में मुसलमानों की बड़ी संख्या लाल तुर्की टोपी, काली शेरवानी और सफेद पाजामे की मुस्लिम लीगी पोशाक पहने दिखाई देने लगी।[91] लखनऊ जैसे शहर में साम्प्रदायिक जुलूस निकले और उन जुलूसों में इस बड़े बदलाव को देख कांग्रेस सकते में आ गई। मुसलमानों में यह भरोसा दिखा कि अंग्रेज सरकार उनकी सहायक है। दूसरी ओर हिन्दू भी यह समझते थे कि अंग्रेज सरकार उनके पक्ष में है।

कांग्रेस का अगला अधिवेशन मार्च 1940 में रामगढ़ में हुआ। इस अधिवेशन में कांग्रेस अध्यक्ष के रूप में गांधी ने मौलाना आजाद का नाम सुझाया। वामपंथी

गुट के एम.एन. राय ने इसका विरोध किया। वे जानते थे कि मौलाना के मुकाबले उनके पास समर्थन कम था, लेकिन वे कांग्रेस के सामने अपनी नीतियों को रखने के लिए मौलाना के मुकाबले में खड़े हुए। राय को कहा गया कि इससे कांग्रेस के भीतर वामपंथी और अधिक बँट जाएँगे। राय का मत था कि ऐसा पहले ही हो चुका है[92] और कांग्रेस के सामने सही नीति की चर्चा करना जरूरी है। वे मानते थे कि कांग्रेस की गलत नीति ने मुस्लिम लीग का बेकार में हौवा खड़ा किया है। उनके हिसाब से सही नीति यह होती कि कांग्रेस युद्ध में समर्थन देती और दोनों शत्रुओं—साम्राज्यवादी और फासिस्ट को आपस में लड़कर एक-दूसरे को कमजोर होने देती। इस बीच भारतीय लोगों को सामरिक युद्ध के लिए पर्याप्त प्रशिक्षण प्राप्त कर लेना चाहिए।

समाजवादियों के लिए यह एक हास्यास्पद प्रस्ताव था।

अध्यक्ष के लिए वोट हुआ और राय को 200 वोट मिले और आजाद को 1200 वोट मिले।

रामगढ़ में दो समानान्तर सेशन हुए। एक ओर कांग्रेस का और दूसरी ओर सुभाषचन्द्र बोस के समर्थकों ने अपने-अपने सत्र आयोजित किए।

कांग्रेस अगले कदम के लिए गांधी पर पूरी तरह से निर्भर थी। अगर कुछ नहीं हुआ तो जनता के क्रान्तिकारियों की ओर जाने का खतरा था। ऐसे समय में गांधी ने एक कमजोर किस्म का व्यक्तिगत सत्याग्रह शुरू किया। मौलाना आजाद इस आन्दोलन को महत्त्व देने के लिए किसी बड़े नेता को प्रथम सत्याग्रही के रूप में देखना चाहते थे, लेकिन गांधी ने विनोबा भावे को इसके लिए चुना। इस चुनाव का आधार गांधी ने यह दिया कि बड़ी उम्र का होने पर भी विनोबा नारी सम्पर्क से दूर रहे हैं! इस तरह की बातों का असर युवाओं पर अनुकूल नहीं पड़ा। पर गांधी कांग्रेस के डिक्टेटर थे और उनको चुनौती देना सम्भव नहीं था।

कौन-कौन इस सत्याग्रह में शामिल होगा इसका चुनाव होना था और बिना अनुमति के कोई भी सत्याग्रही नहीं हो सकता था। उग्र कांग्रेसी, समाजवादी और कम्युनिस्ट इस तरह के आन्दोलन को बेकार मानते थे और इसे राष्ट्रीय आन्दोलन के लिए उपयुक्त नहीं समझ पा रहे थे।

गांधी की नीतियों को लेकर बहस तेज थी। यह लोग नहीं समझ पा रहे थे कि गांधी क्या चाह रहे हैं। वे गांधी के इस नैतिक आन्दोलन को राजनीतिक आन्दोलन के रूप में स्वीकार नहीं कर पा रहे थे। असन्तुष्ट लोग गांधी में एक अहिंसक फासिस्ट भी देख रहे थे।[93] ऐसी कई बातें थीं जिनके कारण गांधी की बातों को एक आन्दोलन के लिए युवा लोग अनुपयुक्त मान रहे थे। गांधी का व्यक्तिगत सत्याग्रह रविवार को बन्द होता था। इसके बारे में लोगों को लगता कि यह अंग्रेज अफसरों को अपनी छुट्टी ठीक से बिताने के लिए उनका सहयोग करने जैसा था। लोग इस

बात से भी असन्तुष्ट थे कि सत्याग्रही को ईश्वर के नाम से शपथ लेना अनिवार्य था। लोग कहते कि भगत सिंह और कई क्रान्तिकारी किसी से कम देशभक्त नहीं थे, पर उन्होंने फाँसी के लिए जाते हुए भी ईश्वर को याद नहीं किया।

सत्याग्रही पुलिस और प्रशासन को सूचित करके सत्याग्रह करने पहुँचते थे और उस समय पुलिस उनको गिरफ्तार करके जेल में बन्द कर देती थी। इससे पुलिस को भी कोई परेशानी न होती और जो कांग्रेस के सत्याग्रही होते उन्हें भी बस जेल चले जाना होता। उनको इसमें कोई विशेष असुविधा नहीं होती। जाहिर है, इस तरह के 'आन्दोलन' से जनता भी बहुत उत्साहित नहीं होती थी। धीरे-धीरे लोगों का उत्साह भी कम होता गया। ऐसा भी समय आया जब पुलिस गिरफ्तार करने के लिए नहीं आती तो सत्याग्रही खुद जाकर थाने में अपनी गिरफ्तारी देता!

व्यक्तिगत सत्याग्रह का कोई प्रभाव युद्ध की तैयारी पर नहीं पड़ा। सरकार को भर्ती के लिए सिपाही, मजदूर, अन्न और कपड़े पर्याप्त मात्रा में मिल जा रहे थे। सरकारी विज्ञप्ति के अनुसार प्रतिदिन पाँच हजार सैनिकों की भर्ती होती थी। गांधी के नाम से चलने वाले खादी भंडारों से भी युद्ध के लिए कंबल खरीदे जा रहे थे।

यह स्पष्ट हो गया था कि लोकतंत्र की दुहाई देकर केन्द्र में सत्ता हासिल करने के कांग्रेसी प्रयास का शक्तिशाली विरोध मुस्लिम लीग कर पा रही थी और ब्रिटिश युद्ध सम्बन्धी तैयारी में कोई असुविधा नहीं हो रही थी।

विश्व युद्ध शुरू होने के छह महीने बाद जर्मनी और इटली के रेडियो द्वारा भारतीय क्रान्तिकारियों के स्वर सुनाई देने लगे। ये लोग आम बोलचाल की भाषा में अपनी बात रखते और इनको सुनकर लोगों को बहुत मजा आता। लोग उनको सुनकर देश में सरकार के विरुद्ध कुछ करने के लिए मन बनाते और उन्हें लगता कि स्थानीय (कांग्रेसी) नेता उन्हें उचित निर्देश नहीं दे रहे।

जून 1940 में अचानक जर्मनी ने फ्रांस पर हमला कर दिया और एक पखवाड़े में ही फ्रांस ने घुटने टेक दिए। जर्मनी और इटली की सेना ने अफ्रीका और पश्चिमी एशिया की ब्रिटिश और फ्रेंच कॉलोनी पर हमला बोल दिया। जर्मनी ने बहुत तेजी से कई क्षेत्रों पर अधिकार जमा लिया। गांधी समेत कांग्रेसी नेताओं ने फ्रांस की हार पर दुख प्रकट किया।

इस नई परिस्थिति पर विचार के लिए कांग्रेस ने पुणे में एक सभा की। इस गम्भीर परिस्थिति में कांग्रेस ने इंग्लैंड को मदद देने का प्रस्ताव दिया। नरेन्द्र देव ने कहा कि लोकतांत्रिक देशों को मदद करना उचित है, लेकिन इन लोकतांत्रिक देशों को भी अपनी ओर से लोकतांत्रिक व्यवहार करना चाहिए। वे भारत के लोगों की लोकतांत्रिक माँगों के प्रति इंग्लैंड की सरकार की नीति की आलोचना कर रहे थे। नेहरू समेत अन्य नेताओं ने इंग्लैंड को मदद देने के इस प्रस्ताव का समर्थन किया।

यह पास हो गया। पर कांग्रेस इस समर्थन के बदले अपने लिए कुछ आश्वासन माँग रही थी। गांधी ने इसका विरोध किया। उनका कहना था कि अगर मदद करना चाहते थे और इसे सही मानते थे तो इसके साथ किसी शर्त को रखना अनुचित है।

समाजवादी कांग्रेस की इस नीति के समर्थन में न थे, लेकिन अपना असन्तोष प्रकट करने के अलावा वे कुछ न कर सके। कांग्रेस के भीतर भी एक ग्रुप जो मोतीलाल नेहरू के जमाने से ही था[94] इस तरह के प्रस्ताव से खुश न था।

देश की हालत की चर्चा सैनिकों के बीच भी हो रही थी। पिछले विश्वयुद्ध में भाग ले चुके सैनिक आम लोगों की इस धारणा को झुठला रहे थे कि भारतीय सैनिकों के साथ अंग्रेज लड़ाई के मैदान में अच्छा व्यवहार करते थे। एक सूबेदार ने रावलपिंडी की एक घटना का भी जिक्र किया जिसमें एक गढ़वाली हवलदार ने अपने ऑफिसर का हुक्म मानने से इनकार कर दिया था। अंग्रेज अधिकारी ने आदेश दिया था कि भीड़ (जो कि निहत्थी थी) पर गोली चलाई जाए, पर गढ़वाली सूबेदार (चन्द्र सिंह गढ़वाली) ने इस हुक्म को नहीं माना। इसके लिए उसका कोर्ट मार्शल हुआ और सूबेदार को दंडित होना पड़ा। सूबेदार का कहना था कि अगर भारतीय अधिकारी आदेश करें तो सेना के जवान देश के लिए लड़ने को तैयार हैं। उसने ताव में आकर कहा—"बहनचोद अंग्रेज के लिए मोर्चे पर मरेंगे; अपनी पब्लिक के लिए नहीं मर सकते? सिपाही तो गदर के लिए तैयार पर कोई भरोसे की बात तो हो।"

जाहिर है, ये सैनिक भारतीय नेताओं के कहने पर कुछ कर सकते थे। सेना को इस लड़ाई में शामिल करने के बारे में कुछ युवा प्रयास करना चाहते थे। उनमें से एक पाठक को जवाहरलाल नेहरू से उम्मीद थी कि वे इस बारे में सोचेंगे। जवाहरलाल नेहरू बहुत जोशीला भाषण उन दिनों चीन से लौटकर उत्तर प्रदेश में दे भी रहे थे। उन्होंने इंकलाब के लिए तैयारी का आदेश भी दिया था। बिना किसी भूमिका के एक नौजवान पाठक ने उनसे कहा—"आपने इंकलाब के लिए तैयारी का आदेश दिया है। इंकलाब में फौजें चुप या निष्पक्ष नहीं रह सकेंगी। फौजें या तो इंकलाब में मदद करती हैं या इंकलाब को दबाने का काम। हम यहाँ फौज से कुछ कॉन्ट्रैक्ट्स बना रहे हैं, लेकिन वे लोग बड़े लीडरों का आश्वासन चाहते हैं; हमने उन्हें वचन दे दिया है..." नेहरू जी यह सुनकर चौंक गए और उन्होंने पाठक को समझाया कि वे ऐसा सोच भी नहीं सकते। उन्होंने कहा कि गांधी पुलिस और सेना को विद्रोह नहीं सिखाते। कल हमें इन्हीं सिपाहियों के भरोसे शासन सँभालना होगा। हमारी क्रान्ति निःशस्त्र अहिंसात्मक क्रान्ति से स्वशासन के लिए है। युवा पाठक ने नेहरू से तर्क करना चाहा, लेकिन नेहरू ने उसे दो टूक तरीके से कह दिया कि अधिकांश सिपाही निरक्षर, केवल इशारों पर चलने वाली मशीनों की तरह हैं और गोरखा, बलूची, पठान, पंजाबी कोई खुद को हिन्दुस्तानी नहीं मानता, सब अपनी अलग कौम मानते हैं। अंग्रेजों ने पलटनों को जनसम्पर्क से दूर रखा है।

नेहरू ने यह भी जोड़ा कि कांग्रेस के आन्दोलन की नींव शुरू से ही दूसरी है। हमने निर्देशन गांधी के हाथ सौंपा है और कांग्रेस की मूल नीति के विरुद्ध हम नहीं जा सकते। बात यहीं खत्म हो गई। दूसरे दिन नेहरू ने गोरखपुर में उग्र ललकार का भाषण दिया। उनको गिरफ्तार कर लिया गया। अदालत में भी उन्होंने जोरदार भाषण दिया। इससे पाठक प्रभावित नहीं होता, उसे लगता है कि इससे क्रान्ति नहीं होगी।

27 जनवरी, 1941 को सुभाषचन्द्र बोस, जो चार महीने से नजरबन्द थे फरार हो गए। किसी कांग्रेसी नेता के इस तरह फरार होने की यह पहली घटना थी। युवाओं को लगा कि सुभाष संघर्ष को जारी रखने के लिए ही भागे हैं।

विश्वयुद्ध की घटनाओं को लेकर राजनीतिक वर्ग में दिलचस्पी थी। बाकी लोगों के लिए कुछ सुविधाएँ थीं और दिक्कतें थीं। लोग सेना और सेना से जुड़े कामों में नौकरियाँ पा रहे थे। जरूरी चीजों की कीमतें बहुत बढ़ गई थीं। वितरण ठीक नहीं था। जो चीजें गाँव के लिए जरूरी थीं वे शहरों में उपलब्ध थीं और जो चीजें शहरों के लिए उपयुक्त होतीं वे गाँवों में पहुँच जा रही थीं। यह व्यवस्था व्यापारियों और अधिकारियों के अनुकूल थी और उन्होंने इस अव्यवस्था के दौर में अपने लिए खूब कमाई की। जब बड़े अधिकारियों के पास शिकायतें लाई जातीं कि बाजार में अन्न नहीं है तो वे कहते कि ये सेना के लिए रख ली गई हैं। लोगों को बस यह सन्तोष था कि हिटलर की सेना जीत रही थी।

आन्दोलन के लिए कांग्रेस की तैयारी चल रही थी। वर्धा में एक प्रस्ताव किया गया। सरकार भी चुनौती को स्वीकार करने के लिए तैयार थी। पुलिस अधिकारियों को छुट्टियों से वापस बुला लिया गया। लगता था कि 9 अगस्त के प्रस्ताव के बाद नेताओं को गिरफ्तार करके कहीं भेज दिया जाएगा। यह भी सुना जा रहा था कि बम्बई में जहाज तैयार है, जिसमें गिरफ्तार नेताओं को भरकर दक्षिण अफ्रीका या मॉरिशस भेज दिया जाएगा। गांधी ने वाइसराय को चिट्ठी लिखी और कहा कि वे अमरीकी राष्ट्रपति और च्यांग काई शेक को भी लिखेंगे।

आन्दोलन शुरू करने की इस देरी को लेकर लोगों में निराशा थी। पिछले आठ महीने से यह देखा जा रहा था कि वाइसराय गांधी की बातों पर कोई ध्यान नहीं दे रहे।

सरकार ने तैयारी कर रखी थी इसलिए बड़ी तेजी से अगस्त प्रस्ताव के बाद नेताओं को गिरफ्तार कर लिया गया। सरकार ने कांग्रेस की आलोचना में कहा कि जब जापानी आक्रान्ता आ रहे हैं, ऐसे समय में कांग्रेस ने आन्दोलन शुरू किया। उसने दावा किया कि कांग्रेस ने देश में गड़बड़ी फैलाने का षड्यंत्र रचा है।

सरकारी तंत्र ने जनता में संशय फैलाने का काम किया। मुस्लिम दरोगा मुसलमानों को भड़काने लगा कि मुसलमानों को अपनी रक्षा की सोचनी चाहिए। कांग्रेसी हिन्दुओं ने जापानी बौद्धों को अंग्रेज, मुसलमानों और इसाइयों से लड़ने के लिए बुलाया है![95]

लखनऊ यूनिवर्सिटी के विद्यार्थियों के संगठनों में भी एक बात को लेकर थोड़ी दिक्कत थी। कम्युनिस्ट समर्थक इस आन्दोलन के साथ नहीं थे और समाजवादी इस आन्दोलन को तेज करना चाहते थे। फिर एक आपसी समझौता हुआ कि दोनों संगठन एक-दूसरे के विरुद्ध न:रे नहीं लगाएँगे।

यशपाल ने इस आन्दोलन की गतिविधियों को उषा के माध्यम से ही मुख्यत: दिखलाने की कोशिश की है। उषा ने 'इंकलाब जिन्दाबाद', 'अंग्रेजो भारत छोड़ो', 'करो या मरो' और अन्य जोशीले नारों के बीच लोगों को ललकारा कि वे ब्रिटिश हुकूमत के सभी चिह्नों—कोर्ट, सरकारी दफ्तर, थाना, पोस्ट ऑफिस और यातायात के साधनों को नष्ट कर दें। उषा ने गुप्त कांग्रेस सर्कुलर के निर्देश भीड़ को देते हुए कहा—"साथियो, यह संग्राम है, आन्दोलन नहीं।...हमारा लक्ष्य और नारा है, अंग्रेजों को भारत से निकालो! करो या मरो!"[96] भीड़ ने फेडरेशन से जुड़े छात्रों की हूटिंग की और उनकी आन्दोलन विरोधी नीति के लिए उन्हें गद्दार भी कहा। भीड़ ने तोड़-फोड़ शुरू कर दी और शहर पूरी तरह प्रभावित हो गया। पुलिस दमन लोगों को रोक नहीं सकी। जनता आन्दोलनकारियों के साथ थी और हर तरफ असन्तोष था। कम्युनिस्टों ने लखनऊ के झंडेवाले पार्क में सभा की पर इसमें बहुत कम लोग आए। कम्युनिस्टों का आन्दोलन विरोधी रवैया लोकभावना के विरुद्ध था।

उषा आन्दोलनकारियों के बीच भाषण देकर वहाँ से निकाल ली गई क्योंकि योजना के अन्तर्गत उसे पुलिस के हाथों गिरफ्तार नहीं होना था और शहर छोड़कर दूसरी जगह जाकर इस आन्दोलन के लिए नेतृत्व देना था। उसके भाषण और इसके जनता में प्रभाव के कारण जनता में उषा के बारे में लोगों के बीच अफवाह फैलने लगी। नगर-भर में उसकी चर्चा हो रही थी जिसमें अफवाहों का बाजार गरम था। एक ने कहा, उषा ने अपने लेक्चर में कहा—हम एक भी अंग्रेज को जिन्दा नहीं रहने देंगे। कचहरियाँ, दफ्तर, रेल, तार-डाक सब फना कर दिए जाएँ। यूनिवर्सिटी के चारों ओर लठैत, बन्दूकची और घुड़सवार पुलिस का घेरा।...उषा पुलिस के घेरे को तोड़कर दौड़ी, पुलिस उसके पीछे। उषा एक छलाँग में यूनिवर्सिटी की ऊँची बाड़ फाँदकर सड़क पर कूद गई। सड़क पर अंग्रेज अफसर की मोटर थी। उषा ने मोटर में बैठकर ड्राइवर को पिस्तौल दिखाया, चलो! पुलिस देखती रह गई।..."[97]

कुछ ही घंटों में उषा एक लीजेंड बन गई थी।

समाजवादी सम्पर्क-सूत्रों[98] की सहायता से उषा लखनऊ से निकाल ली गई।

इसी तरह की घटनाएँ बनारस शहर में भी हुईं। वहाँ भी बनारस हिन्दू विश्वविद्यालय के छात्र इसमें आगे थे।

9 अगस्त, 1942 को रविवार के दिन गीता पर कुलपति राधाकृष्णन का प्रवचन था। वे हॉल से निकलकर अपनी मोटर से वाइस चांसलर निवास 'भाग गए।'[99] एक स्टूडेंट ने ललकारकर रेडियो का समाचार बताया—"सरकार ने हमारे लीडरों को गिरफ्तार

करके देश को चुनौती दी है। जवानो, गांधी का अन्तिम आदेश है...करो या मरो!"

आन्दोलनकारी मालवीय जी का आशीर्वाद लेने उनके निवास की ओर गए। लोगों को राधाकृष्णन से निराशा हुई थी, पर उन्हें विश्वास था कि मालवीय जी उनको जरूर आशीर्वाद देंगे। एक ने कहा—"मालवीय जी जितने मॉडरेट हों, परन्तु राधाकृष्णन की तरह मर्सिनरी इंटेलेक्चुअल नहीं! राष्ट्रीय अपमान नहीं सह सकते। (मालवीय जी) बोले, गांधी की गिरफ्तारी राष्ट्र का अपमान। इस अन्याय के विरोध और गांधी के आदर में मेरा पूर्ण सहयोग...(बीमार) मालवीय जी को मसनदी तकियों के सहारे बैठा दिया गया था। वे आशीर्वाद में हाथ उठाए थे, मुँदी आँखों से धँसे गालों में आँसू की धारें। विद्यार्थियों में अंग्रेजों के खिलाफ क्रोध की बिजली तड़क उठी।"[100]

बनारस में अगले दिन आन्दोलन और तेज हो गया। सात-आठ हजार की भीड़ कचहरी पहुँच गई। ये लोग चाहते थे कचहरी पर यूनियन जैक हटाकर भारत का झंडा लगाना। अंग्रेज कलेक्टर फिनले ने पहले तो भीड़ को समझाया लेकिन बाद में स्थिति की गम्भीरता को समझते हुए ऐसा हो जाने दिया। एक आदमी फिनले से भिड़ गया और बोला—"अब कलेक्टर अंग्रेज नहीं हम हैं। तुम यहाँ से निकलो। हम काम सँभालेंगे।"

मजबूर फिनले हँस दिया।

भीड़ कचहरी पर आजादी का झंडा फहराकर स्वतंत्रता की घोषणा करने के लिए नगर की ओर चली गई।

जनता स्थानीय कांग्रेसी नेता श्री प्रकाश बाबू से कांग्रेस की ओर से शासन सँभालने के लिए प्रार्थना करने गई, लेकिन श्री प्रकाश बाबू ने खुद ही पुलिस को फोन करके अपने को गिरफ्तार करवा लिया था। यशपाल ने इस उपन्यास में कांग्रेसी नेताओं द्वारा अपने को बचाकर चलने का लगातार चित्रण किया है और दिखलाया है कि जनता के बीच आन्दोलन के लिए नेतृत्व समाजवादी लोग ही कर रहे थे। वे गांधी के लिए नारे लगाते थे और कोशिश करते थे कि जैसे भी हो अंग्रेजों के शासन के चिह्नों को मिटा दिया जाए। यह भी सुना गया कि छात्रों ने डेढ़ सौ राइफलों पर कब्जा कर लिया है। फिनले को आशंका थी कि जनता का पलड़ा भारी देख कहीं पुलिस भी बागी न हो जाए।

आन्दोलनकारियों ने फौजियों से उलझना ठीक नहीं समझा। वहाँ का टेलीफोन काट दिया ताकि वे शहर से बात न कर सकें। जिसने नेहरू से पहले सेना में सम्पर्क बनाकर उनके समर्थन की बात की थी उसने कहा कि सेना की सहानुभूति पानी चाहिए थी। यह बात महीना भर पहले सोचने की थी।

अगले दिन पुलिस की अधिक तैनाती थी और आन्दोलनकारियों ने यह तय किया कि सरकार पर सामने नहीं, बगल से वार करना चाहिए। पहले सरकार से देहात में लोहा लेना चाहिए। धानापुर से शुरू हो।[101] धानापुर में एक उग्र कांग्रेसी

नेता का बहुत प्रभाव था। उनके नेतृत्व में थाना पर कांग्रेसी झंडा लगाने के लिए भीड़ बढ़ी। सिपाहियों ने गोली चला दी और एक व्यक्ति गिर गया। भीड़ ने थाने को घेरकर उसमें आग लगा दी। सिपाही भागे तो भीड़ ने दो को पकड़कर आग में धकेल दिया। देहात में आग लग गई। जौनपुर लाइन पर दो स्टेशन फूँक दिए गए। बनारस का हवाई अड्डा खोदकर बेकाम कर दिया गया।

यूनिवर्सिटी का एक छात्र—बिरजू पुरातत्त्व में शोध करना चाहता था और उन दिनों बी. एच. यू. के डाक्टर बासुदेव शरण अग्रवाल को सबसे अच्छा शोध करानेवाला माना जाता था। बिरजू समाजवादियों के निकट था और उसे निर्देश दिया गया कि वह इलाहाबाद चला जाए और प्रोपेगंडा मैटीरियल और डायनामाइट के लिए सम्पर्क भी बता दिए गए।[102]

उषा और एक अन्य नेता—मालवीय कांग्रेस रेडियो से प्रसारण करते हैं और आन्दोलनकारियों को निर्देश देते हैं। वे छह कमेंटमेंट्स (बापू के छह निर्देश) को जनता के सामने रखते हैं :

प्रथम : प्रस्ताव पास होने के साथ ही प्रत्येक भारतीय स्वतंत्र...अंग्रेज सरकार के सब कानून...अमान्य।

बापू का दूसरा आदेश : अहिंसा का अर्थ हिंसा को सहकर हिंसा को प्रोत्साहन देना नहीं है।...इस धर्मयुद्ध में हमें सभी सम्भव साधनों का उपयोग करना है।

बापू का तीसरा आदेश—सरकारी व्यवस्था को विशृंखल और पंगु करने के लिए जो भी आवश्यक हो, किया जाना चाहिए।

चौथा आदेश—सरकारी दफ्तरों, कचहरियों, थानों, जेलों को अपने कब्जे में करना जरूरी है।

पाँचवाँ आदेश—शत्रु सरकार को समाप्त करने के लिए पूरे देश में बगावत की आग लगा दो। इस समय शत्रु की किसी भी प्रकार की सहायता राष्ट्रद्रोह है।

छठा आदेश—इस धर्मयुद्ध में जूझ जाने के प्रण से सिर पर कफन बाँधकर बढ़ो। इस संघर्ष का अन्त हमारी विजय से होगा या हमारी अन्तिम साँसों और हमारे रक्त की अन्तिम बूँदों से होगा।

उषा और उनके साथी बलिया में आन्दोलन की आग को पहुँचाना चाहते हैं। पूरब से बलिया ही यूपी का रास्ता। बिहार में तब तक संघर्ष बहुत बढ़ चुका था। छपरा तो लगभग हाथ में आ गया था। 1942 के मार्च में सरकार बर्मा से भागकर शिमला गई थी और लोगों को यह लगा था कि हल्ला पूरब से आएगा। बलिया में रास्ता साफ रहना चाहिए।

अब उषा और उनके साथी बलिया में छुपते हुए पहुँचे और वहाँ काम शुरू हुआ।

वहाँ सब कुछ सोशलिस्ट नेताओं के निर्देश पर 'सेनापति' उषा के नेतृत्व में होता है। गांधी के सन्देश के साथ कुछ ललकारने की बातें उषा करती है

और लोग बहुत कुशलता से बलिया में आन्दोलन को फैलाने का काम करते हैं। उनके काम का प्रधान उद्‌देश्य था—सरकार की शक्ति को देहातों में समाप्त कर देना।

अब तक उषा अंग्रेजी में बोलती थी पर उसके प्रभाव को बढ़ाने के लिए उसके सरल हिन्दी भाषण का पाठ तैयार हो गया और उसे उसने रट लिया। आन्दोलन जोरों से चलता रहा। जनता अपने-अपने तरीके से इन आन्दोलनों को और समय को देखते-समझते थे। वेश बदलकर जाते हुए बिरजू और उषा की एक इक्के वाले से बातचीत हुई। बिरजू ने कहा—"कहते हैं अंग्रेजों के खिलाफ बगावत है। महात्मा गांधी का राज हो रहा है।" इक्के वाले ने जवाब दिया—"गानी (गांधी) बाबा तो फकीर महात्मा। फकीर-साधू कहीं राज करते हैं! सरकार, राज तो तलवार करती है। अब जगह-जगह लाठी-तलवार चलेगी। जिसके पास तलवार, लूट-पाट करेगा।...अंग्रेज की कौम बादशाह। अंग्रेज का इंसाफ बहुत सच्चा। अंग्रेज के डर से शेर-बकरी एक घाट पानी पीते रहे...।"[103]

बलिया में दो मित्रों—रघुनन्दन उपाध्याय और शुजा अहमद (शिक्षक) का सहयोग इन लोगों को मिला। ये दोनों तीस के दशक में शिक्षितों में फैलने वाली नई चेतना के प्रभाव में आए हुए लोग थे। यशपाल ने लिखा है कि उस समय शिक्षित युवा वर्ग में आधुनिकता, राजनीतिक चेतना, समाजवाद, मार्क्सवाद के पक्ष में प्रबल लहर उठी थी। शुजा अहमद रेडिकल कम्युनिस्ट (रायवादी) के प्रभाव में थे। शुजा के विचार उसके वकील दामाद गफूर से न मिलते थे। गफूर का कहना था कि "कांग्रेसी अंग्रेजों को जापानी खतरे से धमकाकर हिन्दू राज कायम कर लेना चाहते हैं...।" शुजा डेमोक्रेसी को पसन्द करता है लेकिन उसका दामाद पाकिस्तान आन्दोलन के साथ है। उसे कहता है कि "आज हम पाकिस्तान की माँग के लिए मजबूर हैं और उसे लेकर रहेंगे।"[104]

उस समय तक बलिया में हिन्दू-मुसलमान के बीच तनातनी अनजानी बात थी। बलिया में मुसलमानों की संख्या भी आटे में नमक के बराबर थी। अब मुसलमानों को समझाया जाता—"हिन्दू-मुसलमान दो कौमें, उनका किस बात में मेल? उनका साथ क्या? इसलिए मुसलमानों के लिए अपना मुल्क जरूरी, पाकिस्तान! वहाँ सब सरकारी नौकरियाँ मुसलमानों को ही मिलेंगी। सब मुसलमानों की हैसियत अफसरान की होगी। सब कारोबार मुसलमानों के हाथ में होंगे!"[105] यशपाल ने लिखा है—"नगर में बीस-पच्चीस ऊँची तुर्की टोपियाँ, काली शेरवानियाँ और अलीगढ़ी पाजामे दिखाई देने लगे। कुछ मुस्लिम जवान, खासकर सन्दिग्ध कारोबारों से सम्बद्ध लोग, सीना फुलाकर चलते और धौंस देते : आने दो मौका देख लेंगे सालों को। हिन्दुस्तान की हुकूमत अंग्रेजों ने मुसलमानों से ली है और मुसलमान को ही लौटाएगा। साले दाल पीने वाले बनिये-बक्काल हुकूमत क्या जानें!" मुस्लिम विरोधी हिन्दू भी तुरन्त

लीडर बन गए। उनका कहना था—"अंग्रेजों के गाँड़ू हमारा क्या उखाड़ लेंगे। पहले विलायती बन्दरों को निकाल दें फिर इन कटुओं को भी देख लेंगे।"[106]

उषा को गोविन्द सिंह और शुजा की मदद मिली। उसके बारे में कहा गया कि चित्तू पांडेय जो बलिया का स्थानीय राष्ट्रवादी नेता था उषा के मुकाबले में कुछ भी नहीं है। यह योजना बनी कि उषा को दो-तीन दिन छुपाकर रखा जाए। उसके बाद उसे वहाँ से बाहर कर दिया जाए। अगर किसी तरह उसका ठिकाना पुलिस को पता चल जाता तो फाँसी या आजीवन कारावास की सजा तय थी।

यशपाल ने लिखा है कि आन्दोलन के बढ़ने के इस दौर में शुजा जैसे लोगों के लिए गांधी का ढुलमुल रवैया समझ में नहीं आनेवाला था। उसे यह समझ में नहीं आ रहा था कि गांधी एक ओर तो छह निर्देश दे रहे थे और दूसरी ओर वाइसराय के प्रति सहानुभूति रख रहे थे। अगर उनके मन में इतना संशय था तो लड़ाई के लिए आह्वान ही क्यों किया था? शुजा चाहते थे कि उषा को उसकी सुरक्षा के लिए किसी और जगह छुपा दिया जाए। उसे पता था कि पुलिस अफसर लोग एक दोहरा खेल खेल रहे थे। चित्तू पांडेय को एक स्थानीय नेता के घर छुपाया गया था जिसके बारे में पुलिस को शायद पता था। अब पुलिस अफसर नेताओं से भी अपने सम्बन्ध खराब नहीं करना चाह रहे थे। कुछ दिन पहले ये बड़े अफसर कांग्रेसी नेताओं की मातहती में काम भी कर चुके थे। जब जरूरत होती थी और पुलिस को छापा मारना होता तो वे पहले ही नेताओं को खबर दे देते थे ताकि वे आपत्तिजनक चीजें छापे के पहले इधर-उधर कर सकें। पुलिस बाहरी तौर पर सरकार के साथ अपने को दिखलाते थे पर भीतर ही भीतर नेताओं से भी मिले हुए थे। कई इलाकों में थाने पर कांग्रेसी झंडा फहराया हुआ था। एक इलाके में मुसलमान पुलिस अधिकारी था और इलाके में हिन्दू बड़ी संख्या में थे। थानेदार बेचारा क्या कर सकता था?[107]

आगे क्या होनेवाला था इसके बारे में लोग अनुमान लगा रहे थे। शुजा को लगता था कि इतनी कवायद बेकार की थी। उसका मानना था कि जापानियों को भारत की आजादी से कुछ लेना-देना नहीं था। बर्मा पर अधिकार के बाद वहाँ के निवासियों के प्रति जापानियों का व्यवहार बहुत खराब था। बर्मा से भागकर आए हजारों लोगों ने यही बताया था कि जापानियों ने इलाके को कब्जे में लेने के बाद बहुत बुरा सुलूक किया था। बिरजू को लगता था कि गांधी भारत में भारतीयों की सरकार के लिए प्रयत्न कर रहे हैं और जब जापानी यहाँ आएँगे तो यहाँ अंग्रेजों की हुकूमत नहीं होगी। शुजा को जापानियों पर सन्देह था और वह कहता है कि उनका व्यवहार अन्य देशों—मंचूरिया, कोरिया और चीन में बुरा रहा था।

उषा को दूसरी जगह ले जाया जाता है। गांधी के छह निर्देशों के आधार पर उषा का कहना था कि बलिया शहर को कब्जे में किया जाना चाहिए। अंग्रेजों का

शासन वहाँ था और उसे लगता है कि आसपास के इलाके के लोग इस काम को कर सकते हैं। योजना बनी और अगले दिन इस पर काम शुरू हुआ। अगले दिन स्कूल में विद्यार्थियों ने विरोध शुरू किया और नारे लगाए। बाजार में दुकानें बन्द कराने की कोशिश शुरू हुई। वहाँ मुसलमान दुकानदारों ने इसका विरोध किया।

एक ओर उषा और उनके साथी 1942 में आन्दोलन में लगे थे और दूसरी ओर मुसलमानों के बीच पाकिस्तान के लिए समर्थन बढ़ रहा था। शुजा को यह परिवर्तन समझ में नहीं आ रहा था।

16 अगस्त, 1942 को परिस्थिति आन्दोलनकारियों के नियंत्रण में थी। पुलिस रेलवे स्टेशन और कोर्ट को बचाने में लगी थी। दिन के ग्यारह बजते-बजते शहर में बहुत सारे लठैत आ जुटे और 'महात्मा गांधी की जय', 'झाँसी की रानी जिन्दाबाद' और 'सन् सत्तावन जिन्दाबाद' के नारे शहर में गूँजने लगे। खबर आई कि बलिया के पश्चिम और पूरब दोनों ओर कांग्रेस का शासन हो चुका है। भीड़ स्टेशन की ओर बढ़ी जहाँ कलेक्टर पुलिस अधिकारियों के साथ खड़ा था। पुलिस की फायरिंग शुरू होने पर भीड़ इधर-उधर होती, लेकिन फिर जुट जाती। अन्ततः स्टेशन को आन्दोलनकारियों ने अपने कब्जे में ले लिया और लूटने के बाद उसमें आग लगा दी। शाम को सरकारी अन्न के भंडारों पर भी आक्रमण हुआ। भीड़ ने कुछ सरकारी मकानों, राय बहादुरों और खान बहादुरों के घरों में आग लगा दी। पुलिस का कोई पता नहीं था और शहर पूरी तरह से आन्दोलनकारियों के कब्जे में था।[108]

17 अगस्त को भी ऐसी स्थिति बनी रही। कोई विशेष तनाव नहीं था। दुकानें इस तरह से बन्द की थीं कि जरूरत पड़ने पर चीजें खरीदी जा सकती थीं। उषा की दिनचर्या में दिन में सोना और रात में काम करना होता था। देश के अन्य हिस्सों से आन्दोलन की प्रगति के समाचार आ रहे थे। ध्यान इस ओर लगा था कि सैनिक विद्रोह शुरू होगा कि नहीं। उषा को लगता था कि आन्दोलन का जोर देश-भर में बढ़ रहा था, लेकिन उसके अन्य समाजवादी साथी यह नहीं सोचते थे। प्रतिरोध संगठित नहीं था और जापानी आक्रमण की स्थिति में भारतीय मुकाबले की स्थिति में बिलकुल नहीं थे। उषा को लगता कि जापानियों के मुकाबले के लिए जन-युद्ध होगा। उसके कुछ साथी सोचते कि चीन के पास अधिक लोग थे लेकिन वे जापानी सेना का मुकाबला नहीं कर सके। वही हाल भारत में भी होगा।

इसी बीच खबर आई कि दस हजार की भीड़ ने जेल को अपने कब्जे में ले लिया पर वहाँ उन्हें अपने नेता चित्तू पांडेय, जगन्नाथ, मुरली बाबू और रघुबर नहीं मिले। वहाँ सौ से ज्यादा कांग्रेसी बन्द थे। वे बाहर आ गए और लोगों ने उनको मालाएँ पहनाईं। जेल पर कब्जे के बाद छोटे-मोटे चोर-उचक्के सबसे पहले भागे। पता चला कि कलेक्टर ने कांग्रेस के सामने समर्पण कर दिया है, पर इसके पहले उन्होंने खजाने के नोटों के नंबर नोट करके उनमें आग लगा दी। उस समय खजाने

में पच्चीस से तीस करोड़ रुपए थे और आन्दोलनकारियों के हाथों में पड़ जाने से बड़ी मुसीबत खड़ी हो सकती थी। ऐसा कहा गया कि छोटे अधिकारियों ने छोटे नोटों को छुपा लिया और इस तरह लाखों की कमाई कर ली।

बलिया पर अधिकार होने के बाद नेता आए और उन्होंने उषा को उसकी सफलता के लिए बहुत बधाई दी। उन्होंने कहा कि वे यहाँ से बनारस जा रहे हैं और उषा को भी अगले दिन किसी दूसरी जगह के लिए चल देना चाहिए। उषा को भागने के लिए अच्छी रकम देने के बाद नेता चले गए।

कांग्रेस का राज स्थापित होने के बाद एक स्कूल के शिक्षक प्रधानाध्यापक के पास गए और कहा कि अब जब कांग्रेस का राज स्थापित हो गया है स्कूल पर कांग्रेस का झंडा लगा होना चाहिए। इस स्कूल के मुस्लिम शिक्षक, जो मुस्लिम लीग के समर्थक थे, इसे सुनकर खामोश रहे।

शहर पूरी तरह से कांग्रेस के कब्जे में था और सभी ओर गांधी टोपी वाले दिखाई दे रहे थे। कांग्रेसी नेता चित्तू पांडेय अब नए कलेक्टर थे और लोग कांग्रेस राज आने की खुशी मना रहे थे। आजादी पाने की खुशी में प्रसाद बाँटे जा रहे थे। ग्यारह में से आठ थानों पर कांग्रेसी झंडे फहरा रहे थे। हल्दी थाना में थानेदार ने ऐसा नहीं होने दिया और पुलिस ने फायरिंग कर दी। थाने पर कब्जा करने की चेष्टा में बिरजू की जान चली गई। बिरजू की मृत्यु से स्तब्ध उषा को 19 तारीख तक बनारस पहुँचने का निर्देश था, पर वह बीमार थी और शुजा के संरक्षण में उजियार में छुपी थी। उसके ऊपर दस हजार का इनाम घोषित हो चुका था। गुलाम रसूल, जो किसी मुसलमान अफसर की कृपा से अब टेम्परेरी एस.डी.ओ. बन चुका है को पता चल चुका है कि उषा उसके ससुर शुजा के पास छुपी है। वह अपने ससुर के पास आकर उसे समझाता है कि वह उषा को पुलिस के हवाले कर दे। लेकिन शुजा कहता है कि "जिसे पनाह दी है उसे धोखा नहीं देंगे।... हम मुसलमान हैं लेकिन राजपूती खून। जब हमारे बुजुर्ग जंग में जाते थे उनकी औरतें इज्जत के लिए सैकड़ों की तादाद में जौहर कर लेती थीं...।"[109] शुजा के कारण उषा बच जाती है। 13 सितम्बर, 1942 को शुजा को मौका मिलता है और वह उषा को बाहर भेजने में सफल हो जाता है। 15 तारीख को वह बलिया के बाहर निकल जाती है। किसी तरह लखनऊ छोड़ने के वह तैंतीस दिनों बाद लखनऊ लौट सकी।

कुछ सावधान लोग थे जो अंग्रेजी राज से मुक्ति की इस खुशी को थोड़े समय की ही मानते थे। उन्हें लगता था कि सेना के आते ही स्थिति एकदम बदल जाएगी। 23 सितम्बर को खबर आई कि चार हज़ार सैनिक जल मार्ग से बलिया आ चुके हैं और कलेक्टर वुड ने शासन सँभाल लिया है। फैजाबाद से एक पंजाबी प्लाटून सड़क के रास्ते से आई। सेना रास्ते के गाँवों में आग लगा रही थी और दिखने

वाले हर आदमी को गोली मार दे रही थी। शुजा को एहसास हुआ कि बिना सेना की मदद के इस तरह की क्रान्ति का कोई अर्थ नहीं था। रूसी क्रान्ति ज़ैसी क्रान्ति के बारे में सोचना बहुत बड़ी मूर्खता था...।[110] उसे लगता है कि जो कुछ हो रहा है उसके लिए उषा और उसके मूर्ख साथी जिम्मेदार थे।

यशपाल ने लिखा है कि मुस्लिम लीग की नीति के कारण मुसलमानों पर पुलिस सन्देह न करती थी।[111]

फौजियों ने आकर बहुत अत्याचार किए। वहाँ के लोगों को उनके आन्दोलन के लिए सजा देने का यशपाल ने बहुत विस्तार से वर्णन किया है। उन्होंने लिखा है—"जिन इलाकों के थानों पर कांग्रेसी झंडे फहराए गए थे, सब जगह अंग्रेज सरकार के झंडे लग गए थे। उन थानों के इलाकों की बगावत की सजा देने के लिए पुलिस-फौज गाँवों को लूटकर वहीं आग लगा रही थी। बागियों को पेड़ों के तनों से बाँधकर उनके सामने उनके घरबार की औरतों को नंगी करके सिपाहियों और मेहतरों, मुसहरों से बेइज्जत करवा रहे थे...।"[112]

भयानक यातनाओं के इस दौर को जनता को ही झेलना पड़ा। नेता जेलों में बन्द थे और इस आन्दोलन की सजा उनको झेलनी पड़ी जिन्हें भ्रमवश लगता था कि उनकी आजादी अब आने ही वाली है। आखिरकार गांधी ने उन्हें सिर पर कफन बाँधकर आखिरी लड़ाई में भिड़ जाने का निर्देश दिया था! इस पूरी परिस्थिति का एक आकलन करते हुए यशपाल ने लिखा है—"गांधी जी और नेताओं की गिरफ्तारियों के विरोध में जनता का आक्रोश और क्षोभ काली आँधी की तरह उठा। सरकारी सत्ता के पूर्ण ध्वंस का प्रयत्न। उसके बाद सरकार की ओर से प्रतिहिंसा में निरंकुश दमन के दावानल का संत्रास। अधिकांश राजनीतिक कर्मी गिरफ्तार हो गए। पुलिस की संख्या दुगनी-तिगुनी। सब ओर निरंकुशता, आशंका का वातावरण। जनता स्वतंत्रता संग्राम से कतराने लगी।"[113]

उषा को सितम्बर, 1942 के अन्त में बम्बई भेज दिया गया। समाजवादी नेता डाक्टर लोहिया और मालवीय की राय थी कि उषा ब्रॉडकास्टिंग के लिए सर्वथा उपयुक्त थी। उस समय एक उषा मेहता ने स्वतंत्र ब्रॉडकास्टिंग शुरू की थी। अपने नाम का उषा सेठ को फायदा मिला। इस दौर में पाठक जैसे समाजवादी के लिए काम करना कठिन था लेकिन मित्रों के साथ मिलकर वह भी काम कर रहा था।

अगस्त के आन्दोलन के पाँच महीने बाद अन्तरराष्ट्रीय परिस्थिति बहुत बदल चुकी थी। सभी ओर अंग्रेज और उनके साथी राष्ट्र जर्मनी और जापान के खिलाफ जीत रहे थे। किन्तु पाठक, उषा और अन्य लोग क्रान्ति के कार्यक्रम पर अभी भी दृढ़ थे। उनकी मुसीबत उस वक्त बहुत बढ़ गई जब जेल से गांधी एवं अन्य नेताओं के विचित्र वक्तव्य आने लगे। इन नेताओं ने अगस्त आन्दोलन की घटनाओं के लिए

खेद प्रकट किया था और उन घटनाओं के लिए सरकारी नीति को जिम्मेदार बताया था। उनका कहना था कि अगर ये नेतागण गिरफ्तार नहीं किए जाते तो जनता को शान्त रखने में ये सफल होते। गांधी जी ने वाइसराय को सूचना देकर आत्म-शुद्धि के लिए अनशन आरम्भ कर दिया। जनता और क्रान्ति के लिए प्रयत्नशील युवा कांग्रेसी नेताओं के इन वक्तव्यों से बहुत अचंभित थे।[114] एक ने कहा—"गांधी का यह कैसा अनशन? आत्मशुद्धि कैसी, किसकी? आत्मशुद्धि, पश्चात्ताप का अर्थ अपनी भूल मानना। आन्दोलन की घटनाओं की जिम्मेवारी सरकार पर और आत्मशुद्धि स्वयं! क्या जनता से प्रायश्चित्त करवाना चाहते हैं?"[115] किसी ने कहा—"हम लोग—डाक्टर (लोहिया) मेहता, फजली, चट्‌टो, मित्रा, कर्वे, मेहर अली तीन दिन से उस पर सिर मार रहे हैं...हम रेडियो पर जनता को बापू और कांग्रेस के निर्देश के नाम पर सिर पर कफन बाँधकर बढ़ने के लिए ललकारते रहे। इन लोगों ने आन्दोलन के उत्तरदायित्व से ही इनकार कर दिया।..."

उषा जिनके साथ बम्बई में उग्र समाजवादी के रूप में काम करती थी वे सब सम्पन्न परिवारों से ही आते थे।

गांधी के अनशन का क्या प्रभाव पड़ेगा इसके बारे में इन लोगों को अन्दाजा है—"वाइसराय की काउंसिल के सभी मेम्बर गांधी की मुक्ति के लिए आग्रह कर रहे हैं, सब त्यागपत्र देने के लिए तैयार। वाइसराय उनकी उपेक्षा नहीं कर सकेगा। गांधी की मुक्ति के बाद—जैसा होता आया है—दूसरे नेताओं की मुक्ति, कांग्रेस और सरकार में समझौता।"[116] यह सन्देह भी है कि हो सकता है, सरकार हिंसा-ध्वंस में भाग लेने वालों को रिहा न करे। नेहरू-गांधी कह दें हिंसा करने वालों से हमें मतलब नहीं।

कुछ समय बाद जब गांधी की रिहाई नहीं हुई तो इन लोगों ने अनुमान लगाया कि युद्ध के दौरान गांधी को रिहा करने का जोखिम लिनलिथगो (जो कि चर्चिल ग्रुप का 'डाई हार्ड टोरी' था) नहीं ले पा रहा। सरकार ने गांधी की हालत को देखते हुए गांधी के निजी डाक्टर विधान चन्द्र राय और गांधी की पत्नी को अनशन के समय साथ रहने की इजाजत दे दी। अगर गांधी की मृत्यु हो जाए तो उसके बाद क्या करना है इसका भी इंतजाम सरकार ने अपनी ओर से कर रखा था। सरकार के पास इस बात की रिपोर्ट थी कि "आन्दोलन के निरंकुश दमन से जनता जितनी त्रस्त और हतोत्साहित है, पहले कभी नहीं हुई। गांधी और कांग्रेस नेताओं ने स्वयं हिंसा-ध्वंस की निन्दा करके दमन को सफल बनाने में सहायता दी।"[117]

पिछले सात महीने में जापान एक कदम भी आगे नहीं बढ़ सका और अंग्रेज सरकार पूरी तरह से स्थिति को अपने काबू में किए हुए थी।

उग्र समाजवादियों के लिए यह कठिन समय था। उन्हें अपने बचाव में यह कहना पड़ा था कि गांधी-नेहरू चाहे जो कहें, आन्दोलन में जो कुछ हुआ वह

'क्विट इंडिया' प्रस्ताव, आन्ध्र कांग्रेस के बुलेटिन और गांधी के सेक्रेटरी मशरुवाला के लिखित निर्देशों के आधार पर ही हुआ था।

उस समय कम्युनिस्ट लोगों ने भी अपनी स्थिति को स्पष्ट करने के लिए अपने पुराने साथियों—समाजवादियों को यह कहा कि कम्युनिस्टों ने कांग्रेस का विरोध नहीं किया था, उसकी भूल का विरोध किया था। एक कम्युनिस्ट ने कहा—"हम जानते थे...क्विट इंडिया के प्रस्ताव के आन्दोलन का क्या रूप होगा।...आन्दोलन में जनता जब भी सहयोग देगी, आन्दोलन अहिंसात्मक...न रह सकेगा। गांधी सरकार को शैतान कहकर उसके प्रति जनता में घृणा-क्रोध उत्पन्न करे—जो कि ठीक है; खून की नदियों, लाशों के ढेरों की परवाह न कर बढ़ने के लिए ललकारे, युद्ध के समय इस शासन के बजाय अनार्की को बेहतर बताए और जनता से आशा करे वह हिंसा से दूर रहे। इस धोखे में कौन आएगा (?)...।"[118]

कुछ दिनों बाद गांधी का अनशन समाप्त हो गया। उस समय सब ओर निराशा छाई हुई थी।

अक्टूबर 1943 में जापानी रेडियो ने समाचार दिया कि सिंगापुर में जापान के संरक्षण में नेताजी सुभाषचन्द्र बोस ने स्वतंत्र भारत सरकार की स्थापना कर दी। उस समय तक भारत छोड़ो आन्दोलन पूरी तरह से बैठ चुका था। उस समय तक जर्मनी-इटली और जापान की शक्तियों का हारना शुरू हो गया था। अक्टूबर में लिनलिथगो के स्थान पर वेवेल वाइसराय बन चुके थे। राजनीतिक वातावरण में परिवर्तन से आशाएँ बनने लगी थीं।

1944, मार्च-अप्रैल तक विश्वयुद्ध पूरी तरह से अंग्रेज और उनके मित्र देशों के पक्ष में जाता दिखलाई पड़ने लगा। जापान बर्मा के दक्षिण से खदेड़ दिया गया था। भारत-चीन सड़क बन जाने से अंग्रेजों की स्थिति और मजबूत हो गई थी। इम्फाल और मणिपुर में कुछ जापानी पलटनें घिरी रह गई थीं। उनके लौटने का मार्ग बन्द हो चुका था। वेवेल एक कुशल आर्मी ऑफिसर होने के साथ ही एक दूरदर्शी राजनीतिज्ञ भी था। मई में उसने गांधी को बिना शर्त रिहा कर दिया।

गांधी ने जेल से निकलते ही उस समय की देश की सबसे बड़ी राजनीतिक गुत्थी हिन्दू-मुस्लिम द्वन्द्व को सुलझाने का प्रयास शुरू किया। उन्होंने मुस्लिम लीग नेता जिन्ना के साथ पत्राचार शुरू किया। उन्हें हृदय परिवर्तन में विश्वास था। गांधी की लिखी चिट्ठियाँ अखबार में प्रकाशित होतीं। इसे पढ़कर कुछ ऐसे मुसलमान थे जो कहते—"हमारा लीडर (जिन्ना) फरेब में नहीं आ सकता। गांधी का फरेब जाहिर। कभी भाई बनकर गुजराती में खत लिखता, कभी फुसलाने के लिए उर्दू में, कभी अंग्रेजी में। कभी प्यारे लिखेगा, कभी प्यारे दोस्त, कभी कायदे आजम। हर बार गिरगिट की तरह नया रंग। जिन्ना के वही लफ्ज, वही—मिस्टर गांधी... कोई लारी-लप्पा नहीं, हमारे लीडर का एक जवाब। यार देखो, बनिये के फरेब

की हद! कहता है—तुम्हारी सब शर्तें मंजूर, ब्लैंक चेक देता हूँ। अबे तू देनेवाला कौन!...जिन्ना साहब ठोस, सही बात कहता है...गांधी कह रहा है, दोनों भाई-भाई, एक कौम। मुसलमान अपनी कौमियत नहीं जानते, अपने दोस्त-दुश्मन नहीं पहचानते? हमें तुम बताओगे! इससे बड़ा फरेब क्या? और बनता है फकीर!...दर हकीकत गांधी चाहता है, मुसलमान उसे अपना लीडर कबूल कर लें। मुसलमान का लीडर काफिर कैसे हो सकता है! जिस शख्स को रसूल पर एतकाद नहीं, वह मुसलमान का लीडर कैसे हो सकता है?"[119]

गांधी-जिन्ना पत्राचार महीनों चलता रहा। गांधी जी ने जिन्ना से भेंट का अवसर माँगा। जिन्ना ने अस्वीकार कर दिया। राजनीतिक वातावरण में शिथिलता आ गई।

युद्ध समाप्त होने के बाद ब्रिटेन में हुए चुनाव में चर्चिल की हार हुई और एटली नए प्रधानमंत्री बने। वेवेल ने एटली को समझा दिया कि भारतीय सेनाओं में राजनीतिक असन्तोष फैल रहा है। जापानियों के हाथ बन्दी बने सैनिकों ने आजाद हिन्द फौज बनाकर ब्रिटेन के विरुद्ध हथियार उठा लिये थे। अफ्रीका भेजी गई भारतीय सेनाओं ने भी विरोध कर दिया था। भारतीय पुलिस, नौसेना और वायु सेना में भी असन्तोष के लक्षण दिखाई दे रहे थे। भारत को नियंत्रण में रखने के लिए अब लाखों अंग्रेजी सैनिकों को भेजा जाना सम्भव नहीं था। भारत को स्थायी सिरदर्द बनाए रखने के बजाय उसे स्वशासन देकर सहायक मित्र बना लेना ही उन्हें बुद्धिमानी की बात लगी।[120] आजमगढ़ किले से कांग्रेस के प्रेसिडेंट आजाद, नेहरू और पटेल रिहा हुए। देसाई-लियाकत बातचीत को लेकर लोगों में चर्चा होने लगी। अखबारों में छपा—देसाई को गांधी का समर्थन और लियाकत अली को जिन्ना का। शिमला में दोनों दलों के प्रतिनिधि बातचीत कर रहे थे। जिन्ना और गांधी दोनों बातचीत में शामिल नहीं थे, लेकिन वे शिमला में उपस्थित थे। समझौता हो जाएगा ऐसी उम्मीद थी। अगले दिन दस बजे दोनों पक्ष समझौते पर हस्ताक्षर करेंगे, ऐसी सूचना भी थी। लेकिन अन्त में जिन्ना का वक्तव्य आ गया—"मुस्लिम लीग को ऐसा कोई भी समझौता स्वीकार नहीं हो सकता जो हिन्दू-मुसलमान को दो पृथक् कौमें मानने और पाकिस्तान की स्थापना में अड़चन बन जाए या उस माँग को एक दिन के लिए भी स्थगित कर दे।"[121]

इसको गृहयुद्ध की ललकार के रूप में देखा गया।

जिन्ना ने आखिरी समय में अपना निर्णय क्यों बदला इसके बारे में कयास लगाए गए और कुछ लोगों ने माना कि इसके पीछे ब्रिटिश आईसीएस ग्रुप के लोगों—हेली, जेंकिंस, और हैलेट जैसों का हाथ था। वाइसराय की काउंसिल के चीफ सेक्रेटरी का वायदा था कि लीग कांग्रेस से समझौता न करे तो पाकिस्तान निश्चित।[122] आईसीएस उस समय कांग्रेस से बहुत नाराज थी और फिलहाल भारत को छोड़ने के पक्ष में नहीं थी। जिन्ना के इस इनकार के पीछे 'टोरियों की गहरी

नीति' थी। आजाद हिन्दुस्तान कभी भी ब्रिटेन के खिलाफ हो सकता था इसलिए इसके टुकड़े कर देना उन्हें बेहतर लगा—बर्मा, लंका, हिन्दुस्तान, पाकिस्तान...।[123]

एटली और वेवेल युद्ध से जर्जर ब्रिटेन के भारत में बने रह सकने को असम्भव मान चुके थे इसलिए उन्होंने कांग्रेस से बात की और कहा कि भारत के राजनीतिक प्रतिनिधि अपनी जिम्मेदारी के लिए तैयार हो जाएँ। भारत में नए चुनाव हों और नई चुनी हुई विधान सभाओं से प्रतिनिधि लेकर केन्द्र में नया शासन विधान तैयार करने की व्यवस्था हो। इसके लिए कांग्रेस कार्यकर्ताओं को जेल से रिहा कर दिया गया।

इसके बाद दिसम्बर, 1945 में देश-भर में चुनावों की उत्तेजना शुरू हो गई। यशपाल ने इसका उल्लेख किया है कि बालिग मताधिकार नहीं था, और बाद के मताधिकार प्रयोगकर्ताओं की संख्या का दसवाँ हिस्सा भी इस इस चुनाव में भाग नहीं ले रहा था। कांग्रेस और लीग की प्रतिद्वंद्विता चरम पर थी। कांग्रेस का तिरंगा बीस फुट ऊँचे बाँस पर लगाया जाता तो लीग का हरा झंडा तीस फुट पर। कांग्रेस चुनौती स्वीकार करके चालीस फुट ऊँचा झंडा लगाती तो लीग का झंडा पचास फुट पर!

मुस्लिम लीग की तरफ से काम करने वालों में एक नया संगठन—खाकसार रजाकार आ जुड़ा था, जिसके सदस्य सैनिकों की फूहड़ नकल में मार्च करते थे। उनके कंधों पर राइफलों की जगह बेलचे होते। इनमें अधिकतर लड़के या नौजवान उत्तर भारत के होते थे। ये लोग नारे लगाते :

> तौके गुलामी तोड़ दो, हुक्म लीग को वोट दो!
> सीने पै गोली खाएँगे, पाकिस्तान बनाएँगे!
> मारेंगे मर जाएँगे, पाकिस्तान बनाएँगे!
> जब कायदे आजम अपना है, गांधी की परवा कौन करे![124]

हिन्दुओं में भी राष्ट्रीय स्वयंसेवक संघ में निम्न-मध्यवर्ग या मध्यवर्ग के शिक्षितों की सन्तानें हिन्दुओं के लिए काम करती थीं। ये अपने को राष्ट्र का स्वयंसेवक कहते थे और इनके लिए राष्ट्र का अर्थ होता हिन्दू राष्ट्र। इनका व्रत था भारत माता को म्लेच्छों के बोझ से मुक्त कराने का व्रत। कांग्रेस की नीति को हिन्दू विरोधी मानते हुए भी ये लोग कांग्रेस का खुला विरोध नहीं करते। वे जानते थे कि कांग्रेस की प्रतिद्वंद्विता उनके लिए घातक होगी। वे दाँत पीसते हुए उचित अवसर की प्रतीक्षा में थे।[125]

चुनाव फरवरी 1946 के दूसरे सप्ताह में होने वाले थे और कांग्रेस के प्रत्याशी बनने की होड़ थी। जब 1942 के आन्दोलन की नायिका उषा को (जो उस समय एक मुस्लिम बनकर बम्बई में रह रही थी) उम्मीदवार बनाने की बात उठी तो उषा के मुँह से यशपाल ने कहलवाया है—"हमने क्या किया? लोगों को भड़काकर भाग आए। मुसीबतें तो दूसरों ने झेलीं।"[126]

फरवरी 1946 के चुनाव के बाद नए मंत्रिमंडल बने। मुस्लिम अल्पमत प्रान्तों में मंत्रिमंडल तो कांग्रेस के बने लेकिन मुसलमानों की लगभग सभी सीटें मुस्लिम लीग जीत गई। यूपी में केवल दो मुस्लिम सीटें कांग्रेस जीत पाई। सिर्फ रफी अहमद किदवई और मुहम्मद इब्राहीम जीत पाए। आश्चर्य की बात यह थी कि मुस्लिम बहुल प्रान्तों में मुस्लिम लीग को सफलता नहीं मिली। पश्चिमोत्तर प्रान्त में (जहाँ सबसे अधिक मुस्लिम जनसंख्या का प्रतिशत था) कांग्रेसी मंत्रिमंडल बना। बंगाल, पंजाब और सिंध में संयुक्त मंत्रिमंडल बना।

रायवादी रज़ा को उषा ने लखनऊ लौटकर कहा कि आपकी पार्टी (राय पंथी) की समझ ठीक निकली और जापान और जर्मनी विश्वयुद्ध में हार गए, लेकिन "हम लोगों का छोटा-मोटा प्रयत्न (1942 के आन्दोलन के दौरान) भी सर्वथा बेकार नहीं गया। ब्रिटेन भारत को स्वशासन दे रहा है।" इसके उत्तर में कम्युनिस्ट नरेन्द्र से यशपाल ने कहलवाया है—"आप लोगों का प्रयत्न! गांधी और कांग्रेस ने तो उस प्रयत्न के उत्तरदायित्व से पूर्णत: इनकार कर दिया था। देख लीजिए, उस आन्दोलन में जेल जाने वाले लौटकर सौ में साठ कम्युनिस्ट बन गए हैं।"[127] रज़ा ने अपनी ओर से और जोड़ा—"राय ने तो 'क्विट इंडिया' आन्दोलन से पूर्व ही कह दिया था, इस युद्ध के परिणाम में ब्रिटेन जर्जर हो जाएगा। उसे भारत को स्वायत्त शासन देना ही पड़ेगा। ये एटली की बात से साफ है।"[128] कम्युनिस्ट नरेन्द्र के मुँह से यशपाल ने कहलवाया है—"क्विट इंडिया की हुंकार गांधी और कांग्रेस जाने किस नशे में दे बैठे, फिर उससे मुकर भी गए...परन्तु सर्वसाधारण का विदेशी शासन से विरोध स्वाभाविक बात। लोगों को गांधी और कांग्रेस पर न विश्वास था, न है।"[129]

रज़ा के मुँह से यशपाल ने एक महत्त्वपूर्ण बात और कहलवाई है—"भारत में अदना से अदना सरकारी नौकर से लेकर ऊँचे से ऊँचे सरकारी अफसर तक सभी को विदेशी शासन से नफरत, सभी को आजादी की ख़्वाहिश, लेकिन हर व्यक्ति ब्रिटिश सरकार की व्यवस्था में अपने विरोध को दबाकर अपना कर्तव्य निबाह रहा है। कारण, उन्हें कांग्रेस के हवाई गोलों पर भरोसा नहीं और दूसरा कोई अल्टरनेटिव नहीं।"[130]

उषा ने 1942 के आन्दोलन के दौरान साहसिक ढंग से आन्दोलन के लिए जोखिम उठाकर बड़ा काम किया था और युवाओं ने उन्हें साढ़े तीन बरस के बाद अपने बीच पाकर उनका सम्मान किया। लेकिन कांग्रेस के संगठन के नेता उसे टिकट देने के लिए तैयार नहीं हुए। उग्र कांग्रेसी दल चुनाव के लिए उषा को कांग्रेस उम्मीदवार का टिकट नहीं दिला सका।

कई अन्य उपन्यासकारों की तरह यशपाल के उपन्यासों में यह बात उभरकर सामने आई है कि आजादी के बाद जो स्वाधीन भारत का समाज निर्मित हुआ उसमें एक विडम्बनापूर्ण स्थिति पैदा हुई। राजनीतिक पराधीनता से मुक्ति तो

मिली लेकिन आर्थिक और सामाजिक ढाँचे वैसे ही बने रहे। कुल मिलाकर देश के आम लोगों के लिए जीवन वैसा ही बना रहा जैसा कि अंग्रेजों की गुलामी के समय था। राजनीतिक अधिकार के लिए सुयोग बने लेकिन वास्तविक रूप में जमीनी स्तर पर बदलाव नहीं हुए। जो लोग आजादी के लिए लड़े, वे या तो हाशिये पर धकेल दिए गए या फिर उनको रूपान्तरित होने के लिए बाध्य होना पड़ा। समय की मार और नए समाज के निर्माण के क्रम में दबाव इस रूप में उभरे कि सामाजिक और आर्थिक प्रश्नों की ओर देखे बिना ही सब कुछ राजनीति के इर्द-गिर्द सिमटकर रह गया।

विभाजन की त्रासदी और तत्कालीन राजनीति

आजादी के पहले के समय के राजनीतिक इतिहास को यशपाल ने *झूठा सच* के पहले भाग में विधिवत् चित्रित उस तरह से नहीं किया है लेकिन उनके विवरण में पुष्ट संकेत हैं कि कांग्रेस और लीग की राजनीति में आम आदमी की चिन्ताओं के लिए स्थान नहीं था। अंग्रेजों के भारत से जाने और पूँजीपतियों द्वारा समर्थित राजनीतिज्ञों के हाथों सत्ता के हस्तान्तरण के इस काल-दुश्चक्र में सामान्य जनों को अपने भाग्य पर ही छोड़ दिया गया। 1939 में विश्वयुद्ध के शुरू होने के बाद से राजनीतिक, सामाजिक और आर्थिक प्रश्नों के बीच एक घालमेल पैदा हो गया और अन्ततः यह पाया गया कि देश में से काटकर दो हिस्सों में मुसलमानों के लिए एक नए देश का निर्माण करना पड़ा। विश्वयुद्ध के बाद के दो वर्षों में यह विभाजन भी इतनी अनिश्चित परिस्थितियों में हुआ कि लोगों को अन्त तक भी यह समझ में नहीं आया कि वे वहीं रहें जहाँ सदियों से उनके पुरखे रहते आए हैं या फिर वे अपने देश को छोड़कर दूसरी जगह, अपनी अचल सम्पत्ति को छोड़कर चले जाएँ। इस अनिश्चितता के दौर में वतन (जो अपनी जगह है) और अपने लिए निर्धारित देश (जिसका बँटवारा और निर्धारण लोगों ने नहीं राजनेताओं ने मानचित्र पर लकीर खींचकर किया) के बीच चली इस खींचतान में फँसे लोगों की त्रासदी का वर्णन और विश्लेषण यशपाल के उपन्यास में बहुत ही यथार्थवादी रूप में आया है। इस दौर के राजनीतिक इतिहास की विडम्बनाओं को समझने के लिए ही *झूठा सच* एक असाधारण पाठ है।

झूठा सच उपन्यास के दोनों भागों के शीर्षक हैं—'वतन और देश' और 'देश का भविष्य'। पहले भाग में लाहौर के पांधे गली के एक हिन्दू मास्टर के परिवार को केन्द्र में रखकर आजादी के पहले के लाहौर के हिन्दुओं की कथा कही गई है और दूसरे भाग में लाहौर से भागकर लखनऊ में बसने की उनकी कहानी है। पहले भाग 'वतन और देश' में वतन के छूटने और देश में जाने के लिए अभिशप्त

लोगों का वृत्तान्त है। वतन अपना होता है जिसमें पुश्तों से लोग रहते हैं और जिसे लोग बनाते हैं। ऐतिहासिक दबावों के कारण लोगों को अपने वतन को छोड़कर उस देश में जाना पड़ता है जिसके बनने और बनाने में लोगों का नहीं राजनेताओं का हाथ था। ये राजनेता जमीन पर लकीरें खींचकर देश बनाते थे और लोग अपने धर्म के अनुसार बने देश में आते हैं। वे अगर अपने वतन में रहें तो उनके पास एक ही विकल्प है कि वे अपने वतन, जो अब एक देश बन चुका है के धर्म को मान लें। दूसरे भाग में देश और उसका भविष्य है। यशपाल जन को केन्द्र में रखकर सोचते हैं और उसके साहस और संघर्ष को अपने साहित्य में केन्द्र में रखते हैं। अपने इस महान उपन्यास के बारे में उन्होंने जनवरी 1977 में लिखा था कि "इसमें ऐतिहासिक घटनाएँ और प्रसंग हैं पर यह कल्पना के आधार पर लिखा उपन्यास है, इतिहास नहीं। उपन्यास के सभी पात्र तारा, जयदेव, कनक, गिल, डाक्टर नाथ, नैयर, सूद जी, सोमराज, ईशाक, असद और प्रधानमंत्री भी काल्पनिक पात्र हैं।"[131]

झूठा सच की मुख्य कथा लाहौर के जयदेव पुरी, उसकी बहन तारा, कनक, उर्मिला और प्राणनाथ के इर्द-गिर्द घूमती है जो इस विश्वयुद्ध के बाद के राजनीतिक रूप से अस्थिर समय में लाहौर से जबरन विस्थापित होकर भारत आने को विवश हैं। ये सभी लोग आजादी के पहले की अनिश्चितता, विभाजन की त्रासदी और आजाद भारत में व्यवस्थित जीवन के लिए संघर्ष की ऐतिहासिक कहानी को कहने के माध्यम बने हैं और उनकी कहानियों के माध्यम से यशपाल ने आजादी के पहले और उसके बाद के वर्षों के इतिहास को बयान करने की कोशिश की है।

जयदेव पुरी एम.ए. का छात्र है जो 1943 में युद्ध विरोधी आन्दोलन में भाग लेने के कारण मुल्तान जेल में पौने दो साल के लिए बन्द रहा। जेल जाते समय उसे विश्वास था कि जल्दी ही देश आजाद होगा और वह एक स्वतंत्र देश में जेल से छूटेगा। मई 1945 में उसकी रिहाई अगस्त 1942 की क्रान्ति की विजय और भारत में अंग्रेज सरकार की पराजय के कारण नहीं हुई थी बल्कि दूसरे महायुद्ध में मित्र राष्ट्रों की विजय के साथ, अंग्रेजों की विजय के उपलक्ष्य में हुई थी।[132] इस दौरान अनाज और कपड़ों के भाव बहुत बढ़ गए थे। महँगाई बढ़ गई थी और एक रुपए की चीनी के लिए पौने दो घंटे तक क्यू में खड़ा रहने में उसे असह्य व्यथा हुई। कहाँ देश की स्वतंत्रता के लिए जूझ जाने का विचार और कहाँ सेर भर चीनी के लिए संघर्ष! महँगाई ने सबको त्रस्त कर रखा था। लेकिन इस विश्वयुद्ध के दौरान कुछ लोगों ने कमाया भी खूब था। बजाज दीवानचन्द कहता रहता था—"लाम (युद्ध) के जमाने में तो पत्थर पर भी घास उग रही थी। जिसने कभी न कमाया था, उसने भी कुछ कमा लिया।[133]

जयदेव पुरी जैसों के लिए यूनियनिस्ट मिनिस्ट्री में नौकरी पाने की आशा कम

ही थी। एक हिन्दू ने शिकायत की—"यूनियनिस्ट मिनिस्ट्री में हम लोगों के लिए नौकरियाँ कहाँ? मुसलमान और जाट को थर्ड डिवीजन में बी.ए. पास करके भी नौकरी मिल सकती है। हिन्दू के लिए एम.ए. फर्स्ट डिवीजन करके भी जगह नहीं है।"[134]

उन दिनों किसी भी खबर को साम्प्रदायिक नजरिए से देखना आम था। एक हिन्दू लड़के को परीक्षा में चोरी करते हुए एक मुसलमान शिक्षक ने पकड़ लिया। उसे कॉपी जमा करने के लिए कहा तो लड़के ने शिक्षक को पीट दिया और भाग गया। इस खबर को एक दैनिक *छत्रपति* ने इस रूप में छापा—"राष्ट्रीय स्वयंसेवक संघ के कारकुन पर लीगी प्रोफेसर का कहर!"

यह वह दौर था जब 1946 में भारत को शासन दे देने के लिए ब्रिटेन के मंत्रिमंडल ने तीन प्रतिनिधि भारत भेजे थे। ये शिमला में लीग और कांग्रेस के नेताओं से परामर्श और मोल-तोल कर रहे थे।[135] देश का भविष्य लीग और कांग्रेस (मुसलमान और हिन्दुओं) की प्रतिद्वंद्विता के काँटे पर तुला हुआ था।

उस समय पंजाब के मुख्यमंत्री सर खिजर की हालत डाँवाडोल थी। वे कांग्रेस की मदद से सरकार चला रहे थे और लीग उनकी पार्टी को हटाने के लिए जोड़-तोड़ कर रही थी। देश के दूसरे हिस्सों में भी लीग के पाकिस्तान आन्दोलन से लोगों में उद्वेलन था। तभी यह खबर आई कि बम्बई में 16 अगस्त, 1946 से मुस्लिम लीग ने हिन्दुओं से लड़ाई छेड़ दी है। उनका कहना था कि हम पाकिस्तान बनाएँगे! हम आधा हिन्दुस्तान लेंगे। पंजाब पाकिस्तान में लेंगे। इस बात को सुनकर लाहौर की एक पंजाबन ने कहा—"निकाल देंगे! पंजाब उनके बाप का है! पंजाब तो सदा हिन्दू-सिक्खों का रहा है। इन मरे मुसलमानों का राज दिल्ली, आगरा, लखनऊ में रहा होगा। पंजाब तो हमारा है।"[136]

इस स्थिति में हिन्दू क्या करें इसको लेकर गली-मुहल्लों में बहस हो रही थी। लोगों को लग रहा था कि आने वाले दिनों में फसाद होंगे और इनमें अपने बचाव के लिए तैयारी की जरूरत है। एक स्त्री कहती है—"...मुसलमानों का मुकाबला करना होगा। तुम सबने देखा था न 16 तारीख को मुसलमानों ने कितना बड़ा जुलूस निकाला था। बंगाल में तो लड़ाई शुरू हो गई, अब पंजाब में होगी...मुसलमान मरे खूब तैयारी कर रहे हैं। पानी के नल कटवा-कटवा कर बन्दूकें बनवा रहे हैं। मुसलमानियों ने भी छुरे रख लिए हैं। हमीं लोग सोए हुए हैं।...सब लोग लाठी, तलवार, बन्दूक चलाना सीखें, नहीं तो तुम्हारी जायदादें कहाँ बचेंगी?"[137] यह बात हिन्दू लोग आपस में खूब करते हैं कि जबसे सिकंदर (हयात) और खिजर वजीर बने हिन्दुओं को नौकरी नहीं मिलती..."पहले के समय में मुसलमान लोग दफ्तरों में बाबू का काम नहीं करते थे। मुसलमान चपरासी का काम करते थे, ताँगे चलाते थे या दूसरे कमीने काम।"[138]

खिजर की मजबूरी को पढ़े-लिखे हिन्दू समझते थे। सरकार के आर्थिक सलाहकार प्रोफेसर (डाक्टर) प्राणनाथ मानते हैं कि "खिजर इस समय कुछ नहीं कर सकता। उसकी यूनियनिस्ट पार्टी के कई लोग लीग में शामिल हो गए हैं...वह अपनी मिनिस्ट्री खतरे में नहीं डाल सकता।...गवर्नर भी जानता है कि यूनियनिस्ट मिनिस्ट्री के दिन गए। इस चुनाव से यह स्पष्ट हो गया है।"[139] प्राणनाथ के मुँह से यशपाल ने कहलवाया है—"ब्रिटेन में बैठे अंग्रेज तो अपनी स्थिति के कारण अपने आपको भारत का बोझ उठा सकने में असमर्थ समझने लगे हैं, परन्तु हिन्दुस्तान में मौजूद अंग्रेज ब्यूरोक्रेसी अन्तर्राष्ट्रीय स्थिति और ब्रिटेन की वर्तमान आर्थिक स्थिति जानती नहीं। वे हिन्दुस्तान के शासन का मोह नहीं छोड़ना चाहते।"[140]

लाहौर के हिन्दू मुसलमानों के जुलूस को देखते थे और वे सहम रहे थे। शहर के हिन्दू पत्र और कांग्रेसी पत्र सरकार को सावधान हो जाने की चेतावनी दे रहे थे। धीरे-धीरे लीग के जुलूस का आकार बढ़ने लगा। स्टूडेंट फेडरेशन के कुछ छात्र इस कोशिश में थे कि इन जुलूसों में साम्प्रदायिक नारे न लगें। लेकिन कुछ 'गुंडों की शरारत' से स्थिति बदल गई। एक दिन जुलूस में फेडरेशन के छात्र शामिल हुए ताकि इनमें साम्प्रदायिक नारे न लगें। उस जुलूस को लीग का ऐसा जुलूस माना जाता था जो पाकिस्तान के बनने के लिए निकाला गया था। इसमें ऐसे छात्र भी शामिल हुए थे जो कांग्रेस और लीग के बीच समझौते के लिए प्रयास कर रहे थे। वे सोचते थे कि वे इन जुलूसों में फूट के नारे नहीं लगने देंगे।

कांग्रेसी जयदेव पुरी के लिए कम्युनिस्टों का इस तरह जुलूस में शामिल होना पाकिस्तान का समर्थन करना ही है।[141] कम्युनिस्ट असद के लिए ऐसा नहीं है। वह सोचता है कि देश के एक सूबे में कांग्रेस की और दूसरे सूबे में लीग की सरकार हो ही सकती है। असद जैसे नौजवान यह समझते हैं कि लीग के साथ होने का मतलब पाकिस्तान के लिए समर्थन के रूप में नहीं देखा जाना चाहिए। असद कहता है कि अगर जुलूस में साम्प्रदायिक नारे—'बिहार को मत भूलो' और 'पाकिस्तान ले के रहेंगे' जैसे नारे लगे तो वे जुलूस से अपने को अलग कर लेंगे।

एक छात्र ने अपने भाषण में कहा कि खिजर की सरकार अंग्रेजपरस्त है और उसको हटाकर कांग्रेस, लीग और अकाली पार्टी की संयुक्त सरकार बनाने की जरूरत है। असद जैसे छात्रों के लिए ये हिन्दू-मुसलमान का झगड़ा बेकार का था। वह कहता है कि उसके दादा हिन्दू थे और उसकी दादी से शादी के लिए वह मुसलमान बन गए। उसे खुद भी एक हिन्दू से शादी करने के लिए हिन्दू बनने से गुरेज नहीं है।

मुस्लिम लीग के आन्दोलन को बढ़ता देख खिजर सरकार ने दफा 144 लगाकर जुलूसों और सभाओं पर रोक लगा दी। लीग ने अहिंसात्मक सत्याग्रह शुरू कर दिया। इसकी आशा नहीं थी कि लीग भी कांग्रेस की तरह अहिंसात्मक रहकर आन्दोलन जारी रख सकेगी।[142] रोज जुलूस निकलते और 'अल्लाहो अकबर', 'खिजर मिनिस्ट्री

मुर्दाबाद', 'पाकिस्तान ले के रहेंगे' और 'हिन्दू-मुस्लिम एक हों' के नारे लगते रहे।

राजनीतिक हालात बिगड़ते गए और आखिरकार खिजर को इस्तीफा देना पड़ा और गवर्नर ने शासन अपने हाथ में लिया। इस प्रसंग को लीग के अखबार ने अपने पक्ष में इस रूप में पेश किया—"सर खिजर ने लीग का हक मंजूर किया।...पाकिस्तान के दुश्मनों की शिकस्त। लीग की वजारत के लिए रास्ता साफ।"[143] इससे हिन्दुओं में निराशा और बढ़ी। एक ने कहा—"आखिर खिजर लीग के आन्दोलन से दब गया। लीग का रास्ता साफ हो गया। पुलिस वाले सब मुसलमान हैं। कांग्रेस के सत्याग्रहियों पर कैसी निर्दयता से लाठी बरसाते थे! लीगी वॉलन्टियरों को ऐसे मारते थे जैसे पुचकार रहे हों।"[144] इस पर एक हिन्दू बोला—"मुसलमान यूनियनिस्ट हो या लीगी, सब मिले हुए हैं।"[145] दूसरा बोला—"अब तो मुल्लाओं का राज चलेगा। अब क्या इंसाफ होगा! मुसलमान वजीर तो यूनियनिस्ट मिनिस्ट्री के जमाने में भी मनमानी करते थे।" एक हिन्दू को लगता है कि लड़ाई के जमाने में अच्छा था। पिछले बरस से गवर्नर ने महकमे वजीरों को सौंप दिए तब से सरकारी नौकरियों पर मुसलमान या जाट भरते चले आ रहे हैं।

खिजर के इस्तीफे से लीग के समर्थकों में उत्साह आ गया। इसके साथ ही खिजर अब उनके अपने आदमी हो गए। नारे बदल गए—नई खबर आई है, खिजर हमारा भाई है! अल्लाहो अकबर! पाकिस्तान लेकर रहेंगे,...बिहार को भूलो मत!

स्पष्ट था कि रातोरात खिजर लीग के लिए अपने हो गए। इस नाटकीय परिवर्तन की व्याख्या यह भी हुई कि अंग्रेज इसके पीछे हैं। प्लान पहले से ही तैयार था। 3 मार्च, 1947 को सरकार की बागडोर मुस्लिम लीग के नेता खान ममदोट को दी गई थी और यह आशंका व्यक्त की जा रही थी कि लीग की मिनिस्ट्री में सब के सब मुसलमान होंगे।

विरोधी दल खिजर के त्यागपत्र को अवैधानिक समझता था और इस बात के लिए चेष्टा कर रहा था कि लीग की मिनिस्ट्री न बनने पाए। अकाली नेता तारा सिंह बहुत उत्तेजित थे और असेंबली के बाहर सड़कों पर लीगी हल्ला कर रहे थे। असेंबली चेम्बर की सीढ़ियों पर मास्टर तारा सिंह ने मुस्लिम लीग की ललकार के मुकाबले में तलवार खींच ली। जिस समय तारा सिंह कांग्रेसी, अकाली और हिन्दू महासभा के सदस्यों के साथ असेंबली के चेम्बर से बाहर निकले हजारों लीगियों की भीड़ ने नारे लगाए—"नाराए हैदरी! या अली! पाकिस्तान जिन्दाबाद! मुस्लिम लीग जिन्दाबाद! ले के रहेंगे पाकिस्तान! खून से लेंगे पाकिस्तान! लीगी वजारत बन के रहेगी!"

इसके जवाब में मास्टर तारा सिंह और हिन्दू और सिक्ख सदस्य एक साथ खड़े हो गए और उन्होंने नारा लगाया—"पाकिस्तान मुर्दाबाद! जो बोले सो निहाल, सत् सिरी अकाल!"

उसके बाद उन्होंने तलवार खींच ली और कहा—"यहाँ ही फैसला हो जाएगा!"[146]

लाहौर में हिन्दू और मुसलमानों के बीच खिजर के इस्तीफे के बाद साम्प्रदायिक तनाव तेजी से बढ़ा।

कांग्रेस की एक सभा हुई जिसमें कांग्रेस के कुछ स्वयंसेवक और साधारण कार्यकर्ता थे, परन्तु राष्ट्रीय स्वयंसेवक संघ के लोग अधिक संख्या में थे।[147]

साम्प्रदायिक तनाव बढ़ता ही जा रहा था और जिसको जो समझ में आ रहा था बोले जा रहा था। एक ने कहा—"पंजाब हमारा है। हम पंजाब को पाकिस्तान हरगिज बनने नहीं देंगे। हम न लीग की परवाह करते हैं और न कांग्रेस की। जब तक हमारी रगों में खून है हम लीग की वजारत कायम नहीं होने देंगे।" इस बात पर जोरदार ताली बजी और किसी ने नारा लगाया—"नाराये बजरंगी!" उत्तर में हुंकार उठी, "हर हर महादेव! बजरंग बली की जय!"

एक दूसरे वक्ता ने कहा—"सृष्टि के आदि से इस देश को आर्यावर्त कहा गया है। यह भगवान राम और कृष्ण का देश है। इसे वेदों में 'पंचनद' कहा गया है। यहाँ पाकिस्तान कैसे बन सकता है? जो पाकिस्तान बनाना चाहते हैं, वे अरब जाएँ। गांधी और कांग्रेस की पॉलिसी हमेशा हिन्दुओं के खिलाफ रही है। कांग्रेस मुसलमानों को खुश करने के लिए हिन्दुओं के हकों को कुर्बान करती आई है। आज मुसलमानों और लीग की इतनी हिम्मत है कि वे आधा मुल्क माँगते हैं। कांग्रेस के लीडर यह भी देने को तैयार हो गए हैं ताकि उन्हें वजारत की कुर्सियाँ मिल जाएँ, लेकिन मुस्लिम लीग और जिन्ना की अपनी माँग पूरे हिन्दुस्तान की हुकूमत पर होगी। जो बात औरंगजेब नहीं कर सका, मुहम्मद अली जिन्ना करना चाहता है। हमारे कॉलेजों पर नारे लगाए जाते हैं—हँस के लेंगे पाकिस्तान! खून से लेंगे पाकिस्तान!"[148] उत्तेजित भीड़ ने नारे लगाए—"बजरंग बली की जय! नहीं बनेगा पाकिस्तान! नहीं बँटेगा हिन्दुस्तान!"

यह कांग्रेस की सभा थी और जो लोग भाषण दे रहे थे वे कांग्रेस की पॉलिसी के हिसाब से नहीं बोल रहे थे, इसलिए कांग्रेसी नेता ने यह सभा बर्खास्त कर दी। लेकिन इसी बीच अकाली दल के मास्टर तारा सिंह आ गए और उन्होंने एक भाषण दिया जिसमें कहा—"हम पंजाब में मुसलमानों की हुकूमत हरगिज बर्दाश्त नहीं करेंगे। आप लोग तवारीख को मत भूलिए। सिक्ख कौम मुसलमानों के खिलाफ लड़-लड़कर ही इतनी बड़ी हुई है।...अगर हमें मुसलमानों की हुकूमत बर्दाश्त करनी है तो श्री दशमेश (गुरु गोविन्द सिंह) ने औतार किसलिए धारण किया था?"[149] हिन्दू और सिक्ख खिजर के त्यागपत्र और उसके बाद लीग के सरकार के बनने से इतने सशंकित हो गए कि हर ओर से विरोध के स्वर उठने लगे। दूसरी ओर असद जैसे लोग थे जो सोचते थे कि लीग और कांग्रेस के बीच समझौता सम्भव

है और अगर लीग सरकार बनाती है तो उसे बनाने देना चाहिए, बस हिन्दू और मुस्लिम के बीच में सौहार्द बचा रहना चाहिए। जयदेव पुरी जैसे लोग भी समझते थे कि लड़ाई-झगड़े की जगह आपसी बातचीत से समझौता हो सकता था। असद का कहना है कि खिजर को बहुमत हासिल था और उसे कांग्रेस और अकाली (जिनके समर्थन से वह सरकार बनाए हुए था) से बातचीत किए बिना इस्तीफा नहीं सौंपना चाहिए था। कांग्रेस को खिजर की इस गड़बड़ी के लिए उसे दोषी मानना चाहिए था लेकिन वे चाहते हैं कि सड़क पर लोग ईंट-पत्थर से लड़ें, कांग्रेस के लोग असेंबली में कुर्सी पर बैठकर ही लड़ें।[150]

सड़क पर संशय और भय के इस वातावरण पर छोड़ दिए गए लोगों में लड़ाई शुरू हो जाती है। जिस दृष्टि से जनता देखती है वह धर्म ही है और इस कारण से हर चीज को साम्प्रदायिक रंग में ही देखना शुरू हो जाता है। एक मुसलमान देखता है कि कांग्रेसियों के एक जुलूस में कांग्रेसियों ने अपने झंडों में से हरा रंग फाड़ दिया है, जिसको देखकर उसका यह विश्वास दृढ़ हो जाता है कि कांग्रेस हिन्दुओं की जमीयत ही है। वह असद जैसे मुसलमान को कहता है कि खिजर आखिरकार एक मुसलमान है इसलिए अपना ही है।

4 मार्च, 1947 को अखबारों में हिन्दू और मुसलमान की तरफ से अपने-अपने तरीके से रिपोर्टिंग हुई। हिन्दू तरफ के अखबार, जिसमें कांग्रेस की ओर के अखबार भी थे, इस बात पर सन्तोष व्यक्त कर रहे थे कि हिन्दू और सिक्ख को शामिल किए बिना मंत्रिमंडल बनाने की अनुमति गवर्नर ने नहीं दी। दूसरी ओर लीग की तरफ के अखबार मुसलमानों को इस तरह के सन्देश दे रहे थे—कांग्रेस और हिन्दुओं की लीग के जम्हूरी हकूक नामंजूर। मास्टर तारा सिंह की तलवार से फैसले की धमकी!

एक मुसलमान को ये बातें पहले ही नागवार गुजरी थीं और उसने असद को कहा था—"अभी सिखड़े ने इस्लाम की तेग नहीं देखी है, तभी छुरी दिखाकर धमकाता है।...पंजाब में हुकूमत होगी मुसलमान की।"

एक हिन्दू को लगता है—"लीगी चाहते हैं, बिलकुल औरंगजेब का राज।"

जयदेव पुरी जैसे लोगों को लगता है कि पूरे मसले को गलत तरीके से पेश किया जा रहा है। उसके हिसाब से लीग के लीडर और जिन्ना मजहबी मुसलमान नहीं, पॉलिटिकल मुसलमान हैं और लीग और कांग्रेस दोनों संगठनों का उद्देश्य अंग्रेजों से देश को आजाद कराना है। दोनों संगठनों को चाहिए कि आपसी समझ-बूझ से तालमेल करके काम करें। अधिकतर हिन्दुओं की राय थी कि लीग की मिनिस्ट्री का मतलब पाकिस्तान का समर्थन होगा इसलिए हर हाल में लीग के सरकार गठन का विरोध शुरू हुआ। इस बीच दंगा बढ़ने के समाचार आने लगे और लाहौर में एक दिन में अठारह कत्ल हुए और सौ से अधिक लोग घायल हो गए।

5 मार्च, 1947 के अखबार में यह खबर छपी कि हिन्दू-सिक्ख और कांग्रेसी लोगों ने लीग मिनिस्ट्री और पाकिस्तान की स्थापना का विरोध करने के लिए 'एंटी पाकिस्तान लीग' की स्थापना की थी और मास्टर तारा सिंह को इसका डिक्टेटर स्वीकार कर लिया था। पुरी कांग्रेस की ओर के अखबार में एक सम्पादकीय लिखता है जिसमें वह अपने मनोभाव इस रूप में व्यक्त करता है—"जिस टोडी ने लीग के अहिंसात्मक आन्दोलन पर लाठियाँ बरसाईं वह आज 'लीग का भाई' है।... जिस खिजर ने युद्ध काल में कांग्रेस के नेताओं को जेल में बन्द करके पंजाब को अंग्रेजी साम्राज्यशाही के कदमों पर कुर्बान कर दिया, वह आज इन दिनों कांग्रेसी नेताओं का 'अपना' बन गया है।"[151] उसने यह भी लिखा कि कांग्रेस के झंडे से हरा रंग फाड़ना गलत हुआ था। महात्मा गांधी और पंडित नेहरू विदेशी शत्रु के सम्मुख संयुक्त मोर्चा बनाने के लिए, लीग के साथ केन्द्रीय सरकार बनाने के लिए तैयार हैं और पंजाब के कांग्रेसी लीग के बहुमत होने पर भी उनके साथ सूबे के मंत्रिमंडल में सम्मिलित होने के लिए तैयार नहीं हैं। आठ प्रान्तों के मुसलमान कांग्रेसी सरकारों पर विश्वास कर सकते हैं तो दो प्रान्तों में हिन्दू लीग के मंत्रिमंडलों को क्यों सहन नहीं करेंगे?[152]

हिन्दू और मुसलमान लीग की मिनिस्ट्री और पाकिस्तान को लेकर इतने बँट चुके थे कि इस सम्पादकीय को बर्दाश्त करना कांग्रेसी अखबार के मालिक को भी सहन नहीं हुआ और जयदेव पुरी को अपनी नौकरी से हाथ धोना पड़ा।

8 मार्च, 1947 को कई मुहल्लों में और भी अधिक फसाद हो जाने के कारण कर्फ्यू लग गया था। जयदेव पुरी के सम्पादकीय में असद जैसे लोगों को कोई आपत्तिजनक बात नहीं लगी और वे जयदेव पुरी के अखबार से निकाले जाने का विरोध करते हुए गांधी जी को भी लिखते हैं। उनको उम्मीद थी कि गांधी इस सम्पादकीय लिखने वाले को दोषमुक्त करेंगे।[153] असद और उनके साथी चाहते थे कि लाहौर के मजदूरों को आवाज उठानी चाहिए कि कांग्रेस, लीग और अकाली पार्टी आपस में मिल-जुलकर कोई समझौता करें और शासन को अंग्रेज गवर्नर से वापस लें। वे लोगों को समझाने की कोशिश करते हैं कि देश की स्वतंत्रता और सर्वसाधारण का कल्याण उन लोगों के हाथों कभी सुरक्षित नहीं रह सकता जो साम्प्रदायिक उत्तेजना फैलाकर अपना स्वार्थ पूरा करना चाहते हैं।

इस बीच खबर आई कि अमृतसर में भी भारी फसाद हो गया है। जयदेव पुरी कहता है कि "विदेशी गुलामी से मुक्ति के लिए हिन्दू-सिक्ख-मुस्लिम एकता पहली शर्त है। कांग्रेस इसके लिए सदा यत्न करती रही है और करती रहेगी। नेताजी सुभाषचन्द्र बोस ने आजाद हिन्द सेना बनाकर हमारी एकता की शक्ति का प्रत्यक्ष प्रमाण दिया है।"[154]

यशपाल ने दिखलाया है कि साम्प्रदायिक दंगों के इस दौर में कम्युनिस्टों,

एकता में विश्वास रखने वाले कांग्रेसियों, समाजवादियों और उदार विचार के लोगों ने लाहौर और अमृतसर में अपनी ओर से शान्ति के लिए प्रयास किए।

एक महीने बाद तक भी पंजाब में कोई मंत्रिमंडल नहीं बन सका। लीग का पाकिस्तान की माँग का आन्दोलन बढ़ता ही जा रहा था। दूसरी ओर मास्टर तारा सिंह के नेतृत्व में एंटी पाकिस्तान लीग की हुंकार भी कम नहीं थी। पूर्वी पंजाब से मुसलमानों के पश्चिम की ओर भागने और पश्चिम पंजाब से भयभीत हिन्दुओं के पूरब की ओर भागने के समाचार आ रहे थे। लोग भयंकार विस्फोट की आशंका कर रहे थे। यशपाल ने इस विवरण के साथ जोड़ा है कि "सन् 1942 के स्वतंत्रता आन्दोलन के समय तलवार, बन्दूक, पिस्तौल का नाम सुनकर लोगों को पसीना आ जाता था। अब...लोग निधड़क तलवारें, बर्छे, बन्दूकें जमा कर रहे थे।...अफवाह गरम थी कि लाला के यहाँ से हिन्दुओं की रक्षा और पाकिस्तान के विरोध के लिए दो-सवा दो सौ में चाहे जितनी बन्दूकें, पिस्तौल मिल सकते हैं।"[155]

परिस्थिति बद से बदतर होती चली गई। अफवाहों का बाजार गर्म था। एक जगह खबर फैल गई कि हिन्दुओं ने हवाई जहाज से बम फेंक दिया! कोई जिन्न आकर बम फेंक गया। जाहिलों ने कत्ल कर दिया गरीब मोची का। चार बरस से गली में मुसाहने पर बैठता था...।[156]

लाहौर शहर में स्थिति और भी खराब हुई और एक दिन जयदेव पुरी के घर पर भी मुसलमानों का हमला हो गया। किसी तरह से मुकाबला किया गया और जानें बच सकीं लेकिन दहशत का माहौल बन गया। यशपाल ने यह उल्लेख किया है कि जहाँ लाहौर के पुराने शहर में दंगे, छुरेबाजी और आग का आतंक था वैसा कुछ अन्य इलाकों में नहीं था। वहाँ ताँगे, मोटरें, साइकिलें और पैदल पूर्ववत् चलते दिखाई देते थे। पर पुराने शहर के भीतर की घटनाओं का आतंक वहाँ के लोगों पर था। किसी समय कुछ भी हो सकने की आशंका लोगों के मन में बनी रहती थी। दिन बीत रहे थे। लोग अपना काम करते जाते थे पर वे सशंकित होकर जी रहे थे। इस बीच पंजाब में सरकार बनाने के मामले में जिन्ना का वक्तव्य आ गया कि यदि कांग्रेस केन्द्रीय मंत्रिमंडल में आधा स्थान मुस्लिम लीग को देकर शेष आधे में कांग्रेस और गैर मुस्लिमों को स्थान देने के लिए तैयार नहीं तो पंजाब में मुस्लिम लीग अकाली दल से चाहे समझौता कर ले, कांग्रेस के साथ सहयोग नहीं करेगी।[157] शिक्षित हिन्दुओं को यह लगता है कि जिन्ना इस तरह की 'एबसर्ड डिमांड' इसलिए कर रहा है क्योंकि एटली ने जिन्ना को यह कहकर बढ़ावा दे दिया है कि जिस तजवीज में लीग शामिल नहीं होगी, उसे ब्रिटिश सरकार मंजूर नहीं करेगी। उन्हें लगता है कि अगर लोकतंत्र की बात हो तो मेजॉरिटी की सुननी चाहिए।

कोई समाधान दिखलाई नहीं पड़ता था और लोग लगातार भयभीत होकर जी रहे थे। इस बीच तीन सप्ताह बीत चुके थे। एक दिन दिल्ली दरवाजे पर दंगा

हो गया और अकबर मंडी में भारी आग लग गई। बाजार में पुलिस आ गई और कर्फ्यू लग गया।[158] सत्तर जख्मी अस्पताल पहुँच चुके थे और उनमें से अधिकांश हिन्दू थे, ऐसी खबरें हिन्दुओं को आतंकित कर रही थीं। अब तक रेलवे यूनियन के पैंतालीस हजार मजदूरों के कारण दंगे नहीं हो रहे थे। ये मजदूर अब तक दंगे के खिलाफ थे। लेकिन एक दिन रेलवे वर्कशाप में एक बजे छुट्टी के समय एक जबर्दस्त बम फटा और इसके बाद मजदूर जिधर-जिधर गए दंगा फैलता गया।[159] इसके बाद लोग पागल हो गए।...अकबरी मंडी में करोड़-डेढ़ करोड़ रुपए से ज्यादा का नुकसान हुआ होगा...सब हिन्दुओं का ही नुकसान है।...हजारों का गल्ला तो पहले लूट लिया मुसलमानों ने...उन्हें तो लूटने का बहाना चाहिए।

धीरे-धीरे झगड़े बढ़ने लगे। किसी ने नमाज पर बम फेंका तो किसी ने हिन्दू बस्तियों में तीर से पलीते बाँधकर आग फेंकी। 11 मई, 1947 को दोपहर बाद साढ़े चार बजे से लगा कर्फ्यू 14 की सुबह पाँच बजे समाप्त हुआ।

जयदेव पुरी की बहन तारा उस लड़के से शादी के लिए तैयार नहीं है जिसके साथ उसके घरवाले करना चाहते थे। वह असद से शादी करना चाहती थी लेकिन असद बगैर कम्युनिस्ट पार्टी की मंजूरी के इसके लिए राजी नहीं हो सकता था। वह चाहता है कि 'फिसाद का जोर टल जाए' उसके बाद वह रास्ता निकाल लेगा। असद ने उसे कहा कि पिछले अठारह घंटे में नब्बे से ज्यादा जानें चली गई हैं।[160] जीवन की असंख्य परेशानियों में जूझते लाहौर के हिन्दुओं को अचानक यह खबर मिली कि कांग्रेस ने पाकिस्तान मंजूर कर लिया।[161]

अखबारों में छपता है कि कांग्रेस विभाजन का सिद्धान्त स्वीकार कर लेने के लिए तैयार है, परन्तु वह पूरा पंजाब और बंगाल पाकिस्तान को देने के लिए तैयार नहीं है। केवल पश्चिमी पंजाब और पूर्वी बंगाल, जहाँ पूरे प्रदेशों में मुस्लिम जनसंख्या का आधिक्य है, पाकिस्तान में दिए जा सकते हैं। लीगी अखबार *सियासत* में छपा कि मुस्लिम लीग प्रान्त के बँटवारे के विरुद्ध थी। उसकी ओर से पूरे पंजाब और बंगाल की माँग थी और साथ में दोनों प्रान्तों को मिला सकने वाली गली के रूप में एक भूभाग की माँग भी थी।

इस समय भी जयदेव पुरी ने अपने लोगों को यह कहकर समझाया कि पाकिस्तान का मतलब मुस्लिम लीग की मिनिस्ट्री ही तो है। किसी की मिनिस्ट्री हो, हिन्दू-मुसलमानों को तो गली-मुहल्लों में एक साथ ही रहना है।[162] इसके आगे यशपाल ने एक पात्र से कहलवाया है—"लाहौर में मुसलमान इक्यावन फीसदी हैं तो क्या हुआ। जमीन-जायदाद तो अस्सी फीसदी से ज्यादा हिन्दुओं की है।"[163]

जयदेव पुरी ने कांग्रेस के एक अन्य समर्थक से पूछा—"गांधी जी तो कहते थे, पाकिस्तान मेरी लाश पर बनेगा!...यह क्या हो गया?" इसके उत्तर में डॉ. प्रभुदयाल बोले—"गांधी जी का इसमें कोई अपराध नहीं। यह तो पंडित नेहरू, सरदार पटेल

और कांग्रेस कमेटी का फैसला है। गांधी जी ने साफ-साफ कह दिया है कि सरकार नेहरू और पटेल चला रहे हैं।"

इस बात को लेकर तर्क हो गया। जयदेव पुरी ने कहा—"नेहरू, पटेल का क्या है, वे तो 'वेदरकॉक' (हवा के रुख पर घूमने वाले) हैं। सन् 1945 में वह अहमद नगर जेल में 1942 की क्रान्ति को कांग्रेस की पॉलिसी के खिलाफ बता रहे थे। सन् 1946 में सरकार बन गई तो 1942 की क्रान्ति का सब सिला (श्रेय) खुद ले लिया।"[164] डॉ. प्रभुदयाल ने कहा कि लीग को अंग्रेज शह दे रहे हैं। एक बार अंग्रेज जाएँ उसके बाद लीग को समझ लेंगे। इस पर किसी ने कटाक्ष किया—यही है गांधी की सत्य-अहिंसा? इस पर किसी ने कहा—इससे तो अच्छा जिन्ना है; जो कहता है, सीधे मुँह पर थप्पड़ मारकर कहता है। जयदेव पुरी को उस समय भी यही लगता है कि अगर लीग और कांग्रेस मिलकर सरकार बना लेते तो यह नौबत नहीं आती।

अखबारों में दिन-दिन कांग्रेस और लीग अथवा हिन्दुओं और मुसलमानों में समझौते की आशा क्षीण होकर विरोध और चुनौती का भाव बढ़ता जा रहा था। मई के तीसरे सप्ताह के अन्त में बागवानपुरा, केले वाली सड़क और भाती दरवाजे पर उपद्रवों के कारण फिर अड़तालीस घंटे का कर्फ्यू लगा दिया गया। जून 1947 के प्रथम सप्ताह में यह निर्णय हो गया कि पंजाब बाँटकर पश्चिम का आधा पंजाब पाकिस्तान में दिया जाएगा। लोगों ने अनुमान लगाया कि बँटवारे की सीमा लाहौर के आसपास होगी। लाहौर पाकिस्तान में जाएगा या हिन्दुस्तान में यह अनुमान और विवाद का विषय बन गया।[165] इस घोषणा के बाद शहर के लोगों के बीच अनिश्चितता का वातावरण बढ़ा और आग भड़क गई। यशपाल ने लिखा है—"इस घोषणा ने दंगों की धीमी सुलगती चली आती आग को एक बार फिर भड़का दिया।"

भविष्य की कोई तस्वीर बन नहीं रही थी और लोग अपने-अपने हिसाब से सोचे जा रहे थे। कालीचरन, जो कम्युनिस्टों के नजदीक था लेकिन उसका मेम्बर नहीं था, ने कहा—हिन्दुस्तान-पाकिस्तान तो क्या बनेगा, हमें तो पंजाब अंग्रेजों के कब्जे में रहता दीखता है। उसने अपने तर्क के समर्थन में कहा कि एटली ने कहा था कि जून 1948 में जिस प्रान्त में जिस राजनीतिक दल का मंत्रिमंडल होगा, उस प्रान्त का शासन उसी राजनीतिक दल को सौंप दिया जाएगा। उसे लगता है कि अंग्रेज चाहते हैं कि पंजाब का शासन किसी भी दल के हाथ में न हो और इस तरह पंजाब अंग्रेज गवर्नर के कब्जे में रहे।

इस बात के जवाब में एक कम्युनिस्ट पार्टी का सदस्य महाजन कहता है कि पंजाब का गवर्नर चर्चिल की कंजरवेटिव पार्टी का है, वह चाहता है कि बाकी का हिन्दुस्तान भले ही चला जाए पर पंजाब और बंगाल इंग्लैंड के हाथ में ही रहे। उसे लगता है कि रूस के मुकाबले के लिए पंजाब की बड़ी अहमियत है।[166]

आपसी बातचीत में यह बात निकलकर आती है कि अंग्रेज दो हिस्सों में बँटे हैं। एटली और उसके साथी यह समझते हैं कि भारत को सेल्फ गवर्नमेंट देना ही होगा, लेकिन ब्रिटिश ब्यूरोक्रेट एटली और माउंटबेटन की स्कीम से खुश नहीं हैं। कालीचरण कहता है कि गवर्नर का मिलिट्री सेक्रेटरी मजाक कर रहा था कि "फिलहाल एक फ्रंटियर है तो करोड़ों उस पर खर्च होता है। अब भारत के दो फ्रंटियर होंगे और पाकिस्तान के चार फ्रंटियर!"[167]

मुस्लिम लीग ने जून के पहले सप्ताह में पाकिस्तान की स्थापना के लिए बंगाल और हिन्दू बहुल और मुस्लिम बहुल भागों में बाँट लेने की शर्त स्वीकार कर ली। इससे विवाद और गहरा गया। मुस्लिम लीग लाहौर से पूर्व में बहुत दूर तक का भाग पाकिस्तान में चाहती थी और कांग्रेस अथवा हिन्दू आधे पंजाब से बहुत दूर पश्चिम की ओर हिन्दुस्तान की सीमा बनाना चाहते थे। लाहौर पर दोनों का दावा था। ब्रिटिश सरकार, मुस्लिम लीग और कांग्रेस ने यह निश्चय किया कि पंजाब असेंबली के भिन्न-भिन्न चुनाव क्षेत्रों के हिन्दू-सिक्ख और मुस्लिम सदस्य अलग-अलग बैठकर निर्णय कर लें कि उनके क्षेत्रों की जनता हिन्दुस्तान में रहना चाहती है या पाकिस्तान में। अन्तिम निर्णय के लिए 20 जून, 1947 का दिन निश्चित कर दिया गया।

इसके बाद बहस शुरू हुई। बहुत पढ़े-लिखे लोग भी यह समझ नहीं पा रहे थे कि बँटवारा इस तरह कैसे हो कि हिन्दू या मुस्लिम होने के आधार पर जमीन पर रेखाएँ खींची जा सकें। बैरिस्टर मिर्जा ने कहा कि "माना, पश्चिम पंजाब मुस्लिम प्रधान है और पूर्वी पंजाब हिन्दू प्रधान है पर पूर्व में ऐसी जगहें भी हैं कि लगातार मुस्लिम गाँव चले गए हैं।" दूसरी ओर नैयर जैसे लोग इस पर कहते हैं कि पश्चिम में लायलपुर, मिंटगुमरी और ओकाढ़ा जैसी बस्तियाँ थीं जो हिन्दू-सिक्ख बस्तियाँ हैं।

यशपाल ने मिर्जा के मुँह से एक बात कहलवाई है कि "हमारे पश्चिम पंजाब के हिन्दू एम. एल. ए. और पूर्वी पंजाब के मुसलमान एम.एल.ए. लोगों की अक्ल देखो, एक भी मुसलमान मेम्बर ने हिन्दुस्तान में रहने के लिए वोट नहीं दिया। ये लोग नहीं लड़ा रहे हैं तो कौन लड़ा रहा है। जाहिर है कि जिन्ना का तब्दीलिए आबादी का प्रोग्राम सामने आएगा। मैं कहता हूँ, हिन्दुस्तान को मुसलमानों से और मुसलमानों को हिन्दू-सिक्खों से, लोगों को अपनी पुश्तैनी जगहों से अलग करना ऐसा है जैसे जिस्म के मांस को हड्डियों से अलग करना।"[168]

लोग साम्प्रदायिक फसाद में मर रहे थे, यहाँ-वहाँ भाग रहे थे और राजनेताओं की ओर से कोई स्पष्ट संकेत नहीं मिल रहा था कि क्या करने से इससे बचा जा सकता था। यहाँ-वहाँ लोग उलझ रहे थे, आग लगा रहे थे और किसी को भी यह समझ में नहीं आ रहा था कि जब आग बुझेगी और कर्फ्यू हटेंगे तो क्या करना है। बहुत ही जघन्य वारदातें हो रही थीं। एक डॉक्टर, जिसके नब्बे प्रतिशत मरीज

मुसलमान थे, अपने हिन्दू दोस्तों के इस सुझाव को कि वह अपनी सुरक्षा की खातिर हिन्दू इलाकों में आ जाए यह कहकर खारिज कर देता है कि उसके मरीजों का क्या होगा? वह पाता है कि उसकी डाक्टर लड़की को मुसलमान भीड़ उठा ले गई। तीन दिन बाद डाक्टर सिर पीटकर, अपना घरबार छोड़कर पुलिस के पहरे में स्टेशन गया और लाहौर छोड़ गया। जयदेव पुरी जैसा गैर साम्प्रदायिक व्यक्ति आग बुझाने गया था और उसे और उसके साथियों को पुलिस उठाकर ले गई। उसे बहुत ही बुरी हालत में बन्द करके रख दिया जाता है जहाँ रसूख वाले लोगों की मदद से उसे कई दिनों बाद छुड़ाया जा सका। डाक्टर प्राणनाथ जैसे सरकार के सलाहकार बड़े लोग भी बच नहीं पाए। उनकी हवेली को जला दिया गया और उनका भी कोई पता नहीं चल पा रहा था। व्यक्ति रूप में कोई क्या सोचता था यह बहुत महत्त्वपूर्ण नहीं था, जो चीज बाहर से दिखती थी वह था उसका धर्म। धर्म के आधार पर किसी से भी व्यवहार तय किया जा रहा था।

रेडक्लिफ कमेटी ने हिन्दुस्तान-पाकिस्तान में बँटवारे की सीमा निश्चित कर दी थी। लाहौर का प्रश्न अब भी तय नहीं हुआ था, परन्तु रावी पार का जिला शेखूपुरा पाकिस्तान का भाग घोषित हो गया था। पेशावर से शेखूपुरा तक के बहुत सारे हिन्दू व्यापारी भागे चले आ रहे थे। लाहौर में इनके लिए कैम्प बना दिए गए थे। हिन्दू रक्षा समिति के लोग दिन में दो बार स्टेशन पर पश्चिम से आने वाले हिन्दुओं को सुरक्षित स्थानों पर ले जाने की ड्यूटी कर रहे थे। एक पात्र से यशपाल कहलवाते हैं—"क्या करें, हिन्दू दबते ही चले जा रहे हैं... मुसलमान पुलिस खुलकर मुसलमानों का साथ दे रही है। पश्चिम से रोज डेढ़-दो सौ आदमी उजड़कर चला आ रहा है...।"[169] दूसरी ओर पूरब में मुसलमानों का भी हाल वैसा ही बुरा है।

बँटवारा हर स्तर पर हो रहा था। एक पब्लिशर कहता है—"टेक्स्ट बुक कमेटी के मुसलमान मेम्बरों को मुसलमान पब्लिशर्स का खयाल है। वे लोग हिन्दू पब्लिशर्स की किताबें हटा-हटाकर मुसलमान पब्लिशर्स को दिए जा रहे हैं।...पहले एक भी मुसलमान पब्लिशर नहीं था। अब तो तमाम ट्रेड उन्हीं लोगों के हाथों चला जा रहा है। ट्रेड क्या मुल्क ही उन लोगों के हाथ में जा रहा है।"[170]

लाहौर को पाकिस्तान में दिए जाने की आशंका से हिन्दुओं के बीच नगर छोड़ने की बातें उठने लगीं। पर अधिकतर हिन्दू लोग इसके खिलाफ थे। वे अपने लाहौर को बचाने के लिए प्राणपण से लड़ने के लिए तैयार थे। जुलाई के आरम्भ में हिन्दुस्तान और पाकिस्तान की सीमा इस तरह निर्धारित हो गई थी कि इसकी सम्भावना बढ़ गई थी कि लाहौर पाकिस्तान में चला जाए, परन्तु लाहौर के हिन्दुओं के बीच यह विश्वास बना हुआ था कि लाहौर में अस्सी प्रतिशत जायदाद हिन्दुओं की है इसलिए लाहौर पाकिस्तान में नहीं दिया जा सकेगा। वे इस बात के लिए भी

तैयार थे कि अगर लाहौर पाकिस्तान में भी रह गया तो भी वे अपने घरबार को नहीं छोड़ेंगे। उनको लगता था कि उन्हें उनके घरों से कोई नहीं निकाल सकेगा।[171] कुछ लोग अपने घरों में ताला लगाकर तीर्थ के लिए वृन्दावन-मथुरा भी चले गए थे। कुछ ऐसे भी लोग थे जो लाहौर छोड़कर दूसरी जगह जाने से डरते थे। उनमें से एक कहता है कि "वह देश ही दूसरा है। वहाँ के लोग हिन्दू तो हैं पर वे दूसरी तरह के आदमी हैं। उनकी बोली ऐसी है कि जैसे लोटे में कंकड़ डालकर हिला दो।...भाई उनका खाना दूसरा बर्तन दूसरा...लाहौर के मुसलमान बैरी बन गए हैं (पर) हैं तो अपने ही जैसे। बोली एक, पहरावा एक, खाना-पीना भी एक जैसा ही है। मन्दिर-मस्जिद का ही तो फरक है...हम लोग कब तक एक-दूसरे से बैर कर सकते हैं?"[172]

जयदेव पुरी का लाहौर के प्रति अनुराग मिट चुका था। अब वह इसे अपने प्रति क्रूर लगता था। कनक उससे विवाह करना चाहती है। वह लाहौर से सुरक्षित नैनीताल पहुँचकर एक पत्र लिखती है जिसमें वह लिखती है कि "लाहौर के मुकाबले यूपी उसके लिए बेहतर होगा क्योंकि यहाँ साम्प्रदायिक झगड़ा नहीं है, कांग्रेस की सत्ता है और स्वराज्य है।" वह जयदेव पुरी को लिखती है—"आपकी कद्र साम्प्रदायिकता और ईर्ष्या से जलते पंजाब में नहीं, यूपी में ही होगी।"[173]

इस बीच पूर्व से मुस्लिम और पश्चिम से हिन्दू परिवार शरण के लिए लाहौर में चले आ रहे थे। उनकी सहायता के लिए मुस्लिम लीग, कांग्रेस, कम्युनिस्ट पार्टी और हिन्दू सभा के स्वयंसेवकों को रात के कर्फ्यू में आ-जा सकने के लिए पास दिए गए थे। कर्फ्यू में कई लोग गायब हो गए थे, इसलिए स्वयंसेवक शाम को आठ-नौ बजे तक अपने मकानों में लौट आते थे। तरह-तरह से लोग इस अनिश्चित वातावरण में जूझ रहे थे। डाक्टर प्राणनाथ की हवेली के जलने के बाद उनके परिवार के लोग लखनऊ चले गए थे।[174] वे खुद एक होटल शेवोय में रह रहे थे क्योंकि वे अपनी नौकरी छोड़कर जाना नहीं चाहते थे। बड़े लोग भी लाहौर छोड़ रहे थे। जयदेव पुरी एक बार झुँझलाकर बोल उठा—"मास्टर तारा सिंह तलवार की धमकी देकर खुद तो लाहौर से भाग गए और यहाँ मुसलमानों की नजरों में सिक्खों को बैरी बना गए। आए दिन लोग गायब हो रहे थे और मारे जा रहे थे। किसी को समझ में नहीं आ रहा था कि आगे क्या होनेवाला है और उन्हें क्या करना चाहिए। जो लोग सुरक्षा के लिए कुछ समय के लिए लाहौर छोड़कर नैनीताल चले गए हैं वे भी यह नहीं सोच पा रहे थे कि सदा के लिए लाहौर छोड़ दिया जाए या देखा जाए कि आगे क्या होता है। एक कहता है—"क्या यह सम्भव है कि पूरे हिन्दुस्तान के दस-बारह करोड़ मुसलमान पेशावर से लाहौर की जगह में समा जाएँ? मुसलमान हिन्दुस्तान में रह सकेंगे तो हिन्दू भी लाहौर में रह लेंगे। डाक्टर, वकील, इंजीनियर तो पाकिस्तान को भी चाहिए।"[175]

भारत में भी बहस चल रही थी और लोग अपने-अपने तरीके से स्थिति को समझने की कोशिश कर रहे थे और अपने नेताओं के बारे में, उनकी गलतियों के बारे में बातें कर रहे थे। कोई कहता—हिन्दू और मुसलमान सदा ही युद्ध और परस्पर हत्या की अवस्था में तो नहीं रह सकते। हिन्दुस्तान पाकिस्तान तो बन गया...हिन्दुस्तान में मुसलमान रहेंगे तो सिद्धान्त रूप में हिन्दुओं को भी पाकिस्तान में रहना चाहिए...गांधी जी भी यही कहते हैं।[176] गांधी का नाम सुनकर एक सरदार भड़ककर बोल उठा—"गांधी पहले विभाजन का भी विरोध करता था। गांधी कहता था, विभाजन मेरी लाश पर होगा! अब उसे अपनी गलती माननी पड़ी या नहीं? गांधी तुम्हारा खुदा है? कुछ गांधी को शैतान समझते हैं। उसकी बात को फरेब समझते हैं वे उसकी बात कैसे मानेंगे?"[177]

30 जुलाई, 1947 को अखबारों में छपा—"हिन्दुस्तान में मुसलमानों को, पाकिस्तान में हिन्दू-सिक्खों को पूरी आजादी!" 15 अगस्त को हिन्दुस्तान की स्वतंत्रता और पाकिस्तान की स्थापना के दिन की घोषणा थी। अभी यह तय नहीं हो पाया था कि दोनों देशों के गवर्नर जनरल माउंटबेटन कुछ दिन बने रहेंगे या दोनों देश अपने-अपने गवर्नर जनरल खुद चुनेंगे।

इस घोषणा के बाद लोगों को यह लगा कि बात सुलझ गई। एक ने कहा—"धार्मिक स्वतंत्रता है, नागरिक अधिकारों की समानता है तो फिर झगड़ा क्या है? मुस्लिम लीग पाकिस्तान में हिन्दुओं पर जुल्म करेगी तो यूपी, बंगाल, बम्बई में लाखों-करोड़ों मुसलमानों का खयाल उसे नहीं होगा?"[178]

हत्याएँ और आगजनी जारी थी। फिर भी लोग उम्मीद कर रहे थे कि देर-सबेर सब ठीक हो जाएगा। 11 अगस्त, 1947 को कनक के पिता ने कनक को लिखा था कि स्थिति 15 अगस्त, 1947 को परिवर्तन शान्ति से हो जाने के बाद बेहतर हो जाएगी। 13 अगस्त को अखबार में छपकर आया था कि 'लॉर्ड माउंटबेटन कल सुबह कराची आकर दस बजे पाकिस्तान सरकार को शासन सत्ता सौंप देंगे। 14 अगस्त रात के बारह बजने पर पाकिस्तान के गवर्नर जनरल कायदे आजम जिन्ना हो जाएँगे। दिल्ली में रात के बारह बजने पर डॉक्टर राजेन्द्र प्रसाद की अध्यक्षता में भारत की कॉन्स्टीच्यूएंट असेंबली शासन सत्ता सँभाल लेगी।'[179]

11 अगस्त की सुबह भी हिन्दू लोगों में यह खयाल था कि अब स्थिति सुधरेगी, लेकिन 11 की रात में लाहौर में बहुत अधिक स्थानों पर आग लगाए जाने और हिन्दुओं के सामूहिक रूप से लाहौर छोड़ने के समाचार आने लगे। हजार से अधिक हिन्दू स्त्री-पुरुष और बच्चे तलवारों, बरछों और गोलियों से मारे गए।

यशपाल ने तारा के माध्यम से हिन्दू स्त्री के ऊपर इस विकट समय में हुए अत्याचारों की कहानी कही है। 29 जुलाई, 1947 के दिन ब्याह के बाद तारा ससुराल गई। उसी रात मुसलमान बस्ती ने जबर्दस्त आक्रमण करके उसके घर में

आग लगा दी। उसके पति सोमराज की अपाहिज बुआ और उसकी बहू—तारा को आग से निकाला नहीं जा सका। सोमराज के पिता के कंधे में भी गोली लगी। तारा का पति सोमराज खिड़की से भागा। तारा भी कूदकर भागी। उसे ससुराल वालों ने मृत मान लिया। लेकिन वह कूदकर बच गई।[180] वह मुसलमानों के हाथों पड़ी और एक बेहद बुरे परिवार के हाथों में पड़कर गुप्त रोगों की शिकार हुई, लेकिन वह जीवित रही। एक परिवार में अत्याचार सहने के बाद एक भले मुसलमान परिवार में लाई गई जहाँ वह सुनती है कि पाकिस्तान की स्थापना 15 अगस्त, 1947 को नहीं बल्कि अठारह तारीख को ईद के दिन होगी। जिन्ना का फरमान था कि उस दिन न कोई जश्न मनाया जाएगा, न रौशनी की जाएगी और ईद की नमाज की जमात में हिन्दुस्तान में रह जाने के लिए मजबूर करोड़ों मुसलमानों की निजात के लिए दुआ माँगी जाएगी।[181] उस परिवार के लोग बहुत सारी कहानियाँ सुनाते हैं कि कैसे जिन्ना एक पाबन्द मुसलमान हैं और उनके बारे में सूबा सरहद के कांग्रेसी काफिर अब्दुल ग़फ़्फ़ार ख़ान के गुबड़े जहर फैलाते थे कि वे मुसलमान होने के कड़े नियमों को नहीं मानते। वह सुनती है कि एक आदमी छुरा लेकर जिन्ना को खत्म करने के मकसद से उनके घर में घुसा जहाँ जिन्ना नमाज पढ़ रहे थे। उनको देखकर और उनको अल्लाह और रसूल के प्रति सम्मान प्रकट करते देख उस आदमी ने छुरा फेंक दिया और जिन्ना के पाँव पर गिर पड़ा। जिन्ना ने कत्ल के इरादे से आने वाले पठान को सीने से लगा लिया और कहा—"अगर तुझे मेरे मालिक का हुक्म है तो तू दीन और मिल्लत की खातिर मेरा कत्ल कर दे।" कायदे आजम ने अपना सीना खोल दिया और बोले, "मेरा खून दीन और मिल्लत की खिदमत में बह जाए, मेरे लिए इससे बड़ी और क्या खुशकिस्मती हो सकती है।" उनके कल्ब (दिल) में खुदा का इल्हाम है। गांधी उनका क्या मुकाबला कर सकता है? उनकी हर बात दीन की बेहतरी के लिए है। वह जानते हैं कि काफिर और मोमिन एक जगह नहीं रह सकते। तकसीमे आबादी की उनकी तजवीज बहुत सही है।[182]

जिस भले मुसलमान के घर में तारा थी वहाँ नौ हिन्दुओं को पहले ही मुसलमान बनाया जा चुका था। 15 तारीख को या 18 को तारा को भी मुसलमान बनाके सवाब हासिल करने की परिवार की नीयत थी। लेकिन कम्युनिस्ट रह चुकी तारा किसी भी तरह हिन्दू से मुसलमान बनने के लिए राजी नहीं होती है।

18 अगस्त को ईद के पवित्र दिन सुबह लोग लाहौर में पाकिस्तान का हरा झंडा फहरा रहे थे। इन झंडों की बड़ी संख्या ने तारा के लाहौर और पंजाब को दूसरा देश बना दिया था। ये झंडे घोषणा कर रहे थे कि वह अपने लोगों से दूर परदेश में कैदी बनी हुई थी।[183] जब तमाम कोशिशों के बाद भी तारा मुसलमान बनने को राजी नहीं हुई तो उसे हिन्दू कैम्प में छोड़ आने की बात उठी। दस-पन्द्रह दिनों बाद तारा ने जब वहाँ जाने की बात की तो उसे कहा गया कि "अब हिन्दू यहाँ हैं ही

कहाँ?" 22 अगस्त को यह ऑर्डर आ चुका था कि लाहौर में जहाँ कहीं भी हिन्दू हों, उनकी रिपोर्ट पुलिस में हो और भारत के सम्पर्क अधिकारी को इसकी इत्तला कर दी जाए। इसके बाद तारा को कैम्प में पहुँचा दिया गया।

दूसरी ओर जयदेव पुरी लखनऊ में कनक के आश्वासन पर आकर देख चुका है कि कैसे कांग्रेसी खद्दरधारी लोग अब अधिकारियों के लिए 'साहब' हो चुके हैं और उसके जैसे लेखक-पत्रकार के लिए यहाँ सम्मानजनक व्यवहार की अपेक्षा करना मूर्खता ही है। 14 अगस्त, 1947 को नौकरी के लिए कोशिश करने के बाद वह निराश होकर नैनीताल लौटता है और देखता है कि स्थानीय पहाड़ी लोगों का एक दल, हाथों में जलेबी के दोने लिये, गाता-बजाता, नाचता, विजयोल्लास में मल्ली ताल की ओर जा रहा था। इसके पहले उसने नैनीताल में बोझा ढोने वाले कुलियों और रिक्शा खींचने वालों के अतिरिक्त सड़कों पर सदा बाहर से आए हुए सैलानियों को ही देखा था। क्लब में दिखाई देने वाले पंत, पांडेय, जोशी, बिष्ट, साह, रावत जरा दबी हुई टोपी की अतिरिक्त पोशाक में लाहौर, दिल्ली और लखनऊ के लोगों से भिन्न नहीं थे। यह भीड़ उसे अलग लगी जो स्वतंत्रता समारोह के अवसर पर नैनीताल आ गई थी। अब तक उनकी हिम्मत नहीं हो सकी थी माल रोड पर आकर नाचने की। एक व्यक्ति कहता है—एक बखत में तो कुलियों और देहाती लोगों को माल रोड के नीचे-नीचे चलना होता था।

जयदेव पुरी को स्वतंत्रता के अवसर का यह उत्साह अपने लिए अच्छा नहीं लगा। उसके मुँह से यशपाल ने यह कहलवाया है—"हमारे लिए क्या स्वतंत्रता है? हम लोगों के तो घरबार उजड़ रहे हैं। हम लोग बलिदान हो रहे हैं। ये लोग तो दूसरों के बलिदान से होम करके उसका श्रेय ले लेना जानते हैं। ये लोग अपने को समझते क्या हैं? सन् '42 में जब संकट था तो फोन करके जेल चले जाते थे कि पुलिस का थप्पड़ न सहना पड़ जाए। हमने भी स्वतंत्रता के लिए संकट सहा है, जेल भुगती है। अब हमारे लिए राष्ट्र-निर्माण के उपदेश रह गए हैं!"[184]

यह इस उपन्यास का विशेष वक्तव्य है। यह भाव यशपाल के यहाँ बार-बार व्यक्त हुआ है कि आजादी ने विशेष वर्ग को ही शक्ति दी और जो असली लड़ने वाले लोग थे और जिन लोगों ने इस आजादी के लिए कष्ट उठाए थे उनके लिए बस थोथी प्रशंसा थी, असली मलाई वे लोग खा रहे थे जो दूसरों की कुरबानी का श्रेय ले लेने की कला जानते थे। उस समय तक लखनऊ में रह रहे लाहौरवासियों को यह खबर मिल चुकी थी कि उनके लाहौर के घरों पर मुसलमानों ने कब्जा कर लिया है। स्वजन के बचकर किसी तरह भारत आ जाने से ही लगता था कि यही क्या कम सन्तोष की बात है! ऐसा सोचकर लोग अपने को ढाढ़स बँधाते थे।

जयदेव पुरी 'विदेशी दासता से मुक्ति के उत्सव' में एक क्लब में देखता है कि बड़े लोग पहले की तरह उत्सव मना रहे हैं, व्हिस्की और रम का दौर चल रहा

है। पार्टी चल रही है और ग्यारह बजकर पाँच मिनट पर श्रीमती सुचेता कृपलानी और श्रीमती नन्दिता कृपलानी 'वंदे मातरम्' रेडियो पर गा रही हैं। यशपाल ने लिखा है—"रेडियो से 'वंदे मातरम्' गान सुनाई दिया। सूट या योरोपियन पोशाक पहने अधिकांश लोग सावधान की मुद्रा में बिलकुल सीधे खड़े हो गए। पश्चिमी व्यवहार से अपरिचित, विशेषतः बहुत से खद्दरधारी लोगों ने अभी राष्ट्रीय गान का सम्मान करना नहीं सीखा था। वे शरीर को ढीला छोड़े ऐसे खड़े थे जैसे मदारी का खेल देख रहे हों।...अपने इतिहास के इस महत्त्वपूर्ण अवसर पर जब अनेक वर्षों के संघर्ष के पश्चात् हम देश का शासन सँभाल रहे हैं... "[185] लोगों को राजेन्द्र प्रसाद के हिन्दी में दिए गए व्याख्यान को सुनने से रोमांच हो रहा था पर प्रसाद या नेहरू के व्याख्यान सुनने के लिए धैर्य और सन्तोष नहीं था; वे अपनी स्वतंत्रता की घोषणा करने वाली बारह बजे की टंकार के लिए आतुर थे। 12 बजने के साथ ही पन्द्रह अगस्त जिन्दाबाद हुआ और उसके साथ हुर्रे! हुर्रे! हुर्रे! "भारत माता की जय!" "महात्मा गांधी की जय!" और लोग उछलने लगे। उस भीड़ में अधिकांश ऊँचे आर्थिक मध्यवर्ग के शासन के सूत्रों से जीविका और लाभ पाने वाले लोग थे, जो कभी विदेशी दासता से विद्रोह करने का, स्वतंत्रता के आन्दोलन में भाग लेने का साहस नहीं कर सके थे...।"[186] ये लोग 15 अगस्त, 1947 की आधी रात को जामे-आजादी पी रहे थे।

क्लब के गेट पर देहाती पहाड़ी रिक्शा कुलियों और बोझ ढोने वाले कुलियों की टोलियाँ चीथड़े पहने, परन्तु सिर पर सफेद टोपियाँ लगाए, ताली बजा-बजा कर गा रही थीं...झील के किनारे छतरी के पास उत्तर प्रदेश के पूर्वी जिलों के लोगों की टोली ढोलक पर कड़कती आवाज में आजादी का आल्हा गा रही थी।... पंजाबी नौजवानों की एक टोली भाँगड़ा नाच रही थी। एक टोली के लोग खद्दर की उजली टोपियाँ पहने राष्ट्रीय गीत गा रहे थे और उछल-उछल कर ऊँचे स्वर में नारे लगा रहे थे—भगत सिंह जिन्दाबाद! इंकलाब जिन्दाबाद! चन्द्रशेखर आजाद जिन्दाबाद![187] कोई कह रहा है—"आजादी मिली है बादशाहो! जानवर से आदमी बन गए!" इसी बीच एक लाहौर के बड़े आदमी—नैयर ने कहा—"आज ही तार मिला है कि फादर-इन-लॉ ने अपना सब कुछ छोड़, दिल्ली पहुँचकर अपनी जान बचाई है। अब हम लोग बेघर-बार हैं, स्वतंत्र हैं और स्वच्छंद भी!...लेकिन क्या परवाह!" इस बीच एक सरदार बोला—"स्वतंत्रता दिलाई है नेताजी ने पर नेताजी कहाँ हैं आज?" नैयर ने ताली बजाते, कूदते, नाचते कुलियों की ओर संकेत करके पूछा—"इन लोगों को स्वतंत्रता से क्या मिलेगा...सुबह फिर रिक्शाओं में जुत जाएँगे...।" किसी ने कहा—इंकलाब तो हो गया, अब और क्या इंकलाब चाहिए? किसी ने कहा—राष्ट्रीय स्वतंत्रता तो मिल गई है इंकलाब करना होगा।[188]

सरहद के उस पार की खबर नहीं आ रही थी। 15, 16, 17 अगस्त, 1947,

को लाहौर से आने वाले उर्दू और अंग्रेजी के समाचार-पत्र नहीं आए। देहली से आने वाले पत्रों में समाचार थे, अमृतसर और लाहौर के बीच रेलगाड़ी का आना-जाना बन्द हो गया था। 20 अगस्त को छपा कि लाहौर के हिन्दुओं को इकट्ठा करके हिन्दुओं के कैम्प में पहुँचाया जा रहा है। इसके साथ यह भी छपा था कि उपद्रवियों द्वारा हिन्दू स्त्रियों को निरावरण करके जुलूस निकाले गए थे।

दिल्ली में लाखों लोग पंजाब से चले आ रहे थे।

जयदेव पुरी घबराकर लाहौर लौट रहा था अपने परिवार के लिए। रास्ते में वह देखता है कि आम हिन्दू और मुसलमान एक-दूसरे से ट्रेन में बहस कर रहे हैं। मुसलमान पाकिस्तान जा रहे हैं और हिन्दुओं के पास मुसलमानों द्वारा पाकिस्तान में हुए अत्याचारों के बारे में खबरें थीं। एक मुसलमान बोला—"आप लोग रहने नहीं देना चाहते तो जा रहे हैं वरना कितनी पुश्तें गुजर गईं, एक साथ रह ही रहे थे।"

इस बात पर एक हिन्दू बोला—"अब मुसलमानों के यहाँ रहने का मतलब क्या? यह खूब रही कि अपना पाकिस्तान भी बना लिया और हिन्दुस्तान में भी हिस्सा बनाए रहेंगे?"

एक सिक्ख बोला—"कलकत्ते में इन लोगों का काफी सफाया कर दिया है। कहीं-कहीं फौज के पहरे में रह रहे हैं। सरकार उन्हें आहिस्ता-आहिस्ता ढाका भेज रही है। बीच में फौज न आ जाती तो फैसला था।" एक हिन्दू बोल उठा—"यहाँ तो सरकार इन लोगों को बचा रही है नहीं तो आटा-दाल का भाव मालूम हो जाता। पाकिस्तान की तो सरकार ही हिन्दुओं का कत्ल करवा रही है।"

वापस लाहौर लौटते हुए जयदेव पुरी की ट्रेन पहले हिन्दू आक्रान्ताओं के सामने पड़ती है। हिन्दू लोग पाकिस्तान जा रहे मुसलमानों को खोजकर उसकी हत्या करते हैं और जान बचाने के लिए जयदेव पुरी चिल्लाता है—"मैं हिन्दू! मैं हिन्दू!"

वह लुधियाना आता है और वहाँ उसे बताया जाता है कि आगे ट्रेन पर हमले का खतरा है और ट्रेन आगे नहीं जाएगी। सभी मुसलमानों को मुस्लिम कैम्प में जाने का निर्देश मिलता है। जयदेव पुरी अपने हिन्दू परिचय के कारण वहाँ से निकल जाता है। जयदेव पुरी जोखिम लेकर लाहौर जाने के लिए बाध्य है। वह अपने इर्द-गिर्द हो रही हत्याओं और औरतों को हथियाते देख अपना सन्तुलन खोने-सा लगता है। वह सोचता है—हमें अंग्रेजों से लड़ने के लिए शस्त्रों की जरूरत थी तो कहीं नहीं मिलते थे, अब सब जगह हैं। उसने नैनीताल से चलने के पूर्व पत्रों में पढ़ा था कि पश्चिम से भागकर आए लोगों ने स्त्रियों को नंगा करके जुलूस निकालने की बातें सुनी थीं। वे बातें याद आईं उसे और उसे हिन्दू नारियों की, चित्तौड़ की पद्मिनी के चिता में कूदकर प्राण देने की बातें याद आने लगीं। वह सोचता है...कोई भी कुछ नहीं कर पा रहा। वह फिरोजपुर शहर में अमानवीय परिस्थितियों में पड़े लोगों के बीच जाकर किसी अपने की तलाश में लगा। वहाँ

उसकी मुलाकात अपने पूर्वपरिचित कालीचरन कौल से हुई जिसने उसे बताया कि उसकी गली में कोई झगड़ा नहीं हुआ था। बस 17 अगस्त की सुबह बलोची सशस्त्र सैनिकों ने आकर किसी को घर जाकर अपनी चीजें समेटने का भी मौका दिए बगैर मकान खाली करवा लिया। जो कपड़े पहने थे उन्हें ही पहने भागना पड़ा। हजारों लोगों की कहानी देख-सुन कर जयदेव पुरी के दुखों का अन्त न था। इस बीच उसे एक परिचित मिले जिनसे पता चला कि लाहौर में हिन्दुओं पर कितना अत्याचार हुआ था। एक ने कहा—"हम लोगों का खयाल लाहौर छोड़ने का था नहीं। हमने तो निश्चय लिया था, पाकिस्तान हो गया तो पाकिस्तान ही सही। 18 अगस्त को सब जगह पाकिस्तान के झंडे लगे तो हमारी गली के लोगों ने भी हरे झंडे लगा लिये। पर दोपहर को वहाँ डोगरा सिपाहियों से उन लोगों को पता चला कि मुसलमान अफसर इस इलाके से हिन्दुओं को निकाल देना चाहते थे। शाम को डोगरा चले जाएँगे और बलूची आएँगे। उसके बाद की हालत का अन्दाजा करके हिन्दू जैसे-तैसे वहाँ से भागे। किसी तरह अमृतसर पहुँचे। आसपास हर ओर मरने, घर की औरतों के लुट जाने और कितनी तरह की कहानियाँ बिखरी पड़ी थीं। अमृतसर की सड़कों पर जहाँ देखो वहाँ लाशें ही लाशें पड़ी थीं।[189] जवान लड़कियों की बोली लग रही थी[190] और लोग भूख के मारे यहाँ-वहाँ मारे-मारे फिर रहे थे...।

लगभग इसी तरह का अनुभव उसकी बहन तारा को भी अभागी औरतों के साथ शेखूपुरा में एक जगह बन्दी के रूप में हो रहा था। उसकी नारकीय परिस्थितियाँ तब बदलीं जब भारत सरकार की प्रतिनिधि श्रीमती कौशल्या देवी, परिवारों से छीनकर पाकिस्तान में रोक ली गईं हिन्दू स्त्रियों को निकालने के लिए सुरक्षा के प्रबन्ध के साथ शेखूपुरा गईं। वह कैम्प में थी। यहीं उसकी मुलाकात फिर से असद से हुई जो छुड़ाने वालों की टीम में था। कम्युनिस्ट असद, जो हिन्दू-मुसलमान का भेद न मानता था, अब तारा से कहता है कि अब हिन्दू बनकर तो वह लाहौर में रह नहीं सकती। एक तरह से वह यह कह रहा था कि अगर वह मुसलमान बन जाए तो वह उसे लाहौर में रख लेगा। अब किसी हिन्दू के लिए लाहौर में हिन्दू बनकर रहना सम्भव नहीं था।[191]

एक तरफ वतन में अपने धर्म के साथ रहना सम्भव नहीं था और दूसरी ओर अपने देश में जीने और देश के भविष्य निर्माण की अपनी दिक्कतें थीं। वतन से देश में आए लेखक-पत्रकार जयदेव पुरी एक ढाबे में नौकरी करता है और उसके लिए आगे के मौके तब बनते हैं जब उसे कांग्रेसी सूद की मदद मिलती है। सूद उसके लाहौर का साथी था। दोनों एक साथ मुल्तान कैम्प जेल में थे। उस दौरान वहाँ जेल के अन्दर दो ग्रुप बन गए थे—एक पुराने ढंग के कांग्रेसी पंडित देवी दास का (जो अपने को लाला लाजपत राय की परम्परा का राजनेता मानते

थे) और दूसरा विश्वनाथ सूद का जो 1921 से ही कांग्रेसी थे। 1929 के जमाने में जब अंग्रेजों ने क्रान्तिकारियों पर मुकदमे चलाए थे तब वे वकील के रूप में क्रान्तिकारियों के लिए पैरवी करने वालों में शामिल थे और खूब सक्रिय थे। कई बार जेल गए थे और उनके कारण सन् 1946 में पंजाब असेंबली के हिन्दू और मुसलमान दोनों कांग्रेसी ही चुने गए थे। हिन्दू क्षेत्र से वह चुने गए थे। आजादी के बाद राजनीति थोड़ी दूसरी तरह की हो गई थी और सूद जी अपने को पंजाब की राजनीति में प्रभावशाली बनाने में लगे हुए थे। ऐसे में सूद के लिए जयदेव पुरी की मदद करना मुश्किल न था।

जैसी जयदेव पुरी और उनके साथियों की लाहौर में हालत थी वैसी ही हालत ईशाक की जालंधर में थी। वहाँ मुसलमानों की अच्छी-खासी संख्या थी। जालंधर शहर और आसपास मीलों तक, चारों ओर की बस्तियों में चमड़ा धोने-रँगने वाले और तरकारी की खेती करने वाले मुसलमान ही अधिक थे। जैसे लाहौर के हिन्दुओं को विश्वास था कि उनका शहर भारत में रहेगा, जालंधर के मुसलमानों को भी लगता था कि उनका शहर पाकिस्तान में रहेगा। जून 1947 में यह तय हुआ कि जालंधर भारत में रहेगा। उसके बाद मुसलमान पश्चिम की ओर भागने लगे। अगस्त तक बहुत सारे हिन्दू पश्चिम से भाग-भागकर जालंधर आ गए थे और मुसलमानों पर खतरा बढ़ गया था। ईशाक का परिवार पुश्तों से जालंधर में ही रहता था और वह यहीं रहना चाहता था। उसके पास एक प्रेस था और वह लीग और कांग्रेस और काम मिले तो सरकारी छपाई का काम भी करता रहा था। 15 अगस्त, 1947 को ईशाक मुहम्मद के कहने पर यहाँ बच रहे मुसलमानों ने भारत के राष्ट्रीय झंडे फहरा दिए थे। वे लोग अपना वतन छोड़कर 'सल्तनते-इलाही' (धर्म राज्य) में नहीं जाना चाहते थे। हिन्दुओं को खासकर पश्चिम से भागकर आए हिन्दुओं को मुसलमानों की यह भारत-भक्ति नहीं सुहा रही थी। उनको मकानों की जरूरत थी। कम्युनिस्ट और कांग्रेसियों के प्रयत्न के बावजूद उनके ऊपर हमले हुए। एक ही मुहल्ले के सत्ताईस आदमी कत्ल हुए। फिर भी ईशाक जालंधर छोड़ने को तैयार न था। 23 अगस्त, 1947 को सैनिक अफसर आए और मुसलमानों को वैसे ही घर छोड़ने के लिए बोले जैसे लाहौर में हिन्दुओं को लाहौर के अपने घर छोड़ने के लिए कहा गया था। ईशाक ने सूद को पत्र लिखा और अपने प्रेस की चाबी एक सहायक कर्मचारी को देकर कहा कि वह फिर आएगा, अभी जा रहा है। अगर आ न सका तो सूद प्रेस बेचकर पैसे उन्हें भिजवा दे। 27 अगस्त को जयदेव पुरी सूद के पास खाना देने आया था। उसके बाद सूद को यह खयाल आया कि जयदेव पुरी इस प्रेस को सँभाल ले तो अच्छा हो। झेलम से भागकर एक हिन्दू रिखीराम आया था। उसे लगता है कि कायदे से ईशाक का प्रेस उसे मिलना चाहिए क्योंकि वह एक प्रेस को छोड़कर यहाँ भाग आया था। आखिरकार एक व्यवस्था हुई और

ईशाक के प्रेस में जयदेव पुरी और रिखीराम दोनों काम करने लगे। प्रेस को जयदेव पुरी ही चलाता था। पुरी डेढ़ सौ रुपए माहवार पाता था और रिखीराम सौ। सितम्बर के अन्त तक यह कामचलाऊ स्थिति बन गई।

गांधी लगातार इस बीच यह सन्देश दे रहे थे कि हिन्दुस्तान और पाकिस्तान में प्रेम और भाईचारे का सम्पर्क होना चाहिए। दोनों देशों की सरकारों को अपने यहाँ से गए लोगों को वापिस आ जाने का आश्वासन देना चाहिए।[192] पंजाब से आए लोग भारत से मुसलमानों को हटाने की माँग करते थे।

ऐसा अनुमान किया जा रहा था कि पूर्वी पंजाब की अस्थायी राजधानी शिमला से जालंधर हो जाएगी। हाईकोर्ट के भी वहीं बनने की उम्मीद थी। लेकिन दिल्ली में बहुत सारे पंजाबी पहुँच रहे थे। दिल्ली में महायुद्ध के समय काफी लोग बाहर से कारोबार के प्रलोभन में आए थे। मार्च के शुरू से लाहौर जैसे शहर से लोग दिल्ली को सुरक्षित समझकर आ गए थे। आजादी के समय दिल्ली में मुसलमानों के लिए कठिनाई बढ़ गई। पाकिस्तान वाले हिस्से से भागकर आए हिन्दुओं को लगता था कि जैसे उनके घरों पर कब्जा किया गया था वैसे ही अब इन लोगों को मुसलमानों के घरों पर कब्जा कर लेना चाहिए। पुराने कांग्रेसियों को यह समय बहुत अजीब लगता। एक मुसलमान के मुँह से यशपाल ने कहलवाया है—"यह...(साम्प्रदायिक उत्तेजना) मुल्क और कौम को तबाह किए दे रही है। इस दरिंदगी को रोकना हम आप सब नेशनलिस्टों का फर्ज है। बापू ने तो अपनी जिन्दगी ही इसी के लिए कुर्बान कर दी है। काश, इस वक्त मौलाना मुहम्मद अली-शौकत अली जिन्दा होते! ओफ! कलकत्ते में क्या हैरतअंगेज वाकये पेश आए हैं। फिनेटिक (धर्मांध) लोगों ने बापू के मुस्लिम मेजबान के मकान पर हमला करके ईंट-पत्थर की बौछार की। तमाम खिड़कियों के काँच टूट गए। बापू बाल-बाल बच गए लेकिन बापू की अकीदत (विश्वास) देखिए, अपने मिशन पर कायम हैं। इस वक्त अल्लाताला के करम से वही बचा सकते हैं।"[193]

ये बातें भी हो रही थीं और मुसलमान तो रोजमर्रा चले ही जा रहे थे।[194] शरणार्थी घुस रहे थे और मुसलमान भगाए जा रहे थे।

4 सितम्बर, 1947 को दिल्ली के पटौदी हाउस के मुस्लिम मोहल्ले में दंगा हुआ। यह अफवाह फैली कि मुसलमान अपनी छतों से बन्दूकें, मशीनगनें चला रहे हैं। खबर मिली कि पहाड़गंज में बहुत भारी लड़ाई हुई। मुसलमान मोर्चा बनाकर धड़ाधड़ गोली चला रहे हैं। हिन्दुओं ने उन्हें घेरकर आग लगा दी। कोई कहता था हौज काजी में गढ़वालियों ने मुसलमानों को खत्म कर दिया, अजमेरी गेट तक सब जल गया है। करोलबाग में जिन मुसलमानों ने हमला किया था भून डाले गए। पहाड़गंज में दो हजार मुसलमान मारे गए हैं। कोई सोलह हिन्दुओं के मारे जाने और कोई चौबीस के मारे जाने की बात करता था। कुछ जगह सिपाहियों और

सिविल गाइर्स द्वारा हिन्दुओं पर भी गोली चलाने की बात हुई जिससे कुछ लोग कांग्रेस सरकार और पंडित नेहरू को गालियाँ दे रहे थे—"ये लोग दिल्ली में भी हिन्दुओं को मरवा देंगे तो हम लोग कहाँ जाएँगे...?"[195]

6 सितम्बर, 1947 को कर्फ्यू में कड़ाई के बाद स्थिति थोड़ी सुधरी। लेकिन फिर भी स्थिति में पर्याप्त सुधार नहीं हो पा रहा था। जो लोग लाहौर से भागे थे वे देख रहे थे कि जैसे वहाँ से सेना हिन्दुओं को ट्रकों में भर-भर कर कैम्पों में पहुँचा दे रही थी वैसे ही यहाँ से मुसलमानों को हटाया जा रहा था। एक ने कहा—"हूबहू यही सूरत लाहौर में थी। 11 अगस्त को नंगी तलवारें, फरसे, भाले लेकर जो जुलूस निकला...ओफ!...यहाँ तो फिर भी गनीमत है, सरकार फसाद करने वालों को सजा दे रही है, अमन के लिए कोशिश कर रही है। वहाँ तो हिन्दुओं के हथियार सरकार ने ही ले लिये थे और मुसलमान खुलेआम हथियार लिये घूम रहे थे।"

दिल्ली की कई गलियों में ऐसे मुस्लिम नेतागण थे जो हाल-फिलहाल तक मुस्लिम लीग और पाकिस्तान के जबर्दस्त पैरोकार बने थे और विश्वास करते थे कि पाकिस्तान कायम हो जाने पर 'दीन' की ताकत जल्दी ही दिल्ली को फतह करके पाकिस्तान में शामिल कर लेगी। ये नेता आसपास की गलियों और मुहल्लों के मुसलमानों को 'दीन' के नाम पर जंग के लिए तैयार रहने के लिए ललकारते रहते थे। 15 अगस्त के बाद फसादों ने शहर की स्थिति बदल दी और ये लीग और पाकिस्तान समर्थक नेता काफिर की हुकूमत में रहना कुफ्र बता, मुस्लिम परिवारों के साथ पाकिस्तान चले गए। इसे देखकर आम मुसलमानों का हौसला टूट गया। दुर्रानी गली में ऐसे भी मुसलमान थे जो खिलाफत के जमाने से ही कांग्रेस के साथ थे, वे भी चले गए।

कनक के पिताजी पंडित जी कांग्रेसी थे और उनका एक बड़ा प्रेस लाहौर में था। वे बड़ी मुश्किल से 11 अगस्त को लाहौर से भागकर किसी तरह दिल्ली पहुँचे थे और उन्होंने एक मुसलमान को अपने लाहौर के घर की चाबी देकर और उससे उसके घर की चाबी लेकर अदला-बदली कर ली थी। उनके घर पर हिन्दू शरणार्थियों का हमला हो गया। ये शरणार्थी चाहते थे कि बड़े घर में दो लोग ही क्यों रहें; चूँकि यह घर किसी मुसलमान का था इस पर शरणार्थी हिन्दुओं को कब्जा करके रहने का पूरा अधिकार था। पुलिस भी हिन्दुओं के इस आपसी झगड़े में नहीं पड़ना चाहती थी। पंडित जी को नेहरू जी को फोन करने की धमकी देनी पड़ी, तब जाकर जान छूटी।[196] हाँफते हुए पंडित जी ने पहले उर्दू और अंग्रेजी में लिखी मुसलमान मालिक की नेम प्लेट को मिटाया और अपने हिन्दू होने का ऐलान करते हुए अपना नाम लिखा।

जयदेव पुरी को पाकिस्तान की ओर जाती ट्रेन में अपने को बचाने के लिए "मैं हिन्दू!" चिल्लाना पड़ा। और पुराने राष्ट्रवादी कांग्रेसी को शरणार्थी हिन्दुओं से

अपने घर के बदले लिये गए घर को बचाने के लिए हाँफते हुए अपने हिन्दू होने का ऐलान करना पड़ा!

इस समय गांधी 'कूचा चालान' के शेष रह गए मुसलमानों के प्रति सहानुभूति प्रकट करने आए। इसको देखकर हिन्दू तांगेवाला उबल पड़ा। उसने गाली देते हुए कहा—"यह...(गाली) जीने नहीं देगा हिन्दुओं को!"[197]

गांधी जी कलकत्ता से पश्चिमी पाकिस्तान में शान्ति स्थापना का प्रयत्न करने के बाद आए थे। दिल्ली की हालत देखकर वे परेशान और लज्जित हो गए। उन्होंने निश्चय किया कि दिल्ली में वे शान्ति स्थापित करेंगे चाहे इस कोशिश में उनकी जान ही क्यों न चली जाए। कांग्रेस सरकार ने कड़ा सैनिक नियंत्रण लागू किया। गढ़वाली और सिक्ख पलटनों को बदलकर दूर दक्षिण की पलटन को दिल्ली में तैनात कर दिया गया, क्योंकि दक्षिण के सिपाही उत्तर के हिन्दू और मुसलमानों में कोई भेद नहीं कर सकते थे। मुसलमानों को कैम्प में भेज दिया गया या उन्हें उर्दू बाजार, अजमेरी गेट, हौज काजी के मुहल्लों में एकत्र कर सैनिक पहरे में रख दिया गया।

दिल्ली के इस नए माहौल में पत्रकारिता के क्षेत्र में कनक काम करना चाहती है तो उसके जीजा नैयर उसे समझाते हैं कि उसे अंग्रेजी पत्रकारिता में काम करना चाहिए न कि उर्दू में। वह नहीं मानती। उन दिनों गांधी दिल्ली में थे 'इसलिए खबरों का केन्द्र भी दिल्ली ही था।'[198]

गांधी जी की प्रार्थना रेडियो और लाउडस्पीकरों द्वारा पूरे नगर में सुनी जा सकती थी। पर फिर भी लोग करोलबाग जाकर उनका भाषण सुनते थे। इस प्रार्थना सभा के बारे में यशपाल ने लिखा है—"प्रार्थना के स्थान पर एक ओर कुछ बुरकापोश मुसलमान स्त्रियाँ और कुछ मुसलमान मर्द भी थे। उन्हें सुरक्षा के लिए स्वयंसेवक घेरे हुए थे। श्रोताओं के लिए दरियाँ बिछी हुई थीं, लेकिन अधिकांश लोग दरियों पर न बैठकर आसपास घूम रहे थे और क्रोध प्रकट कर रहे थे—प्रार्थना क्या ढोंग है! गांधी मुसलमानों का हौसला बढ़ाने के लिए आ रहा है।"[199]

यशपाल ने उल्लेख किया है कि गांधी को घेरे हुए स्वयंसेवकों ने शेष श्रद्धालुओं को रोककर मुस्लिम स्त्रियों के लिए रास्ता दे दिया। बुरकापोश स्त्रियाँ गांधी जी के घुटनों से लिपट, बिलख-बिलख कर रो पड़ीं। गांधी के नेत्रों से आँसू टपकने लगे।...उन्होंने (गांधी)...उनकी (मुसलमानों) रक्षा करने का आश्वासन दिया।"[200]

गांधी जी और उनके साथियों ने गीता के श्लोकों से प्रार्थना आरम्भ की। जैसे ही कुरान पढ़ने की बारी आई इसका विरोध हुआ। भयंकर कोलाहल मच गया। भीड़ के कुछ लोगों ने क्रोध से आपत्ति की, "इन आयतों को पढ़कर हमारे हजारों भाइयों का कत्ल किया गया है। इन आयतों को पढ़ने वालों ने हमारी माँ-बहनों का बलात्कार किया है। आप अहिंसा और किसी का दिल न दुखाने का उपदेश देते हैं।

आप ये आयतें सुनाकर हमारे भाइयों और बच्चों के कत्ल और हमारी माँ-बहनों की बेइज्जती की याद दिला रहे हैं, हमारे दिलों को दुखा रहे हैं।" इसके बाद यशपाल ने लिखा है—"बोलने वालों के चीत्कार में पीड़ितों का क्रोध प्रतिशोध के लिए हुंकार रहा था। यह हुंकार क्रोध और पीड़ा का चीत्कार था। भीड़ स्तब्ध रह गई।"[201] गांधी ने समझाने की कोशिश की और कहा कि दिल्ली में मौजूद सब मुसलमान भाई और बहनें हमारी और हिन्द सरकार की अमानत हैं...। इस पर विरोध करने वालों ने गांधी को ललकारा—"पाकिस्तान में अब भी हजारों हिन्दू काटे जा रहे हैं। उन्हें लूटकर नंगा करके निकाला जा रहा है। आपको उनका कोई दर्द नहीं है? आप वहाँ क्यों नहीं जाते?"[202]

गांधी के कारण लोगों में असन्तोष बहुत अधिक था। इसको यशपाल ने दिल्ली के उन दिनों के वर्णन में स्पष्ट रूप से दिखलाया है। एक अखबार का सम्पादक (जिसके साथ कनक काम करती है) असीर भी मानता है कि "यह गलत राजनीति है। हिन्दुओं के लिए यह आत्मघात का दृष्टिकोण है। गांधी के कारण हम लोग बहुत हानियाँ उठा चुके हैं।"[203] कनक के मानवतावाद का उल्लेख करने पर असीर कहता है—"कितने हजार हिन्दू...उन्हें रहने के लिए जगह चाहिए या नहीं? जहाँ वह सहिष्णुता का उपदेश दे रहा था, उसी करोलबाग में मुसलमानों ने मशीनगनों और स्टेनगनों से हिन्दुओं पर हमला किया था। डॉक्टर नीलांबर जोशी उसी का करोलबाग में कत्ल हुआ है।...याद नहीं आया? नीलांबर जोशी हिन्दुस्तान-पाकिस्तान का सबसे बड़ा सर्जन! और किसने मारा नीलांबर को? किसी अनजान बेसमझ आदमी ने नहीं, खुद एक मुसलमान डॉक्टर ने, जो उसके अस्पताल में काम कर रहा था। यह है, इस्लाम की तहजीब और इस्लाम की मानवता। वह मजहब, जो हर गैरमुस्लिम का कत्ल करना मजहबी फर्ज समझता है। किसी मजहबी फर्ज के नाम पर श्रद्धानन्द, लेखराम, राजपाल का कत्ल किया। गांधी उनके लिए सहिष्णुता का उपदेश देता है।"[204]

असीर का गुस्सा कम्युनिस्टों पर भी है। वह कहता है—"पी. सी. जोशी, कम्युनिस्टों का लीडर गया था न परसों गांधी के पास। कह रहा था कि हम 'होमगार्ड' बनकर मुसलमानों की रक्षा करेंगे। पहले इन लोगों ने '42 में गद्दारी की, फिर जिन्ना का समर्थन किया, अब गांधी के होमगार्ड बनेंगे।"[205] यशपाल ने उस दौर के चित्रण में यह लक्षित किया है कि एलीट सर्किल में क्लब में सड़क का प्रभाव नहीं था और लोग अपने क्लास के हिसाब से देश में हो रहे परिवर्तनों को देख रहे थे। लेकिन वहाँ भी गांधी को लेकर एक गुस्सा था। 1947 के अन्तिम महीनों का सन्दर्भ है और यशपाल ने लिखा है—"क्लब के वातावरण में बहुत उत्तेजना थी। कश्मीर, बारामूला, पाकिस्तान, उड़ी, पट्टन आदि शब्द गूँज रहे थे।...उन्हें क्रोध था कि ऐसे संकट की अवस्था में गांधी जी मुसलमानों को दिल्ली और भारत में से

न निकालने देकर देश के गले पर छुरी चला रहे हैं। वे बोले—"अगर हमारी सेना ने बारामूला पर पाकिस्तान की मेकेनाइज्ड (यंत्र सज्जित) सेना को रोक न लिया होता तो श्रीनगर पर निश्चय ही पाकिस्तान का कब्जा हो जाता। मेजर सोनी कह रहा है कि ब्रिटिश अफसर पाकिस्तान आर्मी और रेडर्स (आक्रमणकारी) भीड़ को खुलेआम कमांड कर रहे हैं। ऐसी हालत में अगर यहाँ मुसलमान सबोटाज करने लगें तो? मुसलमान तो यहाँ केवल अवसर की प्रतीक्षा में हैं...!"[206]

असीर ने कहा—"...ये लोग (मुसलमान) तो कू (सहसा विप्लव) से दिल्ली पर कब्जा करने के प्लान बनाए हुए थे। उनके घरों से फौजी बमों, राइफलों, मशीनगनों, के जखीरे पकड़े गए हैं। सरदार पटेल ने गांधी को सबूत दिए हैं, पर वह मानता ही नहीं। पटेल बिलकुल ठीक कहता है, हम ओवरनाइट नेशनलिस्ट (रात भर में राष्ट्रवादी) बन जाने वाले मुसलमानों पर भरोसा कैसे कर लें?"

एक महिला ने कहा—"गांधी तो हम लोगों को मरवा डालने पर तुला हुआ है। जानते हो कनाट प्लेस वाले मामले में...वह तो इस बात पर तुला बैठा था कि सरकार रिफ्यूजियों को निकालकर मस्जिद को फिर से बनवा दे। यह तो पटेल की हिम्मत है, उसने मामला रफा-दफा कर दिया। वी कांट डिपेंड ऑन गांधी (हम गांधी का भरोसा नहीं कर सकते)।"

लगभग सभी गांधी को हिन्दू विरोधी मानने और मनवाने पर तुले हुए हैं। कोई कहता है—हिन्दुओं को तो पटेल ही बचाए हैं। गांधी और नेहरू तो हमें मरवा डालते। कोई कहता—अरे भाई, नेहरू को मुसलमानों के लिए सहानुभूति होनी ही चाहिए, उसी कल्चर में पला है।

एक ने उत्तेजित होकर कहा—"खबर रोक दी गई है, इसने (नेहरू) पूर्व बिहार में मुसलमानों को खत्म करने वाले लोगों पर हवाई जहाज से बम गिरवाए हैं। सैकड़ों हिन्दू मारे गए हैं...गांधी पूर्वी बिहार में जाकर देखें। जिन्दा लौट आएँ तो कहना...उसके एजेंटों को पनाह दे रहे हैं। मुसलमान का मजहब ही ऐसा है, वह कभी नेशनलिस्ट और पेट्रिऑटिक हो नहीं सकता। मैंने खुद हसरत मोहानी को कानपुर के आम जलसे में ऐलान करते सुना है...।"[207] पंडित गिरधारीलाल दत्त (कनक के पिता) गांधी और पंडित नेहरू की नीति के समर्थक थे। उनको लगता था कि मजहब को पॉलिटिक्स की बुनियाद नहीं बनाया जा सकता।

5 नवम्बर, 1947 के पत्रों में उत्तर प्रदेश के मुख्यमंत्री का एक वक्तव्य आया कि जो मुसलमान भारत में रह रहे हैं उन्हें नहीं निकाला जाएगा। पाकिस्तान सरकार के भारत के मुसलमानों की हालत के बारे में पूछने के उत्तर में यह कहा गया था कि इसके बारे में इस देश के लोग पूछेंगे बाहर के मुल्क के लोग नहीं। मुस्लिम लीग के डिप्टी लीडर मिस्टर लारी का वक्तव्य था—"जिस मुस्लिम लीग के प्रधान मिस्टर मुहम्मद अली जिन्ना थे, उस मुस्लिम लीग का अब भारत में कोई

अस्तित्व नहीं है।"[208] बिहार, उत्तर प्रदेश और दिल्ली के नेशनलिस्ट मुसलमानों के एक प्रतिनिधिमंडल ने बिड़ला भवन में गांधी से मुलाकात की और कहा कि मुसलमानों को पाकिस्तान भेजना बन्द हो और सरकार मुसलमानों को इस देश में निर्भय होकर रहने के लिए व्यवस्था करे। गांधी ने उसी दिन जोरदार तरीके से इसका समर्थन किया।

कनक जैसे लोग इस बात को मानते थे कि लाहौर से निकालने के लिए भारत के मुसलमानों को दोषी नहीं माना जा सकता। असीर जैसे लोग इसके पीछे इस्लाम के विश्वास को कारण मानते थे। कनक ने कहा कि इसके कारण आर्थिक थे।

यशपाल ने इस प्रसंग को आगे नहीं बढ़ाया है। यह प्रश्न—कैसे इसके कारण आर्थिक थे पूरे उपन्यास में झूलता रहता है, लेकिन यशपाल इसका अपनी ओर से कोई सीधा उत्तर देते प्रतीत नहीं होते।

पंडित जी (कनक के पिता) ने जो मकान अपने लाहौर वाले घर के बदले में यहाँ लिया था वह खतरे में पड़ गया जब सैयद लौट आया और झूठ बोलने लगा कि उसके घर पर जबर्दस्ती कब्जा कर लिया गया है। गांधी जी ने उसके पक्ष में एक बयान जारी कर दिया। पंडित जी को धक्का लगा। गांधी जी को दोनों पक्षों से बात करके इस तरह का वक्तव्य देना चाहिए था, ऐसे उनको लगा। वे गांधी जी से मिलने के लिए समय माँगते रहे, पर सफल न हो सके। इस बीच दुर्रानी गली में भीड़ जमा हो गई और शरणार्थी इस बात पर अड़ गए कि अब उनके अधिकार किए गए घरों से उनको कोई नहीं निकाल सकता। "चाहे हजार आदमी मर जाएँ कोई मकान खाली नहीं होगा," यह उनका कहना था। इस बीच कांग्रेस, गांधी और नेहरू मुर्दाबाद के नारे लगने लगे। किसी ने कहा—हम मर जाएँगे! हमारा खून गांधी के सर होगा। इस घटना के बाद असीर ने कनक से कहा—"गांधी पंजाब में पचास हजार हिन्दुओं का निकाला जाना नहीं रोक सका तो उसे यहाँ हिन्दुओं के गले पर छुरी फेरने का क्या हक है?" उसने एक समाचार दिखलाया जिसमें लिखा था कि बहावलपुर में पचास हजार हिन्दुओं को जबर्दस्ती निकालकर कैम्पों में भर दिया गया है। उन्हें प्रति दूसरे दिन केवल दो रोटियाँ दी जा रही हैं, जल भी पर्याप्त नहीं है। एक सौ से अधिक व्यक्ति भूख से मर चुके हैं।[209]

यशपाल ने हिन्दुओं के पलायन और उनके ऊपर अत्याचारों के बाद मुसलमानों की व्यथा का भी बहुत विस्तार से वर्णन किया है। एक जगह उन्होंने एक स्त्री के मुँह से कहलवाया है—"कहते हैं (दिल्ली के) इस मकान में ग्यारह मुसलमानियाँ जलकर मर गईं। हिन्दुओं ने उन्हें निकलने ही नहीं दिया। यहाँ मुसलमानों ने बहुत मुकाबला किया था। एक उन्नीस-बीस बरस की लड़की थी। वह छत पर से अकेली गोली चलाती रही। नीचे मुसलमान मर्दों ने हथियार डाल दिए तब भी वह लड़ती रही। उसके पास गोलियाँ खत्म हो गईं तो पकड़ी गई। कहते हैं, लोगों ने उसके सब

कपड़े फाड़कर, चोटी पकड़कर बाजार में घसीटा। उससे कहा गया, तू 'जय हिन्द' कह दे, छोड़ देंगे। उसने जय हिन्द नहीं कहा। बड़ी पक्की थी। उसका अंग-अंग काट दिया पर जब मुँह से बोली 'या अली!' 'पाकिस्तान जिन्दाबाद!' ही निकला। दूसरी औरतों को इसी मकान में जला दिया गया।[210]

इसके बाद एक बुढ़िया कहती है—"मुसलमान होते तो उठाकर ले जाते और खराब करते।'

तारा के दिल्ली पहुँचकर शरणार्थी कैम्प के अनुभवों को यशपाल ने बहुत विस्तार से उपन्यास में दर्ज किया है। उसमें दिल्ली में बन रहे नए साहबी तंत्र का भी ब्योरा है। तारा अंग्रेजी जानती है और अच्छे परिवार से है, इसी कारण मिसेज अगरवाला उसकी मदद करती हैं। एक बार प्रधानमंत्री नेहरू के कैम्प में आने का वर्णन है। नेहरू और गांधी देश के सबसे बड़े आदमी थे और वे खुद कैम्प में आ रहे हैं, इसको सोचकर तारा को रोमांच होता है। उनके आने के पहले अधिकारी आकर व्यवस्था करते थे, ताकि जब नेहरू जी आएँ तो कोई भी अप्रिय घटना न हो। सबको पहले से तैयार कर दिया जाता था कि कैसे पेश आना है, कैसे साफ कपड़े पहने बच्चों को नेहरू के आगे कर देना है और उनको चाचा नेहरू की जय बोलने को कहना है...। जब कभी ऐसे मौके आते, जब कोई सचमुच का अपना दुख बताने लगता तो नेहरू जी अपने अधिकारी से पूछते और उसके हिसाब से उत्तर दे देते। नेहरू जी का एक नियत कार्यक्रम होता और उसमें बस रस्म अदायगी ही होती। नेहरू के एक भाषण को यशपाल ने उद्धृत किया है जिसमें वे अमूर्त किस्म की बातें करते हैं जिसमें जुमले ही जुमले हैं, काम की बातें कुछ भी नहीं। सब कुछ स्टेज मैनेज्ड सा ही था।

जो बड़े अधिकारी सरकार से जुड़े थे उनके बीच राजनीतिक हालात की चर्चाएँ होतीं उसमें गतिविधियों के बारे में खुली चर्चा होती। गांधी के बारे में और सरकार के भीतर चल रही उठापटक आदि के बारे में इन अधिकारियों के बीच जो चर्चा होती उसके माध्यम से यशपाल ने यह दिखलाने की कोशिश की है कि गांधी की गतिविधियों से सरकार को बड़ी दिक्कतें हो रही थीं।

13 जनवरी, 1948 को गांधी ने आमरण अनशन की प्रतिज्ञा ली जिससे पूरा देश स्तब्ध रह गया।[211] पिछले महीनों में हिन्दू-मुसलमान के झगड़े अभी तक शान्त नहीं हो पाए थे। लोग लगातार गांधी के पास आकर दारुण अत्याचार की कहानियाँ सुना रहे थे। इस बीच कश्मीर की भूमि पर भारतीय और पाकिस्तानी सेनाओं में युद्ध छिड़ गया था। देश के बँटवारे के समय भारत सरकार को ब्रिटेन से संयुक्त देश के लिए जो असेट मिला था उसमें पचपन करोड़ पाकिस्तान का भाग था। किन्तु पाकिस्तान और भारत की सेना के बीच कश्मीर में जो लड़ाई चल रही थी उसको ध्यान में रखते हुए भारत सरकार ने यह फैसला किया था कि अगर पाकिस्तान

कश्मीर में भारत से युद्ध बन्द नहीं करता तो यह भाग पाकिस्तान को नहीं दिया जाएगा। इस राशि को देने का मतलब होगा शत्रु देश को अपने विरुद्ध लड़ने में मदद करना। उस समय यह मुद्दा बहस में था कि यह राशि पाकिस्तान को दी जाए या नहीं। गांधी सद्भावना की खातिर इसे देने की बात कर रहे थे। तारा उस समय तक मिसेज अगरवाला के घर जाकर रहने लग गई थी, क्योंकि उनको एक ऐसी टीचर की जरूरत थी जो उनके छोटे बच्चे को घर पर सँभाल सके। अगरवाला जी को हिन्दुओं के हित के लिए आवाज उठाने के लिए कहा जा रहा था। यह बात जोरों से चर्चा में थी कि गांधी हिन्दुओं की तरफ से नहीं सोच रहे और हर मामले में सिर्फ मुसलमानों की तरफदारी कर रहे हैं। अगरवाला जी के यहाँ भी यह बात सुनने में आती कि "हिन्दुओं को मरवा डालने के लिए...मुल्ले जा-जा कर (गांधी के) कान भरते हैं...।" यह बात उठती कि सरदार पटेल हिन्दुओं के हितों की बलि नहीं देना चाहते और उनके समर्थन में मंत्रिमंडल में श्यामा प्रसाद मुखर्जी जैसे लोग ही हैं। गांधी जब इस बात के लिए अड़ गए कि पाकिस्तान को पचपन करोड़ देना ही होगा तो लोग गांधी के विरोध में बोलने लगे। किसी ने कहा—"गांधी (अनशन करके) मर जाएँ हमें क्या? इंसाफ के खिलाफ चलेगा तो..." कोई कहता, "कैबिनेट फैसला कर चुकी है। इनकी जिद से कैबिनेट फैसला बदल देगी? गवर्नमेंट की प्रेस्टीज...कल की ही तो खबर है कि पाकिस्तानियों ने गुजरात स्टेशन पर दो हजार आदमियों की पूरी गाड़ी काट डाली। यह (गांधी) उन्हें पचपन करोड़ दिलाएगा... मुखर्जी (श्यामा प्रसाद) नहीं मानेंगे...गांधी हमारे गिराए हुए मन्दिर बनवा देगा...?"[212]

इस परिस्थिति में तारा को भी लगा कि गांधी जी ने मुसलमानों की सहायता के लिए अपने उपवास से हिन्दुओं पर आक्रमण कर दिया है। लोगों को नेहरू और मौलाना आजाद पर भरोसा नहीं है, किन्तु सरदार पटेल, श्यामा प्रसाद मुखर्जी और सरदार बलदेव सिंह पर है। उनको लगता है कि ये नेता हिन्दुओं के साथ अन्याय नहीं होने देंगे। तारा ने सोचा—गांधी जी यह क्या कर रहे हैं?[213] तारा के मुँह से यशपाल ने यह भी कहलवाया है—"गांधी जी को अनशन करना था तो पार्टीशन रोकने के लिए करना चाहिए था। असली घटना तो हो चुकी। अब तो केवल उस घटना की छाया है।"[214]

सभी मिनिस्टर बिड़ला भवन गए और वहाँ गांधी जी के पलंग के पास कैबिनेट मीटिंग हुई। गांधी को यह विश्वास दिलाया गया कि सब जगह शान्ति छा गई है और हिन्दू-मुसलमानों के बीच सौहार्द का वातावरण हो गया है। वे अनुरोध करते हैं कि गांधी अब अपना अनशन तोड़ दें। सरदार पटेल ने दफा144 लगा दी और सब तरफ मिलिट्री का पहरा बैठा दिया गया। सब ओर यह व्यवस्था कर ली जाती है कि कैसे भी हो हिन्दू-मुसलमान आपस में न लड़ें। इसे एक अन्तरराष्ट्रीय संकट बना दिया गया, अगर गांधी को कुछ हो गया तो इसका असर पूरी दुनिया पर पड़ेगा।

फिर भी लोग गांधी के विरोध में नारे लगाते थे। इस तरह के पोस्टर भी थे—खून का बदला खून से लेंगे! गांधी को मर जाने दो! गांधी गद्दार है! हिन्दुस्तान हमारा है! कश्मीर हमारा है!

एक बार नेहरू के सामने ही ऐसा हुआ और नेहरू जी बर्दाश्त नहीं कर पाए। उन्होंने भीड़ को धमकाकर पूछा—"कौन कहता है कि गांधी को मर जाने दो?" फिर वे दो कदम आगे बढ़कर बोले—"जो गांधी जी को मारना चाहता है, पहले मुझे मारे! जिसमें हिम्मत हो आगे आओ!" जब कोई आगे न आया तो बोले—"आप लोगों को शर्म आनी चाहिए। जो शख्स आपके लिए कुर्बान हो रहा है, आपके लिए जान दे रहा है, उसके लिए आप लोग इस तरह बकते हैं। गांधी इस देश की आत्मा है, मुल्क की रूह है। गांधी के मरने के साथ हम आप पूरा मुल्क मर जाएगा। दुनिया हमें क्या कहेगी!"[215]

तमाम कोशिशों के बाद भी सड़क पर यही नारे सुनाई देते रहे—खून का बदला खून से लेंगे!

गांधी को मर जाने दो! गांधी मुल्क का दुश्मन है! मुसलमानों को बाहर निकालो! कश्मीर हमारा है! पाकिस्तान को रुपया नहीं देंगे! गांधी गद्दार है!

16 जनवरी, 1948 के समाचार-पत्र में छपा कि भारत सरकार ने अपना पहला निश्चय बदलकर पाकिस्तान को पचपन करोड़ रुपए तुरन्त देने की घोषणा कर दी।

यशपाल ने एक सारगर्भित वाक्य इस सन्दर्भ में लिखा है—"दिल्ली में शान्ति के परतों का तूफान आ गया था।" इन प्रयत्नों के बाद गांधी ने 18 जनवरी, 1948 को अनशन तोड़ दिया।

गांधी के सामने देश की सरकार को इस तरह झुकते देख कुछ लोग खुश नहीं थे। एक ने कहा—"इस प्रकार सरकार का निर्णय बदल जाना राष्ट्रीय हानि है। यह राष्ट्र को एक व्यक्ति की तुलना में नीचे गिरा देना है। इसके परिणाम बहुत बुरे होंगे।" उस अधिकारी ने आगे कहा—"बेशक, कुछ समय के लिए बहुत सारे लोगों के हृदय बदल गए हैं, परन्तु मस्तिष्क नहीं बदल गए हैं। याद है, साम्प्रदायिक एकता के लिए गांधी जी का यह तीसरा अनशन है। भावुकता कुछ समय के लिए तर्क को दबा देती है, लेकिन कारण नहीं मिट गए। कुछ लोग दबाव अनुभव कर अधिक कटु हो जाएँगे।" यह भी कहा गया कि जो लोग गांधी का विरोध कर रहे थे, उनको गद्दार बोल रहे थे उनका हृदय नहीं बदला उन्हें सरकार ने दबा लिया है। यह भी चर्चा में रहा कि मात खाने के बाद पटेल 16 जनवरी की सुबह काठियावाड़ चले गए। वे इस्तीफा भी दे सकते हैं, ऐसी भी चर्चा थी। पटेल ही नहीं, पूरी कैबिनेट इस निर्णय के विरुद्ध थी, परन्तु नेहरू और राजेन्द्र प्रसाद गांधी के अनशन से दहल गए। एक उच्च स्तरीय अधिकारी ने कहा—"मैं शासन के काम में चौबीस वर्ष के

अनुभव के आधार पर बात कर रहा हूँ। गांधी के अनशन के कारण मंत्रिमंडल का निश्चय बदल देने से सरकार ने अपनी साख पाकिस्तान के सम्बन्ध में और शासन व्यवस्था के सम्बन्ध में गिरा दी है।"[216] लोग यह भी कह रहे थे कि "बेचारे हिन्दू मस्जिदों में सिर छिपाए हैं। वे इस जाड़े में निकाल दिए जाएँगे।" गांधी ने एक सौ सत्रह मस्जिदें गिनाई थीं जिन्हें हिन्दुओं से खाली करवाकर मुसलमानों को सौंप देना था। गांधी के स्टैंड से पाकिस्तान की असेंबली को बल मिला और पाकिस्तान का हाई कमिश्नर जाहिद हुसैन बिड़ला हाउस आया था। गांधी जी ने जब अनशन समाप्त किया जाहिद हुसैन बिड़ला हाउस में था।

रावत जैसे लोग कह रहे थे कि इन सबके बावजूद गांधी को पाकिस्तान जाने के लिए निमंत्रण तो दूर इसकी अनुमति भी नहीं दी पाकिस्तान सरकार ने।

यशपाल ने रावत के हवाले से गांधी के अनशन को एक ऐतिहासिक भूल कहा है। गांधी के अनशन को आध्यात्मिकता से जोड़कर उनके अनशन को महान कहने का भी विरोध यशपाल ने किया है। एक अधिकारी ने याद दिलाया कि काकोरी कान्सपिरेसी के रेवोल्यूशनरी लोगों ने भी पचास, साठ और सौ दिन के अनशन किए और अन्त तक उन लोगों ने अपनी जान की परवाह नहीं की। मुँह से जबरन खाना खिलाने की कोशिश की गई तो क्रान्तिकारियों ने दाँत से पाइप काट दी और अपने अनशन को जारी रखना चाहा। यह यंत्रणादायक काम उन्होंने अत्यंत निष्ठा से किया। एक ने कहा कि उन रेवोल्यूशनरियों में भी आध्यात्मिक शक्ति थी अगर गांधी की आध्यात्मिक शक्ति को उनके अनशन से जोड़कर देखा जाए। रावत ने गांधी के अनशन का विरोध करते हुए कहा कि "गांधी जी तो क्रान्तिकारियों को हिंसक कहते थे। गांधी जी के अनुसार हिंसकों में आध्यात्मिक बल कैसा? और यदि उनमें भी आध्यात्मिक बल था तो गांधी जी के अनशन में कोई विशेषता नहीं रह जाती। इस समय तो सरकार गांधी जी की बात रखना चाहती थी, परन्तु शरणार्थियों को चुप न कराकर उन्हें भड़का दिया जाता और एक हजार शरणार्थी, भारत की रक्षा के लिए गांधी जी के विरुद्ध बिड़ला हाउस को घेरकर अनशन करके बैठ जाते तो? या सुनिए, गांधी की अहिंसा की मान्यता के लिए कश्मीर से भारतीय सेनाओं को वापिस लेने के लिए अनशन कर लें तो...मजदूर, किसान, विद्यार्थी, क्लर्क किसी भी माँग के लिए अनशन करके बैठ जा सकते हैं...।"[217] रावत ने अनशन को तर्क मानने से इनकार किया और कहा कि गांधी का अनुसरण करना आसान है लेकिन भगत सिंह का अनुकरण करना अत्यंत कठिन। रावत ने आगे कहा—"महात्माओं के अनुकरण का पाखंड भी बहुत किया जाता है। एक महात्मा के पीछे हजार पाखंडी होते हैं। भगत सिंह या रेवोल्यूशनरियों का अनुकरण पाखंड से नहीं किया जा सकता है। वहाँ तो जान की बाजी ही सब कुछ होती है।"[218] एक अन्य प्रसंग में कनक के माध्यम से यशपाल ने गांधी के नाम से चलने वाले पाखंड पर चोट की

है। कांग्रेसी अवस्थी का स्पर्श कनक को अच्छा न लगा। वह विद्रूपता से मन ही मन हँसी—कांग्रेसियों ने गांधी जी से एक बात सीख ली है कि चाहे जिस लड़की या स्त्री के कंधे पर हाथ रख लें। सभी अपने को राष्ट्रपिता समझने लगे हैं।"[219]

यशपाल ने लिखा है कि "शान्ति के प्रयत्नों का तूफान धीरे-धीरे शान्त हो गया। शान्ति के प्रयत्नों का उद्‌देश्य, गांधी जी का अनशन समाप्त कर देना पूरा हो गया। लोग अपनी-अपनी व्यस्तताओं में डूब गए। पर शरणार्थियों के साथ जुल्म होना बन्द नहीं हुआ था।"

30 जनवरी, 1948 को गांधी जी की हत्या का समाचार मिला। इस घटना से सभी लोग स्तब्ध रह गए। घटना के बाद रेडियो प्रसारण और उसके अगले दिन सरकारी शोक-पालन के विस्तृत वर्णन के बाद एक युवक के मुँह से यशपाल ने कहलवाया है—"(सरकार राष्ट्र की ओर से किया गया आदर) गांधी जी के विचारों के अनुसार उनका आदर नहीं है...यह उनके सिद्धान्तों का अपमान है। गांधी अपनी अनुयायी सरकार से शान और शक्ति के प्रदर्शन की नहीं, विनय और सेवा की आशा रखते थे। सरकार उनके बहाने अपनी शक्ति का प्रदर्शन कर रही है। अमीरों की सरकार ने, गरीबों के गांधी जी को गरीबों से छीन लिया है।"[220] इसके आगे यशपाल ने युवक के मुँह से कहलवाया है—"सन्त अपने जीवन में गरीबों के होते हैं। मृत्यु के बाद अमीर उन्हें छीन लेते हैं। भगवान बुद्ध...ईसा के साथ यही हुआ। वही इस सन्त के साथ हो रहा है। कल ये लोग ताजमहल की लागत का एक गांधी स्मारक बना देंगे और गांधी जी के सिद्धान्तों को उस महल की नींव में दबा देंगे।...गांधी, बुद्ध और ईसा की तरह अनुकरण के लिए नहीं, केवल पूजा के लिए अवतार बनकर रह जाएगा।"[221]

आजादी के बाद की राजनीतिक परिस्थिति और इसके साथ बन रहे राजनीतिक ऑर्डर पर यशपाल ने कई संकेतों के माध्यम से चित्रण किया है। महेन्द्र नैयर लाहौर से जालंधर आकर वकालत शुरू करता है और कांग्रेसी रुझान के बावजूद आरएसएस के गिरफ्तार लड़कों की जमानत के लिए पेश होता है। वह तर्क देता है कि "आरएसएस के हरेक आदमी ने तो गांधी जी की हत्या में भाग नहीं लिया था और यह अधिकार तो गोडसे को भी है कि उसके साथ न्याय हो।"

आजाद भारत गुलाम भारत से भिन्न था, लेकिन पुराने ऑर्डर के बहुत सारे हिसाब-किताब वैसे ही थे। एलीट एलीट ही था, बस उसे नई नेहरू व्यवस्था के साथ तालमेल बिठाना था। कम्युनिस्ट पहले की तरह ही बगैर जनता में सिद्धान्त और प्रोग्राम को फैलाए ही राजनीतिक लड़ाई चला रहे थे। लाल जैसे कम्युनिस्ट के लिए "बुर्जुआ डेमोक्रेटिक रेवोल्यूशन का हमारे देश में कोई प्रश्न ही नहीं था", क्योंकि "यहाँ पॉलिटिकल पावर जमींदारी क्लास के हाथ में नहीं कैपिटलिस्ट के हाथ में है।" उसके दल का उद्‌देश्य था—"लैंडलेस पेजेन्ट्री और वर्किंग क्लास

(बेजमीन और किसान मजदूरों) को लेकर पॉलिटिकल पावर पर कब्जा करना।"[222] वे नहीं चाहते थे कि आजाद भारत में कैपिटलिस्ट अपने को मजबूत होने के लिए समय पाएँ। तारा अब शरणार्थी विभाग से जुड़कर एक सरकारी नौकरी पा चुकी है, उनके बीच आती-जाती है। वह इस बात को रखती है कि कम्युनिस्ट के लिए जनता में समर्थन पाने की कठिनाइयाँ क्या हैं। वह कहती है कि "जनवरी तक आप (कम्युनिस्ट) नारे लगा रहे थे—गांधी जी राष्ट्रपिताहीन, नेहरू के हाथ मजबूत करो। आज नेहरू कैपिटलिस्ट के एजेंट हो गए। लोग चकराएँगे नहीं?"

शरणार्थियों को लेकर परिस्थिति नाजुक बनी हुई थी। यह शिकायत आने लगी थी कि उन्होंने रोजगार शुरू कर दिए हैं, अच्छा कमा रहे हैं, लेकिन फिर भी मुफ्त राशन जैसी सुविधा ले रहे हैं। इन्हें ओखला और नीलखेड़ी में रहने की जगह और काम दिया जा रहा है, लेकिन दिल्ली छोड़कर वे नहीं जाना चाहते। इस पूरे मामले में अधिकारियों को इस बात का खयाल रखना पड़ता था कि कांग्रेस का कोई प्रभावशाली व्यक्ति नाराज न हो जाए। "कांग्रेसियों का यही हाल सब जगह है। अस्पताल में जिसे देखो, मिनिस्टरों और पार्लियामेंट के मेम्बरों की चिट्ठी लिये चला आ रहा है। जुकाम हो जाए तो वार्ड में जा लेटते हैं और सब कुछ फ्री करवा लेते हैं। जो गरीब बीमार हैं, उनके लिए जगह नहीं है।" एक भानुदत्त है जो पुराना कांग्रेसी है उसके विरुद्ध कुछ अभियोग हैं।[223]

यशपाल ने लगातार यह संकेत दिया है कि इस नए भारत में नेहरू का सिक्का चलता था और प्रशासन में हर स्तर पर नेहरू के साथ किसका कैसा सम्बन्ध है इसका बड़ा महत्त्व था। शरणार्थी को लेकर विवाद हुआ और एक भ्रष्ट कांग्रेसी को बचाने के लिए एक कांग्रेस नेत्री मिस सेवा भाई ने हस्तक्षेप किया। तारा के लिए कुछ करना मुश्किल था, क्योंकि उसके विभाग के डाइरेक्टर ने खुद उससे कहा था कि यह नेत्री पी.एम. की मुँहलगी थी और इससे सब डरते हैं, क्योंकि पी.एम. को न जाने क्या समझा दे![224] सचमुच उस औरत ने पी.एम. के पास जाकर शिकायत कर दी और पी.एम. ने उसके कहने से एक जगह से फोन भी करवा दिया। तारा बच गई, क्योंकि सेवा भाई के लिए पी.एम. के पी.ए. का फोन पाकर सम्बद्ध अधिकारी चिढ़ गया। वह पी.एम. से बात करने के लिए खुद सचेष्ट था! प्रशासनिक लॉबी के रावत जैसे कुछ लोग थे जो इस नए सिस्टम में मंत्री के हस्तक्षेप करने पर भी अपने योग्य व्यक्ति (तारा पुरी) को बचा लेते हैं।

धीरे-धीरे यह स्पष्ट हो जाता है कि शरणार्थी अपनी सुविधाओं को और सरकारी योजनाओं का जो भी लाभ उन्हें एक बार मिलना शुरू हो गया था उसको छोड़ने के लिए तैयार न थे। पुनर्वास विभाग के मंत्री ने यह आदेश दे दिया था कि 31 मार्च, 49 के बाद मुफ्त राशन देना बन्द किया जाएगा। राज्य सरकार को आशंका थी कि केन्द्र अगर अपने उत्तरदायित्व को छोड़ दे तो पूरा भार राज्य सरकारों पर

पड़ेगा और इन शरणार्थियों का बोझ उन पर पड़ जाएगा। "बेरोजगार, बेघर-बार, और दुस्साहसी हो चुके, भूख से व्याकुल लोग जाने क्या उत्पात खड़ा कर दें।" शरणार्थियों पर हो रहा खर्च—लगभग दस लाख प्रतिदिन—रावत जैसे लोगों को ठीक नहीं लग रहा था। रावत सोचता है कि इस खर्च की वजह से सिंचाई, शिक्षा और स्वास्थ्य-सुधार की योजनाएँ डूब रही हैं।[225] सरकार के इस 'अत्याचार' के विरोध में कैम्प की एक पुरानी कांग्रेसी समाज सेविका महिला ने अनशन शुरू कर दिया था। उसका आन्दोलन कैम्प के भंग किए जाने की तिथि के स्थगन के लिए था।

इस नए भारत में एक नया परिवर्तन यह हुआ था कि लोग कुछ सहने को तैयार नहीं थे। विदेशी शासन के समय की धाँधली, महँगाई और कुनबापरस्ती समाप्त नहीं हो गई थी, बल्कि सात-आठ महीने के कांग्रेसी शासन में जनता को और भी बढ़ गई जान पड़ती थी। विदेशी शासन में जनता डर के मारे सब कुछ सह लेती थी, लेकिन अब जनता उस तरह चुपचाप सहने के लिए बिलकुल तैयार नहीं थी। जनता की जबानें खुल गई थीं।[226]

यशपाल ने इस बदलते हुए समय को समझाने के लिए जयदेव पुरी में आए परिवर्तन को सामने रखा है। वह लाहौर के दिनों में अपने आदर्श के लिए अपनी लगी लगाई नौकरी को लात मार चुका था और जब विस्थापन की असह्य तकलीफों के बाद वह जालंधर में एक मित्र की मदद से एक पत्रिका, प्रेस का मालिक बन जाता है तो उसकी सोच बदल जाती है। उसके इस परिवर्तन को यशपाल ने इस उपन्यास में बहुत महत्त्व दिया है।[227] वह एक शक्तिशाली कांग्रेसी तिकड़मी नेता सूद की मदद से आगे बढ़ता है। वह एम.एल.ए. भी बन जाता है। लेकिन इस क्रम में उसका अखबार उसके पत्रकारिता के आदर्श की रक्षा नहीं कर पाता। उसका अखबार 'नाजिर' गांधीवाद और कांग्रेस की समाजवादी विचारधारा के समर्थन में था, लेकिन एक स्थिति ऐसी आती है जब सूद को लगता है कि इस अखबार को कांग्रेस की नीतियों का विरोध करने का हक नहीं है। उस स्थिति में पुरी को सूद की बात ठीक लगती है। जिस पुरी ने अपने अखबार के लिए अपनी पत्नी कनक और पूर्व कम्युनिस्ट गिल की मदद लेने से परहेज नहीं किया था उसी को अब नई परिस्थिति में सूद की यथार्थवादी बातें सही लगती हैं। पुरी के इस बड़े बनने की कहानी पर उसके कर्मचारी का यह बयान है—"कांग्रेस मिनिस्टरों के चूतड़ पोंछ-पोंछ कर प्रेस दबा लिया।"[228] यह सही नहीं था, लेकिन इससे इनकार नहीं किया जा सकता था कि उसे उस प्रेस को चलाने और अपनी पत्रिका के सम्पादक होने का अवसर इसलिए मिल पाया क्योंकि उसे एक कांग्रेसी नेता का समर्थन और सहयोग मिला। एक समय जब उसके ऊपर केस हुआ और उसका प्रेस उसके हाथ से निकलने लगा उसकी मदद उसके अपने सम्बन्धी वकील ने की और तब जाकर वह इस पचड़े से निकल पाया। पुरी विधान सभा के लिए पूर्वोत्तर मुकेरियाँ

क्षेत्र से चुना जाता है। उसके इलाके में लोग उसे जानते नहीं थे पर लोगों ने उसे वोट दिया क्योंकि वह कांग्रेस का उम्मीदवार था जिसको समर्थन देने की आदत जनता को हो गई थी।[229]

यशपाल ने उसकी बेसहारा बहन तारा के संघर्ष की कहानी भी कही है। वह कैम्प से उठाकर एक बड़े आदमी के घर में नौकरानी, उस घर में होने के कारण एक सरकारी विभाग में अधिकारी और फिर अन्य लोगों के सहयोग से कमीशन की परीक्षा पास करके अंडर सेक्रेटरी बनती है। इस संघर्ष में वह किसी भी स्तर पर गंदे समझौते नहीं करती और उसकी एक पूर्व परिचिता का यह आरोप अनुचित है कि वह बड़े अफसरों की सेवा से आगे बढ़ी है। पर यह सत्य है कि वह आगे बढ़ पाई क्योंकि वह अंग्रेजी जानती थी और नए भारत के शक्तिशाली वर्ग के लोगों ने उसको सहयोग दिया।

यशपाल ने दिखलाया है कि आजादी के बाद के इस दौर में बदलाव ज्यादा नहीं थे। एक दिलचस्प प्रसंग में तारा प्रधानमंत्री से अपनी बातचीत का जिक्र करती है। वह कहती है—"मैंने प्राइम मिनिस्टर के सामने अकाट्य प्रमाण रख दिए कि आई.ए.एस. में खूब कुनबापरस्ती चल रही है। थर्ड डिवीजन के लोग लिये जा रहे हैं और फर्स्ट क्लास को टाल दिया जाता है।...पी.एम. ने कहा—फर्स्ट क्लास तो अक्सर कम्युनिस्ट होते हैं। सर्विस में कम्युनिस्टों को कैसे लिया जाए?"[230]

इस नए भारत की एक सचाई के बारे में आचार्य कृपलानी को सही मानते हुए उद्धृत किया गया है। एक व्यक्ति के मुँह से यशपाल ने कहलवाया है—आचार्य कृपलानी ने बिलकुल ठीक कहा है रेवोल्यूशन क्या हुआ; कहाँ हुआ? गांधी जी के आदर्श कहाँ हैं? दो ही साल में 'गांधी जी की जय' खोखली पड़ गई है।"[231]

कम्युनिस्ट मानते थे कि देश का हाल अंग्रेजी राज से भी बुरा हो गया है। पूँजीपतियों के हौसले बढ़ गए हैं और अब तो उनके चन्दों पर पलने वालों का राज है। बेचारे मजदूरों से हड़ताल का भी हक छीन लिया गया। कंट्रोल हटा दिए हैं कि पूँजीपति मन भर कमाएँ और कांग्रेस को चन्दा दें। आम लोगों को कुछ नहीं मिला। गल्ला-कपड़ा लड़ाई के जमाने में उतना महँगा नहीं था जितना अब है।[232]

नेहरू के नेतृत्व में बन रहे इस नए भारत में पूँजीपतियों का दबदबा और बढ़ गया था और अंग्रेजपरस्त लोग भी कांग्रेस के मेम्बर बनकर अपने को शक्तिशाली बना रहे थे। यशपाल ने लिखा है कि अंग्रेज सरकार के पुराने रायबहादुर और खैरख्वाह अमन सभा और सरकारी अमलदारी से लाभ उठाने वाले लोग कांग्रेस के मेम्बर बनकर सफेद नुकीली टोपी पहनने लगे थे। कांग्रेस को भी इससे लाभ हो रहा था। अब कांग्रेस का चन्दा चार-चार आने और रुपए-रुपए की रसीदों से इकट्ठा नहीं किया जाता था, चुनाव फंड में चन्दा मिलों और कम्पनियों से बीस-चालीस हजार और लाख-दो लाख रुपए के चेकों से आता था। कांग्रेस से सम्बन्ध

रखने वाले लोगों की आमदनी पहले से अधिक हो गई थी। जो लोग सौ-सवा सौ की नौकरी करते थे अब अपने सम्बन्धी के मंत्री पद पा जाने या किसी महत्त्वपूर्ण कमेटी के मेम्बर हो जाने पर जहाँ-तहाँ हजार-बारह सौ पाने लगे थे। मैट्रिक नहीं पास हुए मंत्री के बेटे सरकारी विभागों के अध्यक्ष बनकर हजार रुपए मासिक पाकर भी सन्तुष्ट नहीं थे। मंत्रियों के दामादों के लिए मैनेजिंग डाइरेक्टर से कम कोई पद सोचा ही नहीं जा सकता था।[233]

यशपाल ने तत्कालीन राजनीतिक परिस्थिति पर लिखा है कि कांग्रेस के मुकाबले कोई और राजनीतिक संगठन था ही नहीं। दिल्ली के चुनाव के बारे में यशपाल ने लिखा कि चुनाव का सबसे विराट आयोजन कांग्रेस का ही होता था। दूसरे दलों से कांग्रेस का संघर्ष ऐसा ही जान पड़ता था जैसे बहुत सारे मेढ़े हाथी से टक्कर लेने के लिए उसे घेरकर आपस में झगड़ रहे हों। सरकारी अफसर भी जानते थे कि कांग्रेस की सरकार का बनना तय है इसलिए वे भी कांग्रेस का साथ देते थे। जनसंघ वाले अपनी ओर से जोर लगाकर कांग्रेस का मुकाबला करने की कोशिश करते थे, लेकिन कांग्रेस का प्रभाव और उसका प्रचार-तंत्र बहुत प्रभावशाली था। यशपाल ने शुरू से ही कांग्रेस के प्रभाव को उसकी चुनावी सफलता में बहुत महत्त्वपूर्ण माना था। आजादी के पहले के एक प्रसंग की चर्चा भी उन्होंने की है जिसमें उदार दल के बहुत ही बड़े विद्वान नेता सी.वाई. चिन्तामणि एक राजपूत कांग्रेस पार्टी की स्त्री से हार गए। यशपाल ने उल्लेख किया है—"कांग्रेसी भाइयों ने प्रचार कर दिया—बोलो भाई, राजपूत की बिटिया को वोट दोगे या इलाहाबाद की रंडी बाई चिन्तामणि को वोट दोगे? भला रंडी को कौन वोट देता? कांग्रेस की उम्मीदवार जीत गई। चिन्तामणि जाकर गांधी के सामने रोने लगे।"[234]

जो कम्युनिस्ट थे उनको नौकरियाँ नहीं दी जाती थीं और कम्युनिस्ट पार्टी कमजोर हो चुकी थी। पार्टी वेज पर काम करने वालों की संख्या भी घटा दी गई थी। लगातार नीतियाँ बदलने के कारण कम्युनिस्टों का जनता पर अधिक असर नहीं हो पाया था। कनक के मुँह से यशपाल ने बुलवाया है—"पार्टी का क्या है, रोज नीति बदला करते हैं। कभी युद्ध का विरोध, फिर वही जनयुद्ध हो गया। सन् 1948 में आमूल क्रान्ति, '50 में बुर्जुआ डेमोक्रेटिक रेवोल्यूशन! लोग बर्बाद होते रहें।"[235]

पुरी जैसे लोग भी चुनावी समीकरण को देखकर काम करने लगे। एक पुराने कम्युनिस्ट आजाद को एक टन का कोटा दिया गया था पर जब बाद में उसे लगा कि एक सिंधी मठानी से राजनीतिक लाभ है, क्योंकि मठानी का सिंधियों में बहुत प्रभाव है, कम्युनिस्ट का कोटा काटकर उस सिंधी को दे दिया गया।[236]

कांग्रेस के भीतर राजनीतिक द्वन्द्व हर चीज को तय करते थे। डाक्टर प्राणनाथ जो लाहौर से आकर भारत में अधिकारी और सलाहकार बन गए थे इस सन्दर्भ में एक दिलचस्प दृष्टान्त देते हैं। उन्हें विकास की योजनाएँ बनाने में सलाह देने के

लिए बंगाल भेज दिया गया, जहाँ उन्हें मुख्यमंत्री प्रफुल्ल चन्द्र घोष की मदद करनी थी। पर विकास योजनाएँ बंगाल का भाग्य हाथ में लिये जबर्दस्त लोगों के स्वार्थों के अनुकूल नहीं थीं। उन लोगों ने घोष को ही उखाड़ फेंका। नए चीफ मिनिस्टर (यशपाल ने बिधान चन्द्र राय का नाम नहीं लिया है) का खयाल था कि नाथ घोष के आदमी हैं और इस कारण नाथ नए मुख्यमंत्री के तरीकों में खटकने लगे। नाथ को दिल्ली लौट जाना पड़ा।[237] कांग्रेस का प्रभुत्व इतना अधिक था कि यह जो चाहे कर सकती थी। कांग्रेस की डिक्टेटरशिप का बयान करते हुए एक ने कहा—"... क्या अब कांग्रेस की डिक्टेटरशिप नहीं है?...हड़ताल को गैरकानूनी करार देना क्या है? आरएसएस को गैरकानूनी कर देना, सब कम्युनिस्टों को गिरफ्तार कर लेना, लोगों को सन्देह के आधार पर गिरफ्तार कर लेना और बिना मुकदमा चलाए कैद का कानून क्या है?"[238] वैधानिक रूप से कांग्रेस पार्टी और कांग्रेस सरकार का अस्तित्व पृथक्-पृथक् था, परन्तु कांग्रेस पार्टी और भारत सरकार के झंडों का रंग एक ही था। झंडों पर चक्र और चरखे का भेद प्रथम दृष्ट्या आम लोगों के लिए उतना स्पष्ट नहीं था।[239]

1952 के चुनावों के दौरान हुई धाँधलियों और कांग्रेस के वर्चस्व पर यशपाल ने बेबाकी से लिखा है। इस चुनाव के बाद शक्तिशाली कांग्रेस तंत्र के सामने अन्य सभी दल टिक नहीं सके। जिन लोगों ने कांग्रेस सरकार को गिरा देने के काल्पनिक किले बना लिये थे वे कोहरे के बादलों की तरह उड़ गए।[240]

अगले पाँच सालों में क्या हुआ इसकी कथा को कहते हुए यशपाल ने बहुत सूक्ष्मता से दिखलाया है कि आजाद भारत में नए राजनीतिक तंत्र ने देश को बदलने वाली शक्तियों को बढ़ावा नहीं दिया। इस प्रसंग को सांकेतिक रूप में पुरी में आए परिवर्तन के रूप में भी समझा जा सकता है। पुरी गुलाम भारत में एक आदर्शवादी युवक था लेकिन आजादी के बाद के दशक में वह बदल गया। पुरी का मित्र कहता है—"पुरी अब बँटवारे के पहले का लुंपेन प्रोलेटरियट (बेठौर, साधनहीन) नहीं रहा है। अब वह पेटी बुर्जुआ (कुछ पूँजी वाले) की भाँति सोचता है। अब उसे सब ओर अवसर की कमी और व्यवस्था में विषमता नहीं दिखाई देती। उसे अब परिवर्तन और न्याय की नई धारणाओं की आवश्यकता नहीं जान पड़ती। उसकी जड़ें जम रही हैं। अब वह उलट-पुलट के विचारों से घबराता है।"[241]

पुरी जिस तरह से बेला सिंह जैसे किसान के साथ जमीन को लेकर मदद नहीं करके उसे पुलिस के पास भेज देता है उससे भी यह संकेत मिलता है कि पुरी में पहले की तुलना में एक गुणात्मक अन्तर आ गया है। आजादी के पहले पुरी एक पूँजीपति के सामने झुकने से इनकार कर देता है, लेकिन जब आजादी के बाद शक्तिशाली सूद उसे लगभग उसी तरह के एक विवाद में लताड़ता है तो वह सहन करके उससे समझौता कर लेता है।[242]

इस पूरे उपन्यास में यशपाल ने पुरी की तरह नेहरू में हुए परिवर्तनों पर जगह-जगह सूक्ष्म टिप्पणियाँ की हैं। एक उदाहरण यहाँ दिया जा सकता है—"प्रधानमंत्री काम किस समय करते हैं? प्रतिदिन पत्रों में उनका वक्तव्य होता है, प्रति सप्ताह कोई शिलान्यास और कोई उद्घाटन। कला प्रदर्शनी और बच्चे के जलसे का उद्घाटन,... उद्घाटन के लिए प्रधानमंत्री सदा प्रस्तुत हैं। प्रधानमंत्री की यात्राओं, प्रोग्रामों और भाषणों की कोई सीमा नहीं। प्रधानमंत्री की प्रत्येक यात्रा के समय कम-से-कम चार-पाँच सौ आदमी प्रबन्ध में व्यस्त हो जाते हैं, इस अपव्यय का कोई ठिकाना है? प्रधानमंत्री सदा कहते हैं, यह भाषणों का समय नहीं कार्य का समय है। स्वयं प्रतिदिन भाषण का ही उदाहरण देते हैं।"[243]

सूत्र रूप में यशपाल ने नेहरू की गम्भीर आलोचना करते हुए इस राजनीतिक शक्ति के गिरते प्रभाव और जनता के प्रति अपने विश्वास को *झूठा सच* के अन्त में व्यक्त किया है। उन्होंने लिखा है—"राजनीतिक नेता...अपनी सीमित दृष्टि से आगे नहीं देख पाते। जनता हाथी के शरीर से कहीं बड़ा समुदाय है। राजनीतिक नेता जनता के जिस अंग के सम्पर्क में आते हैं उसी अंग को सम्पूर्ण जनता का रूप मान लेते हैं।"[244] इसके आगे उन्होंने लिखा—"...प्रधानमंत्री और उनके समर्थक नेता राष्ट्रीय साधनों से, राष्ट्रीय नियंत्रण में देश का आर्थिक विकास करने की नीति और योजना द्वारा जनता का विश्वास और समर्थन पाने की आशा में थे। लेकिन इस नीति का लाभ जमीनी स्तर पर जनता को नहीं मिल रहा। एक व्यक्ति के मुँह से यशपाल ने कहलवाया है—"मैं पूछता हूँ, शासन में चोटी से लेकर पाँव के अँगूठे तक कौन अनुचित लाभ नहीं उठा रहा?...शासन सँभाले लोगों में किसका कुनबा नहीं पल रहा।...मरण तो सर्वसाधारण का है। टैक्स पर टैक्स और महँगाई! सरकारी रिपोर्टों में उत्पादन बढ़ता है और बाजार में महँगाई बढ़ती है।...योजनाओं से कुछ बनता नहीं दिखाई देता। जनता का अरबों रुपया करोड़पतियों और सरकारी अफसरों की जेबों में चला जा रहा है।..."[245]

जब दिल्ली विश्वविद्यालय ने प्रधानमंत्री नेहरू को 'डाक्टर ऑफ साइंस' की उपाधि दी तो कनक ने कहा—"ऐसी डिग्री स्वीकार करना तो खुशामद को प्रोत्साहन देना है।" एक अन्य व्यक्ति गिल कहता है—"प्रधानमंत्री की आँखों में खुशामद के घी की सलाई लगा दीजिए। उन्हें कुछ दिखाई नहीं देगा। उन्हें जो कुछ आप कहेंगे, उसी पर विश्वास करना होगा।"[246] आगे कहा—"मैं जब लखनऊ में थी, यदि सुबह मेहतर न आए, हमारी गली की सफाई न हो तो समझ लेते थे कि दिल्ली से प्रधानमंत्री आए होंगे।...सब मेहतर प्रधानमंत्री जी के स्वागत में सड़क बुहारने के लिए बुला लिये जाते थे। प्रधानमंत्री को सड़क साफ दिखाई देनी चाहिए, जनता चाहे दुर्गंध में सड़ती रहे। नौकरशाही का तो गुरुमंत्र यही है, अपने से ऊपर का अफसर सन्तुष्ट रहना चाहिए।"[247]

कांग्रेस के भीतर सूद जैसे नेताओं को लगता है कि कांग्रेस सरकार जो करने की कोशिश कर रही है उसमें कई दिक्कतें हैं। नेहरू की बातों को सूद सही नहीं मानता। उसका कहना है—"प्रधानमंत्री तो हवा में रहते हैं।...लाखों आदमियों की भीड़ से एक साथ मिलते हैं। काम भीड़ से नहीं चलता। प्रधानमंत्री भीड़ से चुनाव के लिए चन्दे की अपील करके देख लें। लाख की भीड़ से दस हजार भी नहीं मिलेगा। आगामी इलेक्शन के लिए एक-एक राज्य में करोड़-करोड़ का खर्च पड़ेगा। प्रधानमंत्री इकट्ठा करेंगे यह रकम?...वे तो अपना आशीर्वाद देकर एक तरफ हो जाएँगे।"[248]

यशपाल ने अपने उपन्यास के अन्त में दिखलाया है कि गिल तमाम तैयारी और शक्ति के बावजूद इलेक्शन में सत्रह हजार मतों से हार जाता है। एक आशावादी नोट के साथ यशपाल 1957 के इलेक्शन के बाद यह कहते हैं कि "जनता निर्जीव नहीं है। जनता सदा मूक भी नहीं रहती। देश का भविष्य नेताओं और मंत्रियों की मुट्ठी में नहीं, देश की जनता के हाथ में है।"[249]

सन्दर्भ

1. 'श्रीलाल शुक्ल, समकालीन सामाजिक-सांस्कृतिक परिदृश्य और यशपाल' (यशपाल जन्मशती के वर्ष में आयोजित सभा में सम्भवत: कोलकाता में प्रस्तुत आलेख।)
2. X. J. Eudin and R. C. North, *Soviet Russia and the East* 1920-1927, Stanford, पृ. 181-183. राष्ट्रीय क्रान्तिकारी गतिविधियाँ कम-से-कम 1905 के आसपास शुरू हो गईं जब श्याम जी कृष्ण वर्मा ने *इंडियन सोशियोलॉजिस्ट* पत्रिका का प्रकाशन शुरू किया था। उन्होंने एक वजीफा देने का काम भी शुरू किया था जिसके अन्तर्गत कई युवकों को लंदन जाकर काम करने का मौका मिला। कई क्रान्तिकारी युवक विनायक दामोदर सावरकर, पी. एम. बापट, वीरेंद्रनाथ चट्टोपाध्याय, लाला हरदयाल, भाई परमानन्द, मदन लाल धींगरा, वी. वी. एस. अय्यर, मदाम कामा और एस. आर. राणा जैसे लोग इसी कारण एक-दूसरे के सम्पर्क में आए। इस तरह की गतिविधियाँ 1910 के बाद तब रुक गईं जब सावरकर गिरफ्तार हो गए। (देखें, Amit Kumar Gupta, 'Defying Death: Nationalist Revolutionism in India, 1897—1938', *Social Scientist*, Vol. 25, No 9/10 (Sep.-Oct., 1997, पृ . 5)। यूरोप में वीरेन्द्रनाथ चट्टोपाध्याय जैसे कुछ लोग थे जो भारतीय राष्ट्रवाद के प्रचारक के रूप में थे। भारतीय क्रान्तिकारियों का दल उस समय और महत्त्वपूर्ण हो उठा जब यह बात लोगों को पता चली कि भारतीय क्रान्तिकारी जर्मनी की सरकार के भारत में अंग्रेजों के खिलाफ विद्रोह कराने के प्रयासों से जुड़े थे जो कि अंग्रेजों के विरुद्ध प्रथम विश्वयुद्ध के दौरान लड़ रही थी। जब ये प्रयास फलीभूत नहीं हुए तो भारतीय क्रान्तिकारी रूस की समाजवादी सरकार की ओर सहायता और सहयोग के लिए मुड़े। (देखें, Shaukat Usmani, *Historic Trips of a Revolutionary*, Sterling Publishers, New Delhi, 1977) इस दौरान हिन्दी साहित्यिक जगत में मार्क्सवाद को

लेकर चर्चा शुरू हो गई थी। सबसे पहले रामचन्द्र वर्मा ने *साम्यवाद* लिखा जो 1919 में छपा। बीस के दशक में राधामोहन गोकुल ने *कम्युनिज्म क्या है?* लिखा और सत्यभक्त ने *साम्यवादी* पत्रिका निकाली। सत्यभक्त की पुस्तक *साम्यवाद के सिद्धान्त* (1934) ने इसे और फैलाया। बाद में राहुल सांकृत्यायन ने *साम्यवाद ही क्यों* लिखा।

3. K. M. Panikkar, *Asia and the Western Domination*, George Allen & Unwin, London, 1961 [1953], पृ. 192
4. यशपाल ने जेल से छूटने के बाद नवम्बर, 1938 में *विप्लव* का प्रकाशन शुरू किया।
5. उनकी एक बातचीत जैनेन्द्र और सच्चिदानन्द हीरानन्द वात्स्यायन अज्ञेय से इस विषय पर हुई थी। जैनेन्द्र का मत था कि वे विचार के आधार पर साहित्य सृजन नहीं करते थे। उनके लिए लिखना चिड़िया के चहचहाने जैसा स्वाभाविक कार्य था। अज्ञेय ने माना था कि विचारों का जीवन के यथार्थ से स्वतंत्र अस्तित्व सम्भव है। (देखें, यशपाल, 'देखा सोचा समझा')
6. इस दौरान उन्होंने अपनी पत्रिका *विप्लव* को वामपंथी चिन्तन का एक खुला मंच बना दिया, लेकिन उन्होंने इसे कम्युनिस्ट पार्टी की पत्रिका नहीं बनाया। कम्युनिस्ट पार्टी के साथ उनका सम्बन्ध पार्टी सदस्य के रूप में कभी नहीं रहा, पर वे हमेशा वैचारिक रूप से उनसे निकट रहे। कम्युनिस्ट पार्टी की ओर से प्रकाशित पत्रिका *नया पथ* के वे सम्पादक भी रहे। शिव वर्मा और राजीव सक्सेना इस दौरान उनके सहयोगी थे। वे बहस को बढ़ावा देते थे और बौद्ध सभ्यता और दास प्रथा जैसे विषयों पर उन्होंने भदंत आनन्द कौशल्यायन और गुरुदत्त को भी शामिल किया।
7. इसका अर्थ यह कदापि नहीं है कि वे नेहरू के पक्ष के लोगों में माने गए। दो उदाहरणों से यह स्पष्ट हो जाता है। 1959 में साहित्य अकादेमी के लिए दो बड़े उपन्यासों—*झूठा सच* और *भूले बिसरे चित्र* के बीच एक का चुनाव होना था। तीन में से दो निर्णायक यशपाल को यह पुरस्कार देने के पक्ष में थे लेकिन तीसरे ने नेहरू की आलोचना के कारण इस उपन्यास को पुरस्कार के लिए चयनित करने का विरोध किया। अन्ततः यशपाल को यह पुरस्कार नहीं मिला। जब सालों बाद सत्तर के दशक में उनके नेहरू विरोध के कारण कांग्रेसी सरकार के भीतर उनको पुरस्कृत किए जाने पर आपत्ति उठी, उस समय के प्रभावी ब्यूरोक्रेट पी. एन. हक्सर ने इंदिरा गांधी को एक पत्र लिखकर उनका बचाव किया। तब जाकर उनको सरकार द्वारा पुरस्कार दिया गया। कई लोगों का मानना है कि उनके उपन्यास *मेरी तेरी उसकी बात* को जो साहित्य अकादेमी पुरस्कार दिया गया वह एक तरह से उनके नेहरू विरोध के कारण *झूठा सच* के लिए पुरस्कार न देने की गलती को सुधार लेना था। (देखें, Jairam Ramesh, *Intertwined Lives,* Simon and Schuster, 2018, London)
8. कुछ लेखकों ने, जिनमें कुछ क्रान्तिकारी दिनों के साथी भी शामिल हैं, परोक्ष और अपरोक्ष तरीके से कहा है कि यशपाल के दल के नेता और अन्य लोगों से मतभेद इतना गहरा हो गया था कि नेता आजाद ने उनकी हत्या का आदेश भी दे दिया था। यशपाल के ही एक साथी ने उनको चेता दिया था और वे समय रहते वहाँ से हट गए। बाद में यशपाल के साथ आजाद का कोई समझौता हुआ या नहीं इसके बारे में निश्चित जानकारी नहीं है। कुछ लोगों ने आरोप लगाया है कि आजाद की जिस हत्याकांड में शहादत हुई उसके बारे में पुलिस को जानकारी यशपाल के कारण हुई। कुछ 'साक्ष्य' भी जुटाए गए जिनके आधार पर यह कहा

गया कि यशपाल ने पुलिस को गुप्त सूचनाएँ दीं और इसी कारण उनको जेल से निकालने के बाद पुलिस और सरकार दोनों ने उनको अपना आदमी समझा। दूसरी ओर इन सारे आरोपों को बेबुनियाद मानते हुए प्रकाशवती पाल ने लिखा है कि आजाद को बाद में अपनी भूल का एहसास हुआ और वे बाद में यशपाल से मिले भी और उन्हें दोषमुक्त मानकर उनको आशीर्वाद भी दिया। (इस प्रसंग में द्रष्टव्य—Manmathnath Gupta, *They Lived Dangerously*, People's Publishing House, Delhi, 1956) यशपाल को लेकर उस दौर में हुए विवाद में एक गम्भीर बात का उल्लेख अज्ञेय ने किया है। उन्होंने कहा है—"यह भी एक आरोप था यशपाल पर कि जो भगत सिंह को छुड़ाने की योजना थी, यशपाल का उसमें विश्वास नहीं था और उसके कारण वह योजना विफल हुई। जो बम विस्फोट हुआ था जिसमें भगवतीचरण वोहरा की मृत्यु हुई वह भी जान-बूझकर कराई गई दुर्घटना थी।... उस समय ऐसा अभियोग था कि यशपाल चाहते थे कि बम फट जाए और सारा काम रुक जाए और वैसा ही हुआ। (अज्ञेय, 'सिंहावलोकन' में यशपाल ने सचाई को विकृत किया!, विष्णुचन्द्र शर्मा (सम्पा.), *पक्षधर यथार्थ के कथाकार*, स्वराज प्रकाशन, दिल्ली, 2001, पृ. 43)

9. कुछ लोग इसे *झूठा सच* से कमजोर नहीं मानते। भगवतीचरण वर्मा इसे बेहतर उपन्यास मानते हैं और कहते हैं कि इसे कम्युनिस्ट पार्टी के तंत्र का सहारा नहीं मिला इसलिए इसे कम ख्याति मिली।
10. मैनेजर पांडेय, 'यशपाल का चिन्तन' *यशपाल रचनावली* 11, पृ. xii
11. 'गांधीवादी सत्याग्रह', 'गांधीवाद की शव-परीक्षा', *यशपाल रचनावली* 11, पृ. 231
12. 'गांधीवाद की शवपरीक्षा की जरूरत?' *यशपाल रचनावली* 11, पृ 241। इसे यशपाल ने 13 अगस्त, 1941 को लिखा था।
13. रजनी पामदत्त का एक आलेख *विप्लव* में छपा था जिसके हवाले से यशपाल ने यह बात कही है।
14. *यशपाल रचनावली* 11, पृ. 233
15. वही
16. वही, पृ. 234
17. वही, पृ. 265
18. वही, पृ. 265
19. देखें Gandhi, *Young India*, 6 अक्टूबर, 1920, *यशपाल रचनावली* 11 में उद्धृत, पृ. 235-236
20. वही, पृ. 237
21. *यशपाल रचनावली* 11, पृ. 238
22. वही, पृ. 239
23. वही
24. क्लेमेंट एटली के 5 सितम्बर, 1950 को दिए गए भाषण को अपने समर्थन में उद्धृत किया है। इसे *नेशनल हेराल्ड* ने 6 सितम्बर, 1950 को छापा था।
25. *यशपाल रचनावली* 11, पृ. 240
26. 'न्याय का संघर्ष' (1940), मैनेजर पांडेय, 'भूमिका', *यशपाल रचनावली* 11, पृ. xiii

27. ये श्रेणियाँ हैं—जिज्ञासु, राष्ट्रीय, वैज्ञानिक, शुद्ध साहित्यिक, प्रगतिशील, सर्वोदयी, इतिहासज्ञ, मार्क्सवादी, कॉमरेड, श्रीमती जी, महिला, भद्र पुरुष, कांग्रेसी और मौजी।
28. इसके बारे में यशपाल ने लिखा है कि ये साहित्य को जीवन की भौतिक, राजनीतिक तथा मानसिक पूर्णता के उद्‌देश्यों की पूर्ति का साधन मानते हैं। (*यशपाल रचनावली* 12, पृ. 179)
29. इनके बारे में उन्होंने लिखा है—विचारधारा मार्क्सवादी है परन्तु बातचीत में दाँव-पेच से नहीं अपना ही सत्य निर्णयात्मक मानते हैं। (वही)
30. ऐसे लोग जो तर्क में द्वंद्वात्मक भौतिकवादी मार्ग को मानते हैं। सामाजिक, साहित्यिक, राजनीतिक और आर्थिक समस्याओं को आर्थिक आधार और श्रेणी संघर्ष की कसौटी पर जाँचते हैं। (वही)
31. 'राम राज्य की स्थापना', *यशपाल रचनावली* 11, पृ. 284
32. *यशपाल रचनावली* 11, पृ. 285
33. वही
34. वही, पृ. 286
35. वही, पृ. 287
36. *यशपाल रचनावली* 11, पृ. 294
37. सुभाषचन्द्र बोस की पुस्तक *The Indian Struggle* से उद्धृत, *यशपाल रचनावली* 11, पृ. 297
38. *Manifesto of Communist Party of India in the Ahmedabad National Congress*, 1921, *यशपाल रचनावली* 11 में उद्धृत, पृ. 298। इस महत्त्वपूर्ण दस्तावेज के लिए देखें—मानवेंद्रनाथ राय और अबनि मुखर्जी द्वारा अहमदाबाद के 1921 के 36 वें कांग्रेस में जारी किया गया घोषणापत्र (देखें, प्रियंवद, *भारतीय राजनीति के दो आख्यान 1920 से 1950*, वाग्देवी प्रकाशन, बीकानेर, पृ. 440-431)
39. *यशपाल रचनावली* 11, पृ. 299
40. वाइसराय की चिट्‌ठी, Feb. 9, 1922, 'Telegraphic Correspondence regarding the Situation in India' Comd. 1586. 1922, (*यशपाल रचनावली* 11, पृ. 299)
41. *यशपाल रचनावली* 11, पृ. 300
42. वही, पृ. 301
43. इस दौरान सरकार ने कैसे कम्युनिस्टों से निबटने की कोशिश की इसके बारे में एक मत यह है कि सरकार बीस के दशक में सोवियत रूस द्वारा भारत में क्रान्ति के प्रयासों के प्रति सचेत थी और लगातार इस ओर अपना ध्यान रखे थी। मानवेन्द्रनाथ राय ने विदेश से अबनी मुखर्जी को गया कांग्रेस के समय चित्तरंजन दास के पास इस उम्मीद में भेजा था कि दास किसी प्रकार गांधी के मुकाबले के लिए तैयार हो जाएँ। लेकिन सरकार को इस बात की जानकारी हो गई और उस सन्देश के बारे में अखबारों में छाप भी दिया गया। ऐसी स्थिति में दास ने गांधी को अपना समर्थन दिया। उसके बाद एम.एन. राय को ताशकंद को आधार बनाकर भारत में क्रान्ति को निर्यात करने का काम मिला। दो कारणों से यह सम्भव नहीं हो सका। अफ़ग़ानिस्तान में पहले से ही कुछ मुसलमान नेतागण थे जो खिलाफत के दौरान हिजरत के लिए आ गए थे और उनको बाद में कम्युनिस्ट प्रकल्प से जोड़ दिया गया। ये

राय के साथ मतभेद रखते थे और उनके अधीन होकर काम नहीं करना चाहते थे। इसके अलावा ताशकंद को केन्द्र बनाकर काम करने का काम रोक दिया गया क्योंकि अंग्रेजी सरकार रूस को तकनीकी सहयोग करने के लिए इसी शर्त पर राजी थी कि ताशकंद जैसे अंग्रेजी हुकूमत के विरोधी केन्द्र को खत्म कर दिया जाए। उस समय रूस की कम्युनिस्ट सरकार के लिए तकनीकी सहयोग बहुत जरूरी था और रूसी सरकार ब्रिटिश सरकार की इस शर्त को मानने को राजी हो गई।

44. *यशपाल रचनावली* 11, पृ. 306
45. घनश्याम दास बिड़ला की डायरी—'डायरी के कुछ पन्ने', पृ. 60, *यशपाल रचनावली* 11, पृ. 306
46. *यशपाल रचनावली* 11, पृ. 306
47. यशपाल के उपन्यासों पर महत्त्वपूर्ण और संक्षिप्त चर्चा के लिए देखें—मधुरेश, 'यशपाल के उपन्यास' *यशपाल रचनावली* 1। मधुरेश यशपाल के व्यक्तित्व और कृतित्व के अपने दशकों के अध्ययन के कारण यशपाल के विषय में सबसे महत्त्वपूर्ण आलोचक के रूप में प्रतिष्ठित रहे हैं।
48. प्राक्कथन, 'दादा कामरेड' *यशपाल रचनावली* 1, पृ. 6
49. इस उपन्यास का नायक हरीश क्रान्तिकारी को मशीनी तरीके से क्रान्ति के लिए लड़नेवाला नहीं मानता बल्कि एक मनुष्य के रूप में देखता है। उसको लगता है कि क्रान्ति के लिए वैचारिक और राजनीतिक क्रान्ति दोनों की जरूरत है। पहली क्रान्ति के लिए उसे लगता है कि स्त्री और पुरुष को साथ मिलकर पुराने संस्कारों से लड़कर नए समाज के मानवीय मूल्यों को तैयार करना होगा। दूसरी के लिए क्रान्तिकारी आन्दोलन को अपना जनाधार बनाना होगा और शोषितों के साथ मिलकर क्रान्ति के लिए संगठित प्रयास करना होगा। इस लड़ाई में क्रान्तिकारी हरीश दादा (चन्द्रशेखर आजाद) से भी टकराता है। यह उनके आदर्शों की भी लड़ाई है। आखिरकार दादा हरीश की देशभक्ति और त्याग से प्रभावित होकर उसे क्षमा कर देता है।
50. 'दादा कामरेड', *यशपाल रचनावली* 1, पृ. 17
51. वही, पृ. 35
52. वही, पृ. 42
53. कई उदाहरण हैं लेकिन एक उदाहरण देवेन्द्र दे का है। बीस के दशक में वे क्रान्तिकारी गतिविधियों में शामिल हुए। अस्त्र के लिए वे नाम बदलकर दूसरे देशों में गए। वापस देश में आकर गिरफ्तार हुए। जेल से छूटने के बाद कांग्रेस में शामिल हुए और नेताजी के ड्राइवर से लेकर कांग्रेस और फारवर्ड ब्लाक के कलकत्ता शहर के एक प्रभावशाली नेता रहे। 1942 के आन्दोलन में वे जेल में रहे। जेल से रिहा होने के बाद बिधान चन्द्र राय के मंत्रिमंडल के सदस्य बने।
54. इस सन्दर्भ में एक उदाहरण हेमेन गुप्त (1912-1967) का दिया जा सकता है। पहले वे कांग्रेस से जुड़े और फिर क्रान्तिकारी कार्यों के कारण उन्हें संगीन अपराध में लिप्त होने के कारण 1928 में बीस साल की उम्र में जेल की सजा हुई। यशपाल की तरह वे भी जेल में रहकर अध्ययन की ओर मुड़े। 1938 में जेल से छूटे। उनकी दिलचस्पी फिल्म की ओर भी बढ़ी। जेल से निकलने के बाद वे सुभाषचन्द्र बोस के सेक्रेटरी के रूप में रहे। नाटक से

फिल्म निर्माण की ओर गए। उन्होंने सात फिल्में बनाईं और बिमल राय से भी जुड़े थे। उनकी फिल्मों में 1942 की क्रान्ति पर केन्द्रित '1942' एक अमर फिल्म है। 1950 में वे बम्बई चले गए और उन्होंने कई यादगार फिल्में बनाईं, जिनमें 'आनन्द मठ' और 'काबुलीवाला' विशेष रूप से उल्लेखनीय हैं।

55. 'मेरी तेरी उसकी बात', *यशपाल रचनावली* 6, पृ. 24
56. वही, पृ. 24-25
57. वही
58. वही, पृ. 26
59. वही
60. *यशपाल रचनावली* 6, पृ. 28
61. वही, पृ. 29
62. वही
63. वही, पृ. 30
64. वही
65. वही, पृ. 31
66. वही, पृ. 37
67. वही, पृ. 40
68. 'मेरी तेरी उसकी बात', *यशपाल रचनावली* 6, पृ. 49
69. वही
70. वही, पृ. 59
71. वही, पृ. 60
72. वही, पृ. 61
73. वही, पृ. 62
74. वही, पृ. 88
75. वही, पृ. 92
76. वही, पृ. 117
77. वही, पृ. 151
78. वही, पृ. 160
79. वही, पृ. 190
80. वही, पृ. 285-86
81. *यशपाल रचनावली* 6, पृ. 288
82. वही, पृ. 291
83. वही, पृ. 292-294
84. वही
85. वही
86. वही, पृ. 297
87. वही, पृ. 299
88. वही, पृ. 313

89. *यशपाल रचनावली* 6, पृ. 314
90. वही, पृ. 315
91. वही
92. सुभाष बोस ने कांग्रेस से निकाल दिए जाने के बाद एक अलग दल—फॉरवर्ड ब्लॉक का गठन किया था। इसके बाद कम्युनिस्टों ने बोस से अपने को अलग कर लिया। वे कांग्रेस के भीतर गांधी के विरुद्ध बोस को समर्थन देने के लिए तैयार थे लेकिन जब बोस कांग्रेस से निकल गए उन्होंने बोस से अपने को अलग कर लिया।
93. वही, पृ. 320
94. इस ग्रुप के लोग अहिंसा की नीति में गांधीवादियों की तरह आस्था नहीं रखते थे।
95. वही, पृ. 415
96. वही, पृ. 418
97. वही, पृ. 425
98. 1942 के आन्दोलन के दौरान किन-किन लोगों ने जनता के बीच आन्दोलनकारी नेतृत्व दिया इसके बारे में रेवोल्यूशनरी सोशलिस्ट पार्टी का दावा है कि उनके लोगों ने ही क्रान्ति का नेतृत्व किया। जोगेश चन्द्र चटर्जी ने इस सम्बन्ध में विस्तार से अपनी जीवनी में लिखा है। यशपाल ने समाजवादी तंत्र के उल्लेख में यह स्पष्ट नहीं किया है कि वे कांग्रेस सोशलिस्ट के लोग थे या रेवोल्यूशनरी सोशलिस्ट पार्टी के। बाद में आए लोहिया और अन्य नेताओं के आधार पर यही मानना उचित होगा कि वे सोशलिस्ट पार्टी के ही लोग थे।
99. वही, पृ. 429
100. वही
101. वही, पृ. 432
102. वही, पृ. 433
103. वही, पृ. 450
104. वही, पृ.455
105. वही
106. वही, पृ. 456
107. वही, पृ. 463
108. वही, पृ. 464
109. वही, पृ. 486
110. वही, पृ. 483
111. वही, पृ. 500
112. वही
113. वही, पृ. 496
114. वही, पृ. 497
115. वही, पृ. 498
116. वही, पृ. 507
117. वही, पृ. 509
118. वही, पृ. 510

119. वही, पृ. 532
120. वही, पृ. 537
121. वही, पृ. 538
122. वही, पृ. 539
123. वही
124. वही, पृ. 540
125. वही, पृ. 541
126. वही
127. वही, पृ. 549
128. वही
129. वही
130. वही
131. *यशपाल रचनावली* 4, आमुख
132. *वही,* पृ. 14
133. वही, पृ. 16
134. वही, पृ. 17
135. वही, पृ. 39
136. वही, पृ. 52
137. वही
138. वही, पृ. 54
139. वही, पृ. 58
140. वही, पृ. 59
141. वही, पृ. 66
142. वही, पृ. 68
143. यह *सियासत* (मुस्लिम दैनिक पत्र) में इस रूप में छपा। वही, पृ. 84
144. वही, पृ. 84-85
145. वही, पृ. 85
146. वही, पृ. 88
147. वही, पृ. 89
148. वही, पृ. 89
149. वही, पृ. 90
150. वही, पृ. 91
151. वही, पृ॰101
152. वही
153. गांधी को रजिस्ट्री से पत्र भेजा गया, लेकिन तीन सप्ताह बाद तक भी इसका कोई उत्तर नहीं आया।
154. वही, पृ. 107
155. वही, पृ. 110-11

156. वही, पृ. 113
157. वही, पृ. 148
158. वही, पृ. 170
159. वही, पृ. 171
160. वही, पृ. 181
161. वही, पृ. 194
162. वही, पृ. 195
163. वही
164. वही, पृ. 196
165. वही, पृ. 205
166. वही, पृ. 208
167. वही, पृ. 209
168. वही, पृ. 235
169. वही, पृ. 255
170. वही, पृ. 258
171. वही, पृ. 259
172. वही, पृ. 260
173. वही, पृ. 264
174. साढ़े तीन लाख में इस घर का बीमा पहले ही हो चुका था।
175. वही, पृ. 288
176. वही, पृ. 291
177. वही, पृ. 292
178. वही, पृ. 276
179. वही, पृ. 304
180. *झूठा सच* के द्वितीय भाग में, पृ. 303
181. वही, पृ. 331
182. वही, पृ. 332
183. वही, पृ. 335
184. वही, पृ. 346
185. वही, पृ. 351
186. वही, पृ. 353
187. वही
188. वही, पृ. 355
189. वही, पृ. 372
190. वही, पृ. 377
191. वही, पृ. 407
192. *यशपाल रचनावली* 8, पृ. 28
193. वही, पृ. 40

194. वही
195. वही, पृ. 43
196. वही, पृ. 47
197. वही, पृ. 48
198. वही, पृ. 59
199. वही
200. *यशपाल रचनावली 8*, पृ. 59
201. वही, पृ. 60
202. वही, पृ. 61
203. वही
204. वही, पृ. 62
205. वही
206. वही, पृ. 65
207. वही, पृ. 66
208. वही, पृ. 67
209. वही, पृ. 72
210. वही, पृ. 99
211. वही, पृ. 143
212. वही, पृ. 148
213. वही
214. वही
215. वही, पृ. 150
216. वही, पृ. 162
217. वही, पृ. 166
218. वही
219. वही, पृ. 197
220. वही, पृ. 174
221. वही
222. वही, पृ. 245
223. वही, पृ. 255
224. वही
225. वही, पृ. 260
226. वही, पृ. 262
227. वसुधा डालमिया ने यह लक्षित किया है कि जैसे-जैसे स्वाधीनता नजदीक आती जाती है राष्ट्रवाद का तत्त्व कमजोर पड़ता जाता है और दूसरी तमाम चीजें महत्त्वपूर्ण होती जाती हैं। (Vasudha Dalmia, *Fiction As History*, Permanent Black, Ranikhet, 2017, पृ. 213
228. *झूठा सच*, पृ. 274

229. वही, पृ. 407
230. वही, पृ. 300
231. वही, पृ. 301
232. वही
233. वही, पृ. 317
234. वही, पृ. 374
235. वही, पृ. 319
236. वही, पृ. 323
237. वही, पृ. 344-45
238. वही, पृ. 375
239. वही, पृ. 407-08
240. वही, पृ. 377
241. वही, पृ. 404
242. वही, पृ. 415
243. वही, पृ. 487
244. वही, पृ. 489
245. वही, पृ. 491
246. वही, पृ. 494
247. वही
248. वही, पृ. 506
249. वही, पृ. 540

4

अमृतलाल नागर के राजनीतिक उपन्यासों में मध्यवर्ग, राष्ट्रीयता, राजनीतिक आन्दोलन और राष्ट्र-निर्माण का आख्यान : *पीढ़ियाँ* के विशेष सन्दर्भ में

अमृतलाल नागर का जन्म 1916 में लखनऊ में एक गुजराती खत्री परिवार में हुआ था जो तीन सौ साल पहले उत्तर प्रदेश में आकर बस गया था। उनके दादा एक बैंक अधिकारी थे जो लखनऊ चले आए थे। नागर के पिता अपने पिता के एकमात्र पुत्र थे और कलकत्ता जाकर डाक्टरी की पढ़ाई करना चाहते थे। वे ऐसा नहीं कर सके क्योंकि उन्हें पिता की अनुमति नहीं मिली। इस दुख की पीड़ा ने उन्हें अन्दर ही अन्दर बहुत पीड़ित किया। हालाँकि वे लखनऊ में एक दफ्तर में काम करते रहे लेकिन उन्हें यह दुख जीवन-भर रहा कि वे अपने मन का नहीं कर पाए। मनोवैज्ञानिक रूप से वे इस तरह प्रभावित रहे कि अपने पुत्र और उसकी नवविवाहिता पत्नी के बीच के झगड़े के तनाव को सहन न कर सके और मात्र चालीस वर्ष की आयु में 1935 में आत्महत्या कर ली। उस समय अमृतलाल नागर मात्र 19 साल के थे और इसी समय उनके ऊपर परिवार के मुखिया का दायित्व आ गया।

युवावस्था से ही वे साहित्यिक अभिरुचि के थे और लखनऊ शहर की साहित्यिक गतिविधियों से सघन रूप से जुड़े थे। 1936 में शहर में प्रगतिशील लेखक संघ का प्रथम अधिवेशन हुआ था जिसकी अध्यक्षता प्रेमचन्द ने की थी। नागर भी इस ऐतिहासिक अधिवेशन में एक युवा के रूप में शामिल थे। उस उम्र में वे बांग्ला के विख्यात लेखक शरतचन्द्र से विशेष रूप से प्रभावित थे और उनसे मिलने कलकत्ता भी गए थे। पारिवारिक आर्थिक जरूरतों की पूर्ति के लिए उन्होंने बिजनेस में हाथ आजमाए, लेकिन सफल नहीं हुए। बिजनेस और अपनी साहित्यिक गतिविधियों को एक साथ करते रहना वे साध नहीं सके। चौबीस साल की उम्र में पैसे कमाने और कुछ रचनात्मक कार्य करने की इच्छा लिये अपने मित्र नरेन्द्र शर्मा की प्रेरणा से बम्बई गए और वहाँ सात साल तक काम करते रहे। वहाँ उन्होंने अठारह फिल्मों की पटकथा लिखी और फिल्म निर्माण से जुड़े कुछ काम भी किए।[1] उनका फिल्मी

सफर सफल ही कहा जा सकता है। वे पटकथा लेखक तो थे ही उन्होंने डबिंग का काम भी सीखा और उसमें उन्हें सफलता भी मिली। परन्तु वे साहित्यिक क्षेत्र में ही अपने को मानसिक रूप से अधिक जुड़ा पाते थे।[2] बम्बई में रहते हुए भी वे शहर की हिन्दी और उर्दू की साहित्यिक और सांगठनिक गतिविधियों में सक्रिय रहे। इसी दौरान वे 8 अगस्त, 1942 के ऐतिहासिक कांग्रेस के अधिवेशन उपस्थित थे जहाँ गांधी ने 'अंग्रेजो भारत छोड़ो' का नारा दिया था।

1947 में देश के स्वाधीन होने के बाद नागर ने तय किया कि वे लखनऊ लौटकर साहित्य सृजन में ही लगेंगे। तब तक उन्होंने इतनी बचत कर ली थी कि परिवार को आर्थिक संकटों से दूर रख सकते थे। उन्होंने अपने उपन्यास के लिए सामग्री इकट्ठा की और छह वर्ष बाद एक उपन्यास पर काम करना शुरू किया। 1954 और 1955 में उन्होंने वह उपन्यास लिखा जो *बूँद और समुद्र* के नाम से प्रकाशित हुआ। इस बीच उन्हें आकाशवाणी लखनऊ में काम मिल गया। इस काम के लिए उन्हें अच्छे पैसे भी मिलते थे और अपने लिखने के समय को भी नहीं खोना पड़ता था। यह सुविधाजनक काम उन्होंने छह सालों तक किया। 1956-57 के बाद वे पूरी तरह लेखन को ही समर्पित रहे। दस वर्ष बाद, 1966 में उन्होंने एक और बड़ा उपन्यास *अमृत और विष* लिखा जिसे बाद में साहित्य अकादेमी पुरस्कार मिला। जीवन के अन्तिम दो दशक उनके लिए लेखन की दृष्टि से सुविधाजनक थे। एक प्रकाशक राजपाल मिला जहाँ से उनकी अधिकतर पुस्तकें निकलीं। इन दो दशकों में उन्होंने बहुत लिखा। उनका अन्तिम उपन्यास *पीढ़ियाँ* 1990 में उनकी मृत्यु से एक माह पूर्व प्रकाशित हुआ।

नागर जी की ख्याति एक ऐसे उपन्यासकार के रूप में है जिन्होंने 1857 के बाद उभरे मध्यवर्ग के उद्‌भव और विकास की कहानी लखनऊ के एक परिवार के माध्यम से की है। उनकी दिलचस्पी 1857 के विद्रोह में थी और वे इस पर केन्द्रित एक उपन्यास लिखना चाहते थे। इसके लिए उन्होंने उत्तर प्रदेश के विभिन्न हिस्सों का दौरा किया और सामग्री एक समाजविज्ञानी की तरह इकट्ठा भी की। यह उपन्यास लिखा नहीं जा सका, पर अपनी सामग्री पर आधारित उन्होंने एक पुस्तक की रचना की और उसे *गदर के फूल* शीर्षक से प्रकाशित भी करवाया। 1857 के काल की अनुगूँज उनके एक अन्य उपन्यास *करवट* (1985) में है, हालाँकि इस उपन्यास में भी 1857 सीधे-सीधे चित्रित नहीं किया गया। 1857 के कालखंड के पूर्व की राजनीति पर केन्द्रित उनका एक उपन्यास 1957 में *शतरंज के मोहरे* प्रकाशित हुआ था।

यह कहना उचित होगा कि ऐतिहासिक कालखंड को व्यवस्थित ढंग से उन्होंने अपने उपन्यासों में रखा। *करवट* में 1857 के बाद से स्वदेशी आन्दोलन के शुरू होने के समय (1902) तक का समय लिया गया है। *बूँद और समुद्र* और

अमृत और विष ने पार्श्व में आजादी के बाद का कालखंड है, लेकिन इसके साथ औपनिवेशिक काल भी बहुत जुड़े हुए रूप में है। यशपाल की तरह जीवन के अन्तिम वर्षों में नागर भी राजनीति की कहानी को सीधे-सीधे कहने की कोशिश में एक उपन्यास *पीढ़ियाँ* लिखते हैं जिसमें 1905 से 1986 की कथा को दो स्तरों पर कहते हैं। यह कथा औपन्यासिक रूप में भी है और इतिहास के रूप में भी। एक पात्र जो कथा-नायक का पौत्र है वह कुछ तथ्यों और कुछ पारिवारिक सूत्रों के आधार पर कल्पना और तथ्यों को मिलाकर लिखता है और दूसरा बाहरी आदमी दस्तावेजों के आधार पर। इसके अतिरिक्त नागर जी ने बंगाल के अकाल पर एक उपन्यास *भूख* (महाकाल)[3] भी लिखा।

यह कहना आवश्यक है कि अपने पूरे लेखन में नागर जी ने ऐतिहासिक चेतना को ध्यान में रखा है।[4] उनके उपन्यासों में राजनीतिक आख्यानों के साथ आर्थिक और सामाजिक परिवर्तनों की कथा भी होती है, परन्तु इस बात का एहसास हमेशा बना रहता है कि उपन्यास में वर्णित इतिहास किस समय घटित हो रहा है और उस समय राजनीतिक स्थिति क्या थी। नागर अतीत की कथा को कहते हुए इतिहास को महत्त्व देते हैं, पर इस भाव के साथ कि "इतिहास में तारीखों के अलावा सब कुछ गलत होता है और उपन्यास में तारीखों के अलावा सब सच।"[5]

इन राजनीतिक उपन्यासों के अलावा नागर ने कई अन्य उपन्यास भी लिखे और उन्हें भी साहित्य जगत में बहुत सम्मान मिला। इन उपन्यासों में *खंजर नयन, सुहाग के नूपुर, नाच्यो बहुत गोपाल, एकदा नैमिशारण्ये, बिखरे तिनके* आदि शामिल हैं।

नागर जी का गांधीवादियों, नेहरू समर्थकों, कम्युनिस्टों और समाजवादियों से बहुत गहरा सम्पर्क रहा। बम्बई में रहते हुए वे कम्युनिस्टों के बीच ही साहित्यिक और सांस्कृतिक गतिविधियों से जुड़े थे, हालाँकि उन्होंने किसी पार्टी की सदस्यता कभी नहीं ली। जीवन के अन्तिम वर्षों में वे हिन्दू राष्ट्रवादियों के बीच भी समादृत रहे। व्यक्तिगत रूप से नागर जी गांधी के प्रति बेहद श्रद्धाशील रहे और उन्हें महामानव मानते रहे, लेकिन वे गांधी के राजनीतिक विचारों से सहमत हमेशा नहीं रहे और जगह-जगह उन्होंने उनके विचारों की आलोचना भी की। नागर को गांधीवादी नहीं कहा जा सकता। 1986 में दिए गए एक साक्षात्कार में नागर ने कहा था कि उन्होंने गांधी के रचनात्मक दर्शन को सदा स्वीकार किया, उनको परन्तु उनके शब्दों को नहीं। वे तपस्वी कर्मयोगी थे और उनकी यही छवि हमेशा उनके अन्दर बनी रही, पर यह एक विराट रूप में रही; गांधी की शक्ति भारत की मिट्टी की शक्ति है जो बाद में पूरे भारतीय चिन्तन के चिह्न के रूप में मानी गई।[6]

उसी प्रकार युवावस्था से नेहरू के प्रति अनुरक्त होते हुए भी नागर ने अपने उपन्यासों में उनके प्रति सम्मान रखते हुए उनके प्रति एक क्रिटिकल रवैया ही रखा। परन्तु अपने अग्रज लेखक मित्र भगवतीचरण वर्मा की तरह वे सीधे-सीधे

गांधी और नेहरू की तीखी आलोचना नहीं करते। बड़े नेताओं के नाम लेकर उन पर सीधी टिप्पणी से वे *पीढ़ियाँ* के अलावा बचते रहे, हालाँकि राजनीतिक विवरण और विश्लेषण उन्होंने लगातार किए। वे अपनी दृष्टि को वाम और दक्षिण दोनों से अलग रखते हुए निष्पक्ष रहने की कोशिश करते हैं और उनके लिखे से वाम, दक्षिण और कांग्रेस किसी भी एक पक्ष को पूर्ण सन्तांष नहीं होता। हालाँकि उन्हीं तीनों श्रेणियों के लोग उन्हें पसन्द करते हैं।

उनके लेखन पर विचार करने के लिए इस बात का उल्लेख करना उचित होगा कि तीस और चालीस के दशक के बहुत सारे लेखकों की तरह नागर पर भी मार्क्सवादी विचारों का प्रभाव पड़ा था। जब वे बम्बई में थे तो प्रगतिशील लेखक संघ से जुड़े थे और इसके लिए उन्होंने एक पत्रिका का सम्पादन भी किया था। पर बम्बई से लौटने के बाद वे अधिक दिनों तक मार्क्सवादी नहीं रह सके। वे आध्यात्मिक गुरुओं से भी गहरे प्रभावित थे। यह तब भी था जब वे अपने कम्युनिस्ट मित्रों के साथ काम करते थे। उन आध्यात्मिक गुरुओं में से एक बाबा राम का उन्होंने अपने उपन्यास *बूँद और समुद्र* में दर्शन भी कराया है। निश्चित रूप से उपन्यास के बाबा राम ठीक वैसे ही नहीं थे जैसा उपन्यास में दिखलाया गया था, परन्तु वास्तविक बाबा से इनका मेल जरूर है, ऐसा माना जाता है। मार्क्स का प्रभाव ग्रहण करने के बावजूद नागर ने कभी भी कम्युनिस्ट पार्टी से जुड़कर काम नहीं किया। उन्होंने स्वीकार किया है कि उनके लिए मार्क्स, लेनिन, रूस और समाजवाद की खिड़की के रूप में जवाहरलाल नेहरू थे, जिनका प्रभाव उनके ऊपर बचपन से ही था।[7]

नागर जी के उपन्यासों से उनके विचारों के सम्बन्ध के बारे में यह माना जाता है कि वे अपने विचारों को लादने की कोशिश नहीं करते। उनके साहित्य के गम्भीर पाठकों ने माना है कि वे अपने चरित्रों को अपनी तरह से पनपने का मौका भी देते हैं। उनके अनन्य मित्र और उनके साहित्यिक व्यक्तित्व और कृतित्व से सघन रूप से परिचित रामविलास शर्मा ने भी लिखा है कि नागर जी उपन्यास की सामग्री जुटाने के बाद एक 'प्रस्फुटन' के बाद लिखना शुरू करते थे। वे अपने पात्रों को स्वाधीन रखते थे उन्हें अपने विचारों से मिलाने के लिए आग्रह नहीं रखते थे। *अमृत और विष* के उपन्यास लेखक कथानायक के माध्यम से भी नागर की इस प्रवृत्ति का अन्दाजा मिलता है। उनके चरित्र ऐसे विचारों को लेकर भी चलते थे जिनसे नागर जी के अपने विचार बिलकुल नहीं मिलते थे और कहा जा सकता है कि उन चरित्रों की वैचारिक स्वायत्तता की रक्षा लेखक नागर ने की।

यह कहना कठिन है कि समय के साथ नागर जी के राजनीतिक विचारों में किस तरह के परिवर्तन हुए। यह पहले ही कहा जा चुका है कि नागर राजनीतिक परिवर्तनों को बहुत गम्भीरता से लेते थे। उनकी दृष्टि में भारतीय समाज औपनिवेशिक

काल में साम्प्रदायिक आधार पर बँट गया। उनके बारे में रामविलास शर्मा ने लक्षित किया है कि वे हिन्दू और मुसलमान चरित्रों की भाषा में अन्तर नहीं रखते और एक ही भाषा बोलते हैं। इस सन्दर्भ में रामविलास जी की यह बात गौर करने योग्य है कि हिन्दू और मुसलमान समाज में एक साथ रहते हैं और काम करते हैं पर वे साहित्य में एक साथ दिखलाई नहीं पड़ते। हिन्दी साहित्य में मुसलमान चरित्र और उर्दू साहित्य में हिन्दू चरित्र कम दिखलाई पड़ते हैं।[8]

नागर जी के ऐतिहासिक दृष्टिकोण से यह स्पष्ट है कि वे मानते थे कि अंग्रेजों ने भारत पर कब्जा करने में इसलिए सफलता पाई क्योंकि यहाँ की सामंत व्यवस्था पतनशील थी। यह व्यवस्था बदलाव की माँग रखती थी और पुराने शासक वर्ग के स्थान पर नए वर्ग का आना तय था। पुरानी व्यवस्था का नाश होना ही था। नए वर्ग के रूप में शिक्षित वर्ग का उदय हुआ जो औपनिवेशिक शासन की छत्रच्छाया में पनपा और आगे बढ़ा। नागर के उपन्यासों में सामाजिक सुधारों को सामाजिक और आर्थिक परिवर्तनों के साथ जोड़कर देखा गया है।

इस विचार से जुड़ा हुआ एक और विचार नागर के उपन्यासों में उभरा है कि 1857 के विद्रोह के बाद ऐतिहासिक नियम (नागर ने इसके लिए पूँजी शब्द का व्यवहार किया है) के अनुसार ही एक नई मानसिकता का जन्म हुआ जिसके कारण पुरानी पंचायतें और नए एसोसिएशन के बीच टकराव हुआ। एसोसिएशन ने पंचायतों की दुनिया को खत्म कर दिया। इस टकराव से ही देश में राष्ट्रीयता का जन्म हुआ।[9]

नागर के विचारों में चौथी बात यह स्पष्ट है कि अंग्रेजपरस्त नए वर्ग के लोग बीसवीं शताब्दी के शुरू होने के आसपास राष्ट्रीयता की ओर मुड़े। स्वदेशी आन्दोलन के दौर में यह स्पष्ट हो गया। क्रान्तिकारी गतिविधियाँ सदी के पहले दशक में होने लगीं। इस कालखंड में इस वैचारिक परिवर्तन का सुन्दर वर्णन उनके उपन्यासों में हुआ है। नागर जी के लेखन में समय समकालीन या उससे जुड़ा वर्तमान काल होता है और परिवेश मुख्य रूप से अवध के अंचल (मुख्यतः लखनऊ) का ही होता है।[10]

उनकी इतिहास-दृष्टि के बारे में कहा जा सकता है कि वे मानते थे कि भारतीयों की एकता को समझने के लिए ऐतिहासिक-साभ्यतिक ऐक्य को समझना जरूरी है। इतिहासकार वासुदेव शरण अग्रवाल[11] की तरह वे भी मानते थे कि भारत की एकता साभ्यतिक (civilizational) है। अपने उपन्यासों में नागर जी यह दिखलाने की कोशिश करते हैं कि इस भारतीय साभ्यतिक एकता को मध्यवर्ग ने उन्नीसवीं शताब्दी के अन्त और बीसवीं सदी की शुरुआत के वर्षों में समझा। यह समझ एक प्रक्रिया में विकसित हुई। इस प्रक्रिया के दौरान यह समझ बनी कि भिन्न-भिन्न प्रकार के जीवन जीते हुए, भिन्न आचार-व्यवहारों के साथ रहते हुए भारतीय एक राष्ट्र के रूप में एक हैं। वे सभी स्वतंत्र हैं, अलग हैं और विशिष्ट हैं, पर वे एक

हैं। इस विशिष्टता और भिन्नता को जीते हुए भी राष्ट्रीय एकता को समझाते हुए नागर जी ने *बूँद और समुद्र* के रूपकों का प्रयोग किया है। वे लिखते हैं कि हर बूँद अलग है और स्वतंत्र है, लेकिन है वह समुद्र का हिस्सा। ठीक उसी तरह भारतीय सभ्यता एक समुद्र की तरह है, जिसमें असंख्य मनुष्य (बूँदें) अपनी स्वतंत्रता और विशिष्टता को रखते हुए रहते हैं। साभ्यतिक एकता उसके हिस्से की एकता को खंडित नहीं करती। इस प्रसंग में कहा जा सकता है कि वे रवीन्द्रनाथ के भारत सम्बन्धी विचार के निकट प्रतीत होते हैं।[12]

दूसरे धरातल पर अमृतलाल नागर ने मध्यवर्ग और जन-गण के बीच की सामाजिक दूरी को अपनी दृष्टि में महत्त्वपूर्ण माना है। इस अन्तर को उन्होंने *बूँद और समुद्र* में ही सज्जन के सहारे अभिव्यक्त किया है। सज्जन एक प्रसिद्ध आधुनिक चित्रकार है, जो भारतीय समाज के गतिहीन होने के कारणों को समझना चाहता है। वह जानना चाहता है कि जिस भारतीय समाज ने अपने रचनात्मक होने के इतने साक्ष्य अतीत में प्रस्तुत किए हैं उसमें ऐसी जड़ता कैसे आई। इसको समझने के लिए वह अपने बड़े घर को छोड़कर आम लोगों की बस्ती में जाकर रहने लगता है। नागर ने लिखा है—"जिस वातावरण में वह रहता है, जिन लोगों से वह विचार-विनिमय करता है वे भारतीय होते हुए भी परम्परागत भारतीय जीवन से करीब-करीब दूर हो चुके हैं। आज की अगति पर उनसे बात करके सज्जन का समाधान नहीं होता।"[13]

सज्जन को भारतीयों की एकता का बोध एक धार्मिक व्यक्ति बाबा राम के माध्यम से होता है। बाबा राम के पास पारम्परिक ज्ञान है। वह शिक्षित नहीं हैं पर उन्हें दोनों भारतीय दुनियाओं—मध्यवर्ग और पारम्परिक भारतीय समाज—की समझ है। उन्होंने अपने लिए सेवा का मार्ग चुना है। उन्हें हर जगह राम के दर्शन होते हैं। वे सज्जन वर्मा से लेकर ताई तक में राम के दर्शन पाते हैं। ताई उपन्यास की सबसे महत्त्वपूर्ण चरित्र है जो एक बड़े आदमी की परित्यक्ता है और एक बहुत गंदे से मोहल्ले में अपनी पुरानी हवेली में अकेली अपनी बिल्लियों के साथ रहती है। सज्जन वर्मा उनकी हवेली के एक हिस्से में किराएदार की हैसियत से रहते हैं और धीरे-धीरे उन्हें उस कर्कशा स्त्री के भीतर की कोमलता के दर्शन होते हैं। वर्मा उपन्यास के एक महत्त्वपूर्ण हिस्से में उसका परिचय अपनी प्रेमिका से 'भारत माता' कहकर कराते हैं। बाबा राम पागलों के लिए एक आश्रम चलाते हैं और वहाँ के लोगों की सेवा करते हैं। वे ताई के साथ भी सहज हैं और उस बूढ़ी की आस्था का सम्मान करते हुए उसके घर में राधा और कृष्ण के 'विवाह' का आयोजन पूरी आस्था से करते हैं। इस अनुष्ठान में ताई दुल्हन (राधा) की माँ बनती हैं और विवाह के द्वारा अपने भीतर 'माँ' होने की अनुभूति को महसूस करती हैं। इस अनुष्ठान का आयोजन कर वह राधा के 'दहेज' के रूप में अपने जीवन की

सारी जमापूँजी खर्च करती हैं और उन्हें लगता है कि उनका जीवन सार्थक हुआ। उस 'दहेज' को बाबा राम अपने आश्रम के लिए दान समझकर लेते हैं और सेवा के काम में खर्च करते हैं। इस महान चरित्र को नागर जी ने गांधी की हत्या के बाद रचा था और कई लोगों को लगता है कि इसके माध्यम से लेखक ने महात्मा गांधी को अपनी श्रद्धांजलि दी है।[14] इन दोनों भारतीय दुनियाओं के एक साथ आने की प्रक्रिया में मध्यवर्ग की ऐतिहासिक कथा को नागर ने अपने उपन्यासों में अभिव्यक्ति दी है, ऐसा कहना गलत नहीं होगा। *बूँद और समुद्र* की अन्तिम पंक्ति लेखक की आस्था को व्यक्त करती है जिसमें कहा गया है—"व्यक्ति की सामाजिक चेतना जागकर रहेगी।"[15] वे युगीनबोध को महत्त्व देते हैं और कहते हैं कि युग के अनुकूल ही धर्म और परम्परा को चलना होता है। व्यक्ति का आत्मविश्वास परम्परा से जुड़ा है। देश के लोगों का अपने पर विश्वास नए युग का धर्म है। *बूँद और समुद्र* के अन्त में सज्जन सोचता है—जिस देश में कर्मयोग का सिद्धान्त है, वेद, उपनिषद, साहित्य, शास्त्र है, व्यास, वाल्मीकि जैसे युग प्रवर्तक महर्षि हैं, इतना रस-ज्ञान है, अजंता, एलोरा, कोणार्क, दक्षिण भारत—सारे भारत में व्याप्त अनुपम शिल्प है, सुनीतियाँ हैं; जिस देश का इतिहास इतना महिमामय है—वह देश जड़ता और गंदगी में रहना पसन्द करते हुए आज की भयंकर अगति के रूप में आत्महत्या क्यों कर रहा है?

सज्जन के माध्यम से नागर ने अपनी दृष्टि को रखा है, जिसमें उनकी राजनीतिक दृष्टि का भी समावेश है। वे लिखते हैं कि हमें परलोक वाले दर्शन और उसके धर्म को लोकजीवन से समेटकर म्यूजियम में रख देना चाहिए और आत्मविश्वास के साथ आगे बढ़ना चाहिए। इसके बाद वे कहते हैं—"हमारे आज के लोकजीवन में फैले अविश्वास का दूसरा कारण आज की राजनीतिक पार्टियाँ हैं। इनके संचालक दूसरे प्रकार के पंडित, पंडे, ओझा-सयाने हैं। राजनीति जिस रूप में आज प्रचलित है — तनिक भी प्रगतिशील शक्ति नहीं है। (इसका) जन्म साम्राज्यवाद से हुआ है। इसी साम्राज्यवादी नीति से औद्योगिक पूँजीवाद को शक्ति प्राप्त हुई है। उस शक्ति और जनहित का वैर स्वाभाविक है। साम्राज्यशाही चाहे पूँजीवाद की हो, राष्ट्रवाद, जातिवाद, धर्मवाद की हो सर्वथा गलत है।"[16]

नागर जी ने 1947 के बाद के दौर में राजनीतिक नेतृत्व की देश की आम जनता के जीवन में सच्चा बदलाव न ला पाने के लिए आलोचना की है। वे लिखते हैं—"जनसाधारण का जीवन आर्थिक थपेड़े खाते-खाते बालू की तरह बिखर गया है। मुनाफाखोर सन् '52 के नए दिन पर भी बालू से तेल निकालने में उसी तरह से जुटे हुए हैं जैसे अब तक जुटे थे। हर तरफ नोन-तेल-लकड़ी का रोना है।"[17] उनके उपन्यास का एक प्रमुख चरित्र—महिपाल, जिसके साथ नागर जी के असली व्यक्तित्व का मेल भी देखा जा सकता है, कांग्रेसी नेताओं के चरित्र पर एक कठोर

टिप्पणी करते हुए कहता है—"तुम राजघाट की कब्र पूजने वाले, झूठे गांधीवाद के प्रचारक—तुमको हिन्दुस्तानी हजारों वर्षों से जानता है। तुम उस वर्ग से हो कि, सत्य जब पहले दर्शन देता है तब तुम ढोल पीटकर झुठलाने की कोशिश करते हो; और जब सत्य अपने झंडे गाड़ लेता है तब तुम उसके समर्थक बनकर उसको सरापा झूठ बनाने के अमली प्रयोग करते हो।"[18] स्वतंत्रता के बाद के समय पर नागर जी की एक टिप्पणी महिपाल के आत्महत्या के पूर्व लिखे पत्र में भी द्रष्टव्य है—"जो समाज-व्यवस्था मेरे जैसे जागरूक व्यक्ति को अभावग्रस्त बनाकर यों जीते जी मार सकती है वह अधिकतर अचेतनावस्था में, जड़ संस्कारों में पलने वाले समाज को क्यों न पतन के गर्त में गिरा दे...।"[19] नागर ने 1955 में यह लिखा था—"आज देश में क्या कांग्रेस, क्या सोशलिस्ट पार्टी, कम्युनिस्ट पार्टी, जनसंघ, हिन्दू महासभा आदि जितनी भी पार्टियाँ हैं—सब एक से बढ़कर एक बेईमान, क्षुद्र आकांक्षाओं वाले जालसाज, दंभी और मगरूरों द्वारा अनुशासित हैं; आदर्श और सिद्धान्त तो महज शिकार खेलने के लिए आड़ की टट्टियाँ हैं। इनका आपसी संघर्ष अधिकतर व्यक्तिगत है। इस देश की प्रतिक्रियावादी राजनीतिक शक्तियाँ भारतीय परम्पराओं को केवल रूढ़ियों में देखती हैं; तथाकथित प्रगतिशील शक्तियाँ भी अपने देश को केवल रूढ़ियों में पहचानती हैं, उनकी प्रगतिशील परम्पराओं की जानकारी उन्हें नहीं है या बहुत कम है, वे सारी प्रगतिशील परम्पराओं को केवल विदेशों में ही देखती हैं। विदेशी परम्पराओं को वे यहाँ की परिस्थितियों पर जबर्दस्ती लादना चाहती हैं।"[20] नागर ने आगे महिपाल और सज्जन के माध्यम से कहा है—"भारतीय यह भूल गया है कि वह भारतीय है; वह कांग्रेसी है, सोशलिस्ट, जनसंघी, कम्युनिस्ट, अकाली है; वह यशसिद्ध कवि, कलाकार, नेता, डाक्टर, बैरिस्टर, अफसर या समाज में 'कुछ' है, मगर अधिकांश में भारतीय नहीं...ये लोग...यह नहीं जानते कि उनका देश क्या है!"[21] हर आस्थावान लेखक की तरह नागर भी निराशा में अपनी बात समाप्त नहीं करते और अन्त में वे कहते हैं कि "आज का मनुष्य अपने मन में कहीं न कहीं यह अवश्य अनुभव करता है कि वह गलत जा रहा है...मनुष्य का आत्मविश्वास जागना चाहिए, उसके जीवन में आस्था जगनी चाहिए। मनुष्य को दूसरे के सुख-दुख में अपना सुख-दुख मानना चाहिए...सुख-दुख में व्यक्ति का व्यक्ति से अटूट सम्बन्ध बना रहे—जैसे बूँद से बूँद जुड़ी रहती है—लहरों से लहरें—लहरों से समुद्र बनता है—इस तरह बूँद में समुद्र समाया है...व्यक्ति की सामाजिक चेतना जागकर रहेगी।"[22]

अमृतलाल नागर के बारे में कहा जाता है कि वे बहुत तैयारी के बाद ही लिखते थे। पहले बरसों तक सामग्री इकट्ठा करते थे, पुस्तकें पढ़ते थे, उस क्षेत्र के विशेषज्ञों से बातचीत करते थे, वहाँ जाकर बोली—वाणी का गम्भीरता से अध्ययन करते थे और कोशिश करते थे कि जो भी लिखें उसके सामाजिक और ऐतिहासिक

परिवेश के बारे में प्रामाणिक जानकारी का अभाव न हो।[23] अपने संस्मरण में नागर ने शरतचन्द्र के एक सुझाव का उल्लेख किया है जिसे उन्होंने हमेशा माना। शरत ने युवा अमृत से पूछा कि क्या तुमने यह तय कर लिया है कि आजन्म साहित्य सेवा करते रहोगे? नागर ने हाँ कहा। इसके बाद शरत ने कहा कि "इस बात का ध्यान रखना कि जो कुछ भी लिखो, वह अधिकतर तुम्हारे अपने अनुभवों के आधार पर हो। व्यर्थ की कल्पना के चक्कर में कभी न पड़ना।"[24] उनके लेखन के बारे में श्रीलाल शुक्ल का मानना है कि वे फ्रांसीसी यथार्थवादी लेखन से प्रभावित थे और उनके लेखन में परिस्थिति की यथार्थवादी समझ का प्रभाव था।[25]

नागर जी के लेखन के पीछे मूल प्रेरणा भारतीय स्वाधीनता संग्राम की थी। बारह वर्ष की आयु में वे लखनऊ की उस विख्यात रैली में शामिल थे जिसका नेतृत्व जवाहरलाल नेहरू और गोविन्द बल्लभ पंत ने साइमन कमीशन के विरोध में किया था। इसी रैली में पुलिस ने लाठी चार्ज किया था और रैली का नेतृत्व कर रहे नेहरू को उन प्रहारों से बचाने के लिए पंत को बीच में आकर उन प्रहारों को अपनी पीठ पर लेना पड़ा। इन गम्भीर प्रहारों के कारण पंत को शारीरिक रूप से जीवन के अन्त तक दिक्कतों का सामना करना पड़ा था। उस रैली में किशोर अमृतलाल भी शामिल थे और उन्हें पीछे लौटती हुई भीड़ के दबाव ने सौभाग्य से रैली के बाहर धकेल दिया था, जिसके कारण उनको गम्भीर चोटें नहीं आईं।[26] नागर असहयोग आन्दोलन में शामिल हुए थे। जैसा कि पहले उल्लेख किया जा चुका है वे 1942 के अगस्त अधिवेशन में भी पंडाल में उपस्थित थे जब भारत छोड़ो का प्रस्ताव पास किया गया था।

भारत के स्वाधीन होने के बाद जब गांधी-हत्या हुई तो उन्होंने एक कहानी लिखी थी—*आदमी नहीं नहीं* जिसमें उन्होंने सुकरात को धरती पर उतरते हुए दिखलाया था। यह सुकरात और कोई नहीं खुद गांधी थे। गांधी-हत्या के बाद उन्होंने *नवजीवन* पत्रिका में एक सीरीज लिखी थी जिसका शीर्षक था—*गुरु गोलवलकर, ढोलवलकर, पोलवलकर*। ये लेख उन्होंने एक छद्‌म नाम डॉ. विचारजी वसन्तजी पाटलूंकर के नाम से लिखा था।

नागर के जीवन और उनके वर्णित पात्रों के बीच एक सम्बन्ध भी लक्षित किया जा सकता है। उनके उपन्यास *अमृत और विष* का केन्द्रीय चरित्र उनसे काफी मिलता-जुलता है। अरविन्द शंकर एक उपन्यासकार हैं। वे राष्ट्रीय आन्दोलन में शामिल हुए थे और इसके कारण यातना भी सही थी। उनके मित्रगण राजनीतिक पदों के लिए आपस में लड़े-भिड़े, लेकिन अरविन्द शंकर को इस तरह की राजनीति से परहेज रहा। उनका एक मित्र प्रदेश का मुख्यमंत्री था। इसके बावजूद अरविन्द शंकर को जीवन की सामान्य जरूरतों के लिए संघर्ष करना पड़ता था। कहा जा सकता है कि ये सभी बातें नागर जी के लिए भी सही थीं। इस उपन्यास में वर्णित

अरविन्द शंकर का जवाहरलाल नेहरू के साथ जटिल सम्पर्क और उनकी राजनीतिक दृष्टि का विश्लेषण यहाँ सम्भव नहीं है, लेकिन यह कहा जा सकता है कि लेखक ने राजनेता से एक आलोचनात्मक रिश्ता ही रखा। आजाद भारत में देश की हालत और देश के लोगों की पीड़ा पर नागर जी ने बड़ी दृढ़ता से अपनी बात रखी है और नेहरू तक को नहीं बख्शा है।

जैसा कि पहले कहा जा चुका है नागर जी ने लखनऊ के एक परिवार के माध्यम से मध्यवर्ग के अंग्रेजपरस्त होने से राष्ट्रीय होने की तक कथा कही है। बंशीधर अंग्रेजों की मदद से बड़े आदमी बने। उनके पोते जयंत टंडन का जन्म 1886 में होता है। वह वकील बनता है और उसके बाद 1942 में पुलिस के हाथों मारा जाता है। जयंत टंडन की पूरी कथा *पीढ़ियाँ* के माध्यम से कही गई है। उसके बाद की कथा जयंत टंडन के पुत्र (जो उत्तर प्रदेश के मुख्यमंत्री बनते हैं) और उनके पौत्र युधिष्ठिर टंडन के माध्यम से कही गई है।

यह कहा जा सकता है कि गांधी और नेहरू नाम से अभिहित कालखंडों के राजनीतिक वृत्तान्तों के एक आख्यान के लिए नागर के उपन्यासों के आधार पर समझने की कोशिश की जा सकती है।

नागर के उपन्यास *पीढ़ियाँ* में राजनीतिक इतिहास

अमृतलाल नागर के उपन्यासों में जिसे सबसे अधिक स्पष्ट रूप से भारत के राजनीतिक इतिहास के साथ जोड़कर देखा जा सकता है वह उनका अन्तिम उपन्यास *पीढ़ियाँ* ही है। इस उपन्यास के लिखने तक नागर जी उतने सक्रिय नहीं रहे थे। नागर जी उस समय तक कुछ-कुछ निस्पृह से भी हो गए थे। उनकी पत्नी का देहान्त हो चुका था और उनकी आँखों की रोशनी कम हो गई थी। उन्हें लगने लगा था कि उनका अन्त निकट है और यह उनका अन्तिम उपन्यास होगा। वे इस उपन्यास में सब कुछ कह देना चाहते थे, शायद।

नागर जी की सक्रियता भले ही कम हो गई हो, लेकिन इस उपन्यास की तैयारी भी उन्होंने अपने ढंग से ही की। उन्होंने उन पुस्तकों को भी ध्यान से पढ़ा जिनको कम जाना जाता था। अन्य पुस्तकों के अलावा उन्होंने दुर्गा प्रसाद गुप्ता की *बलिया में 1942 की जन क्रान्ति*, तबस्सुम निजाम भारतीय की *लखनऊ जनपद का स्वतंत्रता संग्राम* और मदन मोहन मिश्र की *रायबरेली का स्वतंत्रता संग्राम* का भी अध्ययन किया। उन्होंने अपने अनुभवों और उस समय के अधिकारी जानकारों से भी तथ्यों को जाना और समझा। डॉ. हरिकृष्ण अवस्थी के संस्मरणों को उन्होंने कई स्थानों पर यथावत् रखा। डॉ. अवस्थी को वे 1942 के आन्दोलन का एक महान नायक मानते थे।[27]

अमृतलाल नागर ने 1942 के आन्दोलन को बहुत महत्त्व दिया है। *पीढ़ियाँ* में तो यह है ही, *अमृत और विष* में भी इस आन्दोलन को बहुत महत्त्व दिया गया है। इन उपन्यासों में दिखलाया गया है कि इस आन्दोलन के जो असली नेतागण (जिन्होंने बड़ी कुर्बानियाँ दी थीं) थे और जो नेता आजादी के बाद महत्त्वपूर्ण हुए थे उनके बीच एक तनाव था। नागर दिखलाते हैं कि जो असली नेता थे वे राष्ट्र प्रेम की भावना से प्रेरित थे, वे आजादी के बाद के व्यावहारिक नेताओं से भिन्न थे। व्यावहारिक नेताओं के लिए राजनीति का महत्त्व था जबकि आन्दोलन के नेताओं के लिए राष्ट्रीयता की भावना का महत्त्व अधिक था।

जैसा कि उल्लेख किया जा चुका है, इस उपन्यास में जयंत टंडन (जन्म 1886) की कहानी उसके पिता, और पुत्र की कहानी के साथ मिलाकर इस रूप में कही गई है कि उस समय का राजनीतिक इतिहास उभरकर सामने आ जाता है। कथा उसके पत्रकार पौत्र के द्वारा उपन्यास के माध्यम से कही जाती है।

जयंत टंडन को 1942 के आन्दोलन के दौरान पुलिस की गोली खाकर शहीद होने का गौरव प्राप्त था। उनके पुत्र बाद में प्रदेश के मुख्यमंत्री बने थे और शहर में उनके शताब्दी वर्ष पर कार्यक्रम होने की तैयारी चल रही थी। जयंत टंडन के पुत्र एक तरह से राजनीति से रिटायर हो चुके थे। उनके साथ राजनीति में कुछ धोखे हुए थे, जिनके कारण उन्हें बहुत समस्या हुई थी। उनमें एक वह था जो उनके बाद मुख्यमंत्री बना था। संयोग से वह व्यक्ति—भैरो प्रसाद वर्मा—राजनीति में महत्त्वपूर्ण इसलिए हुआ था क्योंकि उसने 1942 के आन्दोलन के समय जयंत टंडन के सहयोगी के रूप में बहुत बहादुरी और समर्पण से काम किया था। परिस्थितियाँ बहुत बदल चुकी थीं। 1942 का स्वतंत्रता सेनानी अब एक बेईमान भूतपूर्व मुख्यमंत्री था। वह अब बेईमानी से एक विधवा स्त्री की जमीन हड़पने की कोशिश में लगा था। शाह बानो और अयोध्या मन्दिर-मस्जिद विवाद के समय में रचित इस उपन्यास में कई दिलचस्प कोणों से नागर ने साम्प्रदायिकता, सामाजिक स्मृति और आर्थिक कारणों के बीच के संघर्षों की बारीक कथा कही है। उन दिलचस्प प्रसंगों की ओर जाना इस अध्ययन में सम्भव नहीं है।

इस उपन्यास में जयंत टंडन की कहानी धीरे-धीरे खुलती है। उसके पुत्र के पास पिता की कुछ स्मृतियाँ हैं। उसके छोटे भाई भी जीवित थे जो जयंत के जीवन और उसके सन्दर्भों से सीधे-सीधे परिचित थे। पौत्र युधिष्ठिर और उसके मित्र को उनके पैतृक मकान से कुछ सामग्री—जयंत की डायरी और अन्य चीजें मिलती हैं। दोनों दोस्तों के बीच यह तय होता है कि एक उनके जीवन का इतिहास लिखेगा और एक उपन्यास। युधिष्ठिर उपन्यास लिखता है। *पीढ़ियाँ* उपन्यास के भीतर के स्वतंत्रता सेनानी जयंत टंडन का जीवन उसके पौत्र के लिखे उपन्यास के माध्यम

से इस रूप में सजीव हुआ है कि बीसवीं शताब्दी के राजनीतिक इतिहास के कई महत्त्वपूर्ण अध्याय खुल जाते हैं।

जयंत टंडन के डाक्टर पिता को अपने पुत्र से यह उम्मीद है कि वह बड़ा वकील बनेगा और इलाहाबाद के मोतीलाल (नेहरू) और कलकत्ता के चित्तरंजन (दास) से कम पैसे नहीं कमाएगा। पुत्र तेज है लेकिन उसका मन अपने बंगाली मित्रों और उस समय की राजनीतिक घटनाओं के प्रभाव से देश की आजादी की लड़ाई के लिए प्रयत्नशील बंगाली मित्रों के संसर्ग में रहकर राष्ट्रवादी गतिविधियों से जुड़ गया है। यह सिलसिला स्वदेशी आन्दोलन के समय से ही शुरू हुआ था, जब कलकत्ता के टाउन हॉल में हजारों शिक्षित लोगों ने वंदे मातरम् का गान किया और स्वदेशी का मंत्र फूँका। वंदे मातरम् कोई मामूली गीत नहीं था, यह देश और उसके लोगों के जागरण का एक मंत्र था। यह मंत्र लखनऊ तक आ पहुँचा जहाँ जयंत और उसके मित्रों ने इसके समर्थन में एक सभा आयोजित की। जयंत और उसके मित्र खत्री पाठशाला में मिले। शहर में यह पहला राष्ट्रवादी संगठन था, जिसकी स्थापना प्रसिद्ध सुधारवादी मुंशी गंगा प्रसाद वर्मा ने की थी। इस स्कूल में सभी जाति और धर्मों के विद्यार्थी अध्ययन कर सकते थे। खत्री पाठशाला के हेडमास्टर पंडित शिवनाथ शर्मा बी. ए. ने स्वदेशी और बायकाट के विषय में विचार करने के लिए एक सभा आयोजित की थी। ये दोनों मुद्दे शहर में चर्चा में थे।

इस सभा की अध्यक्षता हेमंत कुमार मित्रा ने की। इस सभा में हरेकृष्ण दीवान, मुंशी गंगा प्रसाद और उनके साथी के अतिरिक्त पंडित गोकर्ण नाथ मिश्र के भी भाग लेने की सम्भावना थी। जयंत के पिता डॉ. देशदीपक ने टालने की कोशिश की थी, लेकिन बाद में यह कहा था कि अगर समय निकाल पाए तो इस सभा में आ जाएँगे। वे इसमें आने से इसलिए भी बचना चाह रहे थे क्योंकि उनकी बिरादरी के लोग विदेशी वस्त्रों के व्यापार से जुड़े हुए थे। खुद उनके दादा मुसद्दी लाल और उनके भाई गुमानी लाल विदेशी वस्त्र व्यापार से जुड़े रहे थे। बिरादरी के अन्य लोग भी इससे जुड़े रहे थे। लेकिन जयंत और उसके बंगाली दोस्तों को इस बात से कोई सरोकार नहीं था। वे लोग पूरी निष्ठा से बायकाट और स्वदेशी के आन्दोलन से जुड़े थे और पूरी तैयारी से आठ-दस मित्रों, जिनमें व्योमेश बनर्जी भी शामिल थे, के साथ मीटिंग में आए। व्योमेश बनर्जी को सन्देह था कि खत्री लोग इस आन्दोलन में साथ देंगे। पर जयंत को पूरा विश्वास था। इस सभा में नागरी प्रचारिणी सभा के सम्पादक गोपालदास खत्री ने भाषण दिया। खत्री इलाहाबाद बैंक के वरिष्ठ अधिकारी थे। उन दिनों राष्ट्रीय मुद्दों को लेकर बातचीत करना आसान न था। लोग अंग्रेजी राज के बारे में यह राय रखते थे कि उसे समाप्त करना तो दूर उसके बारे में सोचना भी अनुचित है। पर जयंत और उसके बंगाली दोस्तों के लिए अंग्रेजी राज की अन्यायपूर्ण नीतियों का विरोध करना जरूरी था।

इस तरह की सभा में जयंत अपने साथियों के साथ उपस्थित होकर लोगों के बीच ऐसी बातें करता जिन्हें सुनकर लोग परेशान हो जाते। पुराने लोग इस बात को लेकर सचेत थे कि इनका विरोध उन्हें कहीं सरकार के सामने विरोधी न बना दे। वे अपनी सभाओं में यह बात बार-बार दुहराते कि अंग्रेजी राज भारतीयों के हित में है और रानी विक्टोरिया के राज ने देश में शान्ति और व्यवस्था कायम की है, जिसके लिए देश के लोगों को उनके प्रति कृतज्ञ होना चाहिए। पर पुराने लोग भी यह समझते थे कि स्वदेशी की भावना लोगों के बीच जनप्रिय हो रही है और इसका प्रभाव लखनऊ के युवाओं में बढ़ा है, इसलिए वे कहते कि स्वदेशी की बात का वे समर्थन करते हैं लेकिन बायकाट के पक्ष में बिलकुल नहीं हैं। जयंत ने सभा में लोगों को याद दिलाया कि अंग्रेजी राज ने देशी उद्योगों को नुकसान पहुँचाया है और इसकी निन्दा की जानी चाहिए। इसने भारतीय उद्योगों को नष्ट किया है और इंग्लैंड की तिजोरियों को भरा है। सभा में जब किसी ने अंग्रेजी में विरोध किया तो लोगों को कहा गया कि इस सभा में अंग्रेजी बोलना अनुचित है। भाषा का मुद्दा भी आपसी विवाद का हिस्सा बन गया। जब यह कहा जाता कि शिक्षितों की सभा में अंग्रेजी बोलने पर किसी को आपत्ति नहीं होनी चाहिए, व्योमेश बनर्जी जैसे लोग यह कहते कि हम लोग भी शिक्षित हैं। उनका कहना था कि स्वदेशी मीटिंगों में अंग्रेजी में बोलना सही नहीं है। विवाद बढ़ने पर जयंत के साथी वंदे मातरम् के उद्घोष के साथ विरोधियों से भिड़ने से भी नहीं घबराते। ऐसी स्थिति में कुछ बुजुर्ग बीच-बचाव करते और अपनी बात दुहराते कि स्वदेशी ठीक है, लेकिन बायकाट ठीक नहीं। यह भी तर्क दिया जाता कि इससे देश के बहुत सारे लोगों की आमदनी जुड़ी हुई है। बहुत सारे लोग विदेशी घड़ी, साबुन, लेवेंडर, जूते, कलम और स्याही, कपड़े, लैम्प की बैटरी और अन्य चीजों के व्यवसाय से जुड़े थे। यह भी समझाया जाता कि ऐसी रोजमर्रा की चीजें दुकानों में भरी हैं इसलिए बायकाट से लोगों को नुकसान होगा।

पुराने लोगों में शास्त्री जी जैसे लोग भी थे जो जयंत और साथियों की बातों को सुनकर कहते कि बहुत खराब समय आ गया है। उनके लिए अंग्रेजी राज का विरोध करना बहुत ही गलत बात थी। वे कहते कि महाप्रतापी अंग्रेजों से लोहा लेना असम्भव है। इन बातों का जयंत के दल के लोगों पर कोई असर नहीं होता। वे याद दिलाते कि एशियाई जापान ने यूरोपीय महाशक्ति समझे जाने वाले रूस को युद्ध में परास्त कर दिया है।

जयंत के साथियों के विरोध को कांग्रेस के नेता, सुधारवादी और गण्यमान्य लोग अनुचित ही मानते थे, पर इससे उनके उत्साह में कोई कमी नहीं आती। वे कहते कि कांग्रेस की उनको कोई परवाह नहीं। जयंत यह भी कहता कि अरबिंदो घोष ने भी यह मान लिया है कि कांग्रेस मध्यवर्ग के लोगों का संगठन है; कांग्रेस

ऐसी संस्था है जो गरीबों के लिए नहीं सोचती, इसलिए इसका सम्मान उन्हें जरूरी नहीं लगता। ऐसी 'कांग्रेस-फांग्रेस' के प्रति उनके मन में कोई आदर नहीं था।[28]

जयंत ने स्वदेशी और बायकाट आन्दोलन से जुड़कर काम करना जारी रखा। उसके लिए बंगाल के आन्दोलनकारी आदर्श थे। उन्हीं की तर्ज पर वह वंदे मातरम् के नारे के साथ सड़कों पर मार्च करना चाहता था। लखनऊ में उसे आर्यसमाज का सहयोग अपने पक्ष में लगा। आर्यसमाज के लोग रैली निकाल चुके थे जिनमें उन्होंने यह नारा लगाया था—"वेदों का डंका आलम में बजवा दिया ऋषि दयानन्द ने।" उसे लगता कि आर्यसमाज के नेता—राम बिहारी तिवारी, बालमुकुंद बाजपेयी और रूपनारायण पांडेय जैसे लोग उसकी मदद कर सकते हैं। उनके सहारे वह युवाओं और छात्रों को अपने पक्ष में करने की कोशिश में लगा रहा।[29]

एक प्रभात फेरी में जिसे अमीनाबाद में आयोजित करने में उसे सफलता मिली उसमें यह गाया गया—

जिएँ तो स्वदेशी बदन पर वसन हो
मरें भी अगर तो स्वदेशी कफन हो
पराया सहारा है अपमान होना
जरूरी है निज शान का ध्यान होना
है वाजिब स्वदेशी पै कुर्बान होना
है वाजिब स्वदेशी पै कुर्बान होना
इसी से है सम्भव समाधान होना।[30]

जयंत पर यह दबाव घर की ओर से बना कि वह बंगालियों की सोहबत छोड़े। उसने इसका पालन नहीं किया और वह राजनीति में भी और अधिक रुचि लेता रहा। इस दौरान उसका सम्पर्क मुसलमानों से भी हुआ और उसे उस समुदाय के इतिहास के बारे में बहुत सारी बातों को जानने का मौका मिला।[31] उसे यह महसूस होता रहा कि प्राचीन काल से ही बाहर से लोग आए और यहाँ इस देश में बसते रहे। जो आते थे वे यहाँ के किसी धर्माचार को स्वीकार कर लेते थे। आठवीं शताब्दी में सिंध में अरब आए और उन्होंने यहाँ के धर्माचारों से अपनी दूरी बनाए रखी। अफगानों के देश, जहाँ कभी ऋग्वेद की ऋचाएँ रची गई थीं, धर्म परिवर्तन के बाद मुसलमान बनकर आए। अग्नि की पूजा करने वाले तुर्क, ईरानी और बौद्ध नए और आक्रामक मुसलमान के रूप में यहाँ आए। उन्होंने भी अरबों की तरह अपने को यहाँ के धर्माचारों से अलग रखा। बारहवीं शताब्दी में तुर्कों ने तलवारों के जोर से कई विजित जातियों को मुसलमान बनाया। ये नए मुसलमान न तो अपने पुराने धर्माचारों से जुड़े थे और न ही अपने नए धर्म के आचारों से। इन नए हिन्दुस्तानी मुसलमानों ने अमीरों, नवाबों, मनसबदारों और धनी व्यापारियों की

सेवा करके अपनी रक्षा की। जब ये जाते रहे तो यही काम उन्हें हिन्दू व्यापारियों के लिए करना पड़ा।

इस दौरान जयंत टंडन को यह भी महसूस हुआ कि अंग्रेजी राज में हिन्दू धोती परसादों ने सरकारी नौकरियाँ पाकर अपने को मजबूत किया। अब तक मुसलमान बड़े लोगों की मातहती में काम करते रहे थे पर अंग्रेजी जानकर उन्होंने अंग्रेजी राज में नौकरियाँ पाकर अपने को मुसलमान बड़े लोगों के मुकाबले में खड़ा कर लिया था। इसकी प्रतिक्रिया में मुसलमानों की ओर से सैयद अहमद खान बरेली वाले खड़े हुए और उन्होंने अलीगढ़ आन्दोलन शुरू किया। उन्होंने मोहम्डन एंग्लो ओरियंटल कॉलेज बड़े-बड़े मुसलमान लोगों की खातिर शुरू किया था।[32]

जोड़-तोड़ करके जयंत अपने तरीके से राष्ट्रवादी राजनीति करने लगा। इसके लिए उसने वसुदेव आर्य जैसे आर्यसमाजी को अपने पक्ष में किया, केनिंग कॉलेज के कई विद्यार्थियों को संगठित किया और एक कार्यक्रम शुरू किया जिसके अन्तर्गत यह प्रचार शुरू हुआ कि सफेद रंग की ब्रिटिश चीनी में गाय और सूअर की चर्बी मिली हुई है। इसका मतलब हुआ कि जो भी इस विदेशी चीनी का व्यवहार करेगा वह अपने धर्म के विरुद्ध आचरण करेगा। जयंत यह भी प्रचार करता है कि ब्रिटिश जूते गाय की चर्बी के और कपड़ों को सीने के महीन धागे बतख और हंस के चमड़े से बने होते हैं।

स्वदेशी अभियान में गीतों का प्रयोग खूब होता था। धीरे-धीरे यह स्वदेशी अभियान बंगाल की भाँति उत्तर प्रदेश में भी फैल गया। धर्म के सहारे राष्ट्रीयता का प्रसार होने लगा।[33] इस अभियान में वासुदेव शर्मा जैसे लोग जो अब तक इस्लाम के विरुद्ध बातें करते थे अब राजनीतिक भाषा में बातें करने लगे। वह समझाता है कि पहले ढाका का नवाब हमारे आन्दोलन के पक्ष में था, लेकिन अंग्रेजों से मिल जाने के बाद उसने अपनी नीति बदल ली। अंग्रेजों के प्रभाव में आकर उसने बंगाल के विभाजन की बात की है। कल वह देश के विभाजन की बात भी कर सकता है। इन म्लेच्छों पर भरोसा करना उसे ठीक नहीं लगता। ये गो-मांस भक्षी (मुसलमान) और सूअर का मांस खाने वाले (अंग्रेज) दोनों मिलकर हिन्दुओं का विरोध कर रहे हैं। वह लोगों को कहता कि अपने धर्म की रक्षा करनी हो तो अपनी भाषा और धर्म का समर्थन करो और विदेशी वस्त्रों और जूतों का बहिष्कार करो।[34]

इन गतिविधियों का असर होने लगा। ये लखनऊ, बनारस, इलाहाबाद और आगरा जैसे शहरों में सीमित न रहे बल्कि राज्य के सत्रह-अठारह जिलों में फैल गए। आन्दोलनकारी लोगों से फंड भी इकट्ठा करते और स्कूल भी खोल रहे थे। नागरी प्रचारिणी सभा ने इस मौके का पूरा फायदा उठाया और हिन्दी को जनता तक पहुँचाने की कोशिश की। 'वंदे मातरम्' खूब लोकप्रिय हुआ और लोग इसे

गीत बनाकर गाने लगे। लोगों का आत्मविश्वास बढ़ा, उस देश में जहाँ लोग अंग्रेजों को देखकर भयभीत होते थे।[35]

उन जोश के दिनों में उदयगंज के चौराहे पर एक नौजवान ने दो मदहोश अंग्रेजों को गाते देख गाना शुरू किया—"देश की खातिर है अक्सीर तीर 'वंदे मातरम्'/ दुश्मनों को नष्ट करने के लिए है आग 'वंदे मातरम्'!" 'वंदे मातरम्' सुनकर अंग्रेज भड़क गए और उन्होंने भारतीय लड़के को पीटना शुरू कर दिया। अन्य लोग आ गए और अंग्रेज की ठुकाई कर दी। लखनऊ के उदयगंज चौराहे की इस घटना ने शहर में खलबली पैदा कर दी।[36]

जैसा कि पहले उल्लेख किया जा चुका है जयंत के जीवन के बारे में और उसके समय के बारे में इतिहास जावेद लिखता है और उसके जीवन को केन्द्र में रखकर उपन्यास युधिष्ठिर लिखता है। युधिष्ठिर ने अंग्रेजों के लिखे इतिहास के अलावा बंगाली में लिखे बंगालियों के वृत्तान्तों को भी देखा। जयंत का पोता होने के कारण युधिष्ठिर ने पारिवारिक स्रोतों से भी मदद ली। उसे जयंत की डायरी भी मिली थी। उन सभी स्रोतों के अलावा उसे जयंत के जीवन को ठीक से समझने में मदद की एक महिला मनोरमा ने। वह महिला उस समय बहुत बूढ़ी हो गई थी, लेकिन उसकी स्मृति ठीक थी। उस महिला ने जयंत के पोते युधिष्ठिर को जयंत के व्यक्तिगत प्रसंगों के बारे में भी बताया।[37] स्वदेशी प्रसंग में यह भी आया है कि बड़े जमींदार परिवार से आए रवीन्द्रनाथ ठाकुर जैसे लोग भी शामिल हुए थे। ऐसे बड़े लोग भी पूरे मन से इस राजनीतिक आन्दोलन के साथ थे। बंगालियों की एकता के लिए रक्षाबन्धन का विचार भी उनके ही मन में आया था। बंगालियों की एकता के प्रदर्शन के लिए गंगा में स्नान, 'वंदे मातरम्' का नारा और सुरेन्द्रनाथ बनर्जी जैसे नेताओं का जुलूस में नंगे पाँव शामिल होने जैसे दृश्य उसकी कल्पना में दिखलाई पड़ने लगे।

लखनऊ में व्योमेश और उसके साथियों ने यह प्रचार किया कि चीनी का प्रयोग भगवान को अर्पित किए जाने वाले पंचामृत में भी नहीं किया जाए क्योंकि इसमें गाय की हड्डी का चूर्ण प्रयोग में लाया जाता है।[38] युधिष्ठिर के उपन्यास में इस प्रसंग का विस्तार से वर्णन हुआ। बंगाल की प्रेरणा से स्वदेशी आन्दोलन की भावना के साथ उत्तर भारत के प्रमुख शहर लखनऊ में हिन्दू लोग राष्ट्रीयता की भावना से कैसे जुड़े इसका सुन्दर वर्णन हुआ है।

बायकाट के कार्यक्रम को और प्रभावी बनाने के लिए लखनऊ के प्रमुख इलाकों में इसे किए जाने के उद्देश्य से जयंत ने कोशिश की, लेकिन सफल न हो सका। उसकी इस असफलता का उसके बंगाली मित्रों ने मजाक उड़ाया और कहा कि यह सब सत्तूखोर हिन्दुस्तानियों के वश का नहीं है।[39] इसके जवाब में जयंत कहता है कि पंजाब और उत्तर प्रदेश के लोगों ने विदेशियों से लोहा लिया है,

जब उन्होंने इस देश पर आक्रमण किए। वह यह भी याद दिलाता है कि 1857 के दौरान जब लोग अंग्रेजों के विरुद्ध लड़ रहे थे बंगाली लोग अंग्रेजों का साथ दे रहे थे। वह जल्दी ही बायकाट को लखनऊ में सफल करेगा। व्योमेश कहता है कि अगर जयंत सफल हुआ तो वह भी कपड़ों की कुछ दुकानों में आग लगाकर दिखा देगा। जयंत को ऐसा लगता है कि उत्तर भारत के लोग पूरे देश के लिए सोचते हैं जबकि बंगाली लोग बंगाल और अन्य लोगों को बाँटकर देखते हैं। हिन्दुस्तानी लोग हिमालय की ऊँचाई से लेकर समुद्र की गहराई तक को अपना देश मानते हैं। बंगाली केवल बंगला जाति को ही ध्यान में रखकर सोचते हैं।

जयंत बायकाट के लिए कोशिश करता है और इस काम के लिए उसे एक स्थानीय आर्यसमाजी नेता का समर्थन मिलता है जो इस कार्यक्रम में एक व्यक्तिगत कारण से जयंत का सहयोग करता है। इन चेष्टाओं के कारण जयंत टंडन का नाम शहर के प्रमुख बायकाट के लीडरों में शामिल हो जाता है। उसके पिता के पास गजेन्द्रनाथ मजूमदार के हवाले से यह खबर पहुँचती है कि उनका बेटा कलकत्ता के अराजकतावादियों से मिल गया है। वह लखनऊ के दो अन्य—व्योमेश बनर्जी और शीतल बनर्जी के साथ तीन नेताओं में से एक अराजक दल का नेता माना जाता है। जयंत के पिता अपने रसूख का इस्तेमाल करके अपने बेटे का नाम पुलिस की लिस्ट से कटवा देते हैं।[40]

इस दौरान शहर में एक साम्प्रदायिक दंगा शुरू हो जाता है। किसी ने महादेव की मूर्ति के सामने गोमांस फेंक दिया था जिसके कारण हिन्दुओं में बहुत रोष उत्पन्न हो गया था। जयंत अपनी मुसलमान प्रेमिका, जो एक विधवा युवती थी, से मिलने उसके घर गया था। उस इलाके में एक मुसलमान की दुकान लूटी जा रही थी। जयंत उस लूट को रोकने की साहस के साथ कोशिश करता है और सफल होता है। वह हिन्दुओं को भी समझाता है कि यह पुलिस की चाल है जिसमें हिन्दू और मुसलमान बेकार में फँस गए हैं। वह कहता है कि शहर में साम्प्रदायिक तनाव पैदा करके पुलिस स्वदेशी और बायकाट के आन्दोलन को शहर में कमजोर करने की कोशिश कर रही है। हिन्दू लाला यह नहीं मानता है। उसका कहना है कि दोनों सम्प्रदायों के बीच लड़ाई तभी से है जब मुसलमान इस देश में आए। मुसलमानों ने आकर इस देश में हिन्दू मन्दिरों को तोड़ा। जयंत समझाता है कि अब वे सब इतिहास की बातें हैं। वह यह भी बतलाता है कि मुसलमान ही केवल मन्दिरों के तोड़ने वाले नहीं रहे हैं। शिव और विष्णु के भक्तों ने भी एक-दूसरे के मन्दिरों को तोड़ा है। यह तब रुका जब भक्तों ने हर और हरि को मिला दिया और दोनों एक ही ईश्वर को पूजने लगे और झगड़ा समाप्त हुआ। जयंत का विश्वास है कि ब्रिटिश आला अधिकारी लोगों ने कोतवाल और दरोगा की मदद से किसी कसाई को इस काम के लिए

राजी करके गोमांस को हिन्दुओं को उत्तेजित करने के लिए देवता की प्रतिमा के सामने फिंकवाया है।

धर्म को लेकर चर्चा वकीलों की बातचीत में भी गर्मी पैदा कर रही थी। धर्म के आधार पर प्रतिनिधित्व की बात का विरोध हिन्दू वकील कर रहे थे। उनका कहना था कि जब राष्ट्र एक है तो धर्म अलग होने से अलग प्रतिनिधित्व कैसे हो सकता है? एक मुसलमान वकील लॉर्ड मिंटो को सही मानता है क्योंकि हिन्दू और मुसलमान को एक मानना उसके हिसाब से ठीक नहीं है। एक मूर्ति पूजक है और दूसरा नहीं, एक पूरब की ओर मुँह करके पूजा करता है और दूसरा पश्चिम की ओर! उनके बीच में एकता नहीं हो सकती।

हिन्दू वकील वर्मा साहब कहते हैं कि वोटरों में हिन्दू और मुसलमानों के बीच अन्तर रखना ठीक नहीं। मुसलमान को वोट देने के लिए योग्य माना जाएगा यदि उसकी प्रतिवर्ष आय तीन हजार रुपए हो, जबकि हिन्दू को वोटर होने के लिए टैक्स देनेवाला और तीस लाख प्रतिवर्ष की आय का होना चाहिए। वर्मा के अनुसार हिन्दुओं के साथ यह सरासर अन्याय है।

मुसलमान वकील हाजी साहब के लिए यह अन्याय नहीं है क्योंकि हिन्दू व्यवसायियों ने 1857 के बाद बहुत मुनाफा कमाया है। इस दौरान मुसलमानों को बहुत क्षति उठानी पड़ी है। इस बात पर वर्मा विरोध करता है। उसे लगता है कि मुसलमानों ने अपना नुकसान खुद किया है। उनकी सम्पत्ति को हिन्दुओं ने नहीं लिया है बल्कि मुसलमानों ने वेश्याओं, लौंडों और नशे पर खर्च करके उसे खोया है। इसके बाद दोनों के बीच संघर्ष शुरू हो जाता है। हाजी साहब को यह बर्दाश्त नहीं होता कि जिन 'धोती प्रसादों' (हिन्दुओं) की मुसलमानों के सामने मुँह खोलने की हैसियत नहीं थी वह इस तरह से बात कर रहा है। इस पर हिन्दू का भी खून खौल उठता है और वह मुसलमान की दाढ़ी खींचते हुए उसको याद दिलाता है कि उसके बाप हिन्दुओं के कपड़े सिला करते थे!

बात बढ़ जाती है और दंगा शुरू हो जाता है। काठ के व्यापारी की दुकान लूट ली जाती है और आदमी और उसके बच्चों को आग में फेंक दिया जाता है। पहले दस-बीस मुसलमान लुटते हैं, पर बाद में हिन्दुओं को बहुत क्षति पहुँचती है। अमीर हिन्दुओं की हवेलियाँ लूट ली जाती हैं, उनमें आग लगा दी जाती है और उनकी औरतों पर जुल्म होते हैं। पच्चीस हजार की आबादी का कस्बा एक प्रेत घर में बदल जाता है।[41]

जयंत के पिता अंग्रेजी राज के समर्थक थे। उनके लिए अपने इकलौते बेटे का इस तरह सरकार विरोधी होना बहुत दुखदायी था। वे अपने पुत्र को बाहर—इलाहाबाद विश्वविद्यालय पढ़ने के लिए भेजना चाहते थे। जयंत अपनी माँ से अपने पिता के बारे में व्यंग्य से कहता है कि "वे देशभक्त होंगे पर हैं तो रायबहादुर के बेटे ही न!"

जयंत का प्रेम सम्बन्ध जिस मुसलमान युवा विधवा अनारो से था उसके कारण ही आखिरकार वह शहर छोड़ने के लिए राजी होता है। वह अनारो से प्रेम करता था और उससे विवाह करने के लिए भी राजी था, लेकिन अनारो और उसकी माँ ये चाहते थे कि वह मुसलमान बन जाए। बिना धर्म परिवर्तन के वे इस विवाह के लिए तैयार नहीं थे। जयंत के लिए धर्म परिवर्तन स्वीकार्य नहीं। अनारो गर्भवती हो जाती है और जयंत को समझ में नहीं आता कि वह इस स्थिति का मुकाबला कैसे करे। जब यह प्रस्ताव उसके पास आता है कि वह पढ़ाई के लिए लंदन चला जाए तो वह राजी हो जाता है ताकि इस झमेले से निकल सके। उसके पिता के ताल्लुकात अंडर सेक्रेटरी से हैं जो चिन्तित पिता को सलाह देते हैं कि वे अपने बेटे को विदेश पढ़ने भेज दें। उसके पिता बेटे के इस निर्णय से बहुत खुश होते हैं। उन्हें यह बाद में पता चलता है कि उनके बेटे ने एक मुसलमान विधवा के साथ सम्बन्ध बना रखा है। एक भद्र व्यक्ति होने के नाते वे अनारो और उसकी माँ को प्रस्ताव देते हैं कि गर्भपात करा लें। वे इसका खर्च उठाने के लिए तैयार हैं। वे इस बात के लिए भी तैयार हैं कि जब जयंत लौटकर आए तो उसके साथ विवाह करा देंगे, यदि यही बेटी और उसकी माँ को मंजूर हो। अनारो की माँ को यह मंजूर नहीं है कि उसकी बेटी हिन्दू बन जाए। शादी के लिए जयंत का मुसलमान बनना जरूरी था। अन्त में यह तय होता है कि गर्भपात करवा के इस मामले को सुलझा लिया जाए।

अपनी पढ़ाई करके जयंत 1912 में भारत लौटता है। जब वह लौटते हुए रास्ते में ही है, उसके पिता की मृत्यु हो जाती है।[42]

जयंत टंडन एक सफल वकील बनता है। वह बीस-पच्चीस हजार रुपए की मासिक आमदनी वाला वकील है। उसके सफल होने में और शहर में प्रतिष्ठा पाने में उसके लंदन के दोस्तों और एक शराब के व्यापारी खन्ना की भी भूमिका है। खन्ना की बीवी जयंत की घनिष्ठ हो जाती है और बाद में खन्ना की विवाहिता होते हुए भी जयंत के बच्चे की माँ बनती है।

सफल वकील के रूप में जीते हुए जयंत में एक परिवर्तन तब आता है जब जलियाँवाला बाग हत्याकांड के बाद देश में रोष उत्पन्न होता है। खन्ना और जयंत दोस्त हैं और जयंत के कांग्रेसी होने से खन्ना को कोई दिक्कत नहीं है, लेकिन चौरी चौरा कांड के बाद दोनों के बीच अन्तर आ जाता है। इस दौरान खन्ना की पत्नी मनोरमा भी जयंत के प्रभाव में कांग्रेस से जुड़ जाती है। खन्ना नहीं चाहते कि उनकी पत्नी के कांग्रेस से जुड़े रहने को उनके साथ जोड़कर देखा जाए। इससे जयंत बहुत नाराज हुआ और एक जंगल के कब्जे के केस में वह अपने मित्र खन्ना के विरोध में कोर्ट में पेश हुआ जिसके कारण खन्ना केस हार गया। इस आघात से वह कुछ दिनों बाद मर गया।

मनोरमा के माध्यम से युधिष्ठिर को पता चलता है कि जयंत टंडन भले ही कांग्रेस के नेता हों, उनके बड़े सरकारी अफसरों से नजदीकी ताल्लुकात थे और उसका लाभ हमेशा उन्हें मिला। कांग्रेस के कार्यक्रमों में हिस्सेदारी के कारण मनोरमा को जेल हो जाती है। वहीं उसके बच्चे का जन्म होता है। इस दौरान जयंत के लंदन के सम्पर्कों के कारण मनोरमा खन्ना को हर प्रकार की सुविधाएँ जेल में उपलब्ध हुईं।[43]

खिलाफत आन्दोलन के बाद के समय में हुए दंगों के माहौल में जयंत ने हिन्दुओं और मुसलमानों के बीच सौहार्द कायम करने और लोगों की जान बचाने के लिए बहुत काम किया। युधिष्ठिर के उपन्यास की एक खास बात यह भी है कि इसमें जयंत के व्यक्तिगत प्रसंगों को स्थान मिला है। वह लंदन इसलिए जाता है क्योंकि वह व्यक्तिगत रूप से कठिनाई में था और इससे निजात पाने के लिए उसे लखनऊ से हट जाने में अपनी भलाई दिखी। लंदन में पढ़ने के कारण उसका सम्पर्क अंग्रेज और भारतीय (जिसमें जवाहरलाल नेहरू से दोस्ती भी शामिल है) लोगों से हुआ जिसका लाभ उसे तब हुआ जब वह वापस लौटकर अपने शहर में वकील के रूप में जमा। जब उसका कांग्रेस की राजनीति से सम्पर्क हुआ तो भी उसके ये सम्पर्क उसके बहुत काम आए। मनोरमा के लिए जेल के अन्दर विशेष सुविधाएँ वह इसलिए उपलब्ध करवा पाया क्योंकि उसकी जान-पहचान टैचर जैसे अंग्रेज हाकिम से थी जिससे वह लंदन से ही परिचित था। गांधी के चौरी चौरा कांड के बाद आन्दोलन को समाप्त करने की घोषणा के बाद सभी जेल से रिहा हो गए।[44] मनोरमा से हुई बातचीत के आधार पर पूरे वृत्तान्त का यह हिस्सा युधिष्ठिर उपन्यासकार के लिए सुलभ है। अगर वह इतिहास लिखता तो उसे यह सब जानने और लिखने की सुविधा नहीं होती।

व्यक्तिगत प्रसंगों की चर्चा के कारण ही युधिष्ठिर यह जान पाया कि जयंत का सम्पर्क एलिजाबेथ ग्राहम से था जो टनकपुर के राजा की रक्षिता थी। बाद में वह जयंत की सेक्रेटरी बनी थी। जलियाँवाला बाग हत्याकांड के बाद उसके विचार सुनकर जयंत का राष्ट्रवादी मन उसे स्वीकार नहीं कर पाया। उसने ग्राहम को नौकरी से निकाल दिया। जयंत के बारे में यह महत्त्वपूर्ण है कि उसने लंदन में रहते हुए भी भारतीय राजनीति में दिलचस्पी बनाए रखी थी और उसी क्रम में वह जवाहरलाल नेहरू से टेंपल बार में मिला था। दोनों ही गर्मपंथी राजनीतिक विचारों को पसन्द करते थे इसलिए उनमें घनिष्ठता हो गई थी।[45]

इस वर्णन में भारत में दो राष्ट्र के सिद्धान्त पर हुई सुमंत टंडन और मुश्ताक के बीच की बातचीत भी उल्लेखनीय है। दोनों ही जयंत से जुड़े थे, एक पुत्र और दूसरा सहयोगी के रूप में। सुमंत टंडन के अनुसार इस दो राष्ट्र के सिद्धान्त के असली निर्माता जिन्ना नहीं बल्कि सर सैयद खान थे। सर सैयद की दिलचस्पी गरीब

मुसलमानों में नहीं थी। वे उन बड़े मुसलमानों के लिए सोचते थे जिनकी शक्ति औपनिवेशिक युग में कम हो गई थी। गरीब मुसलमान तो गरीब ही बने रहे, उस समय भी जब बड़े मुसलमान बड़े बने। ये एलीट मुसलमान ही थे जिनके कारण देश बँटा। जिन्ना ने बस इस सिद्धान्त का उपयोग दबाव बनाने के लिए किया था। असली बाँटने का काम तो अलीगढ़ आन्दोलन के समय ही हो गया था।

युधिष्ठिर टंडन के उपन्यास की एक खूबी यह है कि इसमें राजनीतिक कथा के साथ ही व्यक्तिगत प्रसंगों के बहाने से सामाजिक और आर्थिक मामलों को भी रख दिया गया है। 1910 में जयंत जब लंदन में था उसने अपने पारिवारिक सूत्रों की मदद से अपने भाई को व्यवसाय में जमने के लिए भी प्रेरित किया था। अपने सोलह वर्षीय भाई आशु को उसने लिखा कि वह इन्ट्रेंस की परीक्षा पास करे और सम्बन्धी लोगों की मदद से अपना व्यवसाय बढ़ाए। यह प्रसंग भी आया है कि आर्यसमाज के लोग अपने पुत्रों का विवाह 1910 तक अठारह वर्ष की उम्र से पहले नहीं करना चाहते थे और धीरे-धीरे आर्यसमाजियों में भी परिवर्तन होने लगे। अब आर्यसमाजी घरों में भी चॉकलेट खाए जाने लगे।

दिलचस्प तरीके से युधिष्ठिर के उपन्यास में जवाहरलाल नेहरू और जयंत टंडन के जीवन में एक साम्य भी दिखलाई देता है। जयंत भी नेहरू की तरह फेबियन सोसाइटी का सदस्य बनता है और जॉर्ज बर्नार्ड शॉ के आवास पर होने वाली मीटिंगों में शामिल होता है। पुरुषोत्तम दास कक्कड़ उसका मित्र बनता है। युधिष्ठिर के उपन्यास में यह भी कहा गया है कि शिक्षित लोगों ने अनुचित तरीके से धन कमाने की तरकीबें सीखनी शुरू कर दी थीं। जयंत के पिता के रसूख और लंदन के दौरान बने सम्पर्कों को इस उपन्यास में जयंत के लखनऊ में बड़े वकील बनने की कहानी में बहुत महत्त्व दिया गया है। शहर के कमिश्नर जयंत के पिता दीपक टंडन के घनिष्ठ थे। उसने अपने लंदन के सीनियर बैरिस्टर वेल्श को जयंत के लिए लिखा। वेल्श ने जयंत के सम्मान में यूरोपीय क्लब में एक पार्टी रखी। उस क्लब में कोई भारतीय तभी पाँव रख सकता था जब कोई यूरोपीय उसे आमंत्रण दे। इस विलायती क्लब में पार्टी के बाद कमिश्नर के अनुरोध पर एक विशेष मीटिंग जयंत और वेल्श के बीच हुई जिसमें जयंत के लिए बहुत काम की बातें हुईं।[46] वहाँ उसे कुछ महत्त्वपूर्ण सूचनाएँ मिलीं। ये सूचनाएँ राजा रिच्छपाल सिंह की एक निलहे साहब फेडरिक ब्राइटन, जो कि एक आयरिश था, की हत्या से सम्बन्धित थीं। राजा किसी अंग्रेज महिला जूलियाना को लंदन से लेकर आया था और किसी अंग्रेज ऑफिसर के कारण उन्हें दिक्कत हो गई थी। जूलियाना रिच्छपाल को छोड़कर ब्राइटन के साथ रहने लगी थी। जूलियाना का भाई गोल्डस्मिथ जयंत टंडन का लंदन में सहपाठी रह चुका था। इस प्रकार एक वकील के रूप में जयंत को बहुत सारी अन्दरूनी बातें पता चलीं, जिसने उसकी अपने केस में वकील के रूप में बड़ी

मदद की। वह केस जीत गया और उसे यह केस जीतने के बाद बहुत यश मिला। इस प्रकार बड़े लोगों के सम्पर्क की विशेष सुविधा से लाभ मिला।

एक ओर वकील के रूप में जयंत टंडन आगे बढ़ रहे थे और दूसरी ओर देश-भर में राजनीतिक जागरण चल रहा था। जैसा स्वदेशी के आन्दोलन के समय हुआ था—"सन् 1920-1921 में वही नजारा करीब-करीब सारे कंट्री में फैल गया।" यह बात मुश्ताक ने कही है जो लगभग जयंत की ही उम्र के थे।

राजनीतिक परिवर्तन को मुश्ताक के मुँह से यूँ कहलवाया है नागर जी ने—"इस सदी की शुरुआत से ही आजादी की लहर ने डरपोक और कमजोर हिन्दुस्तानी को अपनी गिरफ्त में ले लिया था।...उस वक्त (बीस-इक्कीस) तक हमारा हिन्दुस्तान काफी जाग चुका था...ब्रिटिश सरकार घबड़ा उठी थी उस वक्त...अंग्रेजों ने ऐसा माहौल पैदा किया कि जिससे कांग्रेस में जमे हुए नेशनलिस्ट इंटेलेक्चुअल्स के जज्बातों को गहरी चोट लगी। मुसलमानों को जरूरत से ज्यादा रियायतें देना और हिन्दुओं के हकूक हल्के करना अंग्रेजों की ऐसी जबर्दस्त चाल थी कि नेशन उनके भुलावे में आकर बँटने लगी। मुस्लिम लीग बनी, हिन्दू महासभा बनी, मगर इन तमाम बातों का एक और असर भी हुआ कि हमारी अवाम जाग उठी।"[47]

मुश्ताक ने आगे और कहा—"मिसेज एनी बेसेंट का होमरूल लीग बनाना एक जादू बनकर हिन्दुस्तान पर छा गया।...अंग्रेज सरकार के खिलाफ एक अंग्रेज मोहतरमा का जेहाद बोलना हमारी पब्लिक को बहुत लुभा गया।...मिसेज बेसेंट का नाम लोगों ने बसन्ती देवी कर दिया था। उनके जलसों में पढ़े-लिखे हिन्दुस्तानियों की बड़ी भीड़ होती थी। बेकारी भी बढ़ गई थी इसलिए भीड़ का बढ़ना भी ज्यादा से ज्यादा होने लगा। असर यह हुआ कि गवर्नमेंट ने मिसेज बेसेंट को जेलखाने में डाल दिया।"[48] युधिष्ठिर ने अपने उपन्यास में इस सूचना के आधार पर जोड़ा कि श्रीमती एनी बेसेंट के आन्दोलन चलाने के कुछ ही दिनों के अन्दर कानपुर, इलाहाबाद, बनारस, मथुरा, कालीकट, अहमदाबाद, मद्रास आदि भारत के प्रमुख नगरों में इसकी शाखाएँ खुल गईं। भारत भर में थियोसोफिकल सोसाइटी की जितनी शाखाएँ थीं, वे भी इस कार्य के लिए सक्रिय हो उठीं। 22 सितम्बर, 1915 की डायरी में जयंत टंडन ने लिखा—"श्रद्धालु भारतीय जनता मिसेज बेसेंट को अब बसन्ती देवी कहकर पुकार रही है। कल मैं चौक गया था तो कइयों ने बड़ी श्रद्धा से यह कहा कि यह सीताजी के वरदान से भारत का उद्धार करने के लिए अवतरित हुई हैं।...इसमें शक नहीं कि मिसेज बेसेंट आजादी के मस्त झोंकों भरी बसन्ती बहार लेकर ही आई हैं। मैं सोचता हूँ, इस आन्दोलन में मुझे गहरा हिस्सा लेना चाहिए, इलाहाबाद जाकर बैरिस्टर नेहरू से एक लम्बी मुलाकात के लिए आज ही पत्र लिखकर समय माँगूँगा।"[49] जयंत होमरूल लीग के प्रबल समर्थक और उत्साही कार्यकर्ता बने। उस समय भारत के प्राय: सभी प्रान्तों में तिलक और

एनी बेसेंट के नाम लोगों के दिलों और दिमागों को गरमा गए। सरकार को बेसेंट और उनकी पटशिष्या श्रीमती रुक्मिणी अरुंडेल तथा वाडिया साहब को नजरबन्द करना पड़ा। महामना मालवीय जी भी अब होमरूल लीग के समर्थक बन गए थे। इस पर अकबर इलाहाबादी ने एक शेर लिखा—"कहते हैं मालवी जी हम होमरूल लेंगे। दीवाने हो रहे हैं गूलर का फूल लेंगे।"[50]

नागर जी ने मनोरमा खन्ना के हवाले से बतलाया है कि किसी नेता ने हिन्दुस्तानियों के प्रथम विश्वयुद्ध के दौरान सेना में भर्ती होने का विरोध नहीं किया। तिलक महाराज ने नहीं किया था। गांधी जी नए-नए हिन्दुस्तान में आए थे। वो भी उस वक्त ब्रिटिश सरकार की मदद करने की बात ही करते रहे।[51]

सन् 1915 में और 1916 के पहले हिस्से में जब जर्मनी की सेना जीत रही थी भारतीय प्रजा अपने गली-कूचों और बाजारों में जर्मन सेना का गुणगान करती थी और जर्मनी के बारे में तरह-तरह की कहानियाँ लोगों के बीच प्रचलित थीं।[52]

नागर के इस उपन्यास में यह स्पष्ट अंकित है कि गांधी के आगमन के पूर्व राजनीति गरमा रही थी। गांधी के आने के बाद इसने और जोर पकड़ लिया। गांधी अभी आए आए थे। उनके "सुदीर्घ आध्यात्मिक व्यक्तित्व का प्रभाव धीरे-धीरे पड़ने लगा था।" उनके राजनीति में आने के पर्व पर नागर का वर्णन बहुत उपयोगी है। "सीधी-सीधी कठियावाड़ी पोशाक में और बड़े-बड़े नेताओं की तरह अपने महत्त्व को जतलाए बिना ही किसी भी सभा में पहुँच जाते। कभी-कभी सभा के मंच पर स्थान न पाकर दर्शक-दीर्घा में ही। मध्यवर्गीय बाबुओं की तड़क-भड़क से वह इतनी दूर रहते थे कि लोगों को अक्सर धोखा हो जाता था।...कांग्रेस में सम्मिलित होने वाले अनेक सुप्रतिष्ठित लोग उनकी सादगी और सुस्पष्ट विचारों से प्रभावित हो चले थे। ऊपर से विलासी, मद्यप-मस्त और महादम्भी मोतीलाल नेहरू के सनातन आस्थामूलक संस्कार कर्मवीर मोहनदास के सामने जाग उठते थे।...(वे) गांधी के आगे श्रद्धानत हो गए।"[53]

जिस समय गांधी धीरे-धीरे भारतीय राजनीति में आगे आ रहे थे उस समय क्रान्तिकारी विचारधारा ने इस देश के अनेक प्रान्तों को प्रभावित किया था। उड़ीसा, पटना, भागलपुर, बनारस, इलाहाबाद, लखनऊ और पश्चिमी भागों के अनेक नगरों में भी इस विचारधारा से जुड़े लोगों ने अपने प्रभाव का विस्तार किया था। इन क्रान्तिकारियों की राह से अलग भी लोग थे जो आर्यसमाजी प्रभाव के नेता थे। इनमें लाला लाजपत राय, लाला मुंशीराम, लाला हंसराज जैसे नेता थे। ये लोग गरम विचारों के थे लेकिन बम बनाने की क्रान्तिकारिता उन्हें रुचिकर नहीं लगती थी।[54] गांधी पूर्व के इस राजनीतिक माहौल के इस वर्णन में तपस्वी स्वाभिमानी पंडित और पत्रकार बाल गंगाधर तिलक के साथ ही प्रतिभाशाली नवयुवक सावरकर बन्धु की भी विस्तार से चर्चा की गई है। 'अभिनव भारत' और लंदन में सशस्त्र क्रान्ति के

लिए सावरकर की चेष्टाओं और भारतीय क्रान्तिकारियों के पेरिस आदि नगरों में किए जा रहे प्रयासों का उल्लेख किया गया है। इसके बाद उपन्यास में लिखा गया है कि "सारा देश इन सरगर्मियों की अकुलाहट से भर उठा था।"[55]

राजनीतिक आन्दोलन में गांधी के प्रवेश को रौलेट बिल की घोषणा के बाद गांधी के वाइसराय को लिखे पत्र से जोड़कर बड़े तूफान के बारे में उपन्यास में लिखा गया है। उन दिनों "संयोग से तुर्की के प्रति अंग्रेजों के व्यवहार...(से) हर सम्प्रदाय का मुसलमान क्रोध से बौखला उठा था। अमृतसर कांग्रेस के अवसर पर मुसलमानों की एक सभा हुई जिसमें अंग्रेजों के प्रति विद्रोह करने की योजनाएँ बनने लगीं।"[56]

उपन्यास में लिखा गया है कि "खिलाफत आन्दोलन के क्रोध ने राष्ट्रीय समस्याओं से जुड़ने के लिए प्रबुद्ध मुसलमान युवकों को भी आगे बढ़ाया। 01 अगस्त, 1920 को असहयोग आन्दोलन का आरम्भ हुआ और गांधी जी ने खिलाफत-असहयोग दोनों ही समस्याओं को जोड़कर देश को आगे बढ़ने का नया मार्ग दे दिया। कांग्रेस के कोरे विचारक नेता भी अब गांधी के मार्ग का अनुसरण करने लगे।"[57]

इस नए किस्म के राजनीतिक माहौल में "मौलाना अबुल कलाम आजाद ने यह प्रस्ताव किया कि भारत के सभी वर्ग सम्प्रदायों के मुसलमानों का अगर एक इमाम बनाया जाए तो उससे भारत और भारतीय मुसलमान दोनों को लाभ होगा।... अधिकतर यही राय हुई कि मौलाना अबुल कलाम आजाद ही इमाम हों और भारत के अनेक प्रान्तों में उनके शिष्य बनाने का कार्य शुरू हो गया।"[58] इस काम को करने के लिए राज्य में प्रभार अब्दुल रज्जाक मलीहाबादी को सौंपा गया जिसके साथ जयंत टंडन का घनिष्ठ सम्पर्क था।

बहुत ही संक्षेप में लेकिन सटीक शब्दों में नागर ने दिखलाया है कि उस समय गांधी कैसे भारतीय राजनीति के केन्द्र में आए। उन्होंने लिखा है—"31 जुलाई, 1920 की रात्रि में तिलक...यशोकाय हो गए। उनके स्वर्गवास पर गांधी जी ने तिलक स्वराज फंड खोला तथा उसमें एक करोड़ रुपया एकत्रित करने और कांग्रेस के एक करोड़ सदस्य बनाने की अपील भी की।...20 अक्टूबर, 1920 को कांग्रेस ने यह प्रस्ताव पास किया कि असहयोग में छात्र और अध्यापक स्कूल-कॉलेज छोड़ें, वकील वकालत छोड़ें, काउंसिलों तथा अदालतों का बहिष्कार करें...। लखनऊ के पढ़ाई छोड़ने वाले छात्रों में प्रमुख रफी अहमद किदवई, गोपाल नारायण सक्सेना, गोपीनाथ श्रीवास्तव, डॉ. रघुवीर सहाय, बी.एन. वर्मा और वासुदेव शरण अग्रवाल आदि थे। जयंत टंडन भी उन वकीलों में थे जिनने वकालत छोड़ दी थी।

गांधी ने असहयोग को खिलाफत के साथ जोड़कर गलती की थी या नहीं इस प्रसंग में एक छोटा संवाद भी है। युधिष्ठिर के मित्र जावेद को लगता है कि "बनिए

(गांधी) ने मौके पर वन थाउजेंड परसेंट मुनाफा कमा लिया।"[59] युधिष्ठिर को भी लगता है कि "उस वक्त ब्रिटिश शासन को भौचक्का बना देने का यह एक अजीब करिश्मा था। हिन्दू-मुसलमान एक प्लेटफार्म पर थे। लोग कहते थे कि यही हाल रहा तो गांधी साल भर में भारत को आजाद करा लेंगे।"[60]

पूरे देश में इस आन्दोलन का बड़ा असर पड़ा। सबसे बड़ी घटना दिल्ली में घटी, जहाँ स्वामी श्रद्धानन्द ने सत्याग्रहियों के जुलूस का नेतृत्व किया। दिल्ली के रेलवे स्टेशन पर गोली चली जिसमें कुछ मरे, अनेक घायल हुए। अस्पताल में ब्रिटिश नर्सों ने घायलों का उपचार करने से इनकार कर दिया। हिन्दू और मुसलमानों ने आपसी एकता का उदाहरण पेश किया। जब हिन्दू शहीद की अर्थी निकली तो उसे हकीम अजमल खान ने कंधा दिया और जब मुसलमान शहीद का जनाजा निकला तो उसके साथ स्वामी श्रद्धानन्द के नेतृत्व में हिन्दुओं की भीड़ कब्रिस्तान तक गई। "हिन्दू और मुसलमान मिलकर घी-शक्कर हो गए। हम शब्द की नई व्याख्या की जाने लगी—'ह' से हिन्दू और 'म' से मुसलमान।"[61]

अमृतसर और देश के अन्य स्थानों पर हिंसक आन्दोलन भड़क उठे। नागर जी ने लिखा है कि "गांधी तो सत्याग्रह की शक्ति दिखलाना चाहते थे लेकिन उपद्रवकारियों के क्रोध ने सैद्धान्तिक रूप से उनके मन को पराजित कर दिया था। एक सभा में भाषण देकर उन्होंने कहा कि...जनता के द्वारा किए गए जघन्य पाप (हिंसा) के लिए मैं बहुत दुखी हूँ और प्रायश्चित्त स्वरूप अनशन करूँगा।"[62]

देश के विभिन्न हिस्सों में भड़की हिंसा के विस्तृत वर्णन में नागर जी ने यह दिखलाया है कि जनता बुरी तरह से उत्तेजित थी। जलियाँवाला बाग के अमानुषिक हत्याकांड ने सारे देश में विद्रोह की लहर जगा दी। जहाँ इस तरह की हिंसा हो रही थी और विद्रोह जनता को उद्वेलित किए हुए था उस समय देश के रजवाड़े अपने भोग-विलास में व्यस्त थे। उन्होंने उल्लेख किया है कि उसी समय एक पंजाबी रियासत में बीस मन मोटे युवराज को सम्भोग कराने का दायित्व मुन्ना जान समेत अनेक वेश्याओं को दिया गया था ताकि महाराज को पौत्र की प्राप्ति हो। मुन्ना जान ने यह तरकीब सुझाकर कि जिस तरह से हाथी-हथिनी का सहवास होता है उसी प्रकार समागम के लिए प्रयास किया जाए। नागर जी ने लिखा है—"राष्ट्रीय शोक और कराहों के बीच में इस तरकीब की सफलता से रियासत में शादियाने बजने लगे तथा मुन्ना जान को हिज हाइनेस ने इनाम दिया।"[63]

उसी समय महायुद्ध में सहायता देने के लिए अवध के एक ताल्लुकेदार राजा साहब को अंग्रेजों की तरफ से एक हवाई जहाज उपहार में दिया गया। उसकी देखा-देखी एक रियासत के राजा ने अपनी चहेती रखैल के लिए अपने राज के किसान से अत्याचार करके भी किसी तरह मोटर खरीदने के लिए टैक्स वसूलने का हुक्म दिया। इसके कारण हाहाकार मच गया। उसका वर्णन नागर ने यूँ किया है—

"हम कुछ नहीं जानते, हमें मोटर चाहिए, पैसे लाओ।"

गाँव-गाँव पुरुषों को मुर्गा बनाकर बैठा दिया गया। उनकी स्त्रियों के फटे कपड़े-लत्ते उतारकर उन्हें नंगी करके झोंपड़ियों में बन्द रहने के लिए बाध्य किया गया। किसान धड़ाधड़ पीटे जाने लगे।

इस इलाके में बढ़े किसान असन्तोष के बीच एक किसान आन्दोलन शुरू हुआ जिसका नेतृत्व बाबा रामचन्द ने किया। वे उस इलाके में सभा करने के पूर्व संयुक्त प्रान्त के बाहर छोटानागपुर में किसानों का संगठन कर रहे थे। किसानों के बीच बहुत असन्तोष था और वे अंग्रेज जिलाधिकारी के पास जय-जय सीताराम के नारे लगाते हुए चार हजार की संख्या में बढ़ चले। रायबरेली कांग्रेस कमेटी अध्यक्ष ने किसानों को सलाह दी कि पंडित मोतीलाल नेहरू को तार देना उचित होगा। जब तार नेहरू आवास पर पहुँचा तो मोतीलाल जी घर पर नहीं थे। उनके पुत्र जवाहरलाल थे और संयोग से उनके मित्र जयंत टंडन भी वहाँ आ गए। उन्होंने जयंत को वहाँ जाने को कहा और अपने बारे में कहा कि वे परसों वहाँ पहुँचेंगे। लेकिन वे उसी दिन—रात को ट्रेन से रायबरेली के लिए रवाना हो गए। सुबह तक परिस्थिति बिगड़ चुकी थी। फायरिंग की नौबत आ चुकी थी। किसी ने समझाया कि बेकार में खूनखराबा ठीक नहीं, इलाहाबाद से किसी नेता के आने का इंतजार करना उचित होगा।

जब सुबह जवाहरलाल नेहरू रायबरेली स्टेशन पहुँचे तो देखा कि आगे जाने का कोई साधन नहीं है। एक घोड़ा इक्के वाला उनके लिए आ गया और अपने 'बादशाह' को लेकर चल दिया। नेहरू के वहाँ पहुँचने के बाद का वर्णन नागर ने इन शब्दों में किया है—"भारत युवा हृदय सम्राट किसानों के बीच आ चुका था। यह खबर बिजली की तरह दूर-दूर तक फैल गई। जुलूस बढ़ने लगे, पुलिस ने जनता में आतंक उत्पन्न करने के लिए बाजारों की लूटपाट कराई, गोलियाँ चलीं, सैकड़ों घायल, अनेकों मृत। मगर आजादी का जोश किसानों में उत्साह जगा रहा था।"

इसके बाद पूरे प्रदेश में गांधी जी के दौरे होने लगे और गाँवों में गीत गाये जाने लगे—"हम तो चरखे से लेंगे सुराज हमार कोऊ का करिहे।"[64]

उस दौर के जोश का बहुत विस्तार से वर्णन किया है नागर ने जिसमें कांग्रेस के नेतृत्व में हुए आन्दोलनों पर तो लिखा ही है चन्द्रशेखर आजाद के साहस का भी वर्णन किया है जिनने अपने शरीर पर कोड़े पड़ने पर 'भारत माता की जय' चिल्ला-चिल्ला कर साहस का परिचय दिया था।

जनता के जोश में लगातार बढ़ोतरी होती जा रही थी और जगह-जगह लोग अंग्रेजी शासन के विरुद्ध खड़े होने का साहस दिखा रहे थे। उसके बाद चौरी चौरा कांड के बाद गांधी द्वारा लिये गए निर्णय के बारे में नागर जी ने लिखा है—"जेलों में बन्द नेताओं को इससे गहरा धक्का लगा। देश के अनेक भागों में तमाम सक्रिय

कार्यकर्ता इस घोषणा से अपाहिज हो गए। यह क्या किया महात्मा जी ने? इतने जोर से आगे बढ़ते हुए जनोत्साह को एकाएक ठोकर मारकर गिरा दिया।"[65] ऐसे माहौल में लोग दंगों के बारे में तरह-तरह की बातें करते हैं। एक जगह किसी पात्र के मुँह से नागर जी ने कहलवाया है—"गांधी ने हिंसा-अहिंसा का नाम लेकर यह आन्दोलन बन्द करके भयानक आग लगवा दी है सारे देश में।" इसके जवाब में दूसरा बोलता है—"...ऑल द कांग्रेस लीडर्स मोतीलाल, जवाहरलाल तक बेहद नाराज हैं। इन सबको जेल में बन्द करवा-करवा कर फिर आन्दोलन स्थगित करवा दिया, स्काउंड्रल।"

इस बिन्दु पर युधिष्ठिर के उपन्यास में लिखा गया है—"कामोन्मत्त हाथी जैसे अपनी पूर्ण उत्तेजना के समय अपनी इच्छाएँ पूरी होने से बलात् रोक दिया गया हो। आन्दोलन रोक देने से उत्पन्न निराशा बहुत से लोगों को कुंठित करने के बजाय आगे की लड़ाई जारी रखने की प्रेरणा देने लगी। संडीला का मदारी पासी उन्हीं अनाम जननायकों में से एक था। उसने संडीला, उन्नाव, हरदोई तथा फर्रुखाबाद के किसानों को संगठित करके एक नया आन्दोलन चला दिया जिसका नाम था—'एका आन्दोलन'।[66]

इस आन्दोलन में धर्म का उपयोग हिन्दू और मुसलमान कृषकों को एकजुट करने में किया गया। किसान जुटते, हर किसान दो-दो पैसे अपने-अपने धर्मग्रंथों के आगे चढ़ाता (मंडप में श्रीमद् भागवतगीता और कुरान शरीफ की प्रतियाँ रखी होतीं) और फिर उनका नेता मदारी कथा सुनाता। वह कहता—"हम सब हिन्दू-मुसलमान एक हैं। यह हमारी रोजी-रोटी की लड़ाई है।" मदारी के कहने पर किसानों ने लगान देना बन्द कर दिया था। इस पर जमींदारों से लड़ाई छिड़ी। यह स्वत:स्फूर्त किसान आन्दोलन तेजी से जोर पकड़ता चला गया। असहयोग की आग ठंडी न हो पाई। ब्रिटिश नौकरशाह के पास एक ही कारगर हथियार बचा था—"हिन्दू-मुसलमान दंगे।"[67]

हिन्दू-मुसलमान के दंगे शुरू हो गए। कलकत्ते से लेकर दूर सरहद के शहर कोहाट तक मारपीट मची हुई थी। नागर ने लिखा है—"कांग्रेसनिष्ठ तथा हिन्दू सभाई हिन्दू अपने हिन्दू सम्प्रदाय को बचाने के लिए बड़े उत्साह से संगठित हो गए। मुसलमानों में तजलीम और तन्जीब संस्थाएँ भी प्रबल रूप में संगठित हो चुकी थीं।[68]

गांधी के इस निर्णय और गांधी पर विचार करते हुए नागर ने युधिष्ठिर के माध्यम से लिखा है—"कितने साहसी थे गांधी...इसी देश के लोग गांधी की शिक्षा पर...छाती खोलकर अंग्रेजों की गोलियाँ खाने के लिए तैयार हो जाते थे। घोड़ों से रौंदे गए, लाठियाँ और गोली खाईं...दूसरे महायुद्ध की बढ़ती हुई महँगाई और मुनाफाखोरों की वृत्ति से गांधी द्वारा पाई गई भारतवासी की इस आत्मशक्ति ने इस

मुनाफाखोरी के आगे आखिरकार घुटने टेक दिए।...लेकिन किसने टेके? गरीब तो गरीबतर हो गए, घुटने गांधी के धनवान चेलों ने ही टेके।"[69]

किसान आन्दोलन के प्रसंग के बाद नागर क्रान्तिकारी आन्दोलन की ओर मुड़े हैं। एक युवा क्रान्तिकारियों की सभा का वर्णन है। उसमें एक देबू ने सबको बताया कि जोगेश चन्द्र चटर्जी बनारस आ गए हैं। यहाँ आकर वे शचींद्रनाथ सान्याल से भी मिल चुके हैं। उनकी योजना थी कि राज्य में एक जोरदार रेवोल्यूशनरी पार्टी बनाई जाए। जोगेश चन्द्र चटर्जी रामप्रसाद बिस्मिल, राजेन्द्र लाहिड़ी, मन्मथनाथ गुप्त, रोशन सिंह आदि से भी मिले थे।

वहाँ जमा हुए युवा क्रान्तिकारियों ने साथ देने का आश्वासन दिया। वे हिन्दू-मुसलमान के मामले में एकता के साथ थे। नागर ने लिखा है—"युवकों का एक ऐसा दल भी क्रमश: उदय हो रहा था जो देश सेवा को ही अपना सच्चा धर्म मानता था। आस्था से ये युवक सच्चे हिन्दू और सच्चे मुसलमान थे लेकिन देश के नाम पर एक थे। प्रतिदिन हवन करनेवाले कट्टर आर्यसमाजी पंडित रामप्रसाद बिस्मिल और रोजे-नमाज के पाबन्द अशफाकउल्ला खाँ अपने-अपने धर्म की दीवारें तोड़कर एक थाली में खाना खाते थे और राष्ट्र की आजादी के लिए दीवाने बने डोलते थे।"[70] उनको गांधी से परेशानी थी। वे इस बात से हैरान थे कि गांधी ने मोतीलाल और सी. आर. दास जैसे बड़े इंटेलेक्चुअल्स को कैसे वश में कर रखा है। एक ने मारे दुख के कहा—"कलेजा जला दिया यार इस गांधी के नाम ने।"[71] ये लोग आतंक फैलाने के लिए आतंकवादी नहीं बने हैं। ये डाकू बनकर डकैती नहीं करते थे। उनकी सोच थी, "बुर्जुआ क्लास को एक्सप्लाएट करो और खतम करो।" उनके आदर्श शचीन्द्र सान्याल और योगेश चटर्जी भी ऐसा ही सोचते थे कि राजनीतिक डकैती करना उनके उद्‌देश्य के लिए जरूरी है। बिस्मिल छोटी-मोटी डकैतियों के खिलाफ थे। उनका कहना था कि "लूटना है तो सरकारी खजाना लूटो।" इस बीच 'द रेवोल्यूशनरी पार्टी ऑफ इंडिया' का घोषणा-पत्र छपकर आ जाता है जिसमें यह स्पष्ट किया गया था कि भारतीय क्रान्तिकारी न तो आतंकवादी हैं और न ही अराजकतावादी।

नागर ने क्रान्तिकारी लोगों के नेटवर्क पर भी चर्चा की है और एक ही साथ रंगून में भी इस पर्चे को बाँटने का उल्लेख किया है। उन्होंने काकोरी स्टेशन पर क्रान्तिकारियों द्वारा सरकारी खजाना लूटने का भी वर्णन किया है।

इसके बाद उन्होंने साइमन कमीशन के विरुद्ध हुए देशव्यापी विरोध, भगत सिंह और बटुकेश्वर दत्त द्वारा असेंबली में बम फेंकने की घटना का जिक्र तो किया ही है, जिस पर्चे को उन्होंने असेंबली में बाँटा था उसके लम्बे उद्धरण देकर अपनी ओर से नागर ने एक महत्त्वपूर्ण टिप्पणी भी की है। उन्होंने लिखा है—"काकोरी केस हो अथवा मेरठ षड्यंत्र केस—देश के बदलते हुए युवाओं के मानस में युवाओं का

एक ऐसा वर्ग था जो स्वभावत: ही आज के युवा मानसों का प्रतिनिधित्व करता है। देश में एक ऐसी लहर आई थी जो जन्मजात संन्यासी के मन जैसी हो गई थी : हमें कुछ करना नहीं चाहिए, केवल देश की आजादी चाहिए। इस आजादी के लिए हम सब कुछ कुर्बान कर सकते हैं। क्रान्तिकारी आन्दोलन वस्तुत: जनमानस का आन्दोलन था।" इतना लिखने के बाद नागर ने यह भी जोड़ा—"गांधो के आन्दोलन ने भी अनेक निष्काम देशव्रती-सेवाव्रती युवकों की हरी-भरी फसल सारे देश में उमगाई थी और उसके प्रभाव को नकारा नहीं जा सकता।"[72]

सविनय अवज्ञा आन्दोलन के समय पर लिखते हुए नागर ने राष्ट्रीय आन्दोलन के भीतर बढ़ते हुए तनाव पर उँगली रखी है। वे लिखते हैं—"सविनय अवज्ञा आन्दोलन के सत्याग्रही सिद्धान्त अगर एक ओर भारी पड़ रहे थे तो दूसरी ओर क्रान्तिकारी भावना का मानसिक दबाव भी कुछ कम नहीं था।...भारत की युवा पीढ़ी सक्रिय और उत्तेजित थी।" इस तनाव को वे कांग्रेस के भीतर बढ़ता हुआ देखते हैं और लक्षित करते हैं कि गांधी-इरविन पैक्ट से क्रान्तिकारी ही नहीं कांग्रेस के युवा पीढ़ी के विचारक और नेता भी प्रसन्न नहीं थे। कांग्रेस के वरिष्ठ नेता समझौते का सम्मान करना चाहते थे और यह प्रस्ताव बूढ़े-जवान दलों के बीच दलदल पैदा कर रहा था।[73]

नागर ने लिखा है—"सन् 1930 के दशक का भारत राजनीतिक ज्वालामुखी की तरह धधक रहा था। यह सच है कि इस विद्रोह की ज्वाला को आगे बढ़ानेवालों में अहिंसाव्रती महात्मा गांधी और उनके असंख्य अनुयायियों का बड़ा हाथ था, पर उसके साथ ही यह भी नहीं भूलना चाहिए कि क्रान्तिकारी आतंकवादियों ने भी इस विद्रोह को फैलाने में ऐतिहासिक कार्य किया है।"[74]

अंग्रेजों ने ठीक दस साल पहले की तरह हिन्दू-मुसलमान का खेल शुरू करके राष्ट्रीय आन्दोलन को तोड़ने की कोशिश की। लेकिन फिर भी आन्दोलन चलता रहा। नागर जी ने लिखा है—"सन् 1932-33 का आन्दोलन भारतवासियों के लिए कठिनतम तपस्या का समय था और ब्रिटिश सरकार के कठोरतम यंत्रणा भरे शासन का।...ऐसा कौन सा अन्याय था जो ब्रिटिश सरकार ने नहीं किया।"[75]

इस दौर में जयंत टंडन ने अपने को गिरफ्तार होने से बचाया और जितना सम्भव हो सका आन्दोलन को जिलाए रखने के लिए प्रयास किया। शुरू से ही वह जवाहरलाल नेहरू के साथ रहे। एक समय आया था जब उन्हें लगता था कि जवाहरलाल नेहरू गांधी की नीतियों के साथ नहीं हैं पर आखिरकार गांधी ने नेहरू को समझा लिया है। ऐसी स्थिति में जयंत का कहना था कि वह जवाहरलाल का विरोध नहीं कर सकता।

इस बीच अंग्रेजों की एक चाल की बात नागर ने की है। उन्होंने मुसलमानों की तरह अछूतों को भी पृथक् निर्वाचन का अधिकार दे दिया। "सवर्ण हिन्दुओं से

दलित वर्ग को इस तरह अलग करना गांधी जी को असह्य लगा। उन्होंने आमरण अनशन की घोषणा कर दी। उन्होंने कहा—"जहाँ तक हिन्दू जाति का सम्बन्ध है, पृथक् निर्वाचन उसका अंग-भंग और विच्छेद ही करेगा।"[76] गांधी ने अछूतों को एक नया नाम हरिजन देकर उनके लिए काम करने पर जोर दिया। उनके हरिजन उद्धार कार्यक्रम का विस्तार हुआ और देश के विभिन्न हिस्सों में हरिजनों को आन्दोलन के साथ जोड़ने की कोशिश की गई।

सन् 1936 के दिसम्बर में शासन विधान के अन्तर्गत पहले आम चुनाव हुए। आचार्य नरेन्द्र देव प्रदेश कांग्रेस के अध्यक्ष थे। लोगों में उत्साह था। चौधरी खलीकुज्जमां उस समय कांग्रेस में ही थे। जवाहरलाल नेहरू अध्यक्ष बने रहे थे, इसलिए जो कांग्रेस का अधिवेशन होनेवाला था उसमें जिस जगह कांग्रेस का पंडाल बन रहा था उसका नाम मोतीनगर रखा गया। यह बहुत सफल आयोजन हुआ। जवाहरलाल नेहरू ने अपने अध्यक्षीय भाषण में कहा—"भारत साम्राज्यवादी युद्ध में हिस्सा नहीं लेगा। जब तक उसे पूर्ण स्वराज्य नहीं मिलता और उसे अपनी सत्ता नहीं मिलती तब तक वह सम्भावित योरोपीय महायुद्ध की साम्राज्यवादी ताकतों से सहयोग नहीं करेगा।"[77]

इस चुनाव में जीतने वालों में जयंत टंडन भी थे। विधानसभा की दो सौ अट्ठाईस सीटों में से कांग्रेस को एक सौ सैंतीस सीटें मिलीं। नरेन्द्र देव की अध्यक्षता में गोविन्द बल्लभ पंत को प्रधानमंत्री चुना गया। गवर्नर ने जब यह स्पष्ट कर दिया कि वे सरकार के काम में हस्तक्षेप कर सकते हैं पंत ने मंत्रिमंडल गठन से इनकार कर दिया। गवर्नर ने छतारी के नवाब को प्रधानमंत्री बना दिया। गांधी ने वाइसराय से बात की और अन्त में पंत को प्रधानमंत्री बना दिया गया।

यह स्पष्ट है कि खलीकुज्जमां जैसे लोग जो बाद में मुस्लिम लीग से जुड़े और कई अन्य उस समय तक राष्ट्रीय आन्दोलन के साथ थे और देश में मुस्लिम लीग का वैसा कोई राजनीतिक दबाव नहीं था। निश्चित रूप से अगले तीन-चार सालों में कुछ ऐसा हुआ जिसके कारण लीग को मजबूत राजनीतिक समर्थन मुसलमानों के बीच मिला जिसके कारण लीग मजबूत हुई और भारत विभाजन की भूमिका तैयार हुई।

नागर ने कांग्रेस विधानमंडल की बैठक में नेहरू के भाषण का जिक्र किया है जिसमें कहा गया था कि चाबुक उनके हाथ में है और अगर कांग्रेस के नेताओं ने ऑफिस का आनन्द लेने की कोशिश की और लोगों की अपेक्षा के अनुरूप काम नहीं किया तो उनके साथ सख्ती से पेश आया जाएगा।

लेकिन उसी समय एक और बड़ा परिवर्तन हो रहा था लखनऊ में। नागर ने लिखा है—"लखनऊ में जहाँ एक ओर नेहरू अपनी राष्ट्रीय सत्ता का गौरव बोध करा रहे थे, उसी लखनऊ में दूसरी ओर लालबाग में मुस्लिम लीग का वह ऐतिहासिक सम्मेलन हो रहा था जिसमें कभी के राष्ट्रवादी मोहम्मद अली जिन्ना

हिन्दू-मुस्लिम अलगाव के पैगंबर बनकर बोल रहे थे...मुसलमान इनके (कांग्रेसी) हाथों किसी न्याय और बराबरी की आशा नहीं कर सकते हैं...अब वक्त आ गया है जब हम अपनी सारी शक्तियाँ बटोरकर अपना संगठन बनाएँ...।"[78]

लखनऊ की इस मीटिंग के दो-तीन महीनों के बाद लीग की एक सौ सत्तर शाखाएँ देश में स्थापित हो गईं जिनमें नब्बे यूपी में थीं एवं चालीस पंजाब में। लीग के एक लाख सदस्य अकेले यूपी में बन गए।

एक तरफ मुस्लिम लीग सक्रिय थी तो दूसरी ओर हिन्दू महासभा हिन्दुओं को संगठित करने में लगी थी। नागर ने वीर सावरकर के कथन को उद्धृत किया है जिसमें उन्होंने कहा था—"समान भाव में बँधे हुए भारत की परिकल्पना मृगतृष्णा के समान है। हिन्दू-मुस्लिमों के बीच की दरार एक कड़वा सत्य है। हिन्दुस्तान हिन्दुओं का देश है, उनकी भूमि है, भारत में सिर्फ एक देश हो सकता है, वह है हिन्दू देश। मुसलमान यहाँ अल्पसंख्यक हैं और उन्हें भारत के एक प्रदेश में शरण लेनी होगी, जहाँ वे धर्म और जाति की समस्त बेड़ियों से मुक्त होकर स्वतंत्र नागरिकों की तरह जीवनयापन करेंगे।"[79]

मुस्लिम लीग हिन्दू महासभा और कांग्रेस दोनों को हिन्दुओं के संगठन के रूप में देखने के लिए मुसलमानों को कह रही थी।

जयंत और उसके बेटे सुमंत के एक वार्तालाप के माध्यम से उस समय की राजनीति के बारे में नागर जी ने कुछ संकेत किया है। जयंत ने अपने पुत्र को कहा—"ये जिन्ना नहीं बोल रहे हैं बेटे, उन्हें खुफिया तौर पर दिया गया चर्चिल का मंत्र बोल रहा है।"[80]

नागर जी ने बहुत स्पष्ट रूप से दिखलाया है कि उस समय एक ओर हिन्दू महासभा के लोग पाकिस्तान का दृढ़ता के साथ विरोध कर रहे थे तो दूसरी ओर मुस्लिम लीगी नेता बलपूर्वक पाकिस्तान स्थापित करने की बात कर रहे थे।[81]

नागर ने बहुत संक्षेप में ही सही स्पष्ट किया है कि 1937 से 1941 के बीच के दौर में सभी नेताओं और राजनीतिक कर्मियों को लग रहा था कि कुछ बड़ा होनेवाला है। नेहरू के कई कथनों के माध्यम से इसे स्पष्ट रूप से दिखलाया गया है। जयंत टंडन जवाहरलाल नेहरू के विशिष्ट सहयोगी बने हुए थे। वे एक तरह से नेहरू के उस रूप के प्रतिनिधि के रूप में भी दिखलाई पड़ते हैं जो गांधी के साथ मन से नहीं है। जब 7 अगस्त, 1942 के निर्णायक दिन गांधी ने बम्बई में कांग्रेस के अधिवेशन में 'अंग्रेजो भारत छोड़ो' का मंत्र दिया उस दिन के बाद जयंत अपने को गिरफ्तारी से बचाते हैं और कष्ट और खतरे उठाकर छुपते हुए अपने शहर लौटते हैं। उस बम्बई अधिवेशन में कम्युनिस्ट पार्टी ने कांग्रेस को आन्दोलन स्थगित करने के लिए कहा था। मुस्लिम लीग के हिसाब से इस आन्दोलन का लक्ष्य आजादी नहीं बल्कि हिन्दू साम्राज्य की स्थापना था, इसलिए इसमें मुसलमानों को भाग नहीं लेना चाहिए।

इस समय के बारे में लिखते हुए नागर ने एक महत्त्वपूर्ण अनुच्छेद लिखा है—"सरकार ने अखबारों पर प्रतिबन्ध लगा रखा था। बम्बई की खबरें किसी को ठीक-ठीक पता नहीं चल पा रही थीं कि कहाँ क्या हो रहा है। अखबारों में भारतीय कम्युनिस्ट पार्टी, मुस्लिम लीग के मुहम्मद अली जिन्ना, हिन्दू महासभा के वीर सावरकर, दलित वर्ग के नेता आंबेडकर आदि के बयान जरूर छप रहे थे।"[82]

वीर सावरकर ने खुलेआम हिन्दुओं से अपील की कि वे इस आन्दोलन में भाग न लें। दलित वर्ग के नेता डॉ. आंबेडकर ने आन्दोलन को गैर जिम्मेदाराना और पागलपन बतलाया। इसके बाद नागर जी ने लिखा है कि "सारे देशवासी इन नेताओं को देश विरोधी कह रहे थे और अंग्रेजों को खुलेआम गालियाँ दे रहे थे।"[83]

कम्युनिस्टों के प्रति उस दौर में अविश्वास था और यह अविश्वास सड़क के आम आदमी तक पहुँच गया था। जब जयंत छुपते हुए वापस लखनऊ लौट रहा है उसे सड़क किनारे एक चायवाले के मुँह से सुनने को मिलता है—"चहा (चाय) पियो, तुम देशभक्त है, हमारा मित्र है, लेकिन तू कम्युनिस्ट तो नहीं है?" इसके उत्तर में जयंत बोलता है—"...कम्युनिस्ट होता तो...राजभवन में होता, बाहर क्यों निकलता?" यह सुनने के बाद चायवाले के मुँह से नागर ने कहलवाया है—"देशद्रोही शाला लोग बोलता, हमारा बाप रूस लड़ रहा है, अंग्रेजों से मत लड़ो।"[84] चायवाला टंडन से चाय के पैसे नहीं लेता।

जयंत के बहाने नागर ने एक महत्त्वपूर्ण वक्तव्य दिया है। जब जयंत टंडन छुपकर वापस लखनऊ जा रहा है रास्ते में पुरानी स्मृतियों को टटोलते हुए इस निष्कर्ष पर पहुँचता है कि "गांधी जी के आन्दोलन ने हमें दिशा तो दी पर देश को सुस्थिर गति से आगे न बढ़ा सके।"[85]

यशपाल की तरह नागर ने भी 1942 के आन्दोलन के दौरान स्थानीय समीकरणों पर भी पूरा ध्यान रखा है। लखनऊ में कैसे आन्दोलन फैला और किन-किन लोगों ने इस आन्दोलन का नेतृत्व किया और कैसे भीड़ ने इस आन्दोलन के दौरान हिंसक विद्रोह में भागीदारी की, इसका बहुत विस्तार से वर्णन नागर जी ने किया है। यह स्पष्ट है कि आन्दोलन के पीछे सोच-समझकर काम करनेवाले नेता नहीं थे। लोग भावनात्मक तरीके से अपना विरोध प्रकट करते हुए हिंसक हो जा रहे थे। जयंत टंडन समेत कुछ नेतागण जो गिरफ्तार नहीं हुए थे अपने तरीके से आन्दोलन को आगे बढ़ाने में लगे थे। वे लोग छुप-छुपकर लोगों को निर्देश देते थे और अपने तरीके से लोगों को आन्दोलन के लिए उत्साहित करते थे। जयंत एक गाँव में छुपे हैं; पर वे लगातार इस कोशिश में लगे हैं कि कचहरियों और बाजारों में हड़ताल बराबर जारी रहे। वे उस दौरान अपने एक युवा साथी बी.पी. (वर्मा) के साथ अंडरग्राउंड रहकर काम कर रहे थे और बीच-बीच में शहर आकर लोगों को आन्दोलन के लिए तैयार भी कर रहे थे।

आन्दोलन जोर पकड़ता गया और बलिया, आजमगढ़, बस्ती, मिर्जापुर, सुल्तानपुर, बनारस, जौनपुर तथा गोरखपुर में विद्रोह की आग धधक उठी थी। नागर जी ने लिखा है कि "बलिया में भीड़ के उन्माद ने 10 अगस्त के दिन से ऐसा जोर पकड़ा कि हर पुलिस थाने और चौकियों पर जन-बल के आगे पुलिस बल को दबना ही पड़ा और नगर भर के पुलिस थानों व चौकियों पर तिरंगे झंडे लहराने लगे।...क्रुद्ध भीड़ में से व्यक्ति बोल उठा—अब हमारा राज है।"[86]

उस समय गाजीपुर में जबर्दस्त विप्लव हो रहा था। दो-तीन दिन तो यह स्थिति रही कि गाजीपुर जनपद से ब्रिटिश शासन मानो समाप्त ही हो चुका हो। भीड़ अब नेताओं से यह माँग करने लगी कि अब शासन-तंत्र पर पूरा कब्जा करो। भीड़ चिल्ला रही थी—"समय अब आ गया है, हमें अपने बलिया पर अपना राज चाहिए।"[87] बनारस हिन्दू विश्वविद्यालय परिसर में केवल आन्दोलन समर्थक विद्यार्थियों का ही राज्य था।

गाँव में छिपकर रह रहे जयंत टंडन के लिए ये सारी खबरें बहुत सन्तोषदायक थीं। जब उन्हें यह खबर मिली कि उनका बेटा लखनऊ में गिरफ्तार हो गया है, वे घर के सदस्यों के मनोबल को बनाए रखने की खातिर बहुत सावधानी से लखनऊ में अपने घर के भीतर जाकर छिप जाते हैं।

मनोरमा खन्ना को जब खबर मिली कि जयंत के पोता हुआ है वह उसके घर जयंत की ब्याहता पत्नी को दादी बनने की बधाई देने जा रही होती है। तभी उसे एक गुप्तचर से खबर मिली कि पुलिस को पता चल गया है कि जयंत लखनऊ में है और जल्दी ही उसके घर में घुसकर तलाशी ली जाएगी। जयंत को अब अपने घर के बाहर निकलना पड़ता है। निकलने के बाद वह दाढ़ी बढ़ाए, अनजान बनकर एक सभा में पहुँचता है जहाँ उसे यह देखकर बहुत गुस्सा आता है कि जो नेता भाषण दे रहा है वह लोगों को अपने भाषण से भावोत्तेजित नहीं कर पा रहा है। घर छोड़ने के पहले उसे मनोरमा खन्ना से आस्टीचिमूर की एक घटना के बारे में पता चला था जहाँ गोरों ने आन्दोलनकारियों के गाँवों में घुसकर वहाँ की औरतों का सामूहिक बलात्कार किया था। भीड़ पर दिए जा रहे भाषणों का असर होता न देख वह मंच की ओर बढ़ गए और कहा कि मैं जयंत टंडन हूँ। उनका नाम सुनकर भीड़ ने आश्चर्य से उनको देखा। उनको पहचान लिया गया और उपस्थित लोगों में उत्साह भर गया। उन्होंने गोरों के अत्याचारों की कहानी सुनाई और आह्वान किया कि लोग अपने स्वाभिमान की रक्षा के लिए अत्याचारी अंग्रेजों से लड़ें। भीड़ जोश में आ गई। घुड़सवार पुलिस आ गई और उनको देखकर जयंत टंडन का भाषण और जोरदार हो गया। उस उत्तेजना में जयंत ने आह्वान किया—मरो या मारो! पुलिस फायरिंग शुरू हुई और गोलियों की बरसात के वातावरण में "मृत्यु न दिखलाई पड़नेवाले प्रेत सी नाच रही थी।" जयंत टंडन को गोली लगी और वे शहीद हो गए।

जयंत टंडन के जन्म शताब्दी वर्ष में उस जगह जहाँ वे मारे गए थे शहीद जयंत पार्क बना। लोग उनको याद करने के लिए बड़ी संख्या में जमा हुए। इस बीच के समय में देश आजाद हुआ, उनके पुत्र राज्य के मुख्यमंत्री बने और फिर उनके विश्वस्त सहयोगी बी.पी. वर्मा के धोखा देने के कारण उनका पुत्र सुमंत टंडन न सिर्फ मुख्यमंत्री पद से हटे बल्कि धीरे-धीरे राजनीति से ही दूर हो गए। पौत्र युधिष्ठिर ऐसे में सोचता है कि शहीद की तारीफ करते हुए जमा लोग और उनका समय कितना बदल गया है! यह उत्सव बेहद शानदार होने पर भी कितना मुर्दा था!

आजाद भारत में देश की हालत और देश के लोगों की पीड़ा पर नागर जी ने बड़ी दृढ़ता से अपनी बात रखी है और नेहरू तक को नहीं बख्शा है। *अमृत और विष* के विवरणों में नागर जी ने भाषा के मुद्दे पर नेहरू की बड़ी तीखी आलोचना की है। उन्होंने लिखा—"रेडियो में हिन्दी-उर्दू का झगड़ा फिर से खड़ा कर दिया जवाहरलाल जी ने। क्या हो जाता है इन्हें?...यह महापुरुष, जिसे हमने दिल से प्यार किया है, देवता सा आदर दिया है, इंडियन सिविल लाइंस के ब्रिटिशकालीन काले साहबों की तरह हिन्दी को, जब-तब गोरे साहबों की नकल करते हुए, 'डैम डर्टी निगर' बनाकर दुत्कार देता है...ये डेमाक्रेसी का कबूतरबाज पैगंबर।"[88]

इसी उपन्यास में सन् 1962 के चुनाव पर अरविन्द शंकर की टिप्पणी है—"डेमोक्रेसी के हामी धूम-धड़ल्ले से दिन-रात डेमोक्रेसी के सिद्धान्तों पर खुलेआम बलात्कार कर रहे थे, साथ-साथ चिल्ला-चिल्लाकर कहते भी जाते थे कि हम डेमोक्रेसी के प्रेमी हैं। पूरी आपाधापी, करोड़ों के खर्च और गुंडागीरी तथा नैतिकता की लहलहाती फसल उगाकर चुनाव का तमाशा पूरा होगा।"

अमृतलाल नागर के सबसे बड़े उपन्यास *बूँद और समुद्र* में राजनीतिक परिस्थिति पर जो कुछ थोड़े दबे-ढँके रूप में कहा गया था *पीढ़ियाँ* में वह और साफ-साफ कह दिया गया है। यह सही है कि साहित्यिक मानदंडों के अनुसार *पीढ़ियाँ* उस स्तर की रचना नहीं है पर 1919 से 1942 और फिर स्वातंत्र्योत्तर भारत के बारे में सीधे-सीधे नागर जी ने अपने इसी उपन्यास में खुलकर लिखा। यह उस समय की राजनीति को समझने में सहायक हुआ है। खासकर जब हम इसे *अमृत और विष* के साथ जोड़कर देखें।

सन्दर्भ

1. जिन फिल्मों में उन्होंने काम किया उनमें 'संगम', 'कुँवारा बाप', 'किसी से न कहना', 'पराया धन', 'उलझन', 'राजा', 'वीर कुणाल', 'सावन' और 'कल्पना' विशेष उल्लेखनीय हैं।
2. एक संवेदनशील कथाकार की फिल्मी जगत में स्थिति का उल्लेख करते हुए उन्होंने अपने संस्मरण में लिखा है—"अपने सात वर्ष के फिल्मी अनुभव में मैंने यह भी पाया कि निर्माता-निर्देशक प्राय: उसी रस प्रसंग को सराह पाते थे जो वे किसी न किसी हॉलीवुड फिल्म में

देख चुके होते थे।...मेरे समय से लेकर अब तक फिल्म व्यवसाय में कहानी की समझ रखनेवाले लोग प्राय: नहीं के बराबर हैं।" यह उन्होंने 1960 में लिखा था। ('सात वर्ष के फिल्मी अनुभव', अमृतलाल नागर रचनावली 10, पृ. 126-27)

3. इस उपन्यास की भूमिका में नागर जी ने लिखा है—"सन् '43 के बंग दुर्भिक्ष (अकाल) में मनुष्य की चरम दयनीयता के दृश्य मैंने कलकत्ते में अपनी आँखों से देखे थे। सियालदह स्टेशन के प्लेटफार्म, कलकत्ते की सड़कों के फुटपाथ ऐसी बीभत्स करुणा से भरे थे कि देखकर आठों पहर जी उमड़ता था।" उस समय के बारे में नागर जी ने लिखा है—"बर्मा पर जापानियों का कब्जा हो गया। हिन्दुस्तान पर महायुद्ध की परछाईं पड़ने लगी। हर शख्स के दिल से ब्रिटिश सरकार का विश्वास उठ गया है। 'कुछ होनेवाला है—कुछ होगा!'—हर एक के दिल में यही डर समा गया।"
4. रामविलास शर्मा, 'भूमिका', डॉ. शरद नागर (सम्पादक), अमृतलाल नागर रचनावली 1, दिल्ली, राजपाल, 1991, पृ. 1
5. 'निवेदनम', 'करवट' (भूमिका), अमृतलाल नागर रचनावली 10, पृ. 5
6. यह साक्षात्कार 1986 में आनन्द प्रकाश त्रिपाठी द्वारा लिया गया था। (देखें—श्रीलाल शुक्ल, अमृतलाल नागर, साहित्य अकादेमी, 1999, पृ. 30) नागर जी के मन में गांधी जी के प्रति कितना सम्मान था इसका अन्दाजा उनके अपनी पुत्री को लिखे पत्र के इस अंश से हो सकता है—"आज मैं और बा (उनकी पत्नी) महात्मा गांधी के दर्शन करने गए। महात्मा जी की प्रार्थना में हम लोगों ने भाग लिया था। महात्मा जी साक्षात् ईश्वर के अवतार हैं।" (30 जनवरी, 1946 को यह पत्र नागर जी ने अपनी पुत्री शरद नागर को लिखा था। उद्धृत, विष्णुचन्द्र शर्मा, पक्षधर यथार्थ के कथाकार, अनामिका, दिल्ली, 2001, पृ. 87)
7. वही
8. रामविलास शर्मा, प्राक्कथन, अमृतलाल नागर रचनावली, भाग 1
9. यह उनके पूर्ववर्ती उपन्यासों में भी आया है लेकिन बहुत स्पष्ट रूप में इसके बारे में अमृतलाल नागर ने 'करवट' की भूमिका में लिखा है।
10. अपने कुछ उपन्यासों—सुहाग के नूपुर, भूख और चैतन्य महाप्रभु में वे अन्य क्षेत्रों—तमिलनाडु और बंगाल को बैक ग्राउंड में रखते हैं। करवट में कलकत्ता और लखनऊ के परिवेश को रखा गया है।
11. सुविख्यात इतिहासकार; जन्म 6 अप्रैल, 1904; भारतीय इतिहास और साहित्य के प्रकांड पंडित; मृत्यु 26 जुलाई, 1966।
12. रवीन्द्रनाथ ठाकुर के साहित्य से नागर जी का सघन परिचय था। उन्होंने उनके मूल बांग्ला के समग्र को भी अपने लिए पढ़ना जरूरी समझा। उनके पुत्र शरद नागर (जन्म 1937) ने लिखा है कि जब वे छह-सात वर्ष के थे, नागर जी ने अपने लिए 'रवीन्द्र रचनावली' (मूल बांग्ला) का पूरा सेट खरीदा था। (शरद नागर, 'भूमिका', अमृतलाल नागर रचनावली 1)
13. बूँद और समुद्र, किताब महल, इलाहाबाद, 1972 [1956] पृ. 7-8. नागर ने अन्यत्र भी इस तरह के भाव को अभिव्यक्ति दी है। उन्होंने चालीस के दशक के मध्य के समय के बारे में अपने अनुभवों और विचारों को इन शब्दों में अभिव्यक्त किया है—"सन् 1942 के राष्ट्रीय आन्दोलन के कुचले जाने के बाद हम लोगों में बहुत से लोग उन दिनों यह थाह पाने के लिए बहुत उत्सुक और प्रयत्नशील थे कि भारत की शक्ति का स्रोत कहाँ है और

वह सूख तो नहीं गया।...जिससे पूछिए यही कहता कि स्वराज अब पचास नहीं तो पचीस वर्ष आगे की बात हो गई।...इन्हीं सब कारणों से नेहरू की नई किताब का नाम 'भारत की खोज' हमें पहेली सा लगा।...मैंने अपने एक मित्र से कहा था, ये भारतीय संस्कृति शब्द हम सभी भारतीय बुद्धिजीवियों के लिए एक अजीब टेढ़ा सवाल बन जाता है। हम अंग्रेजी पढ़े-लिखे बाबू लोग पिछली चार-पाँच पीढ़ियों में खुद अपनी ही देशात्मा से दूर हो गए हैं, हम भारतीय होकर भी दरअसल भारतीय नहीं रहे।" 'जवाहरलाल और भारत एक खोज' *अमृतलाल नागर रचनावली*, भाग 9, पृ. 273-74 (इसे नागर जी ने 1964 में लिखा था)

14. अमृतलाल नागर के जीवनी लेखकों ने कहा है कि ऐसे किसी बाबा के सम्पर्क में वे आए थे जब वे बम्बई में थे।
15. बूँद और समुद्र, किताब महल, इलाहाबाद, 1972 [1956] पृ. 583
16. वही, पृ. 582
17. बूँद और समुद्र, अमृतलाल नागर रचनावली 2, पृ. 131-32
18. वही, पृ. 186
19. वही, पृ. 555
20. वही, पृ. 582। इस पुस्तक को नागर ने 1953-54 में लिखा था और इसके लिए सामग्री पिछले छह सालों में जुटाई थी। (बूँद और समुद्र, किताब महल, इलाहाबाद, 1972 [1956] पृ. 583)
21. वही, पृ. 583। इस सम्बन्ध में सज्जन का एक कथन नागर जी के अपने विचारों की अभिव्यक्ति ही प्रतीत होता है। वह कहता है—"मुझे ऐसा लगता है कि इस समय हमारा देश खुद अपने बारे में बेहद ओछी नजर से सोचता है। यह अंग्रेजों की ही देन है...आमतौर पर पढ़ा-लिखा वर्ग अपनी सारी परम्पराओं से अपरिचित है। अंग्रेजी प्रभाव में उसका रहन-सहन बिलकुल बदल चुका है। आज वह आम तौर पर अपने देश के सम्बन्ध में कोई जानकारी नहीं रखता।...वह दुनिया के किसी भी देश के इतिहास, साहित्य या संस्कृति के सम्बन्ध में कुछ नहीं जानता। वह सिर्फ खाने-पीने और मौज करने के सिद्धान्त को ही अपने आगे रखकर चल रहा है।" (अमृतलाल नागर रचनावली 2, पृ. 453)
22. वही
23. नागर जी के उपन्यासों और उनके ऐतिहासिक सन्दर्भों पर विचार के लिए देखें देवेन्द्र चौबे, कथाकार अमृतलाल नागर, किताबघर, दिल्ली, 2016
24. अमृतलाल नागर, 'शरत के साथ बिताया हुआ समय', जिनके साथ जिया, राजपाल, 1981, पृ. 10 (यह आलेख 1938 में लिखा गया था)
25. श्रीलाल शुक्ल, अमृतलाल नागर, साहित्य अकादेमी, दिल्ली, 1999, पृ. 22
26. इस अनुभव को अपने उपन्यास में भी उन्होंने सीधे-सीधे उतार दिया है। 'साइमन गो बैक', 'टुकड़े टुकड़े दास्तान', अमृतलाल नागर रचनावली 10, पृ. 53
27. नागर जी ने उपन्यास की भूमिका में इसका उल्लेख किया है। वे डॉ. अवस्थी को 1942 के आन्दोलन के दौर का उस इलाके का सबसे बड़ा नेता मानते थे। अवस्थी ने नागर को कई लम्बे पत्र लिखे थे, जिनमें से कुछ प्रसंगों और बातों को लेखक ने सीधे-सीधे अपने उपन्यास में स्थान दिया। (देखें, 'अपनी बात' (भूमिका), अमृतलाल नागर रचनावली 11, राजपाल, दिल्ली, 1991)

28. इस मीटिंग में क्या-क्या हुआ इसके बारे में और अधिक जानकारी के लिए देखें 'पीढ़ियाँ', अमृतलाल नागर रचनावली 11, पृ. 82-85
29. 'पीढ़ियाँ', अमृतलाल नागर रचनावली 11, पृ. 102
30. वही
31. वही, पृ. 104
32. 'पीढ़ियाँ', अमृतलाल नागर रचनावली 11, पृ. 105; यही विचार मुश्ताक के माध्यम से ही बाद में व्यक्त हुए हैं। मुश्ताक 1984 में बूढ़ा हो चुका है। उसने कहा कि हिन्दू और मुसलमानों के दंगे सही मायनों में सदी के पहले दशक में ही शुरू हुए। एलीट मुसलमानों को यह बर्दाश्त नहीं हुआ कि जो हिन्दू उनके अधीन रहे थे अब शक्तिशाली हो रहे थे और उनकी हैसियत मुसलमानों से अधिक हुई जा रही थी। उसी समय मन्दिरों के सामने गोमांस और मस्जिद के सामने सूअर का मांस फेंकने की घटनाएँ शुरू हुईं। (पीढ़ियाँ, पृ. 147-48)
33. वही, पृ. 118
34. वही
35. नागर जी ने यशपाल पर लिखे अपने संस्मरण में इसका उल्लेख किया है।
36. 'पीढ़ियाँ', अमृतलाल नागर रचनावली 11, पृ. 118
37. राय साहब बटलर साहब के घनिष्ठ मित्र थे। वे एक-दूसरे के साथ जीवन के आनन्द लिया करते थे। राय साहब को फायदा भी हुआ। जंगल के ठेकों से उन्होंने लाखों कमाए।
38. 'पीढ़ियाँ', पृ. 126
39. बंगाली हिन्दी भाषी लोगों को हिन्दुस्तानी कहते हैं।
40. 'पीढ़ियाँ', वही, पृ. 142
41. 'पीढ़ियाँ', पृ. 153-155
42. 'पीढ़ियाँ', पृ. 167
43. मनोरमा खन्ना ने बताया कि वे वैसे कांग्रेस लीडर रहे लेकिन अंग्रेज अफसरों में इनका भारी दबदबा रहा। कई इंग्लैंड के बड़ी पुरानी जान-पहचान के लोग थे जिनकी वजह से उन्हें कैद में भी किसी किस्म की असुविधा नहीं हुई। एक अन्य प्रसंग में रायबहादुर खन्ना ने भी कहा है कि—"बड़े-बड़े अंग्रेजों में मैंने देखा तुम्हारी बड़ी इज्जत है। हमसे लाट साहब के सेक्रेटरी गुइन साहब बोले—रायबहादुर तुम्हारा डोस्ट बहुत ब्रिलियंट आदमी हाय, हम उसकी इज्जट करटे हैं।" (वही, पृ. 257)
44. वही, पृ. 182
45. वही
46. 'पीढ़ियाँ', अमृतलाल नागर रचनावली 11, पृ. 219
47. वही, पृ. 231
48. वही
49. वही, पृ. 249
50. वही, पृ. 259
51. वही, पृ. 253
52. वही, पृ. 252-53
53. वही, पृ. 262
54. वही, पृ. 263

55. वही
56. वही, पृ. 273-74
57. वही, पृ. 274
58. वही
59. वही, पृ. 275
60. वही
61. वही, पृ. 277
62. वही
63. वही, पृ. 280
64. वही, पृ. 284
65. वही, पृ. 290
66. वही, पृ. 303
67. वही, पृ. 304
68. वही, पृ. 308
69. वही, पृ. 293
70. वही, पृ. 308
71. यह आश्चर्य कई लोगों को होता था। एक बार मोतीलाल ने इसके बारे में किसी से कहा था, "I have told Mahatmaji, I do not believe in your spirituality and I am not going to believe in God at least in this life. I am an atheist. Our difficulty is that in politics you beat us at our own game." (देखें, Pyarelal, A Nation Builder at Work, Navajivan Publishing House Ahmedabad, 1959 [1952], पृ.11)
72. 'पीढ़ियाँ', अमृतलाल नागर रचनावली 11, पृ. 319
73. वही, पृ. 323
74. वही, पृ 325
75. वही, पृ. 347
76. वही, पृ. 349
77. वही, पृ. 351
78. वही, पृ. 352
79. वही, पृ. 353
80. वही, पृ. 365
81. वही, पृ. 366
82. वही, पृ. 372
83. वही, पृ. 373
84. वही, पृ. 374
85. वही, पृ. 375
86. वही, पृ. 383
87. वही, पृ. 385
88. 'अमृत और विष', अमृतलाल नागर रचनावली 4, पृ. 383

5

गुरुदत्त के उपन्यासों में राजनीतिक इतिहास, कांग्रेसी राजनीति और हिन्दू राष्ट्रवादी दृष्टि

गुरुदत्त हिन्दी के बहुत लोकप्रिय लेखक थे और उनके पाठकों के बीच उनकी ख्याति एक ऐसे उपन्यासकार के रूप में रही जिसने इतिहास के सच को हिन्दू हित के अनुसार अपनी पुस्तकों में चित्रित किया। उनको हिन्दी साहित्यिक जगत में विशेष मान नहीं दिया गया और आज भी उनके बारे में हिन्दुत्ववादी खेमों के बाहर यही राय है कि उन्होंने साधारण कोटि के हिन्दुत्ववादी उपन्यास ही लिखे जिनमें मुसलमानों को बहुत नकारात्मक रूप में चित्रित किया गया। उन्होंने विपुल लेखन किया, सौ से अधिक पुस्तकें लिखीं। इन पुस्तकों में कुछ राजनीतिक उपन्यास हैं, जिनमें उन्होंने गांधी और नेहरू युगों की राजनीतिक कहानी अपने तरीके से कहने की कोशिश की है। ये उपन्यास साठ-सत्तर वर्ष बाद भी खूब पढ़े जाते हैं। उन्हें उनके पाठक एक सच्चे इतिहासकार के रूप में देखते हैं जिसने इतिहास के सच को लिखा; उस सच को जिसे इतिहासकारों ने कहने का साहस नहीं दिखलाया।[1] कुछ विद्वानों ने उन्हें 'राष्ट्रीय यथार्थवाद का सबसे बड़ा लेखक' माना है, जिन्होंने भारतीय जीवन को राष्ट्रीय यथार्थवादी दृष्टिकोण से प्रस्तुत किया।[2]

यहाँ इस बात का उल्लेख किया जा सकता है कि जहाँ अधिकांश हिन्दी लेखक कांग्रेस की राजनीति के साथ थे, वहीं गुरुदत्त लगभग प्रारम्भ से ही हिन्दू राष्ट्रवादियों के साथ थे और उन्होंने कांग्रेस की राजनीति के प्रति लगातार आलोचनात्मक रुख रखा। हिन्दू राजनीतिक संगठनों से वे जुड़े भी रहे थे, इस कारण हिन्दू राष्ट्रवादियों के बीच वे सम्मानित और इसी कारण कांग्रेसी और उनके समर्थक विद्वानों के लिए उपेक्षित रहे।[3] हिन्दुत्व के प्रति उनकी भक्ति के कारण उनकी उपेक्षा हुई, ऐसा माननेवाले लोग ज्यादा हैं।[4]

गुरुदत्त के कुछ राजनीतिक उपन्यासों को इस अध्ययन में राजनीतिक इतिहास के लिए चुना गया है। साथ ही उनकी कुछ अन्य पुस्तकों की भी चर्चा की गई है

जो उपन्यास न होकर इतिहास की किताबें हैं। यशपाल की तरह गुरुदत्त के उपन्यासों का उनकी राजनीतिक पुस्तकों के साथ सीधा सम्बन्ध देखा जा सकता है।[5]

गुरुदत्त शुरू में कांग्रेस के साथ थे और उस समय गांधी से उनकी अपेक्षा थी कि वे भारतीयों के स्वाधीनता आन्दोलन का दृढ़तापूर्वक नेतृत्व करेंगे। उनका सम्पर्क भाई परमानन्द जैसे हिन्दू राष्ट्रवादी नेताओं के साथ शुरू में ही हो गया था और धीरे-धीरे उन्हें लगने लगा कि गांधी का राजनीतिक नेतृत्व पूर्ववर्ती राष्ट्रीय नेताओं—जैसे तिलक और लाजपत राय—से भिन्न था। इस कारण वे गांधी के प्रति आलोचनात्मक हुए।[6] बाद में और अधिक आलोचनात्मक होते गए।

अपने उपन्यासों में उन्होंने यह कहने की कोशिश की है कि गांधी का रास्ता मुसलमानों के प्रति अतिशय उदार था और यह मुसलमानों के इतिहास से उनके अपरिचय के कारण देश के लिए घातक सिद्ध हुआ। उनके अनुसार गांधी की इस गलत नीति के कारण हिन्दुओं को, जो राष्ट्रीय आन्दोलन में कांग्रेस के साथ थे, बहुत नुकसान होने लगा। उनके हिसाब से हिन्दू और मुसलमान गांधी की नीतियों के कारण एक गृहयुद्ध की ओर लगातार बढ़ते रहे। खिलाफत आन्दोलन से लेकर चालीस के दशक तक जब मुस्लिम लीग ने पाकिस्तान के लिए आन्दोलन किया यह गलत राजनीति भारत को गलत दिशा में ले जाती रही।

गुरुदत्त ने अपने तरीके से इसी दृष्टि को बनाए रखा। आजादी के बाद जो राजनीतिक दल हिन्दू राष्ट्रवादी हितों के साथ हिन्दू राजनीति कर रहे थे, उनके साथ भी गुरुदत्त के मतभेद हुए और वे पार्टी से अलग होकर अपनी बात कहते रहे। हिन्दू राजनीतिक दलों के साथ मिलकर चलने के लिए वे अपने सिद्धान्तों से समझौता करने को तैयार नहीं हुए। अपने हिन्दू देशप्रेम के आदर्श के साथ ही चलते रहे। यह कहना जरूरी है कि आजादी के बाद सैद्धान्तिक कारणों से वे भारतीय जनसंघ से, जिसके साथ वे इसकी स्थापना के समय से ही जुड़े थे, अलग हुए।

उनके राजनीतिक उपन्यासों की चर्चा के पूर्व उनके जीवन के बारे में संक्षिप्त चर्चा करना उचित होगा।

गुरुदत्त का जन्म 8 दिसम्बर, 1894 को एक आर्यसमाज से प्रभावित परिवार में लाहौर (पंजाब) में हुआ था। उन्होंने एम.एससी. पास किया और वे रसायन शास्त्र में शोध भी करने लगे। अपने संस्मरण में उन्होंने इस बात का उल्लेख किया है कि पंजाब के उस हिस्से में जहाँ के वे थे मुसलमानों का सलूक हिन्दुओं के साथ, अच्छा नहीं था। उन्होंने अपने मामा काशीराम के मुसलमानों के साथ हिन्दुओं के हित और सम्मान के लिए लड़ने के बारे में विस्तार से लिखा भी है।[7]

अपने अध्ययन और अनुभवों के आधार पर गुरुदत्त ने यह निष्कर्ष निकाला कि हिन्दू समाज विभिन्न सम्प्रदायों में बँटकर, विभिन्न प्रकार के व्यवहार के बावजूद एक ही है क्योंकि उनका धर्म एक है। उनके बीच का अन्तर बुनियादी और स्थायी

नहीं है। गुरुदत्त अपने को राष्ट्रवादी मानते थे और उनको लगता था कि राष्ट्रीय एकता सबसे अधिक महत्त्वपूर्ण है। उनके लिए भारतीय और हिन्दू होना एक-दूसरे का पर्याय ही था। हिन्दुत्व और भारतीयता उनके लिए एक ही थे। वे इस बात को दोहराते हैं कि जो भी इस देश को अपनी जन्मभूमि और पुण्यभूमि मानता है वह हिन्दू है। धर्म से कोई अन्तर नहीं पड़ता। कोई हिन्दू (भारतीय) इस्लाम को अपना धर्म मानकर भी हिन्दू/भारतीय बना रह सकता है।[8]

गुरुदत्त के लेखकीय जीवन की शुरुआत 1922 में हुई। उनकी पहली कहानी 1928 में प्रकाशित हुई। अपने शुरुआती लेखन में वे गांधी के प्रति घृणा का भाव नहीं रखते थे। उनके पहले उपन्यास—*स्वाधीनता के पथ पर* (प्रकाशन वर्ष 1942) में भी यही प्रवृत्ति है। लेकिन इसके बाद वे लगातार गांधी और कांग्रेस की 'मुसलमान तुष्टीकरण नीति' के प्रति आलोचनात्मक होते गए। वे मानने लगे थे कि मुसलमानों को कांग्रेस किसी भी तरह अपने साथ रखने में सफल नहीं हो सकेगी। वे समझते थे कि कांग्रेस मुसलमानों के चरित्र को ठीक से समझती नहीं। उनके अनुसार मुसलमान धर्म को राष्ट्रीयता के पहले रखते हैं और इसी कारण उनसे कांग्रेस की यह अपेक्षा कि वे हिन्दुओं के साथ भारतीय राष्ट्रीयता के आदर्श को स्वीकार करेंगे और कांग्रेस को हिन्दू और मुसलमान दोनों का प्रतिनिधि मानेंगे, एक मरीचिका है जिसका ये कांग्रेसी पीछा कर रहे हैं। गुरुदत्त के लिए कांग्रेस की शक्ति का आधार हिन्दू हैं और वे ही हैं जिनके बूते कांग्रेस का आन्दोलन शक्तिशाली हुआ।

अपने उपन्यासों—*स्वराज के पथ पर* (1942), *स्वराज्य दान* (1947) *विश्वासघात* (1951) और *देश की हत्या* (1951) में गुरुदत्त ने स्वाधीनता आन्दोलन की पृष्ठभूमि में असहयोग आन्दोलन से लेकर स्वतंत्रता प्राप्ति तक के समय की ऐतिहासिक कथा अपनी तरह से कहने की कोशिश की है। इस परिकल्पना में उनकी विचारधारात्मक दृष्टि का प्रभाव है, कुछ जगहों पर फैंटेसी का भी सहारा लिया गया है, लेकिन कुल मिलाकर इस काल के इतिहास का हिन्दू राष्ट्रवादी विश्लेषण ही किया गया है। एक अन्य उपन्यास और कुछ अन्य पुस्तकों में गुरुदत्त ने स्वातंत्र्योत्तर भारत के राजनीतिक परिवर्तनों पर भी लिखा है।

अपने जीवन में गुरुदत्त ने एक बड़े काल-खंड की घटनाओं और प्रसंगों को नजदीक से देखा और समझा था। 1907 में, जब तेरह साल के थे, वे सरदार अजीत सिंह द्वारा स्थापित 'भारत माता सोसाइटी' (लाहौर) में नियमित जाया करते थे। उन दिनों लाजपत राय किसान आन्दोलन का संगठन भी कर रहे थे। दोनों नेताओं के बन्दी बना लिये जाने के बाद ही आन्दोलन कमजोर हुआ। इन सबका प्रभाव गुरुदत्त के किशोर मन पर पड़ा। एक विद्यार्थी के रूप में गुरुदत्त ने अनारकली बाजार में क्रान्तिकारियों के ऊपर सरकार के बर्बर अत्याचार को भी देखा। इस प्रभाव की छाया उनके उपन्यासों में भी साफ दिखलाई देती है।[9]

गुरुदत्त के लेखन से यह समझा जा सकता है कि उनके अनुसार देश का जागरण 1913-14 में हिन्द गदर पार्टी के गठन के बाद शुरू हुआ। उन्होंने आर्यसमाज और कांग्रेस के गठन जैसे सुधारवादी प्रयत्नों की भी चर्चा की है, लेकिन उन्हें यह लगता था कि किरानी और लिखा-पढ़ी करनेवाले और अंग्रेजी स्कूल-कॉलेज में शिक्षित इन लोगों के लिए स्वतंत्रचेता होना असम्भव था। गुरुदत्त के अनुसार जब भारतीय अमेरिका पहुँचे और वहाँ के स्वाधीन वातावरण में साँस लेने का उनको मौका मिला उन्हें इससे होनेवाले लाभ का अन्दाजा हुआ। एक स्वाधीन देश के स्वतंत्र नागरिक होने और एक स्वाधीन नागरिक को मिलनेवाले आनन्द और सम्मान की कल्पना उनके लिए अब सम्भव हो सकी। गुरुदत्त ने इस प्रसंग में भाई परमानन्द, लाला हरदयाल जैसे विद्वानों, और कर्तार सिंह सराभा जैसे लोगों का जिक्र किया है। उसी समय के आसपास बाल गंगाधर तिलक एक राजनीतिक मंत्र—'स्वतंत्रता हमारा जन्मसिद्ध अधिकार है, और हम इसे लेकर रहेंगे'—लेकर आए। गुरुदत्त के अनुसार इन परिवर्तनों के फलस्वरूप पूरे देश में—कश्मीर से कन्याकुमारी और काठियावाड़ से लेकर बंगाल तक लोगों के बीच देश को स्वाधीन कराने की भावना का प्रसार हुआ। इसके कारण ही क्रान्तिकारी आतंकवाद का जन्म हुआ।[10]

उच्च शिक्षा की प्राप्ति के दौरान भी उनके कुछ अनुभव ऐसे हुए जिनके कारण उनका झुकाव राष्ट्रवाद के प्रति बढ़ा। वे एम.एससी. (रसायन विज्ञान) के विद्यार्थी थे। उनके कॉलेज के प्रिंसिपल स्टीवेंसन के साथ उनके सम्बन्ध अच्छे थे। उनके रिटायर होने पर उनके सम्मान में एक भोज का आयोजन हुआ। संयोग से उस दिन, यानी 31 मार्च, 1919 को, गांधी ने रौलेट एक्ट के विरोध में हड़ताल का आह्वान किया। गुरुदत्त ने इसके प्रति विद्यार्थियों में बहुत आकर्षण महसूस किया। उस समय तक उन्हें लगने लगा था कि अंग्रेजों को भारत छोड़कर जाना चाहिए। उनके एक मित्र—बिहारीलाल का सोचना था कि अगर अंग्रेज चले गए तो सत्ता मुसलमानों के हाथों चली जाएगी क्योंकि वे बहुत संगठित थे। हिन्दू आपस में विभाजित थे। कोई अपने को आर्यसमाजी, कोई सनातनी, कोई जैन और कोई शिव, विष्णु, दुर्गा या किसी अन्य का पुजारी मानता था। गुरुदत्त उस समय यह मानने लगे थे कि हिन्दुओं के बीच का यह विभाजन सामाजिक था, राजनीतिक नहीं। औपनिवेशिक शिक्षा के दुष्प्रभाव के कारण हिन्दुओं के बीच बाँटने वाली शक्तियों और कारकों पर अधिक ध्यान दिया जाता रहा है, ऐसा भी गुरुदत्त को लगता था। उनका मित्र सरकारी स्कूल में पढ़ता था इसलिए वह हिन्दुओं की फूट पर ध्यान देता था और वह चूँकि आर्यसमाज स्कूल से पढ़े थे इसलिए वे इसके इतर सोच पा रहे थे।[11]

गुरुदत्त ने अपनी आँखों से 6 अप्रैल, 1919 की पुलिस फायरिंग देखी थी। एक घायल को वे एक अस्पताल भी ले गए थे। वे एक प्रतिवाद सभा में भी जा रहे थे, लेकिन वे ऐसा नहीं कर पाए। उस समय उनको लगता था कि देश एक क्रान्ति की

तैयारी में है। 7 अप्रैल को गांधी को गिरफ्तार कर लिया गया।

उस समय गुरुदत्त उच्च शिक्षा के लिए बिलकुल तैयार थे। उसी साल उन्होंने एम.एससी. किया था और एक शोध पत्र लिखा था—'Optical Activity of Crystal' जो *जर्नल ऑफ केमिकल सोसाइटी*, लंदन ने प्रकाशित किया था। दिसम्बर 1919 में उन्हें गवर्नमेंट कॉलेज में डेमांस्ट्रेटर के पद पर नियुक्त कर लिया गया। उनके शोध निर्देशक प्रो. बी. कं. सिंह इस बीच ढाका चले गए, और गुरुदत्त अपने शोध को आगे नहीं बढ़ा सके। वे अपने शोध निर्देशक के साथ नहीं जा सके। अब उन्होंने खाली समय में पुस्तकालय में राजनीति की पुस्तकें पढ़नी शुरू कीं। स्टुअर्ट मिल और हरबर्ट स्पेन्सर की पुस्तकें उन्होंने पढ़ीं। इसी माह वे अमृतसर के ऐतिहासिक कांग्रेस अधिवेशन में भी एक दर्शक के रूप में उपस्थित थे। इस अधिवेशन में शामिल होने के लिए सी.आई.डी. ने उनके बारे में रिपोर्ट दी। सौभाग्य से किसी अन्य गुरुदत्त (सोंधी) से इसके बारे में पूछताछ हुई और उसे कारण बताओ नोटिस दिया गया। हेराल्ड लास्की की दो पुस्तकें पुस्तकालय से लाने के कारण उनके एक सीनियर प्रोफेसर ने उन्हें इन पुस्तकों को नहीं अपने विषय की पुस्तकें पढ़ने के लिए कहा। गुरुदत्त को महसूस हो रहा था कि उन पर नजर रखी जा रही है।

जब गांधी ने विदेशी वस्त्रों को जलाने का आह्वान किया तो गुरुदत्त ने अपनी पैंट-कोट और टाई को जला दिया और खादी पहनना शुरू किया। इससे सीनियर प्रोफेसर (डनक्लिफ्फ) को क्रोध आ गया। उन्होंने गुरुदत्त को सरकार विरोधी और गांधी समर्थक मानना शुरू कर दिया। 1920 की गर्मी आते-आते उन्हें कॉलेज की अपनी नौकरी से हाथ धोना पड़ा।

अब तक गुरुदत्त की शादी हो चुकी थी और उनके दो बच्चे भी हो चुके थे। उनके ऊपर परिवार की जिम्मेदारी थी। 1922 में उन्हें नेशनल स्कूल के हेडमास्टर की नौकरी मिली। यह स्कूल लाजपत राय ने खोला था और इसे कांग्रेस के लोग चलाते थे। इस नौकरी के लिए रुचिराम और आचार्य जुगल किशोर ने उनकी मदद की थी। जुगल किशोर ने ही उनका परिचय क्रान्तिकारी भाई परमानन्द से कराया। भाई परमानन्द को उनकी क्रान्तिकारी गतिविधियों के लिए मृत्युदंड दिया गया था, लेकिन मालवीय जी की चेष्टाओं से उनकी सजा कम हो गई थी और बाद में उन्हें छोड़ भी दिया गया था। गुरुदत्त का काम छात्रों को हिन्दी में विज्ञान पढ़ाना होता था। इस स्कूल में वे विद्यार्थी थे जो गांधी की पुकार पर अपने स्कूल को छोड़ चुके थे या उन्हें स्कूल से निकाल दिया गया था।

अपने संस्मरण में गुरुदत्त ने उल्लेख किया है कि इस समय तक गांधी के आन्दोलन को विफल मान लिया गया था और मोतीलाल नेहरू का नाम उभरने लगा था। गुरुदत्त की नजदीकी भाई परमानन्द से हो गई थी, जो मोतीलाल को

उनकी मुसलमानों के प्रति नीति के कारण पसन्द नहीं करते थे। खिलाफत आन्दोलन समाप्त हो चुका था और मोपला के दंगे तब तक हो चुके थे। भाई परमानन्द को लगता था कि "गांधी या तो मूर्ख है या फिर अज्ञानी।" यह उन्हें उनकी मुसलमानों के प्रति नीति के कारण लगता था।[12]

गुरुदत्त पर भाई परमानन्द का प्रभाव पड़ा। उन दिनों के बारे में लिखते हुए गुरुदत्त ने उल्लेख किया है कि उन दिनों पंजाब के नौजवान किसी नई राजनीतिक पहल के लिए प्रतीक्षा कर रहे थे। नौजवानों के पास दो विकल्प थे—जन-जागरण के लिए कोशिश करना जिसका नेतृत्व मदन मोहन मालवीय और तिलक जैसे नेता कर रहे थे या फिर सशस्त्र क्रान्ति के लिए कोशिश करना। ये दोनों ही आन्दोलन मूलतः हिन्दुओं के आन्दोलन थे।[13] इन दोनों को वे क्रमशः तिलक और सावरकर की लाइन कहते थे। पहले प्रकार के आन्दोलन को आर्यसमाज का समर्थन प्राप्त था और दूसरे के साथ नौजवान भारत सभा जैसे युवाओं के संगठन का जुड़ाव था। गुरुदत्त को दोनों तरह के संगठनों के साथ जुड़कर काम करने का मौका मिला। उन दिनों यशपाल और भगत सिंह उनके छात्र थे।

उस समय के एक अनुभव को गुरुदत्त ने अपने संस्मरण में साझा किया है। एम.ए. माजिद के कारण गुरुदत्त का सम्बन्ध क्रान्तिकारियों के साथ बना नहीं रह सका। माजिद काबुल होते हुए रूस हिजरत करने गए थे। दो साल बाद वे कम्युनिज्म की ट्रेनिंग लेकर वापस लौटे थे। इस तरह के मुसलमान कम्युनिस्टों के बारे में गुरुदत्त की राय थी कि ये सिर्फ नाम के कम्युनिस्ट होते हैं; असलियत यह है कि वे कट्टर मुसलमान होते हैं। माजिद के बारे में उनकी ऐसी ही राय थी।[14]

गुरुदत्त ने उल्लेख किया है कि जब नौजवान भारत सभा का गठन हुआ तो उन्हें उसका प्रधान बनाया गया। इसी समय बनारस में मालवीय ने हिन्दू सभा का गठन किया। इसकी एक शाखा लाहौर में भी खोली गई और इसका नाम रखा गया—पंजाब हिन्दू महासभा। लाजपत राय इसके प्रधान बनाए गए। गुरुदत्त इसके सदस्य बन गए। एक और संगठन—आर्य स्वराज सभा की स्थापना पंडित रामगोपाल शास्त्री ने की। गुरुदत्त ने इसकी भी सदस्यता ले ली। गुरुदत्त इसी समय कम्युनिस्ट विचारों से भी प्रभावित हो रहे थे। पर साथ ही वे प्राचीन भारत के गौरवपूर्ण इतिहास से भी बहुत प्रभावित थे।

नौजवान भारत सभा की मीटिंगों में गुरुदत्त अध्यक्ष की हैसियत से भाग लेते थे। लेकिन एक सभा में कुछ विवाद हो जाने के बाद उन्होंने अपने को इससे अलग कर लिया। एक बार सभा ने तय किया था कि विभिन्न धर्मों के प्रतिनिधि अपनी-अपनी बात कहें और लोग सुनें। सिक्खों के मत को रखने के लिए सरदार शर्दूल सिंह को बुलाया गया। मुसलमान नेता मौलाना जफर अली, जो *जमींदार* पत्रिका

के सम्पादक थे, को भी बुलाया गया था। हिन्दुओं का पक्ष रखने के लिए भाई परमानन्द को बुलाया गया। वे आना नहीं चाहते थे, लेकिन इस आश्वासन के बाद कि कोई हंगामा नहीं होगा और गुरुदत्त अध्यक्ष के रूप में रहेंगे उन्होंने आना स्वीकार कर लिया। भाई जी को यह लगता था कि बदमाश कांग्रेसी और कम्युनिस्ट उनके विचारों को बर्दाश्त नहीं कर पाएँगे। सिक्ख प्रतिनिधि ने कांग्रेस के मत को ही रखा। मौलाना ने अपनी बारी आने पर कहा कि इस्लाम अन्तर्राष्ट्रीय है और मुसलमान इसे त्याग नहीं सकते। उन्होंने यह भी कहा कि अगर हिन्दुओं को मुसलमानों का सहयोग चाहिए तो उन्हें इस्लाम के अन्तर्राष्ट्रीय बैनर के तले आ जाना चाहिए। भाई परमानन्द ने मौलाना को सच कहने के लिए बधाई दी। उन्होंने कहा—हम लोग इस्लाम के अन्तर्राष्ट्रीय संगठन के विरुद्ध हैं। हम हिन्दुस्तान पर हिन्दुस्तानियों की हुकूमत चाहते हैं। इसके बाद हंगामा शुरू हो गया। माजिद हंगामा करने वालों में था। शान्ति कायम न हो सकी और परमानन्द मीटिंग छोड़कर चले गए। गुरुदत्त ने बाद में माजिद से पूछा कि उसने भाई का विरोध क्यों किया? माजिद ने कहा कि भाई कम्यूनल दायरे से बोल रहे थे। गुरुदत्त ने कहा कि ऐसा तो सभी के साथ है। माजिद ने कहा कि वह इसे नहीं मानता। इस बात पर गुरुदत्त ने उसे गाय और सूअर के मांस को एक साथ खाने के लिए कहा। अगर माजिद ऐसा करे तो वे भी करने को तैयार थे। माजिद नहीं माने। किसी ने बाद में कहा कि अगर कम्युनिस्ट मान लेता तो क्या करते? गुरुदत्त ने विश्वासपूर्वक कहा कि वह ऐसा नहीं ही करेगा, क्योंकि वह कम्युनिस्ट भी नहीं है, वह बस एक कम्यूनल मुसलमान है। इसके बाद गुरुदत्त ने भाई परमानन्द के हवाले से कहा कि ये सब मैकाले की सन्तानें हैं, और ये हिन्दुत्व को नष्ट करने में लगे हुए हैं।[15]

1924 के कोहाट दंगे और उन पर गांधी की प्रतिक्रिया ने गुरुदत्त को गांधी के प्रति और भी अनास्थावान बना दिया। उसी समय गुरुदत्त ने अपने को कांग्रेस से अलग कर लिया।

नेशनल स्कूल को ज्यादा दिनों तक चलाया नहीं जा सका। उसके बन्द होने के बाद गुरुदत्त को दूसरी नौकरी की तलाश करनी पड़ी। 1926 के अन्त में उन्हें कुँवर रणंजय सिंह (अमेठी, सुल्तानपुर, उत्तर प्रदेश) के यहाँ नौकरी मिली। कुँवर रणंजय मालवीय की नेशनलिस्ट पार्टी के नेता थे और उन्होंने कांग्रेस के उम्मीदवार को हराया था। गुरुदत्त को दो सौ रुपए मासिक, एक नौकर की सुविधा और रहने के लिए गाँव में एक घर दिया गया। वहाँ रहते हुए गुरुदत्त ने एक पुस्तक लिखी—*मेरे भगवान*। इसे प्रकाशित नहीं किया जा सका। लेकिन इस पुस्तक के सम्बन्ध में उनकी मुंशी प्रेमचन्द से जो बातचीत हुई उसे गुरुदत्त ने बहुत महत्त्व दिया है। प्रेमचन्द से वे गहरे प्रभावित रहे।[16] रणंजय सिंह के माध्यम से गुरुदत्त का सम्पर्क मालवीय जी से हुआ। उस समय तक कांग्रेस की शक्ति और प्रभाव कुछ कम हो गया था और

गुरुदत्त के शब्दों में उत्तर भारत में मालवीय और लाजपत राय की नेशनलिस्ट पार्टी ने कांग्रेस की कमर तोड़ दी थी। केन्द्रीय सभा में कांग्रेस के चालीस, नेशनलिस्ट पार्टी के बत्तीस-तैंतीस और मुस्लिम लीग के लगभग तीस सदस्य थे।

इस नौकरी में गुरुदत्त को कुछ खाली समय भी मिला, जिसमें उन्होंने आर्यसमाज के साहित्य का अध्ययन किया। इसी दौरान, 1930 के आसपास, उनकी मुलाकात एक बंगाली से हुई जो रणंजय सिंह से कुछ आर्थिक सहयोग के लिए आए थे। उस बंगाली को गुरुदत्त पसन्द आए और उन्होंने अपना असली परिचय दिया। वे विख्यात कम्युनिस्ट नेता मानवेन्द्रनाथ राय थे।[17]

गुरुदत्त ने अमेठी में पाँच बरस बिताए। इस दौरान यशपाल[18] और उनकी पत्नी उनके पास आकर रुके थे। गुरुदत्त को भगत सिंह के केस में गवाही के लिए भी बुलाया गया था।[19] 1927 में गुरुदत्त की पहली कहानी—'अदृश्य आदमी' का प्रकाशन *माधुरी* में हुआ। 1931 में गुरुदत्त इस नौकरी से मुक्त हो गए। अगले छह वर्ष उनके आर्थिक कठिनाइयों में गुजरे। नवम्बर 1933 में वे लाहौर आए और मेडिकल प्रैक्टिस शुरू की। चार साल वहाँ रहने के बाद अप्रैल 1937 में वे दिल्ली आ गए।

हिन्दू और मुसलमानों के बीच के विभेद और बढ़ते मतभेदों पर गुरुदत्त लगातार सोचते रहे। लाहौर में उनके कुछ अनुभव हुए। उन्हें लगता था कि मुसलमानों के राज में जबर्दस्ती धर्म परिवर्तन कराए गए थे। उस समय जो सिक्ख मुसलमान बनने से इनकार करते थे उन्हें मृत्युदंड दे दिया जाता था। बहुत सारे सिक्खों को इस कारण फाँसी पर चढ़ा दिया जाता था। लाहौर में जिस जगह सिक्खों को फाँसी दी जाती थी उस जगह का नाम काजी की अदालत था। जहाँ सिक्खों को दंड दिया जाता था और उनको सजा देने के बाद दफना दिया जाता था उस जगह को शहीदगंज कहा जाता था। रणजीत सिंह के जमाने में इस मकान को गुरुद्वारे का रूप दे दिया गया। अंग्रेजों के शासन काल में दोनों सम्प्रदायों के बीच तनाव बढ़ाने के लिए मुसलमान वकीलों ने एक मुकदमा इस दावे के साथ दायर कर दिया था कि यह स्थान एक मस्जिद है। इस दावे के अनुसार चूँकि यह एक मस्जिद थी इसे किसी दूसरे धर्म के लोगों के हाथों नहीं छोड़ा जा सकता। सिक्खों ने कहा कि यह काजी की अदालत थी और यह मस्जिद नहीं है। वे कहते थे कि यह जगह सिक्खों को दी गई है। हिन्दुओं की सहानुभूति सिक्खों के साथ थी। हिन्दू और सिक्खों में 1935 में कोई बड़ा अन्तर नहीं था।

जब मुसलमान कोर्ट में जीत नहीं पाए तो उन्होंने उस जगह को जबरन हथियाना चाहा। वे लाठी और चाकू लेकर उस जगह जमा हो गए। करीब चार से पाँच सौ सिक्ख भी वहाँ जमा हो गए और मुसलमानों के सम्भावित हमले के लिए मोर्चोबन्दी कर ली। पुलिस बीच-बचाव के लिए आ गई। एक साम्प्रदायिक तनाव पैदा हो गया। मुसलमान पुलिसकर्मी हड़ताल पर चले गए और पुलिस में हिन्दुओं की संख्या इतनी

नहीं थी कि वे हिन्दू घरों की हिफाजत ठीक से कर सकें। इसकी घोषणा कर दी गई कि हिन्दुओं को अपनी रक्षा खुद करनी चाहिए क्योंकि पुलिसकर्मियों की संख्या कम है और वे हिन्दुओं की जान और माल की हिफाजत करने में सक्षम नहीं हैं।

गुरुदत्त को दंगों के बीच की स्थितियों का अच्छा-खासा अनुभव था। उन अनुभवों में से कुछ का उन्होंने विवरण भी दिया है। 1935 में गुरुदत्त लाहौर के जिस मोहल्ले में रहते थे उस पर मुसलमानों के हमले का बड़ा खतरा था। वह मोहल्ला जिसमें दो सौ घर थे चारों ओर से मुसलमानों की आबादी से घिरा था। लोग बहुत घबड़ाए हुए थे और सम्भावित मुसलमानों के हमले के मुकाबले के लिए हर सम्भव तैयारी में लगे हुए थे। उस समय गुरुदत्त भी इसमें शामिल हुए। इस प्रक्रिया में उनका सम्पर्क कुछ नौजवानों से हुआ जो हिन्दुओं की रक्षा के काम में लगे थे। उन नौजवानों ने बताया कि वे राष्ट्रीय स्वयंसेवक संघ के सदस्य हैं। उन लोगों के सहारे तीस-चालीस हिन्दुओं की मदद से गुरुदत्त ने इलाके की रक्षा का प्रयास किया। स्वयंसेवक संघ से गुरुदत्त का यह पहला परिचय था। गुरुदत्त को बाद में उस इलाके को छोड़कर दूसरे इलाके में जाना पड़ा। कुछ लोग उनको झंझट का कारण समझने लगे थे। एक बार एक मुसलमान की मृत्यु के बाद सन्देह के आधार पर उनको एक दिन लॉकअप में भी रहना पड़ा था। हत्यारे को बाद में फाँसी दे दी गई।

1937 में दिल्ली आने के बाद गुरुदत्त को एक तरह से वे सुविधाएँ मिल सकीं जो एक लेखक के लिए जरूरी थीं। आर्थिक रूप से भी वे बेहतर हुए। नियमित लेखन भी शुरू हुआ। 1937 में लखनऊ की पत्रिका *माधुरी* में मार्च-अप्रैल के अंक में उनकी कहानी छपी। चार बरस बाद उनका पहला उपन्यास—*स्वाधीनता के पथ पर* 1942 में छपा। इसके बाद वे एक प्रतिष्ठित हिन्दी लेखक माने जाने लगे।

गुरुदत्त आन्दोलन की तुलना में जनजागरण को अधिक महत्त्व देते थे और अपने लिए उन्होंने इसी मार्ग को सही माना। तीन बार जेल की यात्रा उनको करनी पड़ी, लेकिन कुल मिलाकर उन्होंने अपना ध्यान लेखन के माध्यम से जन जागृति की ओर ही लगाने की कोशिश की। राष्ट्रीय स्वयंसेवक संघ से उनकी नजदीकी 1945 से बढ़ी। वे इसके सदस्य कभी नहीं बने और उनकी शाखा में भी वे कभी शामिल नहीं हुए। गुरुदत्त का मानना था कि आर्यसमाज के आदर्श ने ही उन्हें सबसे अधिक प्रभावित किया। उन्होंने दयानन्द के मत को हमेशा स्वीकार्य नहीं माना, लेकिन आर्यसमाज ने ही उनका मार्गदर्शन किया, यह बात वे कहते थे। वे संघ के साथ अपने रिश्ते के बारे में कहते थे कि वैचारिक रूप से पूर्ण सहमति न थी, लेकिन संघ से वे प्रभावित थे। इसे वे हिन्दू हित में स्वीकार करते थे।[20]

गुरुदत्त का दूसरा उपन्यास—*पथिक* तीन साल बाद 1944-45 में आया। इस उपन्यास में मूल विषय हिन्दू-मुसलमान के बीच का सम्बन्ध था। इसे सरकार ने

प्रतिबन्धित कर दिया। 1946 में आचार्य जुगल किशोर के प्रयत्न से यह प्रतिबन्ध हटा लिया गया। प्राक्कथन से एक वाक्य को हटाना पड़ा।

गुरुदत्त को यह लगता था कि एक लेखक के रूप में वैचारिक स्वतंत्रता बहुत जरूरी है। इसी कारण वे संघ के साथ पूरी तरह नहीं गए। हिन्दुओं की एकता के लिए वे कटिबद्ध रहे, लेकिन संघ के अनुशासन को अपने लेखकीय रूप के लिए वे स्वीकार नहीं कर पाए। गांधी की हत्या के बाद संघ को प्रतिबन्धित कर दिया गया और इससे जुड़े नेताओं और कार्यकर्ताओं को जेल में डाल दिया गया। उन कार्यकर्ताओं की मदद के लिए जो सांगठनिक प्रयास हुए उनके साथ गुरुदत्त जुड़े रहे। हिन्दू कार्यकर्ताओं की मदद के लिए जनाधिकार समिति का गठन किया गया था। गुरुदत्त इसके सेक्रेटरी बने। कांग्रेस सरकार द्वारा संघ के लोगों को तंग करने का उन्होंने तीव्र विरोध किया। वे इस बात पर ध्यान दिलाने में लगे रहे कि गांधी का हत्यारा हिन्दू महासभा का सदस्य था न कि संघ का, फिर भी सरकार संघ को तंग कर रही थी, महासभा के लोगों को नहीं। गोडसे ने संघ को बहुत पहले छोड़ दिया था इस बात पर सरकार के ध्यान न देने को वे कांग्रेस की चालाकी समझते थे। उनका मानना था कि कांग्रेस की प्रतिद्वंद्वी राजनीतिक शक्तियों को नुकसान पहुँचाने के लिए यह किया जा रहा था। गुरुदत्त के अनुसार संघ एक संगठन था इसलिए इससे कांग्रेस को भय था। कांग्रेस किसी भी हालत में हिन्दुओं के संगठन को शक्तिशाली नहीं होने देना चाहती थी। जन अधिकार संघ के प्रधान थे महाशय कृष्ण जो *वीर अर्जुन* हिन्दी समाचार-पत्र के सम्पादक और मालिक थे। नेहरू ने संघ को गांधी का हत्यारा पार्लियामेंट के अन्दर और बाहर दोनों जगह कहा था। यह भी कहा था कि संघ के लोगों को अमेरिका से आर्थिक मदद मिल रही है। नेहरू के इस दावे का विरोध महाशय कृष्ण ने किया। यह तब तक जारी रहा जब तक सरदार पटेल ने संघ पर से प्रतिबन्ध नहीं उठा लिया।

अपने अनुभव के आधार पर गुरुदत्त का मानना था कि हिन्दुओं के ऊपर हिंसा करके उनको अपनी जगह छोड़ने के लिए बाध्य करने का एक पैटर्न था। मुसलमान स्थानीय प्रशासन के साथ मिलकर काम करते थे। वे हिन्दुओं पर दबाव बनाते थे ताकि वे अपनी जगह से दूसरी जगह अपनी सुरक्षा के लिए चले जाएँ। यह पंजाब, उत्तर-पश्चिम प्रान्त और सिंध में 1947 में हुआ। अब इसी टेक्नीक का प्रयोग 1950 में शुरू हुआ। पूर्वी बंगाल में हिन्दू इसी तरह से भगाए जा रहे थे। लाखों हिन्दुओं की हत्या की जा रही थी और उनको अपनी जगह छोड़कर भागने के लिए मजबूर किया जा रहा था। इस परिस्थिति में नेहरू और श्यामा प्रसाद मुखर्जी के बीच मतभेद हो गया और मुखर्जी ने मंत्रिमंडल से त्यागपत्र दे दिया।

हिन्दुओं के हित में काम करने के लिए एक राजनीतिक दल के गठन की बात उठी। इस बीच सरदार पटेल ने गोलवलकर को अपने संघ के साथ कांग्रेस

के साथ आ जाने का प्रस्ताव दिया। इसे संघ प्रमुख ने स्वीकार नहीं किया। बसन्त राव ओक जैसे संघ के नेताओं ने एक नए दल के गठन पर जोर दिया और मुखर्जी को इस नए दल का प्रमुख बनने का प्रस्ताव दिया गया। इस तरह भारतीय जनसंघ अस्तित्व में आया। गुरुदत्त इस नए दल के संस्थापक सदस्यों में थे। वे दिल्ली 'प्रदेश' के प्रधान बनाए गए। इस समय गुरुदत्त एक राजनीतिक दल के नेता के रूप में काम करने लगे थे।

उस समय कश्मीर का मुद्दा बहुत महत्त्वपूर्ण था। गुरुदत्त को नेहरू परिवार की मुस्लिमपरस्ती पर शुरू से ही आपत्ति थी। उन्हें लगता था कि नेहरू की शह पर शेख अब्दुल्ला अचानक राष्ट्रीय नेता बन गए थे, जबकि वे एक कट्टर इस्लामिक नेता ही थे।[21] उन्हें यह भी लगता था कि कश्मीर की समस्या नेहरू के कारण जटिल हुई थी।[22]

दिसम्बर 1952 में जनसंघ का प्रथम अधिवेशन कानपुर में हुआ। उसमें यह निर्णय हुआ कि कश्मीर में जाकर 'परमिट सिस्टम' का विरोध किया जाए। एक ही देश के एक हिस्से में जाने के लिए यह अनुमति अनुचित है और इसका विरोध होना चाहिए। डॉ. मुखर्जी के साथ चार सदस्यों को कश्मीर जाने का अनुरोध किया गया। इन चार में गुरुदत्त भी थे। इस बीच प्रजा परिषद का एक सदस्य जम्मू में पुलिस की फायरिंग में मारा गया। इसके विरोध में दिल्ली में एक रैली की घोषणा की गई। इस रैली पर प्रतिबन्ध लगा दिया गया और धारा 144 लगा दी गई। इसके बावजूद प्रतिवादी रैली निकालने आए और पुलिस ने उन्हें गिरफ्तार कर लिया। मुखर्जी के साथ गुरुदत्त भी गिरफ्तार कर लिए गए। तकनीकी कारणों से चार लोगों को बाद में पुलिस ने रिहा कर दिया। ये चार व्यक्ति थे—श्यामा प्रसाद मुखर्जी, निर्मल चन्द्र चटर्जी (हिन्दू महासभा के प्रमुख), नन्दलाल शास्त्री (राम राज्य परिषद प्रमुख) और गुरुदत्त। हालाँकि पाँच-छह दिनों बाद गुरुदत्त को फिर से गिरफ्तार कर लिया गया। उन्हें डेढ़ महीने जेल में रहना पड़ा।[23]

जब कश्मीर जाने का परमिट दिए जाने में बहुत ज्यादा देरी होने लगी तो बिना परमिट के ही मुखर्जी और उनके दल ने कश्मीर जाने का निश्चय किया। श्यामा प्रसाद मुखर्जी के साथ जाने वालों में गुरुदत्त और टेकचन्द शर्मा थे। जब वे कश्मीर पहुँचे तो उन्हें गिरफ्तार कर लिया गया। इन नेताओं को एक बँगले में नजरबन्द रखा गया जो श्रीनगर से आठ-नौ मील की दूरी पर था। उन्हें वहाँ 12 मई, 1953 से 23 जून, 1953 तक रखा गया। मुखर्जी का 23 जून की सुबह देहान्त हो गया। उनके शव को कलकत्ता उनके घर भेज दिया गया। इन इकतालीस दिनों के साथ के दौरान गुरुदत्त की मुखर्जी के साथ गहन चर्चा हुई। इस दौरान गुरुदत्त ने नेहरू और उनकी कांग्रेस के बारे में गहन चिन्तन किया। उनको लगा कि नेहरू ने राजनीतिक परिस्थितियों का और गांधी की हत्या से उत्पन्न परिस्थितियों का अपने

हित में इस्तेमाल किया और लोगों को यह भ्रम हो गया कि नेहरू ही भारत हैं। दरअसल नेहरू गांधी की मदद से बड़े नेता बन गए थे और उनकी मृत्यु के बाद नेहरू ने अपने को गांधी का अनुयायी प्रचारित करके अपना राजनीतिक कद बढ़ा लिया था। उन्होंने देश को चकाचौंध कर दिया। गुरुदत्त ने मुखर्जी को उद्धृत किया है जिसमें मुखर्जी ने कहा है कि नेहरू गांधी का कुछ भी नहीं मानते। गुरुदत्त ने इसके लिए गांधी को ही जिम्मेदार माना है। उनके अनुसार गांधी में एक दोहरापन था। प्रत्यक्षतः वे एक हिन्दू थे और एक भक्त थे, लेकिन अपरोक्षतः उन्होंने हिन्दू विरोधियों और नास्तिकों को समर्थन दिया। ऐसा उन्होंने देश का हित समझकर किया या नेहरू परिवार के लिए किया, यह बता पाना मुश्किल था, लेकिन उन्होंने ऐसा ही किया। उनके अनुसार गांधी ने पूरे देश को 1920 के बाद से नेहरू परिवार के पीछे खड़ा कर दिया। अगर वे अपना अलग संगठन बनाते तो वे और अधिक सफल होते। गांधी ने हिन्दू, रामराज्य, परमात्मा, गीता आदि का नाम लेकर अन्ततः हिन्दुओं को नेहरू परिवार के पीछे लाकर खड़ा कर दिया।[24]

गुरुदत्त की कुछ ही मामलों में मुखर्जी से असहमति थी। भाषा के मुद्दे पर दोनों के विचार अलग थे। मुखर्जी अंग्रेजी के भारत में बने रहने के पक्ष में थे और उनको लगता था कि राष्ट्रीय भाषा के मुद्दे को भविष्य के लिए छोड़ देना चाहिए। गुरुदत्त को लगता था कि हिन्दी को देश की राष्ट्रभाषा बना दिया जाना चाहिए, बाकी चीजें अपने आप ठीक हो जाएँगी और सभी भाषाएँ हिन्दी में विलीन हो जाएँगी। सिर्फ तमिल, कन्नड़, मलयालम और बंगाली भाषाएँ अलग बनी रहेंगी। संस्कृत से अपने सम्बन्ध के कारण हिन्दी की शक्ति और उसकी सम्भावनाएँ अधिक हैं। इसमें भाव आ जाएँगे। यह भाव ही किसी भाषा की असली शक्ति है। दत्त मानते थे कि शब्द भंडार का बहुत महत्त्व नहीं है, शब्द धीरे-धीरे आते जाएँगे। वे मानते थे कि अंग्रेजी में भावों को भाषा में रखने की क्षमता बहुत कम है। संस्कृत में ढाई हजार धातु हैं और लाखों भावों को इसके माध्यम से प्रस्तुत किया जा सकता है। जिस भाषा में संस्कृत के शब्द भंडार से जुड़ने की शक्ति है वह बहुत शक्तिशाली भाषा है। हिन्दी इसी कारण बहुत महान भाषा है। लिपि के मामले में भी दत्त को लगता था कि हिन्दी की देवनागरी लिपि विश्व की सर्वश्रेष्ठ लिपि है। एक अन्य अन्तर मुखर्जी और गुरुदत्त के बीच समाजवाद शब्द के व्यवहार का था। गुरुदत्त मानते थे कि एक बार इस शब्द का व्यवहार शुरू करने के बाद गड़बड़ियाँ शुरू हो जाती हैं। इस शब्द के साथ बढ़नेवाला अन्ततः लोगों और संस्थानों के नियंत्रण की बात सोचने ही लगता है। इस शब्द के बदले वे एक-दूसरे शब्द—बुद्धिवाद (रेशनलिज्म) को सही मानते थे। वे चाहते थे कि सोशलिज्म को कुख्यातवाद घोषित किया जाए। गुरुदत्त जनसंघ के सम्पत्ति से सम्बन्ध में यह राय रखते थे कि सीमा आय की नहीं सम्पत्ति की ही होनी चाहिए। जनसंघ का कहना था कि आय

में किसी को भी न्यूनतम से बीस गुना से अधिक आय का अधिकार नहीं होना चाहिए। गुरुदत्त को लगता था कि इससे भी सम्पत्ति को बढ़ाना सम्भव है, इसलिए सीमा सम्पत्ति पर हो न कि आय पर।

गुरुदत्त राजनीति के बारे में बहुत सकारात्मक नहीं थे। उन्हें लगता था कि इस क्षेत्र में नृशंस लोग ही सफल हो पाते हैं। वे यह भी कहते थे कि राजनीति के ज्वर से पीड़ित व्यक्ति कोई भी निकृष्ट कार्य कर सकता है। वह अपने नजदीकी लोगों के प्रति भी क्रूर हो सकता है।[25]

गुरुदत्त जैसे चिन्तक और संवेदनशील व्यक्ति के लिए राजनीति की उठापटक को स्वीकार करना बहुत अधिक दिनों तक सम्भव न हो सका। कश्मीर से लौटने के बाद जनता के बीच राजनीति के लिए चलाए जाने वाले प्रयत्नों को देखकर उन्हें कष्ट हुआ। उस समय के नेतृत्व के साथ, जो दीनदयाल उपाध्याय के हाथ में था, उनकी पटरी नहीं बैठी और उन्होंने 1954 में पार्टी से सम्बन्ध समाप्त कर लिया। अपने पार्टी से अलग होने के बारे में उन्होंने अपने संस्मरण में जो विवरण दिया है उसके आधार पर यह कहा जा सकता है कि हिन्दुओं की राजनीति के क्षेत्र में राष्ट्रीय स्वयंसेवक संघ और अन्य लोगों के बीच एक अन्तर था। यहाँ तक कि श्यामाप्रसाद मुखर्जी को भी आरएसएस के लोग ठीक से नहीं ले पाते थे क्योंकि वे दूसरी तरह की राजनीति करके आए थे। संगठन के महत्त्वपूर्ण पदों पर बगैर मुखर्जी की जानकारी के नियुक्तियाँ होने लगीं और इसको लेकर गुरुदत्त बहुत दुखी हुए। विशेषकर वसन्त राव ओक को आरएसएस से अपने को अलग करने के निर्देश पर वे बहुत निराश हुए। ओक राजनीति में रहना चाहते थे। निर्देश का पालन नहीं करने के कारण उन्हें संघ से निकाल दिया गया। ओक की जगह दीनदयाल उपाध्याय को आगे बढ़ाया गया। ओक दिल्ली में प्रभावशाली थे। उनके साथ के लोगों को महत्त्वपूर्ण जगहों से अलग रखने की कोशिश हुई। टेकचन्द शर्मा को मुखर्जी और गुरुदत्त के साथ न भेजकर अटल बिहारी वाजपेयी को भेजने की चेष्टा हुई। शर्मा नहीं माने और चले गए। मुखर्जी के कारण वाजपेयी का जाना टला और शर्मा साथ गए। मुखर्जी की अचानक मृत्यु के बाद गुरुदत्त के साथ शर्मा भी मुखर्जी के शव के साथ कलकत्ता गए थे।

अगले वर्ष पार्टी का अधिवेशन बम्बई में हुआ। जनसंघ की विभिन्न शाखाओं ने मौलीचन्द्र शर्मा को जनसंघ का अगला अध्यक्ष चुन लिया था। अचानक दीनदयाल उपाध्याय ने घोषणा कर दी कि मौलीचन्द्र शर्मा नहीं उमाशंकर त्रिवेदी अध्यक्ष होंगे। मौलीचन्द्र ने इसका विरोध किया। बाद में त्रिवेदी ने ही अध्यक्ष बनने से इनकार कर दिया।

अगले वर्ष 1955 में दिल्ली म्यूनिसिपल कमेटी के लिए जनसंघ की कार्य समिति की बैठक हुई। इस काम के लिए पाँच सदस्यों की एक कमेटी बनी जिसके

अध्यक्ष गुरुदत्त थे। कमेटी के सेक्रेटरी कँवरलाल गुप्ता के साथ बैठकर गुरुदत्त ने पचास उम्मीदवारों के नामों का चयन कर लिया। इस बीच सूचना आई कि नामों की घोषणा न की जाए। आरएसएस से दो लोगों को भेजा गया ताकि उनकी सहमति से लिस्ट तैयार की जाए। इसे भी स्वीकार करने के बाद दीनदयाल उपाध्याय का टेलीफोन आया कि चुनाव समिति को पुनर्गठित किया जाएगा। असन्तुष्ट लोग अध्यक्ष मौलीचन्द्र शर्मा के पास अपनी शिकायत लेकर गए। उनको किसी बात की जानकारी नहीं थी। जब यह बात उपाध्याय को कही गई तो उन्होंने कहा कि राजनीतिक दलों में सेक्रेटरी ही सब कुछ होता है। गुरुदत्त को यह तानाशाही लगी। म्यूनिसिपल चुनाव तक वे चुप रहे लेकिन उन्होंने उसके बाद पार्टी को अपना त्यागपत्र सौंप दिया।

अगले तीन बरस वे पार्टी से एकदम अलग रहे। इस दौरान मौलीचन्द्र शर्मा कांग्रेस में शामिल हो गए। गुरुदत्त के पास भी कांग्रेस में शामिल होने का निमंत्रण था, परन्तु उन्हें यह स्वीकार्य नहीं था। उनके लिए यह सिद्धान्त का प्रश्न था। उन्होंने किसी और दल में अपना योगदान नहीं दिया। वे जनसंघ को सोशलिस्ट पार्टी अब तक नहीं मानते थे। वे इसे राष्ट्रीय पार्टी मानते थे। कुछ नेताओं ने उनसे वापस पार्टी में आने का अनुरोध किया। वे इस शर्त पर राजी हुए कि वे कोई भी पद नहीं लेंगे। 1959 से 1964 तक वे इसी तरह पार्टी के साथ जुड़े रहे। उसके बाद उन्होंने पार्टी का जीवन भर के लिए त्याग कर दिया।[26] इस दौरान उन्हें लग गया कि पार्टी राष्ट्रवाद से समाजवाद की ओर बढ़ रही है। इसके पीछे दीनदयाल उपाध्याय थे।

गुरुदत्त के पाँच उपन्यासों में राजनीतिक इतिहास

गुरुदत्त ने तेरह राजनीतिक उपन्यास लिखे। उनमें से पाँच—*स्वाधीनता के पथ पर* (1942), *पथिक* (1943), *स्वराज्य दान* (1947), *देश की हत्या* (1953), *दासता के नए रूप* (1955) को इस अध्ययन में रखा गया है। इसके अतिरिक्त गुरुदत्त की कुछ अन्य वैचारिक पुस्तकों को भी अध्ययन में शामिल किया गया है, ताकि गांधी और नेहरूयुगीन राजनीतिक परिदृश्य को गुरुदत्त ने कैसे देखा है इसके बारे में एक समझ बन सके।

गुरुदत्त ने व्यवस्थित रूप से कालखंड का विभाजन अपने उपन्यासों में किया है। *स्वाधीनता के पथ पर* उपन्यास में 1920 और 1935 का कालखंड लिया गया है। अगले उपन्यास *पथिक* में 1935 से 1939 को और *स्वराज्य दान* में 1939 से 1947 के कालखंड को लिया गया है। *विश्वासघात* और *देश की हत्या* में आजादी के पूर्व और आजादी के तुरन्त बाद के समय को रखा गया है, जिस समय साम्प्रदायिक दंगों के कारण एक बड़ी समस्या देश के सामने खड़ी हो गई थी। *दासता के नए*

रूप में स्वतंत्रता के बाद के समय को रखा गया है। इन सभी उपन्यासों पर इसी क्रम में चर्चा करना उचित होगा।

स्वाधीनता के पथ पर उपन्यास में गांधी के अहिंसक आन्दोलन से लेकर 1935 के समय को रखा गया है। इस दौरान कांग्रेस मुख्य राजनीतिक शक्ति के रूप में उभरी। इस दौरान आतंकवादी आन्दोलन भी चलते रहे जिनसे जुड़े लोगों के लिए गांधी का रास्ता सही नहीं था। इस उपन्यास के केन्द्र में एक युवती पूर्णिमा और एक आदर्शवादी युवक मधुसूदन है। उनके माध्यम से राजनीतिक परिवर्तन की कथा गुरुदत्त ने कही है।

पूर्णिमा एक राष्ट्रवादी परिवार से थी और वह खुद बनारस के एक आतंकवादी ग्रुप की सदस्य के रूप में सक्रिय थी। उसका भाई नरोत्तम भी उसी आतंकवादी संगठन का सदस्य था। उस दल के लोगों ने एक योजना के अन्तर्गत इलाहाबाद के अत्याचारी कलेक्टर की हत्या का षड्यंत्र रचा। इस योजना के अनुसार पूर्णिमा ने एक बाई के रूप में काम किया। योजना सफल हुई और बम विस्फोट में वह कलेक्टर मारा गया। पूर्णिमा राय साहब कुंज बिहारी लाल माथुर के माध्यम से एक नर्तकी के रूप में कार्यक्रम में आई। राय साहब के पुजारी का बेटा मधुसूदन नरोत्तम का मित्र था। मधुसूदन को इस षड्यंत्र के बारे में पता चल गया। पचास वर्षीय विधुर राय साहब स्वजातीय पूर्णिमा से विवाह करना चाहते थे, लेकिन उसके मन में मधुसूदन के प्रति प्रेम था। इस उपन्यास में नाटकीयता के तत्त्व की प्रधानता है, परन्तु इससे इसमें वर्णित प्रसंगों का ऐतिहासिक महत्त्व कम नहीं होता। आतंकवादी क्रान्तिकारी समूहों में व्याप्त समस्याओं को इसमें बहुत विस्तार से चित्रित किया गया है। क्रान्तिकारी आपस में मतभेद रखते थे। दल के प्रति समर्पण बहुत जरूरी माना जाता था और जो भी दल के नेतृत्व का कहना नहीं मानता था उसे रास्ते से हटाने को भी दल के अनुशासन के लिए जरूरी समझा जाता था। कमल जैसे युवा भी इस दल के सदस्य थे, जो नैतिक रूप से थोड़े कमजोर थे और जिन्हें दल की किसी लड़की से शारीरिक सम्पर्क रखने में कोई बुराई नहीं दिखलाई पड़ती थी। कमल बहादुर था। दल के मुखिया धीरेन्द्र को इसके कारण मृत्युदंड देने में हिचक थी, इसलिए उसने कमल को दल छोड़कर चले जाने का आदेश दिया। उसे मृत्युदंड इसलिए नहीं दिया गया क्योंकि उसके देशप्रेम और साहस के प्रति सबके मन में सम्मान था। कमल ने ग्रुप के भीतर अपना एक ग्रुप भी बना लिया था। कुछ दिनों बाद कमल के कारण मधुसूदन को पुलिस ने नरोत्तम के बनारस वाले घर से गिरफ्तार कर लिया। नरोत्तम पूरी तरह से निर्दोष था, लेकिन पुलिस ने उसे आतंकवादी गिरोह से जुड़ा माना। पुलिस ने उस पर इतना अत्याचार किया कि वह मरने के कगार पर पहुँच गया। उसे डेटेनु (ऐसा कैदी जिस पर कोई विशेष आरोप न हो लेकिन फिर भी सन्देह के आधार पर बन्दी बनाकर रखा जा सके)

बना लिया और उसे झाँसी की जेल में भेज दिया गया।

इस बीच पूर्णिमा को आतंकवादी क्रान्तिकारिता के पथ पर विश्वास नहीं रह जाता। वह गांधीवादी के अहिंसा के सिद्धान्त से निष्ठापूर्वक जुड़ जाती है। वह बनारस छोड़ अपने परिवार को लेकर कलकत्ता चली जाती है। वहाँ वह फिल्मों में काम करने लगती है और कांग्रेस का काम भी करती रहती है।

जब साइमन कमीशन भारत आया, भारत में कांग्रेस के कार्यकर्ताओं ने जगह-जगह पर इसके विरुद्ध प्रदर्शन किए। पूर्णिमा कलकत्ता में कांग्रेस की एक प्रमुख नेत्री बन चुकी थी।

1930 में गांधी ने दांडी मार्च किया जब वाइसराय से गांधी की वार्ता विफल हुई। कांग्रेस ने पूर्ण स्वराज का संकल्प ले लिया था। इस परिस्थिति में पूर्णिमा अहिंसा के आदर्श के प्रति समर्पित सैकड़ों स्त्री कार्यकर्ताओं के साथ एक रैली का नेतृत्व करती है। उस रैली को देखने के लिए उमड़ी भीड़ में वह कमल को देखती है और उसे अन्दाजा हो जाता है कि क्रान्तिकारी कमल किसी हिंसक वारदात के लिए वहाँ आया है। कमल ने पुलिस अफसर की हत्या के उद्देश्य से गोली चलाई। पूर्णिमा अफसर की रक्षा के लिए बीच में आ गई। गोली उसे लगी। गोली से वह मरी नहीं। बाद में पुलिस जाँच के दौरान उसने गोली चलानेवाले कमल को पहचानने से इनकार कर दिया। पक्की गांधीवादी पूर्णिमा अपने आदर्श का पालन करने के लिए ऐसा कर रही थी। उसने किसी शत्रु को नुकसान पहुँचाना भी अपने गांधीवादी आदर्श के विरुद्ध समझा।

कमल के दल में द्विवेदी नामक युवक शामिल था जो असल में धीरेन्द्र (दादा) का वफादार था और इस दल में इसलिए था ताकि वह दादा को इस दल की गतिविधियों से अवगत रख सके। उसने पंजाब के आतंकवादी क्रान्तिकारियों की कलकत्ता आकर बंगाल के क्रान्तिकारियों से सम्पर्क बनाने में मदद भी की। हरान का एक दल है जो मैमन सिंह (बंगाल के पूर्वी हिस्से का जिला) में सक्रिय था। इस दल के लोग विस्फोटक सामग्री बनाकर आतंकवादी क्रान्तिकारी संगठनों को गुप्त रूप से देते थे। वे ऐसे पैकेट भी बना सकते थे जिसे खोलनेवाला मारा जा सकता था। इस प्रकार की गतिविधि से क्रान्तिकारी किसी सरकारी अधिकारी को मार सकते थे। अब पूर्णिमा को यह ठीक नहीं लगता। वह बीमार पड़ जाती है। उसे टीबी हो जाती है। उसे राँची भेज दिया जाता है। झाँसी की जेल में मधुसूदन को पूर्णिमा को रैली में गोली लगने की घटना की खबर अखबार के माध्यम से पता चलती है। वह व्याकुल हो उठता है और जेल से भाग जाता है। झाँसी की जेल का जेलर उसके प्रति सहानुभूति रखता है और वह एक-दूसरे आदमी की लाश की शिनाख्त मधुसूदन के रूप में करके एक तरह से मधुसूदन के लिए यह विकल्प बना देता है कि वह अपना नाम बदलकर एक दूसरा जीवन शुरू कर सके। अब

मधुसूदन 'मर' चुका था। मधुसूदन की मृत्यु की खबर से पूर्णिमा बहुत आहत होती है और उसकी अवस्था बिगड़ जाती है। लेकिन कई महीनों के बाद मधुसूदन उसके पास जीवित अवस्था में पहुँचकर उसे चकित और प्रफुल्लित कर देता है। मधुसूदन को जीवित देखकर उसका भाई और अन्य लोग बहुत प्रसन्न होते हैं। अब दोनों विवाह करके एक निश्चिन्त और सुखद जीवन व्यतीत कर सकते थे। इस बीच राय साहब कलकत्ता आते हैं और अपनी सम्पत्ति से पूर्णिमा की मदद करते हैं। पूर्णिमा के गांधीवादी आदर्श फिर से उसे रोकते हैं। मधुसूदन का जेल से भागकर इस तरह आना उसे सही प्रतीत नहीं होता। एक सत्याग्रही के आदर्श का पालन करते हुए वह विवाह से इनकार कर देती है। वह मधुसूदन को आत्मसमर्पण के लिए राजी भी कर लेती है। यह जेलर के सामने करना उसे सही प्रतीत होता है, ताकि दयालु जेलर पर उसके भाग जाने का कलंक मिट सके। पर जेलर से मिलने पर उसे जेलर खुद यह सलाह देता है कि उसे आत्मसमर्पण नहीं करना चाहिए। पूर्णिमा की मृत्यु हो गई। गांधी के प्रति समर्पण के कारण न पूर्णिमा सुखी हो सकी और न ही कोई और।

परोक्षत: यह एक रोमांस है, परन्तु इसमें गांधी युग के राजनीतिक आदर्श की कुछ कम चर्चित बातें भी हैं। क्रान्तिकारी आतंकवाद के आदर्श और गांधीवादी अहिंसा के बीच के द्वन्द्व को पूर्णिमा और अन्य पात्रों के माध्यम से इसमें रखा गया है। पूर्णिमा जब शुरू में क्रान्तिकारी थी उसने मधुसूदन को स्वाधीनता के लिए क्रान्ति के आदर्श को स्वीकार करने के लिए कहा। मधुसूदन का विश्वास है कि देश को चरित्र की अधिक जरूरत है, आजादी उसके बाद की चीज है। यह चरित्र देश के आर्यों के अपने प्राचीन आदर्शों के अनुकरण से ही प्राप्त हो सकता है।[27] पूर्णिमा के लिए स्वाधीनता ही सबसे महत्त्वपूर्ण है।[28]

इस उपन्यास का एक अध्याय—आतंकवाद सबसे महत्त्वपूर्ण है। आतंकवादी क्रान्तिकारी दल की मीटिंग्स और उनके आपसी राग-द्वेष आदि का विशेष चित्रण इसमें है। इस दल में कुल बीस लोग हैं, जिनमें नौ लड़कियाँ हैं। इस दल की वार्षिक मीटिंग में दल के सामने आय-व्यय का ब्योरा दिया जाता है। चन्दे से कुल आय दो सौ पैंतालीस रुपए है। खर्च को पूरा करने के लिए तीन डकैतियाँ की गईं। इन डकैतियों में ज्यादा कुछ नहीं मिला, सिर्फ आठ हजार और चालीस रुपए मिले। जब इससे काम नहीं हुआ तो पूर्णिमा ने एक फिल्म कम्पनी में काम किया, जिससे डेढ़ हजार रुपए की आमदनी हुई। पाँच सौ रुपए उसके भाई नरोत्तम से प्राप्त हुए, जो उसे बीमा के काम से मिले थे। एक हजार और रुपए ग्रुप के नेता से मिले। यानी कुल आय दस हजार सात सौ और पच्चासी रुपए। इसमें से दस हजार तीन सौ रुपए खर्च हुए। दो हजार तीन सौ रुपए यात्रा पर और आठ हजार फैक्टरी खर्च में (जिसमें रिवॉल्वर, कारतूस आदि का खर्च शामिल था)। चार सौ पचास रुपए उनके हाथ में थे।[29]

दल के कुछ सदस्य यह सोचते थे कि इस वर्ष एक्शन कम हुए। दल के नेता ने समझाया कि लोगों का अधिक ध्यान अभी गांधी के आन्दोलन पर है, इसको ध्यान में रखते हुए कम एक्शन किए गए ताकि भविष्य में कुछ अधिक किया जा सके। नेता को लगता है कि गांधी का आन्दोलन विफल होगा ही। तब फिर से एक्शन के लिए मौके आएँगे। इस साल भविष्य की तैयारी के लिए लगे रहने की जरूरत थी इसलिए कम एक्शन हुए।

कुछ बातें इस बात पर हुईं कि दल में कुछ लड़कियों को साथ के अन्य सदस्यों की तुलना में अधिक महत्त्व दिया गया। यह उनके कुछ अन्य सदस्यों के साथ विशेष ताल्लुकात के कारण हुआ था, ऐसा आरोप लगाया गया। यह भी कहा गया कि दल के सदस्यों में से कुछ लोगों ने अपनी आय का एक हिस्सा ही दल को दिया और बाकी अपने पास रख लिया। बहस में यह बात भी उभरकर आई कि दल के पुरुष सदस्य ने लड़की सदस्य के साथ दैहिक सम्बन्ध के लिए जोर-जबरदस्ती करनी चाही थी, जिसे मुश्किल से रोका जा सका था। इस बहस के बाद गोली भी चल गई। कठिनाई से शान्ति बहाल की जा सकी। दंड के लिए निर्णय दल-नेता के ऊपर छोड़ दिया गया।[30]

अगले दिन कमल दल के नेता से मिलने आया। उसे दल को छोड़कर जाने का हुक्म दिया गया। उसे अपने साथ कुछ साथियों को ले जाने की अनुमति भी दी गई। नरोत्तम को धीरेन्द्र के इस निर्णय से आश्चर्य हुआ, क्योंकि इस तरह कमल को जिन्दा छोड़ देने से दल को खतरा था। धीरेन्द्र का कहना था कि कमल बहुत निडर है और उसकी बहादुरी के कारण उसको छोड़ देना उचित है। कमल इससे बहुत चकित होता है। वह पूरी तैयारी के साथ लड़ने के लिए आया था। बाद में धीरेन्द्र ने नरोत्तम को कहा कि कमल पूरी तैयारी से आया था और उसे मारना सम्भव न था।

क्रान्तिकारी आतंकवादी दलों की कार्य-प्रणाली और आपसी रिश्तों को लेकर जानकारी कम ही दी जाती है। इस तरह के विवरण से कुछ बातें स्पष्ट होती हैं। इन आतंकवादी संगठनों से जुड़े लोग जान हथेली पर लेकर एक्शन करते थे और उनमें से कुछ लोग लगातार इस तरह जीते हुए परेशान भी होते थे और उनके बीच मतभेद भी उभरते थे। पूर्णिमा भी इस जीवन और इससे जुड़ी अनिश्चितताओं के कारण इस मार्ग से दूर हटी। एक दिन उसने स्वप्न देखा कि टांडा के एक पोस्ट ऑफिस की डकैती के दौरान उसका भाई नरोत्तम भी गया था। उसने देखा कि इस डकैती में गए सभी लोग खून से लथपथ एक रेगिस्तान में पड़े हुए थे। घबड़ाकर वह ईश्वर की पूजा करने लगी, तब तक करती रही जब तक उसे मूर्ति का स्वर न सुनाई दिया। वह मूर्ति से मधुसूदन की आवाज में सुनती है कि देश की स्वतंत्रता डकैती करके हासिल नहीं हो सकती। इससे तुम लोग पतित हो जाओगे। पूर्णिमा को महसूस हुआ कि उसे कोई आशीर्वाद दे रहा है। बाद में उसे धीरेन्द्र का स्वर

सुनाई दिया कि सभी सुरक्षित हैं। इस घटना के बाद पूर्णिमा ने अलग तरीके से सोचना शुरू कर दिया। उस दिन के बाद उसका आतंकवादी दल के साथ सम्बन्ध शिथिल हो गया।[31]

पूर्णिमा को लगने लगा कि देश को अच्छे नेतृत्व की जरूरत है जो देश का मार्गदर्शन कर सके। किसी राजनीतिक दल के गठन के पूर्व देश के लोगों की सामाजिक उन्नति के लिए प्रयास करना उसे जरूरी लगने लगता है। ऐसा होने के बाद सच्चे नेताओं का उभरना शुरू हो सकेगा और उसके बाद देश की स्वाधीनता का मार्ग प्रशस्त हो जाएगा।

आतंकवादी संगठनों के बीच आए वैचारिक परिवर्तनों के इतिहास से परिचित किसी के लिए इस तरह की बातें नई नहीं हैं। ऐसे कई उदाहरण उपलब्ध हैं जिनमें ऐसे दल के सदस्यों के बीच किसी लड़की को लेकर विवाद हुआ, और उस विवाद के बाद दल के नेता ने किसी को दल से बाहर निकल जाने के लिए कहा। दल से निकलने के समय उसे हथियार या किसी अन्य प्रकार का सहयोग भी दिया गया, ऐसे उदाहरण भी हैं। क्रान्तिकारी दल के भीतर डकैती का विरोध भी सदस्यों के बीच हुआ था। मूल समस्या धन की थी। कांग्रेस जैसे संगठन के पास धनपतियों का आर्थिक सहयोग था, लेकिन क्रान्तिकारियों के पास अपने लिए संसाधन जुटाने के लिए राजनीतिक डकैती का ही विकल्प था।

उपन्यास के अगले हिस्से में सेठ कुंज बिहारी लाल की कहानी कही गई है। वे राय साहब थे और उनके पास बहुत सम्पत्ति थी। वे हर वर्ष पाँच हजार रुपए से अधिक आयकर सरकार को देते थे। उन्हें कोई दिक्कत नहीं थी जब तक वे सरकार के साथ थे और इसके बदले सरकार का उन्हें समर्थन प्राप्त था। पर, जैसे ही उन्होंने प्रतिवादस्वरूप सरकार से प्राप्त उपाधि लौटा दी, उनको सरकारी तंत्र का सहयोग मिलना बन्द हो गया और पग-पग पर दिक्कत होने लगी। तंग आकर वे अपनी सम्पत्ति को बेचकर इलाहाबाद शहर छोड़कर कलकत्ता चले गए। जब वे इलाहाबाद में थे उन्हें क्रान्तिकारी दल की एक चिट्ठी मिली जिसमें उनसे पचास हजार रुपए देने के लिए कहा गया था। उस चिट्ठी को लेकर राय साहब अंग्रेजी अधिकारियों के पास गए थे। उन्हें सरकार का समर्थन नहीं मिला। सरकार उन लोगों की सुरक्षा के प्रति ही सचेत होती थी जो अंग्रेजों के साथ रहते थे। कहा गया कि अपनी सुरक्षा के लिए उसे कांग्रेस के पास जाने का पूरा अधिकार है। चूँकि वे सरकार के लिए नहीं सोचते इसलिए सरकार भी उनके लिए क्यों सोचे?[32]

मधुसूदन जब अपने मालिक कुंज बिहारी लाल साहब की बात सुनता है तो यही कहता है कि सरकारी अधिकारियों के इस तरह के व्यवहार से आश्चर्य नहीं होना चाहिए। मधुसूदन के अनुसार या तो कोई अन्यायी सरकार का समर्थन करे या फिर तैंतीस करोड़ जनता का। सरकार उनके साथ ही होती है जो पहली श्रेणी में हैं।

कुंज बिहारी लाल को पचास हजार रुपए जिस ठिकाने पर पहुँचाने के लिए कहा गया, वह नरोत्तम का घर था। उस समय तक आतंकी दल ने अपना ठिकाना बदल लिया था। यह एक आम बात थी। दल के सदस्य भी दूसरे दल के सदस्य को नहीं जानते थे। वे सिर्फ अपने दल के नेता को ही जानते थे। इसके कारण एक दल के सदस्य के पकड़े जाने के बाद दूसरे दल के सदस्यों के बारे में कोई सूचना नहीं मिल पाती थी। कभी-कभी अपने दल के लोगों को भी सभी सदस्य नहीं जानते थे। पूरे दल के केन्द्र में बस दल का नेता ही होता था। उसी के पास दल के केन्द्र का पता भी होता था। जैसे ही पता परिवर्तित होता, सब कुछ बदल जाता था।

लाल से पैसे लेने का आइडिया कमल का था, लेकिन वह इसमें सफल नहीं हो सका। लाल दल के आने के पहले ही अपना सब कुछ लेकर घर से जा चुका था। कमल के दल का एक सदस्य श्रीहर्ष पुलिस द्वारा पकड़ लिया गया और उसके माध्यम से पुलिस को कुछ जानकारी मिल गई। इस पूरे विवरण में यह समझा जा सकता है कि किसी भी एक्शन में दल का नेता ही सब जानता था और दल के अन्य लोग बस उस दल के नेता के अनुसार ही इसमें शामिल होते थे। दल के सदस्य के पकड़े जाने पर दल के नेता के नाम के अलावा कुछ भी पुलिस को पता नहीं चल पाता था, क्योंकि सदस्य को इसके अलावा कुछ पता होता ही नहीं था।

मधुसूदन को पुलिस पकड़ लेती है और उस पर बहुत अत्याचार किया जाता है, पर कोई लाभ नहीं होता। वह बेचारा किसी आतंकी दल का सदस्य भी नहीं था। श्रीहर्ष पर पुलिस का दबाव आता है कि वह मधुसूदन को गिरोह का सदस्य बता दे। प्रलोभन पाकर भी श्रीहर्ष इस बात के लिए राजी नहीं होता। वह पुलिस को दल के बारे में बताने के लिए इसलिए राजी हुआ था क्योंकि उसे लग रहा था कि यह पथ सही नहीं है, लेकिन मधुसूदन के विरुद्ध गवाही देना देश के विरुद्ध है और इससे एक निर्दोष को सजा मिल जाती, इसलिए वह ऐसा नहीं करता है।

इस उपन्यास का एक रोचक प्रसंग मैमन सिंह के कुछ शिक्षित नौजवानों और उनके क्रान्ति के लिए किए गए प्रसंग से जुड़ा है। ये लोग एक लोहा गलाने की फैक्टरी चलाते थे और वहाँ बम बनाते थे। हरेन दास नामक नौजवान इसका मालिक था। वह कलकत्ता विश्वविद्यालय से बी.ई. (इंजीनियरिंग) पास था। वह मुनाफे के लिए नहीं अपने उद्देश्य के लिए जीता था। उसके इर्द-गिर्द कुछ नौजवान साथी थे जो उस फैक्टरी में पाँच साल से काम करते थे। वे भी अपनी आय पर ध्यान दिए बिना इस काम में हरेन दास के साथ लगे हुए थे। उस फैक्टरी के कर्मचारियों को बेहतर सैलरी देकर अपनी ओर लाने का एक प्रयास किसी मथुरा बाबू ने किया लेकिन वे सफल नहीं हो सके। हरेन की फैक्टरी के मैनेजर निर्मल को जो ढाका का रहनेवाला था किसी भी तरह ज्यादा तनख्वाह का लोभ देकर अपने यहाँ लाने में मथुरा बाबू सफल नहीं हो सके। दरअसल हरेन दास इस फैक्टरी को मिलजुल

कर इस तरह चलाता था कि सभी कर्मचारियों को लगता था कि वे सभी इसके मालिक हैं। सभी काम करनेवाले एक क्रान्तिकारी संगठन के सदस्य थे।

बनारस के धीरेन्द्र के दल का हरेन से सम्पर्क था। उसे बम हरेन से ही मिलता था।[33]

एक पंजाबी नौजवान बम के लिए हरेन के पास आया। ये बम लकड़ी के बॉक्स में छुपाकर उसे दिए गए। पंजाब, मैमन सिंह और बनारस के क्रान्तिकारियों के बीच गुप्त रूप से काम होता था। 1928 के साइमन कमीशन के विरोध के समय से राजनीति और सरकार का विरोध तेज हो गया था। जहाँ-जहाँ लोग प्रतिरोध करते पुलिस उनसे बहुत अधिक सख्ती से पेश आती। लाजपत राय को भी पीटा गया, जिसके कारण ऐसा कहा जाता है कि उनकी मौत हो गई। उनके अलावा सर्वमान्य नेता जवाहरलाल नेहरू को भी लखनऊ में लाठी खानी पड़ी। आखिरकार, कांग्रेस पूर्ण स्वराज की माँग करने लगी। उसने एक बरस का समय सरकार को इसके लिए दिया। कांग्रेस ने कहा कि अगर इस एक साल में भारत को पूर्ण स्वराज नहीं दिया गया तो देश को स्वाधीन घोषित कर दिया जाएगा। इसके अनुसार 1929 के अन्तिम दिन कांग्रेस ने एक बरस के अल्टीमेटम के समाप्त होने के बाद स्वतंत्रता की घोषणा कर दी।[34] अब यह साफ था कि कांग्रेस देश की स्वाधीनता के लिए सब कुछ बलिदान करने को तैयार थी।

इस समय क्रान्तिकारियों के बीच मंथन चल रहा था। पंजाब के एक नौजवान ने माना कि जब वह क्रान्तिकारी बना था तो उसे लगता था कि इसमें सभी लोग शामिल थे और वे सभी देश की स्वाधीनता के लिए अपना सर्वस्व अर्पित कर सकते थे। वह कॉलेज से निकला ही था और एक नेता के भाषण से वह इतना प्रभावित हुआ था कि क्रान्तिकारी दल में शामिल हो गया। बाद में उसे लगा कि उसके दल के सदस्य विदेशी वस्तुओं के शौकीन हैं और उनके बीच में विदेशी विचारों का महत्त्व भारतीय विचारों से अधिक है। उन्हें भारतीय परम्पराओं, ग्रंथों और विचारों पर कोई अभिमान नहीं था। उन लोगों ने वेद को देखा तक न था और रामायण और महाभारत उनके लिए मिथक भर थे। वे अपने देश के इतिहास के बारे में कम जानते थे, लेकिन इंग्लैंड के इतिहास, शेक्सपियर और मिल्टन के साहित्य और बर्क और ग्लेडस्टोन के उद्धरणों से खूब परिचित थे। उनकी राजनीति भी यूरोप की राजनीति की नकल थी। वे कार्ल मार्क्स को बहुत ज्ञानी समझते थे और उन्हें गौतम और कणाद से ज्यादा बड़ा ज्ञानी समझते थे। वे लेनिन और ट्राट्स्की को अशोक और विक्रमादित्य से बड़ा समझते थे। वे धर्म की निन्दा करते थे क्योंकि रूस में इसकी निन्दा होती थी। इससे उस नौजवान को बहुत निराशा हुई।

उस नौजवान को यह भी लगता था कि इन पश्चिमपरस्त साथियों का नैतिक चरित्र भी ठीक नहीं था। वे बड़े परिवारों की लड़कियों को फुसलाते थे और उनको

दल में लाकर शोषण करते थे। जब कोई गर्भवती हो जाती तो गर्भपात भी करवाने में उन्हें कोई दिक्कत नहीं होती। डकैती करके वे पैसे इकट्ठे करते थे।

दल में आने के छह महीने बाद पंजाबी लड़के की लड़ाई अपने साथियों से शुरू हो गई। उसे दल के लोगों ने मार डालने का निश्चय किया। वह पंजाबी लड़का लाहौर से भाग गया। वहाँ से भागकर वह दिल्ली, बरेली और लखनऊ होते हुए अन्त में कलकत्ता पहुँच गया। पुलिस ने उसका पीछा किया। लखनऊ में साथी की मदद से वह पुलिस की आँखों में धूल झोंकने में सफल हो गया। उसकी चिन्ता पुलिस से अधिक अपने दल के लोगों को लेकर थी जो उसे मारने के लिए उसे ढूँढ़ रहे थे।

क्रान्तिकारी संगठनों से जुड़े नौजवानों के लिए राजनीतिक काम को करने में बड़ी असुविधाएँ थीं। पुलिस का डर तो था ही, साथ ही अपने दल के साथ मिलकर काम करने की भी अपनी जटिलताएँ थीं। द्विवेदी और पूर्णिमा के माध्यम से ऐसे लोगों के राजनीतिक काम को करने की एक कहानी इसी रूप में सामने आई है। अंग्रेजों के खिलाफ लड़ने, अपनी परवाह न करके देश की उन्नति और स्वतंत्रता के लिए सर्वस्व न्योछावर कर देने का आदर्श रखनेवाले भी बहुत सारी ऐसी समस्याओं से घिरे रहते थे जो भारतीयों की आन्तरिक समस्याएँ थीं। भारत को किस तरह आगे बढ़ना चाहिए, कौन सा मार्ग अपनाना चाहिए इसको लेकर कांग्रेसी-गांधीवादी मत से क्रान्तिकारी लोग एकमत नहीं थे। गांधी के प्रति उनके मन में आदर था, लेकिन वे समझते थे कि गांधी का मार्ग सही नहीं है। देश की आजादी के लिए अहिंसक आन्दोलन यथेष्ट नहीं। जब भी आजादी मिलेगी, हिंसा की ताकत से ही मिलेगी।

गुरुदत्त के इस उपन्यास में चरित्र और घटनाएँ नाटकीयता के साथ चित्रित हुए हैं, जो सिनेमा के शिल्प से प्रभावित लगते हैं। इस चित्रण में कल्पना का पुट अधिक है। लेकिन इसमें समय के इतिहास की छवियाँ भी उभरकर आती हैं। एक प्रसंग गांधी के खादी प्रचार से जुड़ा है। कुंज बिहारी लाल एक धनी व्यक्ति थे और उनके पास चन्दे के लिए कांग्रेस के लोग आते थे। कुंज बिहारी लाल को यह पूरा मामला ठीक नहीं लगता था। उससे एक खादी समर्थक कांग्रेसी पशुपति नाथ और मौलाना करीम बख्श ने मदद के लिए कहा। उस समय गांधी ने कहा था कि पचास लाख रुपए की राशि कांग्रेस के रचनात्मक कामों के लिए जुटाने की जरूरत है।[35] कुंज बिहारी लाल को लगता था कि इस तरह के उपक्रम में दबाव लोगों पर आता है और चालाक-चतुर बीच के लोग इस स्थिति में दोनों तरफ रहकर अपना उल्लू सीधा करते हैं। जो लोग आए थे, वे अपनी ओर से तो कुछ विशेष योगदान नहीं देते थे, लेकिन सेठों से अधिक से अधिक लेने की फिराक में रहते थे। लेकिन सरकार को देने में वे इस तरह की चालाकी नहीं करते थे। कुंज बिहारी लाल को

लगता था कि गांधी को बिजनेस की ज्यादा समझ नहीं थी। वे बगैर किसी क्षेत्र के बारे में पर्याप्त जानकारी के उस क्षेत्र के लोगों को विशेष निर्देश देते थे। वे अर्थ के क्षेत्र में अर्थशास्त्री को, मेडिकल के क्षेत्र में चिकित्सक को, इतिहास के मामले में इतिहासकार को निर्देश देते रहते थे। वे संस्कृत जाने बिना गीता का अनुवाद जैसा काम करते थे।[36]

कुंज बिहारी जैसे लोग गांधी के इस प्रकार के विरोध के कारण अलोकप्रिय हो जाते थे। वे चन्दा लेनेवाले से पूछते थे कि आपने कितना दिया, हजारों रुपए के खादी कपड़े लेकर उसके हिसाब का क्या किया? इस तरह के प्रश्नों से कांग्रेसी लोग नाराज होते, उन्हें लगता था कि गांधी और गांधीवादियों के बारे में इस तरह के प्रश्न करने का कोई औचित्य नहीं है।

पूर्णिमा ने गांधी के आदर्श को आत्मसात् कर लिया था। उसे कुंज बिहारी की तरह गांधी के बारे में कोई शंका नहीं थी।[37]

गुरुदत्त के उपन्यासों में यह बार-बार आता है कि कांग्रेस के गांधीवादी नेतृत्व से इतर देशप्रेमियों के और भी दल सक्रिय थे। ये सभी अंग्रेजों से लड़ना चाहते थे और देश की आजादी के लिए सचेष्ट थे। इन लोगों के बीच गांधी के प्रति श्रद्धा थी लेकिन उनके राजनीतिक कार्यक्रमों के साथ वे नहीं थे। यह कांग्रेसी नेतृत्व उन्हें ढुलमुल लगता था।

इन लोगों के लिए गांधी राजनीतिक आदर्श नहीं थे।

गांधी के प्रति आलोचनात्मक रवैया रखने वालों में सबसे प्रमुख क्रान्तिकारी लोग थे जो हर सम्भव कोशिश कर रहे थे कि एक्शन के द्वारा अंग्रेजों का विरोध जारी रहे। उपन्यास में एक घटना का वर्णन है जिसमें नववर्ष के उपहार के पार्सल में बम छुपाकर भेज दिया गया। इस पार्सल को खोलकर देखनेवाला विस्फोट से मारा जाता था। इस पार्सल बॉक्स को हरेन की आयरन फैक्टरी में तैयार किया गया था और उसे क्रान्तिकारी ले गए थे। इस तरह के विस्फोट से कई लोगों की जानें गईं और प्रशासनिक हलकों में भय का वातावरण बन गया। हेविट नामक अधिकारी भी मारा गया। नरोत्तम और पूर्णिमा के बीच के वार्तालाप के माध्यम से एक बहस का उल्लेख हुआ है। अहिंसावादी हो चुकी पूर्णिमा का कहना है कि इससे निर्दोषों की जान जाती है। नरोत्तम ने कहा कि तैंतीस करोड़ भारतीय पीड़ा में हैं क्योंकि लोगों ने अपनी आत्मा बेच दी है। ये हिन्दुस्तानी ही थे जिन्होंने अपने स्वार्थ के लिए अंग्रेजों का सहयोग किया और उनका इस देश पर राज हो जाने दिया।

यह उन दिनों की बात है जब गांधी और इरविन के बीच चिट्ठी-पत्री चल रही थी। गांधी ने अपने एक पत्र में वाइसराय को लिखा था कि ब्रिटिश शासक बड़ी तनख़्वाहें पाते हैं लेकिन फिर भी वे भारतीयों के दुखों पर ध्यान नहीं देते, इसलिए भारत को स्वाधीन होना चाहिए। गांधी ने सरकार को टैक्स देना बन्द कर देने की

भी बात की थी। उसी समय गांधी ने क्रान्तिकारियों के नाम एक चिट्ठी भी लिखी जिसमें उनके पथ को गलत बताया था और उन्हें अपनी कार्यवाहियों को रोकने के लिए कहा था। ऐसा अगर उन्होंने किया तो अगले दो-तीन सालों में एक बेहतर समय आ सकता है, ऐसा भी उन्होंने कहा।[38]

गांधी की यह बात नरोत्तम जैसे क्रान्तिकारियों के लिए हास्यास्पद थी। उन्हें लगता था कि हिंसक शक्ति का मुकाबला हिंसा के द्वारा ही सम्भव है। गांधी से पहले बुद्ध के समय से ही बहुत सारे महात्मा पैदा होते रहे हैं और उन्होंने समाज की कमजोरियों को दूर करने में सफलता नहीं पाई। देश के लोगों की अज्ञानता और भीरुता को दूर करने की जरूरत बनी हुई है। गांधी को लोगों ने अपना पूरा समर्थन दिया, लेकिन वे विफल रहे। एक साल में स्वराज का उनका संकल्प सफल नहीं हुआ, उनका असहयोग आन्दोलन विफल रहा। अंग्रेजों को हटाने में सफल नहीं होने के बाद लोग अंग्रेजों से अनुनय-विनय में लग गए। हिन्दू और मुसलमान आपस में ही लड़ने लगे। नरोत्तम को लगता था कि साम्प्रदायिक दंगों से असहयोग आन्दोलन की विफलता का सीधा सम्बन्ध है। उसे यह भी लगता था कि यह देश का दुर्भाग्य है कि देश की राजनीति 'जैनियों' (अहिंसावादी) के हाथ में है।[39] दूसरी ओर पूर्णिमा और अन्य गांधी भक्तों के लिए गांधी का देशव्यापी प्रभाव इस बात का सबूत था कि वे सही मार्ग पर हैं।[40]

नए साल के विस्फोट की तहकीकात पुलिस करती रही लेकिन धीरेन्द्र और उसके साथियों को पकड़ नहीं सकी। दो महीने बीत गए। ऐसी स्थिति में जब पुलिस क्रान्तिकारियों को पकड़ नहीं पाती उसके पास एक हथियार था—शक के बिना पर किसी को 'डिटेन्यू' बना लेना और उसे तंग करना।

हरेन जैसे क्रान्ति से जुड़े लोगों से लोगों की भीतरी सहानुभूति थी। एक बार मथुरा बाबू, जो हरेन के बिजनेस में प्रतिद्वंद्वी मोहन बाबू के साथ थे, के पास हरेन को पुलिस के चंगुल में फँसाने का मौका था, लेकिन उन्होंने ऐसा नहीं किया।[41] पुलिस ने छापा मारा लेकिन उसके पहले ही हरेन ने सूचना पाकर सन्देह की हर चीज को नष्ट कर दिया।

पूर्णिमा ने गांधी के अहिंसा के पथ पर चलने के संकल्प पर चलते हुए गांधी के दांडी मार्च के बाद देशव्यापी आन्दोलन में योगदान दिया। गांधी ने अपना मार्च शुरू करने के पहले यह स्पष्ट किया था कि अंग्रेजों को इस देश पर शासन करने का अधिकार नहीं है। इसी कारण से उसको टैक्स लगाने का भी अधिकार नहीं है। दो महीने के भीतर गांधी के समर्थन में आए सत्तर हजार लोग गिरफ्तार हुए। पूर्णिमा ने अपने फिल्म के जीवन को समाप्त कर गांधी के आन्दोलन के लिए अपने को समर्पित कर दिया था। श्रद्धानन्द पार्क से स्त्रियों ने सत्याग्रह के समर्थन में एक जुलूस निकाला था जिसके बारे में पहले उल्लेख किया जा चुका है। इसी रैली में

कमल ने पुलिस अधिकारी पर गोली चलाई थी जिसे पूर्णिमा ने बीच में आकर अपने शरीर पर ले लिया। इसी के कारण पुलिस अधिकारी की जान बची। उसके बाद की कथा पहले ही कही जा चुकी है। यहाँ उस गीत का उल्लेख किया जा सकता है जिसे गाते हुए पूर्णिमा के नेतृत्व में स्त्रियाँ सत्याग्रही रैली में मौजूद थीं—

> हम कौम के भाग जगा देंगे/सिर धर की बाजी लगा देंगे//इन लाठियों, बरछे भालों से न डरा हमको हम डरते नहीं/सचाई की बीन बजा करके हम झूठ का दुर्ग उड़ा देंगे//हम औ़र जुल्म नहीं सह सकते मत छेड़ो कौमी दीवानों को/रख जान हथेली पे निकले हैं यह पाप की नगरी मिटा देंगे।

पुलिस अधिकारी रामचन्द्र टंडन ने पूर्णिमा से कमल के विरुद्ध बयान लेने की कोशिश की लेकिन उसने एक सत्याग्रही के लिए यह उचित समझा कि वह किसी के भी विरुद्ध न रहे। इस त्याग का टंडन पर असर हुआ और उसने रिपोर्ट इस तरह से लिखी कि पूर्णिमा को छोड़ दिया गया।[42] इस त्याग का कमल पर भी बहुत असर हुआ और वह रो-रोकर पूर्णिमा से क्षमा-याचना करने लगा।

टंडन ने अगले दिन पुलिस विभाग को अपना त्यागपत्र सौंप दिया। उसकी पुलिस की सेवा को सम्मान की दृष्टि से देखा जाता था और उसे राय बहादुर की पदवी मिलने की उम्मीद थी, फिर भी पूर्णिमा के त्याग ने इतना प्रभावित किया कि उसने इस सरकार की सेवा नहीं करने का निर्णय लिया।

उपन्यास के अन्तिम अध्याय—'बन्दी जीवन' में मधुसूदन के झाँसी की जेल में हुए अनुभवों और अन्य कैदियों के अनुभवों के आधार पर यह दिखलाने की चेष्टा की गई है कि देश में अंग्रेजों के अत्याचार से लोग पीड़ित थे और अपने तरीके से प्रतिवाद भी कर रहे थे। सरकार अन्यायपूर्वक दमन करती थी। न्याय-व्यवस्था का दुरुपयोग करके अपने विरोधियों को जेल में बन्द कर देती थी। मधुसूदन अपने साथी कैदियों को यह समझाता है कि राज्य का शासन ऐसे लोगों के हाथ में होना चाहिए जो चरित्रवान और सुशिक्षित हों। इन लोगों का चुनाव साधारण जनता के द्वारा सम्भव नहीं क्योंकि साधारण लोगों में उतना ज्ञान नहीं होता।[43] मधुसूदन के माध्यम से गुरुदत्त ने कहलवाया है कि लोगों का कांग्रेस का व्यापक समर्थन यह प्रमाणित नहीं करता कि लोग बुद्धिमान हैं। जो भी अंग्रेजी राज से मुक्त कराने का आश्वासन देगा और इसका विश्वास दिलाएगा उसे ही जनता, विशेषकर हिन्दू जनता, समर्थन दे देगी। जनता का समर्थन 'महात्मा' शब्द के प्रयोग और जोशीले भाषणों के सहारे मिला है।[44]

मधुसूदन हिंसा के माध्यम से आजादी की प्राप्ति के विरुद्ध है। चक्रवर्ती नामक एक क्रान्तिकारी कैदी से हुए वार्तालाप के माध्यम से यह स्पष्ट होता है। चक्रवर्ती हिंसा के पथ को बहुत सामान्य मानता है। वह श्याम सुन्दर वर्मा की कहानी सुनाता

है जिससे वह फतेहगढ़ जेल में मिला था। वर्मा बरेली मर्डर केस के अन्तर्गत जेल में था। उसने जेल में टीबी की बीमारी होने पर भी किसी को यह नहीं बताया क्योंकि उसे लगता था कि इससे उसकी परेशानियाँ और बढ़ेंगी। उसे लगता है कि वह छह महीने से अधिक जीवित नहीं रह सकेगा। अगर वह बीमारी की बात बता देता तो पुलिस उसे रिहा कर देती और उसके परिवार वाले उसकी रक्षा के लिए अपने घर की पूँजी उस पर स्वाहा करके बर्बाद हो जाते। वर्मा ने चक्रवर्ती को अपने अपराध की कथा सुनाई थी जिसे सुनने के बाद किसी को भी यह लग सकता है कि उसके अपराध के लिए सरकार को ही दोष देना उचित है। जब वर्मा दसवीं में पढ़ता था उसने उर्दू अखबार में पढ़ा था कि एक घास काटने वाली औरत का बलात्कार दो 'टोमीयों' (अंग्रेज सिपाही) ने किया था जिसके कारण उनका कोर्ट मार्शल हुआ और उन्हें दो महीने की सजा हुई थी। वर्मा बाद में घटना के बारे में जानने के लिए गाँव गया और तब उसे पता चला कि बलात्कार के बाद औरत ने अफीम खाकर आत्महत्या कर ली थी। उसे अपने गाँव में बहुत अपमान का सामना करना पड़ा था। वर्मा ने इसके बारे में जानने के बाद निश्चित किया था कि वह उन सिपाहियों को जान से मार देगा जिनके कारण स्त्री को अपनी जान गँवानी पड़ी। कई महीनों की तैयारी के बाद वह ऐसा कर पाने में सफल हुआ। वह इस बात पर अडिग रहा कि उसने उन अंग्रेज सिपाहियों की हत्या इसलिए की थी क्योंकि उन सिपाहियों ने एक हिन्दुस्तानी औरत का बलात्कार किया था। उसे फाँसी मिली जिसे बाद में एक अपील के बाद इलाहाबाद कोर्ट ने आजीवन कारावास में बदल दिया।

गुरुदत्त इस तरह के वर्णनों के साथ तत्कालीन राजनीतिक घटनाओं के बारे में उल्लेख करते हुए चलते हैं, जिससे यह अन्दाजा मिलता रहता है कि कांग्रेसी राजनीति का उस समय के लोगों के साथ किस तरह का संवाद चल रहा था। गुरुदत्त लगातार तत्कालीन राजनीति के उन तथ्यों की ओर संकेत करने की कोशिश करते हैं जिनसे गांधीवादी कांग्रेस की नीतियों और विसंगतियों के बारे में पाठकों को सूचित किया जा सके। भारत में चल रहे सविनय अवज्ञा आन्दोलन की चर्चा के बाद वे लिखते हैं कि गांधी राउंड टेबल कॉन्फ्रेंस में जाने के लिए लंदन गए। उन्हें डॉ. सप्रू और श्री जयकर के प्रयत्नों से जेल से मुक्ति मिली।

इस उपन्यास में तीन खंडों में आतंकवाद, अहिंसा और बन्दी जीवन के माध्यम से गुरुदत्त ने एक तरह से यह दिखलाने की कोशिश की है कि गांधी और उनका आन्दोलन जनता के बड़े हिस्से का समर्थन पाकर भी विफल रहा और उसके आदर्श किसी के लिए भी शुभ सिद्ध नहीं हुए।

गुरुदत्त के अन्य उपन्यास *पथिक* (प्रकाशन वर्ष 1944-45) को 1947 में भारत सरकार ने प्रतिबन्धित कर दिया। इस उपन्यास के लिखने के दौरान ही गुरुदत्त का सम्बन्ध राष्ट्रीय स्वयंसेवक संघ से बढ़ा था।

इस उपन्यास में पिछले उपन्यास का विस्तार है। इसमें नेपाल के निकट के उत्तर भारत के एक गाँव में मधुसूदन अपनी पिछली जिन्दगी के बारे में सब कुछ भूलकर एक साधु के रूप में तीस के दशक के उत्तरार्ध में आता है। इसमें मन्दिर, 1937 के चुनाव, छात्रसंघों के अन्तर्द्वंद्व और संघ के काम जैसे अध्यायों में गुरुदत्त ने हिन्दू राष्ट्रवादी दृष्टि से आजादी के पूर्व के अन्तिम दशक की राजनीति पर ध्यान केन्द्रित किया है। मधुसूदन की भेंट एक सात वर्षीय कन्या से होती है जो कि पूर्णिमा का अगला जन्म है। पूर्णिमा 1930 के आसपास गुजर गई थी और सात वर्ष बाद हिमालय की गोद में बसे गाँव देवा में मन्दिर में गुरु के साथ फिर से आ जुड़ी है। गुरु (मधुसूदन) को उस लड़की को देखकर लगता है कि उसे कहीं देखा है। मधुसूदन पुरानी बातें भूल चुका है। गाँव में धीरे-धीरे उसकी प्रतिष्ठा एक ज्ञानी के रूप में बनती है। गुरु नीची जाति के बच्चों को पढ़ाता है। उन्हीं नीच जाति के बच्चों में पूर्णिमा भी है। गुरु लोगों को समझाता है कि अंग्रेजों का मुकाबला देश की महान परम्परा के ज्ञान से किया जाना चाहिए। उसे लगता है कि देश के शिक्षित लोग इस काम को नहीं कर सकते क्योंकि उन्होंने उनसे ही सीखा है जिन्होंने इस देश को गुलाम बनाया है। ये शिक्षित लोग यूरोपीय सभ्यता के ज्ञान में ही रचे-बसे हैं। गुरु गांधी और उनके अन्य अनुयायी नेताओं को भी इसी श्रेणी में रखते हैं जो देशप्रेम और राजनीति के बारे में अंग्रेजों की तरह सोचने-विचारने वाले लोग हैं।[45] अंग्रेजों और पाश्चात्य सभ्यता की नकल करने के कारण वे देश के सामने बड़ा आदर्श नहीं रख पाते।

इस उपन्यास में राजनीति के बारे में कुछ सरलीकृत रूप में ही सही महत्त्वपूर्ण विषयों पर चर्चा है। एक जमींदार सुरेश है जो नौजवान है और लखनऊ के ताल्लुकेदारों के स्कूल में पढ़ा है। वह अपनी माँ—रानी माँ के पथिक (गुरु) के प्रति आदर के कारण उसे बर्दाश्त करता है, लेकिन एक मस्जिद को लेकर उनके बीच तनाव पैदा हो जाता है। इस मस्जिद का निर्माण जमींदार सुरेश के अनुदान से हुआ है। मुसलमानों ने कुछ दिनों बाद इस बात को लेकर तनाव पैदा कर दिया कि मन्दिर की आवाज से उनको दिक्कत होती है। उन मुसलमानों को एक स्थानीय मुसलमान अधिकारी की मदद मिली और मामला साम्प्रदायिक हो गया। तनाव बढ़ गया और अन्त में मामला राजमाता के पास आया। उन्होंने बहुत कौशल से उस मस्जिद को तुड़वाकर उस जगह को एक मुसलमान के हाथ सौंप देने का निर्णय सुनाया। मन्दिर और मस्जिद को एक जगह रखकर आपस के झगड़े को बढ़ाने के पक्ष में वे नहीं थीं। 1936-37 के इस समय के बारे में गुरुजी के अनुभवों के आधार पर गुरुदत्त ने उस समय उठने वाले राजनीतिक विवादों की सामाजिक पृष्ठभूमि पर टिप्पणी भी की है। दलित जाति के लोग गांधी के आन्दोलन में भाग लेने के बाद थोड़े साहसी हो गए हैं और वे पुलिस के साथ पहले की तरह मिमियाते हुए प्रार्थना

करने से सन्तुष्ट नहीं होते। मुसलमान अधिकारी समस्या के समाधान में सहयोग नहीं करते हैं और वे चाहते हैं कि हिन्दू और मुसलमानों के बीच झगड़ा बना रहे।

निकट के लोगों के प्रभाव में आकर सुरेश ने हिन्दू महासभा के टिकट पर चुनाव लड़ने का फैसला किया। उसे उसके सहयोगियों ने समझाया कि अगर वह कांग्रेस के साथ जुड़ेगा तो सरकार की निगाह में वह विरोधी हो जाएगा और उसे चाहिए कि अपनी जमींदारी के हित में ऐसा नहीं करे। गुरुदत्त ने दिखलाया है कि उस समय तीन दल लोगों के समर्थन के लिए आपस में लड़ रहे थे। ये दल थे : हिन्दू महासभा, मुस्लिम लीग और कांग्रेस। पंडित राज्य हिन्दू महासभा सचिव अवध नारायण तिवारी ने उनका सहयोग किया और सुरेश जी को टिकट मिल गया। सुरेश जी और उनके साथियों को जनता में जमींदारी के प्रभाव और अपने बल पर बहुत अभिमान था और वे जानते थे कि वे आसानी से चुनाव जीत जाएँगे।

सुरेश जी जब पथिक (गुरु) के पास समर्थन के लिए गए तो उन्होंने कहा कि हिन्दू महासभा कोई राजनीतिक संगठन नहीं है। उसमें कई तरह के लोग हैं। पिपरागढ़ के राजा साहब जैसे लोग भी हैं जो समझते हैं कि अंग्रेजी शासन बहुत अच्छा है। वे लखनऊ में महासभा के प्रधान हैं। पंजाब के हिन्दू महासभा के लोग अंग्रेजी शासन का विरोध करते हैं, लेकिन फिलहाल अंग्रेजों को समर्थन देने को लाभदायक मानते हैं। मदन मोहन मालवीय जैसे महासभा के नेता मानते हैं कि अंग्रेजों का विरोध कानूनी ढंग से होना चाहिए। इन सबसे ऊपर वीर सावरकर जैसे नेता हैं, जो किसी भी कीमत पर अंग्रेजी शासन का अन्त चाहते हैं। संगठन के भीतर आपसी सैद्धान्तिक विरोध है।[46]

सुरेश जी को एक हजार रुपए जमा करने के बाद आसानी से टिकट मिल गया था। उनके प्रतिद्वंद्वी कांग्रेसी अवध बिहारी माथुर एक अमीर आदमी थे, लेकिन उन्होंने घोषणा कर दी थी कि वे चुनाव में पाँच सौ रुपए से अधिक खर्च नहीं करेंगे।

दावा ग्राम में दोनों दलों के बीच लोगों के समर्थन के लिए महीनों तक प्रयास चले। लोगों के बीच गांधी, मालवीय और सावरकर ने क्या कहा इसको लेकर बहस चली। कांग्रेस के पास एक मजबूत संगठन था और हिन्दू महासभा के पास पैसे और लाठी की ताकत थी। राजमाता ने पथिक के पास जाकर सुरेश के समर्थन के लिए कहा। पथिक ने कहा कि अंग्रेज हर हालत में कांग्रेसियों को हराने की कोशिश कर रहे हैं। भारतीयों को अंग्रेजी शासन का विरोध करना चाहिए क्योंकि इस राज में भारतीय अपना सर्वस्व खो रहे हैं, यहाँ तक कि आत्मा भी। उसे लगता है कि हिन्दू महासभा से जुड़े लोग भले ही आजादी की चाह रखते हैं, लेकिन यह सरकार के और उसके समर्थकों के साथ ही है।

हिन्दू महासभा के नेता तिवारी सुरेश जी के समर्थन में प्रचार के लिए गाँव में आते हैं। दो लाख से अधिक लोग जुटते हैं। इस मीटिंग में हिन्दू महासभा के सुरेश

के समर्थक लोग लाठी-बल पर कांग्रेसी समर्थकों को पीट देते हैं। उनको लगता है कि शक्ति के इस प्रदर्शन के बाद कोई भी सुरेश जी का विरोध करने का साहस नहीं दिखला सकेगा, उनकी जीत निश्चित है। गुरुजी को भी वे विरोधी मानते हैं। उनको भी चोट लगती है और वे गाँव छोड़कर बीस मील दूर शिवपुर नामक स्थान पर रहने के लिए चले जाते हैं।[47]

शिवपुर में मुस्लिम आबादी अधिक है। उनके ऊपर सन्देह व्यक्त किया जाता है।

चुनाव के दिन हिन्दू महासभा के लोग अपने बल का प्रदर्शन करते रहे और सभी ओर उनका दबदबा बना रहा। सुरेश जी के समर्थकों को लगा कि नब्बे प्रतिशत वोट उनको ही मिलेंगे। सत्तर हजार रुपए सुरेश जी की तरफ से खर्च हुए थे। लेकिन जब चुनाव के नतीजे आए तो सब दंग रह गए। पता चला कि कांग्रेस को अस्सी प्रतिशत वोट मिले थे।[48]

इस विवरण के माध्यम से गुरुदत्त ने यह कहने की कोशिश की है कि कांग्रेस को जन समर्थन था और हिन्दू महासभा के लोग आपसी द्वन्द्व और अपनी अंग्रेजपरस्त छवि के कारण लोगों की पसन्द नहीं थे। जनता अंग्रेजी राज से नफरत करती थी और जो भी अंग्रेजों के विरुद्ध था उसे ही पसन्द करती थी। कांग्रेस अपने संगठन बल और अंग्रेज विरोधी छवि के कारण जनता द्वारा समर्थित थी।

पथिक वापस देवा आ गए क्योंकि नलिनी ने उन्हें इसके लिए राजी कर लिया। अब वे कांग्रेस के नेताओं के लिए भी आदरणीय थे। वे कांग्रेस की आलोचना करते थे क्योंकि कांग्रेस उनकी निगाह में एक सुधारवादी संगठन के हिसाब से काम कर रही थी। उनको कांग्रेस की ओर से लखनऊ में आमंत्रित किया गया। उनका मत था कि इसे राजनीतिक संगठन के रूप में काम करने की जरूरत है।[49] नैतिक प्रश्न पर ध्यान केन्द्रित करने और अहिंसा को आवश्यक मानने के कारण कांग्रेस ने अन्यायियों को बल दे दिया है, उनको सुरक्षित महसूस करवा दिया है और प्रतिपक्ष को केन्द्र में लाकर कांग्रेस गलती कर रही है। उन्हें यह भी लगता है कि इसी कारण मुसलमान भी अपनी माँगें गलत तरीके से उठाने की कोशिश कर रहे हैं। कांग्रेस 1915 से ही लगातार मुसलमानों को यह समझाने में लगी थी कि उनको कांग्रेस के साथ चलना चाहिए, लेकिन वह सफल नहीं हो पाई।

माथुर जैसे कांग्रेसी नेता को लगता है कि फिलहाल सबसे बड़ी जरूरत आजादी पाना है और बाकी के मसले आजादी के बाद ही सुलझाए जा सकते हैं। हिन्दू-मुसलमान एकता के लिए मुसलमानों की कुछ गलत माँगों को मान लेना भी अनुचित नहीं।

इसके उत्तर में पथिक के मुँह से गुरुदत्त ने जो कहलवाया है वह गुरुदत्त के अपने विचारों को ही ध्वनित करता है। पथिक ने कहा कि असली उद्देश्य अंग्रेजों को यहाँ से हटाना नहीं वरन् भारतीयों का देश में शासन लाना है। देश से अंग्रेजों

को हटाकर देश की बागडोर किसी एक वर्ग को दे देना हमारा उद्देश्य नहीं है। पथिक का यह मत है कि ऐसा कहना वैसा ही है जैसे यह कहना कि पहले हम जापानियों की अधीनता स्वीकार कर लें और फिर आजादी के लिए प्रयास करें। स्वतंत्रता का अर्थ शासक का बदलाव है। पथिक के अनुसार देश में हिन्दू और मुसलमान मिलजुल कर शान्ति से रहें। यह सम्भव है अगर देश में हिन्दू और मुसलमान समान अधिकारों के साथ एक साथ रहने के लिए राजी हों। पथिक के अनुसार पच्चीस करोड़ हिन्दू अंग्रेजों को पसन्द नहीं करेंगे। सात करोड़ मुसलमान भी हिन्दुओं को क्षति नहीं पहुँचा सकते हैं, लेकिन चूँकि हिन्दू संगठित नहीं इसलिए उनके लिए कठिनाई है। हिन्दू और मुसलमान दोनों शान्ति से एक साथ रहें, लेकिन अगर मुसलमान ऐसा नहीं चाहते तो क्या किया जा सकता है? स्वराज तो हासिल करना ही होगा, चाहे मुसलमान सहयोग दे या नहीं दें।[50]

पथिक का कहना था कि देश में हिन्दू और मुसलमानों को एक समान अधिकार हो और सबको मिलकर रहना चाहिए।[51]

अगले एक वर्ष के दौरान पथिक के मन में यह विश्वास बन गया कि देश की सत्ता और शक्ति के सबसे बड़े स्रोत—सेना और पुलिस सच्चे भारतीय शासकों के हाथ में आने चाहिए। उसने तय किया कि उसे देवा ग्राम से निकलकर भारत माता के लिए काम करना चाहिए। अब वह जान चुका है कि व्यक्तिगत मुक्ति के प्रयास का कोई विशेष अर्थ नहीं है। प्रगति सामाजिक ही हो सकती है। पिछले सौ वर्षों में अंग्रेजों के शासन में देश ने अपनी शक्ति खो दी है। यह क्षति मुसलमानों के सात सौ सालों के राज से अधिक घातक है। इन सौ सालों में पूँजीपतियों के राज को लोकतंत्र के नाम से गलत तरीके से प्रचारित किया गया है। इस दौरान काले लोगों (भारतीयों) को निम्न स्तरीय कामों में लगा दिया गया है। उनको गुलाम बना दिया गया है। अंग्रेज लोग जो मामूली शिक्षित थे इस देश में आकर हमारे शासक बन गए हैं और हमारी एकता नष्ट हो गई है।[52] अंग्रेजों ने एक गलत संस्कृति को बढ़ावा दिया है। हर ओर कमीशन, गिफ्ट, घूसखोरी और अपने लोगों को बढ़ाने की संस्कृति को बढ़ावा दिया गया है।

चुनावों में कांग्रेस को सफलता मिली थी और ग्यारह में से सात राज्यों में कांग्रेस की सरकार बन गई थी। कांग्रेस ने सरकार बनाने के बाद पहला काम राजनीतिक बन्दियों को रिहा करने का किया। किसानों के लिए सुधार का काम भी किया। शराबबन्दी भी हुई।

पथिक ने कलकत्ते में एक अंग्रेजी मासिक में एक लेख छपवाया। लेख का शीर्षक था—'कांग्रेस मंत्रिमंडलों के सामने रचनात्मक कार्यक्रम'। इसके अन्तर्गत छह सिद्धान्तों की बात की गई थी जिनमें स्कूल और कॉलेज शिक्षा की उन्नति, जो सरकारी अधिकारी अनुशंसा के आधार पर पदासीन हुए थे उनकी परीक्षा लेना,

जो लोग राष्ट्र विरोधी काम करने वालों के परिवार से आते थे उन्हें नौकरी न देना, जिन परिवारों ने स्वतंत्रता आन्दोलन में हिस्सा लिया उन्हें प्राथमिकता देना और जिन सरकारी अधिकारियों के ऊपर राजनीतिक कर्मियों के ऊपर अत्याचार करने के आरोप हों उनकी जाँच करना शामिल थी। सबसे अन्त में एक राष्ट्रीय रक्षक दल के गठन का प्रस्ताव था। इसमें खादी के लिए काम करने का उल्लेख नहीं था।

अवध बिहारी माथुर को ये प्रस्ताव अच्छे लगे और वे उत्तर प्रदेश के प्रधानमंत्री से मिले। प्रधानमंत्री को ये प्रस्ताव नहीं भाए।

माथुर को लगता है कि सरकार ने राष्ट्र विरोधी लोगों की एक फौज स्कूली और कॉलेज की शिक्षा के माध्यम से तैयार कर ली है। ये नौजवान देश को बेचने के लिए तीस रुपए की मामूली नौकरी के लिए तैयार हैं। दूसरी ओर सरकार ने अयोग्य देश विरोधी लोगों को भर्ती करके एक मुसीबत खड़ी कर ली है। ये लोग किसी न किसी बड़े आदमी की अनुशंसा पर भर्ती किए गए हैं।

प्रीमियर के लिए महात्मा गांधी का रचनात्मक कार्यक्रम सबसे महत्त्वपूर्ण है जिसे वे छोड़ नहीं सकते।

प्रीमियर की बातों से माथुर को इतनी निराशा हुई कि उन्होंने कांग्रेस कमेटी और पार्टी से इस्तीफा दे दिया। देवा में चुनाव हुए और श्रीवास्तव कांग्रेस के टिकट से निर्विवाद चुन लिए गए।[53]

उपन्यास के तीसरे भाग में विषय के रूप में छात्र राजनीति को रखा गया है। राष्ट्रवादी छात्रों को संगठित करके देश के निर्माण के लिए पथिक ने एक कोशिश की। इस हिस्से में अवध बिहारी माथुर के पुत्र विनोद माथुर और नवाब मुर्तजा अली की बेटी सलीमा, उनके बेटे अकरम और कुछ अन्य पात्रों के माध्यम से कथा कही गई है। सलीमा इंग्लैंड में पढ़ी है और पथिक के पास देश-निर्माण के प्रोजेक्ट में काम करने के लिए आई है। विनोद और सलीमा मेडिकल कॉलेज में एक साथ पढ़े हैं और एक-दूसरे से प्रेम करते हैं। उनकी शादी हो सकती थी अगर विनोद इस्लाम को कबूल कर लेता। सलीमा धर्म में विश्वास नहीं करती थी और उसे यह बात ठीक नहीं लगी कि उससे शादी के लिए विनोद मुसलमान बने।[54] विनोद और सलीमा स्टूडेंट कॉन्फ्रेंस के राष्ट्रीय अधिवेशन में प्रतिनिधि के रूप में दिल्ली जाते हैं। खान और उसकी पत्नी बेटी को एक हिन्दू से ब्याहने के पक्ष में तभी थे जब दामाद मुसलमान बन जाए, लेकिन जब उन्हें लगता है कि ऐसा नहीं होगा, वे अपनी बेटी पर दबाव बनाते हैं। वे जबर्दस्ती अपनी बेटी को एक मुसलमान से ब्याहने की कोशिश भी करते हैं।

राजनीतिक इतिहास की दृष्टि से महत्त्वपूर्ण प्रसंग है दिल्ली के स्टूडेंट फेडरेशन की मीटिंग। इस अधिवेशन में बहस इस बात पर थी कि स्टूडेंट्स को राजनीति में भाग लेना चाहिए या नहीं।

मुसलमान छात्र इस बात का विरोध कर रहे थे कि वे राजनीति में भाग लें। विनोद, शेखरानन्द और कुछ अन्य लोग इस बात पर चिन्ता प्रकट कर रहे थे कि वर्तमान परिस्थिति में देश के नौजवान सरकार के लिए काम करके शत्रु के लिए काम कर रहे हैं। वे शत्रु पक्ष के लिए तलवार बन गए हैं।[55]

इस कॉन्फ्रेंस में देश के विभिन्न हिस्सों से छात्र आए थे। इसके प्रधान थे प्रेसिडेंसी कॉलेज के छात्र एम.सी. सरकार। विनोद माथुर ने अपने वक्तव्य में कहा कि तीन बातों पर ध्यान देना चाहिए—अंग्रेजों का विरोध, राष्ट्रीयता का विकास और देश में लोगों के बीच समानता की भावना का प्रचार। फेडरेशन के प्रधान का मत है कि संस्था को अराजनीतिक बने रहना चाहिए। विनोद ने कहा कि राजनीति का प्रभाव बहुत व्यापक है, अंग्रेजी का माध्यम के रूप में प्रयोग भी राजनीतिक कारणों से ही होता है। उसने कहा कि स्टूडेंट्स को छुट्टियों में रचनात्मक काम के लिए लोगों के बीच जाना चाहिए।

मुसलमान छात्रों का मत कुछ अलग था। वे चाहते थे कि जब राजनीति की बात चले तो राजनीति में मुसलमानों की स्थिति पर र्भा विचार होना चाहिए। उनको ऐसा लगता है कि अगर मुसलमानों के राजनीतिक सवाल पर बहस शुरू हुई तो सम्भव है कुछ लोग इस सवाल पर अलग संगठन शुरू कर दें, इसलिए एकता के लिए हमें राजनीति से अपनी संस्था को दूर ही रखना चाहिए।[56]

इसका समर्थन ईसाई स्टूडेंट्स ने किया। उनके अनुसार तीन-चौथाई आजादी तो मिल ही चुकी है। कांग्रेस की सरकारें काम कर रही हैं। बाद में एक-चौथाई भी मिल जाएगी। जैसे ही अंग्रेजों को लग जाएगा कि देश के लोग आजादी के लिए तैयार हैं, अंग्रेज उन्हें बाकी की आजादी भी सौंप देंगे।

विनोद ने कहा कि अभी जब देश की स्वाधीनता की बात चल रही है मुसलमानों को इसके विरोध की कोशिश नहीं करनी चाहिए। उनको अपने मन में आशंका नहीं रखनी चाहिए। यह शर्म की बात है कि मुसलमान इसके राजनीतिक प्रोग्राम का विरोध कर रहे हैं। क्या मुसलमानों को आजादी से कोई लाभ नहीं होगा?

किसी ने विरोध करते हुए कहा कि मुसलमानों को कांग्रेसी सरकार के शासन में रहने पर बहुत बुरे अनुभव हुए हैं। उसने पीरपुर कमेटी की रिपोर्ट का हवाला दिया।

शेखरानन्द ने कहा कि यह रिपोर्ट झूठी है।

अन्त में विनोद के प्रस्ताव पर वोटिंग हुई। बीस के मुकबाले चौबीस मतों से यह पास नहीं हुआ। फेडरेशन में विभाजन को रोकने के लिए हिन्दुओं ने विनोद के प्रस्ताव का विरोध किया।[57]

पथिक ने इस कॉन्फ्रेंस में भाषण दिया।

अगले दिन सलीमा ने भी विद्यार्थियों को राजनीति से अलग रहने का विरोध किया। उसका मत था कि जब तक शिक्षक, प्रोफेसर और स्कूल और कॉलेज के

प्रिंसिपल सरकार को मजबूत करने के लिए लगे रहेंगे और सरकार समर्थन की शिक्षा देते रहेंगे दिक्कत बनी रहेगी। जरूरत है कि वे स्वदेशी सरकार और स्वदेशी शिक्षा के पक्ष में खड़े हों। उसने उन मुस्लिम स्टूडेंट्स का विरोध किया जिन्होंने यह कहा था कि अगर राजनीति को फेडरेशन से जोड़ा गया तो वे एक अलग मुस्लिम स्टूडेंट्स फेडरेशन का निर्माण करेंगे। उसने यह स्पष्ट किया कि मुस्लिम लीग देश की आजादी के मार्ग में बाधा बन रही है। उसके भाषण का अच्छा प्रभाव पड़ा। उसके बाद उसके प्रस्ताव पर वोटिंग नहीं हुई।

पथिक ने कहा कि कांग्रेस का रचनात्मक कार्यक्रम राजनीतिक नहीं है और इससे कोई अन्तर नहीं पड़ेगा। उसे किसी ने कम्युनिस्ट और किसी ने हिन्दू सभा का आदमी समझा। पथिक ने कहा कि वह एक युवक संघ के पक्ष में है जो छुट्टियों में जनसेवा का काम करे, सालाना आठ आने का चन्दा दे और कोई ऐसा काम न करे जिससे संगठन की बदनामी हो। यह संघ किसी राजनीतिक गतिविधि में भाग न ले, बस राष्ट्रीय विचारों के प्रचार में लगा रहे। यह किसी चुनाव में भी भाग न ले। इस संस्था को चलाने का दायित्व पथिक ने खुद लिया और कहा कि उन्हें परामर्श देने के लिए एक समिति होगी जो उसके मत को प्रभावित कर सकते हैं। इस प्रस्ताव पर किसी ने कहा कि यह तो तानाशाही ही होगी। इस बात पर पथिक ने ध्यान नहीं दिया। इस प्रस्ताव का समर्थन भी हुआ। कुछ सम्पन्न लोग उसकी मदद के लिए तैयार हो गए।[58]

पथिक ने अनुशासन पर जोर दिया।

फेडरेशन ने राजनीति से फेडरेशन को जोड़ने के विरुद्ध ही मत दिया था।

इससे पथिक हताश नहीं हुआ। उसने एक कार्यक्रम पेश किया। उसने कहा कि वह एक या दो कार्यकर्ता को हर जगह नियुक्त करेगा जो कॉलेज में चुपचाप अपना काम करते रहेंगे। इस काम के लिए उसने कहा कि उसे दस हजार कार्यकर्ताओं की जरूरत पड़ेगी। इस कार्यक्रम के लिए फंड का इंतजाम उसने कर लिया था।

पथिक ने यह स्पष्ट किया कि विवाह और खान-पान में धर्म का कोई प्रभाव न हो। हर किसी को अपना धर्म चुनने का अधिकार हो। धर्म परिवर्तन को स्वीकृति थी लेकिन इसके लिए किसी तरह का प्रलोभन स्वीकार्य नहीं था।[59]

पथिक ने यह भी कहा कि हिन्दू और मुसलमान के बीच की दूरी को अंग्रेजों ने पैदा किया। उसने कहा कि मिस्टर बैंक ने सैयद अहमद खान को प्रभावित किया और उनको अंग्रेजों का समर्थक बनाया। उसने *लंदन टाइम्स* में छपी बैंक की श्रद्धांजलि का उल्लेख किया, जिसमें उसकी साम्राज्य के सैनिक के रूप में सेवा के लिए प्रशंसा की गई थी। उसने अलीगढ़ कॉलेज के प्रिंसिपल मि. आर्कवाल्ड का भी उल्लेख किया, जिन्होंने वाइसराय के पास जाकर मुसलमानों के विशेष प्रतिनिधित्व को सर आगा खान के नेतृत्व में काउंसिल में सदस्यता की बात स्वीकार करवाई

थी। ब्रिटिश सरकार उन्हें ही अपने समुदाय के नेता के रूप में स्वीकारती थी जो उनके पक्ष के होते थे।[60]

सलीमा पर पथिक के विचारों का बहुत प्रभाव पड़ा। उसके पिता ने उसे आश्वासन दिया कि उसके साथ कोई जबर्दस्ती नहीं होगी। इसके बाद पुत्री और पिता के सम्बन्ध बेहतर हुए। लेकिन उसके पिता मुस्लिम लीग के साथ थे और उनके विचारों के साथ सलीमा के राष्ट्रवादी विचारों का मेल नहीं था।

उपन्यास के अगले हिस्से में संघ के काम का विवरण दिया गया है।

सलीमा के मुस्लिम लीग के समर्थक पिता ने अपनी बात नहीं रखी और उसने बेटी की शादी एक मुस्लिम नौजवान से करने की फिर से कोशिश की। किसी तरह वह घर से भागकर कलकत्ता पहुँच गई। इस बीच विनोद का जीवन भी बदल चुका था। उसे लखनऊ के मेडिकल कॉलेज से निकाल दिया गया। उसे छात्रों की हड़ताल के बाद वापस रख लिया गया।

सलीमा का भाई अकरम इतिहास के अध्ययन के लिए ऑक्सफोर्ड गया था। वहाँ उसे महसूस हुआ कि यूरोप के लोगों का भारतीयों के प्रति व्यवहार ठीक नहीं है।[61] बर्लिन में उसकी मुलाकात एक बंगाली नरेन्द्र से हुई जो अतीत में क्रान्तिकारी गतिविधियों से जुड़ा रहा था।[62] नरेन्द्र ने उसे समझाया कि भारतीयों ने अंग्रेजों से लड़ाई ठीक से नहीं लड़ी। वह मानता था कि 1857 के विद्रोह के विफल होने के कारण थे, लेकिन अगले पचास साल में भारत के किसी नेता ने भारतीय आजादी के लिए नहीं सोचा। आजादी के बारे में सोचने वाले को पागल समझा गया। शिक्षित लोग शासन में भारतीयों के प्रतिनिधित्व के लिए ही सोच सके, आजादी के लिए नहीं। इस दौरान मुसलमान अपने तरीके से काम करते रहे। उनके नेताओं ने कांग्रेस का हर तरह से विरोध ही किया। मुसलमानों की सामान्य प्रवृत्ति कांग्रेस विरोध की ही रही।

शुरुआत में अकरम को ये बातें ठीक नहीं लगीं, लेकिन उसे यह भी लगा कि नरेन्द्र मुसलमान विरोधी नहीं है। नरेन्द्र की यह बात भी उसे ठीक लगी कि भारतीय थोड़ी रियायत पाकर ही सन्तुष्ट रहे और लॉर्ड कर्जन ने ठीक ही कहा था कि कांग्रेस तो बंगाली वकीलों की संस्था थी। नरेन्द्र ने कहा कि शक्ति के असली स्रोत सेना और पुलिस ही हैं। भारतीय नेताओं ने इस बात पर कभी ध्यान नहीं दिया। नरेन्द्र को लगता है कि अभी भी नेताओं ने इस ओर ठीक से ध्यान नहीं दिया। देश का दो-तिहाई हिस्सा कांग्रेस के नियंत्रण में था और उसके पास कोई राजनीतिक कार्यक्रम नहीं है। नरेन्द्र के अनुसार राजनीतिक संगठन का असली काम राजनीतिक शक्ति को हासिल करना है। महात्मा के प्रभाव में नेतागण अपने असली काम को भुला बैठे हैं।[63]

अकरम भारत लौटा। उसे अपने लीगी पिता के विचार पसन्द नहीं आए। उसने अपने पिता को याद दिलाया कि उनके पितामह हिन्दू से मुसलमान बने थे। पिता ने

कहा कि उस समय का धर्मान्तरण अलग था। उस समय इसको बहुत बड़ा मुद्दा नहीं बनाया जाता था। उस समय तक एक बार मुसलमान बन जाने के बाद हिन्दू बनने का कोई नियम नहीं था। अब ऐसा नहीं है। अब मुसलमान बन गए किसी व्यक्ति को फिर से हिन्दू बनाया जा सकता है इसलिए स्थिति बदल गई है।[64] उन्होंने अपने बेटे को समझाने की कोशिश की कि ऐसी स्थिति आ गई है जब संख्या के बल पर ही चीजें तय होने लगी हैं और जिस समुदाय की संख्या अधिक होगी उसके पास अधिक शक्ति होगी। खान ने कहा कि कांग्रेस जैसी हिन्दुओं की संस्था को सत्ता मिले, यह वह नहीं चाहते। उन्हें लगता है कि मुसलमानों की प्रतिनिधि संस्था मुस्लिम लीग है। पिता की इन बातों से अकरम को बहुत निराशा होती है।

पथिक अपने सहयोगियों के साथ कलकत्ता के रास बिहारी एवेन्यू के दफ्तर से अपने संगठन का काम शुरू करता है। उनकी संस्था का नाम हिन्दुस्तानी युवक संघ है। बड़ी संख्या में छात्र इसके साथ जुड़ते हैं। संस्था में देश के विभिन्न हिस्सों से लोगों को बुलाया जाता है और उनसे बातचीत की जाती है। उनके सारे व्यय का भार संस्था के ऊपर ही था। इसके सदस्य विश्वविद्यालय के स्टूडेंट्स ही होते थे। आठ से नौ हजार छात्र इसके सदस्य बन चुके थे। लखनऊ के ही इसमें पाँच सौ सदस्य थे। उनको साहित्य दे दिया जाता था जिसे लेकर वे देश के विभिन्न हिस्सों में जाकर राष्ट्रवादी विचारों का प्रचार करने के लिए निकल जाते। विनोद इसका सक्रिय सदस्य है। उसने अकरम को इसके कार्यक्रम के बारे में बताया। योजना यह थी कि दस हजार सदस्य बन जाने के बाद दो हजार टोलियाँ बनेंगी। हर टोली में पाँच सदस्य होंगे। पूरे देश को दो हजार इलाकों में बाँटकर हर इलाके में पाँच सदस्यों की एक टोली को भेज दिया जाएगा। दो महीनों में ये छात्र काम करेंगे। इस काम में होनेवाले खर्च, जो अनुमानतः पाँच लाख होगा, का इंतजाम कर लिया गया है।[65]

सलीमा कलकत्ता पहुँचकर डॉ. घोष के घर रहती है जिनकी दो पुत्रियाँ मिलिंद और कल्याणी पथिक की संस्था के साथ जुड़ी हैं। पथिक को अब सुरेश जी की मदद भी मिलने लगी है।

लखनऊ में अंजुमन तंजीम-ए-इस्लाम ने एक बड़े जलसे का आयोजन किया है जिसकी अध्यक्षता सलीमा के पिता मुर्तजा अली कर रहे हैं। इसके साथ एक खान बहादुर भी जुड़े हैं जो कई देशों—तुर्की से लेकर इंग्लैंड—की यात्राएँ कर चुके हैं। उनको लगता है कि इस समय अंजुमन पूरे मुल्क के मुसलमानों का प्रतिनिधित्व कर रही है। सरकार भी उन्हीं से बात करती है और कांग्रेस भी। उनका विचार था कि भारत कोई एक 'नेशन' नहीं है बल्कि कई नेशन इसके अन्दर हैं। यह बर्रे अजाम (कई कौमों का देश) है। अकरम को यह अंग्रेजों का प्रचार लगता है और इस धारणा को फैलाने में शिक्षित लोगों (खासकर अंग्रेजी प्रोफेसरों, अंग्रेज

इतिहासकारों और अंग्रेज पत्रकारों) की भूमिका दिखलाई पड़ती है। ये लोग जानते कुछ नहीं हैं पर उन्हें सब कुछ जानने का अहंकार है। ये लोग भारत की आन्तरिक एकता को नहीं समझते। यह एकता जो उपनिषद और शास्त्र के दर्शन, राम और कृष्ण की भक्ति, वैदिक रीति, गाय और ब्राह्मण के प्रति भक्ति आदि में अन्तर्निहित है, इन भारतीय समाज में विभेद दिखलाने वालों को नहीं दिखलाई पड़ती है। वे इसे समझ नहीं सकते।[66] विदेशी दासता के कारण यहाँ के शिक्षित अपनी परम्परा और अपने पूर्वजों के बारे में बहुत बुरी राय रखते हैं। भारत का समग्र इतिहास वे नहीं पढ़ते। भारत को उत्तर और दक्षिण में बाँटकर देखना ही उनको आता है। इस उत्तर और दक्षिण के बाँट देने से राम, कृष्ण, गीता, शास्त्र, उपनिषद आदि के समाज पर प्रभाव, अकबर और बाबर के काम, प्रताप और शिवाजी की देशभक्ति के बारे में बात नहीं करनी पड़ती है। दक्षिण के लोगों के लिए यह सब बाहरी हो जाता है और उनको अपने धर्म के बारे में ठीक से जानकारी नहीं मिल पाती।[67] अकरम को यह भी लगता है कि हिन्दू और मुसलमानों के बीच राजनीतिक अन्तर नहीं है, यह अन्तर धार्मिक है। राम, कृष्ण, सीता, सावित्री और वे लोग जिन्होंने उपनिषद और गीता की रचना की वे मुसलमानों के भी पूर्वज थे। धार्मिक सुधारों का मतलब यह नहीं है कि मुसलमान लोग अपने पूर्वजों को भूल जाएँ। अकरम को यह भी लगता है कि लड़ाई अब शक्तिशाली हिन्दुओं और शक्तिशाली मुसलमानों के बीच है न कि हिन्दू और मुसलमानों के बीच।[68]

पथिक कलकत्ता से आन्दोलन का नेतृत्व कर रहे थे। वे सबसे पहले उत्तर प्रदेश से काम शुरू करना चाहते थे। इस बड़े राज्य को दो सौ हिस्सों में बाँटकर देखा गया था। हर हिस्से में पाँच नौजवानों की टोली को दायित्व दिया गया था। सबको अपने इलाके में दो महीने काम करना था। पूरे राज्य का प्रधान शेखरानन्द को बनाया गया था। 15 अप्रैल से काम शुरू होना तय हुआ था।

कलकत्ता में सलीमा ने एक हिन्दू के नाम से कीर्ति देवी के रूप में काम करना जारी रखा। वह सेठ एंड कम्पनी में काम करती थी। इस कम्पनी के मालिक और कोई नहीं सेठ कुंज बिहारी लाल थे जो इलाहाबाद से आकर कलकत्ता में बस गए थे।[69]

अकरम कलकत्ता अपनी बहन की तलाश में आता है और यहाँ उसकी मुलाकात पथिक से होती है। पथिक ने उससे कहा कि एक भारतीय का सम्पर्क दूसरे भारतीय से धर्म के आधार पर नहीं होना चाहिए। एक ही परिवार में पिता और सन्तानों के धर्म अलग-अलग हो सकते हैं।

पथिक को दो लाख लोग चाहिए जिनको यह लगे कि पूरा देश उनकी मुट्ठी में हो सकता है। उनसे पूछा गया कि वह कैसे सोच सकते हैं कि दो-तीन लाख लोगों को देश के करोड़ों लोग मानेंगे, तो उनका विश्वासपूर्ण उत्तर था कि वे मानेंगे। देश को बचाने का यही एकमात्र रास्ता है। दूसरा कोई रास्ता देश को हिन्दू और

मुसलमानों के बीच बाँट देगा। मुख्य बात पथिक को यह लगती है कि राजनीति को धर्म के आधार पर चलाया नहीं जा सकता। देश में रोजगार और सरकारी नौकरियों में धार्मिक आधार पर कुछ भी निर्धारित करना देश विरोधी है।[70]

दूसरी मुख्य बात पथिक की है कि साधारण लोगों के वोट के आधार पर शासक का निर्धारण सही नहीं है। उन्हें हिन्दू और मुसलमानों के अलग-अलग राजनीतिक प्रतिनिधित्व में देश का विभाजन दिखलाई देता है। पथिक ने अपने इन विचारों को लिपिबद्ध करने के लिए एक पुस्तक लिखी—*पॉलिटिकल वर्क* (राजनीतिक कर्म)।

उपन्यास के अन्तिम भाग में पथिक इलाहाबाद से खुद काम करना शुरू करते हैं। इलाहाबाद में साथ में मंडली विद्यार्थी संगठन का काम करती है। चूँकि वह मधुसूदन के रूप में रहा है ज्योति प्रसाद मिश्र, पुलिस इंस्पेक्टर (जिसने मधुसूदन को यातनाएँ दी थीं) ऐसा महसूस करता है कि उसने पथिक को कहीं देखा है। यहीं पूर्णिमा और नलिनी की तसवीरों के साम्य को भी सलीमा लक्षित करती है। नरोत्तम के सामने यह स्पष्ट है कि पथिक मधुसूदन ही है। नलिनी का जन्मदिन पूर्णिमा की मृत्यु के तेरह दिन बाद का है।

युवक संघ का काम बहुत तेजी से पूरे राज्य में चलता है। सरकार के कान खड़े होते हैं और पथिक की किताब जब्त की जाती है। अवध के इलाके में इस आन्दोलन का नेतृत्व विनोद कर रहा है।[71]

सरकारी-तंत्र युवक संघ के काम को विफल करने के लिए जुट गया। उसने संगठन के सदस्यों को गिरफ्तार करना और उन्हें झूठे मामलों में फँसाना शुरू किया। उनको हिंसा भड़कानेवाला और अनैतिक कहकर उनको बदनाम भी किया जाने लगा।

माथुर ने कांग्रेस के मंत्री को समझाने की कोशिश की, लेकिन कोई लाभ नहीं हुआ। एक हजार छात्रों को गिरफ्तार कर लिया गया। मंत्री ने सहयोग नहीं किया। उन्हें लगता है कि गवर्नर उनकी बात उनके चाहने पर भी नहीं मानेंगे। माथुर क्रोधित हो गए और उन्होंने कहा कि लोगों ने वोट कांग्रेस को अपने प्रतिनिधित्व के लिए दिया है और इस समय कांग्रेस यह नहीं कर रही है।

पथिक का कार्यक्रम सिर्फ एक सप्ताह तक चल सका। इसे फैलने से रोका गया। सलीमा और अकरम बम्बई चले गए। बाद में पथिक भी चले गए।

कांग्रेस और मुस्लिम लीग के बीच लड़ाई तेज हो गई। राजनीतिक परिस्थिति कांग्रेस के पक्ष में थी। कई राज्यों में इसकी सरकार थी। मुस्लिम लीग कांग्रेस की तरह कोई राजनीतिक पार्टी नहीं थी, यह एक मुसलमानों की संस्था थी और यह धर्म के आधार पर ही राजनीति करती थी। उनकी शक्ति का मूलाधार धर्म था। कांग्रेस लीग पर समझौते के लिए दबाव डाल रही थी और यह समझौता सम्भव ही नहीं था।[72]

नवाब मुर्तजा अली और खान बहादुर मियाँ अबदुर रशीद जो अंजुमन तंजीम ए इस्लाम के बम्बई के प्रधान थे, पाकिस्तान के लिए मुसलमानों के बीच प्रचार

में लगे हुए थे। वे लगातार कांग्रेस का विरोध कर रहे थे। उनके प्रचार का मूल कथ्य था कि मुसलमान हिन्दुओं के साथ एक देश में नहीं रह सकते।[73] कोशिश हो रही थी कि जैसे भी हो मुसलमानों में एकता स्थापित हो, उनकी संख्या बढ़े और राजनीतिक शक्ति हासिल हो।

सलीमा और अकरम इस साम्प्रदायिक प्रचार का विरोध कर रहे थे।[74]

मुल्लाओं के प्रचार से बम्बई में साम्प्रदायिक तनाव बढ़ा। ये मुल्ले मुस्लिम लीग से मिलकर काम कर रहे थे। इसी बीच सलीमा ने तय किया कि वह पथिक से विवाह करेगी। पथिक भी राजी हो गए। एक मुसलमान नेता की बेटी का विवाह एक हिन्दू से होना लीग के लोगों के लिए बहुत शर्म की बात होती इसलिए पथिक की हत्या का दायित्व एक व्यक्ति को सौंपा गया। भूल से उस हत्यारे ने पथिक की जगह अकरम को छुरा मार दिया जिससे उसकी मौत हो गई।[75]

शहर में दंगे शुरू हुए। सलीमा बहुत मुश्किल से बची। पथिक को सिर में चोट आई। इस चोट के कारण उसकी खोई हुई स्मृति लौट आई और उसे अपने मधुसूदन रूप के जीवन का पूरा स्मरण हो आया।

हत्यारे ने उनके शत्रु की नहीं उनके इकलौते बेटे की हत्या कर दी, इस बात को खान बर्दाश्त नहीं कर सके। सलीमा को जब इस बात का पता चला कि इस पूरे हत्याकांड में खुद उसके पिता की जिम्मेवारी थी, उसे इस देश में प्रचलित इस्लाम से ही नफरत हो गई।[76] उसने कीर्ति देवी के नाम को स्वीकार कर लिया और वह पथिक की विवाहिता पत्नी हो गई।

जब पुलिस मधुसूदन को पकड़ने आई (वह आठ सालों से किसी अन्य रूप में था) तो उसने अपना नाम गोपाल बताया। पति-पत्नी बिना किसी को बताए कश्मीर चले गए।

अगले राजनीतिक उपन्यास *स्वराज्य दान* में (जो 1947 में प्रकाशित हुआ) 1939 से 1947 के बीच के कालखंड के राजनीतिक परिवर्तनों पर ध्यान केन्द्रित किया गया है। इन वर्षों में पाकिस्तान आन्दोलन चला और अन्ततः भारत का विभाजन हुआ।

यह कहानी नरेन्द्र से शुरू होती है जिसका जन्म 1917 में हुआ था। उसके पिता की मृत्यु जलियाँवाला बाग हत्याकांड में पुलिस की गोलियों से हुई थी। उसकी माँ को इस कांड के बाद बहुत अपमान का सामना करना पड़ा था। उसे अमृतसर के भारतीयों की तरह सड़क पर रेंगना पड़ा था और उसने अपने पुत्र में इस भावना को जन्म दिया था कि इस अपमान का बदला उसके जीवन का लक्ष्य होगा। देश को अंग्रेजी दासता से मुक्ति का स्वप्न नरेन्द्र के मन में है।

1919 की राजनीतिक परिस्थिति का वर्णन इसमें है। गांधी 1919 में पंजाब आ रहे थे। रास्ते में उन्हें गिरफ्तार किया गया। विरोध में लोगों ने हड़ताल कर दी। नरेन्द्र के पिता एक छोटे दुकानदार थे। जब लोगों के मारे जाने की खबर नरेन्द्र की

माँ को मिली, वह व्यग्र हो अपने पति को ढूँढ़ने कर्फ्यू के समय ही निकल पड़ी। उसे अपने पति की लाश जलियाँवाला बाग में मिली। बहुत मुसीबतों का सामना करने के बाद वह उनकी लाश को पाने में सफल हो सकी और किसी तरह पाँच लोगों की मदद से अपने पति की लाश का दाह-संस्कार कर सकी।

नरेन्द्र की माँ को कितनी यंत्रणा और अपमान का सामना करना पड़ा इसका विवरण देने के क्रम में गुरुदत्त ने उस समय के पंजाब में चल रहे दमन का बहुत ही भावुक कर देनेवाला विवरण दिया है। 1942 में नरेन्द्र अपनी माँ की मृत्यु के बाद अपने चाचा हरबंस लाल के पास दिल्ली आ जाता है।

हरबंस लाल कलकत्ता से लौटते हुए ट्रेन में एक लड़की बीना से मिलता है जो घर से भागकर एक मुसलमान वकील सआदत हुसैन से विवाह करने के लिए दिल्ली आती है। बीना कलकत्ता विश्वविद्यालय से बी.ए. है और वह राजनीति में आना चाहती है। 1923 में वह हुसैन से शादी कर लेती है।

हरबंस लाल का एक मित्र रघुवर दयाल पुलिस अधिकारी है जो अपनी बेटी मनोरमा का विवाह नरेन्द्र से करना चाहता है। पर वह राजी नहीं होता। वह मनोरमा को सुशिक्षित मित्र के रूप में पसन्द करता है, परन्तु अपने जीवन के लक्ष्य के लिए वह विवाह नहीं करना चाहता। वह अध्ययनशील है और उसने इतिहास का अध्ययन किया था। उसने पाया कि जनरल डायर को अंग्रेजों का समर्थन मिला था और उसे एक लाख का पर्स उसके शुभाकांक्षी लोगों ने भेंट किया था। अंग्रेजों के प्रति कांग्रेसी नेताओं का आदर प्रकट करना उसे सहन नहीं होता था।[77]

दयाल जो डीआईजी के पद पर था नरेन्द्र से क्षुब्ध था और उसने अपने मित्र से कहा कि यह लड़का एक दिन फाँसी के तख्ते पर झूलेगा।[78]

भारत की राजनीतिक परिस्थिति उस समय तेजी से बदल रही थी। जापान के तेजी से भारत की ओर बढ़ने का समाचार आ रहा था। जापान ने इंडो चीन, सिंगापुर, थाइलैंड, मलाया, बर्मा आदि पर कब्जा कर लिया था। अप्रैल 1942 में जापानी असम की सीमा तक आ गए। जापानियों का मुकाबला करने की तैयारी नहीं थी। सबको यह लग रहा था कि जापान ब्रिटिश भारत पर आक्रमण करेगा।[79] अमीर लोग शहरों से भागकर गाँवों में जा रहे थे। भय का वातावरण था।

कांग्रेस सरकार से बहुत असन्तुष्ट हो गई थी और उसकी सरकारों ने त्यागपत्र दे दिया था। महात्मा गांधी का कहना था कि भारत को आजाद कर देना चाहिए ताकि भारतीय जापानियों का एकजुट होकर मुकाबला कर सकें। अंग्रेजों ने उनकी बात नहीं मानी। गांधी ने आन्दोलन की कोई तैयारी नहीं की, और कुछ समय के बाद एक आन्दोलन छेड़ने की घोषणा कर दी।

नरेन्द्र ने क्रान्ति के बारे में अध्ययन किया था और उसे इस बात पर आश्चर्य हुआ कि गांधी जी ने बिना किसी तैयारी के इस तरह का एक आन्दोलन शुरू

कर दिया। उसने एक पुस्तक लिखी थी—*सफल क्रान्तियाँ*। उसे लगता है कि सफल क्रान्ति के लिए कुछ जरूरी बातें नेताओं के कहने के लिए उसके पास विशेष हैं।

इस दौरान बीना और उसके पति हुसैन कांग्रेस संगठन में बड़ी जगह पर पहुँच गए हैं। बीना ने 1930 और 1932 के आन्दोलनों में भाग लिया था। इसके कारण उसे जेल भी जाना पड़ा था। जब भारत छोड़ो आन्दोलन का समाचार *हरिजन* में छपा, पूरे देश में राजनीतिक उत्तेजना का वातावरण तैयार हो गया। हरबंस लाल कांग्रेस के आन्दोलन को हुसैन और बीना के माध्यम से मदद करते थे इसलिए उनके बीच के सम्बन्ध बहुत अच्छे थे।

हुसैन और नरेन्द्र के बीच भारत छोड़ो आन्दोलन को लेकर एक संवाद हुआ। नरेन्द्र का कहना था कि इस तरह के किसी आन्दोलन को शुरू करने के पूर्व एक तैयारी होनी चाहिए। हुसैन ने कहा कि पूरे देश में जिस प्रकार का वातावरण है उसमें कांग्रेस आसानी से सरकार को मुसीबत में डाल सकती है। नरेन्द्र को लगता है कि यदि कानून को नहीं माना गया और कोई कानून नहीं रहा तो जनता बिना किसी अथॉरिटी की हो जाएगी, अनियंत्रित हो जाएगी।[80] हुसैन ने खुद यह प्रश्न गांधी के सामने रखा था जिसके उत्तर में गांधी जी ने कहा था कि सत्य और अहिंसा के प्रति आस्थावान लोगों के लिए किसी योजना की जरूरत नहीं।

लाला बनारसीदास गुजरनवाला पंजाब के रहनेवाले थे जो दिल्ली में आकर बस गए थे। वे उस समय दिल्ली आए थे जब दिल्ली का विस्तार हो रहा था। वे अमीर आदमी बन गए थे और लाखों की मदद सरकार को करने के कारण सरकारी अफसरों के लिए सम्मान के अधिकारी थे। पर वे अपने को अपनी सम्पत्ति का संरक्षक ही समझते थे। 1919 के आन्दोलन के दौरान उनको बहुत क्षति हुई थी और वे अपनी बीमार पत्नी को नहीं बचा सके थे। उनकी दुकान भी लूट ली गई थी। जब वे दिल्ली आए तो उनके पास बस दस रुपए थे। उन्होंने एक मुंशी के रूप में बीस रुपए की तनख्वाह से दिल्ली में अपने को व्यवस्थित किया। बाद में वे ठेकेदार बन गए और धीरे-धीरे एक सफल ठेकेदार बन गए। 1922 से 1925 के दौरान उन्होंने दस लाख रुपए कमाए। 1942 तक आते-आते उनके पास दस करोड़ की सम्पत्ति हो चुकी थी। वे अपनी कमाई को अपने मजदूरों की कमाई मानते थे और चाहते थे कि यह सम्पत्ति उनको ही अच्छे तरीके से लौटाई जाए। वे कांग्रेस को भी चन्दा देते थे, लेकिन अधिक धन वे सरकार को ही देते थे। उनको लगता था कि कांग्रेस उनकी सम्पत्ति का सही उपयोग नहीं करती।

अपने पुत्र को भी इस सम्पत्ति का बहुत ही छोटा सा हिस्सा (दस हजार) वे देने को तैयार थे। वे कहते थे कि उनके पास सम्पत्ति के नाम पर भागवत गीता है और एक कुटिया है जो उन्होंने अल्मोड़ा में बनवा रखी है जहाँ वे अपना बुढ़ापा

बिताना चाहते थे। वे नरेन्द्र से मिलकर प्रसन्न हुए थे और उनको लगता था कि उनके जीवन का उद्देश्य एक ही है।[81]

नरेन्द्र ने लाला बनारसीदास को कहा कि गांधी जी के विचार व्यावहारिक नहीं हैं। नेहरू उनके विचारों के नहीं हैं, परन्तु वे गांधी का विरोध नहीं कर पाते। उसका कहना था कि गांधी न तो आजादी दिला सकेंगे और न ही पाश्चात्य सभ्यता के चंगुल से इस देश को बचा सकेंगे। पाश्चात्य सभ्यता के प्रभाव को वह सबसे बड़ी समस्या के रूप में देखता है।

तीसरी बात नरेन्द्र को यह लगती है कि लोग अपने को शक्तिहीन इसलिए महसूस करते हैं क्योंकि उनके पास हथियार नहीं है। भाषण देना और जेल जाना पर्याप्त नहीं है। गांधी ने अपने विचार 1912 या उससे पहले बनाए थे उसको लेकर वे 1942 तक लगे हुए हैं। इन विचारों से कुछ ज्यादा सम्भव नहीं हो पाया है। उनके विचार और सभी प्रयत्न बेकार ही प्रमाणित हुए हैं।

बनारसीदास के विचार नरेन्द्र से मिलते हैं। नरेन्द्र की किताब पढ़ने के बाद उन्हें भी लगने लगता है कि गांधी ने लोगों को जगाने में सफलता पाई, लेकिन उन्हें वे संगठित नहीं कर पाए।[82]

नरेन्द्र की पुस्तक का प्रकाशन हुआ और इसकी व्यापक प्रतिक्रिया हुई। इस पुस्तक को लिखने के लिए उसके खिलाफ एक वारंट जारी हुआ। अपनी गिरफ्तारी से बचने के लिए वह फरार हो गया।

भारत छोड़ो आन्दोलन ने पूरी दुनिया का ध्यान अपनी ओर खींचा। अमेरिका विश्वयुद्ध में अंग्रेजों का समर्थन कर रहा था। अमेरिका के लाखों सैनिक भारत आए। गांधी जी को लगता था कि अंग्रेजों के भारत में रहते जापानियों का मुकाबला भारत नहीं कर पाएगा। लेकिन अन्त में गांधी इस बात के लिए राजी हो गए कि सेना रहे। चर्चिल गांधी और उसके आन्दोलन को पसन्द नहीं करते थे, परन्तु वे अमरीकी राष्ट्रपति को यह भरोसा दिलाने में सफल हुए कि कांग्रेस के आन्दोलन से भारत में शान्ति भंग नहीं होगी।[83]

नरेन्द्र को यह विश्वास होने लगता है कि देश को कांग्रेस के अतिरिक्त एक मजबूत संगठन की जरूरत है। यह काम कांग्रेस का विरोध करके हिन्दू महासभा की तरह अपने को कमजोर करने जैसा न हो यह भी उसे लगता है। एक-दूसरे तरह के कार्यक्रम की जरूरत है।[84]

नरेन्द्र जनसभाओं में जाता है। कांग्रेस उसका संगठन नहीं और कम्युनिस्टों ने अपनी नीति में परिवर्तन कर लिया था और वे सरकार का सहयोग कर रहे थे। उसे लगता है कि पहली प्राथमिकता आज़ादी हासिल करना होनी चाहिए और कांग्रेस की नीति इसके लिए सही नहीं है। इस समय एक मजबूत संगठन होना चाहिए। उसे लगता है कि बीस लोगों का एक संगठन होना चाहिए जो देश-भर में लोगों

को नेतृत्व दे। उनका एक नेता हो और हर शहर में एक शहर का संगठन हो। एक ग्रुप के सदस्य सिर्फ उस ग्रुप के सदस्य के साथ परिचित हों। पहली प्राथमिकता अंग्रेजी हुकूमत से मुक्ति हो। पूँजीपतियों के विरुद्ध संग्राम हो। देश स्वाधीन हो और उसके बाद यह तय हो कि इस देश के लिए कौन सी व्यवस्था सही होगी।[85] उसे पुलिस कम्युनिस्ट समझती है और इस कारण उसके विरुद्ध कोई कार्रवाई नहीं की जाती। बाद में दयाल कहता है कि वह कम्युनिस्ट नहीं बल्कि फॉरवर्ड ब्लॉक का आदमी है और उसको आजाद नहीं रखा जा सकता।

मनोरमा का विवाह नन्दलाल से कर दिया जाता है जो एक पुलिस इंस्पेक्टर है। वह एक व्यावहारिक किस्म का आदमी है जो घूस लेने और अपने विभाग के भ्रष्ट लोगों के साथ चलने में कोई बुराई नहीं देखता। वह अंग्रेज विरोधी आन्दोलनकारियों के साथ क्रूरता के साथ पेश आता है।

गुरुदत्त के अनुसार कांग्रेस का मुकाबला करने के लिए मुसलमानों, सरकारी कर्मचारियों, अमीर और कम्युनिस्ट लोगों को आगे किया गया। युद्ध शुरू होने के पहले मुसलमान नेता उतने महत्त्वपूर्ण नहीं थे, पर इस बदली हुई परिस्थिति में उनका महत्त्व बहुत बढ़ गया था। सरकार ने उनको बहुत महत्त्व दिया। अमीर लोगों को पैसे कमाने का सुयोग देकर शान्त किया गया। कम्युनिस्ट रूस के प्रभाव के कारण भारत के कम्युनिस्टों ने अपनी राजनीतिक लाइन को बदल दिया। उनको हजारों रुपए हर महीने कांग्रेस के प्रभाव को कम करने के लिए दिए जा रहे थे।[86]

कांग्रेस नेतृत्व ने आन्दोलन करने का निश्चय किया। बनारसीदास कांग्रेस की आर्थिक मदद करना चाहते थे। बीना को लगता था कि कांग्रेस अंग्रेजों के खिलाफ अपना अन्तिम अभियान छेड़ रही है और इसे सफल होना ही था। नरेन्द्र को इसमें शंका थी और उसने बनारसीदास को कांग्रेस को पैसे देने से मना किया।

बनारसीदास के सुझाव पर नरेन्द्र गांधी जी से मिलने गया। नरेन्द्र ने गांधी जी को पत्र लिखे थे और अपनी किताब की एक प्रति भी उन्हें दी थी। गांधी के मंत्री (सेक्रेटरी) ने उसे लिखा था कि गांधी सभी का कल्याण चाहते थे जो कि अहिंसा से ही सम्भव है।

वर्धा आश्रम में नरेन्द्र गांधी से मिलने गया था। पर गांधी कलकत्ता चले गए थे। बाद में मुलाकात होने पर उसने गांधी से कहा कि अहिंसा का सिद्धान्त राजनीतिक रूप से प्रभावी नहीं हुआ है और गांधी तीन बड़े आन्दोलन करके भी अंग्रेजों को यहाँ से चले जाने के लिए राजी नहीं कर सके। शोषक अंग्रेजों को यहाँ बने रहने का कोई अधिकार नहीं।[87] गांधी ने नरेन्द्र से कहा था कि उन्होंने जनता के सामने अपना कार्यक्रम रखा था और अगर नरेन्द्र को उसमें विश्वास नहीं है तो उसे इससे अपने को अलग करने का अधिकार है। नरेन्द्र ने गांधी से विनती की कि उनके पास जो असीम क्षमता है उसका वे उपयोग करें।

बनारसीदास के मन में दुविधा थी। वे गांधी के आन्दोलन और नरेन्द्र जैसे लोगों के अंग्रेज विरोधी आन्दोलन के बीच चुनाव नहीं कर पा रहे थे। इस बात को नरेन्द्र समझता था। उसे पता था कि बनारसीदास वैसे पूँजीपति नहीं थे जो अहिंसा के सिद्धान्त में विश्वास नहीं करते हुए भी कांग्रेस की आर्थिक मदद करते थे। इन पूँजीपतियों के अलावा अन्य धनी-मानी लोग थे जिन्होंने अकूत धन शेयर मार्केट बिजनेस से कमाया था। वे लोग गांधी के साथ जुड़कर अपने को सम्मानित बनाने में लगे थे।[88]

नरेन्द्र का सम्पर्क कलकत्ता में अन्य लोगों से हुआ जो गांधी की नीतियों से सहमत नहीं थे। नरेन्द्र की पुस्तक *सफल क्रान्तियाँ* उन लोगों ने पढ़ी थी। ये क्रान्तिकारी चाहते थे कि भारत को दोनों तरह के आन्दोलनों की जरूरत है। गांधी का अहिंसक आन्दोलन भी चले और सशस्त्र क्रान्ति के लिए भी प्रयास चलने चाहिए। दूसरे प्रकार के आन्दोलन के लिए भी लाखों लोगों की जरूरत थी।

धीरे-धीरे सेठ कुंज बिहारी लाल की तरह बनारसीदास भी इस क्रान्तिकारी दल को आर्थिक सहयोग देने को राजी हो गए। अब करोड़ों रुपये लगाने वाले दो सेठ इन क्रान्तिकारियों के साथ थे। बनारसीदास को भी एक अनुभव हुआ जिसके कारण उन्हें लगा कि क्रान्तिकारियों की मदद का रास्ता ही सही है। उनके पुत्र को पुलिस उठाकर ले गई। पुलिस ने उसके साथ अच्छा सलूक नहीं किया। उन दिनों पुलिस किसी को भी शक के आधार पर गिरफ्तार कर लेती थी और पुलिस हिरासत से छुड़ाने के लिए गिरफ्तार लोगों के शुभचिन्तकों को घूस देनी पड़ती थी। मनोरमा का पति नन्दलाल भी इस पुलिसिया षड्यंत्र में शामिल था। वह इस बात से जला-भुना रहता था कि उसकी पत्नी मनोरमा नरेन्द्र की बहुत इज्जत करती थी। वह नरेन्द्र को किसी भी हालत में गिरफ्तार कर उसे मजा चखाना चाहता था। इसको अंजाम देने के लिए उसने मनोरमा का इस्तेमाल भी किया, जिसके कारण मनोरमा के मन में उसके प्रति क्रोध पैदा हो गया और उसने अपने पति का घर ही छोड़ दिया। बनारसीदास को मजबूर होकर पुलिस को रिश्वत देकर अपने बेटे को हिरासत से छुड़ाना पड़ा। इससे वे बहुत व्यथित हुए। बनारसीदास जैसे समर्थ व्यक्ति को भी अपने पुत्र के पुलिस के द्वारा हिरासत में ले लेने के बाद दस हजार रुपए की रिश्वत दिए बिना राहत नहीं मिली। इस अनुभव ने बनारसीदास को प्रभावित किया। उन्होंने मनोरमा की मदद की और क्रान्तिकारी लोगों के सहयोग से उसे लाहौर भेज दिया ताकि वह अपने भ्रष्टाचारी पति से छुटकारा पा सके।

भारत छोड़ो आन्दोलन के समय जनता में नेताओं की गिरफ्तारी के बाद बहुत आक्रोश था और इसका लाभ नरेन्द्र लेना चाहता था। उसे लगता था कि अगर उसके पास दस हजार लोगों का समर्थन होता तो इस क्रान्तिकारी परिस्थिति का लाभ लिया जा सकता था।

बीना देवी का मत था कि एक दूसरी सरकार का गठन किया जाना चाहिए। उसके पति का घर पुलिस ने अपने कब्जे में कर लिया था इसलिए वह बम्बई से दिल्ली छद्म वेश में आई और दूसरी जगह चली आई। उसने एक गुप्त सभा की जिसमें नरेन्द्र भी शामिल हुआ। नरेन्द्र ने भारतीयों की सरकार के गठन के लिए तीन जरूरी चीजों का उल्लेख किया। प्रथम, जन-समर्थन, सेना और विश्व के प्रमुख देशों के साथ सम्पर्क। कांग्रेस के पास पहली चीज ही है। सफलता के लिए अन्य दो कांग्रेस के पास नहीं हैं। उसने प्रस्ताव दिया कि स्वयंसेवकों का एक संघ बने जिसकी सदस्य संख्या कम-से-कम तीस लाख हो। इसके साथ ही विदेश में अस्त्र प्राप्ति और समर्थन का प्रयास हो। यह काम उसके अनुसार 1920 में ही शुरू हो जाना चाहिए था। इस स्थिति में एक निर्णायक युद्ध की तैयारी करनी होगी। अगले दस-पन्द्रह वर्ष में ही यह होना चाहिए। उसके लिए एक नए नेतृत्व की जरूरत है। इस संस्था के लोग दिन में एक बार मिलें और शारीरिक और मानसिक रूप से इस काम के लिए तैयार रहें। साल में दो महीने साथ रहकर ये युद्ध की बारीकियों को समझें। संघ के कुछ लोग विदेश जाकर अस्त्र-शस्त्र के लिए प्रयासरत हों।

बीना इसके खिलाफ नहीं है, परन्तु उसे लगता है कि फिलहाल आन्दोलन में भाग लेना अधिक जरूरी है। नरेन्द्र ने कहा कि उसने एक संस्था शुरू कर दी है और इसको शक्तिशाली होने में दस साल लगेंगे।

नरेन्द्र बीना को अपनी योजना में शामिल नहीं कर सका। इस मीटिंग में तीन लोगों की एक कमेटी बनी। इसका उद्देश्य था किसी भी तरह युद्ध की तैयारी में सरकार के लिए बाधा बनना। बीना ने कहा कि गांधी ने यह आश्वासन दिया है कि छोटी-मोटी घटनाओं के बाद वे आन्दोलन को रोकेंगे नहीं। मीटिंग में उपस्थित एक व्यक्ति ने बाद में नरेन्द्र से अलग से बात की। उसने कहा कि वह नरेन्द्र की योजना में शामिल होने को तैयार है। नरेन्द्र को सन्देह हुआ कि वह आदमी पुलिस का भेदिया है। उसने सुबह से पहले अपने साथियों को जगह खाली कर देने के लिए कहा।[89]

आजमगढ़, बलिया, गोरखपुर, पटना, मुजफ्फरपुर, चिट्टागोंग, ढाका, पूना, बम्बई, मद्रास, चिमूर और अन्य सैकड़ों स्थानों से लोगों के आन्दोलन में शामिल होकर तोड़-फोड़ और अन्य घटनाओं की सूचना आने लगी। भीड़ स्थानीय अधिकारियों और पुलिस को भी नहीं छोड़ रही थी। सरकारी बिल्डिंग्स और रेलवे लाइनों को तोड़ना जारी था। तीन-चार दिनों तक यह चलता रहा। पर इसे एक सप्ताह से अधिक आन्दोलनकारी नहीं चला सके। बीना और उनके सहयोगी कुछ दिनों तक कार्रवाई को चलाते रहे पर इसे जारी नहीं रखा जा सका। मुख्य समस्या थी जिन अधिकारियों को हटाया जा रहा था उनकी जगह दूसरों की नियुक्ति। बीना देवी दिल्ली में अधिक दिनों तक नहीं रह सकीं और उनको यहाँ से भागना पड़ा। अन्ततः उन्हें दिनाजपुर में जाकर रहना पड़ा। उनके एक सहयोगी वैद्यनाथन, जो

मदुरै के रहने वाले थे, ने मिल मजदूरों की हड़ताल कराने की कोशिश की पर उसमें अधिक सफलता नहीं मिली।

बहुत जल्द ही स्थिति सरकार के नियंत्रण में आ गई। जैसे ही स्थिति काबू में आई सरकार का रुख बदल गया। अमीरों को सरकार ने मुनाफा कमाने की खुली छूट देकर अपनी ओर रखा। कम्युनिस्ट खुद ही इस आन्दोलन के खिलाफ थे। मुसलमानों को सरकार ने बढ़ाया। पाकिस्तान की माँग इसी समय जोरदार हुई। पाकिस्तान का अर्थ था—सिंध, बलूचिस्तान, पंजाब, उत्तर-पश्चिम के सीमान्त प्रदेश, बंगाल और असम और इसके साथ पंजाब और बंगाल को जोड़ने के लिए एक कॉरिडोर। इस कॉरिडोर का अर्थ था उत्तर प्रदेश और बिहार होते हुए एक रास्ता। हैदराबाद और मलाबार के साथ सम्पर्क भी होना ही था और इसके लिए रास्ता चाहिए। सरकार ने मुस्लिम लीग की इन माँगों को बढ़ने दिया। मुस्लिम लीग नेता जिन्ना ने घोषणा की कि पाकिस्तान की माँग को आजादी मिलने के पहले ही करना होगा।[90] सरकार की ओर से मुसलमानों को कम-से-कम हिरासत में लेने का निर्देश था।[91]

सरकार ने इन माँगों को इसलिए बढ़ावा दिया, ताकि राष्ट्रीय शक्तियाँ कमजोर हो सकें। राष्ट्रीय नेतागण जेलों में बन्द थे और राष्ट्रीयता के विरोधी बाहर अपनी शक्ति बढ़ा रहे थे। जिन लोगों ने युद्ध के प्रयासों में आन्दोलन के माध्यम से बाधा डालने की कोशिश की उन्हें 1943 के मध्य तक शान्त कर दिया गया। सरकार ने पुलिस को असीमित शक्ति दे दी और इसका बहुत ज्यादा प्रयोग पुलिस ने आन्दोलनकारियों और उनके सहयोगियों के विरुद्ध किया। पुलिस किसी को भी दो महीने के लिए जेल में बन्द कर सकती थी और इसके लिए उसे मजिस्ट्रेट की अनुमति की भी जरूरत नहीं होती थी। इस दौरान पुलिस के लोगों ने पैसा भी खूब कमाया। कांस्टेबल के पास भी मोटर खरीदने लायक पैसे आ गए। नन्दलाल और रघुबर दयाल ने बहुत पैसा इकट्ठा किया।[92]

नरेन्द्र के संगठन ने शंकरगढ़ नामक जगह से रूप लेना शुरू किया। यह गाँव नेपालगंज से काठमांडू जाने के रास्ते में पड़ता था। यह एक जंगल का इलाका था और बाहरी दुनिया से इसका सम्पर्क बहुत कम था। इस गाँव में सत्तर-अस्सी घर थे। ये घर भी अधिकतर खाली ही रहते थे क्योंकि इन घरों के मर्द सेना की ड्यूटी के लिए बाहर ही रहते थे। यहाँ मधुसूदन उपाध्याय और कीर्ति देवी (सलीमा) दूसरे नामों से, क्रमश: शंकर पंडित और गौरी के नाम से पिछले तीन-चार सालों से रहते थे। गुरुजी (धीरेन्द्र) की आज्ञा से नरेन्द्र को वहाँ रखा गया था। वहाँ कुल सात लोग रहते थे—शंकर पंडित, गौरी, भानुमित्र, रमेशचन्द्र, भगवती और उसके पति खड्ग बहादुर। पंडित का एक बेटा भी है जिसका नाम अजय है।

वे लोग राजनीतिक विषयों पर गम्भीर मंत्रणाएँ करते। शंकर का कहना था कि अंग्रेजों ने चालाकी से शिक्षित भारतीयों को यह समझाने में सफलता पा ली थी कि

अंग्रेजी राज में देश प्रगति कर रहा है। 1919 में जब भारतीय शिक्षितों को दमन से धक्का लगा तो उन्होंने प्रतिवाद किया। गांधी के नेतृत्व में तीन बड़े आन्दोलन भी हुए लेकिन सफल नहीं हो सके। परिस्थिति ऐसी हो गई कि गृहयुद्ध के अलावा और कोई विकल्प बचा ही नहीं। देश को एक हिंसक आन्दोलन की तैयारी करनी पड़ेगी, ऐसा शंकर को लगता था।[93]

नरेन्द्र ने कहा कि शंकरगढ़ का यह संगठन अपने कान और आँख दिल्ली पर लगाए हुए है। इसके पाँव कानपुर, टाटानगर, अहमदाबाद में हैं और पेट कलकत्ता और बम्बई में हैं। विदेश में भी इसके सम्पर्क हैं, जहाँ अस्त्र-शस्त्र का संग्रह और फौजी ट्रेनिंग का सिलसिला चल रहा है। संगठन अभी अपने शैशव काल से गुजर रहा है, पर जब यह जम जाएगा तो इसकी शक्ति बहुत अधिक होगी।

इस संगठन को इस तरह अलग-थलग इसलिए रखा गया ताकि सरकार की नजर से दूर रहकर, गुप्त रूप से संगठन का काम किया जा सके। आश्रम जाने के रास्ते के बारे में सबको पता नहीं था। नेपालगंज ब्रिटिश इलाके में था और आश्रम नेपाल में। आश्रम में एक पुस्तकालय था।

गौरी ने नरेन्द्र से अपने जीवन के बारे में बातें बताईं।

स्वराज्य संस्थापन समिति से जुड़कर सब लोग काम करते थे। उससे जुड़े लोग कई शहरों में फैले हुए थे। मनोरमा को लाहौर ले जाने में इसी संस्था से जुड़े लोगों ने आपस में सहयोग करके उसको बचाया। अपने पति से बचने में उसे संस्था का सहयोग मिला। अन्त में जब उसे लाने के लिए लोग लाहौर तक पहुँचे तो उसे सुरक्षित शंकरगढ़ तक लाने में भी इसी संस्था का सहयोग मिला।

इस संस्था के केन्द्र में नौ लोग थे—शंकर पंडित, नरेन्द्र, नरोत्तम, कुंज बिहारी लाल, बनारसीदास, शेखरानन्द, नरहरि राव, कैप्टन नाहर सिंह और गुरुजी (धीरेन्द्र)। इनकी मीटिंग कलकत्ता में हुई। इस संस्था के चार विभाग बने थे जिनको एक-दूसरे के साथ मिलजुल कर काम करते रहना था।

इनमें से धीरेन्द्र ऐसे थे जो यूरोप और रूस में रह चुके थे। संगठन के बारे में वे नहीं चाहते थे कि बाहर के लोगों को इसके बारे में जानकारी हो।

चारों विभागों को एक साथ जोड़ने के लिए एक नेता का चयन किया गया। कुछ समय के लिए धीरेन्द्र प्रधान के रूप में चुने गए। भारत को दो क्षेत्रों में बाँट दिया गया। नेता के माध्यम से सभी कार्यक्रम आगे बढ़ाए जाते थे। संगठन इस रूप में काम करता था कि एक राज्य के दो डिवीजन के लोग एक-दूसरे से परिचित नहीं होते थे, लेकिन एक ही नेतृत्व के भीतर काम करते थे। राज्य के भीतर जिला, शहर, तहसील और फिर मंडली स्तर पर कमेटियाँ बनी थीं। मंडल सबसे निचली इकाई थी जिसमें बीस से अधिक सदस्य नहीं होते थे।

चार केन्द्रीय डिवीजन थे—ब्राह्मण, क्षत्रिय, वैश्य और कर्मचारी। शंकर पंडित और नरेन्द्र पहले डिवीजन के मुखिया थे। इनमें कई विद्वान, यूनिवर्सिटी प्रोफेसर और अन्य क्षेत्रों के विद्वान थे। इन विद्वानों की मीटिंग बनारस, लखनऊ या कलकत्ता में होती थी। अन्तिम निर्णय केन्द्रीय नेतृत्व के हाथ में होता था।

क्षत्रिय डिवीजन का नेतृत्व कैप्टन नाहर सिंह के हाथ में था। वे सेना से रिटायर थे। प्रथम विश्वयुद्ध में हिस्सा ले चुके थे। पहले विश्वयुद्ध में शौर्य के लिए उन्हें विक्टोरिया क्रॉस भी मिला था। नाहर सिंह ने सेना, गाँव और छोटे शहरों में सेना की ट्रेनिंग देने का काम अपनी समिति के सदस्यों को देना शुरू कर दिया था। इस काम में उनका सहयोग नरोत्तम प्रसाद कर रहे थे। नरोत्तम प्रसाद ने विदेश में भी शाखा खोल ली थी और वहाँ रहने वाले भारतीयों का समर्थन पाने की कोशिश कर रहे थे। वहाँ भी भारतीयों को सैनिक प्रशिक्षण दिया जा रहा था।

वैश्य सभा के दो नेता थे कुंज बिहारी लाल और बनारसीदास। ये लोग अपने धन का उपयोग संस्था के लिए करने को तत्पर थे।

कर्मचारी डिवीजन का नेतृत्व शंकरानन्द और नरहरि राव कर रहे थे और इस डिवीजन के लोग मजदूरों के बीच काम कर रहे थे।

शंकर पंडित ने इस पूरी व्यवस्था का ब्लू प्रिंट तैयार किया था। इस संस्था का केन्द्रीय नेतृत्व जिसे नवरत्न मंडल कहा जाता था, तीन-तीन महीने में एक बार बैठकर चीजें तय करता था।[94]

प्रगति सन्तोषजनक हो रही थी। ब्राह्मण डिवीजन की एक मीटिंग काशी में प्रोफेसर निखिलेश्वर के आवास पर हुई। वहाँ यह राय बनी कि बिना विदेशी समर्थन के आजादी पाना मुश्किल है। शस्त्र विदेश से हासिल करना ही होगा। इस काम के लिए रूस, चीन, ईरान, तुर्की, मिस्त्र और अमेरिका में काम प्रगति पर था।

क्षत्रिय डिवीजन ने बताया कि पाँच हजार मंडलियों का गठन कर लिया गया है। लक्ष्य एक लाख मंडली का गठन करना था। सेना के बाहर मंडलियों का गठन ज्यादा हुआ था। नेताओं ने सैनिक प्रशिक्षण भी प्राप्त किया था। एक मंडली में बीस से अधिक सदस्यों की भर्ती नहीं की जाती थी। ट्रेनिंग के बाद उनको मंडली गठन के लिए और उसके सदस्यों की भर्ती के लिए भेजा जाता था। नरोत्तम प्रसाद ने बताया कि विश्वयुद्ध के चलने के कारण काम करने में थोड़ी असुविधा हो रही है। बाहर की दुनिया से सम्पर्क में रहने के लिए किसी गुप्त मार्ग की खोज की जरूरत की बात की गई। यह मत ब्राह्मण डिवीजन ने भी प्रकट किया था कि ब्रिटिश नियंत्रित राज्य में सैनिक तैयारी मुश्किल काम होगा।

वैश्य डिवीजन ने यह बतलाया था कि कुछ नए सदस्य बने हैं जिनकी आमदनी करोड़ों में है। कर्मचारी डिवीजन ने बताया कि एक लाख लोग उनके साथ आ चुके हैं।

सबने मिलकर तय किया कि सबको एक-दूसरे से तालमेल रखकर काम करना चाहिए। इसके लिए मंडलीय जिला स्तर के नेता, अगुआ की मदद लें। अगुआ राज्य स्तर के नेताओं का सहयोग ले जो केन्द्रीय स्तर के नेता के साथ जुड़े हुए हैं।

संगठन के प्रति समर्पण की जाँच और अनुशासन के लिए सदस्यों को अपने परिवार को छोड़कर दूसरी जगह जाकर संगठन का काम करने का निर्देश दिया जाता था।

संगठन ने हजारों नौजवानों को अपने साथ जोड़ लिया था जो पुलिस विभाग में काम कर रहे थे। करीब तीस हजार संस्था के लोग सेना में थे।

अगले एक वर्ष में एक करोड़ रुपए खर्च करके संस्था को और मजबूत करने की योजना बनी।

भारत से बाहर के देशों से जुड़ने के लिए गुप्त मार्ग की खोज के सन्दर्भ में यह कहा गया कि एक रूट नेपाल की प्राचीन राजधानी पाटन होते हुए ल्हासा का हो सकता है। शंकर पंडित के पास यह सूचना थी कि पाटन और ल्हासा के बीच का रास्ता पूरे वर्ष खुला रहता है। यह सबका मत था कि आजादी पाने के लिए हर सम्भव प्रयास की जरूरत है।

भविष्य के भारत के बारे में अपने विचार व्यक्त करते हुए धीरेन्द्र ने कहा कि भारत को एक फेडरल राज्य बनना है। यह राज्य खैबर से चिटागोंग और कश्मीर से कन्याकुमारी तक फैला होगा। नेपाल और भूटान भी इसका हिस्सा होंगे। धीरेन्द्र ने विशाल भारत की बात भी की। इसके अन्तर्गत हिन्दूकुश से सुमात्रा, जावा—फिलीपींस तक और मेडागास्कर से बर्मा तक का इलाका शामिल था। यह स्पष्ट किया गया कि पूरा इलाका भारत राज्य का हिस्सा नहीं होगा। इन राज्यों के बीच एक सैनिक समझौता जरूर होगा। किसी विदेशी राज्य द्वारा अगर कभी कोई आक्रमण होगा तो विशाल भारत के सभी राज्य मिलकर उसका मुकाबला करेंगे। तीन दिनों तक चली मीटिंगों में यह भी कहा गया कि बाहर की दुनिया से वाणिज्यिक सम्पर्क के बारे में एक होकर निर्णय लिया जाएगा।[95]

इसके बाद के हिस्से में शंकर पंडित के हिमालय जाने का वृत्तान्त एक फैंटेसी के रूप में किया गया है। शंकर पंडित के पास एक नक्शा है जिसके सहारे उसे हिमालय पार तिब्बत तक जाना था।

इस समय के बारे में लिखते हुए गुरुदत्त ने तत्कालीन राजनीतिक परिवेश में हो रहे परिवर्तनों पर टिप्पणियाँ की हैं। सरकार ने जिस तरह काला बाजारी को बढ़ने में मदद की थी, उससे किस प्रकार बंगाल का अकाल जुड़ा हुआ है आदि विषयों पर भी उन्होंने लिखा है।[96] उनके अनुसार जब लोग मर रहे थे अमीर भारतीय और अमीर बनने में लगे थे और अंग्रेज सरकार उनकी मदद कर रही थी।

गुरुदत्त ने सुभाषचन्द्र बोस को ऐसे नेता के रूप में चित्रित किया है जो भारतीयों के नैतिक पतन से चिन्तित है। वे समझते थे कि यह स्थिति अगर बनी रही तो भारत

में गुलामी स्थायी हो जाएगी, इसलिए आजादी को यथाशीघ्र हासिल करना होगा। पर उनके विचार गांधी से नहीं मिलते थे। इसलिए वे भारत से बाहर चले गए और जर्मन मदद से भारत की स्वाधीनता के लिए प्रयास करते रहे।[97]

सिंगापुर और मलेशिया में जिन ब्रिटिश सिपाहियों को कैद किया गया था उनको संगठित करने का काम जनरल मोहन सिंह और रासबिहारी बोस कर रहे थे। जापानियों का विश्वास मोहन सिंह पर कम हुआ और उन्हें गिरफ्तार कर लिया गया। इसी बीच सुभाषचन्द्र बोस सिंगापुर पहुँच गए। जापान ने उनको हर सम्भव सैनिक मदद देने का आश्वासन दिया। थोड़ी मदद पाकर ही आजाद हिन्द फौज आगे बढ़ी और असम की सीमा तक पहुँच गई।

आजाद हिन्द फौज के भारतीय सीमा तक आने से राजनीतिक परिस्थिति बहुत गम्भीर हो गई। धीरेन्द्र ने एक मीटिंग इलाहाबाद में बुलाई। धीरेन्द्र के मत से आजाद हिन्द फौज के समर्थन में एक क्रान्ति शुरू कर देनी चाहिए, लेकिन शंकर पंडित और नरेन्द्र ने इस मत को नहीं माना। नरेन्द्र ने कहा कि संगठन के पास दो लाख लोग हैं, लेकिन उनके पास हथियार नहीं हैं। बगैर तैयारी के गांधी की तरह आन्दोलन शुरू करना ठीक नहीं होगा। डायनामाइट फैक्टरी मंगोलिया में थी और समिति को काफी बम चाहिए थे फेंकने के लिए। सैनिकों को जल्दी से इस काम के लिए तैयार नहीं किया जा सकता था। शंकर पंडित ने भी नरेन्द्र के मत का समर्थन किया। उन्होंने यह भी कहा कि देश में ऐसे भी लोग हैं जिनको ब्रिटिश राज में बहुत फायदा हुआ है और वे चाहते हैं कि ब्रिटिश शासन बना रहे।

बनारसीदास का मत था कि इस समय सुभाष का साथ देना चाहिए। नरेन्द्र ने कहा कि यह दुर्भाग्यपूर्ण है कि सुभाष देश को आजाद करने के लिए इतनी कोशिश कर रहे हैं और वे इस समय देश की किसी संस्था से जुड़े नहीं हैं जो उनकी उस समय मदद कर सके। यह भी स्पष्ट नहीं है कि उनको जापान की ओर से कितनी और कब तक सैनिक मदद मिल सकेगी। धीरेन्द्र ने भी अपने मत में संशोधन करते हुए कहा कि तोड़-फोड़ करने से कुछ हासिल नहीं होगा।[98]

शंकर पंडित ने कहा कि संगठन अभी सरकार की सैन्य शक्ति का मुकाबला करने की स्थिति में नहीं है। ब्रिटिश सेना में बीस लाख सैनिक हैं और उनके पास हथियार भी हैं। इसके अलावा देश में पाँच लाख अमरीकी सैनिक भी हैं। उनके पास वायु सेना भी है। सही मौका विश्वयुद्ध के बाद मिलेगा जब ब्रिटिश सेना रिटायरमेंट के मूड में होगी। उस समय अमरीकी सेना भी वापस चली जाएगी और भारतीय सैनिक भी अपने गाँवों को लौट चुके होंगे। उस समय संगठन तेजी से अपना काम करेगा। दस लाख वॉलेन्टियर के साथ समिति दिल्ली, बम्बई, कलकत्ता, मद्रास, सिंगापुर और अदन में विद्रोह करके सत्ता को अपने हाथ में ले लेगी। इसके पूर्व एक राज्य में सत्ता को हासिल कर लिया जाएगा। उसके बाद अन्य राज्यों की

शक्ति अपने हाथ में लेने की कोशिश की जाएगी। उनका अनुमान था कि चार से पाँच महीने में यह किया जा सकेगा। जिस राज्य से क्रान्ति की शुरुआत होगी उसके लिए उत्तर प्रदेश के पूर्वी जिले, पूरे बिहार और उड़ीसा के कुछ जिलों को चुना गया। ये चुने हुए हिस्से एक तरफ नेपाल से जुड़े होंगे और दूसरी तरफ समुद्र से। पश्चिम में सीतापुर, लखनऊ, कानपुर, झाँसी, जबलपुर, बिलासपुर, कटक होंगे। पूरब में होंगे कलकत्ता, बर्धमान, मुर्शिदाबाद, मालदा, भागलपुर, पूर्णिया, जलपाईगुड़ी और दार्जिलिंग।

शंकर पंडित की इस योजना पर विस्तृत चर्चा हुई। पंडित ने कहा कि अगर सुभाष को देश के अन्दर से मदद नहीं मिली तो उनके सफल होने की सम्भावना न्यूनतम है। नरेन्द्र ने इस योजना को और स्पष्ट किया। इसे तीन चरणों में बाँटा गया। प्रथम—तैयारी, जिसमें करीब तीस करोड़ रुपए खर्च होने की सम्भावना थी, द्वितीय—आक्रमण जिसके लिए एक करोड़ की राशि अपेक्षित थी और तृतीय—विजय जिसके लिए विजित राज्यों के संसाधन उपलब्ध होंगे। उसके बाद अमीरों से सोना और चाँदी लिये जाएँगे। उसके बाद करीब दो अरब मूल्य के सोना-चाँदी को चुने हुए केन्द्र में रिजर्व के रूप में रखा जाएगा।

नरेन्द्र ने यह भी अनुमान किया कि करीब बीस लाख वॉलेन्टियर और पाँच लाख कर्मचारियों की जरूरत इस पूरी योजना को सफल बनाने के लिए होगी।

गुरुदत्त की जिस फैंटेसी का उल्लेख ऊपर किया गया है उसमें शंकर पंडित एक भद्र नेपाली परिवार से एक नक्शा लेकर गुप्त मार्ग की तलाश में हिमालय में जाते हैं। इस इलाके में राजपूतों के शासन के पूर्व लामा का शासन था, जिन्होंने पाटन से ल्हासा के बीच एक रास्ते का प्रयोग किया था। बाद में उस रास्ते का प्रयोग बन्द हो गया। अब उसके बारे में किसी को भी जानकारी नहीं रही।

इस विवरण में कई ऐसे प्रसंग हैं जिन्हें यथार्थवादी नहीं माना जा सकता। एक गुफा में शंकर पंडित को कुछ मनीषी मिले। इनके पास प्राचीन ज्ञान का भंडार था। वे वैज्ञानिक भी थे और उनके पास ऐसी बहुत सारी शक्तियाँ थीं जिनसे आधुनिक विज्ञान अपरिचित था।

इस फैंटेसी में शंकर पंडित की भेंट छह फुट चार इंच के व्यास से हुई जो उन ज्ञानी ऋषियों के नेता थे। व्यास ने कहा कि वे लोग चार हजार वर्षों से इस गुप्त स्थान पर अपने को म्लेच्छों (ऐसे लोग जो आर्य सभ्यता में विश्वास नहीं रखते) से दूर रखकर आर्य सभ्यता के संचित ज्ञान को यहाँ सुरक्षित रखे हुए हैं।

शंकर पंडित ने आर्य देश (भारतवर्ष) के बारे में बताया और उसके नैतिक पतन की बात की।[99]

जब इन ज्ञानियों ने भारतीयों के प्रयत्नों के बारे में पूछा तो पंडित ने बताया कि जब अंग्रेजी राज स्थापित नहीं हुआ था तब मराठा, मुसलमानों और आगरा और

अवध के लोगों ने अंग्रेजों को भगाने की कोशिश की थी। 1857 का विद्रोह असफल हुआ। उसके बाद रामसिंह कूका और स्वामी दयानन्द ने हिन्दू राज स्थापित करने की कोशिश की। उसके बाद 1907 में सुरेन्द्रनाथ बनर्जी, बाल गंगाधर तिलक और बिपिन चन्द्र पाल जैसे नेताओं ने हिन्दुओं और मुसलमानों की एकता के बाद एक संयुक्त शासन के लिए प्रयास किया। इसके साथ ही 'कल्ट ऑफ बॉम्ब' (1907), 'दिल्ली कान्सिपिरेसी' (1911), 'गदर का गठन' (1913) हुआ, 'होमरूल' (1917) की स्थापना हुई और उसके बाद गांधी के आन्दोलन हुए 1921, 1930 और 1942 में, पर वे सफल नहीं हुए।

ऋषि ने कहा कि वे छह सौ वर्षों से समाधि में थे और उन्हें इन सब बातों के बारे में ज्ञात नहीं है। उस ऋषि का नाम चामुंड था और उन्हें व्यास कहा जाता था। उस आश्रम में कई ऐसे ऋषि थे जो कई सौ वर्ष की आयु के थे। इस आश्रम के लोग म्लेच्छ लोगों का शासन होने के बाद भारतवर्ष नहीं गए थे और रास्ता बन्द हो जाने के बाद कोई इस आश्रम में आया भी नहीं था। ये लोग कायाकल्प, योग और समाधि के माध्यम से सैकड़ों वर्षों से जीते रहे थे। उन्होंने यह भी बताया कि हिमालय और सुमेरु पर्वत पर ऐसे कई और भी आश्रम हैं। सात सौ साल पहले विकीर्ण देव (जो वर्तमान व्यास चामुंड के पूर्व व्यास थे) नेपाल के रास्ते भारत गए थे। उस समय इन्द्रप्रस्थ के पृथ्वीराज ने कन्नौज के राजा जयचन्द की कन्या का अपहरण कर लिया था, जिसके कारण जयचन्द ने यवन राजा मुहम्मद गोरी का साथ देने का निर्णय लिया। विकीर्ण देव ने जयचन्द को समझाने की कोशिश की लेकिन सफल नहीं हुए। इसके कारण गोरी की पृथ्वीराज पर विजय हुई। चामुंड व्यास के अलाउद्दीन खिलजी के काल में आने का भी विवरण दिया गया है। उन्होंने भी हिन्दू राजाओं और रईसों की सभा करके हिन्दू एकता का प्रयास किया। सभी इस्लाम के विरुद्ध लड़ने को तैयार थे, लेकिन राजा कौन हो इसको लेकर उनमें मतभेद था। दो महीने की बातचीत के बाद भी इस पर सहमति नहीं बन पाई।[100] जैनियों और बौद्धों के प्रभाव के कारण भारत के लोगों का समाजत्व नष्ट हो गया। निराश होकर चामुंड व्यास समाधिस्थ हो गए। इससे वे हाल ही में निकले हैं।[101]

नरेन्द्र ने इस बातचीत में सूत्रधार का काम किया। उसके अनुसार भारत में सबसे अच्छी नीति यह होगी कि एक हिस्से में पूरी शक्ति को केन्द्रित किया जाए। उसको नियंत्रित करने के बाद दूसरे हिस्सों को नियंत्रण में लाने की कोशिश की जाए।[102]

हिन्दू-मुसलमान के मामले में नरेन्द्र का मत था कि अब इसका निदान आसान है। अब सामाजिक दूरी खत्म हो गई है (खासकर शहरों में), बस राजनीतिक अन्तर बचा हुआ है। मुस्लिम लीग राजनीतिक शक्ति के लिए लड़ रही है। यह राजनीतिक संगठन है, धार्मिक संगठन नहीं है। हिन्दू-मुस्लिम झगड़े के नाम पर अब राजनीतिक झगड़ा चल रहा है। मुस्लिम लीग की माँगें तो राजनीतिक अधिकारों के विषय में

हैं। वे अपना एक अलग देश चाहते हैं। मुस्लिम लीग मजहबी अधिकार के लिए नहीं लड़ रही है। यह राजनीतिक और आर्थिक शक्ति के लिए लड़ रही है।[103]

शंकर पंडित ने पाया कि भले ही ये लोग दुनिया से अपने को अलग रखे हुए हैं, इनके पास ऐसी टेक्नोलॉजी है कि ये किसी भी जगह को यहाँ से देख सकते हैं। वे एक खास किस्म का फल ही खाते थे। सप्ताह में एक या दो बार खाने से ही उनका काम चल जाता था। व्यास की अपनी एक यंत्रशाला थी जहाँ से वे दुनिया के दूसरे हिस्सों में क्या हो रहा है इसको देख सकते थे। शंकर पंडित को उन्होंने दिखलाया कि दिल्ली में क्या हो रहा है।

भारतवर्ष की स्थिति के बारे में शंकर पंडित ने बताया कि भारत में मुसलमानों की संख्या हिन्दुओं से कम है पर फिर भी वे अधिक शक्तिशाली हैं। इसका प्रधान कारण यह है कि पिछले चालीस सालों की सरकार की नीति मुसलमानों का पक्ष लेती आई है। शंकर पंडित ने यह भी कहा कि देश की स्वाधीनता मुसलमानों के सहयोग के बिना भी सम्भव है। आजादी पाने के बाद किसी भी अल्पसंख्यक— मुसलमान या किसी अन्य ग्रुप को बहुसंख्यक से अधिक शक्ति नहीं मिलने दी जाएगी।[104] पंडित को यह लगता है कि अधिकांश मुसलमानों का विश्वास है कि अंग्रेजों के यहाँ से जाने के बाद शासन की बागडोर मुसलमानों के हाथों में आनी चाहिए। इस बात पर हिन्दुओं का विरोध होने पर उनको लगता है कि अंग्रेजों की हुकूमत को तब तक चलने दिया जाए जब तक वे हिन्दुओं से ज्यादा शक्तिशाली न हो जाएँ।[105] कांग्रेस में अधिकांश हिन्दू हैं और लोग देश का कोई विभाजन नहीं चाहते। मुस्लिम लीग के लोग विभाजन चाहते हैं। लोगों का व्यापक समर्थन गांधी के साथ है। पंडित ने कहा कि उनके संगठन में गांधी के प्रति अपार सम्मान है, परन्तु राजनीतिक मतभेद है। गांधी द्वारा मुसलमानों को गलत नीति पर चलने के लिए प्रश्रय दिया जाता रहा है, जो गलत है। अहिंसा की नीति ने मुसलमानों के लिए बदमाशी करने का मौका बनाया। इसको नहीं माना जा सकता। पंडित ने कहा कि अगले दस सालों में संगठन इतना मजबूत हो जाएगा कि वह अंग्रेजों से सत्ता छीन ले। सत्ता हासिल करने के बाद जनप्रतिनिधि संविधान बनाएँगे।[106] हर बीस या तीस सालों के बाद देश के विधान में जरूरी बदलाव किए जाएँगे।

व्यास ने परिस्थिति को खुद जाकर देखने का निश्चय किया। उनके पास आणविक अस्त्र थे और वे शंकर पंडित की मदद भी करना चाहते थे, पर वे मदद इसी शर्त पर करने को तैयार थे कि पंडित का संगठन आर्य शासन के लिए प्रयास करे।[107] उनके अनुसार भारत में विभिन्न प्रकार के लोग रहते हैं। कुछ लोग हैं जिनकी भारत में आस्था है पर वे अपने को अलग मानते हैं। मुहम्मद बिन कासिम, मुहम्मद गजनवी, मुहम्मद गोरी, बाबर, औरंगजेब और हजारों अन्य शाह, बादशाह, नवाब, और जमींदार हुए जिन्होंने देश का शोषण किया। बहादुर शाह इसके अपवाद थे

या नहीं यह उनके सामने स्पष्ट नहीं है। सुभाष के प्रयत्न के बारे में उनकी राय है कि अगर उनको जापानी समर्थन मिला भी तो इससे मदारी के थैले जैसा शासन ही होगा। भारत की स्वतंत्रता इस रास्ते से सम्भव नहीं होगी।[108]

व्यास पंडित को अपने चित्रकुंड पर ले गए जहाँ से उन्होंने दिखलाया कि रंगून में क्या हो रहा है। पंडित ने देखा कि वहाँ सुभाष बहादुर शाह जफर के एक स्मारक का उद्‌घाटन कर रहे हैं। उसके बाद सुभाष का भाषण भी शंकर पंडित ने सुना।

व्यास का मत है कि सिर्फ ज्ञानियों और सुशिक्षितों को ही शासन करने देना चाहिए। उनके हिसाब से यह बहुत बड़ी त्रासदी है कि ब्राह्मणों को साधारण श्रेणी के लोगों में शामिल कर लिया गया है। भारत के इतिहास के बारे में विस्तृत आलोचना के बाद उन्होंने कहा कि स्वाधीन भारत में शासन का अधिकार मुसलमानों के पास नहीं होना चाहिए।

इन विचारों को सुनकर शंकर पंडित को निराशा हुई, परन्तु फिर उसे लगा कि चूँकि व्यास जी दुनिया से लम्बे समय से कटे हुए हैं इसलिए अभी भी पुराने विचारों के साथ ही हैं। व्यास ने शंकर पंडित का सहयोग देना स्वीकार नहीं किया। उन्होंने भारत आकर स्थिति को देखने की बात स्वीकार कर ली।

शंकर पंडित लौट आए।

स्वदेश लौटने के बाद उन्होंने सुभाषचन्द्र बोस की चित्रकुंड में सुनी हुई अपील को भुलाया नहीं। उन्होंने नाहर सिंह को बुलाया और उन्हें सुभाष बोस से मिलने के लिए भेजा। नाहर सिंह मणिपुर गए। वहाँ स्वराज समिति के कुछ गोरखा सदस्य थे, जिनकी मदद उनको मिली। वे आजाद हिन्द फौज के सैनिकों से मिलने में सफल हुए। आजाद हिन्द के फौजियों ने कड़ी पूछताछ की। यह 1944 के मध्य का समय था।

नाहर सिंह के जाने के दो महीने बाद एक सिक्ख कृपाल सिंह धीरेन्द्र गुरुजी से मिलने आया। वह बर्मा से आया था। उसके पास नाहर की अँगूठी है और उसे वह कोड पता है जो नाहर सिंह के अलावा किसी को नहीं पता था। वह कलकत्ता में पैराशूट से उतरा और धीरेन्द्र से मिला। उसने दो चिट्ठियाँ दिखलाईं जिनमें से एक सुभाष की लिखी हुई थी। सुभाष की चिट्ठी में लिखा था कि जापानी अपने वादे को पूरा नहीं कर रहे हैं, लेकिन आजाद हिन्द फौज अपना आखिरी हमला 1945 की जनवरी या फरवरी में करने वाली है। नाहर सिंह के अपने लम्बे पत्र में सुभाष को सभी धर्मों को मानने वाले भारतीयों के समर्थन के साथ लड़ने वाले के रूप में दिखलाया गया था। नाहर सिंह ने लिखा था कि आजाद हिन्द फौज के सामने सबसे बड़ी दिक्कत पर्याप्त शस्त्र न होने की थी। इसके सिपाहियों में जोश बहुत था लेकिन उनके पास हथियार नहीं थे।[109]

धीरेन्द्र को इस समाचार से निराशा हुई। उन्होंने दिल्ली में एक मीटिंग बुलाई। मुसलमानों को साथ लेने को लेकर दो तरह के मत आए। बहुत कम बहुमत से

यह पास हुआ कि मुसलमानों को संस्था के साथ जोड़ा जाए क्योंकि क्रान्ति के शुरू होने पर उनका समर्थन बहुत जरूरी होगा।

इस बीच नरेन्द्र को पुलिस ने गिरफ्तार कर लिया और उसे लाल किले में बन्द कर दिया। मनोरमा उससे मिलने गई। उसे उसके पिता ने देख लिया और उसे अपने घर ले गए। पुलिस ने नरेन्द्र पर बहुत शारीरिक अत्याचार किया था और उसकी हालत बहुत खराब हो गई थी।

1945 में देश की राजनीतिक स्थिति में बहुत परिवर्तन हो चुका था। गांधी जी की पत्नी कस्तूरबा की मृत्यु हो चुकी थी और खुद गांधी की हालत अच्छी नहीं थी। उनकी बम्बई में जिन्ना से एक सप्ताह तक बातचीत चली थी, जिसका कोई परिणाम नहीं निकला। विश्वयुद्ध में जर्मनी की पराजय हो चुकी थी। वाइसराय ने हिन्दू, मुसलमान और सिक्ख सभी को शिमला में बुलाकर बातचीत की थी, ताकि एक सरकार का गठन हो सके। यह वार्ता इसलिए फेल हो गई क्योंकि जिन्ना ने कांग्रेस को सिर्फ हिन्दुओं का दल ही माना। उनका कहना था कि कांग्रेस को मुसलमानों के प्रतिनिधित्व का दावा नहीं करना चाहिए। इस वार्ता के विफल होने के कारण लॉर्ड वेवेल ने घोषणा की कि सत्ता का हस्तान्तरण नहीं किया जा सकता।[110]

नरेन्द्र जेल में थे, इसलिए आठ ही लोग नवरतन की मीटिंग में आ सके। व्यास देव अतिथि के रूप में इसमें शामिल हुए। इस समय यह स्पष्ट हो चुका था कि कांग्रेस हिन्दू और मुसलमानों को एक साथ लाने में सफल नहीं हो सकी थी और मुस्लिम लीग ने अपनी बात को और कठोरता से रखना शुरू कर दिया था।

इस मीटिंग में व्यास देव जी का कहना था कि इस देश में आर्य शासन की स्थापना करनी चाहिए। मीटिंग में यह मत भी आया कि मुसलमानों को भी शासन में शामिल क्यों नहीं किया जाए? कहा गया कि मुसलमान भी अच्छी प्रकृति के होते हैं और ऐसी व्यवस्था का निर्माण करना सम्भव है जिसके अस्तित्व में आने के बाद मुसलमान अपनी सामूहिकता में साम्प्रदायिक न हो सकें।[111] मीटिंग में यह भी कहा गया कि अहिंसा और त्याग व्यक्तिगत गुण के हिसाब से अच्छा है, परन्तु अगर समाज और देश इसके हिसाब से चलने लगे तो दिक्कतें आ सकती हैं।[112] यह भी कहा गया कि मुसलमानों का अतीत ही ऐसा रहा है कि इस समुदाय से कोई महान नेता शायद ही उभर सके।[113]

बनारसीदास को व्यास जी की बातें ठीक नहीं लगीं। उन्होंने पूछा—हिन्दू राज्य बनने के बाद क्या होगा? मुसलमानों का क्या होगा?

व्यास का उत्तर था कि मुसलमान इस देश में रहेंगे पर न तो उन्हें कोई जिम्मेदारी की पोस्ट दी जाएगी और न ही उन्हें शासन-तंत्र में हिस्सा मिलेगा। वे स्वतंत्र रूप से रह सकते हैं। उन्हें सामान्य नागरिक की सभी सुविधाएँ मिलेंगी। उनको कोई विशेष अधिकार नहीं होगा।

इससे बनारसीदास को सन्तोष नहीं हुआ। उन्होंने कहा कि अगर ऐसा हुआ तो मुसलमानों के सामने दो ही विकल्प होंगे, या तो उन्हें देश छोड़कर जाना होगा या फिर उन्हें विद्रोह करना होगा।

व्यास ने कहा कि मुसलमान इसी देश में रहेंगे। वे दिक्कतें करेंगे ही। पर उन्हें अगर जिम्मेदारी की पोस्ट दी गई तो वे और अधिक दिक्कत करेंगे। उनको लगता है कि अगले पचास सालों में इस्लामी संस्कृति का पतन हो जाएगा। इन लोगों की सन्तानें होंगी लेकिन इस्लाम नहीं होगा।[114]

मीटिंग में राष्ट्रीयता के प्रश्न पर दो तरह के मत आए। एक पक्ष इसके निर्धारण के लिए भौगोलिक आधार को महत्त्व देता था और दूसरा विचारों और कर्तव्य को। आठ में से दो—शंकर पंडित और बनारसीदास सांस्कृतिक पहचान के पक्ष में थे और बाकी सभी भौगोलिक आधार को ज्यादा महत्त्व देते हैं। जब मीटिंग चल रही थी उसी समय अमेरिका द्वारा जापान पर बम गिराने की खबर आई। इसके आधार पर यह तय हुआ कि चूँकि अब आणविक बम अमेरिका के पास भी है इसका महत्त्व कम हो गया। व्यास गुरु की मदद का महत्त्व कम हुआ। धीरेन्द्र का महत्त्व बढ़ा और शंकर पंडित ने ब्राह्मण डिवीजन के प्रधान के पद से त्यागपत्र दे दिया। उसका स्थान बसन्त कुमार ने लिया। बनारसीदास का स्थान बम्बई के सेठ धनसुख ने लिया।[115]

उधर नरेन्द्र और मनोरमा को पुलिस ने लोभ दिया कि अगर वे दोनों पुलिस का साथ दें तो उनकी शादी करा दी जाएगी और उन्हें सरकारी मदद से अमेरिका में बस जाने की सुविधा प्रदान की जाएगी।

उन्हीं दिनों मित्र शक्ति की एक मीटिंग सेन फ्रांसिस्को में हुई। भारतीय प्रतिनिधियों ने अंग्रेजी शासन की बहुत प्रशंसा की। विजयालक्ष्मी पंडित अपने व्यक्तिगत कारणों से उस समय शहर में थीं। उन्होंने भारतीय प्रतिनिधियों के दावों की धज्जियाँ उड़ा दीं। इससे अंग्रेजी हुकूमत की बड़ी फजीहत हुई। साख बचाने के लिए एक तीन सदस्यीय कैबिनेट मिशन भारत भेजा गया। स्थिति ऐसी हो गई थी कि अब भारत का शासन ब्रिटेन के लिए अपने नियंत्रण में रखना बहुत कठिन हो गया।

स्वराज्य समिति ने आन्दोलन शुरू कर दिया। इसी बीच पचास से साठ हजार आजाद हिन्द फौज के सैनिक बन्दी बना लिये गए और उनके ट्रायल की योजना बनी। इसको लेकर जनसाधारण में रोष था। इस मौके का लाभ लेने के लिए धीरेन्द्र ने यह आन्दोलन शुरू किया था। शुरुआत में कलकत्ता और बम्बई में विद्रोह शुरू हुआ। इसी के साथ जबलपुर, ढाका आदि में सैनिकों ने विद्रोह किया। पर यह आगे नहीं बढ़ पाया, क्योंकि विदेश से मदद नहीं मिल सकी। महात्मा गांधी और उनके साथियों ने देश के लोगों को समझा लेने में सफलता पाई कि भारत को पूर्ण स्वाधीनता मिल रही है और इस परिस्थिति में किसी हिंसक विद्रोह से पूर्ण स्वाधीनता की प्राप्ति में विलम्ब हो सकता है। धीरेन्द्र का यह विश्वास कि देशप्रेम की भावना

से ही क्रान्ति सम्भव होगी, सही प्रमाणित नहीं हुआ। सरकार और मुस्लिम लीग ने देश में एक साम्प्रदायिक वातावरण तैयार कर दिया। हिन्दू-मुसलमान के बीच का झगड़ा देश में सबसे महत्त्वपूर्ण हो उठा। अखंड भारत के लिए प्रयास की जगह हिन्दू-मुसलमान के बीच लड़ाई शुरू हो गई। गांधी और कांग्रेस मुसलमानों के सामने लगातार नरम होते गए। कांग्रेस में लोगों का विश्वास बढ़ता रहा और जो लोग अखंड भारत चाहते थे उनका प्रभाव कम होता गया। स्वराज सस्थापन समिति की क्रान्ति विफल हो गई।[116]

शंकर पंडित स्वराज संस्थापन समिति के लिए छह साल काम करने के बाद बहुत निराश हो गए। उन्होंने लखनऊ में रहना शुरू कर दिया। मनोरमा नरेन्द्र पर अपना पूरा ध्यान केन्द्रित कर रही थी और सुधार न होते देख उसने अनशन करने का फैसला किया। वह नरेन्द्र के बिना जीना नहीं चाहती थी।

अन्तरिम सरकार का गठन किया गया। जिन्ना ने कैबिनेट मिशन की अनुशंसा को मानने से इनकार कर दिया और पाकिस्तान किसी भी हालत में बनाने के लिए सीधी कार्रवाई (डायरेक्ट एक्शन) शुरू कर दिया।

कलकत्ता में डायरेक्ट एक्शन के दौरान हुई हिंसक घटनाओं ने पूरे देश को हतप्रभ कर दिया। उस समय सुहरावर्दी राज्य के प्रधान थे। उसी समय नोआखाली का षड्यंत्र रचा गया। अन्तरिम सरकार बंगाल में हिंसा को नहीं रोक सकी। यह बंगाल सरकार को दंडित भी नहीं कर सकी। दोषियों को सजा नहीं दी जा सकी। इन बातों को देखकर बिहार में हिन्दू भड़क उठे और उन्होंने मुसलमानों की हत्या करना शुरू कर दिया। जल्द ही इसे नियंत्रित कर लिया गया। कांग्रेस और अन्तरिम सरकार ने बिहार में दंगों को रोकने की हर सम्भव चेष्टा की।

बिहार के बाद पंजाब में साम्प्रदायिक तनाव और संघर्ष शुरू हुए।[117]

पेशावर, बन्नू, डेरा इस्माइल खान, कोहाट, हजारा, अबोटाबाद और अन्य स्थानों पर साम्प्रदायिक दंगों में हिन्दुओं को भारी नुकसान हुआ। गाँवों में आग लगाई गई और हिन्दू औरतों को अगवा किया गया। कांग्रेस कुछ नहीं कर सकी। जिस तत्परता से उसने बिहार में दंगों के बाद कार्रवाई की वैसा प्रयास यहाँ नहीं किया गया। लॉर्ड वेवेल की जगह लॉर्ड माउंटबेटन भारत के वाइसराय बने। नए वाइसराय ने 3 जून, 1947 को घोषणा की कि कांग्रेस ने विभाजन को स्वीकार कर लिया है। गांधी जी ने कहा कि नेहरू ने देश विभाजन को इसलिए स्वीकार कर लिया क्योंकि वे खूनखराबे से बचना चाहते थे।[118]

अंग्रेजों की योजना सफल हुई। भारत स्वतंत्र हुआ लेकिन भारत का विभाजन हो गया। साठ लाख हिन्दुओं को पश्चिम पंजाब और फ्रंटियर प्रॉविन्स से अपना घरबार छोड़कर भागना पड़ा। लाखों लोग मारे गए और हजारों औरतों को अगवा कर लिया गया।

15 अगस्त, 1947 को भारत स्वाधीन होने पर जश्न मना रहा था। नरेन्द्र उस समय बहुत कमजोर हो चुका था। वह यह देखकर बहुत आश्चर्यचकित था कि वह पुलिस अफसर जिसने सारा जीवन औपनिवेशिक-तंत्र के प्रति वफादारी की थी वह आजादी का जश्न मना रहा था। उसके मन में प्रश्न उठा—यह किसका राज आया? वह देख रहा था कि माउंटबेटन गवर्नर जनरल था, जॉर्ज आकेनलेंड सेना का प्रधान था और यह जो आजादी मिली थी वह अंग्रेजों की दया से मिली थी। उसे लग रहा था कि भारत के इस तिरंगे झंडे में यूनियन जैक छुपा हुआ है। अब भारत 'इंडिया' है, इसकी भाषा अंग्रेजी थी, कोट-टाई पहनकर लोग इस आजादी का उत्सव मना रहे थे और जो देश विरोधी अफसर थे अब नए मालिक बन चुके थे।[119]

बीना इस बात से अधिक चिन्तित नहीं थी। उसे इसमें गांधी की जय ही दिखलाई पड़ रही थी। उसे लगा कि बिना हिंसा के शान्ति से एक हिस्सा लेना ठीक है, बनिस्बत पूरे के लिए हिंसक तरीके से लड़ने के। नरेन्द्र को लगता है कि यह ठीक नहीं हुआ। जिसे साथ रहने के लिए बनाया गया है उसे अलग नहीं होना चाहिए। भारत के टुकड़े नहीं होने चाहिए। कुछ नौजवान गाते हुए जा रहे थे "पंजाब, सिंध, गुजरात, मराठा, द्रविड़ उत्कल, बंग..." नरेन्द्र ने सुनकर कहा—न तो बंगाल और न ही पंजाब आज हमारे पास है!

उपन्यास के अन्त में शंकर पंडित, गौरी (सलीमा), व्यास देव और बनारसीदास मोटर से नरेन्द्र के पास पहुँचते हैं। नरेन्द्र अपने जीवन से निराश है। वह मनोरमा से विवाह करने जा रहा है, लेकिन उसके मन में कोई उत्साह नहीं है। आजादी तो मिली लेकिन यह उसके मन को सन्तोष नहीं दे रही। व्यास देव भी प्रसन्न नहीं हैं। वे देश का भविष्य उज्ज्वल नहीं देख रहे। नींव अगर मजबूत नहीं तो इमारत मजबूत नहीं हो सकती। उनको लगता है कि ब्रिटिश राज और वर्तमान राज में अन्तर यही है कि पहले अंग्रेज अन्याय करते हुए शासन करते थे, अब जब अफसर अन्याय करेंगे तो माना जाएगा कि इस अन्याय को जन समर्थन और गांधी की सहमति के साथ किया जा रहा है। असली चीज निर्माण है जिसे साधारण जनता की स्वीकृति से किया जा सकता है। निर्माण के लिए विद्वान, चरित्रवान, धैर्यवान, साहसी और अनुभवी लोगों की जरूरत है। जो लोग हिंसा से घबड़ा गए वे भविष्य में भी कमजोर रहेंगे। उनको लगता है कि नेतागण व्यक्तिगत रूप में कायर नहीं हैं, लेकिन उनका संगठन गलत सिद्धान्तों पर चल रहा है। इसी कारण हम लोग सामाजिक रूप से कायर हो गए हैं। जब ये लोग सही सिद्धान्तों को मानने लगेंगे, सब कुछ ठीक हो जाएगा।

बीना को लगता है कि जो कुछ मिला है वह सुन्दर, प्यारा और सत्य है।

रेडियो पर राष्ट्रगीत—जय हो जय हो भारत भाग्य विधाता। इसको सुनते हुए शंकर पंडित को लगा कि वह सुन रहा है—

कैसे तव जय मनाएँ,
दुखिया भारत माता!
तव दर्शन कहाँ पाएँ, हम तव गुण क्या गायें
कैसे पहचानें हम, हो घायल तुम माता
पांचाल भाल विशाल, तव बाम अंग बंगाल
रक्त रंजित बेहाल, विकराल राग गाता
मुकुट किरीट हिमाचल दो टूक हुआ तेरा
हे घायल वक्षस्थला, मुख से है लहू आता
तव वाणी हुई मलिन, मुख हुआ ओज विहीन
अब इंडियन यूनियन, रहा न भारत जग त्राता
असुरों से मान गया; धन, जन, सम्मान गया
इसको मानें सम्मान, समझ में नहीं आता।[120]

विश्वासघात (1951) उपन्यास में 1945 के चुनाव और 1946 की घटनाओं को विस्तार से रखा गया है। चेतनानन्द नामक युवक लाहौर का रहनेवाला है। वह एक आर्यसमाजी जीवनलाल का पुत्र है और कांग्रेस के साथ जुड़ा हुआ है। जीवन लाल अपने कॉलेज के दिनों से भाई परमानन्द से बहुत प्रभावित थे।

1945 के चुनाव हो चुके हैं। इस चुनाव में हिन्दुओं ने कांग्रेस को और मुसलमानों ने मुस्लिम लीग को समर्थन दिया है। जीवनलाल जैसे लोगों को लगता है कि अब यह स्पष्ट हो चुका है कि कांग्रेस की मुसलमानों को अपने साथ लाने की नीति सफल नहीं हुई और उसके सामने अब दो ही विकल्प बचे हैं। पहला विकल्प है देश के विभाजन का विरोध और इस क्रम में जो भी मुसलमान नेतृत्व इसे चुनौती दे उसका विरोध। दूसरा है, देश की जनता को जो आश्वासन कांग्रेस ने दिया है उसे त्यागकर भारत के विभाजन को मान लेना। कांग्रेसी चेतनानन्द को विश्वास है कि देश नहीं बँटेगा और कांग्रेस दोनों सम्प्रदायों को एक साथ राष्ट्र के झंडे तले लाने में सफल हो जाएगी।[121]

चेतनानन्द ने 1942 के आन्दोलन में भाग लिया है। अपने पिता से उसके वैचारिक अन्तर हैं। पिता भारतीयता के पक्षधर और प्राचीन भारतीय परम्परा के प्रति श्रद्धाशील हैं और पुत्र आधुनिक विचारों का कांग्रेसी है। उसकी बहन रेवा भी स्वाधीन विचारों की है जिसकी शादी महेश से हुई है।

इस उपन्यास का एक महत्त्वपूर्ण पात्र है सदाशिव जो बम्बई का है। उसने डाक्टरी की पढ़ाई की है। वह एमबीबीएस है। उसने भी कांग्रेस के 1942 के आन्दोलन में भाग लिया है। उसका विवाह लक्ष्मी से होना था, परन्तु लक्ष्मी का भाई राणे उसकी शादी एक मुसलमान लड़के—मन्नू जमादार से करना चाहता है

जो वहीं काम करता है जहाँ राणे करता है। सदाशिव एक शान्तिप्रिय व्यक्ति है और देश की स्वाधीनता के लिए प्रयास करने वालों में है।

सदाशिव के माध्यम से गुरुदत्त ने उस समय मुसलमानों और हिन्दुओं के बीच की खींचतान की कहानी तो कही ही है उस समय के राजनीतिक माहौल का चित्र भी खींचा है। उस समय मुस्लिम लीग की ओर से मुसलमानों को एक साथ लाने के लिए लामबन्दी चल रही थी और बम्बई इसका एक बड़ा केन्द्र था।

मालाबार हिल में मुस्लिम लीग की एक मीटिंग हुई। लीग के प्रधान जिन्ना दिल्ली से मीटिंग करके लौटे थे। उन्होंने मीटिंग की अध्यक्षता की। उनके आवास के बाहर बहुत सारे देशी-विदेशी पत्रकार इकट्ठा थे। इस घर को मुस्लिम नेशनल गार्ड्स ने घेरेबन्दी में रखा था। जिन्ना नेशनल गार्ड्स के कप्तानों से मिले।

कायदे आजम जिन्ना ने अपनी भविष्य की योजनाएँ रखीं। वे देश का एक हिस्सा मुसलमानों के लिए पाने का प्रयत्न कर रहे हैं। ब्रिटेन की नई सरकार ज्यादा ईमानदार है। उन्होंने कहा है कि पूरा देश कांग्रेस के साथ है। वे जानना चाहते हैं कि मुसलमान मुस्लिम लीग के साथ हैं या नहीं। जिन्ना ने कहा कि जहाँ पाकिस्तान बनाया जा रहा है वहाँ मुसलमानों की शक्ति बहुत अधिक नहीं है। फ्रंटियर प्रॉविन्स, पंजाब, बंगाल और मालाबार में न तो बड़े मुसलमान नेता हैं और न ही लड़ाकू लोग हैं। हैदराबाद लीग का एक बड़ा केन्द्र है, परन्तु वहाँ हिन्दू बहुसंख्यक हैं। जिन्ना ने अपने समर्थकों को अनुशासित रहने की अपील की। उन्होंने बताया कि मुख्य उद्देश्य है पाकिस्तान के इलाके से हिन्दुओं को बाहर निकालना। या तो हिन्दू पाकिस्तान के इलाके से बाहर निकल जाएँ या इस्लाम स्वीकार कर लें। उनका ध्यान दो बड़े शहरों पर था—कलकत्ता और लाहौर। इन दोनों शहरों को खाली कराना होगा। हिन्दुओं को यहाँ से हटाना होगा।

जिन्ना ने अपने समर्थकों को आगे के निर्देश के लिए प्रतीक्षा करने के लिए कहा और वे मुस्लिम लीग की वर्किंग कमेटी की मीटिंग में चले गए। वहाँ कब और कैसे डायरेक्ट एक्शन करना है उस पर चर्चा हुई। इस मीटिंग में उन्होंने कहा कि मुस्लिम गार्ड्स के कप्तानों से उन्हें यह सूचना मिली है कि बम्बई में मुस्लिम नेशनल गार्ड्स की संख्या कम है और यहाँ मराठा और भट्टी बहुत लड़ाका हैं और उनकी संख्या भी बहुत है। सरकार भी कांग्रेस की है और अहिंसा के समर्थकों की संख्या भी कम है। यहाँ हिन्दू सभा भी मजबूत है। इन सब कारणों से जिन्ना ने कहा कि डायरेक्ट एक्शन के लिए बम्बई उपयुक्त नहीं है। उन्होंने आगे कहा कि सिक्खों और कांग्रेसियों के बीच समझौते के कारण सत्ता लीग के पास नहीं है। इसी कारण लाहौर को भी डायरेक्ट एक्शन के लिए जिन्ना ने सही नहीं माना।

अन्त में जिन्ना ने तय किया कि कलकत्ता से डायरेक्ट एक्शन शुरू हो। वहाँ

भी हिन्दुओं की संख्या मुसलमानों से अधिक है, परन्तु वहाँ धोती पहनने वाले बंगाली और पगड़ी पहनने वाले मारवाड़ी हैं। आर्यसमाज और हिन्दू महासभा भी वहाँ शक्तिशाली नहीं हैं। वहाँ के प्रीमियर भी मुस्लिम लीग की वर्किंग कमेटी के सदस्य हैं और गवर्नर हिन्दू विरोधी हैं। कलकत्ता की पुलिस में भी मुसलमानों की संख्या अधिक है। जिन्ना डायरेक्ट एक्शन का ऐसा प्रभाव चाहते हैं कि हिन्दू वहाँ से भागना शुरू कर दें और हिन्दुओं की शहर में जनसंख्या जो अभी साठ प्रतिशत है वह घटकर चालीस प्रतिशत हो जाए। वे सोचते हैं कि यह तीन दिनों में करना होगा।[122]

जिन्ना के आवास के बाहर जो पत्रकार प्रतीक्षा कर रहे हैं उनमें 'न्यूयॉर्क टाइम्स' की मिस कार्टिस और 'ट्रिब्यून' के सिंह हैं। ये दोनों एक-दूसरे से परिचित थे। सिर्फ मिस कार्टिस को ही जिन्ना से मिलने की अनुमति थी। जिन्ना ने कार्टिस के हवाले से अमेरिका की प्रेस को यह कहना चाहा कि हिन्दू कांग्रेस के लोगों और ब्रिटेन की सरकार ने भारतीय मुसलमानों के विरुद्ध षड्यंत्र रचा है। सिंह ने कार्टिस से कहा कि कांग्रेस के नेतागण युद्ध से डरते हैं। कार्टिस का मानना है कि अंग्रेज बिना पाकिस्तान बनाए इस देश से जाएँगे नहीं। उसने सिंह से यह भी कहा कि गांधी को क्रिप्स मिशन के बारे में जानकारी थी फिर भी उन्होंने तोड़-फोड़ का आन्दोलन शुरू कर दिया। गांधी पर विश्वास अब नहीं किया जाता। जिन्ना को अब अंग्रेज ज्यादा भरोसे का मानते थे। क्रिप्स मिशन के बारे में गांधी की तुलना में मौलाना आजाद और खान अब्दुल ग़फ़्फ़ार ख़ान की भूमिका अधिक सकारात्मक थी।[123] कार्टिस को लगता है कि गांधी बहुत महान व्यक्ति हैं लेकिन उनकी इतिहास और मनोविज्ञान की समझ ठीक नहीं।

लाहौर में इस उपन्यास के कथा-नायक चेतनानन्द का सम्पर्क एक राष्ट्रवादी मुसलमान के परिवार से बढ़ा। चेतनानन्द एक कांग्रेसी नेता है। सराजदीन बैरिस्टर का यह परिवार खिलाफत आन्दोलन के दौर से ही कांग्रेस के साथ था। सराजदीन की एक खूबसूरत साली थी जो दिल्ली में रहती थी। उसके साथ चेतनानन्द का प्रेम हुआ और दोनों ने शादी कर ली। एक बार क्रिप्स मिशन के प्रश्न पर बहस में चेतनानन्द ने जो कहा उसे गांधी ने नहीं माना।[124] गांधी का कहना था कि उनको लेबर गवर्नमेंट और क्रिप्स पर भरोसा है। उन्होंने अपने मित्र क्रिप्स और लॉरेंस के हवाले से कहा कि यह देश के लिए अच्छा होगा। गांधी का विरोध किसी ने नहीं किया। वही हुआ जो गांधी जी चाहते थे।[125]

गांधी और कांग्रेस के नेताओं के बदलते रुख से राष्ट्रवादी कांग्रेसियों के लिए मुसीबत बढ़ गई थी। कांग्रेस के लोग अब यह कहने लगे थे कि बाध्य होकर उनको मानना पड़ रहा है कि हिन्दू और मुसलमान अलग हैं। लेकिन वे मुसलमान जो आज तक कहते आए थे कि दोनों राष्ट्र एक ही हैं, इस बात से परेशान थे।

राष्ट्रवादी मुसलमानों के लिए दोनों ओर से ही संकट था। न तो वे कांग्रेस के साथ रह पाए और न ही अपने धर्म के लोगों के साथ।[126]

नसीम और चेतनानन्द की शादी हुई। जीवनलाल को लगता है कि यह शादी नहीं टिकेगी। दोनों शादी करके कलकत्ता गए। सराजदीन के सम्पर्क से चेतनानन्द को बंगाल सरकार में दो हजार प्रतिमाह वाली पब्लिक रिलेशन ऑफिसर की नौकरी मिल गई। सराजदीन ने सुहरावर्दी को एक पत्र लिखा था।

कलकत्ता में चेतनानन्द का सम्पर्क अणिमा बनर्जी से हुआ जो उसके सहायक के रूप में थी। यह अणिमा शिशिर कुमार बनर्जी (जन्म 1895 के आसपास) की पुत्री थी जो एक क्रान्तिकारी थे। शिशिर बनर्जी ने एक पंजाबी क्रान्तिकारी की मदद की थी, जब वह कामागाटा मारू जहाज से भागते हुए पुलिस से पीछा छुड़ाने की कोशिश कर रहा था। शिशिर बनर्जी को बाद में गिरफ्तार कर लिया गया और उसे पाँच साल की सजा हुई थी। जब वे जेल से निकले तब भारत की राजनीति बदल चुकी थी। गांधी का प्रभाव बढ़ गया था। शिशिर बनर्जी ने गांधी के आन्दोलन में भाग लिया और इसके कारण उनको एक साल की सजा भी हुई। जेल से छूटने के बाद वे क्रान्तिकारियों के दल से जुड़ गए और उन्होंने क्रान्तिकारियों के एक्शन में भी भाग लिया था। उन्हीं दिनों उनका सम्पर्क एक पंजाबी लड़की से हुआ जिससे उन्होंने विवाह कर लिया। अणिमा का जन्म 1926 में हुआ था। 1935 में शिशिर बनर्जी के नाम का वारंट हट गया। उसके बाद वे एक इंश्योरेंस कम्पनी के लिए काम करने लगे। अणिमा को नौकरी मिली। अणिमा के पिता गांधी और उनके आन्दोलन के प्रति आलोचनात्मक थे। वे गांधी की मुसलमानों के प्रति नीति का विरोध करते थे और उनका कहना था कि गांधी हिंसा से डरेंगे और मुसलमानों के सामने झुक जाएँगे।[127]

अणिमा के माध्यम से चेतनानन्द को बंगाल की राजनीति के बारे में पता चला। अणिमा का मत था कि बंगाल के अधिकतर क्रान्तिकारी हिन्दू विचारधारा के थे। उसने सावरकर, लाला हरदयाल, लाला लाजपत राय, भाई परमानन्द, मदन लाल धींगड़ा, खुदीराम बोस, प्रफुल्ल चन्द्र चक्रवर्ती (चाकी?), कन्हैया (कन्हाई) लाल दत्त, सत्येन्द्र बोस और अन्य कई लोगों का उल्लेख किया जो भगवत गीता में विश्वास करते थे और मृत्यु से उन्हें जरा भी भय नहीं लगता था।

चेतनानन्द उसी बिल्डिंग में रहते थे जिसमें प्रीमियर सुहरावर्दी रहते थे। बाद में वे सरकार द्वारा आवंटित आवास में रहने भवानीपुर चले गए। अणिमा को चेतनानन्द ने अपनी पत्नी से भी मिलवा दिया।

अणिमा की शादी गिरीश से होने वाली थी, लेकिन कुछ कारणों से नहीं हो पा रही थी। गिरीश ने कलकत्ता के कुछ प्रमुख लोगों को हिन्दू-मुसलमान की समस्या पर बात करने के लिए बुलाया था। इसमें कांग्रेस और हिन्दू महासभा के नेता,

सामाजिक कार्यकर्ता और अमीर लोग शामिल हुए। रात्रि-भोज के बाद सेठ केकाजी भाई बोले। उनका कहना था कि कलकत्ता का बिजनेस हिन्दू लोगों के हाथों में रहा है, परन्तु अब इसे मुसलमानों के हाथों सौंपा जा रहा है। जाली कम्पनियाँ बनाई जा रही हैं और सरकार उन मुसलमानों की कम्पनियों को प्रश्रय दे रही है। इससे बिजनेस को नुकसान हो रहा है।[128]

एक बंगाली नागरिक ने कहा कि बाहर से लोगों को लाकर यहाँ बसाया जा रहा है। उनके अनुसार यह एक चिन्ता का विषय है।

कांग्रेसी नेता ने इस बात पर चिन्ता जताई कि लोग साम्प्रदायिक दृष्टि से बोल रहे हैं। उन्होंने इस तरह की मीटिंग बुलाने की भी आलोचना की। अणिमा ने उनका विरोध किया। उसने कहा कि बंगाल सरकार जान-बूझकर ऐसा वातावरण तैयार कर रही है जिससे तनाव बढ़ रहा है। उसने प्रीमियर को उद्धृत किया जिसमें उन्होंने कहा था कि अगर कांग्रेस को केन्द्रीय सरकार का हिस्सा बनाया गया तो बंगाल भारत से अपनी स्वतंत्रता की घोषणा करेगा। अणिमा का कहना था कि प्रीमियर को यथाशीघ्र पद से हटाया जाना चाहिए। उसने श्रोताओं को याद दिलाया कि मुस्लिम लीग ने डायरेक्ट एक्शन डे की धमकी दी है और यह अफवाह है कि यह कलकत्ता से शुरू होगा। यह अहिंसक नहीं होगा। सरकार हिन्दुओं के साथ नहीं खड़ी होगी। हिन्दुओं को अपनी रक्षा खुद ही करनी होगी। खद्दरधारी कांग्रेसी ने अणिमा की बातों पर रोष प्रकट किया और उसे रोकने की कोशिश की। अणिमा ने फिर भी इस बात पर जोर दिया कि डायरेक्ट एक्शन की शुरुआत कलकत्ता में ही होगी। इसके लिए हथियार जमा कर लिये गए हैं और पठान और पंजाबी मुसलमानों को कलकत्ता लाया गया है। उसने जिन्ना के दिल्ली में दिए गए वक्तव्य का हवाला दिया जिसमें जिन्ना ने कहा था कि मुस्लिम लीग का अहिंसा में कोई विश्वास नहीं है।

बंगीय साहित्य परिषद के प्रधान एक बंगाली सज्जन ने कहा कि बंगाल एक अलग जाति है, और कांग्रेस बेकार में ही एक बाधा बन रही है। बंगाल की आत्मा प्रसन्न होगी अगर बंगाल एक अलग राष्ट्र बनेगा। उनके अनुसार अगर बंगाल के प्रीमियर ने अलग बंगाली राष्ट्र के निर्माण की बात की है तो उन्होंने कोई गलत बात नहीं कही है।[129]

एक मारवाड़ी वक्ता को राजनीति को इतना अधिक महत्त्व देना नहीं रुचा। उसके अनुसार असली चीज है अर्थव्यवस्था, और ध्यान बिजनेस पर होना चाहिए न कि राजनीति पर।

अणिमा ने जो बातें कही थीं वे उसके लिए नुकसानदेह सिद्ध हुईं। कांग्रेसी नेता ने सरकार से उसकी शिकायत की और उसे नौकरी से हटा दिया गया।[130] चेतनानन्द ने अणिमा को बताया कि उसे सरकार से निर्देश मिला है कि जो हथियार पंजाब से

आया था और जिसे जब्त किया गया था वह हिन्दुओं के पास से बरामद हुआ है। उसके पास जानकारी थी कि ये हथियार गुजरनवाला की एक मुस्लिम फर्म द्वारा भेजा गया था। इसे कलकत्ता के मुसलमानों के लिए ही भेजा गया था।[131]

सरकार के इस तरह के गलत दबाव को देखकर चेतनानन्द ने इस्तीफा देने की सोची। उसने गलत रिपोर्ट देने के बजाय अपने पद से हट जाना सही समझा।

अणिमा के स्थान पर मिस अस्करी रिजवी को नौकरी दे दी गई।

चेतनानन्द की अणिमा के प्रति सहानुभूति थी। उसके साथ सम्पर्क भी बना रहा। अब चेतनानन्द ने कांग्रेस के बारे में अपनी राय में संशोधन करना शुरू किया। उसे लगने लगा कि कांग्रेस उन्हें भारतीय मानती है जो इस देश में रहते हैं और हिन्दू महासभा उन्हें ही भारतीय मानती है जो यहाँ रहने के साथ भारतीय परम्परा को मानते हैं।[132]

अणिमा की बात सही सिद्ध हुई। मुस्लिम लीग ने डायरेक्ट एक्शन कलकत्ता में 16 अगस्त, 1946 को शुरू किया। दंगे शुरू हुए। अणिमा किसी तरह अपने को बन्दी होने से बचाने में सफल हुई। उसे अब पूरा यकीन हो गया था कि कांग्रेस ने गलत नीति का अनुसरण कर देश को क्षति पहुँचाई है।[133]

डायरेक्ट एक्शन के दिन सरकार ने छुट्टी की घोषणा कर दी। सभी सरकारी दफ्तर, मिल और अन्य कार्यालय बन्द थे। हिन्दुओं में चिन्ता थी, पर वे सोचते थे कि कोई विशेष नुकसान नहीं होगा। उन्होंने इसे सामान्य दिन की तरह ही लिया। हिन्दुओं ने हैरीसन रोड पर अपनी दुकानें भी खोलीं। यह बात मुसलमानों को पसन्द नहीं आई। उन्होंने ईंट-पत्थर फेंकने शुरू किए। हिन्दू दुकानदार भागे। उनकी दुकानें लूट ली गईं। दस बजे यह समाचार आया कि हिन्दुओं के घरों में आग लगाई जा रही है। धर्मतल्ला में हिन्दू और मुसलमान ग्रुपों में मुटभेड़ की खबर भी आई। तीन बजे यह समाचार आया कि सर्कस (पार्क?)रोड पर हिन्दुओं की हत्याएँ हो रही हैं।

अणिमा इन गतिविधियों पर अपने साथी सुधीर के घर से नजर रखे हुए थी। खबर आई कि ग्रे स्ट्रीट में हत्या हो रही है। एक हिन्दू लड़के निबारन ने दूसरा आँखों देखा विवरण दिया। वह मुसलमान के वेश में था। उसने देखा कि एक हिन्दू औरत को खींचकर उसके घर से निकाला गया और मुसलमानों ने उसकी हत्या कर दी। एक दूसरा लड़का श्यामाचारण दौड़ता हुआ आया यह बताने कि करीब दो सौ मुसलमान लाठी, बरछी और तलवार लिये गली के मोड़ पर खड़े हैं। इसको सुनने के बाद अणिमा ने कुछ लड़कों को इकट्ठा करना शुरू किया। करीब पचास लड़के जुट गए। उन लड़कों ने 'नारा बजरंगी' और 'हर हर महादेव' का नारा लगाते हुए मुसलमानों की भीड़ पर हमला बोल दिया। मुसलमानों ने यह नहीं सोचा था। वे हिन्दू इलाके में इस तरह के हमले की उम्मीद नहीं कर रह थे। हिन्दू वहाँ के स्थानीय थे। इसका लाभ उनको मिला। बाहरी आक्रान्ताओं को भागना पड़ा।

इस लड़ाई में बारह हिन्दू मारे गए और कुछ अन्य घायल हुए। पूरे दिन पुलिस नहीं आई। मुसलमानों के तीन हमले हुए लेकिन हर बार हिन्दुओं ने उन्हें भागने के लिए मजबूर कर दिया।[134]

16 अगस्त, 1946 को हालत बहुत संगीन हो गई। अणिमा और उसके साथियों ने अपनी बिल्डिंग की छत से शहर की भयावह हालत को देखा। सैकड़ों स्थानों पर आगजनी हुई थी। जले हुए मकानों से आग और धुआँ उठता हुआ देखा जा सकता था। 'अल्लाह ओ अकबर' का स्वर साफ सुनाई दे रहा था। सुधीर और उसके साथियों ने पूरे शहर को तबाही से बचाने के लिए हिन्दुओं को संगठित करने की कोशिश की। करीब डेढ़ सौ हिन्दू लड़के एक हॉस्टल में रहते थे। उनके द्वारा प्रतिरोध शुरू हुआ।

हिन्दुओं के प्रतिरोध ने अगले दिन स्थिति को बदल दिया। मुसलमानों पर भी दबाव बना। कुछ मुसलमान शहर छोड़ने लगे। अणिमा भवानीपुर में पहले इस तरह की स्थिति के आने पर क्या करना है इस पर काम कर चुकी थी; वह वहाँ पहुँची। चौबीस घंटे से ज्यादा समय तक वह लगातार काम करती रही। उसके और उसके साथियों के काम से स्थिति बदल चुकी थी। अणिमा के पिता भी मुसलमान आक्रमणकारियों से लड़े।

अणिमा और उनके साथियों ने इस स्थिति से निपटने के लिए जो तैयारी की थी उसके कारण शहर को कब्जे में लेने से बचाया जा सका। जिन्ना की मुराद पूरी न हो सकी।

इस विकट परिस्थिति को नसीम और चेतनानन्द ने अलग-अलग तरीके से देखा। जब मुस्लिम लीग के डायरेक्ट एक्शन की घोषणा के बाद सरकार ने सरकारी छुट्टी दे दी तो चेतनानन्द ने इसे गलत माना। उसके अनुसार यह गैर सरकारी संस्था द्वारा सरकार को चुनौती थी। नसीम के लिए यह कोई आन्दोलन नहीं एक एक्शन था, सरकार के खिलाफ नहीं बल्कि हिन्दुओं के खिलाफ।[135] उसके लिए मुसलमान कोई फिरका नहीं एक कौम है। कांग्रेस द्वारा ग्रुप को स्वीकार कर लेने का मतलब ही यही था। उसने यह दोहराया कि उसके परिवार ने हमेशा कांग्रेस का साथ दिया और मुस्लिम लीग का विरोध किया। ग्रुपिज्म को मान लेने से उसके परिवार जैसे राष्ट्रीय मुसलमानों के लिए मुसीबत खड़ी कर दी गई। एक बार जब मुसलमानों ने मुस्लिम लीग के लिए अपना समर्थन घोषित कर दिया, कांग्रेस का यह कहते रहना कि यह हिन्दू और मुसलमान दोनों का प्रतिनिधित्व करती है, बेमानी है।

जिस इलाके में वे रहते थे उसे बलवाइयों ने छोड़ दिया था क्योंकि इसमें सरकारी लोग रहते थे। लेकिन उसने देखा कि कुछ मुसलमानों ने एक हिन्दू—फनी बाबू के घर पर आक्रमण कर दिया है। वे उसकी बेटियों को उठाकर ले जा रहे थे। यह वह सहन नहीं कर सका। रिवॉल्वर लेकर वह कूद पड़ा ताकि फनी बाबू की

बेटियों को बचाया जा सके। उसे बलवाइयों पर गोली चलानी पड़ी, जिससे एक मौत भी हो गई। फनी बाबू के घर में घुसने पर उसने देखा कि घर के अन्दर बलवाई बलात्कार कर रहे हैं। इसके पूर्व वे फनी बाबू की हत्या कर चुके थे। चेतनानन्द ने बलात्कारी को गोली मार दी।[136] इसके बाद वह खुद मारा जाता, यदि नसीम पीछे से अपना रिवॉल्वर लिये नहीं आ जाती। उसके माथे पर प्रहार किया गया था। फनी बाबू की बेटियों को नसीम और चेतनानन्द अपने घर ले गए।

17 अगस्त की शाम होते-होते परिस्थिति बदल चुकी थी। अणिमा को सूचना मिली कि मुसलमानों ने कुछ हिन्दू लड़कियों को अपने घर में बन्द कर लिया है। वह बहुत ही थकी हुई थी, लेकिन उसे समझ में आ गया कि यह चेतनानन्द का ही मामला है। ठीक समय पर वहाँ जाकर उसने चेतनानन्द की जान बचाई। जब हिन्दू भीड़ ने नसीम और चेतनानन्द के घर को घेर लिया तो उन्होंने भीतर से गोलियाँ चलानी शुरू कर दीं। जब अणिमा पहुँची तो उस पर गोली चली और वह भी घायल हो गई, लेकिन उसके चिल्लाने पर उस पर भरोसा किया गया और उसे घर के अन्दर आने दिया गया। बहुत मुश्किल से बाहर जुटी हिन्दुओं की भीड़ को अणिमा समझा-बुझाकर वापस भेज सकी।[137]

जब तक हिन्दू मारे जाते रहे मुस्लिम लीग के नेतागण खुश थे। उनके सिंध के एक नेता ने कहा कि अब हिन्दू समझेंगे कि मुस्लिम लीग की पाकिस्तान की माँग को न मानने का क्या परिणाम होता है। पर, जैसे ही हिन्दुओं के हमलों की खबर आने लगी वे दुखी हो गए। अब वे कहने लगे कि ये दंगे हिन्दुओं के कारण हुए। बंगाल के नेतागण भी चिन्तित थे। तीसरे दिन शान्ति की बात होने लगी। दंगों के कारणों की जाँच की बात भी हुई। एक कमेटी का गठन हुआ। लोगों ने इस बात पर नाराजगी दिखलाई कि जिस सरकार ने दंगों के समय अपने दायित्व का पालन नहीं किया वह कैसे इस तरह की कमेटी का गठन कर सकती है।

कलकत्ता में आशा के अनुरूप सफलता नहीं मिलने के कारण मुसलमानों में निराशा थी। बदला लेने के लिए उन्होंने पूर्वी बंगाल के नोआखाली के बेगमगंज, रामगंज और लखीमगंज को चुना। हिन्दुओं के नरसंहार शुरू हुए। इस काम के लिए उन्होंने बंगाल के मुसलमानों को नहीं चुना। पंजाब और फ्रंटियर प्रोविंसेस के गुंडों से यह काम करवाया जो इसके लिए लाए गए।[138]

जिस समय गांधी साम्प्रदायिक सौहार्द के लिए सन्देश दे रहे थे, डायरेक्ट एक्शन का दूसरा एक्ट सम्पादित हुआ। नोआखाली में बहुत बड़ी संख्या में हिन्दू औरतों का बलात्कार किया गया और गाँवों को जलाया गया। इस हत्याकांड में बंगाल के अफसरों ने उनका साथ दिया। वाइसराय की अन्तरिम सरकार कुछ नहीं कर सकी। बंगाल सरकार भी कुछ करने में असमर्थ रही।[139]

कांग्रेस अध्यक्ष ने हवाई दौरा किया और वहाँ की बर्बरता के बारे में अखबारों

में लिखा। देश-भर के हिन्दुओं को कांग्रेस के कुछ नहीं करने पर रोष था। इसी बीच नोआखाली से उठाकर लाई हुई कुछ हिन्दू लड़कियों को आजमगढ़ लाया गया। हिन्दुओं में सन्देह हुआ और बिहार में दंगे शुरू हो गए। वहाँ सरकार ने सख्ती से इसको दबा दिया। फौज को भी दंगों को दबाने के लिए उतार दिया गया। जवाहरलाल नेहरू ने तत्परता दिखलाई और वहाँ जल्दी से पहुँचे।[140]

अणिमा के पिता की मृत्यु हो गई और वह दिल्ली चली गई। कलकत्ता के अनुभवों के आधार पर उसे अब यह लगने लगा था कि हिन्दू और मुसलमान को एक राष्ट्र का मानना सही नहीं। ऐसा होने में कई सहस्राब्दियाँ लग जाएँगी।

बम्बई में मुस्लिम लीग और मुसलमानों द्वारा दिक्कतें पैदा करने की कहानी सदाशिव के माध्यम से कही गई है। 1 नवम्बर, 1946 को शुक्रवार के दिन बम्बई में दंगे मस्जिद से मुसलमानों के निकलने के साथ शुरू हुए। शाम को ख़बर आई कि अहमदाबाद में दंगे शुरू हो गए हैं। बम्बई शहर ठप्प हो गया। सरकार ने तीन दिनों का कर्फ्यू लगा दिया। अगले शुक्रवार को मुसलमानों ने हिन्दुओं की हत्या और लूटने का सिलसिला शुरू कर दिया। यह भी मस्जिद से निकलने के बाद शुरू हुआ था। सावधान लोगों ने पहले से लड़कियों को हटाना शुरू कर दिया था। सदाशिव और खुशीराम के माध्यम से गुरुदत्त ने दिखलाया है कि किस तरह मुस्लिम भीड़ से हिन्दुओं की रक्षा करने का काम बम्बई शहर में कठिनाई से चला।

मुसलमान मन्दिरों पर भी हमले कर रहे थे। आर्य कन्या स्कूल को गोरखा सैनिकों ने बचाया। धीरे-धीरे यहाँ भी हिन्दुओं ने मुसलमानों का मुकाबला करना शुरू कर दिया। एक दिन बीस हिन्दुओं की हत्या हुई। अगले दिन इतने ही मुसलमान भी मारे गए। एक दिन मन्दिर पर हमला हुआ। दूसरे दिन मस्जिद पर भी हमला हुआ। इस तरह से धीरे-धीरे संघर्ष हुए और फिर कम होने लगे।

एक दिन मुसलमानों ने बालेश्वर के मन्दिर पर आक्रमण करने की कोशिश की, दूसरे दिन हिन्दुओं ने वली शाह की दरगाह पर हमला किया। यहाँ उन्हें बहुत सारी हिन्दू औरतें मिलीं जिन्हें मुसलमानों से ब्याहने के लिए रखा गया था। उन हिन्दू औरतों को आजाद कर दिया गया।

कांग्रेस के लोगों के बारे में गुरुदत्त लगातार यह दिखलाते रहे हैं कि जब मुसलमान हिन्दुओं पर आक्रमण करते थे तो वे लाचार बने रहते थे, पर जब हिन्दू मुसलमानों पर हमला करते तो वे अपनी नाराजगी दिखलाते। आनन्द प्रिय देसाई ने सदाशिव जैसे हिन्दुओं के प्रति सदय नेता की बम्बई की असेंबली में आलोचना की और कहा कि जब तक मराठों को बम्बई से बाहर नहीं किया जाता बम्बई में शान्ति नहीं हो सकती। गोडबोले जैसे नेता ने कहा कि यह दंगा-फसाद दरअसल चितपावन ब्राह्मणों के कारण हो रहा है। किसी ने कहा कि यह पंजाब से आए लोगों के कारण है।

सदाशिव को कांग्रेसियों की अज्ञानता पर दुख हुआ। उसने याद दिलाया कि दिल्ली से एक चिट्ठी आई थी जिसमें स्पष्ट कहा गया था कि डायरेक्ट एक्शन को शुरू करने की बात की गई थी। मुसलमानों की आलोचना नहीं होती और जब मुसलमानों का प्रतिवाद हिन्दू करते हैं सारा दोष हिन्दुओं पर डाल दिया जाता है।[141] गोडबोले ने तंज कसा कि वह भूल गया था कि वह (सदाशिव) एक चितपावन ब्राह्मण है।

सदाशिव को पूरा विश्वास हो गया है कि मुसलमानों को 'क्लीन चिट' देकर ये नेतागण बड़ी भूल कर रहे हैं। यह एक देश विरोधी कार्य है। उसने यह कहने की कोशिश की कि वली की दरगाह मुसलमान बदमाशों का एक अड्डा है जिसका दुरुपयोग मुस्लिम बलवाइयों को पनाह देने और अगवा हिन्दू स्त्रियों को छुपाने में किया जाता है। उस दरगाह को सरकार के नियंत्रण में लाया जाना चाहिए। उस समय सरकार कांग्रेस की थी।

सदशिव की बातों पर ध्यान नहीं दिया गया।

कलकत्ता की तरह यहाँ भी वारदातें कम होने लगीं जब यह समझ में आ गया कि हिन्दू भी बदला लेने के लिए तैयार हैं। एक दिन सदाशिव के घर में बीस गुंडे घुसे और उसे बाँधकर उसकी बीवी और सास को उठाकर ले गए। सारी रात सदाशिव बँधी हुई स्थिति में पड़ा रहा। अगले दिन उसकी रिपोर्ट को दर्ज नहीं किया गया। पूरी तरह निराश होकर वह खुशीराम के पास गया जिसने उसकी मदद की। मदनमोहन नाम के एक आदमी को नजीरुद्दीन बनाकर दरगाह में भेजा गया इस उम्मीद में कि दोनों अपहृत महिलाओं को ढूँढ़ा जा सके।

दोनों स्त्रियों को होशंगाबाद ले जाया गया था। होशंगाबाद में एक साधु आता है जो लोगों को बतलाता है कि देश में कैसे राजनीतिक परिवर्तन हुए हैं। उसके अनुसार उन्नीसवीं सदी में राममोहन राय जैसे लोगों ने सुधार के आन्दोलन चलाए। उनके अनुयायी लोग बाद में कांग्रेस के समर्थक बने। सरकार ने कोलोनेट बेक जैसे लोगों की मदद से अलीगढ़ में कांग्रेस विरोधी शिक्षित मुसलमानों को बढ़ाया। अलीगढ़ मुस्लिम यूनिवर्सिटी ऐसे ही मुसलमानों का केन्द्र है। हैदराबाद इस तरह का एक दूसरा केन्द्र था। वहाँ भी मुसलमानों में यह भावना पैदा की गई कि वे भारत पर शासन करेंगे। पहले विश्वयुद्ध के बाद हैदराबाद के निजाम के बेटे की शादी तुर्की के खलीफा की बेटी से हुई। इसके बाद हैदराबाद की इज्जत बढ़ गई।[142] हैदराबाद में उस्मानिया यूनिवर्सिटी ने मुसलमानों की सेवा की। जब गांधी खिलाफत आन्दोलन को सफल नहीं बना सके तो इन लोगों ने राहत की साँस ली। लेकिन गांधी जी लगातार हैदराबाद की तारीफ ही करते रहे। 1940 में गांधी ने कहा कि अगर अंग्रेज गए और सत्ता हैदराबाद के पास जाए तो वे इसका स्वागत करेंगे।[143] इस वक्ता ने यह

भी बतलाया है कि हैदराबाद के निजाम ने मुसलमानों को इस इलाके में कैसे मजबूत बनाने के लिए काम किया है।

सदाशिव, मदन मोहन और खुशीराम जैसे यथार्थवादी हिन्दुओं के कारण आखिरकार सदाशिव की पत्नी लक्ष्मी को मुसलमानों की कैद से आजाद कराया जा सका।

अणिमा देवी दिल्ली जाकर अपने पिता के मित्रों के सम्पर्क में आई। नवम्बर 1946 में उसकी मुलाकात चेतनानन्द से भी हो गई। यहीं अणिमा की मुलाकात बनारसीदास से हुई जिनके बारे में गुरुदत्त ने पिछले उपन्यास में बताया था।

इस उपन्यास में उल्लेख किया गया है कि चेतनानन्द के पिता जमनादास की पहचान बनारसीदास से थी। धीरेन्द्र गुरुजी का सम्बन्ध अणिमा के पिता से भी था। उसने शंकर पंडित को भी देखा है। इन पुराने परिचितों के सम्बन्ध अभी भी बने हुए थे, हालाँकि अब स्वराज संस्थापन समिति का संचालन अन्य लोगों के हाथों में चला गया है।[144] जरूरत पड़ने पर ये लोग आपस में एक-दूसरे का सहयोग जरूर करते हैं। जब उनको पता चला कि जवाहरलाल नेहरू पर आक्रमण करने का षड्यंत्र किया जा रहा है, इन लोगों ने मिल-जुलकर नेहरू की रक्षा के लिए प्रयास किया। कुछ मुसलमानों ने नेहरू पर छुरे से वार करने का प्लान बनाया था पर शंकरानन्द की मदद लेकर उस समय बनारसीदास ने नेहरू की रक्षा का सफल प्रयास किया। बनारसीदास को इस बात से प्रसन्नता हुई कि अणिमा ने हिन्दुओं की रक्षा के लिए कलकत्ता में प्रयास किया।

इस बीच गांधी नोआखाली से दो महीने के बाद लौट आए। उन्हें शान्ति का मसीहा कहा गया।

जब गांधी दिल्ली लौटे उन्होंने शान्ति का उपदेश देना शुरू किया। दूसरी ओर मुसलमान हत्याकांड की योजनाएँ बनाते रहे।[145]

जो मुसलमान कलकत्ता से डरकर भागे थे वे वापस लौटने को तैयार नहीं थे। लेकिन अब डायरेक्ट एक्शन सम्भव नहीं था। मुसलमान नेता थोड़े परेशान हो रहे थे और नई योजना बनाने में लगे थे। एक ने कहा कि बम्बई को किसी भी तरह से कांग्रेस के मोदी (जहाँ से कांग्रेस का फंड आता था) बम्बई में कुछ करना ही चाहिए।[146] वहाँ इसी उद्देश्य से डायरेक्ट एक्शन किया गया। वहाँ हिन्दू और मुसलमान दोनों को नुकसान उठाना पड़ा। मिल मालिकों को यह समझ में आ गया कि जब तक पाकिस्तान नहीं बनेगा शान्ति से काम करना मुश्किल है। यह भी खबर आई कि सरकार ने मुसलमानों की मदद के लिए पचास लाख रुपए आवंटित किए थे। पंजाब के प्रतिनिधि ने मुस्लिम लीग के नेता को सूचना दी कि जब तक यूनियनिस्ट की सरकार है वहाँ डायरेक्ट एक्शन सम्भव नहीं होगा। नेता ने निर्देश दिया कि सरकार को हटा दिया जाए। इसके लिए रैली, मीटिंग और 'सियापा'

किया जाए, ताकि पंजाब की सरकार पर दबाव बने और वह हट जाए। यह भी तय हुआ कि जब हिन्दू विरोध करेंगे तो डायरेक्ट एक्शन शुरू कर दिया जाएगा। यह निर्देश साफ था कि पंजाब को हिन्दुओं से खाली करा लिया जाए। उत्साही मुस्लिम लीग समर्थकों ने कहा कि पंजाब में दो महीने के बाद हिन्दुओं का पता नहीं होगा। सिंध के बारे में नेताओं ने कहा कि सभी हिन्दुओं को मुसलमान बना लिया जाएगा; उन्हें निकालने की जरूरत नहीं। सिक्ख को प्रधान शत्रु के रूप में नेताओं ने चिह्नित किया और उसको नेस्तनाबूद करने की बात की।

जब ये सब योजनाएँ बन रही थीं, गांधी हिन्दुओं को इस बात के लिए डाँट रहे थे कि भंगी कॉलोनी में कुरान पढ़ने पर वे क्यों आपत्ति कर रहे हैं। अन्त में पुलिस को बुलाकर आपत्ति करने वाले को बन्दी बना लिया गया और उसे जेल में डाल दिया गया।[147]

ऐसे माहौल में चेतनानन्द ने एक दिन गांधी जी से बंगाल सरकार के पब्लिसिटी अफसर के रूप में मिलना चाहा। उन्हें इंटरव्यू के लिए समय मिल गया। गांधी जी ने उनका स्वागत किया, पर यह जानने के बाद कि वह एक हिन्दू है उन्हें ज्यादा महत्त्व नहीं दिया। गांधी और उनके सहयोगियों के इस व्यवहार से चेतनानन्द को बहुत निराशा हुई। उसे महसूस हुआ कि उसने बेकार में ही गांधी के आन्दोलन में अपने कई वर्ष नष्ट किए।

उसे लगा कि कलकत्ता, नोआखाली और बम्बई की घटनाओं के बाद कांग्रेस एक सम्प्रदाय बन गई है और गांधी उसके पीर, गुरु और मुर्शिद बन गए हैं। कांग्रेस हिन्दू विरोधी और मुस्लिम की पक्षधर संस्था बन गई है। अब वह अपने पिता और अणिमा की तरह यह सोचने लगा था।[148]

गुरुदत्त ने अगले राजनीतिक उपन्यास *देश की हत्या* (1953) में *विश्वासघात* की कहानी को ही आगे बढ़ाया गया है। गुरुदत्त ने इस उपन्यास की भूमिका में लिखा है कि उनके वर्णित प्रसंगों में ऐतिहासिक तथ्य सही हैं, उन्होंने अपनी ओर से व्याख्या को जरूर जोड़ा है। सहायक पुस्तकों में उन्होंने गोपाल दास खोसला की *स्टर्न रेकनिंग*[149] और अमरनाथ बाली की *नो इट कैन बी टोल्ड,*[150] विस्थापित लोगों के साक्षात्कार, समाचार-पत्र आदि का उल्लेख स्रोत सामग्री के रूप में किया है।

जैसा कलकत्ता में हो चुका है वैसा या उससे भी बदतर कुछ पंजाब, फ्रंटियर प्रॉविन्स या सिंध प्रदेश में हो सकता है, इस बात की आशंका है। जिस प्रकार अणिमा को लगता है कि एक योजना के अन्तर्गत मुसलमान लोग हिन्दू लोगों को भागने के लिए मजबूर करेंगे उसी तरह अब चेतनानन्द को लगता है कि उत्तर-पश्चिम भारत में भी डायरेक्ट एक्शन शुरू होगा। लाहौर में भी उसे उसी तरह कांग्रेस के लोग अनजान बने हिन्दू-मुसलमान सौहार्द की दुहाई देते हुए लगे थे। चेतनानन्द

थोड़ी तल्खी के साथ लोगों से कहता है कि असली तथ्यों को पेश नहीं किया जाता। नोआखाली की घटनाओं की रिपोर्टिंग भी ठीक से नहीं होती। वहाँ गांधी के साथ वैसा व्यवहार नहीं हुआ था जैसा समाचार-पत्रों और प्रचार में कहा जा रहा था।[151] उसे असेंबली में कांग्रेस का प्रतिनिधित्व करने के लिए चुना जाता है, परन्तु गांधी के आन्दोलन में उसकी रुचि कम हो गई है। उसे हिन्दू महासभा का समर्थक भी माना जाता है। उसे लगता है कि पूरे देश के मुसलमान पाकिस्तान का समर्थन कर रहे हैं। एक या दो महीने में यूनियनिस्ट सरकार को चलने नहीं दिया जाएगा। मुस्लिम नेशनल गार्ड्स की संख्या एक लाख से ऊपर पहुँच चुकी थी और यह हिन्दुओं और मुसलमानों के बीच भेद को बढ़ाने में लगी थी।

24 जनवरी, 1947 को मुस्लिम नेशनल गार्ड्स और राष्ट्रीय स्वयंसेवक संघ को प्रतिबन्धित कर दिया गया। मुस्लिम गार्ड्स के दफ्तरों की तलाशी ली गई और वहाँ हथियार पाए गए। लेकिन मुस्लिम लीग के दबाव के कारण उनके ऊपर से प्रतिबन्ध हटा लिया गया।[152] चेतनानन्द और पत्रकार अर्जुन देव को गिरफ्तार कर लिया गया और उन्हें रिहा नहीं किया गया। गांधी और उनके अनुयायी अभी भी यह प्रचार कर रहे थे कि हिन्दू और मुसलमान एक ही राष्ट्र हैं और सबको मिलकर शान्ति और सद्भाव बनाए रखने की कोशिश करनी चाहिए।

इस समय तक चेतनानन्द एक हिन्दू नेता बन चुका था। वह और अर्जुन देव हिन्दुओं को समझा रहे थे कि उन्हें अपनी सुरक्षा के लिए बड़े कस्बे में एक साथ आकर जुट जाना चाहिए। वे कहते थे कि हिन्दुओं को रावी नदी के पूरब में चले जाना चाहिए, ताकि अगर दंगे हों तो वे सुरक्षित रह सकें। उनकी अपील समाचार-पत्रों में प्रकाशित हुई। हर जगह कांग्रेस के नेताओं ने उनका विरोध किया।[153]

चेतनानन्द की मुलाकात पार्वती से हुई। उसके साथ एक समय चेतनानन्द की शादी होने वाली थी, लेकिन वह नहीं हो सकी। अब वह वापस लाहौर लौट आया था और नसीम उसके साथ वापस लौटने के लिए तैयार नहीं थी।

पार्वती बैरिस्टर केवलराम की दो पुत्रियों को ट्यूशन पढ़ाती थी। 20 फरवरी, 1947 तक ब्रिटिश प्रधानमंत्री की घोषणा हो चुकी थी कि अंग्रेज भारत को जून, 1948 तक छोड़कर चले जाएँगे। इसके बाद मुस्लिम लीग ने यूनियनिस्ट गवर्नमेंट पर दबाव बनाने की कोशिश तेज कर दी। सियापा और प्रतिवादी सभा का सिलसिला शुरू हो गया।

28 फरवरी, 1947 को केवलराम के घर पर राजनीतिक परिस्थिति पर विचार हुआ। कहा गया कि यूनियनिस्ट सरकार ने पंजाब के लोगों का विश्वास खो दिया है और अब एक नई सरकार का गठन हो जाना चाहिए। यह बात अर्जुन देव ने कही कि पंजाब की मिनिस्ट्री लम्बे समय से जिम्मेदारी की सभी पोस्ट मुसलमानों को दे रही है। मुसलमान साधारणतः पाकिस्तान के पक्ष में हैं।[154] कांग्रेस नेता खन्ना ने प्रस्ताव दिया कि जो नई मिनिस्ट्री बने उसमें मुस्लिम लीग के तीन, कांग्रेस के

दो और अकाली दल का एक सदस्य रहे। सराजदीन ने कहा कि जैसे ही लीग सरकार में आएगी वह पाकिस्तान को बनाने की कोशिश करेगी।

केवलराम को लगता है कि पाकिस्तान के बनने में कोई हर्ज नहीं है। वे व्यावहारिक आदमी थे और समझते थे कि अगर जरूरी हुआ तो इस्लाम कुबूल करने में भी कोई हर्ज नहीं। उनकी पत्नी और दोनों बेटियों को यह विचार पसन्द नहीं आया।

यूनियनिस्ट सरकार ने इस्तीफा दे दिया। सियापा ने उनको परेशान कर दिया था। लीग के नेताओं ने कहा कि कोई भी फैसला जिन्ना से पूछकर ही किया जाएगा। उसके समर्थकों के लिए एक इस्लामिक क्रान्ति हो रही थी और इस प्रक्रिया में पुलिस के करने का कुछ नहीं है। यह साफ था कि पाकिस्तान में मुसलमानों का प्रभुत्व है। पुलिस में नब्बे प्रतिशत मुसलमान ही थे। एक ने कहा कि हिन्दू अब यहाँ नहीं रह सकते हैं; हिन्दू या तो मुसलमान बन जाएँ या पाकिस्तान छोड़कर चले जाएँ।[155]

मुस्लिम लीग के लोगों को लगता था कि पाकिस्तान बनेगा। एक ने इसको ऐसे समझाया। मुसलमान 52 और हिन्दू 48 प्रतिशत हैं। अब इतना दबाव हिन्दुओं पर बनाया जाएगा कि हिन्दू पंजाब से चले जाएँगे। जो बचेंगे वे मुसलमान बन जाएँगे। भारतीय संविधान अमेरिका की तरह का है, केन्द्र इस मामले में कुछ भी नहीं कर सकेगा।

चेतनानन्द अणिमा की तरह हिन्दुओं को बचाने की कोशिश में लगा था। उसे लगता था कि डायरेक्ट एक्शन होकर रहेगा। उसे ज्यादा समर्थन नहीं मिल रहा था। उसे सिर्फ शाखा[156] से समर्थन मिला।

मुस्लिम लीग का कार्यक्रम सुनियोजित ढंग से चला। इसके परिणाम भी उनके पक्ष में आए। 3 मार्च, 1947 को यूनियनिस्ट गवर्नमेंट के इस्तीफे के बाद गवर्नर ने खान इफ्तियार हुसैन खान मडुआवाले को मंत्रिमंडल गठन के लिए आमंत्रित किया। अचानक खिजर हयात खान, जिनके खिलाफ मुस्लिम लीग ने तीव्र आन्दोलन छेड़ रखा था, उनके लिए मुसलमान भाई बन गए।[157] इस तरह से पंजाब में इंकलाब शुरू हुआ![158]

इस तरह के परिवर्तन से असेंबली के हिन्दू और सिक्ख सदस्यों के क्रोध की सीमा न रही। उन्होंने तीखा प्रतिवाद किया। चेतनानन्द ने समझ लिया कि अब डायरेक्ट एक्शन की शुरुआत होगी, जिसकी तैयारी मुस्लिम नेतृत्व पहले से कर रहा था।

चेतनानन्द के पिता ने लाहौर छोड़ने का निर्णय किया और वे देहरादून जाकर बस गए। उनको लगता था कि केन्द्र की सरकार हिन्दुओं को सुरक्षा देने में समर्थ नहीं हो सकेगी। चेतनानन्द लाहौर में रहकर हिन्दुओं को बचाने के काम में जुट जाता है।

कांग्रेस के लोग प्रतिवाद सभा का आयोजन करने में व्यस्त थे। चेतनानन्द को लगता है कि इस तरह की प्रतिवाद सभा से बेहतर होता कि डायरेक्ट एक्शन के

बाद की परिस्थिति का मुकाबला करने की तैयारी की जाती। कांग्रेस नेता खन्ना ने पूरे पंजाब में कांग्रेस की ओर से प्रतिवाद सभा के आयोजन की बात की। उसके बाद तारा सिंह ने कृपाण निकालकर घोषणा की कि लड़ते-लड़ते मर जाएँगे लेकिन पाकिस्तान बनने नहीं देंगे।[159]

इस घटना से उत्तेजना पैदा हो गई। चेतनानन्द को यह सही नहीं लगा क्योंकि इससे जो तनाव बढ़ता दीखता था उसके लिए हिन्दुओं की ओर से कोई तैयारी नहीं थी। वह गांधी के प्रति भी बहुत आलोचनात्मक होकर सोचने लगता है कि वे तीस साल से इस देश के बड़े नेता हैं, लेकिन उन्होंने कोई राजनीतिक कार्यक्रम नहीं बनाया। बिना तैयारी के ही उन्होंने आन्दोलन शुरू कर दिए। 1942 में वर्धा से बम्बई आते समय भी उनके पास आन्दोलन के लिए कोई योजना नहीं थी।[160]

शाखा में उन्हें महेश मिला जिसने उनकी मदद की। परिस्थिति एकदम स्पष्ट थी, गृहयुद्ध हिन्दू और मुसलमान के बीच शुरू होनेवाला था जिसमें पंजाब की सरकार मुसलमानों का साथ देने वाली और केन्द्र सरकार कुछ भी नहीं करने वाली थी। उसे अफसोस है कि तीस बरस के अहिंसा के प्रचार ने हिंसक आक्रान्ताओं से लड़ने की क्षमता ही लोगों के अन्दर कम कर दी है।[161]

केवलराम के भाई ने अपने परिवार के सदस्यों को मसूरी भेज देना उचित समझा। हिन्दू लड़कियाँ ऐसे में बहुत ही विकट स्थिति में अपने को पाने लगीं। केवलराम की बेटी के माध्यम से इसे दिखलाया गया है। नीना पर एक मुस्लिम लड़का याकूब शादी के लिए दबाव डालता है। वह उससे कहता है कि वह मुसलमान बन जाए और उसके साथ शादी कर ले। नीना के पिता मुसलमानों से झगड़ा नहीं मोल लेना चाहते हैं इसलिए अपमान को सहन कर लेते हैं, लेकिन उनके भाई ने याकूब की पिटाई कर दी।

3 मार्च, 1947 के बाद स्थिति और विकट हुई। हिन्दुओं और सिक्खों के प्रदर्शन के बाद तनाव और बढ़ा। उस समय रसूल ने केवलराम को बतलाया कि छब्बीस बरस की तैयारी अब काम में आ रही है। सर फजल हुसैन कहा करते थे कि मुसलमानों को नौकरियों में भरो, ताकि वक्त आने पर वे काम आवें। इसके कारण अब डेढ़ करोड़ मुसलमान सवा करोड़ हिन्दुओं को कुचल देंगे। अफसरों का पूरा सहयोग मुसलमानों को ही मिलेगा क्योंकि अफसर मुसलमान ही हैं।[162]

3 मार्च के दिन कुछ मुसलमानों को हिन्दुओं ने पीटा। इसका बहाना बनाकर मुस्लिम गार्डों ने हिन्दुओं पर हमला शुरू कर दिया। गवर्नर ने समझ लिया कि मुस्लिम लीग सरकार नहीं बना सकेगी। उसने पूरी कमान अपने हाथों में ले ली। इससे मुसलमान बहुत नाराज हुए और 5 मार्च को लाहौर में स्थिति बहुत विस्फोटक हो गई। अमृतसर, मुल्तान, रावलपिंडी, गुजरात, झेलम और अन्य जिलों में हिन्दुओं पर हमले होने लगे। हिन्दुओं को जानवरों की तरह काटा जाने लगा।

मुस्लिम अधिकारियों ने मुस्लिम बलवाइयों का साथ दिया। अब केवलराम ने दो घोड़ा गाड़ियों में 8 मार्च को लाहौर छोड़ने का फैसला किया। उनमें से नीना और उसकी माँ एक गाड़ी में बैठी थीं। घात लगाए याकूब ने वेश बदलकर उन्हें अगवा करने की कोशिश की। नीना ने गाड़ी से कूदकर अपनी जान बचाई लेकिन उसकी माँ को मुसलमान अपने इलाके में ले गए। उसके साथ इतना शारीरिक अत्याचार किया कि मौका मिलते ही उसने छत से कूदकर जान दे दी। नीना को सौभाग्य से हिन्दुओं की मदद मिल गई।

मार्च के मध्य तक यह खूनी सिलसिला चलता रहा।[163] पंजाब में गृहयुद्ध चलता रहा। चेतनानन्द और राष्ट्रीय स्वयंसेवक संघ के लोगों ने हिन्दुओं को बचाने की हर सम्भव कोशिश की। एक सदस्य ने मुसलमानों की योजनाओं को जानने के लिए सुन्नत करा ली और मुसलमानों से मिलकर उनकी योजनाओं की जानकारी लेकर शाखा के लोगों को देने लगा।[164]

चेतनानन्द ने लम्बे समय तक कांग्रेसी के रूप में काम किया था, पर अब उसे लगता है कि उसने लोगों को गुमराह ही किया है। वह अब भूल की भरपाई करने की कोशिश कर रहा था।[165] वह संघ के करीब पाँच सौ लोगों की मदद से हिन्दुओं की रक्षा के लिए लाहौर में कोशिश कर रहा था। शाखा के लोगों को गिरफ्तार कर लिया जाता था, लेकिन फिर भी प्रयास जारी रहा।

लूटपाट और आगजनी के कारण अप्रैल और मई आते-आते हिन्दू घरों की संख्या घटने लगी। कुछ हिस्सों में हिन्दुओं ने मुसलमानों का डटकर मुकाबला किया तो स्थिति में थोड़ा परिवर्तन हुआ। जो लोग मार्च में पंजाब से भागकर देहरादून, हरिद्वार और अन्य जगहों पर गए वे लौटने लगे।

उस समय मुसलमानों ने दो प्रचार शुरू किए। पहला यह कि पंजाब के दंगे स्वयंसेवक संघ द्वारा कराए जा रहे हैं। यह बवाल उन्हीं के पंजाब में होने के कारण हो रहा है। गांधी जी ने इसका समर्थन किया। संघ ने आकर देख जाने की चुनौती दी, परन्तु यही बात कही जाती रही कि संघ का इन दंगों में रोल है। इसके कारण पंजाब की सरकार को एक आधार मिल गया। कोई भी तन्दुरुस्त हिन्दू अब सन्देह के घेरे में आ गया। उन्हें उठाकर जेल में डाला जाने लगा। इस भय से हिन्दू युवक लाहौर छोड़कर भागने लगे।

दूसरे अभियान में इस बात का प्रचार शुरू हुआ कि गरीब मुसलमानों की सुरक्षा का प्रयास नहीं किया जा रहा। सरकार ने उनकी सुरक्षा के लिए प्रयास किया।

केन्द्र सरकार के मंत्री बलदेव सिंह पंजाब आए और उन्होंने आकर पुलिस की भूमिका की तारीफ की। इसके बाद पुलिस ने मुसलमान बलवाइयों को और अधिक मदद देनी शुरू की। मुस्लिम गार्ड्स पुलिस के साथ मिलकर अभियान चलाने लगे। इससे हिन्दुओं की मुसीबतें बढ़ गईं।

चेतनानन्द पता लगाकर कि कहाँ हिन्दुओं पर आक्रमण की योजना है उनकी रक्षा के लिए कोशिश करते रहे। एक दिन यह सूचना मिली कि हिन्दुओं को मच्छी हट्टा बाजार और वाचू वाली गली से भगाने की योजना है। चेतनानन्द पचास हिन्दू स्वयंसेवकों के साथ वहाँ पहुँच गया। आधी रात को जब मुसलमानों ने हमला किया, उसका समुचित मुकाबला किया गया। मुसलमान आक्रमणकारियों की संख्या दो सौ से तीन सौ के बीच थी। रामचन्द्र राव एवं अन्य लोगों के कारण मुसलमान सफल नहीं हो सके। पुलिस ने इस मामले में पक्षपात किया और रामचन्द्र राव को ही बन्दी बना लिया, मानो इस घटना के लिए जिम्मेवारी उसी की हो। संघ के लोगों को यह सहन नहीं हुआ और वे पुलिस के साथ भिड़ गए। पुलिस ने गोली चला दी और गोली रामचन्द्र राव को लग गई। पुलिस को हटना पड़ा और सार्जेंट की पिस्तौल संघ के लोगों के पास आ गई।[166]

इसके अगले अध्याय 'जौहर' में रावलपिंडी जिले के गूजर खान तहसील के एक सिक्ख परिवार की कथा के सहारे हिन्दुओं की भयंकर अवस्था और पंजाब में मुसलमानों के खूनी अभियान का विवरण है।

एक प्रतिष्ठित किसान सिक्ख परिवार वहाँ रहता है, जिसके खेतों में मुसलमान मजदूर काम करते हैं। परिवार का अस्सी वर्षीय मुखिया कर्मा सिंह अपने पाँच बेटों के साथ रहता था। उसका चौथा बेटा कलकत्ता में रहता था। कलकत्ता के डायरेक्ट एक्शन के समय वह कलकत्ता में था। उसने वहाँ का खूनखराबा देखा था। चिन्तित होकर उसने कलकत्ता से अपने पिता को पत्र लिखकर सावधान किया था कि वैसा ही कुछ पंजाब में होनेवाला है। छोटे बेटे जगदेव ने इस तरह की बात को उड़ाते हुए अपने गाँव के लोगों और अपनी ताकत पर भरोसा रखते हुए वहीं बने रहने का निश्चय किया। एक बेटा निहाल सिंह कांग्रेस का कार्यकर्ता है। उसे भी भरोसा है कि जिन मुसलमानों ने बरसों से निष्ठापूर्वक उसके परिवार की सेवा की है उनके ऊपर अविश्वास करना ठीक नहीं। जगदेव सिंह कलकत्ता से अपने परिवार वालों को समझाने की कोशिश करने के लिए अपने घर गया। उसने कहा कि कलकत्ता में साठ प्रतिशत आबादी हिन्दुओं की थी, पर जब तक वे लड़े नहीं मुसलमानों की हिंसा रुकी नहीं। रावलपिंडी में उस तरह से मुसलमानों का मुकाबला सम्भव नहीं होगा। उसे ज्यादा चिन्ता अपने घर की औरतों की थी जिनके साथ आक्रान्ता बहुत बर्बर तरीके से दंगों में पेश आते थे।

7 मार्च, 1946 को बख्तावर सिंह को कुछ सन्देह हुआ जब उसने कुछ लोगों को बातें करते सुना। पता चला कि एक मौलवी रावलपिंडी से उसके इलाके में आया है और वह स्थानीय मुसलमानों को यह कहकर भड़का रहा था कि हिन्दुओं ने जामा मस्जिद को नष्ट कर दिया है। एक मुसलमान ने जब यह कहने की कोशिश की कि ऐसा नहीं है तो उसे धमकाया गया। बख्तावर के एक पुराने काम करनेवाले

मुसलमान मजदूर ने उसे कहा कि कुछ समय के लिए वे परिवार को लेकर गाँव से बाहर चले जाएँ, लोग उसके परिवार पर निगाह रख रहे हैं। गाँव के पचास लोग आ सकते हैं। बाद में बख्तावर को यह भी सूचना मिली कि मौलवी उसके परिवार के खिलाफ लोगों को भड़का रहा था। जो औरत खबर लेकर आई उसने सलाह दी कि रात के पहले ही सिक्ख परिवार को गाँव से बाहर चले जाना चाहिए।

परिवार ने बैठक के बाद तुरन्त नहीं जाने का निश्चय किया। रावलपिंडी से आए मौलवी ने मुसलमानों को समझाया कि सिक्ख परिवारों को कुछ दिन रखो, फिर उनकी सम्पत्ति और उनकी औरतें मुसलमानों की हो जाएँगी।

अगले दिन कर्मा सिंह के एक बेटे नौनिहाल सिंह ने अमन सभा के गठन का प्रयास किया। रात को तीस से चालीस हजार लोगों ने गाँव को घेर लिया। पूरा परिवार सुरक्षा के लिए गुरुद्वारे की ओर बढ़ा। रास्ते में हिंसक मुसलमानों की भीड़ ने कर्मा सिंह और नौनिहाल सिंह को मार दिया। सुखबीर और उसका बेटा एक-दूसरे से अलग हो गए और बख्तावर सिंह और जोरावर सिंह किसी तरह से घायल अवस्था में गुरुद्वारे तक पहुँच सके।[167] मुसलमानों ने योजनाबद्ध तरीके से कुछ लोगों को इस काम में लगाया था कि हिन्दू और सिक्ख निश्चिन्त रहें और समय आने पर उनको शिकार बनाया जा सके। वे अपने घरों को छोड़कर नहीं गए और शान्ति सभा के गठन और अन्य कामों में लगे रहे। इस बीच मुसलमानों ने अच्छी तैयारी कर ली।

गाँव की सात-आठ हजार की आबादी में से करीब पाँच सौ आदमी गुरुद्वारे तक पहुँच पाए। उनमें सौ पुरुष थे। उनके पास कुछ बन्दूकें थीं। बाहर छूट गए हिन्दुओं को लूटा गया, उनकी औरतों के साथ बलात्कार किया गया और पुरुषों को जान से मार दिया गया। यह सब कर चुकने के बाद करीब छह हजार मुसलमान गुरुद्वारे की तरफ बढ़े। अब सिक्खों के पास भागने के अलावा कोई रास्ता नहीं बचा। वे किसी तरह स्टेशन की ओर बढ़े। बीच में औरतों को रखकर वे आगे बढ़े। उन्हें यह अन्दाजा भी नहीं था कि स्टेशन भी सुरक्षित होगा या नहीं। औरतों ने कहा कि राजपूत औरतों की तरह वे अपने को जलाकर खत्म कर देंगी और मर्दों को किसी तरह से स्टेशन तक पहुँचने की कोशिश करनी चाहिए। इस बीच एक लड़का, प्रीतम बनिया का बेटा, हिन्दुओं पर गाँव में हुए अत्याचार के बारे में जानकारी ले आया। मुसलमान गुरुद्वारे का गेट तोड़ने लगे। अब यह निश्चित हो गया कि वे भीतर घुस जाएँगे। ऐसे में कोई उपाय नहीं बचा। एक रस्सी के सहारे एक तो निकल गया लेकिन सभी उससे नहीं जा सकते थे। औरतों ने अपनी इज्जत बचाने के लिए अपने को आग के हवाले कर दिया। अपने परिवार की औरतों और बच्चों को भस्म होता देखने के बाद डेढ़ सौ पुरुष लड़ते हुए स्टेशन की ओर बढ़े। स्टेशन दो मील की दूरी पर था। इस लड़ाई में सिर्फ छह लोग स्टेशन तक जिन्दा पहुँच पाए। स्टेशन

में कुछ सिपाही थे जो स्टेशन की रक्षा के लिए तैनात थे, इसलिए ये छह बच गए। कर्मा सिंह के भरे-पूरे परिवार में से सिर्फ प्रताप सिंह जिन्दा बच पाया। माखन भी किसी तरह से बचता हुआ आ गया। प्रताप सिंह दिल्ली पहुँचकर अपने लोगों की भयानक कहानी सरदार पटेल और नेहरू को सुनाना चाहता है। उसने सुना था कि बिहार में दंगों के बाद नेहरू ने सेना उतार दी थी।[168]

दिल्ली पहुँचकर प्रताप सिंह ने जगदेव सिंह को टेलीग्राम किया और उसके आने के बाद ये लोग नेताओं से मिले। जगदेव सिंह को यह जानकर धक्का लगा कि उसके पचास लोगों के परिवार में से सिर्फ एक और गूजर खान की आबादी में से बस सात-आठ लोग ही अब दुनिया में बचे थे। उसका दुख और ज्यादा है क्योंकि उसने अपने पूरे परिवार को पहले ही चेताया था कि वे उस जगह को छोड़ दें।

जगदेव सिंह महात्मा गांधी से मिलने गया। जगदेव सिंह की करुण कहानी को सुन गांधी जी को बहुत दुख हुआ। सुनने के बाद उन्होंने कहा कि वे हिंसा के शिकार हुए लोगों को भी हिंसा करने की सलाह नहीं देते। जगदेव सिंह को लगता है कि गांधी जी अहिंसा का सन्देश सिर्फ हिन्दुओं को देते हैं। पंजाब में मुसलमान हिंसात्मक कार्रवाई कर रहे हैं। उसके ऐसा कहने पर गांधी ने कहा कि हिन्दू भी लड़ रहे हैं। इस पर जगदेव सिंह ने कहा कि अगर वे नहीं लड़ते तो जो छह बचकर आए वे भी नहीं बच पाते। उसने याद दिलाया कि बिहार में दंगे के समय दंगों को रोकने के लिए हवाई बमबारी हुई थी, परन्तु पंजाब में लाठी चार्ज भी नहीं हुआ।

गांधी जी ने कहा कि जवाहरलाल नेहरू उनके सुझाव मानने के लिए बाध्य नहीं हैं। इसको सुनने के बाद जगदेव ने कहा कि बिना गांधी के समर्थन के नेहरू जी कांग्रेस के प्रधान नहीं हो सकते थे। उन्होंने नेहरू की मदद 1929 में भी की थी। गांधी ने यह भी कहा कि हिन्दू संगठन देश विरोधी कामों में लगे हैं। जगदेव से सहन नहीं हुआ। उसने कहा—कांग्रेस राष्ट्र विरोधी कामों में लगी हुई है।[169]

मार्च और अप्रैल में पंजाब में हिन्दुओं को बहुत से अत्याचारों का सामना करना पड़ा। मई में भी कांग्रेसी नेतागण मुसलमानों के तुष्टीकरण में लगे हुए थे। पंजाब के गैर मुस्लिम जो दिल्ली, हरिद्वार, देहरादून और अन्य स्थानों पर आकर अपनी जान बचाने के लिए जमा थे बहुत व्यग्र हो रहे थे। विकट स्थिति में जब वे भागकर आए थे तो उन्हें लगता था कि कुछ समय बाद जब स्थितियाँ सुधरेंगी वे अपने घरों को लौट जाएँगे, लेकिन महीनों के बाद भी उन्हें अपने भविष्य के बारे में कुछ भी अन्दाजा नहीं मिल रहा था। वे गांधी और अन्य नेताओं से जाकर मिले। नेतागण उनकी दुख भरी कहानियों को सुनकर दुखी होते रहे, उन्हें सांत्वना देते रहे, लेकिन उन्होंने उनके लिए कुछ किया नहीं।[170]

गांधी हरिद्वार गए और पंजाब से आने वालों को कहा कि वे अपने घरों को लौट जाएँ। लोगों ने जब अपना दर्द बयान किया तो उन्होंने कुछ नहीं कहा। लोगों

ने लौटने के बाद की स्थिति के बारे में अपने संशय व्यक्त किए। ऐसी स्थिति में गांधी ने औरतों को यह सुझाव दिया कि अपनी इज्जत की रक्षा के लिए वे अपने साथ अफीम रखें ताकि जब उनकी इज्जत बचने की सूरत न बचे वे आत्महत्या कर सकें।[171]

इस तरह की बातें सुनने को कोई भी तैयार नहीं था। देहरादून में गांधी की कोई सभा नहीं हुई। जब नेहरू वहाँ पहुँचे उनकी भी बेइज्जती हुई। वे देश के प्रधान थे और इन लोगों के लिए वे कुछ भी नहीं कर रहे थे। वे इन लोगों को सुरक्षा का कोई आश्वासन नहीं दे पा रहे थे।

चेतनानन्द को भी लाहौर में हिन्दुओं के लिए लड़ते रहने के बाद घायल होकर दिल्ली जाना पड़ा। वह बनारसीदास के घर में रुका। दिल्ली में स्थिति लाहौर जैसी भयावह नहीं थी। हिन्दू और मुसलमानों की आबादी शहर में लगभग समान थी लेकिन आसपास के इलाके में हिन्दुओं की संख्या अधिक थी।

दिल्ली को पाकिस्तान में शामिल करने की योजना उसी समय से चल रही थी जब माउंटबेटन आए भी नहीं थे। दिल्ली के आसपास के इलाकों से हिन्दुओं को भगाने की कोशिश हो रही थी। योजना के हिसाब से पटौदी, अलवर, भरतपुर और अन्य रजवाड़ों के राज्यों में हिन्दुओं के गाँवों में आग लगाने का काम हो रहा था। इन इलाकों के मुसलमान मेओ कहलाते थे। इन मेओ मुसलमानों ने गूजर, अहीर और जाटों के विरुद्ध जेहाद शुरू कर दिया। शुरुआत में हिन्दू भागे, लेकिन बाद में उन्होंने लड़ने का निश्चय किया। दिल्ली की तीन दिशाओं में चालीस किलोमीटर दूर युद्ध शुरू हो गया।[172] हजारों लाठियों, बरछें, भालों और बन्दूकों का दोनों ओर से प्रयोग किया गया। छोटे दमदमा और देशी तोपों का प्रयोग भी हुआ। यह युद्ध दिल्ली के आसपास पहुँच गया। लगभग बारह किलोमीटर दूरी पर लड़ाई चलने लगी। जब इन लड़ाइयों का दौर चल रहा था, नेहरू और सरदार पटेल मुस्लिम लीग के साथ दोस्ताना व्यवहार करने में लगे थे।[173] मेओ और जाटों के बीच का यह युद्ध छह महीने तक चला। इसको रोकने का कोई प्रयास नहीं हुआ। यह युद्ध पंजाब, अलवर, भरतपुर और मथुरा जिले में फैल गया।[174]

गुरुदत्त ने लिखा है कि यह बताना मुश्किल है कि अगर जाटों और अहीरों ने दिल्ली पर मुसलमानों के इस हमले का मुकाबला नहीं किया होता तो क्या हुआ होता। हो सकता है कि मुस्लिम लीग दिल्ली के पास के इलाके से हिन्दुओं को भगाकर दिल्ली को पाकिस्तान में मिलाने की कोशिश करती।

दिल्ली का पाकिस्तान में जाना तब और अधिक सम्भव होता जब पूरा पंजाब पाकिस्तान में चला जाता। जाटों और अहीरों ने मेओ मुसलमानों को छह महीने तक रोके रखा। गुरुदत्त के अनुसार अगर आसपास के इलाके से हिन्दुओं को भगाने में ये मेओ सफल हो जाते तो दिल्ली की स्थिति लाहौर की सी हो जाती। दिल्ली में

डिप्टी कमिश्नर और चीफ कमिश्नर अंग्रेज थे और वे मुसलमानों का विरोध करने के लिए तैयार नहीं थे।

चेतनानन्द अणिमा से मिलकर दिल्ली में कुछ करने की कोशिश कर रहा था।

2 जून, 1947 को गांधी का एक वक्तव्य आया कि पाकिस्तान उनकी लाश पर ही बन सकता है। लेकिन कुछ ही समय बाद लॉर्ड माउंटबेटन का वक्तव्य आया कि विभाजन की योजना को स्वीकृति मिल गई है। इसे ही गुरुदत्त *देश की हत्या* या देश की एकता की हत्या कहते हैं।

इसके बाद पंजाब में हिन्दुओं के प्रतिरोध का कोई अर्थ नहीं बचता था। अणिमा सोचती है कि हिन्दुओं के पास यही विकल्प बचता है कि जैसे भी हो रावी नदी के पूरब वे आ जाएँ। आने वाले हिन्दुओं की आबादी अस्सी से नब्बे लाख थी। पूरब में, बंगाल में हिन्दुओं की आबादी डेढ़ करोड़ थी। सिंध में हिन्दुओं की आबादी पन्द्रह लाख थी। इसका अर्थ था तीन करोड़ आबादी हिन्दुओं की थी जिनको पाकिस्तान के इलाके से लाकर भारत वाले हिस्से में बसाना था।

अणिमा को अब भी गांधी के वक्तव्य पर भरोसा था। अगर कांग्रेस कमेटी नेहरू के विभाजन को स्वीकार नहीं करती तो देश में गृहयुद्ध शुरू हो सकता है, ऐसा उसे लगता है। चेतनानन्द आशावादी नहीं है। उसे लगता है कि उसे लाहौर लौट जाना चाहिए और हिन्दुओं के लिए लड़ना चाहिए। जगदेव सिंह विक्षिप्त हो जाता है। चेतनानन्द उसे सामान्य बनाने की कोशिश करता है। तीन सप्ताह में जगदेव सामान्य हो पाता है।

इस बीच लाहौर में पुलिस और अधिक मुखर रूप में हिन्दू विरोधी हो जाती है और लोगों का लाहौर छोड़ना शुरू हो जाता है। जगदेव सिंह पंजाब में हिन्दुओं के लिए स्थान बनाने के लिए मुसलमानों को वहाँ से हटाने के काम में लग जाता है। इस काम के लिए वह एक दल बनाता है। इस दल में शामिल होनेवाले अधिकतर लोग गुजरात, रावलपिंडी, मुल्तान और ऐसे इलाकों से आए थे, जहाँ हिन्दू औरतों पर बहुत अत्याचार हुए थे। करीब दो सौ लोगों को इस दल के साथ जोड़ा गया। इस ग्रुप ने सरदार पटेल के उस वक्तव्य से प्रेरणा ली जिसमें उन्होंने कहा था कि सरकार हिन्दुओं की रक्षा में असमर्थ है, उन्हें अपनी रक्षा खुद करनी होगी।[175]

जगदेव सिंह के दल को पाँच से दस लोगों के छोटे-छोटे समूहों में बाँट लिया गया और उन्हें पंजाब के विभिन्न हिस्सों में भेज दिया गया।

उपन्यास के अगले अध्याय में हिन्दुओं द्वारा मुसलमानों के ऊपर प्रतिहिंसा में अत्याचार के समय के बारे में वर्णन किया गया है। नीना और रामचन्द्र विस्थापितों के लिए बहुत काम करते हैं। रामचन्द्र कहता है कि हम लोग समझते थे कि हिन्दू हिन्दू हैं और मुसलमान मुसलमान। ये दोनों अलग कौमें हैं। अंग्रेजों की चाल नहीं चल पाती अगर मुसलमान इस देश को अपना देश मान लेते। अफसोस है कि

भारतीयों ने भारतीयों के शासन की बात नहीं सोची। अंग्रेजी शिक्षित लोगों ने एक गलत आदर्श लोगों के सामने रखा। यह आदर्श था—हिन्दू और मुसलमानों का संयुक्त राष्ट्र। यह असम्भव था। मुसलमान ऐसा नहीं चाहते हैं। वे इस्लामी शासन चाहते हैं।[176] राष्ट्रीय एकता पर ध्यान नहीं दिया जाता। उसे लगता है कि एक दूरदर्शी आदमी ने नागपुर में एक संगठन बनाया है। यह संगठन कांग्रेस जैसा शक्तिशाली संगठन अभी तक नहीं बन पाया है। कांग्रेस देश की हत्या कर रही है। देश को सबसे अधिक जरूरत राष्ट्रीय एकता की है। देश विरोधी तत्त्वों की पहचान करके उससे देश की रक्षा का प्रयास ही सबसे जरूरी है। यह लम्बी लड़ाई है। इसके लिए उसने कुछ बातें समझीं। सबसे जरूरी है राष्ट्रीय तत्त्वों की रक्षा करना। जो हिन्दू पाकिस्तान में हैं उन्हें निर्भय और सुरक्षित जीवन मिले। एक हिन्दू मोहल्ले को जलाने की खबर एक दिन पहले ही मिली थी। भारत सरकार को चाहिए कि वह लाहौर में तुरन्त मार्शल लॉ लगाए। वहाँ हिन्दू सेना की नियुक्ति हो। यह कांग्रेसी सरकार ऐसा नहीं करेगी। यह पाकिस्तान के हिन्दुओं को सुरक्षा नहीं दे सकती। यह काम दूसरों को ही करना होगा।

दूसरा विकल्प यह बचता है कि उन हिन्दुओं को भारत में लाकर उनको बसाया जाए।

चेतनानन्द लाहौर जाकर काम करता है। मुसलमानों में यह प्रचार था कि इस्लामिक राज्य के निर्माण का समय आ गया है और हर मुसलमान का यह कर्तव्य है कि इसमें सहयोग करे। मौलवी लोगों से कहते मिले कि लाहौर को हिन्दुओं से आजाद किया जाए। हिन्दुओं ने हमला शुरू किया अपनी रक्षा के लिए। राजगढ़ी में एक घटना घटी। मुसलमानों को इस बात का एहसास हुआ कि उन्हें भी नुकसान हो सकता है।

यह पहला मौका था जब डायरेक्ट एक्शन के दौरान हिन्दुओं ने मुसलमानों पर हमला किया था।[177]

इसका मुसलमान नेताओं पर प्रभाव पड़ा। वे शान्ति की बात करने लगे। इस समय तक लोगों के बीच यह चर्चा थी कि लाहौर पाकिस्तान में ही जाएगा और शिमला पूर्वी पंजाब की राजधानी बनेगी।

अब तक चेतनानन्द गांधी का बड़ा आलोचक बन चुका था। उसने उत्तेजित होकर एक गांधी समर्थक को यह भी कह दिया कि रावलपिंडी और मुल्तान के गाँवों में जो हुआ उसे भूला नहीं जा सकता। गांधी को मारकर भी इसका भुलाया जाना सम्भव नहीं।

हसन आबदाल स्टेशन (जो रावलपिंडी की तरफ था) के निकट वाही की घटना भी बहुत भयानक थी। मार्च में जब मुस्लिम लीग ने डायरेक्ट एक्शन शुरू किया तो कई गाँवों के हिन्दू एक जगह एक सीमेंट फैक्टरी के निकट आकर इकट्ठा

होने लगे। यह फैक्टरी एक अंग्रेज की थी। वहाँ उनको लगता था कि वे सुरक्षित रहेंगे। मई तक आते-आते करीब पचास हजार हिन्दू वहाँ जमा हो गए थे। उन लोगों की सुरक्षा के लिए पंजाब के गवर्नर ने सेना भेजी। वहाँ जमा लोगों के लिए खाद्यान्न का संकट था। एक समाचार-पत्र में इसके बारे में छपा। चेतनानन्द अपने साथियों के साथ वहाँ पहुँचे, ताकि खाने की चीजों और कपड़ों की मदद उनको कर सकें। दो दिनों में चालीस ट्रकों में कपड़े और पचास हजार रुपए और अन्य मदद वहाँ पहुँचाई गई। इस मदद में कांग्रेस और स्वयंसेवक संघ दोनों ने मिलकर काम किया।[178] बाद में दोनों के कार्यकर्ताओं में कुछ मतभेद उभर आए। कांग्रेसी कांता देवी और रामचन्द्र राव में मतभेद हो गया। रामचन्द्र को कहा गया कि वह कैम्प छोड़कर चला जाए। उसने अपना अलग कैम्प शुरू कर दिया।

कांग्रेस के लोग पश्चिमी पंजाब के लोगों को अपने घरों को छोड़ने से मना करते थे। इस समय कांग्रेसी और स्वयंसेवक संघ के बीच मतभेद बढ़ गए। इस बीच रैडक्लिफ़ कमीशन दोनों देशों की सीमा के निर्धारण के काम में जुट गई। लाहौर और कलकत्ता दोनों भारत में रहें इसके लिए प्रयास हो रहा था। इस बात को लेकर मुसलमानों के बीच असन्तोष बढ़ा। लाहौर में मारपीट शुरू हुई। मुस्लिम लीग के अखबार *डॉन* ने लिखा कि यदि लाहौर और कलकत्ता दोनों पाकिस्तान को नहीं दिए गए तो 3 जून का समझौता मुसलमानों को स्वीकार नहीं होगा।[179] अमृतसर में, जहाँ डिप्टी कमिश्नर एक मुसलमान था, मुसलमानों ने हिन्दुओं के घरों में आग लगाना शुरू कर दिया। यह अप्रत्याशित था, जिसका मतलब था मुसलमानों ने अमृतसर पर भी अपना अधिकार जताना शुरू कर दिया था।

3 या 4 अगस्त, 1947 को लुधियाना में मुसलमानों ने गड़बड़ी की कोशिश शुरू की, परन्तु वहाँ स्थिति काबू में कर ली गई क्योंकि वहाँ एक मुस्तैद हिन्दू कमिश्नर नियुक्त था। 8 अगस्त को लाहौर में बड़े पोस्टर बाँटे गए जिनमें कहा गया था कि अगर लाहौर मुसलमानों को नहीं दिया गया तो शहर पर जबर्दस्ती कब्जा किया जाएगा। कांग्रेस के नेता शिमला में राजधानी बनाने की तैयारी में जुटे थे। दिल्ली के नेताओं को लगता था कि 1946 के चुनाव के आधार पर उन्हें देश की सत्ता सँभालने का अधिकार था। पंजाब को लेकर उन्हें चिन्ता नहीं थी।

जगदेव सिंह अमृतसर के हिन्दुओं के लिए काम कर रहा था। उसे इस बात का अन्दाजा था कि अमृतसर के पाकिस्तान में न जाने से मुसलमानों में बहुत रोष था। मुसलमान बहुत निराश थे और जाने के पहले जितनी अधिक लूटपाट कर अपने साथ ले जा सकते थे, ले जाने की कोशिश में थे। मुसलमान डिप्टी कमिश्नर को 9 अगस्त को चार्ज दे देना था; मुसलमानों को कह दिया गया था कि उसके पहले ही जितना सम्भव हो, लूट लेना है।

जगदेव सिंह को लगा कि जिस समय की तैयारी में वह पिछले दो महीने से

लगा था उसके लिए उपयुक्त समय आ गया है। उसने कहा कि देश सिर्फ कांग्रेसियों का नहीं है, जो षड्यंत्र करके इस देश की सत्ता पर काबिज होना चाहते थे।[180]

अगले दिन से उन लोगों ने काम शुरू कर दिया। सिक्खों ने मुसलमानों को घर छोड़कर जाने के लिए कहा। इसके बाद संघर्ष शुरू हुआ। पुलिस और सिक्खों के बीच इस संघर्ष में पुलिस के दस आदमी मारे गए। अखबारों में छपा कि दो सौ सिखों और पच्चीस-तीस पुलिस के आदमी थे। यह गलत सूचना थी। इस सूचना से मुसलमानों के बीच आतंक छा गया। इस मुठभेड़ के बाद पुलिस सिक्खों से भिड़ने से घबड़ा रही थी।

4 अगस्त को मुसलमानों ने अमृतसर से भागना शुरू कर दिया। मुसलमान डिप्टी कमिश्नर ने नियत समय के पहले ही चार्ज दे दिया। इसके बाद परिस्थिति बिलकुल बदल गई। गाँव के मुसलमान शहर में आकर जमा हुए। अब हिन्दुओं ने, जो मार्च से 4 अगस्त तक हिंसा के शिकार हो रहे थे, बदला लेना शुरू किया। उन्होंने वही सब किया जिसके शिकार वे अब तक होते रहे थे। मुसलमानों ने जो कुछ किया था वही उन्होंने भी किया।[181]

जगदेव सिंह ने मुसलमान औरतों पर अत्याचार करने से लोगों को रोकने की कोशिश की। पर वह ऐसा नहीं कर सका।

जो पश्चिमी पंजाब में हुआ उसे यहाँ प्रतिपक्ष की ओर से किया गया। अटारी में जगदेव सिंह को यह देखकर दुख हुआ कि लोग सर्च के नाम पर मुसलमान औरतों को जबर्दस्ती अपने कब्जे में कर रहे थे। इस 'म्लेच्छ काम' से उसने अपने को अलग कर लिया।

चेतनानन्द को इस बात का अन्दाजा हो चुका था कि लाहौर पाकिस्तान में जाएगा और हिन्दुओं का उस शहर में रहना असम्भव हो जाएगा। अगस्त के पहले सप्ताह में उसने अपने परिवार के लोगों को लाहौर छोड़ देने के लिए कहा। जो कुछ सम्भव था उसे जीवनलाल ने देहरादून भेज दिया था। चेतनानन्द का बहनोई, रेवा का पति महेश जेल में बन्द था। महेश और रेवा लाहौर नहीं छोड़ना चाहते थे। 9-10 अगस्त तक आते-आते गाँव से लोग आकर शहर के हिन्दुओं के मकानों पर कब्जा करने लगे। कुछ हिन्दू अभी भी अपने घरों में थे। उनके साथ मुसलमानों का सलूक बहुत बुरा था। हिन्दुओं को ट्रकों में भरकर वॉलेन्टियर्स लाहौर के बाहर ले जा रहे थे। हर ट्रक में तीन हथियारशुदा वॉलेन्टियर्स थे, ताकि उनकी सुरक्षा की जा सके। रास्ते में वे कहीं भी ट्रक को रोकने का जोखिम नहीं उठाते थे।

हिन्दुओं के कत्लेआम का बहुत ही विशद वर्णन इस उपन्यास में किया गया है। एक बातचीत का उल्लेख किया जा सकता है। जो कुछ हो रहा है वह अंग्रेजों की इच्छा से हो रहा है? क्या अंग्रेज भारत को स्वराज स्वेच्छा से दे रहे हैं? इसको कोई नहीं मानेगा। लेकिन, लेकिन स्वराज तो दिया जा रहा है। जो स्वराज दे रहे हैं,

वही पाकिस्तान भी बना रहे हैं। गांधी स्वराज दिला रहे हैं? अगर गांधी स्वराज दिला रहे हैं तो वे पाकिस्तान के लिए कैसे राजी हो सकते हैं? तो क्या गांधी ने अंग्रेजों को भारत छोड़ने के लिए बाध्य नहीं किया? अगर किया है तो उन्होंने अंग्रेजों को बाध्य क्यों नहीं किया कि वे पाकिस्तान नहीं बनाएँ?

क्या विडम्बना है! गांधी ने स्वराज दिलवाया है लेकिन वे पाकिस्तान के बनानेवाले नहीं हैं! अंग्रेज पाकिस्तान के निर्माता हैं पर वे हमें स्वराज नहीं दे रहे। मिस्टर जिन्ना स्वराज के दुश्मन हैं, लेकिन उन्होंने पाकिस्तान बनवा लिया। अंग्रेजपरस्त मुसलमानों को पाकिस्तान मिल गया; अंग्रेज विरोधी हिन्दुओं को भारत देश मिला...।[182]

किसी ने पूछा—जिसने गलत किया है उसे सजा दो, निर्दोष मुसलमानों को क्यों मार रहे हो? उत्तर दिया गया—मुसलमान कैसे निर्दोष हैं? उन्होंने मुस्लिम लीग को वोट दिया है और डायरेक्ट एक्शन के समय उनकी मदद की है। अब वे औरतें और सम्पत्ति भारत में लूट रहे हैं।[183]

उपन्यास के अगले अध्याय में कैम्प में हिन्दुओं की दुर्दशा का वर्णन किया गया है।

15 अगस्त, 1947 को बीस हजार हिन्दू पाँच मील का कारवाँ बनाकर भारत की ओर बढ़े। पाँच बजे पहला जत्था और सात बजे आखिरी जत्था निकला। वॉलेन्टियर्स हथियार लेकर उनकी सुरक्षा के लिए चल रहे थे। रावलपिंडी तक कोई अप्रिय घटना नहीं घटी। चलते हुए इन हिन्दुओं ने गाँवों को जलते देखा।

24 अगस्त, 1947 को हिन्दू झेलम के निकट रुके थे। रात में पाँच सौ मुसलमानों ने आक्रमण किया। पिछले नौ दिनों से किसी संकट के सम्मुखीन नहीं होने के कारण लोग निश्चिन्त से थे। दो घंटे तक कुहराम मचा रहा। लुटेरे मूल्यवान चीजों के अलावा बीस औरतें उठाकर ले गए। बीस लोगों की जानें गईं। भगदड़ में बीस बच्चे मर गए। नीना भी इसमें लुटेरे के हाथों लग गई। लोग बहुत असहाय थे।[184]

गुरुदत्त ने लूट में लाई गई औरतों को लेकर बँटवारे का भी वर्णन किया है। लुटेरे अपने बीच सुन्दर और जवान औरतों के लिए झगड़ा करते और उनके फैसले के लिए किसी को पंच बनाया जाता था।[185]

राधा एक ऐसी हिन्दू औरत है जिसने अपने जीवन में इन साम्प्रदायिक कारणों से इतनी तकलीफें उठाई हैं कि वह जिन्ना की हत्या करने पर उतारू है। उसे जिन्ना ही सारी समस्या की जड़ दिखाई देता है। कोई गांधी को सबसे बड़ा दोषी मानता है। गांधी को कई बुद्धिमान लोगों ने सावधान किया था, परन्तु उन्होंने किसी की बात नहीं मानी।[186]

राधा चेतनानन्द से मिली। उसने कहा कि जो हुआ उसमें अचम्भे की कोई बात नहीं है। इस्लाम जहाँ-जहाँ गया है ऐसा ही हुआ है। इस बुराई की जड़ में इस्लाम

है।[187] शरणार्थी कैम्प में राधा ने कुछ दिन बिताए थे और उसे मुसलमानों की क्रूरता के कई उदाहरण सुनने को मिले थे।

मुसलमान मस्जिद और मकानों को अपने लिए आधार (बेस) बनाकर हिन्दुओं पर हमले करते थे। यह सिलसिला 6 सितम्बर, 1947 तक चलता रहा। 7 सितम्बर के बाद हिन्दुओं ने भी हमला शुरू किया। 7 से 10 सितम्बर तक यह युद्ध चलता रहा। सबसे भीषण लड़ाई 9 और 10 सितम्बर को हुई। अब मुसलमानों ने दिल्ली से भागना शुरू किया।

जब यह युद्ध शुरू हुआ गांधी को सन्देश भेजा गया। वे 11 सितम्बर को दिल्ली आ गए। उनके आने के बाद शान्ति बहाल करने के प्रयास तेज हुए और 12 सितम्बर से लड़ाइयाँ कम हो गईं। मुसलमान दिल्ली छोड़कर भागते रहे। जगदेव सिंह और उनके साथियों ने इस दौरान मुसलमान विरोधी गतिविधियाँ कीं। उसके साथी पिछले एक साल के मुसलमानों के अत्याचार का बदला लेना चाहते थे। इन हिन्दुओं को एक नेता चाहिए था। जगदेव सिंह ने उनका नेतृत्व किया। इन हिन्दुओं ने मुसलमान बलवाइयों की तकनीक का ही अनुसरण किया।

जगदेव सिंह मुसलमानों को दिल्ली से भगाकर वहाँ पश्चिमी पंजाब से आए हिन्दुओं को बसाने का काम कर रहा था। गांधी के आने से इस काम में रुकावट आई। इस काम को जारी रखने के लिए मुसलमानों के मकानों पर कब्जा जरूरी था। किसी ने कहा कि अगर यह काम अभी नहीं किया गया तो कुछ दिनों के बाद यह नहीं किया जा सकेगा। जगदेव सिंह और राधा को यह जरूरी लगता है कि मुसलमानों को भारत से बाहर करना ही चाहिए ताकि झंझट से ही मुक्ति पा ली जाए।[188]

गांधी जब कलकत्ता में थे, उन्होंने नोआखाली जाना चाहा। पर उनको पाकिस्तान में जाने की अनुमति नहीं मिल रही थी। अनुमति न मिलने के कारण गांधी जी उदास थे।

दिल्ली आने के बाद गांधी ने जिस तरह के वक्तव्य दिए उससे बहुत सारे हिन्दुओं में बहुत रोष उत्पन्न हुआ।[189] गांधी का कहना था कि किसी भी मुसलमान को पाकिस्तान नहीं जाना चाहिए। दंगों के लिए उन्होंने हिन्दू और मुसलमान दोनों को दोष दिया। इससे चेतनानन्द जैसे लोगों को बहुत बुरा लगा। उन्हें लगता है कि यह भूलना गलत है कि हिंसा मुसलमानों ने अप्रैल 1946 में दिल्ली के अरबी कॉलेज की कॉन्फ्रेंस के बाद शुरू की थी। इसे शुरू करने की जिम्मेदारी मुसलमानों की है। उन्होंने ही मुंबई में प्रस्ताव पास करके डायरेक्ट एक्शन शुरू किया था।[190]

अक्टूबर 1947 की शुरुआत में जगदेव सिंह और उनके पच्चीस सहयोगियों की एक मीटिंग हुई और उन लोगों ने तय किया कि उनका काम अब सम्पन्न हो चुका है। इस प्रकार जून 1947 से लेकर अक्टूबर की शुरुआत तक उन लोगों ने योजनाबद्ध तरीके से हिन्दुओं के लिए मुसलमानों को भगाने का काम किया।

जगदेव सिंह के इस निर्णय से राधा को खुशी नहीं हुई, परन्तु अन्य लोगों ने इसे स्वीकार कर लिया।[191]

इस उपन्यास के अन्तिम अध्याय 'हत्या' में गांधी की हत्या के दिन तक की गतिविधियों पर ध्यान केन्द्रित किया गया है। जो लोग गांधी के आन्दोलन से बाहर रहकर राष्ट्रीय आन्दोलन कर रहे थे उनके ऊपर इस अध्याय में विचार किया गया है। लाला बनारसीदास शंकर पंडित को चेतनानन्द से मिलवाते हुए कहते हैं कि अगर देश के नेताओं ने सत्ता पाने में हड़बड़ी नहीं दिखलाई होती तो शंकर पंडित और उनके सहयोगी राजसत्ता को कब्जे में कर लेते। उनका मानना है कि कांग्रेसियों को अपनी नीतियों के खोखलेपन का एहसास हो गया था। इसी कारण वे जल्दी में थे। उनकी गलती के कारण देश को बहुत लम्बे समय तक इसका नुकसान उठाना पड़ेगा।[192]

शंकर पंडित ने भी अपनी स्थिति स्पष्ट की। वे खुद देश की स्वाधीनता के लिए अपने तरीके से प्रयास कर रहे थे। 3 जून, 1947 से वे यह अध्ययन कर रहे थे कि गलती कहाँ हुई। वे बहुत सारे लोगों से मिले और एक मूल्यांकन किया। वे विभिन्न स्थानों—लखनऊ, कानपुर, आगरा, मथुरा, मुरादाबाद, सहारनपुर, देहरादून, हरिद्वार, अंबाला, पटियाला, भटिंडा, रेवाड़ी और गुड़गाँव—से होते हुए दिल्ली आए थे। उनका निष्कर्ष यह था कि नेताओं से एक पाप हो गया है और उन्होंने सीमा पर एक शत्रु को भविष्य के लिए रख दिया है। इसके लिए देश को सदियों तक मुसीबतों का सामना करना पड़ेगा।

किसी-किसी को यह लगता है कि अंग्रेजपरस्त भारतीयों के कारण ही देश में ऐसी स्थिति आई। इस भूल-सुधार के लिए देश को प्रयत्न करना पड़ेगा। शंकर पंडित का निष्कर्ष है कि यह त्रासदी इस विचार के कारण है कि इस्लाम एक पंथ है। इस्लाम एक पंथ नहीं, धर्म नहीं एक राजनीतिक व्यवस्था है। कांग्रेस ने इसे एक पंथ या धर्म समझकर इतनी बड़ी गलती कर दी।

गुरुदत्त ने आजादी और विभाजन के बाद की राजनीतिक कहानी को अपने अगले उपन्यास *दासता के नए रूप* (प्रकाशन वर्ष 1955) में प्रस्तुत किया है। इस उपन्यास का मूल वक्तव्य है कि कांग्रेसी राज में आजादी के बाद देश के लोगों के लिए गुलामी का अन्त नहीं हुआ। पहले ये अंग्रेजी राज में गुलाम थे, अब ये एक नई शक्ति—कांग्रेस के गुलाम बनने के लिए अभिशप्त थे। उनका कहना है कि हिन्दुओं ने गांधी को समर्थन दिया था और कांग्रेस को शक्तिशाली बनाया था, जबकि मुसलमानों ने हमेशा अपने धर्म को देश के पहले रखकर ही सोचा। कांग्रेस ने हमेशा मुसलमानों को समर्थन दिया और उनको अपनी ओर लाने की कोशिश की। इस काम में उनको सफलता नहीं मिली। विभिन्न विषयों, जैसे विस्थापन, कश्मीर, साम्प्रदायिकता, गांधी हत्या, राष्ट्रगीत, राष्ट्रभाषा और हैदराबाद के संकट पर गुरुदत्त ने अपने उपन्यास

में, और अन्यत्र भी, सुनियोजित तरीके से अपने विचारों को रखा। उनकी एक महत्त्वपूर्ण पुस्तिका है—*Hindustan Under The First Year of Congress Rule*—इस पुस्तक में जिन विचारों को उन्होंने बहुत साफ-साफ लिखा है उन्हीं को औपन्यासिक रूप में *दासता के नए रूप* में भी रखा है। एक प्रमुख वक्तव्य यह है कि मुस्लिम लीग ने जो चाहा उसे हासिल कर लिया और इसके लिए उसको मुसलमानों का खून नहीं बहाना पड़ा। उनका मत है कि मुस्लिम लीग ने कभी भी ब्रिटिश शासन का अन्त नहीं चाहा, और न ही इसके लिए प्रयास किया, कांग्रेसी नेताओं की अदूरदर्शिता के कारण बगैर लड़े ही उन्हें अंग्रेजों से मुक्ति मिल गई। गुरुदत्त देश और सरकार के बीच अन्तर करते हुए कहते हैं कि सरकार जनता की सेवा का एक माध्यम-भर है। वे कांग्रेस की आलोचना को राष्ट्र की आलोचना नहीं मानते। देश को मजबूत करना उनकी सबसे बड़ी प्राथमिकता है।[193]

कुछ वर्षों बाद, सम्भवत: 1969 में, गुरुदत्त ने एक किताब लिखी—*India In the Shadow of Gandhi and Nehru* जिसमें उन्होंने 1920 से नेहरू युग के राजनीतिक इतिहास पर अपनी दृष्टि को और अधिक स्पष्ट रूप में रखा है। वे गांधी और नेहरू की नीतियों और कार्यक्रमों में गम्भीर दोष पाते हैं। वे जोर देकर कहते हैं कि इन दोनों नेताओं के प्रति भक्ति का दुरुपयोग कांग्रेसी नेताओं ने अपनी स्वार्थ सिद्धि के लिए किया। गुरुदत्त ने गांधी के व्यक्तिगत गुणों के लिए उनकी प्रशंसा की, परन्तु उनकी राजनीतिक दृष्टि की आलोचना की। उनकी राजनीतिक दृष्टि की त्रुटियों से देश के लिए जो समस्याएँ तैयार हुईं उसका खमियाजा देश वर्षों तक भुगतेगा, यह बात वे लगातार दुहराते रहे।[194]

गुरुदत्त का कहना था कि राष्ट्रीय आन्दोलन गांधी के भारतीय राजनीति में आने के पहले से ही चल रहा था। उनके साथ जो नई चीज आई उसे वे उन्मत्त नारेबाज भीड़ (hysterical slogan shouting crowds) कहते हैं। इस उन्मत्त नारेबाज भीड़ ने बाकी नेताओं को डरा दिया। गांधी के लिए दीवानी इस भीड़ ने उनके आलोचकों को स्तंभित कर दिया। भीड़ के कारण गांधी का महत्त्व बढ़ा। सभी नेता उनके सामने विवश हो गए। जिन्ना इसके अपवाद थे। वे गांधी के सामने नत नहीं हुए।[195] नागपुर में गांधी का दबाव सभी नेताओं पर था। जिन्ना ने उनकी बात नहीं मानी, और उसके बाद गांधी को न मानने का सिलसिला ही चलता रहा। गांधी शुरू से ही मुसलमानों को साथ लेकर चलने के लिए रियायत देकर चले। मुसलमान हमेशा अपने को हिन्दुओं से श्रेष्ठ समझते थे, इसलिए वे हमेशा अपने लिए दूसरी तरह की विशेष सुविधाएँ चाहते रहे। जहाँ-जहाँ वे अच्छी संख्या में थे, उन्होंने ऐसा ही किया। मुसलमानों ने कभी भी लोकतांत्रिक व्यवस्था के सामान्य नियम—बहुमत के मत की स्वीकार्यता—को नहीं माना। कांग्रेस ने इस स्थिति को भी मान लिया। वे इस उम्मीद में रहे कि आखिरकार मुसलमान कांग्रेस के साथ आ

जाएँगे। 1946 के मतदान ने एक स्पष्ट उत्तर दे दिया कि उनकी यह नीति गलत सिद्ध हुई। कांग्रेस इसके बाद भी नहीं चेती और अन्ततः भारत का बँटवारा हो गया। कमजोर राजनीतिक नेतृत्व ने इसे स्वीकार कर लिया। आजादी के बाद भी, जब 'हिन्दू' सरकार बनी नेहरू जी ने कांग्रेस की पुरानी नीति को जारी रखा और मुसलमानों को विशेष अधिकार देते रहे। इसके कारण हिन्दुओं को नुकसान हुआ। कांग्रेस को हिन्दुओं का समर्थन ही मिला था। उन हिन्दुओं को अधिक नुकसान उठाना पड़ा जो उन इलाकों के रहनेवाले थे जो बँटवारे के बाद पाकिस्तान के इलाके में पड़े। उनका सब कुछ लूट लिया गया और अपनी जान बचाने के लिए वे दिल्ली और अन्य जगहों की ओर भागे। वहाँ भी उनको कठिनाई का सामना करना पड़ा। दिल्ली में भ्रष्टाचारी तंत्र ने उनकी उपेक्षा की और वे ही लोग इस नए संसार में कुछ सहूलियतें पा सके जिनको कांग्रेसी समर्थन था। प्रशासन मुसलमानों के प्रति हिन्दुओं की तुलना में अधिक उदार बना रहा। इससे प्रताड़ित हिन्दुओं के बीच बहुत रोष उत्पन्न हुआ।

सत्तर से अस्सी लाख हिन्दू पाकिस्तान के इलाकों से भागकर दिल्ली आए थे।[196] इस परिस्थिति में गांधी नोआखाली गए और वहाँ के हिन्दुओं को समझाने के लिए प्रयास करते रहे कि वे अपने घरों में ही रहें, भारत न आएँ। वे 15 अगस्त, 1947 को कलकत्ता में रहे और पाकिस्तान जाने के लिए पाकिस्तान की सरकार की अनुमति की प्रतीक्षा करते रहे। 17 अगस्त को दंगे हुए। जिन्ना को उम्मीद थी कि रैडक्लिफ़ रिपोर्ट कलकत्ता और लाहौर पाकिस्तान को देगी। जब यह नहीं हुआ तो जिन्ना को बहुत निराशा हुई। लाहौर के बारे में 19 अगस्त को उनको सूचना मिली। इसके बाद बड़े पैमाने पर दंगे हुए। 11 अगस्त को भी दंगे हुए। इसके कारण रिपोर्ट को रोक लिया गया। जिन्ना ने स्पष्ट कर दिया कि लाहौर के बिना वे इस विभाजन को नहीं मानेंगे। इस परिस्थिति में सम्भवतः माउंटबेटन के दबाव देने के कारण कांग्रेस के नेतृत्व ने लाहौर को पाकिस्तान को देने की बात मान ली। रिपोर्ट को 17 अगस्त को प्रकाशित किया गया। उसके पहले 15 अगस्त को ही लाहौर पाकिस्तान को दे दिया गया था।[197]

कलकत्ता में भी ऐसी ही आशंका थी। पर यहाँ मुसलमानों को सफलता नहीं मिली। अब यहाँ कोई सुहरावर्दी प्रीमियर नहीं था और न ही बड़ी संख्या में मुसलमान पुलिसकर्मी थे इसलिए हिन्दुओं की हत्याओं का सिलसिला कुछ घंटों के बाद नहीं चल सका। अब मुसलमान हिन्दुओं के हमले को नहीं सँभाल पा रहे थे। ऐसे में गांधी ने बिना अधिक विचार किए घोषणा कर दी कि वे दंगों को रोकने के लिए आमरण अनशन करेंगे। हिन्दू लोग गांधी के प्रति असीम श्रद्धा रखते थे। गांधी के कारण दंगे रुक गए। इस प्रकार लाहौर तो पाकिस्तान के पास चला गया परन्तु कलकत्ता भारत में रह गया।

गुरुदत्त ने लिखा है कि लाहौर की सफलता के बाद दिल्ली में भी दंगे और मारपीट करके मुसलमान उसे हथियाने की कोशिश में थे, लेकिन यहाँ उनको लाहौर वाली सफलता नहीं मिली। वे शहर छोड़कर भागने लगे।[198] इसके बाद भी तनाव बना रहा। 2 और 3 सितम्बर को भी दंगे हुए। इसकी शुरुआत एक हिन्दू हलवाई की हत्या से हुई। इसके बाद प्रसिद्ध चिकित्सक डॉ. जोशी की हत्या हुई। 9-10 सितम्बर तक स्थिति और बिगड़ गई। मुसलमानों ने हुमायूँ के मकबरे में शरण ली थी और सरकार उन्हें सुरक्षा दे रही थी। सरकार के अनुरोध पर गांधी 11 सितम्बर को दिल्ली पहुँचे। कुछ दिनों के अन्दर शान्ति हो गई। मुसलमानों के खाली किए गए घरों पर हिन्दू शरणार्थियों ने कब्जा जमा लिया था। ऐसे शरणार्थियों में मोतीराम जैसे लोग भी थे जो *दासता के नए रूप* का एक प्रमुख चरित्र है। मोतीराम एक पुराना कांग्रेसी था जिसने पेशावर में अपनी सम्पत्ति को छोड़कर जान बचाने के लिए दिल्ली का रुख किया था। वह 1942 के आन्दोलन के समय कांग्रेस का एक प्रमुख नेता रहा था। जब वह इस आन्दोलन में भाग लेने के कारण जेल में था उसकी बेटी की मौत हो गई थी। 1947 के दंगे में उसका जवान बेटा मारा गया था। दिल्ली में आकर उसने मुसलमानों की एक खाली दुकान पर अपना बोर्ड लगाकर सिलाई का काम शुरू कर दिया था, ताकि उसका घर किसी तरह से चल सके। उसका एक कर्मचारी सोहन सिंह है जो खुद एक शरणार्थी है।

मोतीराम एक प्रतिबद्ध कांग्रेसी के रूप में यही सोचता है कि हिंसा के भय से ही कांग्रेसी नेताओं ने विभाजन को माना है। गांधी जी भी इस तरह के खूनखराबे से घबड़ा गए थे। मोतीराम को विश्वास था कि जब डॉ. खान प्रीमियर थे, उस समय अगर लोकमत लिया जाता और वे उसका विरोध करते तो खूनखराबा तो होता लेकिन इसके दूरगामी परिणाम होते और तस्वीर दूसरी ही होती। वहाँ चुनाव का बायकाट एक गलत निर्णय था, जिसके कारण बहुत नुकसान हुआ। जो लोग पाकिस्तान का विरोध कर रहे थे उन्हें इसकी बड़ी कीमत चुकानी पड़ी। अब उसके लिए यह साफ था कि पाकिस्तान में कोई भी हिन्दू खुश नहीं है। लाल कुरती के मुसलमान सदस्य भी यही चाहते थे कि कश्मीर और कश्मीर द्वारा फ्रंटियर प्रान्त भी भारत में सम्मिलित रहता तो ठीक था। फ्रंटियर के पठान पंजाब के मैदानी मुसलमानों पर विश्वास नहीं करते थे।[199]

मोतीराम के मन में गांधी के प्रति श्रद्धा है। वह गांधी के पास जाता है और उनसे संवाद करने की कोशिश करता है। गांधी के पास उसके प्रश्नों का कोई सन्तोषजनक उत्तर नहीं है। गांधी ने उससे पूछा कि वह कहाँ रहता है। सच बोलते हुए मोतीराम ने कहा कि उसने मुसलमानों की छोड़ी हुई एक दुकान में ही अपनी दुकान खोल ली है। महात्मा के लिए यह एक पाप था। मोतीराम ने गांधी से कहा कि पाप तो उन नेताओं ने किया है जिन्होंने बँटवारे के परिणामों को सोचे बिना

इसको स्वीकार कर लिया। बिना किसी तैयारी के इसे स्वीकार करने के कारण बहुत क्षति हुई है और लाखों लोगों को बहुत अधिक तकलीफों का सामना करना पड़ा है। इसकी जिम्मेदारी कांग्रेस, ब्रिटिश सरकार और मुस्लिम लीग की है। गांधी ने मोतीराम को सुझाव दिया कि वह मुसलमान को उसकी दुकान लौटा दे। मोतीराम ने कहा कि उसे मालूम ही नहीं कि उसका असली मालिक कौन है और कहाँ है।

मोतीराम विचार करके भी गांधी की बात को नहीं मान पाया। उसकी बड़ी दुकान को पेशावर में मुसलमानों ने कब्जे में कर लिया इसलिए उसका एक छोटी सी दुकान को लेना पाप नहीं होना चाहिए। पेशावर में सरकार ने उसे अपनी सुरक्षा के लिए अपनी जगह छोड़ने के लिए बाध्य किया और उसका सारा सामान मुसलमानों ने ले लिया। फिर भी गांधी के शब्दों का उस पर प्रभाव पड़ा। उसके मुँह से गुरुदत्त ने कहलवाया है कि इस्लाम कोई धर्म नहीं एक राजनीतिक व्यवस्था है। गांधी ने ही इस राजनीतिक व्यवस्था को राजनीति में 1920 में आने का मौका दिया। उस समय कई बड़े नेता उनके इस निर्णय के विरुद्ध थे, लेकिन भीड़ की ताकत के कारण गांधी की ही चली और वह सफल हुई। अन्य नेताओं को पीछे हटना पड़ा। उसके बाद से इस्लाम एक पाँव राजनीति में और दूसरा धर्म में रखे हुए बना रहा। इसने कांग्रेस पर भी प्रभाव बनाए रखा। मोतीराम को लगता है कि देश का विभाजन इसी के कारण हुआ है। इसी के कारण अस्सी लाख हिन्दुओं को विस्थापन का दर्द झेलना पड़ा।[200]

मोतीराम को अपनी दुकान को खोना पड़ा। उसके विरुद्ध मंत्रालय ने कार्रवाई की। गांधी के सामने सच बोलने का यह नुकसान हुआ। इस स्थिति में रामलाल ने उसकी मदद की। रामलाल को यह एहसास है कि जो मुसलमान पाकिस्तान से फिर वापस भारत में आकर रहना चाहते हैं वे इसलिए ऐसा चाहते हैं क्योंकि उन्हें पाकिस्तान में जाने से कोई लाभ नहीं हुआ। उसका मानना है कि मुसलमान भारत में हिन्दू के साथ हिन्दुस्तानी बनकर नहीं रहना चाहता। वह कहता है कि अकबर, गुरु नानक, दादू और कबीर सबने कोशिश की हिन्दू और मुसलमान दोनों को एक करने की लेकिन ऐसा कभी नहीं हो सका। सबको हिन्दुओं का ही समर्थन मिला, मुसलमानों का नहीं।[201]

हिन्दुस्तानी होने का अर्थ उसके लिए यह था कि ऐसा व्यक्ति जो न सिर्फ इस देश में रहता हो, बल्कि इस देश को अपनी मातृभूमि और पुण्यभूमि भी मानता हो। उसे अफसोस है कि उसने गांधी को एक सच्चा हिन्दुस्तानी समझा और पाकिस्तान में इंतजार करता रहा, इस उम्मीद में कि वह एक सच्चे पाकिस्तानी की तरह वहाँ रह सकेगा। बाद में उसे महसूस हुआ कि यह सम्भव नहीं है। उसे पाकिस्तान से जाने के लिए विवश किया गया। वह मोतीराम को समझाता है कि चूँकि वह कांग्रेसी है

इसलिए उसे कांग्रेस की मदद लेनी चाहिए। वह खुद कांग्रेसी नहीं है इसलिए वह अपने तरीके से संघर्ष करेगा।[202]

मोतीराम अपने तरीके से प्रशासनिक स्तर पर प्रयास करता है। वह सबको बतलाता है कि वह एक समर्पित कांग्रेसकर्मी रहा है और वह खान अब्दुल गफ़्फ़ार ख़ान का नजदीकी था। उसे अपेक्षित मदद नहीं मिली। दूसरी तरफ रामलाल कनॉट प्लेस में एक अच्छी दुकान घूस देकर ले लेता है। उसे दस हजार रुपये देने होते हैं और कुछ चालाकी करनी पड़ती है और उसे मुहम्मद याकूब नामक व्यक्ति की दुकान मिल जाती है।

मोतीराम का पेशावर में कर्मचारी रहा सोहन सिंह भी चालाकी करके एक सफल आदमी बन जाता है। अब वही मोतीराम को अपने यहाँ नौकरी पर रखता है। मोतीराम 1942 के आन्दोलन का नेता रह चुका है, इस बात के उल्लेख से उसे कुछ इज्जत मिलती है। उसका परिचय विपिन बिहारी जोशी नामक एक कम्युनिस्ट, एक कांग्रेसी चौधरी मथुरा सिंह और एक वकील मुकुट बिहारी माथुर से होता है।

मोतीराम की मुलाकात गांधी जी की मीटिंग में जाते हुए गोकुल चन्द से हुई। गोकुल चन्द के बेटे की हत्या 1 अगस्त, 1947 को मुसलमानों ने कर दी थी। 12 सितम्बर को उसके शहर बन्नू में सेना की ओर से घोषणा हुई कि सभी हिन्दुओं को स्टेशन पर पहुँचना है। जिस ट्रेन में भरकर हिन्दुओं को भेजा गया उस पर मुसलमानों ने हमला कर दिया। उनको गुजरात के निकट उतारकर मार दिया गया। गोकुल चन्द बेहोश हो गया और मरने वालों की लाशों के नीचे दब गया। इसके कारण ही वह बच गया। जब लाशों को हटाया गया तो उसे होश आया। उसकी दो जवान बेटियों को मुसलमान उठाकर ले गए। उसकी बीवी को मार दिया गया।

मोतीराम और गोकुल चन्द गांधी से मिले। गांधी जी ने गोकुल चन्द की कहानी सुनी और फिर मोतीराम से उसके काम के बारे में पूछा। गोकुल चन्द को लगा कि उसकी बात को गांधी जी शायद ठीक से समझ नहीं पाए क्योंकि गांधी जी ने उससे कुछ नहीं कहा। मोतीराम से उन्होंने कहा कि वह कांग्रेस के दफ्तर जाए वहाँ उसे मदद मिलेगी। एक बूढ़ा सिक्ख भी वहाँ था जो आर्मी से रिटायर था। उसके परिवार के लोग इस्माइल खान के दंगों में मारे गए थे। उसकी कहानी इतनी दुख भरी थी कि उपस्थित लोगों में से कई रोने लगे।

गांधी की प्रार्थना सभा में किसी ने अन्य धर्मग्रंथों के साथ कुरान के पढ़ने का विरोध किया। उस दिन गोकुल चन्द और बूढ़ा सिक्ख भी मोतीराम के साथ वहाँ थे। गांधी ने कहा कि उन्हें कुरान में कोई बुरी बात समझ में नहीं आती। उन्होंने आगे कहा कि किसी आर्यसमाजी ने उन्हें अरबी कुरान में यह दिखलाया है कि इसमें लिखा है कि काफिर (गैर मुसलमान) और मोमिन के अधिकार एक समान नहीं हो सकते। यह भी उसमें था कि काफिर की सम्पत्ति, औरतें और जानवर मोमिन के

लिए हलाल हैं। गांधी अन्य कई विषयों पर बोले जिसमें सिक्खों और हिन्दुओं के ऊपर अत्याचार की बातें थीं। वे बहुत मन से बोले। उनको सुनने के बाद गोकुल चन्द ने मोतीराम से कहा—"दादा मोतीराम, महात्मा इस दुनिया का जीव नहीं है। वह मानव की दुनिया का अच्छा और बुरा नहीं समझ सकता। जब वह समझ ही नहीं सकता तो उसका इलाज कैसे कर सकता है?"[203] बाद में उसने कहा—या तो महात्मा महात्मा नहीं है या फिर वह (गोकुल चन्द) पागल है।[204] उसी की तरह के भुक्तभोगी कहते हैं कि यह सही हो सकता है कि मुसलमानों को सिर्फ इसलिए नहीं मारा जा सकता क्योंकि कुछ मुसलमानों ने हिन्दुओं की हत्या की है। पर जिन्होंने अपने परिवार के लोगों को खोया है उनके लिए इन मुसलमानों को भाई के रूप में स्वीकार करना सम्भव नहीं है। महात्मा जी दो मुसलमानों की हत्या की तो चिन्ता करते हैं, परन्तु वे पाँच सौ हिन्दुओं के मरने की चिन्ता नहीं करते।

गोकुल चन्द भी एक कांग्रेसी था और उसे भी ऐसी उम्मीद थी कि कांग्रेसी नेता सच्चे राष्ट्रवादी हैं और वे निश्चित ही उनके जैसे लोगों के लिए सोचेंगे और कुछ उपाय करेंगे। पर अपने वहाँ जाने के अनुभवों के बाद उसे गांधी की प्रार्थना सभाओं में जाना बेकार लगा। उसने इन सभाओं में जाना बन्द कर दिया। बूढ़े सिक्ख सुन्दर सिंह के लिए भी गांधी के शब्दों का कोई अर्थ नहीं रहा। वह मानता है कि गांधी का प्रभाव पड़ता है, परन्तु उनके शब्दों का कोई असर नहीं होता।[205]

कश्मीर को लेकर भी उन दिनों आलोचना हो रही थी। सुन्दर सिंह को लगता है कि इस स्थिति का लाभ पाकिस्तान जरूर लेगा। कश्मीर पाकिस्तान से घिरा हुआ है और यहाँ की आबादी में मुसलमान आबादी अधिक है। भौगोलिक रूप से भारत से सम्पर्क पठानकोट की ओर से है, परन्तु रोड से सम्पर्क उस तरफ से नहीं है। अगर कोई युद्ध होगा तो लाखों हिन्दू भागेंगे जैसे पाकिस्तान के इलाके से भागे थे। कांग्रेस के शासन के एक साल से अधिक और आजादी मिलने के बाद दो महीने बीत चुके थे और सरकार का इस ओर कोई ध्यान नहीं था।[206]

रामलाल भी गांधी के प्रति बहुत रोष से भरा था। उसे भी लगता है कि मुसलमान हमेशा अपनी कौम को देश से पहले रखते हैं और फिर भी कांग्रेस और गांधी हमेशा उनकी प्रशंसा इस आशा से करते हैं कि वे उनके साथ सहयोग करेंगे।[207]

स्थानीय नेताओं में भी कश्मीर को लेकर चर्चा आम थी। माथुर, चौधरी मथुरा सिंह, मुकुट बिहारी और मोतीराम इस पर चर्चा करते। कांग्रेसी चौधरी का मानना था कि कांग्रेस ने उसे भारत में विलय नहीं किया है, उसे देश के हिस्से के रूप में नहीं देखना चाहिए, इसलिए भारत को इसके मामले में हस्तक्षेप नहीं करना चाहिए। मोतीराम भारत विभाजन के दिनों में देख चुका था जब कश्मीर को लेकर फ्रंटियर प्रॉविन्स में कश्मीर के मुद्दे पर बात होती थी। उस समय वह और उसके साथी यह कहते थे कि फ्रंटियर और कश्मीर को भारत के साथ रहना चाहिए।

भारतीय नेतागण इस तरह नहीं सोचते थे क्योंकि ये मुस्लिम बहुल राज्य थे। प्रश्न था कि क्या भारत का कोई हिस्सा भारत से अलग होने के लिए स्वतंत्र था क्योंकि मुसलमान भारत में रहना नहीं चाहते थे? यही बात फ्रंटियर प्रॉविन्स के लिए और कश्मीर के बारे में वह सोचा करता था।[208] कांग्रेसी चौधरी मथुरा सिंह के लिए लोगों की इच्छा का बहुत महत्त्व था।

शेख अब्दुल्ला के बारे में यह मत था कि नेहरू इस बात को लेकर बैठ गए हैं कि शेख अब्दुला कश्मीर की मुस्लिम जनता के प्रतिनिधि हैं। अगर वह भारत के साथ आ जाएँगे तो पूरा इलाका भारत के साथ आ जाएगा। किसी-किसी को यह भ्रम लगता था। कश्मीर के मुसलमान शेख अब्दुला के साथ तब तक थे जब तक वे कश्मीर के मुसलमानों के हिन्दुओं पर शासन के लिए प्रयास कर रहे हैं। जब यह परिस्थिति आएगी और लगेगा कि भारत से विलय की बात हो रही है, मुसलमान जनता शेख अब्दुल्ला के विरुद्ध हो जाएगी। यह भी सम्भव है कि इस बात का अन्दाजा शेख को हो। हो सकता है वे भी अपना रुख बदल लें।[209]

कांग्रेसी मथुरा सिंह का कहना था कि 1931 और 1946 के आन्दोलन इस बात को प्रमाणित करते हैं कि शेख अब्दुल्ला लोगों के सच्चे प्रतिनिधि हैं। इसके जवाब में कहा गया कि यह मुस्लिमों के हित में था, इसलिए ऐसा लगता है। कश्मीर के महाराजा के कारण ये आन्दोलन दबा दिए गए। अगर कश्मीर आन्दोलन सफल हो जाता तो कश्मीर पाकिस्तान में ही चला जाता।

मोतीराम अपने तजुर्बे के आधार पर कहता है कि यह मानना सही नहीं है कि अगर नेता पक्ष में है तो मुसलमान जनता भारत के पक्ष में ही वोट देगी। वह याद दिलाता है कि अब्दुल ग़फ़्फ़ार ख़ान बहुत लोकप्रिय नेता थे और यह आशा की जाती थी कि उनकी लोकप्रियता के बल पर उनके क्षेत्र की मुसलमान जनता भारत के पक्ष में वोट देगी। पर ऐसा नहीं हुआ। ऐसा ही कश्मीर में भी हो सकता है। उसका कहना है कि कश्मीर की बहुसंख्यक जनता वहाँ विस्थापन के कारण है। लोगों के मत तब लिये जाएँ जब मुसलमानों को देश से बाहर निकाल दिया जाए।

चौधरी मथुरा सिंह को इससे आपत्ति थी। उनका कहना था कि मुसलमान कहीं से आकर वहाँ नहीं बसे हैं, अगर कोई बाहर से आया है तो वे डोगरा लोग हैं। मोतीराम का मानना है कि इस इलाके में लोग जबर्दस्ती मुसलमान बनाए गए हैं। माथुर मोतीराम के विचारों का समर्थन करता है कि हमें मुसलमानों का विप्रवेशन (डीपोर्ट) नहीं करना चाहिए, बस उनकी विदेशी भावना का विप्रवेशन करना चाहिए। माथुर से कहा—"हिन्दू जाति अर्थात् भारतीय जनता में एक बहुत ही निंदनीय विप्रवेशन हुआ है। इसको तो निकालना ही पड़ेगा। भारत की सीमाओं के बाहर नहीं प्रत्युत भारतीय समाज के बाहर। मुसलमानों के शरीर का नहीं, प्रत्युत

उनकी विदेशी भावनाओं का।"[210] अपनी बातों को आगे बढ़ाते हुए वे कहते हैं कि मुसलमानों को जबरन देशविरोधी बनाया गया है। अब उनको जबरन देश का समर्थक बनाया जाना चाहिए। जब तक ऐसा न हो, तब तक उन्हें किसी दूसरे देश का हिस्सा बनने का अधिकार नहीं दिया जाना चाहिए। इस पर कहा गया कि इससे तो मुसलमान देश छोड़कर चले जाएँगे। मोतीराम का कहना था कि वे देश छोड़कर जा सकते हैं लेकिन अगर इस देश में रहना है तो किसी दूसरे देश के प्रति भावना का उनको परित्याग करना होगा। उनको यह विश्वास करना होगा कि वे इसी देश के हैं और यह देश उनका है।[211]

जब पाकिस्तान कश्मीर को अपने कब्जे में लेने ही वाला था कि भारत सरकार ने यह निर्णय लिया कि कश्मीर को अस्थायी रूप से अपने में मिला लिया जाए। भारत की सेना श्रीनगर के हवाई अड्डे पर उतरने लगी और पाकिस्तानी आक्रान्ताओं का मुकाबला किया जाने लगा। अचानक नेहरू ने एक बयान दिया जो ऐसा प्रतीत हुआ कि सफाई देनेवाला वक्तव्य था। उन्होंने कहा कि कश्मीर पर कब्जा नहीं किया जा रहा है। इसे कश्मीर की जनता के नेता शेख अब्दुल्ला की सलाह पर मिलाया जा रहा है। माथुर को लगा कि इससे भारत की स्थिति कमजोर हुई। यह कहना कि भारत ने सेना शेख अब्दुल्ला के कहने पर भेजी है महाराजा के कहने पर नहीं एक बड़ी भूल थी। अगर भविष्य में शेख कुछ और कहेंगे तो क्या भारत उसको मानेगा?

कम्युनिस्ट विपिन जोशी को लगता है कि ऐसा ही होगा। दोनों—नेहरू और शेख—कश्मीर को एक अलग कौम मानते हैं। उसकी संस्कृति अलग है। इस समय शेख को लगता है कि यह सही है, पर बाद में जब उन्हें समर्थन मिलेगा वे दूसरी राह चलने की कोशिश करेंगे। कश्मीर भारत का अविभाज्य अंग है इसके अलावा कुछ और कहने की जरूरत ही नहीं है। भारतीय स्वाधीनता एक्ट के अनुसार महाराजा ने भारत से विलय की बात मानी है और सारी बात यहीं खत्म हो जाती है। यह सही है कि महाराजा भारत के साथ नहीं आना चाहते थे, परन्तु पाकिस्तानी हमले ने उन्हें ऐसा करने के लिए मजबूर कर दिया।

भारत में कश्मीर का मुद्दा बड़ा मुद्दा बन गया। मेजर सोमनाथ शर्मा और उनके साथियों के शौर्य की सराहना पूरे देश में हुई। श्रीनगर को बचाने के लिए मेजर सोमनाथ शर्मा ने अतुलनीय साहस और पराक्रम का परिचय दिया।

मोतीराम ने इसे गांधी और कांग्रेस की जय के रूप में लिया। रामलाल इसे नहीं मानता। उसे लगता है कि गांधी की दासता के कारण लोग इसे गांधी की जय के रूप में देख रहे हैं। इस मुद्दे पर भारत की सरकार सही थी पर गांधी गलत थे। उसे लगता है कि किसी राजनीतिक दल को सरकार के काम में इतना दखल देना ठीक नहीं जितना कांग्रेस दे रही है। अगर पार्टी इस काम को करती रही तो देश

में भ्रष्टाचार बढ़ेगा। वह उल्लेख करता है कि रूस में पार्टी को किसी को फाँसी देने का भी अधिकार है।

पार्टी के सरकार के काम में दखल का अन्दाजा मोतीराम को भी थोड़े दिनों में हुआ। मोतीराम को एक अनुबन्ध मिलने की पूरी उम्मीद थी और इसके लिए समर्थन भी प्राप्त था, पर ऐन मौके पर टेंडर किसी ऐसे आदमी को दे दिया गया जिसकी सिफारिश मंत्री महोदय ने की थी। अपने इस अनुभव से मोतीराम को गहरी निराशा हुई।[212]

उस दौरान गांधी की बातों को लेकर लोग बहुत परेशान होते थे। गांधी का यह कहना कि कश्मीर के आक्रमणकारियों का मुकाबला नैतिक शक्ति से किया जाना चाहिए, जोशी को पसन्द नहीं आया। उन्होंने कहा कि गांधी की यह दासता अजीब है। इस देश में बहुत सारे सन्त आए और चले गए, कोई भी सफल नहीं हुआ। सफल तो मुहम्मद गजनवी, बाबर और अकबर जैसे लोग ही हुए जो युद्ध के मैदान में तलवार लेकर गए। अहिंसा के पुजारी युद्ध नहीं जीत सकते। कांग्रेसी चौधरी ने जोशी जैसे कम्युनिस्ट पर चुटकी लेते हुए कहा कि देश में वर्ग संघर्ष के लिए मौका तैयार है और वे युद्ध की तैयारी कर रहे हैं। जोशी ने कहा कि युद्ध तो शुरू हो चुका है। श्रमिक वर्ग रूस, रोमानिया, बुल्गारिया, हंगरी, पोलैंड, चेकोस्लोवाकिया जैसे देशों में सफल हो चुके हैं। चीन में भी उन्होंने झंडा उठा लिया है। भारत में भी युद्ध शुरू होने ही वाला है।[213] जोशी को पूरा विश्वास है कि देश को समाजवाद की जरूरत है। कांग्रेस की सरकार पूँजीपतियों के सहयोग से बनी है और उनके स्वार्थों के लिए ही काम कर रही है। इसके कारण जयप्रकाश नारायण और उनके अन्य समाजवादी साथियों ने अपना एक अलग दल बना लिया है। इस नए दल ने एक वक्तव्य भी दिया है जिसमें उन्होंने कांग्रेस के विघटन की वकालत की है। महात्मा गांधी ने भी इससे मिलते-जुलते विचार प्रकट किए हैं, परन्तु जवाहरलाल नेहरू कांग्रेस के नाम का लाभ लेना चाहते हैं और अन्य लोगों के साथ दूसरी तरह से शासन चलाना चाहते हैं।

मोतीराम के लिए यह स्पष्ट है कि गांधी और कांग्रेस दो अलग तरीकों से काम कर रहे हैं। इस नए शासन का गांधी के विचारों से कोई खास सम्पर्क नहीं है। कांग्रेस का शासन रामराज्य नहीं है। गांधी अपने नेताओं को अपने विचारों के साथ नहीं रख पाए।

माथुर को लगता है कि अन्तरिम सरकार जब तक है, कांग्रेस को ही शासन करते रहना चाहिए, क्योंकि यही एकमात्र पार्टी है जो संगठित है। जब संविधान बन जाएगा, तब नए दलों का गठन हो जिनके अपने-अपने आर्थिक और सांस्कृतिक कार्यक्रम हों। इस काम को प्रथम आम चुनावों से पहले हो जाना चाहिए।

चौधरी के पूछने पर कि कांग्रेस क्यों नहीं एक दल के रूप में काम करती रह

सकती है, माथुर ने कहा कि कांग्रेस के पास कोई साफ नीति नहीं है। यह आजादी की लड़ाई लड़ने के लिए गठित एक संगठन था। अब यह काम हो चुका है। अब देश को एक ढाँचे की जरूरत है जिसके सहारे इस देश में शासन चल सके। यही पार्टी के गठन का आधार हो सकता है। परिवर्तन कांग्रेस में हुए हैं। पहले यह भारतीयों के लिए नौकरियाँ माँगती थी, उसके बाद यह औपनिवेशिक ढाँचे में स्वराज की माँग करने लगी और फिर बाद में इसने पूर्ण स्वराज की माँग रखी। कांग्रेस समय के साथ बदलती गई है।

अगर इसे नहीं समझा गया और कांग्रेस पहले की तरह ही काम करती रहेगी तो देश में नेताओं का राज होगा। जनता को पहले चुनाव के समय इस बात का कोई अन्दाजा ही नहीं होगा कि कांग्रेस देश को किस ओर ले जा रही है। उदाहरण के लिए पहला आम चुनाव महात्मा गांधी के नाम से लड़ा जाएगा, जबकि सच यह है कि सरकार गांधी के विचारों के साथ नहीं है। नेताओं की आलोचना नहीं की जा सकेगी। संसद के सदस्यों को दल के नेता एक तानाशाह की तरह आदेश देंगे। भारत में भी एक हिटलर का उदय होगा। इसके बाद देश फिर से पतन की राह पर होगा।

जोशी को आशा है कि जब तक नेहरू की तानाशाही का अन्त होगा, देश में साम्यवाद आ चुकेगा। उनको इस बात में भी विश्वास है कि हृदय से नेहरू कम्युनिस्ट ही हैं। वे पूँजीपतियों को, जिनकी मदद से देश की आजादी की लड़ाई चली है, खुश करने के लिए कम्युनिस्टों की आलोचना भले ही करें, लेकिन वास्तव में वो देश को कम्युनिज्म की राह पर ले जा रहे हैं। वे कहते हैं—हम लोग नेहरू की आलोचना उनके विचारों के लिए करते हैं लेकिन वास्तव में वे हमारे मददगार ही हैं।[214] उनकी धारणा है कि कम्युनिस्टों द्वारा नेहरू की आलोचना से उनके नेता बने रहने में मदद मिलती है, और वे बदले में समाजवादी विचारों के लिए काम कर रहे हैं।

जोशी ने चीन के बारे में कहा कि चीन एक साम्यवादी देश बनेगा और भारत चीन की मैत्री उसके बाद चलेगी। भारत में कम्युनिज्म का प्रभाव बढ़ेगा और देश में एक ऐसा वातावरण बनेगा जिसमें देश के लोग पूँजीपतियों से नफरत करने लगेंगे। इससे नेहरू का काम आसान हो जाएगा। जोशी की भविष्यवाणी है कि निकट भविष्य में नेहरू कम्युनिस्ट जगत के एक महान नेता सिद्ध होंगे। कम्युनिस्ट उनकी आलोचना करते रहेंगे और वे देश के नेता बने रहेंगे और कम्युनिज्म के लिए देश में काम करते रहेंगे।[215]

विपिन जोशी कहता है कि वह कुछ बातें जनता के सामने नहीं कह सकता। वह बतलाता है कि वह विश्वयुद्ध के पहले रूस में पाँच बरस रह चुका था, जिसके अनुभवों के आधार पर उसे लगता है कि वहाँ कोई मजदूरों का राज नहीं है, वहाँ बस बोल्शेविक पार्टी का राज चलता है। कुछ लाख लोग पार्टी के साथ हैं। पार्टी

के सदस्यों में कुछ ही श्रमिक हैं। पार्टी सदस्यों में अधिकतर लेक्चरर, वकील और अर्ध-शिक्षित विद्यार्थी हैं। कुछ सरकारी नौकरी करनेवाले भी हैं। बाकी करोड़ों की जनसंख्या जानवरों की तरह नियंत्रित होती है। कोई भी विरोध बर्दाश्त नहीं किया जाता। असन्तोष प्रकट करने वालों को साइबेरिया भेज दिया जाता है। वहीं वे खराब परिस्थितियों में रहते हुए मर-खप जाते हैं।

मोतीराम को लगता है कि भारत के पूँजीपति उतने बुरे नहीं हैं। उन्होंने करोड़ों रुपए देकर देश के स्वाधीनता संग्राम की मदद भी की है। वह कई जमींदारों के बारे में भी कहता है कि उन्होंने क्रान्तिकारियों की मदद की थी और उनके पीछे उनके परिवारों के लिए भी कुछ किया। 1942 के आन्दोलन के दौरान भी कई आन्दोलनकारियों की दिल्ली के सम्पन्न लोगों ने मदद की। वे देश के लिए मदद के लिए तैयार हो सकते हैं अगर ठीक से उनकी मदद ली जाए।

मित्रों ने मोतीराम के विचारों को हँसकर उड़ा दिया।

कुछ दिनों बाद मोतीराम को लगता है कि एक नई परिस्थिति बन रही है, जिसकी उसे उम्मीद नहीं थी। माथुर के साथ उसकी विशेष निकटता है और उसे जोशी भी बहुत ईमानदार लगता है। जोशी का कहना है कि कांग्रेस और मुसलमानों को अपनी गलती का एहसास नहीं है। इसके उदाहरण के रूप में वह कांग्रेस के हिन्दी से हिन्दुस्तानी की ओर जाने के प्रसंग का उल्लेख करता है।

जनवरी 1948 में पाकिस्तान को पचपन करोड़ रुपए दिए जाएँ या नहीं इसको लेकर बहस शुरू हो जाती है। सरदार पटेल इस रकम को पाकिस्तान को दिए जाने के पक्ष में नहीं हैं। वे कहते हैं कि जब तक कश्मीर में पाकिस्तान भारत के साथ युद्ध कर रहा है उसे यह रकम देना ठीक नहीं। गांधी सरदार पटेल की इस नीति का विरोध करते हैं। उनकी माउंटबेटन से मुलाकात होती है। यह कहा गया कि अगर यह रकम पाकिस्तान को नहीं दी गई तो इसके परिणाम बहुत खराब हो सकते हैं। गांधी के दबाव के कारण सरदार यह रकम देने को तैयार हुए। गांधी इस प्रश्न पर आमरण अनशन पर बैठ गए और उनकी जान को खतरा पैदा हो गया।

इस अनशन की माथुर और रामलाल ने निन्दा की। इससे लोगों में गलत संकेत गया। क्या सरकार पर इस तरह से दबाव बनाना गांधी के लिए उचित था? यह प्रश्न पूछा गया। मोतीराम को भी लगा कि जब गांधी के सहयोगी उनसे इतने भिन्न विचारों के हो गए हैं तो उन्हें अब राजनीति से संन्यास ले लेना चाहिए।

गांधी के अनशन करने से इस विचार को बल मिला कि मुसलमानों का दोष नहीं है और पाकिस्तान की माँग वाजिब थी।

इसी तरह के वातावरण में 30 जनवरी को नाथूराम गोडसे ने गांधी की हत्या की। गांधी की हत्या के बाद नेहरू ने एक वक्तव्य दिया जिसमें उन्होंने शोक-सन्तप्त स्वर में कहा कि हमारे जीवन से रोशनी चली गई।

जब रामलाल ने यह समाचार सुना तो उसे लगा कि कोई पागल पंजाबी उनका हत्यारा होगा, पर जब उसने सुना कि उनका हत्यारा कोई मराठा था तो उसे बहुत आश्चर्य हुआ। वह बिड़ला हाउस पहुँचा और वहाँ गांधी के अन्तिम दर्शन के लिए लाइन में खड़ा हो गया। उसे इस घटना से बहुत दुख हुआ और वह बेचैन हो गया। वहाँ उसे लाहौर का एक चरसी सुथरे शाह याद आया। उसे चरस की लत थी। उसका अपना एक प्रभाव था। उसे वह सब मिल जाता था जो वह चाहता था। वह अपने अनुयायियों पर दबाव डालकर वह मनवा लेता था जो वह चाहता था। वह किसी के घर के सामने नंगा होकर बैठ जाता था। बाध्य होकर आदमी उसे वह दे देता था जो वह चाहा करता था। उसे चरस खरीदने के लिए पैसे इसी तरह दबाव डालने से मिल जाया करते थे, क्योंकि उसे चरस की लत थी। रामलाल को लगा कि गांधी भी वैसे ही अपने अनुयायियों पर दबाव डालकर उसे अपनी बात मानने के लिए बाध्य कर सकते थे। गांधी सामाजिक कारकों के लिए दबाव बनाते थे, ऐसा रामलाल को लगा। दबाव बनाने की इस पद्धति के मामले में उसे उस चरसी और गांधी में एक साम्य दिखलाई दिया।[216]

बहुत विचार करने के बाद वह इस निष्कर्ष पर पहुँचता है कि गांधी की हत्या के लिए अगर कोई जिम्मेवार है तो वह भारत सरकार है।

गांधी के दबाव में आकर जब सरदार ने पचपन करोड़ पाकिस्तान को देने के लिए और अपने पहले के निर्णय को बदलने के लिए प्रस्ताव रखा तो वे रो पड़े। गांधी को अपनी बात पर फिर से सोचने के लिए कहा जाना चाहिए था। निश्चित ही यह एक जटिल मामला था और हत्यारे को दोष देना ठीक था, लेकिन सरकार को भी दोषमुक्त नहीं माना जा सकता है। आंशिक रूप से खुद गांधी को भी इसके लिए जिम्मेवार माना जा सकता है। हत्यारे को तो उसके किए की सजा मिल ही जाएगी, लेकिन अन्य जिम्मेदार लोगों को सजा कौन देगा?[217]

रामलाल ने सोचा कि एक अव्यवस्थित मन के आदमी ने उस आदमी को मारा जिसने अयुक्तिसंगत व्यवहार किया था। सरकार ने दबाव में आकर उसको पैसे देना स्वीकार किया जिसे नहीं दिया जाना चाहिए था। उसको गांधी की अन्तिम यात्रा को देखने का उत्साह नहीं रहा, और वह लौट आया।[218]

उपन्यास के अन्त में मोतीराम को आरएसएस का आदमी होने के शक में गिरफ्तार होना पड़ा, फिर घूस देकर अपने पुराने कांग्रेसी होने के प्रमाण देने के बाद ही उसे छोड़ा गया। रिफ्यूजी कैंप में कांग्रेसियों की धाँधलियों पर भी विस्तार से चर्चा की गई है। सब पर कांग्रेस के झंडे तले लाने का दबाव डाला गया।[219]

इस सन्दर्भ में माथुर की कहानी के माध्यम से एक और किस्म की राजनीति के बारे में स्केची ढंग से ही सही कुछ विवरण रखा गया है। उसने 1926 में हिन्दू महासभा में योगदान किया था। उसे उस समय लगा था कि महासभा सच्चे राष्ट्रवाद

का प्रतिनिधित्व करती है, हिन्दू महासभा 1925 तक कांग्रेस की ही एक शाखा के रूप में काम करती थी। 1925 में यह नियम बनाया गया कि हिन्दू महासभा का सदस्य कांग्रेस का सदस्य नहीं हो सकता। उस तरह का कोई प्रतिबन्ध जमीयत उलेमा के सदस्यों के लिए नहीं था। कांग्रेस के सदस्य को खिलाफत और अहरार संगठन के सदस्य होने में कोई बन्दिश नहीं थी।

कांग्रेस की इस नीति के कारण माथुर कांग्रेस के प्रति आलोचनात्मक दृष्टि रखने लगे। मालवीय कांग्रेस के सदस्य बने रहे परन्तु उन्हें 1925 के बाद कोई महत्त्वपूर्ण पद नहीं दिया गया। माथुर 1945 तक हिन्दू महासभा का सदस्य बना रहा। जब 1946 में मुसलमानों ने वोट देकर यह स्पष्ट कर दिया कि वे मुस्लिम लीग के साथ हैं, यह उम्मीद जगी कि गांधी और कांग्रेस अपनी पुरानी नीति में जरूरी फेरबदल करेंगे। लेकिन ऐसा नहीं हुआ।

माथुर के बेटे चन्द्रकान्त और स्वतंत्र ख़यालों की बेटी नीरा की कहानी भी इस उपन्यास में है। चन्द्रकान्त कम्युनिस्ट है और नीरा विवाह को स्वतंत्रता और नारी-पुरुष के सम्बन्धों में समानता के लिए गलत मानती है। चन्द्रकान्त तेलंगाना आन्दोलन के समर्थन में मीटिंग करता है। वह और उसके साथी पूँजीपतियों द्वारा समर्थित सरदार पटेल का बहुत तीखा विरोध करते हैं। वे यह भी प्रचार करते हैं कि इस देश में हिन्दू साम्प्रदायिक शासन लाने की कोशिश हो रही है।[220] सरदार पटेल को एक कट्टर हिन्दू नेता के रूप में प्रचारित किया जाता है और यह भी समझाया जाता है कि पटेल का सम्पर्क संघ से है। वे मुसलमानों के बीच पटेल को मुसलमान विरोधी के रूप में चित्रित करते हैं।[221]

उसके पिता को ऐसा नहीं लगता। रजाकारों का पटेल द्वारा दमन उसे सही लगता है। यह अभियान छह महीने तक चला। कम्युनिस्ट रजाकारों को यह समझाते रहे कि वे जेहाद कर रहे हैं और पार्टी को समझाते रहे कि वे वर्गसंघर्ष कर रहे हैं।[222] पिता को लगता है कि इन नौजवानों का सौभाग्य है कि वे पटेल नहीं नेहरू के शासन में रह रहे हैं। कम्युनिस्टों ने हत्याएँ की हैं और उन्हें उनके किए की सजा मिलनी ही चाहिए।

बहुत सारी घटनाओं के बाद चन्द्रकान्त को दिग्भ्रमित और आत्मकेन्द्रित कम्युनिस्ट के रूप में और उसकी बहन प्रमिला को एक अत्याधुनिक स्त्री के रूप में दिखलाया गया है जो शादी के पूर्व माँ बनने के बाद गर्भपात कराने की प्रक्रिया में मर जाती है।

माथुर कांग्रेस छोड़ देता है। गांधी की हत्या के बाद उसे यह लगता है कि कांग्रेस पार्टी सरकार के कामों में बहुत ज्यादा हस्तक्षेप कर रही है।[223] वह अपने पुत्र को कम्युनिस्टों के गलत रास्ते से हट जाने के लिए प्रेरित करता है। पर चन्द्रकान्त आश्वस्त है कि भारत में क्रान्ति शुरू होने ही वाली है। वह अपने पिता को कहता है कि कम्युनिज्म किसी भी दिन आ सकता है और नेहरू इसे लागू कर सकते हैं।

उस जैसों का दायित्व यह है कि इसके लिए तैयारी में लगे रहा जाए। इसके लिए वह सोचता है कि लाखों श्रमिकों को संगठित करने की जरूरत है। इन लोगों के पास फंड नहीं है इसलिए नेहरू ने 'भारत सेवक समाज' नामक एक संस्था बनाई है। सरकार योजनाएँ बनाकर इस काम में मदद कर रही है, जैसे ही यह काम पूरा हो जाएगा, नेहरू कम्युनिज्म की घोषणा कर देंगे।

इस उपन्यास में कुछ अन्य प्रसंग हैं जिनका सम्बन्ध राजनीतिक इतिहास से नहीं है इसलिए उन प्रसंगों को छोड़ दिया गया है। लेकिन 1952 के चुनाव के समय का एक वार्तालाप है जिसका उल्लेख किया जा सकता है। यह वार्तालाप माथुर और उसके पुत्र चन्द्रकान्त के बीच का है। अपने पुत्र और पुत्री को पूरी स्वाधीनता देने के बाद माथुर को लगा कि उनकी सन्तानों ने उसका दुरुपयोग किया। दुखी होकर वे बोले कि उनके बेटे और बेटी यूरोपीय (खासकार फ्रांसीसी) साहित्य के दास हैं। उनको इस बात की पीड़ा है कि देश के लोग अभी भी दास बने हुए हैं। पहले वे राजाओं के दास थे, अब नेताओं के दास बन गए हैं। अब लोग गांधी, स्टालिन, हिटलर, मुसोलिनी, लेनिन और नेहरू आदि के दास बने हुए हैं। पहले राजा अपनी पारम्परिक अथॉरिटी का उपयोग करता था अब नेता लोग अपनी वक्तृता का सहारा लेते हैं। पढ़े-लिखे लोग यूरोपीय लेखकों के दास बने हुए हैं।[224]

माथुर को नेहरू से विशेष रूप से शिकायत है। उनकी कश्मीर नीति को वे बहुत दोषपूर्ण मानते हैं। उनको लगता है कि नेहरू मुसलमानों को देश के प्रति हिन्दुओं की तुलना में अधिक समर्पित मानते हैं। वे हमेशा हिन्दू साम्प्रदायिकता की बात करते रहते हैं, लेकिन कभी भी मुस्लिम साम्प्रदायिकता का हवाला नहीं देते। कम्युनिस्टों में अपनी पार्टी के प्रति दासता का भाव है।

1952 के चुनाव के कुछ दिलचस्प चित्र भी इस उपन्यास में आए हैं। हिन्दू सभा और कांग्रेस के बीच गाय को लेकर जो प्रसंग है वह उल्लेखनीय है। कांग्रेसी प्रचार करते हैं कि जवाहरलाल नेहरू से बड़ा गाय का कोई रक्षक नहीं है। एक चुनाव के बूथ पर औरतें कांग्रेस का चुनाव चिह्न देखकर कहती हैं—जय गौ माता! एक अन्य औरत पेड़ा लेकर बूथ के पास खड़ी है और चुनाव देने वालों से गौ माता (कांग्रेस) को वोट देने के लिए कह रही है। राम और सीता की तस्वीर एक बक्से पर लगी है और यह अपील की जा रही है कि कांग्रेस को वोट दें।

इस उपन्यास का समापन इस कथन से होता है कि सभी हिन्दू हैं; प्रश्न यह है कि किस तरह के हिन्दू हैं? रामलाल कहता है कि वह गांधी और नेहरू की किस्म का हिन्दू नहीं है। वह ऐसा हिन्दू है जो अपनी सोच में स्वतंत्र है और भयहीन है।

गुरुदत्त ने उसके बाद के समय पर भी टिप्पणियाँ की हैं और अपनी तरह से गांधी और नेहरू की राजनीतिक दृष्टि की आलोचना वे अपने हिसाब से करते ही

रहे। 1966 में उन्होंने एक पुस्तक लिखी—*Jawaharlal Nehru—a Critical Study*। यह इतनी विवादित पुस्तक सिद्ध हुई कि 1967 में कुछ समाचार-पत्रों में यह छपा कि इसको प्रतिबन्धित करने की प्रक्रिया चल रही है। पर अन्ततः ऐसा कुछ नहीं हुआ। उसके बाद उनकी पुस्तक *India In The Shadow of Gandhi And Nehru* छपी। इस पुस्तक में गुरुदत्त ने नेहरू को 'एक अच्छे हृदय का' और महान व्यक्ति माना, लेकिन गांधी और नेहरू की राजनीतिक दृष्टि की कटु आलोचना की। इस पुस्तक को गुरुदत्त की इतिहास-दृष्टि के निचोड़ के रूप में भी देखा जा सकता है। इसमें वे कहते हैं कि कांग्रेस की स्थापना भारत की स्वाधीनता हेतु नहीं हुई थी। इसे किसी हिन्दू दिमाग की उपज भी नहीं माना जा सकता।[225] अंग्रेजी शिक्षा से दीक्षित भारतीयों ने इसे स्थापित किया था। गांधी और नेहरू इसी परम्परा के थे और यह अंग्रेजी शिक्षित वर्ग अंग्रेजों के प्रति वफादार था। तिलक के अनुयायियों का इस वर्ग के नेताओं के साथ संघर्ष था।[226] नेहरू के बारे में गुरुदत्त की स्पष्ट राय है कि उन्होंने हमेशा क्रान्तिकारियों की विचारधारा का विरोध किया। वे 1919 से ही गांधी की छाया में रहे। गांधी के बारे में गुरुदत्त ने माना है कि भारत की स्वाधीनता की दो बाधाएँ थीं—इंग्लैंड का टोरी दल और भारत के मुसलमान।[227] तिलक के बारे में उनकी राय है कि वे 1913 में जेल से रिहा होने के बाद से देश में बहुत लोकप्रिय हो रहे थे और होमरूल आन्दोलन के दौर में देश के सबसे बड़े राजनेता बन गए थे। 1916 में देश-भर में उनको सबसे बड़ा राष्ट्रीय नेता माना जाता था, लेकिन वे अंग्रेजपरस्त भारतीय नेताओं के बिछाए हुए जाल में फँस गए और उन्होंने 1916 में मुसलमानों से समझौता कर लिया।

इस समझौते का मदनमोहन मालवीय ने विरोध किया था। 1919 में अमृतसर कांग्रेस में गांधी और तिलक के बीच एक मुकाबले की स्थिति बन गई और इस समय मोतीलाल नेहरू, चित्तरंजन दास और कई अन्य उदारवादी नेताओं ने गांधी का समर्थन किया। दोनों के बीच के अन्तर को गुरुदत्त ने 'सरकार के साथ सहयोग' (गांधी) और 'रेस्पांसिव सहयोग' (तिलक) के सहारे दिखलाया है। इस अन्तर को उन्होंने 'लोयलिस्ट' और 'नेशनलिस्ट' के बीच का अन्तर माना है।[228] गांधी के प्रभावशाली होने के बाद राजनीति का चरित्र तिलक के दौर की राजनीति से भिन्न हुआ। गुरुदत्त ने इस बात की ओर भी ध्यान दिया कि कांग्रेस के संस्थापक इस बात से बहुत चिन्तित थे कि देश के विभिन्न हिस्सों में साधु-महात्मा लोग घूमते रहते थे और वे अंग्रेजों के विरुद्ध प्रचार करते रहते थे। कांग्रेस की स्थापना का उद्देश्य अंग्रेजों के अनुगामी भारतीयों की मदद से इस तरह के लोगों के प्रभाव को कम करना ही था, ऐसा गुरुदत्त को लगता है। उन्हें यह भी लगता है कि पाकिस्तान की उत्पत्ति का स्थल अलीगढ़ था। यहाँ के मुसलमानों ने कांग्रेस का बहिष्कार किया और वे सरकार की मदद से मुसलमानों को विशेष अधिकारों के लिए प्रयत्नशील

रहे। नेहरू 1912 के बाँकीपुर कांग्रेस में पहली बार शामिल हुए और उन्हें गोखले ने सबसे अधिक प्रभावित किया। यह बात ध्यान देने की है कि 1912 से 1929 के गुरुदत्त ने नेहरू को 'गांधीवाद की ढोल बजाने वाला' ('a drum beater of Gandhism') कहा है।[229] भारत की राजनीति में वह लगातार रहे और उनको कांग्रेस का अध्यक्ष बनने के लिए गांधी का ही सहारा मिला। अगर गांधी ने वल्लभ भाई पटेल को नहीं रोका होता तो उस साल पटेल का कांग्रेस अध्यक्ष बनना तय था। गुरुदत्त ने यह भी कहा है कि नेहरू के अलावा किसी को तीन बार कांग्रेस का अध्यक्ष नहीं बनाया गया। असहयोग आन्दोलन के बाद गांधी की नीतियों के कारण हुए नुकसान के बारे में चर्चा करते हुए गुरुदत्त ने कहा है कि 1921 से 1947 के बीच गांधी के कारण शिक्षा का विदेशीकरण हुआ। पूरी शिक्षा पश्चिमी ज्ञान से प्रभावित हुई। कैसे हुई इसकी विस्तार से चर्चा यहाँ सम्भव नहीं, लेकिन गुरुदत्त के अनुसार गांधी की गलत नीति के कारण भारतीय राष्ट्रवाद और संस्कृति के विरोधी लोगों के हाथ में शिक्षा चली गई और लाखों लोगों को ऐसी शिक्षा दी गई जिससे वे अपने देश की संस्कृति को ठीक से नहीं समझ सके।[230] इस पुस्तक में गुरुदत्त ने कहा है कि कलकत्ता और नागपुर के कांग्रेस अधिवेशनों में गांधी के पीछे मुसलमानों की ताकत थी। कन्हैयालाल माणिकलाल मुंशी के हवाले से यह कहा गया है कि नागपुर का कांग्रेस एक मसीहा के आने की खुशी मनाने आया धार्मिक जमावड़ा अधिक था राजनीतिक संगठन कम ('looked less like a political body than a religious gathering celebrating the advent of a Messiah')[231]

जिन्ना, मालवीय और खपराडे ने भीड़ की चिल्लाहट के बीच गांधी के प्रस्ताव का विरोध किया। नागपुर अधिवेशन के बाद जिन्ना समेत बीस लोग कांग्रेस से अलग हो गए। बाद में जिन्ना ने गांधी के प्रस्ताव पर 20 अक्टूबर, 1920 को बम्बई की मीटिंग में अपना पक्ष रखते हुए कहा कि कांग्रेस के संविधान को बदलने के लिए तीन-चौथाई मतों की जरूरत है। भीड़ के हाथों में शक्ति देने से हिन्दू और मुसलमानों के बीच संघर्ष की सम्भावना बढ़ सकती है ऐसा जिन्ना ने कहा।[232] जिन्ना की बात पर ध्यान नहीं दिया गया। इस तरह से जिन्ना कांग्रेस से बाहर हुए। गुरुदत्त ने विश्लेषण के बाद कहा कि जिन्ना 1920 में पाकिस्तानी नहीं थे। उन्हें जान-बूझकर मोतीलाल और गांधी ने मिलकर राजनीति के बाहर धकेला। जिन्ना मोतीलाल और गांधी के पीछे-पीछे चलने को तैयार नहीं हुए इसलिए उनको बाहर किया गया।[233]

गांधी जी के रवैये की समीक्षा के बाद गुरुदत्त ने यह निष्कर्ष इस पुस्तक में निकाला है कि 'गांधी 1920 में भारतीय राजनीति में तानाशाह बन गए।' ('Gandhi became the sole dictator in the world of politics in India in 1920')[234] साथ ही उनका कहना है कि 1923 के बाद हिन्दू और मुसलमानों के बीच का तनाव इसलिए बढ़ा क्योंकि कांग्रेस ने अपना समय, ऊर्जा और पैसे खिलाफत पर

बेकार में खर्च किए।[235] गुरुदत्त के लिए यह एक स्पष्ट बात है कि मुसलमानों ने राष्ट्रीय आन्दोलन का साथ नहीं दिया और कांग्रेस ने इस आशा में अन्त तक एक के बाद एक गलतियाँ कीं और देश का बँटवारा करवा दिया।

1920 के बाद कांग्रेस राष्ट्रवादी दल न रहकर मुसलमानों की तरफदारी करनेवाला एक संगठन बन गया था। इस धारणा के कारण ही गुरुदत्त को लाजपत राय का नेशनलिस्ट पार्टी में शामिल होना बहुत ही स्वाभाविक लगता है।[236] गुरुदत्त ने जवाहरलाल नेहरू को राष्ट्रवादी नहीं माना है। वे देश की संस्कृति और जीवनशैली को कभी पसन्द नहीं कर पाए। मुसलमानों और कम्युनिस्टों के साथ उनके सम्बन्ध अच्छे थे।[237] उनकी 1926 के बाद कम्युनिस्ट देशों की यात्रा और अन्य सम्बन्धों के आधार पर खयाल है कि वे उनके प्रभाव में आ गए।[238] गुरुदत्त ने नेहरू के इस दृष्टिकोण कि विश्वयुद्ध के बाद के बदलावों, क्रान्तिकारी परिवर्तनों के युग में विश्वास है की चर्चा की है।[239]

वे 1946 के चुनाव के बाद की परिस्थिति की चर्चा के बाद कहते हैं कि मुस्लिम लीग ने विभाजन को मान लिया और पश्चिमी पाकिस्तान को हिन्दुओं से खाली करवाने में लग गए। कांग्रेस ने ऐसा नहीं किया। अगर कांग्रेस ने बदले का भय दिखलाया होता तो गुंडों और अपराधियों के ऊपर दबाव बनता और हिन्दुओं को जान-माल का नुकसान कम होता।[240] गांधी की नीतियाँ उस दौर में किस तरह अप्रासंगिक हो गई थीं इसको स्पष्ट करने के लिए गुरुदत्त ने आचार्य कृपलानी के साथ गांधी की सिंध के सम्बन्ध में बातचीत का उल्लेख किया है। कृपलानी ने कहा था कि जो समर्थ हिन्दू हैं—मारवाड़ी और गुजराती जैसे समूह—वे तो सिंध से बाहर चले जा सकते हैं लेकिन जो गरीब हिन्दू हैं वे कहाँ जाएँ? उसी के साथ गुरुदत्त ने के.आर. मलकानी को उद्धृत किया है जिसमें उन्होंने कहा था कि वे पाकिस्तान के विरुद्ध नहीं हैं और पाकिस्तान के सिंध इलाके में रहने के लिए तैयार हैं, क्योंकि वे किसी भी मुसलमान की तरह अपने को सिंधी मानते हैं और उनका हक सिंध पर किसी मुसलमान से कम नहीं है। ऐसा कहने के बावजूद उन्हें अपनी जान बचाने के लिए भारत की शरण लेनी पड़ी।[241] गांधी जी कृपलानी के प्रश्न के उत्तर में यही बोल पाए कि वे चाहते हैं कि कोई भी अपना घरबार नहीं छोड़े। ऐसा नहीं करने पर पाकिस्तान की परीक्षा हो जाएगी। ऐसे में जब पाकिस्तान के मुसलमान और उनका राजनीतिक नेतृत्व हिन्दुओं को पाकिस्तान के हिस्से से भगाने के लिए तुला हो, इस तरह के गांधी के सुझाव को गुरुदत्त सहन नहीं कर पाते। वे कहते हैं कि—यह देश का दुर्भाग्य था कि उस समय भी गांधी को बहुत बुद्धिमान व्यक्ति समझा जा रहा था और उनसे दिशा-निर्देश के लिए लोग आस लगाए हुए थे।[242]

गुरुदत्त ने अपने तरीके से स्रोतों का अध्ययन करके यह निष्कर्ष निकाला है

कि गांधी ने नेहरू को इतनी ताकत दे दी कि उनको सत्रह वर्षों तक कोई हिला नहीं पाया। एक जगह उनके उपन्यास में भी आया है कि गांधी जी को इतनी ताकत जनता ने दे दी है कि अगर वे इसका सदुपयोग करते और अपना दल बनाते तो देश का बहुत भला होता, लेकिन उन्होंने पूरे देश को एक परिवार के पीछे खड़ा कर दिया। इस पुस्तक में गुरुदत्त ने इसी बात को और अधिक पुष्ट करने की कोशिश की है। आजादी के दो दशक बाद गुरुदत्त ने नेहरू की नीतियों को हर फ्रंट पर असफल होते हुए देखा था। वे लिखते हैं कि इस दौरान भारत की पड़ोसी देशों से चार बार लड़ाई हुई, कश्मीर का एक-तिहाई हिस्सा पाकिस्तान के पास चला गया, एक लाख साठ हजार वर्गमील का भूभाग चीन के कब्जे में है और 1965 में भी हमारे देश को नुकसान हुआ। और भी कई समस्याओं का समाधान नहीं हुआ क्योंकि नेहरू की नीतियाँ गलत थीं। इन असफलताओं के लिए वे जवाहरलाल नेहरू की नीतियों को ही दोषी मानते हैं।[243]

सन्दर्भ

1. हिन्दू राष्ट्रवादी विचारधारा से जुड़े लोगों—अटल बिहारी वाजपेयी और प्रो. कृष्णदत्त पालीवाल जैसे विख्यात लोगों समेत—ने गुरुदत्त के व्यक्तित्व और कृतित्व की बहुत प्रशंसा की है। पालीवाल ने उन्हें प्रेमचन्द की परम्परा का लेखक कहा है। अटल बिहारी वाजपेयी, जो बड़े राजनेता के साथ-साथ हिन्दी साहित्य से परिचित कवि भी थे, गुरुदत्त को हिन्दी की सबसे लोकप्रिय कोटि का लेखक मानते थे। वे यह भी कहते थे कि यह दुख का विषय है कि उन्हें उपयुक्त सम्मान लेखक के रूप में नहीं मिला। वे उनकी तुलना प्राचीन ऋषि से करते हैं। डॉ. लोकेश चन्द्र जैसे विद्वान ने भी उन्हें प्रबुद्ध मनीषी माना है। प्रकाश चन्द्र जैन, जो न्यूयार्क डेली न्यूज के दिल्ली संवाददाता थे, ने गुरुदत्त के बारे में लिखा है—"I have yet to find a person more open minded, more ready to listen to other man's point of view, more anxious to acknowledge his errors, if any." उनके बड़े प्रशंसक प्रकाश भारती ने अतिरेकी प्रशंसा करते हुए लिखा है कि एक समय था जब हिन्दी साहित्यिक जगत में प्रेमचन्द, बंकिम और शरतचन्द जैसे लेखकों का वर्चस्व था, पर अब सभी ओर गुरुदत्त छाए हुए हैं। (प्रकाश भारती, 'एक महान प्रतिभाशाली व्यक्तित्व', अशोक कौशिक (सम्पादक) *श्री गुरुदत्त अभिनन्दन ग्रंथ*, गुरुदत्त अभिनन्दन समिति, दिल्ली, पृ. 301)
2. इस विषय पर और अधिक जानकारी के लिए देखें—डॉ. शत्रुघ्न, 'यथार्थवादी और राष्ट्रवादी उपन्यासकार गुरुदत्त', *आज का साहित्य*, दिसम्बर, 1962
3. गुरुदत्त को हिन्दू राष्ट्रवादी विद्वानों के बीच एक चिन्तक के रूप में भी देखा जाता था। साठ के दशक के मध्य 'इतिहास परिषद' का एक अधिवेशन हुआ था जिसमें हिन्दू राष्ट्रवादी चिन्तक-इतिहासकारों ने भाग लिया था। इनमें प्रमुख थे डॉ. बुध प्रकाश, डॉ. ए.एल. श्रीवास्तव, डॉ. दत्तो वामन पोतदार, डॉ. वी.आर. चटर्जी आदि। इस अधिवेशन में गुरुदत्त ने एक भाषण

दिया था जिसमें उन्होंने इस बात पर विशेष बल दिया था कि भारतीय इतिहास का पुनर्लेखन जरूरी है क्योंकि यूरोपीय लेखकों ने भारतीय इतिहास को अपने हिसाब से लिखा है जिससे सही भारतीय इतिहास नहीं लिखा जा सका है। गुरुदत्त ने विशेष रूप से बंकिम चन्द्र, अरबिंदो, बिपिन चन्द्र पाल की चर्चा की और ओक (हिन्दू इतिहासकार) को उनकी परम्परा में मानते हुए उनके विचारों को भारतीय इतिहास लेखन के लिए उपयोगी माना।

4. शिव कुमार गोयल, 'हिन्दू राष्ट्रीयता के चितेरे उपन्यासकार', *श्री गुरुदत्त अभिनन्दन ग्रंथ*, पृ. 240
5. गुरुदत्त की दो पुस्तकों—*In the Shadow of Gandhi* और *Nehru and Hindustan Under The First Year of Congress Rule* में गुरुदत्त के विचार उसी रूप में आए हैं जैसे कि उनके राजनीतिक उपन्यासों में आए हैं।
6. बलराज मधोक ने लिखा है कि गुरुदत्त को लगा कि गांधी जी बाल गंगाधर तिलक और लाजपत राय के मार्ग से हट रहे हैं और मुस्लिम तुष्टीकरण की नीति पर चलने लगे हैं। ऐसा लगने के बाद उन्होंने अपने को गांधी की धारा से अलग कर लिया। बलराज मधोक, प्राक्कथन, *श्री गुरुदत्त अभिनन्दन ग्रंथ*, पृ. 9
7. गुरुदत्त ने उनके जीवन की दो घटनाओं का उल्लेख किया गया है। एक ब्राह्मण युवती को मुसलमान उठाकर ले गए थे। जिस इलाके में यह घटना हुई थी वहाँ मुसलमानों का बहुत दबदबा था। हिन्दू लोग प्रतिवाद करने से डरते थे। काशीराम ने विरोध करने का निश्चय किया। वे उस गाँव में पहुँचे जहाँ ब्राह्मण युवती को रखा गया था। उन्होंने पुलिस की मदद ली थी और खुद जोखिम उठाकर लड़की को छुड़ा लिया। पर जब उस लड़की को लेकर वे गाँव पहुँचे तो उस लड़की के परिवार ने उसे वापस लेने से इनकार कर दिया। काशीराम ने परिवार को धमकाया और अन्ततः परिवार वाले राजी हुए। बाद में उसकी शादी एक ब्राह्मण लड़के से कर दी गई। दूसरी घटना काशीराम के बदमाशी से हिन्दुओं को मुसलमान बना लिए जाने के बाद उन्हें वापस हिन्दू धर्म में लौटाने से सम्बन्धित है। वर्णन के अनुसार, मुसलमान घने पेड़ों पर चढ़कर बैठे रहते और जैसे ही हिन्दू जाते उन पर कुल्ला कर देते। इससे वे हिन्दू अपवित्र हो जाते। इन अपवित्र हो चुके हिन्दुओं के लिए काशीराम लड़े ताकि उनका हिन्दुत्व सुरक्षित रहे और वे हिन्दू से मुसलमान बनने के लिए विवश न हों। देखें—डॉ. मनमोहन सहगल, *उपन्यासकार गुरुदत्त : व्यक्तित्व एवं कृतित्व*, पृ. 15-16
8. यह उन्होंने अपनी एक पुस्तक *दासता के नए रूप* (1955) में लिखा है। इसी तरह के विचार उन्होंने अपने एक उपन्यास *उन्मुक्त प्रेम* (1944) में भी व्यक्त किए हैं। इसमें बिहारीलाल और रजिया के बीच एक वार्तालाप है। रजिया कहती है कि वह एक नमाजी है, ऐसी मुसलमान जिसका विश्वास कुरान और रसूल (मुहम्मद साहब) पर है। बिहारीलाल कहता है कि इससे कोई फर्क नहीं पड़ता। अगर तुम भारत के हित को दुनिया के दूसरे किसी भी देश से—चाहे वह देश इस्लामिक हो या गैर इस्लामिक—पहले रखते हो तो तुम हिन्दू हो। देखें—*दासता के नए रूप*, पृ. 283; गुरुदत्त के लिए हिन्दू का मतलब भारतीय और हिन्दुत्व से उनका आशय था भारतीयता। धर्म से इसमें कोई फर्क नहीं पड़ता।
9. अशोक कौशिक, 'अभिवादन', *श्री गुरुदत्त अभिनन्दन ग्रंथ*, पृ. 55
10. 'आतंकवाद' शब्द का प्रयोग उन दिनों सरकार द्वारा ही नहीं राष्ट्रवादियों द्वारा भी होता था।

11. गुरुदत्त, *भाव और भावना*, हिन्दी साहित्य सदन, दिल्ली, 2000 (1978 में लिखित), पृ. 64
12. *भाव और भावना*, पृ. 79
13. उन्होंने उल्लेख किया है कि कुछ मुसलमान रामप्रसाद बिस्मिल के साथी थे, पर इस तरह के मुसलमान अपवाद ही थे।
14. गुरुदत्त इस बात की तफ्सील में गए हैं कि नौजवान भारत सभा के गठन के बाद वैचारिक दूरी बहुत ज्यादा बढ़ गई थी।
15. *भाव और भावना*, पृ. 86
16. एक लेखक राजकुमार सैनी ने गुरुदत्त से पाठकों में उनकी अपार सफलता का राज पूछा था। उत्तर में गुरुदत्त ने कहा कि वे प्रेमचन्द के उपन्यासों को बार-बार अपनी कॉपी में उतारते थे। ऐसा करते हुए उन्होंने ऐसा लिखना सीखा जो पाठकों को पसन्द आया। (राजकुमार सैनी, 'सरल व्यक्तित्व', *श्री गुरुदत्त अभिनन्दन ग्रंथ*, पृ. 317) नरेश अवस्थी (पत्रकार) ने इस बात का उल्लेख किया है कि प्रेमचन्द ने गुरुदत्त की पहली कहानी 'अदृश्य व्यक्ति' की प्रशंसा की थी। गुरुदत्त के पहले उपन्यास—*मेरे भगवान* की पांडुलिपि *माधुरी* में प्रकाशन के लिए दी गई थी। इस पत्रिका के सम्पादक प्रेमचन्द ही थे। इसे प्रकाशित करने के लिए स्वीकृत भी कर लिया गया, परन्तु यह पांडुलिपि प्रेस में खो गई। इस क्षति के बावजूद गुरुदत्त ने प्रेमचन्द के प्रति कोई दुर्भावना अपने मन में नहीं रखी। वे आजन्म उन शब्दों के लिए उनके कृतज्ञ रहे जो उन्होंने उनकी कहानी को पढ़कर कहे थे।
17. राय बचपन में अपने पोस्टमास्टर पिता के साथ वहाँ रहते थे और उन दिनों रणंजय सिंह के साथ खेले थे।
18. यशपाल के पुत्र आनन्द जी ने बताया कि गुरुदत्त यशपाल के सम्बन्धी भी थे। (आनन्द जी के साथ साक्षात्कार, जनवरी, 2019)। उन्होंने यह भी बतलाया कि दोनों के राजनीतिक विचारों में बहुत अन्तर था, लेकिन फिर भी यशपाल ने अपनी पत्रिका में गुरुदत्त को छापा।
19. *भाव और भावना*, पृ. 89
20. *भाव और भावना*, पृ. 93
21. वही, पृ. 97, उन्होंने कहा है कि 1932 में अब्दुल्ला ने कश्मीर के राजा का विरोध इसलिए किया था क्योंकि वे हिन्दू थे और वहाँ की जनता की दो-तिहाई आबादी मुसलमानों की थी। इस तरह के साम्प्रदायिक दृष्टिकोण के कारण ही पाकिस्तान का 1947 में हमला हुआ था।
22. वही
23. इस बारे में उनके संस्मरण में यह लिखा है—"याचिका की सुनवाई के पूर्व ही मुझे छोड़ दिया गया। फिर भी डेढ़ मास तक बन्दी के रूप में मुझे दिल्ली जेल में रहना पड़ा।" (*भाव और भावना*, पृ. 98)
24. *भाव और भावना*, पृ 99-100
25. इस तरह के भाव उन्होंने विशेष रूप से जनसंघ में अपने कटु अनुभवों के बाद प्रकट किए हैं।
26. *भाव और भावना*, पृ. 106-108
27. *स्वाधीनता के पथ पर*, पृ. 25
28. वही, पृ. 40

29. वही, पृ. 50-51
30. वही, पृ. 60
31. वही, पृ. 106-108
32. वही, पृ. 114
33. वही, पृ. 169-70
34. वही, पृ. 174
35. *स्वाधीनता के पथ पर*, पृ. 197
36. वही, पृ. 201
37. वही, पृ. 206
38. वही, पृ. 210
39. वही, पृ. 215
40. वही
41. वही, पृ. 227
42. वही, पृ. 237
43. भारत में प्रशासन कैसे होना चाहिए इस विषय पर गुरुदत्त के विचारों को समझने के लिए देखें—*स्वाधीनता के पथ पर*, पृ. 262-265
44. वही, पृ. 263
45. *पथिक*, पृ. 19
46. वही, पृ. 66-67
47. वही, पृ. 76-77
48. वही, पृ. 87
49. वही, पृ. 89
50. वही, पृ. 92
51. वही, पृ. 93
52. वही, पृ. 101
53. वही, पृ. 109
54. वही, पृ . 129
55. वही, पृ. 133
56. वही, पृ. 143
57. वही, पृ. 144
58. वही, पृ. 167-169
59. वही, पृ. 182-83
60. वही, पृ. 184-85
61. वही, पृ. 220
62. यह वही नरेन्द्र है जो गुरुदत्त के इसके पूर्व के उपन्यास का एक प्रमुख चरित्र है।
63. *पथिक*, पृ. 221-223
64. वही, पृ. 229
65. वही, पृ. 231

66. वही, पृ. 238
67. वही, पृ. 239
68. वही, पृ. 242
69. ये वही कुंज बिहारी लाल हैं जो *स्वाधीनता के पथ पर* उपन्यास के प्रमुख चरित्रों में थे।
70. *पथिक*, पृ. 258-59
71. वही, पृ. 279
72. वही, पृ. 284-85
73. वही, पृ. 288
74. *पथिक*, पृ. 295
75. वही, पृ. 304
76. वही, पृ. 329
77. *स्वराज्य दान*, पृ. 25
78. वही, पृ. 30
79. वही, पृ. 35
80. वही, पृ. 37
81. वही, पृ. 57
82. वही, पृ. 59
83. वही, पृ. 67
84. यह बहुत स्पष्ट नहीं है कि कांग्रेस और हिन्दू महासभा में से किसका समर्थन किया जाए। ऐसा लगता है कि नरेन्द्र के विचार से कांग्रेस का अनुसरण ही श्रेयस्कर है, लेकिन एक नए कार्यक्रम के साथ। (*स्वराज्य दान*, पृ. 39)
85. *स्वराज्य दान*, पृ. 42
86. वही
87. वही, पृ. 70
88. वही, पृ. 71
89. वही, पृ. 85
90. वही, पृ. 93
91. वही, पृ. 106
92. वही, पृ. 96
93. वही, पृ. 128
94. वही, पृ. 146-47
95. वही, पृ. 151
96. वही, पृ. 171
97. वही, पृ. 172
98. वही, पृ. 173
99. वही, पृ. 181-183
100. वही, पृ. 201
101. वही, पृ. 185-86

102. वही
103. वही, पृ. 152
104. वही, पृ. 196
105. वही
106. वही, पृ. 198
107. वही, पृ. 202-03; पृ. 206
108. वही, पृ. 207
109. वही, पृ. 221-223
110. वही, पृ. 292
111. वही, पृ . 293
112. *स्वराज्य दान*, पृ. 295
113. वही, पृ. 296
114. वही, पृ. 297
115. वही, पृ. 298
116. वही, पृ. 307
117. वही, पृ. 316
118. वही, पृ. 317
119. वही, पृ. 318
120. वही, पृ. 322
121. *विश्वासघात*, पृ. 8
122. वही, पृ. 61-62
123. वही, पृ. 67
124. वही, पृ. 103
125. वही, पृ. 104
126. वही
127. वही, पृ. 116
128. वही, पृ. 135
129. वही, पृ. 138-39
130. चेतनानन्द को बाद में अपनी पत्नी नसीमा के माध्यम से पता चला कि प्रीमियर उसे हटाना नहीं चाहते थे लेकिन कांग्रेस के दबाव के कारण उन्हें ऐसा करना पड़ा। प्रीमियर महिलाओं के एक समूह को आमंत्रित करते थे और वहीं नसीमा को इस बात की जानकारी मिली थी। कांग्रेस के लोगों ने यह कहा था कि अणिमा यह अफवाह फैला रही थी कि शहर में दंगे शुरू होनेवाले हैं। (*विश्वासघात*, पृ. 148)
131. *विश्वासघात*, पृ.141
132. वही, पृ. 150
133. वही, पृ. 158
134. वही, पृ. 162
135. वही, पृ. 167

136. वही, पृ. 171-173
137. वही, पृ. 175-76
138. वही, पृ. 177-78
139. वही, पृ. 178
140. वही
141. वही, पृ. 210
142. वही, पृ. 235
143. वही, पृ. 236
144. वही, पृ. 258
145. वही, पृ. 266
146. वही, पृ. 267
147. वही, पृ. 269
148. *विश्वासघात,* पृ. 275
149. प्रकाशन वर्ष का उल्लेख नहीं है।
150. इस पुस्तक को 1949 में लिखा गया। प्रकाशन वर्ष का उल्लेख नहीं है, लेकिन इसके प्राक्कथन में तारा सिंह ने 18 अक्टूबर, 1949 का उल्लेख किया है। इस आधार पर यह कहा जा सकता है कि इस पुस्तक को इस तिथि से पहले लिखा गया होगा।
151. *देश की हत्या,* पृ. 13-14
152. वही, पृ. 20
153. वही, पृ. 26
154. वही, पृ. 34
155. वही, पृ. 38-39
156. गुरुदत्त ने शाखा का प्रयोग किया है, पर यह स्पष्ट है कि उन्होंने राष्ट्रीय स्वयंसेवक की शाखा की ही बात की है।
157. *देश की हत्या,* पृ. 57
158. केवल नारायण ने इसी तरह अपनी दोनों बेटियों को बदली राजनीतिक स्थिति को समझाने की कोशिश की।
159. देश की हत्या, पृ. 59
160. वही, पृ. 61
161. वही, पृ. 64
162. वही, पृ. 78
163. वही, पृ. 89
164. वही, पृ. 89
165. वही, पृ. 95
166. वही, पृ. 99
167. *विश्वासघात,* पृ. 112-13
168. *देश की हत्या,* पृ. 121
169. वही, पृ. 123

170. वही
171. वही, पृ. 123
172. वही, पृ. 124
173. वही
174. वही, पृ. 124
175. वही, पृ. 131
176. वही, पृ. 133
177. वही, पृ. 142
178. वही, पृ. 147
179. वही, पृ. 153
180. वही, पृ. 155
181. वही, पृ. 157
182. वही, पृ. 172-73
183. वही, पृ. 174
184. *देश की हत्या*, पृ. 179
185. वही, पृ. 189-191
186. वही, पृ. 205
187. वही, पृ. 206
188. वही, पृ. 219
189. वही, पृ. 214
190. वही, पृ. 215
191. वही, पृ. 220
192. *देश की हत्या*, पृ. 233
193. गुरुदत्त, *Hindustan Under the First Year of Congress Rule*, भारतीय साहित्य सदन, नई दिल्ली, प्रकाशन वर्ष का उल्लेख नहीं है।
194. गुरुदत्त, *India : In the Shadows of Gandhi and Nehru*, हिन्दी साहित्य सदन, नई दिल्ली, 1969 (?)
195. वही, पृ. 149
196. गुरुदत्त, *दासता के नए रूप*, पृ.18
197. वही, पृ. 19
198. वही
199. वही, पृ. 22
200. वही, पृ. 26
201. वही, पृ. 33
202. वही, पृ. 35
203. गुरुदत्त, *दासता के नए रूप*, पृ. 48. गुरुदत्त ने फुटनोट में *दिल्ली डायरी*, पृ. 33 का उल्लेख किया है।
204. वही, पृ. 50

205. वही, पृ. 57
206. इस बात को नोट करना जरूरी है कि गुरुदत्त के चरित्र बार-बार इस बात का उल्लेख करते हैं कि कांग्रेस का शासन दिल्ली में भारत की स्वाधीनता के एक वर्ष पूर्व से ही शुरू हो चुका था।
207. गुरुदत्त, *दासता के नए रूप,* पृ. 66
208. वही, पृ. 81
209. वही
210. वही, पृ. 83
211. वही, पृ. 83-84
212. वही, पृ. 88-89
213. वही, पृ. 90
214. वही, पृ. 92
215. वही
216. वही, पृ. 103
217. वही, पृ. 105
218. वही
219. *गुरुदत्त, दासता के नए रूप,* पृ. 114
220. वही, पृ. 151
221. वही
222. वही, पृ. 163
223. वही, पृ. 166
224. वही, पृ. 275
225. "The Congress was not the original product of a Hindu mind." Guru Dutt, *India In The Shadow of Gandhi And Nehru,* Hindi Sahitya Sadan, Delhi, 1969 (?), पृ. 178
226. Guru Dutt, *India In The Shadow of Gandhi And Nehru,* Hindi Sahitya Sadan, Delhi, 1969 (?), पृ. 23
227. वही, पृ. 27
228. वही, पृ. 86
229. वही, पृ. 95
230. विस्तृत चर्चा के लिए देखें—वही, पृ. 87-88
231. K. M. Munshi, *Pilgrimage of Freedom,* उद्धृत, गुरुदत्त, वही, पृ. 97
232. वही, पृ. 99, 148-49
233. वही, पृ. 110
234. वही, पृ. 135
235. वही, पृ. 138
236. वही, पृ. 158
237. वही, पृ. 162

238. वही, पृ. 169

239. नेहरू को यह लगता था कि विश्वयुद्ध के बाद का समय क्रान्तिकारी परिवर्तनों का समय है। इस नए समय में उन्नीसवीं शताब्दी के थोड़े ठहरे हुए समय की समझ के आधार पर काम करना प्रभावी नहीं हो सकता। मदन मोहन मालवीय के बारे में लिखते हुए उन्होंने अपनी आत्मकथा में अपने इस विचार को स्पष्ट किया है—"...he (Malaviya) looks upon this dynamic, revolutionary, post-war world of twentieth century, of T. H. Green and John Stuart Mill and Gladstone and Morley, and a three or four thousand year background of old Hindu culture and sociology." उद्धृत, गुरुदत्त, वही, पृ. 159

240. वही, पृ. 154-55

241. वही, पृ. 260

242. वही

243. 'The proeblems of Independent India' अध्याय में गुरुदत्त ने लिखा है—"Nearly all the difficulties that beset the country at the present time can be said to be the effects of the policies and the many acts of omission and commission of Jawaharlal Nehru, the language problem of the country is one of the many of this category." (वही, पृ. 263)

उपसंहार

अतीत के बारे में इतिहास और साहित्य के पाठों को एक-दूसरे का सहायक माना जा सकता है। इतिहास लेखन और साहित्यिक कृतियों के लेखन में ऐतिहासिक समय भी आता है। अगर आशयघन वर्णन के लिए इतिहासकार ऐतिहासिक वृत्तान्तों को अन्य वृत्तान्तों के साथ रखकर आगे बढ़े तो उसके पास एक खास सत्ता-अभिमुखी वृत्तान्तों से आगे बढ़कर कुछ जोड़ने का और छूट गई चीजों को समेटने और उन्हें समाहित करने का एक सुयोग होता है। इस प्रक्रिया में ऐतिहासिक और साहित्यिक कृतियों में किसी को भी विशेष दर्जा देकर ऊपर रखना सही नहीं माना जा सकता। इतिहासकार और साहित्यिक अपने-अपने हिसाब से इतिहास के समय की पुनर्रचना करते हैं। दोनों पुनर्रचनाओं में अतीत की व्याख्या पर विचारधारा और समय की सत्ता-संरचना का प्रभाव रहता है। दोनों ही अतीत के बारे में अपने-अपने तरीके से संवाद ('डायलॉग' और 'निगोशिएशन' दोनों ही अर्थों में) करते हैं। आज को समझने में ये दोनों प्रकार के संवाद सहायक हैं। साहित्य की अन्य विधाओं की तुलना में उपन्यास अतीत के साथ इस संवाद में अधिक सहायक होता है।[1] इस अध्ययन में राजनीतिक उपन्यासों को केन्द्र में रखा गया है और उन राजनीतिक उपन्यासकारों को ही रखा गया है जिन्होंने एक महत्त्वपूर्ण कालखंड पर समग्रता और व्यवस्थित ढंग से लिखा है। उनके राजनीतिक उपन्यासों में राजनीतिक इतिहास के चित्र आए हैं। साहित्यिक आलोचना में पिछले कई दशकों से कहा जाता रहा है कि हाशिये की आवाजों के लिए स्थान साहित्यिक रचनाओं के आधार पर तय किया जाना इतिहास की तुलना में अधिक सम्भव है। कम-से-कम यह तो कहा ही जा सकता है कि साहित्यिक स्रोतों के उपयोग से अतीत की पुनर्रचना के लिए, अतीत से संवाद के लिए और अतीत की समझ के लिए स्रोतों का विस्तार होता है। यह जरूर कहना चाहिए कि साहित्य के स्रोतों का यांत्रिक उपयोग करना अभीष्ट नहीं होना चाहिए। दृष्टि और कलात्मकता के तत्त्वों की अनदेखी नहीं हो सकती है, लेकिन जिन साहित्यिकों ने अपने समय का इतिहास भी लिखने की कोशिश की है उनके वृत्तान्तों को सिर्फ सौन्दर्य-बोध के मानकों के आधार पर ही देखना-समझना भी

अभीष्ट नहीं हो सकता। आखिरकार अगर हम रवीन्द्रनाथ, प्रेमचन्द, रेणु, कुर्रतुल-ऐन हैदर, राही मासूम रजा, भीष्म साहनी, कृष्णा सोबती आदि के उपन्यासों में से इतिहास को हटा दें तो उसमें से कितना कुछ हट जाएगा! इन उपन्यासों में आए ऐतिहासिक वृत्तान्तों को अतीत को समझने के लिए सिर्फ इसलिए प्रामाणिक नहीं माना जाए क्योंकि इसे प्रशिक्षित इतिहासकार ने ऐतिहासिक पद्धति का इस्तेमाल करते हुए नहीं लिखा है?

अतीत के बारे में लोगों के बीच धारणाएँ और अनुभव विविध रूपों में रहते हैं और इतिहास में उनका छुप जाना या विलोप दिखे तो यह जरूरी है कि हम इन अतीत के वृत्तान्तों और इतिहास के बीच एक संवाद की कोशिश करें। हिन्दी उपन्यासकार फणीश्वरनाथ रेणु के उपन्यास *मैला आँचल* के बारे में एक बात कही जाती है कि उसके पात्रों के पास उनका अतीत है जो इतिहास में विलीन नहीं है। उपन्यासों, संस्मरणों और मौखिक स्त्रोतों के जानकारों का यह मानना है कि राष्ट्रीय आन्दोलन और उसके बाद के समय के इतिहास में इन विविध अनुभवों और धारणाओं की उपस्थिति यथेष्ट नहीं है। इसके कारण ही समय की समझ के लिए हमें ऐतिहासिक स्त्रोतों और साहित्यिक स्त्रोतों के बीच से एक आशयघन वर्णन के लिए प्रयास करना चाहिए। इस अध्ययन में राजनीतिक उपन्यासकारों के वर्णन और विश्लेषणों को उस समय के राजनीतिक इतिहास के एक वैकल्पिक स्त्रोत के रूप में रखा गया है।

इस अध्ययन से कुछ विशेष बिन्दु उभरकर सामने आए हैं। मोटे तौर पर सभी चारों राजनीतिक उपन्यासकारों ने यह दिखलाया है कि राष्ट्रीय आन्दोलन का अर्थ सिर्फ कांग्रेस आन्दोलन नहीं था। यह बात भुलाई नहीं जा सकती है कि गांधी के राजनीति में प्रवेश के पूर्व और उनके समय में कांग्रेस में और उसके बाहर उनके विरोधी लगातार सक्रिय रहे थे। गांधी की नीतियों का, आन्दोलन के स्वरूप एवं उद्देश्यों को लेकर विरोध लगातार रहा। 'स्वराज्य पार्टी', मदन मोहन मालवीय व लाजपत राय की 'नेशनलिस्ट पार्टी', नेहरू और सुभाष की 'इंडिपेंडेंस फॉर इंडिया लीग', समाजवादियों की 'कांग्रेस सोशलिस्ट पार्टी' और सुभाष का 'फारवर्ड ब्लॉक' समय-समय पर महत्त्वपूर्ण रहे और इन दलों ने गांधी का विरोध किया।[2]

कई कम चर्चित इतिहासकारों और लेखकों ने यह कहने की कोशिश की है कि भारत में पूर्ण स्वराज का स्वप्न 1906 से लगातार बना रहा। स्वदेशी आन्दोलन के शुरू होने के साथ ही एक नए किस्म की राजनीति शुरू हुई जिसमें बाल गंगाधर तिलक, बिपिन चन्द्र पाल, लाजपत राय और अरबिंदो ने उस समय चल रही नरम पंथी राजनीति, जो वैधानिक सुधारों और आवेदन-प्रतिवेदन के माध्यम से देशोन्नति के लिए काम कर रही थी, से आगे बढ़कर भारत की पूर्ण स्वाधीनता को अपना लक्ष्य बनाया। बाद में क्रान्तिकारियों ने इसी उद्देश्य से अपनी गतिविधियाँ जारी

रखीं। ये सैन्यवादी क्रान्तिकारी थे जो लगातार ब्रिटिश शासन के अन्त के लिए सैनिक विद्रोह और क्रान्तिकारी गतिविधियों को जारी रखे रहे। पहले देश और फिर विदेश में ऐसे प्रयास लगातार होते रहे। रासबिहारी बोस, जतीन्द्रनाथ मुखर्जी और मानवेन्द्रनाथ राय इसी परम्परा के थे। अनुशीलन (कलकत्ता, ढाका और बनारस) और *जुगान्तर* दलों से जुड़े सुशिक्षित लोग एक विचारधारा के आधार पर ही देश को स्वाधीन कराने के लिए संग्राम करते रहे थे। उनकी विचारधारा का समुचित मूल्यांकन इतिहासकारों ने अभी तक शायद नहीं किया है।

इस सन्दर्भ में *जुगान्तर* पत्रिका में प्रकाशित एक आलेख में व्यक्त विचारों को देखना उचित होगा। इसमें कहा गया है कि लगभग सभी देशों में क्रान्ति के पहले देश के लोग तीन श्रेणियों में विभक्त होते हैं। पहली श्रेणी के लोग सत्ता के साथ रहते हैं। दूसरी श्रेणी में देश के अधिकांश लोग होते हैं जो स्वाधीनता की चाह रखते हैं और इसके लिए छोटे-मोटे त्याग के लिए भी तैयार होते हैं लेकिन इसके लिए अपना सर्वस्व दान करके युद्ध करने के लिए प्रस्तुत नहीं होते। तीसरी श्रेणी के लोग ऐसे होते हैं जिनके लिए आजादी के बिना जीवन एक भार होता है और वे अपने देश की स्वाधीनता के लिए अपनी पूर्णाहुति देने के लिए भी तैयार होते हैं। पत्र ने लिखा है कि यह जरूरी हो गया है कि हर शहर और हर गाँव में इस तीसरी श्रेणी के लोगों को आपस में जोड़ा जाए।[3]

उन दिनों यह भाव तेजी से फैला कि भारत में अंग्रेजी शासन इसलिए भी सम्भव है क्योंकि खुद भारतीय अंग्रेजों के साथ सहयोग करते हैं और उनकी सेना में भर्ती होते हैं। देश ही नहीं विदेशों में भी इस बात की चर्चा हुई थी। महान साहित्यिक लेव तोल्स्तोय ने रूस में यह लिखा—"...a handful of Englishmen would have found it impossible to enslave the teeming millions of India if the latter had refused to enlist themselves in the British army and to pay taxes to the British Government."[4] गांधी ने भी लेव तोल्स्तोय को लिखे अपने पत्र में इस बात का उल्लेख किया है कि सभी भारतीयों के मन में राष्ट्रीय आकांक्षाएँ हैं, लेकिन उनके विचार एक-दूसरे से भिन्न हैं। किस पद्धति से और कैसे इन आकांक्षाओं को पूरा किया जा सकता है इस बारे में उनके विचार अलग-अलग हैं।[5]

जुगान्तर पत्रिका द्वारा किया गया यह वर्गीकरण बहुत उपयोगी सिद्ध हो सकता है। निश्चित रूप से इतिहासकारों ने अपने विश्लेषणों में अगर इस बात का ध्यान रखा होता तो सम्भव है वे इतिहास को दूसरे तरीके से भी रखते। इस अध्ययन में चारों उपन्यासकारों में इस बात पर विशेष बल है कि एक वर्ग (अगर *जुगान्तर* के हिसाब से देखें तो पहली श्रेणी) के भारतीय अपने हिसाब से, अपनी सुविधा-असुविधा को ध्यान में रखकर ही राष्ट्रीय आन्दोलन के साथ जुड़े और उसके बाद

भी ये अपनी सुविधा के हिसाब से ही काम करते रहे। ऐसा नहीं है कि इस श्रेणी के भीतर राष्ट्रीयता का विकास नहीं हुआ। हुआ, लेकिन इस तरह से हुआ कि उसे द्वितीय श्रेणी के लोगों (देश की आम जनता) के मुकाबले लगातार एक बढ़त मिली रही, सुविधा की स्थिति मिली रही। ये प्रथम श्रेणी के भारतीय अंग्रेजी शासन के दौरान शक्तिशाली हुए थे और वे गांधी के आने के बाद कांग्रेस के साथ आने लगे और उनका कांग्रेस पर विशेष अधिकार सा हो गया। ये गांधी के साथ देशप्रेम की भावना के साथ थे, लेकिन उस देशभक्ति के कारण उनको अपनी आहुति देने की जरूरत कभी नहीं पड़ी। आजादी के बाद भी इस प्रथम श्रेणी के भारतीयों की एक बढ़त सी रही और राष्ट्र-निर्माण की प्रक्रिया में उनको बहुत अधिक असुविधाओं का सामना कम ही करना पड़ा।

प्रथम श्रेणी के भारतीय लोग अंग्रेजों के जाने के बाद बहुत शक्तिशाली हुए और देश की कमान उनके हाथों में ही गई, इस ओर ध्यान कम ही दिया जाता है। इतिहासकारों ने बहुधा औपनिवेशिक युग के इतिहास की निरंतरता में उत्तर औपनिवेशिक इतिहास को देखने की कोशिश नहीं की। लेकिन ध्यान से देखने से लगता है कि उस समय को समझने में सहायता मिलेगी यदि हम इसे एकदम अलगाकर नहीं देखें। इस सन्दर्भ में इतिहासकार एरिक हाब्सबाम की आत्मकथा का एक प्रसंग बहुत उपयोगी हो सकता है। हाब्सबाम ने लिखा है—For the first generation of independence, the affairs of an India of several hundred millions—public and private, government and opposition—were run by extraordinary anglicized, modern minded 'Establishment' of perhaps 100,000 people drawn from highly educated (that is, mainly, wealthy) families, those who had served the (British) Raj as well as those who had built the freedom movement. यह एक ऐसा मन्तव्य है जो भगवतीचरण वर्मा और यशपाल जैसे राजनीतिक उपन्यासकारों के विवरण की पुष्टि ही करता है कि भारतीय स्वाधीनता का लाभ 'प्रथम श्रेणी के भारतीयों' को ही मिला। वही सत्ता में आए। द्वितीय और तृतीय श्रेणी के भारतीयों के लिए इंकलाब लाने की लड़ाई को अभी जारी रहना था। जिन्होंने अंग्रेजी हुकूमत की सेवा की, द्वितीय और तृतीय श्रेणी के बहुसंख्यक भारतीयों पर हुकूमत की या अंग्रेजों को हुकूमत करने में सहयोग किया, उनके पास ही सत्ता 1947 में आई।[6]

इन उपन्यासों में यह प्रथम और द्वितीय श्रेणियों का अन्तर बहुत स्पष्ट रूप से उभरकर सामने आया है। अंग्रेजों का विरोध देश में प्रथम श्रेणी के भारतीयों में कम और अन्य श्रेणियों में अधिक था। शिक्षित मध्यवर्ग औपनिवेशिक शासन के दौरान शक्तिशाली हुआ था और यह उन्नीसवीं शताब्दी में समाज को नेतृत्व देने की स्थिति में आया। देश में राष्ट्रवाद को इसी मध्यवर्ग ने एक सुसंगत विचारधारा

के साथ एक सांगठनिक रूप दिया, इसको अस्वीकार करना अनैतिहासिक होगा। पहले सरकार से माँग-निवेदन करने से शुरू होनेवाला यह मध्यवर्गीय आन्दोलन स्वदेशी आन्दोलन तक आते-आते अपना चरित्र बदलने लगा। कम-से-कम इसका निचला हिस्सा—जिसे पेटी बुर्जुआ कहा जाता है और कुछ नेतागण अंग्रेजों को देश से निकालने के लिए उग्र आन्दोलन की तरफ बढ़े। इस आन्दोलन का कोई जनाधार नहीं बन सका, लेकिन उनके बलिदानों के प्रति आम जनता में सम्मान और श्रद्धा शुरू से ही रही। कांग्रेस के भीतर इस राजनीतिक प्रवृत्ति का दबाव बना और धीरे-धीरे कांग्रेस के चरित्र, कार्यक्रम और उद्‌देश्य को बदलने की चेष्टाएँ होती रहीं। लेकिन कांग्रेस पर नियंत्रण उन लोगों का ही बना रहा जो इस अंग्रेज विरोधी प्रवृत्ति के साथ नहीं थे। वे नियमपूर्वक, संवैधानिक तरीके से 'अपनी' सरकार से माँगने, उनका ध्यान दिलाने और जहाँ तक सम्भव हो इसके लिए दबाव बनाने की कोशिशों में लगे रहे। पर स्वदेशी आन्दोलन और आतंकवादी क्रान्तिकारी आन्दोलन (जिसका प्रभाव देश में तो पड़ा ही इसके साथ विदेश से भी लोग जुड़े रहे) दोनों ही देश में इतना राजनीतिक समर्थन नहीं जुटा सके कि अंग्रेजों को यहाँ से जाने के लिए विवश किया जा सके। कांग्रेस के भीतर देश की चिन्ता करनेवाले किन्तु अंग्रेजी शासन के विरुद्ध जाने के लिए तैयार नहीं ऐसे बड़े लोग ही संगठित राजनीति के क्षेत्र में शक्तिशाली रहे। ये वे लोग थे जो तिलक के स्वराज की माँग से अपने को अलग रखते थे और जिन्होंने तिलक को कांग्रेस से अलग जाने के लिए विवश कर दिया। सरकार उनके प्रति नरम रही और सरकार ने तिलक को जेल भेज दिया। देश में अंग्रेजों के प्रति घृणा थी लेकिन भय से सब चुप रहते थे। भारतीयों में अंग्रेजों के प्रति घृणा थी क्योंकि अंग्रेजी शासन में भारतीयों को दोयम दर्जे का मनुष्य माना जाता था और उनको नियंत्रण में रखने के लिए उनका दमन किया जाता था। इस दमन तंत्र को चलाने में पुलिस और सेना की भूमिका सबसे अधिक थी। सिर्फ तृतीय श्रेणी के भारतीय क्रान्तिकारी लोग अपने प्राणों की आहुति देकर भी अंग्रेजों के विरुद्ध लगे हुए थे। उन्हें सफलता नहीं मिल रही थी, इसलिए उनमें से कुछ लोग विदेशी मदद से अंग्रेजों को यहाँ से निकालने की जुगत में लगे हुए थे। देश में अंग्रेजों का विरोध था। अंग्रेज पोषित जमींदार-ताल्लुकेदार और उनकी मदद से कमाई और अफसरी से अपनी ताकत को बढ़ाने में लगे लोग अंग्रेज की लगातार मदद कर रहे थे। देश के विभिन्न हिस्सों में अंग्रेजों की दमनकारी और अन्यायपूर्ण व्यवस्था के प्रति रोष था। पर लोग डरे हुए थे।

प्रथम विश्वयुद्ध ने राजनीतिक परिस्थितियों को बहुत तेजी से बदल दिया। युद्ध के कारण भारतीय पूँजीपति वर्ग ने अपनी शक्ति मजबूत की। कांग्रेस के अधिवेशन में इंग्लैंड के राजा का यशगान होता था और उनके दीर्घायु होने की कामना की जाती थी, लेकिन जनता में अंग्रेजों से लड़नेवाले जर्मन के प्रति सहानुभूति

थी। भारतीय जनता अंग्रेजों की पराजय की खबर सुनकर प्रसन्न होती थी। चारों उपन्यासकारों—भगवतीचरण वर्मा, यशपाल, अमृतलाल नागर और गुरुदत्त में यह भाव है कि जनता में अंग्रेजों के प्रति भय था लेकिन वे अंग्रेजी शासन से भीतर ही भीतर घृणा करते थे। इन सभी उपन्यासकारों में इस बात को लेकर सहमति है कि जनता को राजनीति में लाने का महान ऐतिहासिक कार्य गांधी जी ने किया। दो उपन्यासकारों—वर्मा और नागर—के वर्णन में गांधी के प्रति जनता में श्रद्धा अधिक है। यशपाल के लिए गांधी का महत्त्व है क्योंकि जनता को राजनीति से उन्होंने ही जोड़ा, पर वे उस समय की ऐतिहासिक परिस्थिति को अधिक महत्त्व देते हैं। वे गांधी के राजनीतिक कार्यक्रम के प्रति शंकालु हैं और उन्हें गांधी के राजनीतिक कार्यक्रम में शक्तिशाली वर्ग के हितों की चिन्ता अधिक दिखलाई पड़ती है। गुरुदत्त के लिए क्रान्तिकारी आन्दोलन से शुरू करके खिलाफत आन्दोलन के बाद की परिस्थिति में हिन्दू राष्ट्र की हित-चिन्ता को प्रधानता दी गई है। उनके हिसाब से गांधी के आने के बाद कांग्रेस को हिन्दू जनता का व्यापक समर्थन था पर गांधी की मुसलमानों के प्रति नीति गलत थी जिसके कारण देश को बहुत क्षति हुई और अन्ततः देश का विभाजन हो गया। 1920 से 1930 के बीच भारतीय राजनीति में आने वाले तनावों की विस्तृत चर्चा इन उपन्यासों में हुई है जिससे यह साफ है कि भारतीय राजनीतिक इतिहास को कांग्रेस के राजनीतिक इतिहास के हिसाब से देखना अपर्याप्त है।

यशपाल के राजनीतिक उपन्यासों में 1920 में रूस की क्रान्ति की तरह की क्रान्ति की सम्भावना थी[7] और गांधी ने चौरी चौरा की घटना के बहाने जिस तरह एक बड़े आन्दोलन को रोक दिया वह देश की जनता के लिए वह बहुत गलत था। नागर ने भी इसकी आलोचना ही की है।[8]

गांधी के भारतीय राजनीति के केन्द्र में आने के बाद प्रथम श्रेणी के भारतीयों के बीच भी राष्ट्र के लिए सोचने का आत्मविश्वास धीरे-धीरे आया। 1919 से 1921 के बीच देशव्यापी आन्दोलन की लहर ने एक प्रकार से देश-भर में अंग्रेजी विरोधी वातावरण तैयार कर दिया। एकबारगी लगने लगा कि भारत स्वाधीन हो जाएगा। गांधी ने एक साल के अन्दर स्वराज हासिल करने का वादा किया और लोगों ने उनका भरोसा किया। गांधी राज की कल्पना उभरने लगी।

1920 और 30 के दशकों में व्यापक परिवर्तनों के लिए सोचने और काम करने का सुयोग बना। खिलाफत और असहयोग आन्दोलन ने राष्ट्रीय स्तर पर हिन्दू-मुसलमान एकता का लक्ष्य तात्कालिक रूप में हासिल कर लिया लेकिन इन उपन्यासों में यह उभरकर आता है कि इसके बाद हिन्दू-मुसलमानों के बीच एक विभेद का जन्म भी हुआ। इन उपन्यासों में जो विवरण-विश्लेषण आया है वह उन इतिहासकारों की विवेचना से मेल रखता है जो खिलाफत आन्दोलन के दौर को

मुस्लिम राष्ट्रीय राजनीति के निर्माण के साथ जोड़कर देखते हैं।[9] भगवतीचरण वर्मा और गुरुदत्त ने विशेष तौर पर यह दिखलाया है कि खिलाफत मुसलमानों का ही आन्दोलन रहा और असहयोग आन्दोलन में हिन्दुओं की भूमिका ही प्रमुख रही। इन उपन्यासों में यह भी चित्रित हुआ है कि जैसे-जैसे आन्दोलन तेज हुआ और मजदूरों और किसानों की सक्रिय भागीदारी आन्दोलन में होने लगी, आन्दोलन हिंसक होने लगा। गांधी के पीछे जो पूँजीपति वर्ग का समर्थन था उसकी शर्त थी कि आन्दोलन हिंसक न हो और यह अंग्रेजों के विरुद्ध इतना उग्र न हो जाए कि अंग्रेजी शासन के साथ पूँजीपतियों के कामचलाऊ सम्बन्ध को कोई खतरा हो। गांधी ने अपने आन्दोलन को हिंसा की तरफ जाते देखा तो उन्होंने आन्दोलन को रोक दिया। आन्दोलन को इस तरह रोकने की प्रतिक्रिया पर विस्तार से चर्चा हुई है और इसको परोक्ष-अपरोक्ष रूपों में सही नहीं कहा गया है। भगवतीचरण वर्मा ने अपने उपन्यास में गांधी के पक्ष में कुछ तर्क दिए हैं, लेकिन कुल मिलाकर गांधी को पूँजीपतियों के समर्थन के लिए अहिंसा पर जोर देते ही दिखलाया गया है। कम-से-कम पूँजीपतियों का गांधीवादी आन्दोलन को समर्थन सैद्धान्तिक नहीं था, यह भगवतीचरण वर्मा के उपन्यासों में भी दिखता है। जो तर्क भगवतीचरण वर्मा के उपन्यासों में हैं वे कुछ इस प्रकार हैं। उस समय कांग्रेस का प्रभाव शहरों तक ही सीमित था। जैसे ही आन्दोलन शहर से गाँवों में फैलता इसका हिंसक होना तय था। उसके बाद अंग्रेजी हुकूमत को उसे कुचलने के लिए अपनी सेना और पुलिस के बल प्रयोग का आधार मिल जाता। जलियाँवाला बाग हत्याकांड के बाद उसको सही माननेवाले अंग्रेज और उनके सहयोगी प्रथम श्रेणी के भारतीय यह सिद्ध कर चुके थे कि आम भारतीयों के प्रति उनके मन में कोई करुणा नहीं थी। वे बस अपने स्वार्थ की सिद्धि में लिप्त रहते थे। गांधी अंग्रेजों को यह मौका नहीं देना चाहते थे, इसलिए वे अहिंसा और संगठन पर जोर देते रहे। कुछ वर्षों बाद कांग्रेस का संगठन गाँवों में भी फैल गया और यह इतना मजबूत हो गया कि और बड़ा आन्दोलन कर सके।

इन राजनीतिक उपन्यासों में हिन्दू-मुस्लिम विभेद पर बहुत जोर है और सबने अपने-अपने तरीके से इसे समझने की कोशिश की है। यह महत्त्वपूर्ण है कि गांधी के राजनीतिक प्रयास की अपर्याप्तता को सबने रेखांकित किया है। अमृतलाल नागर गांधी को देवता ही समझते थे फिर भी उनकी नीतियों की उन्होंने भरपूर आलोचना की है।

1930 के आते-आते राजनीतिक परिस्थिति बहुत बदली, यह चारों ने लक्षित किया है। 1927-28 के बाद से कांग्रेस के भीतर और बाहर वामपंथी विचारों का जोर बढ़ा था और साथ ही पूर्ण स्वतंत्रता के लिए आगे बढ़ने की माँग भी तेज हुई थी। कलकत्ता के अधिवेशन के बाद गांधी द्वारा पूर्ण स्वतंत्रता की माँग पर

आन्दोलन की शुरुआत करने में हिचकिचाहट[10] पर विशेष रूप से यशपाल ने यह रेखांकित किया है कि गांधी और उनके अनुयायियों के अहिंसात्मक आन्दोलन से लोग सन्तुष्ट नहीं रहे थे। यह बात कही जानी चाहिए कि अंग्रेजों का विरोध करने वालों के बीच गांधी के विचारों के प्रति असन्तोष था और वे गांधी के अहिंसावादी विचारों को अपने मनोनुकूल नहीं पाते थे। क्रान्तिकारियों के बीच गांधी के प्रति आक्रोश था। वे गांधी जी से अपील कर रहे थे कि वे क्रान्तिकारियों की बातों पर ध्यान दें।[11] क्रान्तिकारियों के बीच इस बात को लेकर बहुत पीड़ा थी कि गांधी उनके प्रति अनुदार हैं और उनको दिग्भ्रमित मानते हैं। जवाहरलाल नेहरू, जिनसे क्रान्तिकारियों को आशाएँ थीं, भी क्रान्तिकारियों और उनकी विचारधारा के प्रति सहानुभूतिशील नहीं थे।[12]

1930 के बाद और खासकर 1934 के बाद के दौर में कांग्रेस के भीतर उभरे समाजवादी विचारों के प्रभाव को बहुत विस्तार से उपन्यासकारों ने अपने उपन्यासों में रखा है। किस तरह युवाओं के बीच इस समाजवादी राष्ट्रवाद का प्रभाव बढ़ा और कैसे गांधी के नेतृत्व में पुराने नेताओं ने इसके प्रभाव को रोकने की सफल चेष्टा की इसका विस्तृत विवरण दिया गया है। 1939 में सुभाष को अपदस्थ करके गांधी ने अपनी नीतियों के आधार पर ही देश के राजनीतिक आन्दोलन को नेतृत्व देने की चेष्टा की यह स्पष्ट रूप से दिखलाया गया है। इन विवरणों को पढ़ते हुए यह कहना गलत नहीं होगा कि सुभाष प्रसंग में उपन्यासकारों ने स्पष्ट रूप से न सही गांधी की आलोचना ही की है। चारों उपन्यासकारों की सहानुभूति सुभाषचन्द्र बोस के साथ है। कांग्रेस के भीतर की इस रस्साकशी का विवरण विशेष रूप से यशपाल और भगवतीचरण के उपन्यासों में आया है। यह स्पष्ट हो जाता है कि इस महत्त्वपूर्ण समय में नेहरू ने क्रान्तिकारी बातें भी कीं, जिनका प्रभाव युवाओं पर पड़ा और युवाओं को लगा कि अब पुराने नेताओं को सफलतापूर्वक चुनौती दी जा सकेगी। इस परिवर्तन की उम्मीद लेकर युवा, विशेषकर समाजवादी, साम्यवादी और कांग्रेस के भीतर काम कर रहे उग्र विचारों वाले, त्रिपुरी पहुँचे। लेकिन ऐसा हो न सका और समाजवादी दल और नेहरू ने गांधी का विरोध नहीं करने का निश्चय किया। इस भिड़ंत के बाद कांग्रेस पर फिर से गांधी और उनके अनुयायियों का कब्जा हो गया और वहाँ सुभाष जैसों के लिए स्थान नहीं रह गया। 1939 से 1941 के बीच के समय में देश-भर में अंग्रेजों के विरुद्ध आन्दोलन छेड़ने की प्रबल आकांक्षा के बावजूद आन्दोलन शुरू नहीं हुआ। विश्वयुद्ध शुरू हो गया और अंग्रेजों के विरुद्ध जन-आन्दोलन का एक बड़ा अवसर कांग्रेसी नेतृत्व के पास था, लेकिन गांधी ने आन्दोलन शुरू नहीं किया। इस दौरान जापान पूरब की ओर से आगे बढ़ते हुए भारत की सीमा तक आ पहुँचा। ऐसे समय में कांग्रेस के सामने एक और बड़ी समस्या यह खड़ी हो गई कि मुस्लिम लीग ने भारत के मुसलमानों

को अपने लिए एक अलग राष्ट्र के निर्माण हेतु राजी करने के लिए आन्दोलन शुरू कर दिया। मुस्लिम लीग का 1937 के पहले तक मुस्लिम बहुल राज्यों में भी प्रभाव अधिक नहीं था।[13] लेकिन 1939 के बाद कांग्रेस का यह दावा कि वह हिन्दू और मुसलमान दोनों समुदायों का प्रतिनिधित्व करती है धीरे-धीरे कमजोर पड़ता गया। चारों उपन्यासकारों ने इस दौर में पाकिस्तान आन्दोलन को प्रमुखता दी है और कांग्रेस की राजनीतिक विफलता का विवरण दिया है। यशपाल ने विशेष रूप से यह दिखलाया है कि आन्दोलन शुरू नहीं करने के कारण ही मुस्लिम लीग को पाकिस्तान के लिए जन समर्थन जुटाने का मौका मिला। एक साल के अन्दर पाकिस्तान की धारणा ने जोर पकड़ना शुरू किया। गुरुदत्त ने बहुत जोर देकर कहा कि कांग्रेस ने उस समय भी अपनी पुरानी नीति को ही बनाए रखा और धीरे-धीरे पाकिस्तान की माँग तेज होती गई।

1942 के आन्दोलन को चारों उपन्यासकारों ने प्रमुखता दी है और तीन उपन्यासकारों ने इसमें जनता की भागीदारी को और अंग्रेजों के दमन को बहुत विस्तार से दिखलाया है। चारों के वृत्तान्तों को ध्यान से पढ़ने से यह स्पष्ट होता है कि इस आन्दोलन की घोषणा के पूर्व तैयारी नहीं की गई और जनता को बिना कार्यक्रम के आन्दोलन में झोंक दिया गया। यशपाल ने विशेष रूप से यह स्पष्ट किया है कि यह कांग्रेस का आन्दोलन नहीं था और बाद में इस आन्दोलन को अपना आन्दोलन कहकर उसका श्रेय लेने का नैतिक अधिकार नेहरू समेत कांग्रेसी नेताओं को नहीं था।

पाकिस्तान आन्दोलन की कहानी का जो विवरण राजनीतिक उपन्यासों में आया है उसके हिसाब से दो उपन्यासकारों—भगवतीचरण वर्मा और गुरुदत्त ने हिन्दू-मुसलमान विभेद को खिलाफत आन्दोलन के साथ जोड़कर देखा है। भगवतीचरण वर्मा ने अंग्रेजों की भूमिका को महत्त्व दिया है, लेकिन वे भी इस बात पर जोर देते हैं कि खिलाफत आन्दोलन मुसलमानों का ही आन्दोलन था और हिन्दू और मुसलमानों के बीच जमीनी स्तर पर विभाजन उस समय भी था। नागर ने हिन्दू-मुसलमान के राजनीतिक विभेद को मुसलमान एलीट के साथ जोड़कर देखा है, जिनके हितों के लिए सर सैयद अहमद खान और उनके साथियों ने दो राष्ट्र की धारणा बनाई। बाद में यह विभेद बढ़ता गया और 1940 के दशक में इतना बढ़ गया कि देश का विभाजन हो ही गया। यह विभाजन गांधी के सुधारवादी आन्दोलन से नहीं मिट सका और पाकिस्तान आन्दोलन के शुरू होने के बाद मुसलमानों के बीच एक अलग राष्ट्र के लिए आन्दोलन 1940 के बाद जोर पकड़ता गया। वर्मा के उपन्यास का एक पात्र कम्युनिस्ट जमील है जो अन्ततः इस निष्कर्ष पर पहुँचता है कि 'गांधी मूलतः एक हिन्दू हैं और वे मुसलमानों के लिए स्वामी दयानन्द से भी अधिक खतरनाक हैं।' वह अन्ततः अपने परिवार के साथ पाकिस्तान चला जाता

है। जैसा कि पहले उल्लेख किया जा चुका है गुरुदत्त के लिए गांधी की नीति शुरू से ही गलत थी। उनके अनुसार गांधी का राष्ट्रीय आन्दोलन हिन्दुओं के समर्थन पर ही टिका हुआ था और मुसलमानों के लिए कौम हमेशा महत्त्वपूर्ण बनी रही। उनके अनुसार हिन्दुओं को संगठित करने की हर राष्ट्रीय चेष्टा का प्रयास गांधी के कारण असफल हुआ। वे मुसलमानों के षड्यंत्रों का मुकाबला करने के लिए गठित हिन्दू राष्ट्रवादी सांगठनिक प्रयासों का बहुत विस्तार से विवरण देते हैं जिसमें पूरे देश में लाखों वॉलेन्टियरों को तैयार करने और उनको फौजी ट्रेनिंग देने की योजना शामिल है। इस सांगठनिक प्रयास का उद्देश्य देश की राजनीतिक सत्ता को सशस्त्र आन्दोलन द्वारा हथियाने का था। उस संगठन का सम्पर्क उन्होंने सुभाषचन्द्र बोस से दिखलाया है। जब सुभाष को सहयोग देने के प्रश्न पर विचार होता है तो इसको केन्द्रीय नेतृत्व में स्वीकार इसलिए नहीं किया जाता क्योंकि उस समय सामरिक दृष्टि से सत्ता हासिल करना सम्भव नहीं था। उन्हें इस बात का भी अन्देशा था कि सुभाष को जापानियों का पूर्ण सहयोग नहीं मिलेगा। उनकी योजना थी कि तैयारी की जाए और पन्द्रह साल के बाद पूरे देश में अपने लोगों को सेना, पुलिस और अन्य जगहों पर भरकर देश की राजनीतिक सत्ता पर अधिकार कर लिया जाए। पर इसी बीच गांधी ने मुसलमानों के प्रति अतिरिक्त दुर्बलता का परिचय दिया जिसके कारण मुसलमानों ने इसका फायदा उठाते हुए देश में बँटवारा करवा दिया। इस योजना के साथ जुड़े लोगों में गुरुदत्त ने क्रान्तिकारियों को प्रमुखता दी है। गुरुदत्त ने गांधी को नेहरू परिवार के लिए काम करनेवाले नेता के रूप में दिखलाया है जिसने देश को नेहरू परिवार के पीछे खड़ा कर दिया। 1942 के आन्दोलन के कुचल दिए जाने के बाद गांधी लगातार मुसलमानों को अपने पीछे लाने की कोशिश करते रहे और विफल होते रहे। नेहरू ने इस स्थिति का लाभ लिया और गांधी को आगे करके अपनी राजनीतिक शक्ति को बढ़ाया।

1946-47 के समय पर सभी उपन्यासकारों ने विस्तार से दिखलाते हुए अपने-अपने तरीके से देश की आजादी और विभाजन की कथा कही है। यशपाल और भगवती जी के कथानायक देश की आजादी के दिन उत्साहविहीन हैं। उनको यह आजादी बेमानी लगती है। गुरुदत्त के लिए यह आजादी अजीब-सी है। इन राजनीतिक उपन्यासों में आजादी लड़कर पाई हुई आजादी नहीं है, यह अंग्रेजों द्वारा पूँजीपतियों के हित में दी गई आजादी है। नागर जी ने भी अपरोक्ष रूप से यह कहा है कि राष्ट्रीयता की भावना, जिसने देश को जोड़ा था, वह 1942 के बाद खत्म हो गया। उसके बाद एक दूसरे तरह की राजनीति चलने लगी। देश के लिए कुर्बानी देने वालों को भुलाने का सिलसिला उसी समय चल पड़ा।

गांधी और कांग्रेस आन्दोलन की विफलता का सबसे विस्तृत विवरण देश-विभाजन के सन्दर्भ में आया है। बहुत ही अमानवीय परिस्थितियों के बीच किस तरह

पाकिस्तान के लिए लड़ने वालों ने नेहरू की सरकार को मजबूर कर दिया इसके बारे में लिखते हुए सभी लेखकों ने देश के राजनीतिक नेतृत्व की उसकी असफलता के लिए आलोचना की है। यह राजनीतिक उपन्यासों में पूरी तरह से उभरकर आता है कि इस दौर में गांधी एक ट्रेजिक नायक ही रह गए थे। राजनीतिक रूप से वे निर्णायक स्थिति में बिलकुल नहीं थे। वे देश की जनता के लिए सबसे बड़े नेता थे, लेकिन राजनीतिक रूप से पूरी तरह अप्रासंगिक हो चुके थे। नोआखाली और कलकत्ता में साम्प्रदायिक सौहार्द के लिए प्रयास करने के बाद गांधी को दिल्ली बुलाया गया। उस समय देश आजाद हो चुका था, पर दंगे बन्द नहीं हो रहे थे। गांधी ने आकर अपने शान्ति प्रयासों में जो कुछ कहा-सुना उससे हिन्दुओं के बीच तीव्र आक्रोश पैदा हुआ। गांधी को मुसलमानों की तरफदारी करनेवाला भी माना गया। यह सिलसिला तब थमा जब गांधी की हत्या हो गई।

गांधी हत्या के बाद से नेहरू के नेतृत्व में भारत के राजनीतिक इतिहास की जो छवियाँ इन उपन्यासों में आई हैं उससे यह स्पष्ट है कि नेहरू ने गांधी के विचारों का अनुसरण नहीं किया। वे देश के नव-निर्माण के प्रोजेक्ट पर जिस तरह से चले उसके विरोधाभासों पर इन उपन्यासों में बहुत गहराई से विचार किया गया है। नेहरू के शक्तिशाली बनने के इस दौर में दिल्ली में राजनीतिक शक्ति का केन्द्रीकरण इस रूप में हुआ कि पुराने एलीट स्वाधीन भारत में सहजता से एलीट बने रह सकें। पहले वे अंग्रेजों के भक्त थे और अब उनको नेहरू की छत्रच्छाया में चलना था। शरणार्थी पुनर्वास, राजनीतिक आन्दोलनों, विदेश नीति, नागरिक के अधिकार आदि सभी मुद्दों पर भाषणबाजी और गुटबाजी का जोर रहा और देश में अफसरशाही, भाई-भतीजावाद, जातिवाद और भ्रष्टाचार सबका जोर बढ़ा। जिनके पास पैसा था वही शक्तिशाली पहले भी थे और अब भी बने रहे। आजादी के आने से देश के गरीब लोगों को आर्थिक आजादी नहीं मिली, उनकी बदहाली पहले की तरह बनी रही, बस यह हो गया कि अब वे अपने को आजाद देश का नागरिक कह सकते थे।

आजाद भारत में कांग्रेस के पास ही सारी राजनीतिक शक्ति थी। उनके पास सरकार थी, संगठन था और उनके प्रभाव में पूँजीपति लोग थे। यशपाल ने यह दिखलाने का प्रयास किया है कि नेहरू की सरकार पूँजीपतियों की ही सरकार थी पर वह समाजवादी जुमलों के सहारे काम कर रही थी। वह जनहित में बात करती थी लेकिन करती वही थी जो देशी पूँजीवाद के उत्थान में सहायक हो। चारों उपन्यासकारों ने नेहरू की राजनीतिक विफलताओं को सामने रखते हुए उसके विभिन्न पक्षों की चर्चा की है। नागर जी नेहरू को महान व्यक्ति मानते थे और उनके लिए वे किसी जननायक से कम नहीं थे। भगवतीचरण वर्मा भी नेहरू के चमत्कारिक व्यक्तित्व की बात करते हैं (उनके विरोधी भी उनके जादू के शिकार होकर उनसे मिलने के बाद उनके पीछे चलने के लिए तैयार हो जाते हैं!) लेकिन राजनीतिक उपन्यासकार

के रूप में सबने उनकी राजनीतिक विफलताओं की आलोचना से अपने को बचाया नहीं है। नागर जी के वृत्तान्त में भी नेहरू 1960 तक आते-आते ऐसे बूढ़े कमाऊ पिता में तब्दील हो जाते हैं जिसकी बात उनके बेटे नहीं सुनते। 1962 में चीन के हाथों पराजय ने नेहरू की राजनीतिक विफलता को और भी स्पष्ट कर दिया है। नेहरू हर मोर्चे पर थके हुए और हारे हुए ही दिखलाई पड़ते हैं।

गांधी और नेहरू की ये छवियाँ फॉर्मल इतिहास की छवियों से मेल नहीं खातीं। इस अन्तर को कैसे समझा जाए, इस पर विशेष रूप से विचार करना चाहिए। इससे मिले-जुले दो-तीन प्रश्न हैं। पहली बात है 'फॉर्म' की। उपन्यास अपने भीतर के आख्यान के पास ही एक दूसरे ऐसे आख्यान को भी स्थान दे सकता है। उपन्यास एक स्वर में नहीं कई स्वरों में बोल सकता है। इतिहास में किसी बात को प्रमाणित करने का एक दबाव काम करता है। उपन्यासकार इस तरह प्रमाणित करने के दबाव से इतिहासकार की तुलना में अधिक मुक्त होता है। इसमें अपने विरोध को भी साथ लेने की क्षमता है, जो शायद इतिहास में कम है। किसी राजनीतिक इतिहास के आख्यान में नैतिक प्रश्नों को लेकर उस तरह विचार करना मुश्किल होता होगा जैसा कि उपन्यासों में हो सकता है। निश्चित रूप से भारतीय राजनीतिक इतिहास में कई शक्तियाँ आपस में टकरा रही थीं। मुख्य विरोध औपनिवेशिक शासन और उसके तंत्र से था, लेकिन आपसी द्वन्द्व भी कम नहीं थे। इन आपसी द्वन्द्वों का प्रभाव राजनीति पर पड़ना स्वाभाविक था।

ऐसे में देश की आजादी तक की कहानी तो एक सी थी, सभी को स्वाधीनता चाहिए थी, अंग्रेजों से, लेकिन आजादी को कैसे हासिल किया जाए और आजादी के बाद का समाज कैसे काम करेगा इसको लेकर मतभेद थे। कांग्रेस आजाद होने तक किसान और मजदूरों को शान्त रहने के लिए कहती थी और यह विश्वास करती थी कि जब शासन अपने हाथ में होगा तब क्रान्ति हम करेंगे।[14] लेकिन इस आजादी के बाद कैसी क्रान्ति हुई इसके बारे में यशपाल ने गांधीवादी कांग्रेसी नेता कृपलानी को उद्धृत किया है—"रेवोल्यूशन क्या हुआ; कहाँ हुआ? गांधी जी के आदर्श कहाँ हैं? दो ही साल में 'गांधी जी की जय' खोखली पड़ गई है। सब शासन पुराने आईसीएस लोग चला रहे हैं। उन लोगों ने सेवा करनी नहीं, शासन करना सीखा है। उन्हें डेमोक्रेसी नहीं ब्यूरोक्रेसी की आदत है। वही कानून है, वही पुलिस का राज। अब भी बिना मुकदमा चलाए कैद; बल्कि 'डिफेंस ऑफ इंडिया एक्ट' से पुलिस के हाथ पूर्वापेक्षा लम्बे हो गए हैं। पुलिस बिलकुल निरंकुश हो गई है। हाईकोर्ट लोगों को बरी कर देता है, पुलिस उन्हें दूसरी दफा लगाकर पकड़ लेती है। हमें तो शरम आती है। अंग्रेजी सरकार ने अदालत में दिए भगत सिंह के बयान को जब्त नहीं किया था पर इस सरकार ने गोडसे का अदालती बयान जब्त कर लिया है। क्या इनके पास गोडसे का जवाब नहीं है? मुँह बन्द कर देना डेमोक्रेसी

है?...रेवोल्यूशन में यह कभी नहीं होता कि पुराने ही शासक बने रहें। रेवोल्यूशन इस चेंज ऑफ रूलर्स (क्रान्ति से शासक बदल जाते हैं) रेवोल्यूशन हुआ कहाँ, आप ही बताइए!"

भगवती जी के यहाँ भी आजादी की रात को एक पात्र कहता है कि आज नेहरू को बादशाहत मिल रही है। यह बादशाहत उसे गांधी जी, जो देवता हैं, के कारण मिल रही है। वह पात्र इस बात का उल्लेख कर रहा है कि जिसके कारण आजादी मिली आज वही दिल्ली में नहीं है!

इन राजनीतिक उपन्यासों के सहारे एक बहुत ही महत्त्वपूर्ण प्रश्न पर विचार किया जा सकता है। कौन आजादी के लिए लड़ा और किसे आजादी के बाद सत्ता मिली? आजादी की लड़ाई पहले से चल रही थी और क्रान्तिकारी लोग, जिसे *जुगान्तर* के श्रेणी विभाजन के अनुसार तृतीय श्रेणी के भारतीय कहा जा सकता है, अपनी कुर्बानी देकर भी अंग्रेजों को यहाँ से भगाने के लिए प्रयासरत थे। उनका विश्वास था कि सशस्त्र क्रान्ति के बिना अंग्रेजों को यहाँ से नहीं भगाया जा सकता, इसलिए शस्त्र की जरूरत है, फौजियों और पुलिस की ताकत पर चल रहे अंग्रेजी राज का खात्मा ताकत से ही होगा। यह चेष्टा पच्चीस बरस तक चली। गांधी के आने के पहले जो अंग्रेज विरोधी नेतागण थे वे आम आदमी को राजनीतिक शक्ति के स्रोत के रूप में नहीं देखते थे, उनका किसान-मजदूरों के बीच समर्थन भी नहीं था। आम लोगों को राजनीति में लाने का श्रेय गांधी को ही है। उन्होंने जनता को राजनीति में लाने का क्रान्तिकारी काम किया जिसके कारण वे इतिहास पुरुष हैं। प्रथम विश्वयुद्ध के तुरन्त बाद ऐसी स्थितियाँ बनीं कि गांधी ने एक राष्ट्रीय क्रान्ति का सूत्रपात कर दिया।

उस समय मुसलमानों को कांग्रेस आन्दोलन में लाने के लिए गांधी ने खिलाफत आन्दोलन को समर्थन दिया जिसके बाद देश-भर में अभूतपूर्व एकता आई। गांधी के इस आन्दोलन की तीव्रता से अंग्रेज सरकार घबड़ा गई। गांधी ने देश को एक साल में स्वाधीन करने का आश्वासन दिया। जनता को राजनीति में लाने के कारण राजनीति का पूरा स्वरूप ही बदल गया। इसके कारण सिर्फ अंग्रेज ही नहीं घबराए, यहाँ के पूँजीपति भी घबरा गए। वे किसी भी तरह आन्दोलन को बोल्शेविक (उस समय कम्युनिस्टों को इसी रूप में जाना जाता था) के हाथ में जाते नहीं देखना चाहते थे। गांधी ने आन्दोलन को रोका और फिर जनता के हाथ में आन्दोलन जाने के विरुद्ध हो गए। अगले बीस सालों तक इसी शान्तिप्रिय अहिंसावादी गांधी का जोर रहा। किसान-मजदूर के हाथ में राजनीतिक आन्दोलन न जाए इसके लिए गांधीवादी राजनीतिक समूह पूँजीपतियों की मदद से कोशिश करता रहा। गांधी के बारे में और भारतीय राजनीति की इस स्थिति में मानवेन्द्रनाथ राय ने 1923 में जो आकलन किया था उसमें कांग्रेस की राजनीति के बुर्जुआ आधार पर ठोस टिप्पणी है। सबसे दिलचस्प उदाहरण जवाहरलाल नेहरू का है। जवाहरलाल मोतीलाल

के पुत्र थे और उन्हें अपने पिता की राजनीतिक विरासत का लाभ मिला। गांधी भी उनके पीछे हमेशा रहे। कांग्रेस मध्यवर्ग की राजनीति ही करती रही। खुद नेहरू ने अपनी आत्मकथा में इस बात को 1936 में लिखा है कि 1920 में मध्यवर्ग की राजनीति थी और अभी भी यह उन्हीं के हाथ में है। तीन साल पहले उन्होंने एक महत्त्वपूर्ण आलेख 'Whither India' लिखकर यह कहा था कि राजनीतिक स्वाधीनता अब पुरानी चीज हो चुकी है, अब आर्थिक स्वाधीनता के लिए हम लोग लड़ रहे हैं। 1920 के दिनों को याद करते हुए उन्होंने अपनी आत्मकथा में लिखा है— "...political freedom, with the inevitable dominance of the middle class, seemed to me the obvious next step."[15]

आजादी के समय जब देश में साम्प्रदायिक दंगे भयानक रूप से शुरू हुए, नेहरू की सरकार इसे रोकने में सफल नहीं हो सकी। इन उपन्यासों में लाहौर के उदाहरण को सबसे अधिक स्थान मिला है और गुरुदत्त और यशपाल दोनों ने देश की सरकार की विफलता को दिखलाया है। गुरुदत्त ने बहुत विस्तार से दिखलाया है कि लाहौर के लोग मार्च 1947 से अगस्त 1947 के बीच यह समझ ही नहीं पाए कि उन्हें लाहौर छोड़ देना चाहिए और रावी के इस पार पूर्वी पंजाब में शरण लेनी चाहिए या कि कांग्रेस के इस आश्वासन पर भरोसा करके अपनी जगह ही बने रहना चाहिए। सरकार नेहरू की ही थी और इस विफलता की जिम्मेवारी उनकी सरकार की ही थी। इसके साथ गुरुदत्त ने यह दिखलाया है कि जिस तत्परता से नेहरू ने बिहार के दंगों को दबाने के लिए सेना उतार दी वैसी तत्परता उन्होंने उन जगहों पर नहीं दिखलाई जहाँ मुस्लिम लीग के समर्थक हिन्दुओं का कत्लेआम कर रहे थे। इससे हिन्दुओं के बीच एक रोष जन्मा। गांधी और नेहरू शरणार्थियों के बीच इतने अलोकप्रिय हो गए थे कि गांधी शरणार्थियों के बीच देहरादून में सभा नहीं कर सके और जवाहरलाल पर पंजाब में शरणार्थी इतने गुस्सा थे कि वे उनको जान से मार देना चाहते थे।[16]

इस असफलता की जिम्मेदारी किसकी है, इसके बारे में यशपाल ने बहुत साफ-साफ लिखा है कि वतन (जहाँ लोग सदियों से रहते आए थे) से लोगों को देश जाने के लिए विवश करने की जिम्मेदारी उनकी थी जिनने जमीन पर लकीरें खींच दी थीं। यह जिम्मेदारी राजनेताओं की थी। इस निष्कर्ष से मिलता-जुलता निष्कर्ष एक अन्य महत्त्वपूर्ण उपन्यासकार राही मासूम रज़ा का है जिनके उपन्यास *आधा गाँव* के प्रसंग में सुधीर चन्द्र का एक वक्तव्य ध्यान देने लायक है। उत्तर प्रदेश का एक गाँव गंगौली एक ऐसा गाँव है जो भारत-पाकिस्तान में बँट गया है, जिसके बँटवारे में गाँव वालों का कोई चुनाव नहीं है।[17]

आजादी के बाद के नेहरू के भारत के बारे में हिन्दी के कई उपन्यासकारों ने इतिहासकारों की तुलना में बहुत कठोरता से अपनी बात कहने की कोशिश

की है। जिस आशा के साथ वामपंथी, समाजवादी और कांग्रेसी अपने स्वाधीन देश की छवि लिये संघर्ष कर रहे थे वह आजादी के बाद पूरी नहीं हुई। क्यों नहीं हुई, इसके बारे में सोचने के लिए उपन्यासकारों ने बहुत सारी सामग्री दी है। इस अध्ययन में चतुरसेन शास्त्री के उपन्यासों को शामिल नहीं किया गया है, लेकिन उनका एक वक्तव्य इस सन्दर्भ में उद्धृत करने योग्य है। उन्होंने लिखा है—"मरे हुए राष्ट्रवाद की लाश पर भारत में तथाकथित जनता का राज्य खड़ा किया गया। पहली ही चोट में अपना पाकिस्तान मुसलमानों ने बना लिया। कैसी हास्यास्पद कहानी है कि आप अब भी चाहते हैं कि भारत के मुसलमान भारत को अपना देश समझें, जबकि उनका पृथक् अपना देश पाकिस्तान राष्ट्रीय तत्त्वों पर बन चुका है, यद्यपि कहनेवाले उसे साम्प्रदायिक कहते हैं। भारतीय कांग्रेस राष्ट्रवाद को त्याग नहीं सकती थी। इससे उसे ब्रिटेन के माध्यम से यूरोप से चिपके रहना पड़ा। वे राष्ट्रवाद का डंका पीटते हैं, पर वह क्या है यह नहीं बता सकते।"[18] आगे उन्होंने लिखा—"जनता का राज्य जनराज्य नहीं है। जहाँ योग्यतम व्यक्ति को अधिकार मिलता है वह है गणराज्य। जहाँ गुटों के प्रतिनिधि को अधिकार मिलता है, और वह अधिकार पारस्परिक संघर्षों द्वारा दुरुपयुक्त किया जा रहा है।"[19]

गांधी के बारे में कैसे विचार हो?

गांधी को राहुल सांकृत्यायन ने बुद्ध से भी महान माना था। अगर उनके लिखे को आधार बनाएँ तो यह कुछ अजीब लगेगा कि जिस राहुल ने अपने आत्मकथात्मक पुट लिये *जीने के लिए* और *भागो नहीं दुनिया को बदलो* जैसी पुस्तकों में गांधीवाद के प्रति इतना आलोचनात्मक रवैया रखा वे ऐसा कैसे कह सकते हैं! गांधी के बारे में आलोचनात्मक रवैया रखनेवाले भी उनके मानवीय गुणों और एक बेहतर समाज के प्रति किए गए प्रयासों के लिए उनके प्रति आदर का भाव रखते थे। लेकिन इस आदर के कारण ऐतिहासिक परिप्रेक्ष्य को भुलाना और राजनीतिक इतिहास की जटिलताओं को भूलना उचित नहीं होगा। गांधी के उत्थान के साथ जुड़ी परिस्थितियों, उनको मिले सहयोगों, उनके आन्दोलन के व्यावहारिक पक्षों की सम्यक् आलोचना करने की जरूरत है। गांधी कोई धर्मगुरु नहीं थे और न ही किसी भी राजनीतिक इतिहास में उनका मूल्यांकन एक आदर्श महामानव के रूप में हो सकता है। गांधी को प्रथम श्रेणी के भारतीयों का सहयोग उनके भारत आने के बाद से 1942 के आन्दोलन के शुरू होने तक मिला इस बात को रेखांकित करना बेहद जरूरी है। इतिहासकारों ने उल्लेख नहीं किया है ऐसा नहीं है, लेकिन गांधी के मूल्यांकन के समय इन तथ्यों की ओर यथोचित ध्यान नहीं दिया जाता। गांधी के भारत आने के पहले और उनके आने के साथ ही उनके साथ कई महत्त्वपूर्ण व्यक्ति लगे हुए थे

जिनका पूरा सहयोग उनको मिल रहा था। इसमें गोपाल कृष्ण गोखले, प्राणजीवन मेहता, रवीन्द्रनाथ, सर फीरोजशाह मेहता (जिन्हें बम्बई का बेताज बादशाह कहा जाता था), मदन मोहन मालवीय, स्वामी श्रद्धानन्द, मोहम्मद अली जिन्ना और अन्य कई लोगों का उल्लेख किया जा सकता है। 1915 की जनवरी में गांधी दक्षिण अफ्रीका छोड़कर आए थे। उस समय के आसपास ही भारत से मानवेन्द्रनाथ भारत छोड़कर विदेश गए ताकि वे देश के सशस्त्र आन्दोलन के लिए हथियार जुटा सकें। इसके पूर्व गांधी की मुठभेड़ एक अन्य राष्ट्रवादी नेता सावरकर से लंदन में हो चुकी थी। इस मुठभेड़ की छाया *हिन्द स्वराज* में भी है। यानी जब गांधी आ रहे थे तब तक उनके और अन्य दो राष्ट्रीय आन्दोलनों की दो अन्य धाराओं के एक वैचारिक प्रतिनिधि राजनीतिक धारा की तीन अलग-अलग सरणियों के साथ खड़े थे। उस समय, जब तक गांधी अपने को इस देश के लिए अजनबी ही मानते थे[21] देश के प्रथम श्रेणी के भारतीयों के सबसे मुखर राजनीतिक प्रतिनिधि गोखले उनके बारे में 1912 में ही कह चुके थे—"(Gandhi) is without doubt made of the stuff of which heroes and martyrs are made. Nay, more, he has in him the marvellous spiritual power to turn ordinary men around him into heroes and martyrs."[22]

उस समय तक 1888 में भारत छोड़ने के बाद के छब्बीस सालों में उन्होंने चार साल से भी कम समय इस देश में व्यतीत किया था।

अगले पाँच वर्षों में वे वाइसराय और देश के बड़े उदारवादी नेताओं के सम्पर्क में रहे लेकिन तिलक से वे सिर्फ कांग्रेस के अधिवेशनों के दौरान ही मिले। यह महत्त्वपूर्ण है कि उनके राजनीतिक रूप से शक्तिशाली होने के दौरान कई ऐसे लोग थे जो उनके पहले से कुछ ऐसे कामों और विचारों से जुड़े हुए थे जिनको लोकप्रिय बनाने का श्रेय गांधी को दिया जाता रहा है। उनमें एक नेता स्वामी श्रद्धानन्द थे।

स्वामी श्रद्धानन्द ने 1920 की मई में लिखा था—"भारत में महात्मा गांधी पहले नेता हैं जिन पर सारी प्रजा का विश्वास है।"[23] श्रद्धानन्द खिलाफत आन्दोलन में गांधी के साथ खड़े थे। लेकिन वे मुसलमानों के भारत से बाहर जाने के, 'हिजरत' के हामी नहीं थे। मुसलमानों को उन्होंने कहा—"मैं अपने मुसलमान भाइयों से विनयपूर्वक निवेदन करता हूँ कि वे अपने इस फैसले में जल्दी न करें।...अमीर साहब काबुल से आश्वासन दे रहे हैं परन्तु यदि नेताओं के पीछे दो-तीन करोड़ मनुष्य (मुसलमान) उठ दौड़े तो उनका पालन-पोषण कौन करेगा? और जब भारतमाता के सुपुत्र बाहर गए तो उसके आँसू पोंछने वाला कौन रहेगा? मेरे भाइयो, भागना कायरों का काम है। हम यहाँ ही रहेंगे, यहाँ ही जिएँगे और इसी पवित्र भूमि में माता की सेवा करते हुए प्राण त्यागेंगे।"[24] वे गांधी के साथ भी संवाद करते हैं और पूछते हैं कि "यदि भारतवर्ष के हिन्दू-मुसलमान भौतिक शस्त्रों का आश्रय लेकर ब्रिटिश

गवर्नमेंट से लड़ने को बाधित हुए तो वे सब कहाँ तक सत्याग्रही रह सकेंगे, यह आप ही विचार कर लेवें।"[25] उन्होंने लगातार 6 करोड़ तथाकथित निम्न जातियों को साथ लेने के प्रश्न पर तिलक तक को चुनौती दी और कहा कि "कहो तो सही तुम में और अछूतों में भेद क्या है?"[26] उन्होंने अमृतसर के कांग्रेस (दिसम्बर 1919) में रोटी-बेटी के सम्बन्ध को राष्ट्र-निर्माण के लिए आवश्यक बताया था ताकि अछूतों को राष्ट्र-निर्माण में बराबर का साझीदार बनाया जा सके। यही नहीं, उन्होंने यह प्रस्ताव दिया था कि जिन जातियों को अविद्यावश अछूत कहा जाता है उनके साथ सामाजिक व्यवहार उसी प्रकार का आरम्भ हो जाना चाहिए जैसा कि अन्य जातियों के साथ होता है। उनका एक अन्य प्रस्ताव था कि कांग्रेस की सम्मति में भारतवर्ष के प्रत्येक जिले के सादर मुकाम पर एक पंचायती न्यायालय स्थापित करना चाहिए जिसमें हिन्दू-मुसलमान सब सम्प्रदायों के प्रतिनिधि मिलकर आपस में सब झगड़ों का निबटारा किया करें। 24 सितम्बर, 1920 को उन्होंने इसे दोहराते हुए कहा कि ऐसा करने से न्यायालय आप से आप बन्द हो जाएँगे। असहयोग आन्दोलन में गांधी के साथ दृढ़ता से खड़े होनेवाले स्वामी श्रद्धानन्द ने 13 अगस्त, 1920 को ही गांधी के असहयोग को सृजनात्मक नहीं माना था। 17 दिसम्बर, 1920 को उन्होंने कलकत्ता कांग्रेस के विशेष अधिवेशन को भी निस्सार बताया क्योंकि उसमें अछूतों के प्रश्न पर विचार ही नहीं हो सका था। ऐसे कई प्रसंग हैं जिनके आधार पर कहा जा सकता है कि उस दौर में गांधी के साथ चलनेवाले लोग कुछ दिनों बाद उनसे अलग हो गए।

इसके बारे में विचार करने के लिए जरूरी है उस दौर में चलने वाली बातों पर गौर करना। इन उपन्यासों से गुजरते हुए यह प्रतीत होता है कि खिलाफत और उसके बाद के दौर में धर्म और जाति के प्रश्नों पर एक जटिल संवाद समाज में चल रहा था। इस जटिलता के एक प्रसंग की ही चर्चा यहाँ संकेत के रूप में फिर से की जा सकती है। भूमिका में उल्लेख किया गया है कि 1923 के कांग्रेस के सभापति मोहम्मद अली के भाषण में एक हिस्सा ऐसा है जो हिन्दू राजनीति के नेताओं और उनके समर्थकों को बहुत खटका था। सात करोड़ अछूतों को अपने धर्म में मिलाने के प्रचार से यह जुड़ा हुआ था। उस समय अछूतों को ईसाई बनाने का प्रयास चल रहा था और मोहम्मद अली ने कुछ इस तरह से बात रखी थी जिससे ऐसा लगता था कि इन अछूतों को मुसलमान बनाने के अधिकार के लिए ईसाइयों की तरह मुसलमानों को भी मौका देने की वह बात कर रहे हों। अछूतों को हिन्दू समाज का हिस्सा मानने और मनवाने के इस नए समय में राजनीति किस तरह से चली इसके बारे में सोचने-विचारने के लिए साहित्य में भी सामग्री है। गुरुदत्त को हिन्दू राष्ट्रवादी माना जा सकता है। उनके उपन्यास का कथानायक देश निर्माण के जिस प्रकल्प में जुटा हुआ है, उसमें उसका तथाकथित अछूत जातियों में काम करना बहुत महत्त्वपूर्ण

है। उनके इस उपन्यास में कथा नायिका का अगला जन्म एक अछूत के घर होता है, यह भी महत्त्वपूर्ण है। स्वामी श्रद्धानन्द का 1919 में सात करोड़ अछूत हिन्दुओं के साथ अन्य हिन्दुओं के रोटी-बेटी के सम्बन्ध को राष्ट्र-निर्माण में जरूरी मानना भारतीय इतिहास का एक कम चर्चित अध्याय है। अगर इन बातों पर ध्यान दिया जाए तो यह स्पष्ट होता है कि इन विषयों पर सोचने वालों में श्रद्धानन्द जैसे लोग गांधी से ज्यादा व्यावहारिक तरीके से, उनसे पहले से ही सोच रहे थे।

यह गौर करने की बात है कि जिन-जिन लोगों ने उनके भारत आने के समय उनके स्वागत में कोई कोर-कसर नहीं रखी उन लोगों के साथ गांधी के सम्बन्ध बाद में उतने अच्छे नहीं रहे। उनके बीच वैचारिक अन्तर आया। रवीन्द्रनाथ टैगोर, स्वामी श्रद्धानन्द, मालवीय और मोतीलाल ही नहीं जिन्ना के साथ गांधी के गहरे वैचारिक मतभेद हुए। शुरू में इन सभी ने उनका सहयोग किया लेकिन जैसे-जैसे उनके राजनीतिक कार्यक्रम से मतभेद बढ़े ये सभी गांधी के प्रति सम्मान रखते हुए अपनी-अपनी राह चले। गांधी और जिन्ना के बीच के अन्तर पर, जिन्ना की आन्तरिक पीड़ा पर भगवतीचरण वर्मा ने बहुत गम्भीरता से विचार किया है। भगवतीचरण वर्मा के उपन्यास के एक कम्युनिस्ट पात्र—जमील का यह कहना कि गांधी ने दयानन्द के कार्यक्रम का ही अनुसरण किया और वह मुसलमानों के लिए दयानन्द से भी अधिक खतरनाक है, एक गम्भीर टिप्पणी है।

इन उपन्यासों में कुछ ऐसे प्रसंग आए हैं जिनके माध्यम से तत्कालीन राजनीति के भीतर चल रही आन्तरिक राजनीतिक लड़ाई की कुछ बातें पाठकों का ध्यान खींचती हैं। अमृतलाल नागर ने उत्तर प्रदेश के एक आन्दोलन के शुरू होने और उसके चरित्र का एक प्रामाणिक विवरण दिया है। जो लोग माजिद सिद्दीकी, कपिल कुमार, महेन्द्र प्रताप एवं अन्य इतिहासकारों के कामों से परिचित हैं उनके लिए इस विवरण के आधार पर शहरी कांग्रेसी और गाँव के किसानों की लड़ाई के बीच की कहानी अमृतलाल नागर के उपन्यास के सहारे एक दूसरा अर्थ ले सकती है। नेहरू का वहाँ संयोग से जाना[27] और फिर वहाँ की भूख, गरीबी और बदहाली से साक्षात्कार के साथ उनको भारत को समझने का मौका मिलना। इस संयोग के कारण नेहरू ने अपनी राजनीतिक पकड़ को मजबूत बनाया।[28] नागर जी के उपन्यास *पीढ़ियाँ* का मुख्य चरित्र जयंत टंडन एक तरह से प्रदेश के शहरी कांग्रेसी का प्रतिनिधि ही है जो किसी भी हालत में नेहरू का विरोध नहीं कर सकता।

ऐसे कितने ही प्रसंग हैं जिनके आधार पर यह मानना चाहिए कि जिसे हम गांधी का युग कहते हैं उसमें गांधी से पहले, उनके समानान्तर और उनके विरोध में ऐसे लोग थे जो देश और समाज की उन्नति के लिए प्रयासरत थे। उन सबकी बातों की गहराई में जाए बिना अगर हम उस युग की राजनीतिक व्याख्याओं की कोशिश इस आधार पर करेंगे कि गांधी के नेतृत्व में कांग्रेस ने अंग्रेजी साम्राज्यवादी

वर्चस्व को समाप्त किया तो यह एक गलत व्याख्या होगी। उस काल की राजनीति के बारे में बात करने के लिए बहुत व्यापक फलक पर लगातार विमर्श की जरूरत बनी हुई है। गांधी की सदिच्छा और उनके महान 'अहिंसा के प्रयोग' के प्रति सम्मान रखना एक बात है और राजनीतिक लड़ाई के इतिहास के विविध पक्षों की मीमांसा करना दूसरी। जिन लोगों ने गांधी का एक महान व्यक्ति के रूप में सम्मान किया उन्होंने भी उनकी राजनीतिक रणनीति की सीमाओं को रेखांकित किया और ऐसा किया जाना चाहिए। ठीक इसी तरह जवाहरलाल नेहरू के बारे में चिन्तकों ने उनकी नीतियों की आलोचना की। इन आलोचनाओं पर ध्यान देना जरूरी लगता है।

धर्म को राजनीति से जोड़ने के संदर्भ में गांधी की खिलाफत और असहयोग के दौर की राजनीति पर उपन्यासों में आई टिप्पणियाँ और वर्णन उस समय के राजनीतिक सवालों पर संवाद के लिए सामग्री उपलब्ध कराते हैं, यह कहना अनुचित नहीं होगा। इन ऐतिहासिक उपन्यासों में देश की स्वाधीनता की लड़ाई के लिए संघर्ष करते हुए, नए और मजबूत भारतीय राष्ट्र और समाज के निर्माण के स्वप्न को लेकर जितना गहरा विमर्श है वह अकादमिक इतिहास के विवरणों और विश्लेषणों की सीमा को दिखलाता है। 1919 से 1962 के भारत के राजनीतिक इतिहास की पूरी तस्वीर या व्यापक व्याख्याओं ('थिक डिस्क्रिप्शन') के लिए ऐतिहासिक वृत्तान्तों और राजनीतिक उपन्यासों के मेल बन्धन से उस समय की जटिल राजनीतिक तस्वीर की बेहतर समझ बनती है, ऐसा कहा जा सकता है। आजादी की लड़ाई के दौरान ही देश के भविष्य की कल्पनाओं ने आकार लिया। उन कल्पनाओं के इर्द-गिर्द भारतीयों के बीच वैचारिक अन्तर थे। अंग्रेजी राज के साथ खड़े और उनकी मदद करनेवाले भारतीय इस राष्ट्रीय आन्दोलन के संगठित रूप से जिस रूप में जुड़े थे उसके बारे में बात करना राजनीतिक इतिहासों में सम्भव हो सका है। प्रथम श्रेणी के भारतीयों में से कुछ लोग राष्ट्रीय आन्दोलन के नेतृत्व में थे और उनके ही परिवार के या उनके सगे-सम्बन्धी पूँजीपति वर्ग या औपनिवेशिक ब्यूरोक्रेसी से जुड़े भी थे। इस कारण से उनको अंग्रेजों से लड़ने और उनसे निकट का सम्पर्क रखने, दोनों की सुविधा थी। इस विशेष सुविधा के कारण ही भारतीय राष्ट्रीय नेतृत्व जनता के बीच उनको भावनात्मक रूप से उत्तेजना से भर सकता था और साथ ही वाइसराय को पत्र लिखकर उनके साथ मित्रवत् व्यवहार कर सकता था। गांधी एकमात्र ऐसे भारतीय नेता थे जिनके साथ ब्रिटिश औपनिवेशिक महामहिमों का अन्तरंग सम्बन्ध था। जब तक यह सम्बन्ध बना रहा, गांधी का भारतीय राजनीति में महत्त्व सबसे अधिक रहा। यह शोध का विषय होना चाहिए कि क्या 1942 के अगस्त आन्दोलन के बाद गांधी की यह जो विशेष शक्ति थी—अंग्रेज शासकों के विश्वस्त होने की—उसमें कोई अन्तर आया था? जिस तरह गांधी के पत्रों का उत्तर वाइसराय और उनके अधिकारियों की ओर से दिया गया

है उसको देखते हुए यह कहना युक्तिसंगत प्रतीत होता है कि बड़ा अन्तर 1942 में 8 अगस्त के बाद आया था।[29] इन राजनीतिक उपन्यासों में गांधीवादी आन्दोलन के व्यावहारिक पक्षों पर बहुत गहराई से विचार हुआ है, इसमें सन्देह नहीं। कांग्रेस के आन्दोलन होते थे और उन आन्दोलनों को ठीक से संचालित करने के लिए रुपयों की जरूरत होती थी और उन रुपयों के लिए कांग्रेसी नेताओं को सेठों के पास जाना होता था। वे सेठ अपना नफा-नुकसान देखते थे। कभी पचास हजार देने का वायदा करके मुकर जाते थे और नेता किसी तरह से पाँच सौ रुपए लेकर सेठ के पास से लौटने को मजबूर होता।[30]

दूसरी ओर जो प्रथम श्रेणी के भारतीय थे वे वैचारिक रूप से वामपंथी होकर देशव्यापी मजदूर और किसानों के हित के लिए संघर्ष कर सकते थे और उनके घर के लोग विश्वयुद्ध के दौरान लाखों की कमाई कर सकते थे।[31] ये प्रथम श्रेणी के भारतीय आजादी के बाद भी शासक वर्ग के सदस्य ही बने रहे और उन्हें बस नए समय के अनुसार अपने को व्यवस्थित करना पड़ा। दूसरी श्रेणी के भारतीय (जो देश में अपनी रोजी-रोटी के लिए संघर्ष करनेवाले लोग थे) इस अपेक्षा से मन ही मन और कभी साहस करके स्वाधीनता आन्दोलन के लिए समर्थन देते थे। आजादी के बाद स्वाधीन तो हुए लेकिन उनके जीवन का संघर्ष वैसा ही बना रहा। अंग्रेजों की जगह बस प्रथम श्रेणी के भारतीय उनके शासक बन गए। सबसे अधिक असुविधा की स्थिति बनी तृतीय श्रेणी के भारतीयों की जो कभी अंग्रेजों के साथ नहीं रहे और हमेशा उनके खिलाफ संघर्षरत रहे। वे आजादी के लिए हमेशा लड़े और उसके लिए कुर्बानियाँ भी दीं। पूरे देश के साहित्य में इस तरह के विवरण उपलब्ध हैं जिनमें यह दिखलाया गया है कि देश की आजादी के बाद देश के अधिकांश लोगों के जीवन में आर्थिक और सामाजिक धरातल पर कोई विशेष परिवर्तन नहीं हुआ। वे आजाद हुए लेकिन आजादी के बाद उनके संघर्ष कम नहीं हुए। राजनीतिक आजादी के बाद आर्थिक आजादी का एक विज़न जो बीस और तीस के दशक में देश के लेखकों, चिन्तकों और राजनेताओं के बीच बना था उसको याद करते हुए लगता है कि आजादी के बाद जीवन में उतर नहीं पाया। शक्तिशाली वही बने जिनको इस बदलाव के बाद स्थिति के हिसाब से लाभ लेना आता था। आजादी की लड़ाई की कहानी कहते हुए इतिहासकार कई महत्त्वपूर्ण प्रश्नों पर कम बोलते हैं। विभाजन के दौरान हुए साम्प्रदायिक दंगों ने भारतीय राष्ट्रीय आन्दोलन के कांग्रेसी नेतृत्व के सामने बहुत सारे कठिन प्रश्नों को रखा और इन राजनीतिक उपन्यासों ने इस बात को बहुत हद तक स्पष्ट कर दिया है कि उस दौरान राजनीतिक नेतृत्व इन सवालों का हल ढूँढ़ने में विफल रहा। गांधी के प्रति हिन्दुओं और सिक्खों के बीच जो आक्रोश पैदा हुआ उसके बारे में भी अकादमिक इतिहास में एक चुप्पी सी दिखलाई पड़ती है।

गांधी की हत्या के बाद कई सवालों को दूसरी ओर मोड़ देने की बात भी उचित नहीं लगती। सचाई से इनकार नहीं किया जा सकता कि जब देश में पाकिस्तान आन्दोलन के कारण मुस्लिम लीग का डायरेक्ट एक्शन शुरू हुआ, कांग्रेस के नेतृत्व के पास इसके मुकाबले की तैयारी नहीं थी। यह बात भी ध्यान देने योग्य है कि मामला हिन्दू बनाम मुसलमान का हो गया था और सेना में हिन्दुओं की संख्या उस समय मुसलमानों से बहुत अधिक हो चुकी थी। अक्सर सावरकर की हिन्दुओं को सेना में भर्ती कराने की नीति की भर्त्सना की जाती है लेकिन यह एक ऐतिहासिक तथ्य है कि इसी के कारण हिन्दू-मुसलमान समीकरण में हिन्दुओं की सेना में अधिक संख्या के कारण मुस्लिम लीग के नेतृत्व पर एक दबाव बना होगा।[32]

यह सम्भव है कि गांधी के आदर्श और उनकी देश के लोगों से अपेक्षाएँ ऐसी हों जिनके बारे में सोचते हुए कोई भी व्यक्ति भावुक हो जाए। आखिरकार कौन इन बातों को सुनकर एकबारगी सोच में न पड़ जाएगा जब देश के करोड़ों लोगों का श्रद्धेय व्यक्ति यह कहे कि पूरा पाकिस्तान अगर पागल हो जाए तो भी वे आत्मा की रक्षार्थ हिंसक नहीं होंगे। वे भारतीयों से बहुत उम्मीद करते थे। वे चाहते थे कि भारत को ऐसे समुद्र के रूप में देखें जिसमें आकर हर गंदगी धुल जाए। वे अपने लोगों को कहते हैं कि वे पाकिस्तान जाएँगे और वहाँ हिन्दू और सिक्खों के लिए अपनी प्राणाहुति देंगे। जीवन के अन्तिम दिनों में गांधी की प्रार्थना सभाओं में उनके दिए गए सन्देशों के आधार पर गांधी को एक असम्भव सम्भावना कहकर उनको इस युग का ईसा मसीह बनाना बौद्धिक रूप में सम्भव है। हादसे के गुजर जाने के बाद उनका यशगान करना सम्भव है। लेकिन राजनीतिक इतिहास में इस प्रकार से विचार करना सम्भव नहीं। जो खूनी दौर देश में 1946 के अगस्त में शुरू हुआ[33] उसकी राजनीतिक कहानी को कहते हुए गांधी की महानता के साथ कठोर राजनीतिक सचों को भी रखना ही होगा।[34]

गांधी के आखिरी कुछ वर्षों के बारे में बात करते हुए इस बात की चर्चा गौण हो जाती है कि 1939 के बाद गांधी का अकेलापन बढ़ता गया और उनके अपने विश्वस्त सहयोगियों ने भी उनका साथ छोड़ दिया। गांधी के लिए राजनीतिक संघर्ष सब कुछ नहीं था। वे सामूहिक और संगठित अहिंसक आन्दोलन के माध्यम से राजनीतिक, आर्थिक, सामाजिक और नैतिक स्वाधीनता के लिए अपने देशवासियों को तैयार कर रहे थे। इस प्रयास में उनको एक के बाद एक झटके लगे। मौलाना अबुल कलाम आजाद ने कांग्रेस अध्यक्ष के रूप में एक साफ वक्तव्य दिया कि गांधी दुनिया को अहिंसा का सन्देश दे सकते हैं लेकिन कांग्रेस के अध्यक्ष के रूप में वे यह नहीं कह सकते कि स्वाधीन भारत में एक ऐसी राज्य व्यवस्था कायम होगी जो अहिंसक होगी। गांधी के लिए हिन्दू-मुसलमानों के बीच अगस्त 1946 में शुरू हुई खूनी लड़ाई और सहयोगियों का इस अभियान में साथ छोड़ जाना दुखद

था। विभाजन के समय हुए दंगों के कारण हिंसा गांधी और कांग्रेस के नियंत्रण के बाहर की चीज हो गई थी। इस समय गांधी जी के वक्तव्यों को पढ़ते हुए यह स्पष्ट होता है कि उन्होंने यह स्वीकार कर लिया था कि अहिंसा उनके लिए धर्म थी लेकिन कांग्रेस के लिए वह एक नीति थी।[35] यह एक बेहद महत्त्वपूर्ण वक्तव्य है जिसमें गांधी ने अपने को वैचारिक रूप से कांग्रेस की नीति (जिसे राजनीति के अर्थ में भी पढ़ा जा सकता है) से अपने को अलग किया है। वे सिर्फ राजनैतिक स्वराज से सन्तुष्ट नहीं हो सकते थे और वे लगभग असहाय से अपने सपनों को अपने ही सामने टूटते और बिखरते हुए देखते रहे। उनकी आस्था कि सत्याग्रही हार नहीं सकता उन्हें सहारा देती रही और उन्होंने अपनी आस्था नहीं खोई। यह आस्था न खोना और अपने बलिदान से भी नहीं डरना उन लोगों के लिए प्रेरणा का स्रोत है जो गांधी के प्रयोगों को मानव कल्याण के लिए जरूरी मानते रहे हैं। यह भी माना जा सकता है कि गांधी को अपनी शक्ति का सही अन्दाजा नहीं हुआ। उन्होंने सोचा कि देश और उनके सहयोगी उनके शान्ति और सत्य के प्रयोगों के साथ तन-मन और धन से हैं। लेकिन प्रथम श्रेणी के भारतीय उनका उपयोग जनता को अपने साथ रखने के लिए ही कर रहे थे। जब यह स्पष्ट हो गया कि गांधी का भरोसा नहीं किया जा सकता, प्रथम श्रेणी के भारतीयों ने गांधी को राजनीतिक प्रक्रिया के लिए अनुपयुक्त पाया।

1944-45 के बाद गांधी की बात हर जगह होती थी लेकिन किसी भी राजनीतिक विचार-विमर्श में वे पूज्य लेकिन बाहरी आदमी ही थे। गांधी की पीड़ा के कारणों के लिए निर्मल कुमार बोस[36] से लेकर सुधीर चन्द्र का अध्ययन सहायक हो सकता है, लेकिन इससे उस समय की राजनीति को समझने में मदद नहीं मिलती। गांधी के साथ तत्कालीन राष्ट्रीय नेतृत्व का अलगाव इस सन्दर्भ में सबसे महत्त्वपूर्ण है। 2 अक्टूबर, 1947 से लेकर 26 जनवरी, 1948 के बीच के गांधी के उद्‌गारों को देखना यह स्पष्ट करता है कि गांधी पूरी तरह से उनके लिए अप्रासंगिक हो चुके थे जिनके हाथों में गांधी ने राजनीतिक सत्ता दी थी। यह सही है कि देश के द्वितीय श्रेणी के भारतीयों ने गांधी को महात्मा ही माना क्योंकि उन्होंने आस्था नहीं छोड़ी। लेकिन प्रथम श्रेणी के भारतीयों ने गांधी की विरासत पर किस तरह अपना अधिकार किया इसका इतिहास अभी लिखा जाना है। एक रोचक दृष्टान्त इस सन्दर्भ में देना अनुचित नहीं होगा। 29 अगस्त, 1947 को *ट्रिब्यून* में आर.के. करंजिया ने स्वाधीन भारत की राजनीति पर एक महत्त्वपूर्ण लेख लिखा था। इस आलेख में नेहरू की महानता और उनकी मानवीयता का इस तरह से महिमामंडन हुआ है कि किसी भी विदेशी पाठक, जिनको यह लेख सम्बोधित है, को यह लगेगा कि स्वाधीन भारत नेहरू का भारत है। इस आलेख में नेहरू को प्रगतिशील राजनीतिक शक्तियों के मसीहा के रूप में चित्रित किया गया है। इसमें राजनीतिक शक्तियों को तीन भागों

में बाँटा गया है। प्रथम—कांग्रेस के भीतर हैं भारत के चर्चिल सरदार पटेल (जिनके पीछे करोड़पति बिड़ला खड़े हैं) और ब्रिटिश लेबर पार्टी की तरह के सोशलिस्ट दल के नेता जयप्रकाश नारायण। नेहरू दल से ऊपर हैं और उनका आत्मविवेक (conscience) समाजवादी है। कांग्रेस के बाहर हैं—कम्युनिस्ट पार्टी, फारवर्ड ब्लॉक। दूसरी ओर है महासभा संगठन। इनके साथ कांग्रेस के भीतर ही के ऐसे नेता हैं जो प्रगतिशील नेहरू और जयप्रकाश के नेतृत्व वाली कांग्रेस की समाजवादी नीतियों का विरोध करनेवाले हैं। करंजिया दक्षिणपंथियों को शक्तिशाली पटेल के नेतृत्व में एक साथ होने को देख रहे हैं। इस आलेख के अन्त में गांधी का हल्का सा उल्लेख होता है जिसमें कहा गया है कि अब उनका राजे-रजवाड़े से मोह-भंग हो रहा है। इसी करंजिया ने 1960 में नेहरू के 'दिमाग' को समझने के लिए प्रधानमंत्री के साथ बातचीत के आधार पर एक पुस्तक लिखी। इस पुस्तक की भूमिका में कहा गया कि आजादी के बाद देश को गणतंत्र और सेक्युलरिज्म की मजबूत नीवों पर स्थापित करने के बाद नेहरू के नेतृत्व में देश समाजवाद की ओर कदम बढ़ा चुका है। अब देश औपनिवेशिक अर्थव्यवस्था से उन्नतिशील व्यवस्था के लिए उड़ान भरने ही वाला है। महान नेता की प्रशंसा में यह भी कहा गया है—वे ऐसे देवता हैं जिसके पास मशीनगन नहीं है।[37] नेहरू के सामने बैठकर नेहरू के सम्भावित जीवनी लेखक ने कहा कि इसमें सन्देह नहीं कि भारतीय क्रान्ति में गांधी का बहुत योगदान है, हालाँकि मेरे जैसे लोग उनके दर्शन को अवैज्ञानिक और 'कन्फ्यूज्ड' मानते हैं। जो भी हो, गांधी का युग कांग्रेस के राजनैतिक सत्ता हासिल करने के साथ समाप्त हुआ। 1947 में नेहरू युग शुरू हुआ जिसका स्वागत पूरी दुनिया में हुआ। क्या इससे यह मानना सही नहीं होगा कि आजादी के बाद आपने (नेहरू) गांधी के मार्ग से नेहरू के लक्ष्य को हासिल करना चाहा। यानी—पहले संसदीय लोकतंत्र के माध्यम से समाजवाद लाना, फिर सेक्युलरिज्म लाना और अन्त में सारी दुनिया में शान्ति के लिए विश्व शान्ति और गुटनिरपेक्षता का सिद्धान्त विदेश नीति में रखना।[38] नेहरू ने कहा कि आप नेहरू युग और नेहरू नीति की बात करके गलत शब्दों का प्रयोग कर रहे हैं। हम अपने युग को असली गांधी युग मानते हैं और जिस नीति और दर्शन को हम लागू करना चाहते हैं वे वही हैं जो हमें गांधी ने सिखलाए हैं।[39]

इस अद्‌भुत पर कम चर्चित पुस्तक का पारायण करने के बाद इस बात में कोई सन्देह रह नहीं जाता कि हिन्दी के जिन राजनीतिक उपन्यासकारों का अध्ययन इस पुस्तक में किया गया है वे इस तरह की धारणाओं के खोखलेपन को बहुत साफ-साफ देख-समझ रहे थे।

गांधी के 'सत्य' और उनके 'प्रयोग' की राजनीतिक भूमिका के बारे में विचार करने, "बूढ़े गांधी बाबा"[40] की राजनैतिक असुविधाजनक उपस्थिति की राजनीतिक

मीमांसा के लिए और साथ ही राजनीतिक इतिहास के विविध पक्षों पर व्यापक व्याख्याओं के लिए साहित्य, खासकर राजनीतिक उपन्यासों को विमर्श में शामिल करने की जरूरत है। इस सन्दर्भ में यह कहना उचित होगा कि देश के इतिहास के बड़े व्यक्तित्वों के प्रति श्रद्धा, जिज्ञासा और सन्देह तीनों के साथ अध्ययन होना चाहिए। सौभाग्य से हमारे देश की विभिन्न भाषाओं में ऐसी विपुल सामग्री उपलब्ध है जिसका उपयोग अतीत की समझ के लिए बहुत उपयोगी सिद्ध हो सकता है। हॉब्सबाम ने इतिहास पर विचार करते हुए कहा था कि इतिहासकार आपस में एक सार्थक संवाद के लिए सहमति बना सकते हैं कि किन प्रश्नों पर वे आपस में संवाद कर सकते हैं।[41] इसके बाद वे अपने अलग-अलग उत्तरों के बीच की दूरी को कम करने की कोशिश करके एक सहमति बना सकते हैं। वे यह भी कहते हैं कि रूस के इतिहास में बीसवीं शताब्दी की सबसे बड़ी जो बहस हुई वह उस पर नहीं जो है, बल्कि उस पर है जो हो सकता था। वे भिन्न-भिन्न प्रकार के 'काउंटर फेक्चुअल्स' (प्रतितथ्यात्मक) को भी ऐतिहासिक परिस्थितियों के विश्लेषण में लाने की बात करते हैं और इतिहासकारों के सामने प्रश्नों को रखने की बात करते हैं। अगर इस दृष्टिकोण से विचार किया जाए तो राजनीतिक उपन्यासों में ऐतिहासिक तथ्यों से भी ज्यादा महत्त्वपूर्ण सामग्री है जिसे अतीत को समझने में, अतीत के परिवेश को समझने में सहायक के रूप में देखा जा सकता है। टोनी जुड्ट ने तिमोथी स्नाइडर के साथ बातचीत में एक महत्त्वपूर्ण सूत्र दिया है कि सभी तथ्यों के ऐतिहासिक पद्धति से विश्लेषण के बाद भी कोई बात सही नहीं हो सकती। असली चीज है उसका 'सही लगना'। यह 'सही लगना' सिर्फ तथ्यों पर आधारित नहीं हो सकता।[42] हाब्सबाम ने टोनी जुड्ट को याद करते हुए एक वाक्य लिखा है जिसके आधार पर कहा जा सकता है कि बीसवीं सदी के सत्य और मिथक दोनों की ही समझ के लिए उनके उस समय में होने का अनुभव और राजनीति को कुंजी मानना महत्त्वपूर्ण है।[43] इस क्रम में राजनीतिक इतिहास के कई दब गए प्रसंगों को भी 'इतिहास के ढेर' से उठाकर उनके बारे में चर्चा की ही जा सकती है, साहित्यिक स्रोतों में से भी तथ्यों, तथ्यों के किस्से में बदले गए आख्यानों और यहाँ तक कि प्रतितथ्यात्मक ('काउंटर फेक्चुअल') का भी महत्त्व है। असली बात है अतीत के वृत्तान्त का 'सही लगना'।

सन्दर्भ

1. मार्था नुसबाम ने इस सन्दर्भ में सभी साहित्यिक विधाओं में उपन्यासों को सबसे मुफीद बताने के लिए सुन्दर तरीके से चर्चा अपनी पुस्तक में की है, जिसकी थोड़ी चर्चा प्रथम अध्याय में की गई है।

2. प्रियंवद, *भारतीय राजनीति के दो आख्यान : 1920 से 1950 तक,* वाग्देवी प्रकाशन, बीकानेर, 2013 [2011], पृ. 403
3. *जुगान्तर,* 7 अप्रैल, 1907 (उद्धृत, Uma Mukherjee, *Two Great Indian Revolutionaries :Rash Behari Bose & Jyotindra Nath Mukherjee,* Firma K. L.Mukhopadhyay, Calcutta, 1966, pp. 18-19). उन्होंने अन्य लेखों में सविस्तार इस बात का उल्लेख किया है कि क्यों अंग्रेजों का भय मिटाने के लिए लाठी (बल) का प्रयोग उचित है। (देखें—*जुगान्तर* के 16 जून, 1907 के आलेख। इन आलेखों के आधार पर उमा मुखर्जी ने अपनी पुस्तक में बहुत सुन्दर विवेचना की है।) *जुगान्तर* ने जुलाई 1907 से अगस्त 1908 के बीच अनेक आलेख प्रकाशित किए जिसके बाद सरकार के दबाव के कारण इसे बन्द कर देना पड़ा। 1908 में सरकार ने इस तरह के निर्भीक प्रयासों को बन्द करने के लिए प्रेस बिल लाना जरूरी समझा।
4. इस *विहारी* पत्रिका ने 22 जुलाई, 1907 के अंक में Report on Native Papers for the Year 1907, page 18, para 18, से उद्धृत किया था। इसे Source Material for a History of the Freedom Movement in India (Collected from Bombay Government Records) Vol II, पृ. 902, पर पुनर्मुद्रित किया गया है।
5. गांधी का तोल्स्तोय को लिखा पत्र। मूल अंग्रेजी में—"It is mere statement of fact to say that every Indian, whether he owns up to it or not, has national aspirations. But there are as many opinions as there are Indian nationalists, as to the exact meaning of that aspiration and more especially as to the methods to be used to attain the end." (उद्धृत, Makarand Paranjape, *The Death & Afterlife of Mahatma Gandhi,* Random House, Gurgaon, 2015, p. ix)
6. आजादी मिली और अंग्रेज गए और उसके बाद देश की खुशहाली के लिए प्रयत्न होंगे इस आशा को ध्वनित करने के सन्दर्भ में राहुल सांकृत्यायन का एक पत्र बहुत दिलचस्प है। 5 जून, 1947 के इस पत्र में राहुल सांकृत्यायन ने लिखा है—"भवितव्यता के सामने पहले ही सर झुकाना बुद्धिमानी होगी, नहीं तो जनता के 'राजा शाही मुर्दाबाद' के 'प्रजातंत्र जिन्दाबाद' के नारों के सामने टिकना असम्भव होगा।...हिन्द में इस्लामी या हिन्दू शरीयत का राज्य नहीं होगा। यहाँ जनता की शरीयत, जनता के हित का राज होगा। यहाँ बसने वाले सभी धार्मिकों को आपस में सहोदर भाई का प्रेम उपस्थित करना है। रोटी ही नहीं क्रमश: बेटी भी एक करने तक पहुँचना है—तब तक हाय-तौबा करनेवाले बूढ़े मर गए रहे होंगे।...सेठों की पूँजी लक्ष्मीनारायण ने नहीं भेजी, यह इन्हीं श्रमिकों के खून का निचोड़ है।...पहले श्रमिकों के श्रम को पूँजी बना धनिकों की तिजोरी में भरना, फिर उसे उद्योगीकरण कराने की प्रार्थना करना...बहुत ही खुराफातों की जड़ है।...पूँजी को सेठ थोबड़मल्ल की तिजोरी में नहीं जमा होना चाहिए, उसे राष्ट्र के कोश में जमा हो शीघ्र उद्योग-धंधे की रगों में बहना चाहिए।" राहुल जी के अज्ञात पत्र, हिन्दुस्तान एकेडमी, इलाहाबाद, 2010, पृ. 146-148
7. गांधी के प्रति कम्युनिस्ट मानवेन्द्रनाथ राय की तीखी आलोचना क्रान्ति के पथ में रुकावट बनने के लिए थी। कांग्रेस की नीतियों के प्रति उनकी आलोचना के लिए देखें—'मानवेन्द्रनाथ राय और अवनि मुखर्जी द्वारा अहमदाबाद के 1921 के कांग्रेस में जारी किया गया घोषणापत्र'। इसे परिशिष्ट में प्रियंवद की पुस्तक में रखा गया है। (प्रियंवद, उपरोक्त, पृ. 431-440)

8. नागर जी ने क्रान्तिकारियों के कांग्रेसी नेतृत्व के साथ जटिल सम्बन्ध पर बहुत सूक्ष्म रूप से विचार किया है। वे उत्तर भारत में क्रान्तिकारी गतिविधियों के बारे में जानते थे और अपने उपन्यास—*पीढ़ियाँ* में इसकी चर्चा इतिहासकार की तरह ही करते हैं। उनके विवरण उस दौर में सक्रिय रहे क्रान्तिकारियों के विवरणों से पूरी तरह मेल भी खाते हैं। चन्द्रशेखर आजाद के साथी रहे विश्वनाथ वैशम्पायन ने आजाद की जीवनी में उस समय की राजनीति का जैसा विवरण दिया है उसके साथ नागर जी के विवरण का मेल है। वैशम्पायन ने लिखा है—"देश के क्रान्तिकारियों से गांधी जी ने एक वर्ष का समय माँगा था। क्रान्तिकारियों ने इसे स्वीकार कर यह आश्वासन दिया था कि वे इस बीच में कोई हिंसात्मक कार्रवाई नहीं करेंगे। गांधी जी का अहिंसात्मक आन्दोलन असफल हो गया। कांग्रेस ने जनान्दोलन की सीधी लड़ाई छेड़ने के बाद उसे अकस्मात् ही इस प्रकार रोककर विधान सभाओं आदि में प्रवेश कर कानूनी लड़ाई का मार्ग अपनाया। तब बंगाल के क्रान्तिकारियों ने फिर अपना आन्दोलन प्रारम्भ कर दिया। देखें—विश्वनाथ वैशम्पायन, *अमर शहीद चन्द्रशेखर आजाद,* राजकमल प्रकाशन, दिल्ली, 2007, पृ. 100
9. इतिहासकार गेल मिनाल्ट ने यह कहने की कोशिश की है कि इस आन्दोलन के दौरान एक मुस्लिम राजनीतिक 'कांस्टिच्युएंसी' का निर्माण भी हुआ।
10. कृपलानी अपनी आत्मकथा में कलकत्ता अधिवेशन के पूर्व पूर्ण स्वराज की माँग को लेकर गांधी की हिचकिचाहट का वर्णन करते हैं। श्री निवास आयंगर, जवाहरलाल नेहरू और सुभाषचन्द्र बोस पूर्ण स्वराज के पक्ष में थे और मोतीलाल नेहरू डोमिनियन स्टेटस के पक्ष में। गांधी ने बीच का रास्ता निकालते हुए यह कहा कि अगर दो साल के अन्दर डोमिनियन स्टेटस नहीं दिया गया तो कांग्रेस अपनी माँग को पूर्ण स्वराज की माँग बना लेगा। इससे आयंगर, जवाहरलाल और सुभाष सन्तुष्ट नहीं थे। गांधी ने बाद में इसे एक साल कर दिया। यानी अगर सरकार एक साल के अन्दर डोमिनियन स्टेटस नहीं देगी तो कांग्रेस पूर्ण स्वराज की घोषणा करेगी। देखें, J. B. Kripalani, *My Times : An Autobiography*, Rupa & Co, New Delhi, 2004, पृ. 174
11. भगत सिंह, सुखदेव और राजगुरु की त्रयी के पत्रों को इस सन्दर्भ में देखने की विशेष जरूरत है। सुखदेव ने फाँसी से पूर्व गांधी जी के नाम एक खुली चिट्ठी मार्च 1931 में लिखी थी, जिसे *नवजीवन* में फाँसी के बाद 30 अप्रैल, 1931 को छापा गया। इसका एक अंश देखें—आपके समझौते के बाद आपने अपना आन्दोलन बन्द किया है, और फलस्वरूप आपके सब कैदी रिहा हुए हैं। पर क्रान्तिकारी कैदियों का क्या? 1915 ई. के गदर पक्ष के बीसों कैदी सजा की मियाद पूरी होने के बाद भी अब तक जेलों में सड़ रहे हैं। मार्शल लॉ के बीसों कैदी आज भी जिन्दा कब्रों में दफनाए पड़े हैं। यही हाल बब्बर अकाली कैदियों का है। देवगढ़, काकोरी, मछुआ बाजार और लाहौर षड्यंत्र केस के अब तक जेल की चहारदीवारी में बन्द पड़े हुए बहुतेरे कैदियों में से कुछ हैं।...बहुसंख्यक क्रान्तिकारी भागते फिरते हैं, और उनमें कई तो स्त्रियाँ हैं। सचमुच आधा दर्जन से अधिक कैदी फाँसी पर लटकने की राह देख रहे हैं। इन सबका क्या? देखें—चमन लाल, *भगत सिंह और उनके साथियों के दस्तावेज,* राजकमल प्रकाशन, दिल्ली, पृ. 348
12. एक चर्चित प्रसंग है जिसकी चर्चा जवाहरलाल नेहरू ने अपनी आत्मकथा में की है। चन्द्रशेखर आजाद नेहरू से मिलने गए थे और उनसे यह कहा था कि उनको लगता है कि

सिर्फ आतंकवाद से उनका कार्य सिद्ध नहीं होगा, जिसके आधार पर नेहरू ने यह निष्कर्ष निकाला कि अब आतंकवाद से ये लोग या तो विरत हो गए हैं या उनमें उनका विश्वास नहीं रहा। नेहरू से आजाद ने पूछा—अब क्या किया जाए? नेहरू ने इसका कोई उत्तर नहीं दिया। आजाद ने कहा कि क्या उनके पीछे पुलिस इसी तरह लगी रहेगी और उनको तंग करती रहेगी? नेहरू न आजाद जैसे क्रान्तिकारियों में फासिज्म की प्रवृत्ति देखी। उन्होंने अपनी आत्मकथा में साफ लिखा है—" ...terrorism was dying down...it had practically gone...they (terrorists) did not think in terms of terrorism as they used to. Many of them, it seems to me, have definitely the fascist mentality. देखें, Jawaharlal Nehru, *An Autobiography,* Penguin Books, New Delhi, 2004 [1936], पृ. 275

13. B. B. Misra, *The Indian Political Parties : A Historical Analysis of Political Behaviour up to 1947,* OUP, Delhi, 1976, पृ. 637
14. इस प्रसंग में यशपाल के एक कांग्रेसी पात्र का अपने युवा साथी के साथ वार्तालाप बहुत दिलचस्प है जिसमें कांग्रेस की सेना के रूप में देश की हजारों जनता का हवाला दिया गया था जो गांधी के कहने पर मार खाने के लिए इकट्ठा हो जाती है।
15. Jawaharlaal Nehru, *An Autobiography,* Penguin Books, Delhi, 2017 [इसका प्रथम प्रकाशन 1936 में लंदन से हुआ था], पृ. 54-55
16. सतीश गुजराल ने अपने इंटरव्यू में यह कहा है। वे उस जगह उपस्थित थे जहाँ यह घटना घटी थी।
17. सुधीर चन्द्र, 'साम्प्रदायिकता, राष्ट्रवाद और उपन्यास', *आलोचना* सहस्राब्दी अंक 7-8 अक्टूबर-दिसम्बर 2001 - जनवरी-मार्च 2002, पृ. 12
18. चतुरसेन शास्त्री, 'मेरी उपन्यास-कला विषयक धारणाएँ', *समालोचक,* आगरा, मार्च 1958। समालोचक में प्रकाशित सामग्री को पुस्तकाकार छापा गया है। देखें—राजनाथ शर्मा, विश्वंभरनाथ उपाध्याय (सम्पा.), *समालोचक,* अनामिका, दिल्ली, 2005
19. वही
20. इस सन्दर्भ में गांधी के बड़े आलोचकों में रहे मानवेन्द्रनाथ राय और स्वामी सहजानन्द की गांधी हत्या के बाद की गई टिप्पणियों का उल्लेख किया जा सकता है। जिन इतिहासकारों ने गांधीवादी आन्दोलन की सीमाओं पर सबसे आलोचनात्मक टिप्पणियाँ की हैं उनमें सुमित सरकार रहे हैं। उन्होंने भी उनके नोआखाली जाने के प्रसंग में एक मार्मिक टिप्पणी की है।
21. गांधी ने दक्षिण अफ्रीका से विदा होते हुए कहा था कि भारत मेरे लिए एक अजीब (strange) देश है।
22. B. R. Nanda, *Mahatma Gandhi : A Biography*, George Allen & Unwin Ltd, London, 1958, पृ. 129
23. 'श्रद्धा', 7 मई, 1920, जगदीश विद्यालंकार (सम्पा.) *स्वामी श्रद्धानन्द के सम्पादकीय लेख,* हरिद्वार, 1998, पृ. 432
24. वही, पृ. 431
25. वही, पृ. 436

26. यह उन्होंने तिलक के इस कथन—"अगर स्वराज्य का आन्दोलन सफल हो जाए तो मैं अछूतों के साथ खाने को तैयार हूँ"—पर आपत्ति करते हुए लिखा था। (देखें—पूर्वोक्त, पृ. 457)
27. नेहरू ने अपनी आत्मकथा में विस्तार से वर्णन किया है कि कैसे जब वे मसूरी में थे, सरकार की ओर से दिए गए एक करारनामे पर दस्तखत करने के लिए दबाव देने के कारण मसूरी से इलाहाबाद आना पड़ा था। अगर वे संयोग से नहीं आते तो तब इलाहाबाद में नहीं होते जब वे किसान आनन्द भवन में बड़े नेता की मदद के लिए आए थे। सिद्दीकी, कपिल कुमार और अन्य इतिहासकारों के शोधकार्यों का एक सुन्दर निचोड़ सुभाषचन्द्र कुशवाहा ने प्रस्तुत किया है। इसमें कुशवाहा ने दिखलाया है कि कैसे किसान आन्दोलन को असहयोग आन्दोलन में 'निगलने' की कोशिश हुई, कैसे गांधी ने अपने को अवध के किसान आन्दोलन के सीधे सम्पर्क में आने से खुद को बचाया जबकि वे इसी क्षेत्र के दौरे पर थे और कैसे बाबा रामचन्द्र को कांग्रेसियों ने 'इस्तेमाल कर किनारे लगा दिया'। इस बात का भी उल्लेख है कि किसान नेता को आनन्द भवन में रोककर गिरफ्तार इसलिए करवा दिया गया ताकि मोतीलाल नेहरू का किसान सभा पर पूरा नियंत्रण हो जाए। पुरुषोत्तम दास टंडन जैसे शहरी कांग्रेसी नेता किसान आन्दोलन के हक में थे ही नहीं। फिर भी किसान आन्दोलन असहयोग आन्दोलन के बाद चलते रहे। इस प्रकार की एक आलोचना के लिए देखें सुभाषचन्द्र कुशवाहा, *अवध का किसान आन्दोलन 1920 से 1922*, राजकमल पेपरबैक्स, दिल्ली, 2018
28. कुशवाहा की दो टिप्पणियाँ महत्त्वपूर्ण हैं—प्रथम, "आज भी उसी साक्षात्कार के बल पर रायबरेली लोकसभा क्षेत्र नेहरू खानदान से जुड़ा हुआ है"; और द्वितीय, "अवध किसान आन्दोलन ने एक ओर तत्कालीन समय की सामाजिक, राजनीतिक और आर्थिक नीतियों के सीवन उधेड़कर उसकी वास्तविकता को उजागर किया तो दूसरी ओर राष्ट्रवादी सोच और उसके अगुओं के वर्गाधार को स्पष्ट करते हुए...तत्कालीन राष्ट्रवादियों के वर्ग चरित्र को नंगा किया।" वही, पृ. 8-9
29. गांधी के पत्रों के लिए देखें Correspondence With Mr Gandhi August 1942-April 1944
30. *भूले बिसरे चित्र* में यह प्रसंग आता है।
31. एक महत्त्वपूर्ण स्थल पर भगवतीचरण वर्मा का कथानायक पाता है कि जिन लोगों के साथ वह कांग्रेस के अधिवेशन में वामपंथ के विजय के स्वप्न के साथ 1939 में जाता है, वे सभी बड़े लोग 1942 के आन्दोलन के बाद अपनी-अपनी दुनिया में ठीक-ठाक हैं और वह साधारण परिवार का प्रबुद्ध व्यक्ति जेल की सलाखों के पीछे कम्युनिस्ट के रूप में बन्दी था। जिस कम्युनिस्ट के साथ वह गया था उसकी शादी सरदार पटेल के हस्तक्षेप के बाद एक अमीर व्यक्ति की सुन्दर लड़की के साथ हो गई और यह साधारण परिवार का लड़का अपनी नौकरी से भी हाथ धो बैठा। यशपाल का कथानायक इस नए जमाने में अब सुविधाभोगी और व्यवस्था से मिलकर चलनेवाला बन जाता है। गुरुदत्त का नायक इस बात से अचरज में पड़ जाता है कि जिन लोगों ने अंग्रेजों के साथ मिलकर राष्ट्रवादियों पर लगातार अत्याचार किए थे वे देश की आजादी का जश्न मना रहे हैं!
32. श्यामाप्रसाद मुखर्जी ने 26 दिसम्बर, 1943 को अमृतसर में अपने भाषण में उल्लेख किया है कि "जब युद्ध की शुरुआत हुई थी तो भारतीय रक्षा सेनाओं में हिन्दुओं, जिनमें सिक्ख भी शामिल हैं, की हिस्सेदारी एक-तिहाई से भी कम थी। आज सब रक्षा इकाइयों की सैन्य

संख्या में इसकी हिस्सेदारी तीन-चौथाई है।" ('हिन्दू राष्ट्रवाद', फणीश सिंह (सम्पा.) *स्वतंत्रता संघर्ष और भारत की संरचना,* वाणी प्रकाशन, दिल्ली, 2017)

33. "16 अगस्त, 1946 की सुबह से तीन दिन बाद की शाम तक कलकत्ता के लोगों ने 6,000 लोगों को आपस में मारपीट, खूनखराबा, आग लगाने, छुरेबाजी और गोलियों से मौत के घाट उतारा। 20,000 के साथ बलात्कार हुआ या वे जिन्दगी भर के लिए अपंग बना दिए गए।" उस समय कलकत्ता देश का सबसे बड़ा शहर था जिसकी जनसंख्या 25 लाख थी। (लिओनार्ड मोसले, *भारत में ब्रिटिश राज्य के अन्तिम दिन,* आत्माराम एंड संस, दिल्ली, 1964, पृ.1, 19); इस दौरान के दंगों और भयंकर अनुभवों ने किस तरह वहाँ के लोगों को घबड़ाहट से भर दिया था इसके एक निष्पक्ष और संवेदनशील वर्णन के लिए देखें—Asok Mitra, *Towards Independence 1940-1947 : Memoirs of an Indian Civil Servant,* Popular Prakashan, Bombay, 1991, पृ. 185-193

34. इस प्रसंग में बेहद मार्मिक और विचारोत्तेजक चर्चा के लिए देखें—सुधीर चन्द्र, *एक असम्भव सम्भावना,* राजकमल प्रकाशन, दिल्ली। इसके पूर्व सुधीर चन्द्र ने *गांधी-नेहरू पत्राचार* (1945) और *हिन्द स्वराज* में सुझाए विकल्प को नेहरू के नहीं समझ पाने को मिलाकर यह निष्कर्ष निकालने की कोशिश की थी कि साम्राज्यवादी विमर्श ने औपनिवेशिक बुद्धिजीवी के दिमाग पर अपना वर्चस्व पूरी तरह से स्थापित कर लिया था। लेकिन इस महत्त्वपूर्ण सूत्र को छोड़कर वे गांधी के एक-दूसरे किस्म के अध्ययन की ओर मुड़ गए जहाँ से गांधी का यह कथन—अब कोई मेरी नहीं सुनता (नेहरू समेत) बावनदास (*मैला आँचल* का पात्र जिसे नए कांग्रेसी अपनी बैलगाड़ी से कुचलकर मार देते हैं) की चीख की तरह सुनाई देता है। गांधी के प्रति एक दूसरे किस्म से सहानुभूतिपूर्वक विचार के लिए देखें—Makarand Paranjape, *The Death and Afterlife of Mahatma Gandhi,* उपरोक्त, पृ. 228-232; Makarand R. Paranjape, *Cultural Politics in Modern India,* Routledge, London, पृ. 184-192

35. इस सम्बन्ध में एक आलोचना के लिए देखें—सुचेता महाजन, 'गांधी जी, कांग्रेस और विभाजन', बिपन चन्द्र (सम्पा.) *आधुनिक भारत,* अनामिका, दिल्ली, 2006

36. निर्मल कुमार बोस के गांधी के साथ संवादों की लम्बी परम्परा का अध्ययन करने से यह अन्दाजा लगाया जा सकता है कि बोस को पहले से ही इस बात का अन्दाजा था कि गांधी की जरूरत खत्म हो जाने के बाद उनको किनारे हटा दिया जाएगा। बोस जैसे सच्चे अर्थों में गांधीवादी आन्दोलन से जुड़े लोगों के लिए गांधीवादियों की दुनिया में स्थान कितना सीमित हो गया था इसके अन्दाजे के लिए बोस की लिखी किताब *My Days with Mahatma* की भूमिका को देखना ही यथेष्ट है।

37. 'he is a god without a machine gun' को शाब्दिक अर्थ में लेना अन्याय होगा, परन्तु इसमें कोई सन्देह नहीं कि करंजिया की दृष्टि में नेहरू देश के लिए महानतम इतिहास पुरुष हैं, जिनके नेतृत्व में ही देश समाजवाद की ओर बढ़ सकता है। वे कहते हैं कि मोतीलाल नेहरू, गांधी और जवाहरलाल नेहरू की तीन मूर्तियाँ भारतीय राष्ट्रीय त्रिमूर्ति हैं ('an Indian National Trinity')।

38. मूल अंग्रेजी में—"Nobody doubts Gandhiji's enormous influence on the Indian revolution, even though people of my way of thinking consider this philos-

ophy to be somewhat confused and unscientific. However that may be, the Gandhian era ended with the assumption of political power by the Congress. The year 1947 ushered in what is universally hailed as the Nehru epoch in our country. Should I be right in the inference that Freedom onwards, you used the Gandhian means to serve the Nehru ends—that is, Socialism within the fabric of Parliamentary Democracy, first of all; Secualrism next; and finally, and most importantly, your insistence on a foreign policy based on World Peace and Non-Alignment." R. K. Karanjia, *The Mind of Mr Nehru As Revealed in a Series of Intimate Talks with R. K. Karanjia,* George Allen & Unwin Ltd, London, 1960, पृ. 22-23।

39. वही, पृ. 23
40. आजादी के वर्ष में राहुल सांकृत्यायन ने भारतीय परिस्थिति में आगे की सम्भावना पर विचार करते हुए इस पद का प्रयोग किया था।
41. मूल अंग्रेजी में—"historians can agree about what they are talking about, on what questions they are discussing...answers to narrow down differences for meaningful debates."
42. मूल अंग्रेजी में—"It is a work of consummate diplomatic historian...all the constituent parts of good history book were present. So what was missing? The answer is hard to pin down. Perhaps the issue is one of taste. To claim—as Taylor did that Hitler was not responsible for the World War II is absurdly counterintuitive. However subtly expressed, the argument is so implausible as to be poor history. The fine line...has to be a plausibility of (historian's) story. A history book—assuming its facts are correct—stands or falls by the conviction with which it tells the story. If it rings true, to an intelligent, informed reader, then it is a good history book. If it rings false, then it's not good history, even if it's well written by a great historian on the basis of sound scholarship." (Tony Judt with Timothy Snyder, *Thinking the Twentieth Century*, Vintage Books, London, 2013, पृ. 260)
43. "Both of us (Hobsbawm and Judt) knew that the 20th century can only be understood fully by those who became historians because they lived through it and shared its basic passion: namely the belief that politics was the key to our truths as well as our myths." (Eric Hobsbawm, 'After the Cold War', *London Review of Books,* Vol. 34, No. 8, 26 अप्रैल, 2012)

सहायक ग्रंथ

उपाध्याय, रमेश, 'कहानी का पाठ : कहानी के निहितार्थ', *आलोचना* अक्टूबर 2001—मार्च 2002

कुशवाहा, सुभाषचन्द्र, *अवध का किसान आन्दोलन,* 1920 से 1922, राजकमल पेपरबैक्स, दिल्ली, 2018

कोठारी, रजनी, *भारत में राजनीति : कल और आज* (हिन्दी प्रस्तुति और सम्पादन—अभय कुमार दुबे), वाणी प्रकाशन, दिल्ली, 2017 [2005]

कौशिक, अशोक (सम्पादक), *श्री गुरुदत्त अभिनन्दन ग्रंथ,* श्री गुरुदत्त अभिनन्दन समिति, दिल्ली,

गुप्त, बलदेवराज (सम्पादित), *बलराज—सन्तोष साहनी समग्र,* वाराणसी, 1994 (?)

गुप्त, मनमोहन, *भारत के शहीद : किंवदंतियों के मध्य,* अरविन्द प्रकाशन, आगरा, 1997

गुप्त, मन्मथनाथ, *भारतीय क्रान्तिकारी आन्दोलन का इतिहास,* आत्माराम एंड संस, दिल्ली, 1986

गुप्ता, रूपा, *राधामोहन गोकुल की अप्राप्य रचनाएँ,* स्वराज प्रकाशन, दिल्ली, 2012

गुरुदत्त, *स्वाधीनता के पथ पर,* हिन्दी साहित्य सदन, नई दिल्ली, 2004 [1942]

—, *विश्वासघात,* हिन्दी साहित्य सदन, नई दिल्ली, 2006 [1951]

—, *हिन्दुत्व की यात्रा,* हिन्दी साहित्य सदन, नई दिल्ली, 2002 [? 1980 के बाद]

—, *देश की हत्या,* हिन्दी साहित्य सदन, नई दिल्ली, 2008 [1953]

—, *पथिक,* हिन्दी साहित्थ सदन, नई दिल्ली, 2004 [1944]

—, *स्वराज्य दान,* हिन्दी साहित्य सदन, नई दिल्ली, 2004 [1947]

—, *भाव और भावना,* शाश्वत वाणी, नई दिल्ली, 2000

—, *इतिहास में भारतीय परम्पराएँ,* हिन्दी साहित्य सदन, दिल्ली, 2013

गौड़, धर्मेन्द्र, *क्रान्तिवीर चन्द्रशेखर आजाद और उनके दो गद्दार साथी,* भगत सिंह विचार मंच, दिल्ली, 2019

चतुरसेन, *मेरी आत्म-कहानी,* 1963 (प्रकाशन स्थल और प्रकाशक का नाम स्पष्ट नहीं)

चट्टोपाध्याय, भवानी प्रसाद, *क्या देश का विभाजन अनिवार्य था,* सर्व सेवा संघ प्रकाशन, वाराणसी, 2016 (पाँचवाँ संस्करण)

चमनलाल, *भगत सिंह और उनके साथियों के दस्तावेज,* राजकमल प्रकाशन, दिल्ली

चौबे, देवेन्द्र, *कथाकार अमृतलाल नागर,* किताब घर, दिल्ली, 2016

चन्द्र, बिपन (सम्पा.) *आधुनिक भारत,* अनामिका, दिल्ली, 2006

चन्द्र, सुधीर, *गांधी : एक असम्भव सम्भावना,* राजकमल प्रकाशन, दिल्ली

—'साम्प्रदायिक, राष्ट्रवाद और उपन्यास', *आलोचना,* सहस्राब्दी अंक, दिसम्बर 2001-जनवरी-मार्च, 2002

नया पथ, प्रगतिशील संस्कृतिक आन्दोलन के 75 साल, जनवरी-जून 2012 (संयुक्तांक)

झा, सदन, *देवनागरी जगत की दृश्य संस्कृति,* राजकमल प्रकाशन, दिल्ली, 2018

झा, हेतुकर (सम्पादक) नाथमल सिंहानिया कृत *बापू जी की देवघर यात्रा,* जगजीवन राम शोध संस्थान, पटना, 2015

तिवारी, अजय, 'यशपाल के साहित्य में समाजवाद और गांधीवाद की अवधारणा', शंभु बादल और बलभद्र (सम्पादन) *यशपाल के साहित्य में समाजवाद और गांधीवाद की अवधारणा*

नया पथ जनवरी-जून 2012 (संयुक्तांक) नई दिल्ली

नागर, अमृतलाल, 'शरत के साथ बिताया हुआ समय', *जिनके साथ जिया,* राजपाल, 1981

—, *अमृतलाल नागर रचनावली* (सम्पादन डॉ. शरद नागर) 1-11, राजपाल एंड संस, दिल्ली, 1991,

—, *बूँद और समुद्र,* किताब महल, इलाहाबाद, 1972 [1956]

—, बिखरे तिनके, राजपाल एंड संस, दिल्ली, 2019

पटेल, हितेन्द्र, 'समय, इतिहास और साहित्य : उत्तर औपनिवेशिक भारतीय सन्दर्भ में कुछ नोट्स', *आलोचना,* अक्टूबर-दिसम्बर 2009

पाठक, समीर कुमार, *मदन मोहन मालवीय और हिन्दी नवजागरण,* यश पब्लिकेशन्स, दिल्ली, 2013

पाठक, सुरेन्द्र मोहन, *न बैरी न कोई बेगाना,* वेस्टलैंड पब्लिकेशन्स, चेन्नई, 2018

पांडेय, गिरीश चन्द्र, *मुस्लिम लीग और साम्प्रदायिक राजनीति,* हर्ष पब्लिकेशन्स, दिल्ली, 2010

पांडेय, मैनेजर, 'यशपाल का चिन्तन' *यशपाल रचनावली* 11, पृ xii

—, *उपन्यास और लोकतंत्र,* वाणी प्रकाशन, दिल्ली, 2013

पाल, प्रकाशवती, *लाहौर से लखनऊ तक,* विप्लव कार्यालय, लखनऊ, 1997 (द्वितीय संस्करण)

प्रियंवद, *भारतीय राजनीति के दो आख्यान : 1920 से 1950 तक,* वाग्देवी प्रकाशन, बीकानेर, 2013 [2011]

प्रभाकर, विष्णु एवं विष्णुदत्त राकेश, *स्वामी श्रद्धानन्द सरस्वती,* साहित्य अकादेमी, नई दिल्ली, 1993

बांदिवडेकर (सम्पादक), चन्द्रकान्त, *धर्मवीर भारती ग्रंथावली* खंड 6, वाणी प्रकाशन, दिल्ली, 2009

बेनीपुरी, रामवृक्ष, जयप्रकाश, साहित्यालय, पटना, 1947

मधुरेश, *ऐतिहासिक उपन्यास : इतिहास और इतिहास-दृष्टि,* आधार प्रकाशन, पंचकूला, 2019

—, यशपाल : *रचनात्मक पुनर्वास की एक कोशिश,* 2006

मुले, गुणाकर, *महापंडित राहुल सांकृत्यायन,* नेशनल बुक ट्रस्ट, दिल्ली, 1993

माहौर, भगवानदास, *बलिदान* (एकांकी संग्रह), स्वराज संस्थान, भोपाल, 2011 [1982]

—, *काकोरी शहीद स्मृति,* स्वराज संस्थान, भोपाल, 2012 [1977]

—, *आत्मालोचन और राजनैतिक चिन्तन,* स्वराज संस्थान, भोपाल, 2011 [1974]

मोसले, लिओनार्ड, *भारत में ब्रिटिश राज्य के अन्तिम दिन,* आत्माराम एंड संस, दिल्ली, 1964

मिश्र, शिवगोपाल, *राहुल जी के अज्ञात पत्र,* हिन्दुस्तान एकेडमी, इलाहाबाद, 2010

मिश्र, अजय कुमार, *भगत की विरासत : एक ऐतिहासिक शोधपूर्ण पुस्तक,* दीक्षा प्रकाशन, दिल्ली, 2019

यशपाल रचनावली (समन्वय-सम्पादन आनन्द) खंड 1-14, लोकभारती प्रकाशन, इलाहाबाद, 2007

यशपाल (सम्पादक), *विप्लव* (आजाद अंक), 1997 [फरवरी, 1939]

यादव, वीरेन्द्र 'चांद' का 'अछूत अंक' : दलित विमर्श की पूर्व पीठिका?', *तद्भव,* अंक 12, फरवरी 2005, लखनऊ

रहबर, हंसराज, *तिलक से आज तक*, साक्षी प्रकाशन, दिल्ली, 2018
रेणु, फणीश्वरनाथ, *मैला आँचल*, राजकमल प्रकाशन, दिल्ली, 2007 [1954]
शास्त्री,चतुरसेन, 'मेरी उपन्यास कला-विषयक धारणाएँ', *समालोचक*, मार्च 1958, आगरा (देखें—राजनाथ शर्मा, विश्वनाथ उपाध्याय सम्पादित, *समालोचक*, अनामिका, दिल्ली, 2005)
रहबर, हंसराज, *गांधी बेनकाब*, भगत सिंह विचार मंच, दिल्ली, 1971
विप्लव (सम्पादक यशपाल),11 जनवरी, 1938 (South Asia Open Archives, JStor)
वर्मा, भगवतीचरण, *भगवतीचरण वर्मा रचनावली* 1-14 (सम्पादक धीरेन्द्र वर्मा), राजकमल प्रकाशन, दिल्ली, 2008
वर्मा, लालबहादुर, *जीवन प्रवाह में बहते हुए*, संवाद प्रकाशन, मुंबई, 2015
वैशम्पायन, विश्वनाथ, *अमर शहीद चन्द्रशेखर आजाद*, राजकमल प्रकाशन, दिल्ली, 2007
वियोगी, तारानन्द, *युगों का यात्री नागार्जुन की जीवनी*, राजकमल प्रकाशन, नई दिल्ली, 2019
शिशिर, कर्मेन्दु, *साम्यवादी* : सत्यभक्त जी द्वारा सम्पादित पत्रिका के *जब्त* अंक (साम्य पुस्तिका 3), अंबिकापुर, 1991
—, *1857 की राज्य क्रान्ति : विचार और विश्लेषण*, अनामिका, दिल्ली, 2008
शर्मा, विष्णुचन्द्र (सम्पा.), *पक्षधर यथार्थ के कथाकार*, स्वराज प्रकाशन, दिल्ली, 2001
शुक्ल, श्रीलाल, *भगवतीचरण वर्मा*, साहित्य अकादेमी, दिल्ली, 1989
—, *अमृतलाल नागर*, साहित्य अकादेमी, दिल्ली, 1999
शुक्ला, डॉ. (श्रीमती) इन्दु, *भगवतीचरण वर्मा और उनका कथा साहित्य*, खंड 3, चिन्ता प्रकाशन, पिलानी, 1991
शुक्ला, नरेन्द्र, *ब्रिटिश राज और अभिव्यक्ति की स्वतंत्रता*, वाणी प्रकाशन, दिल्ली, 2018
शर्मा, राघव शरण, *युग पुरुष डॉ. श्रीकृष्ण सिंह : प्रबल राष्ट्रवादी*, पुस्तक प्रतिष्ठान, नई दिल्ली, 2017
—(सम्पा.) *स्वामी सहजानन्द सरस्वती रचनावली* 2, प्रकाशन संस्थान, दिल्ली, 2010 [2003]
शर्मा, रामविलास शर्मा, 'भूमिका', डॉ. शरद नागर (सम्पादक), *अमृतलाल नागर रचनावली* 1, दिल्ली, राजपाल, 1991
—, *भारत में अंग्रेजी राज और मार्क्सवाद* 2, 2002 [1982]
—, *मार्क्सवाद और प्रगतिशील साहित्य*, वाणी प्रकाशन, नई दिल्ली, 2002 [1994]
सिंह, रघुबीर, *भगत सिंह और स्वतंत्रता संग्राम*, राधा पब्लिकेशन्स, नई दिल्ली, 1990
सरकार, सुमित, *बंगाल में स्वदेशी आन्दोलन*, ग्रंथ शिल्पी, दिल्ली, 2002 [1997]
सरस्वती, *स्वामी सहजानन्द, किसान कैसे लड़ते हैं*, श्रमजीवी पुस्तकमाला, पटना, 1940
सुजाता, *गांधी और भगत सिंह*, सर्व सेवा संघ, वाराणसी, 2018
साहू, किशोर, *मेरी आत्मकथा*, राजकमल पेपरबैक्स, 2017
हृदय, व्यथित, *स्वाधीनता संग्राम के क्रान्तिकारी सेनानी* भाग दो, सामयिक प्रकाशन, नई दिल्ली, 1987
हाड़ा, माधव (सम्पादक) कृति *मूल्यांकन : मानस का हंस*, राजपाल, दिल्ली, 2019
रविभूषण, *रामविलास शर्मा का महत्त्व*, राजकमल, दिल्ली, 2018
सांकृत्यायन, राहुल, *भागो नहीं दुनिया को बदलो*, किताब महल, 2016
सांकृत्यायन, राहुल, *मेरी जीवन यात्रा* खंड 1, जिल्द 1-4, राधाकृष्ण प्रकाशन, दिल्ली, 2018
शरण, शंकर, *भारत में मार्क्सवादी इतिहास लेखन*, अनामिका, दिल्ली, 2018
शंभुनाथ, *साहित्य और जनसंघर्ष*, सम्भावना प्रकाशन, हापुड़, 1980
संवेद 114 अमृतलाल नागर पर केन्द्रित (सम्पादक—किशन कालजयी), मार्च 2018

सिंह, फणीश (सम्पा.) *स्वतंत्रता संघर्ष और भारत की संरचना,* वाणी प्रकाशन, दिल्ली, 2017
सिंह, रघुबीर, *भगत सिंह और स्वतंत्रता संग्राम,* राधा पब्लिकेशन्स, नई दिल्ली, 1990
यशपाल, *न्याय का संघर्ष,* लोकभारती प्रकाशन, इलाहाबाद, 2000 (आठवाँ संस्करण)
यशपाल, *यशपाल रचनावली* 1-14, समन्वय-सम्पादन आनन्द, लोकभारती प्रकाशन, इलाहाबाद, 2007
वर्मा, भगवतीचरण, *भगवतीचरण वर्मा रचनावली* 1-14 (सम्पादक—धीरेन्द्र वर्मा), राजकमल प्रकाशन, दिल्ली, 2008

अंग्रेजी सन्दर्भ ग्रंथ

Amin, Shahid, 'Gandhi as Mahatma : Gorakhpur District, Eastern U P, 1921—2, in *Ranajt Guha* ed. *Subaltern Studies III*, OUP, Delhi,1992 [1984]
Abbas, Khwaja Ahmad, *I Am Not An Island,* Vikas Publishing House, New Delhi,?
Anderson, Perry, *The Indian Ideology,* Three Essays Collective, 2015 [2012]
Balachandran, Vappala, *A Life in Shadow,* Roli Books, New Delhi, 2016
Bayly, C. A., *The Local Roots of Indian Politics,* Clarendon Press, Oxford, 1975
Begum, Jahanara, *The Last Decade of Undivided Bengal*, Minerva, Calcutta
Bhattacharya, Sabyasachi, 'Cotton Mills and Spinning Wheels : Swadeshi and the Indian Capitalist Class, 1920-22', *Economic and Political Weekly,* Vol.11, Issue 47, 20 November, 1976
—, *Defining Moments in Bengal 1920-1947*, OUP, Delhi, 2014
Bhattacharya, Sibesh & Sumita, *Vision of History,* IIAS, Shimla, 2003
Bose, Nirmal Kumar, *My Days With Gandhi,* Nishana, Calcutta, 1953
Bose, Nirmal Kumar and P. H. Patwardhan, *Gandhi in Indian Politics,* Lalvani Publishing House, Bombay, 1967
Brown, Judith, *Gandhi's Rise to Power,* 1972
Cannon, John, *The Historian at Work,* George Allen and Unwin, London, 1980
Chakrabarty, Dipesh, *The Calling of History: Sir Jadunath Sarkar and His Empire of Truth,* Permanent Black, Ranikhet 2015
Chandra, Bipan, *India's Struggle for Independence,* New Delhi, 1988
Chandra, Sudhir, *The Oppressive Present,* OUP, 1992
Chatterjee, Ramananda, Presidential Address at the Twelth Session of the All India Hindu Mahasabha, Surat, 1929
Chatterji, Jogesh Chandra, *In Search of Freedom,* Firma K. L. Mukhopadhyay, Calcutta, 1958
Chatterji, Rakhahari, *Gandhi and the Ali Brothers,* Sage, New Delhi, 2013
Choudhury, Khaliquzzaman, *Pathway to Pakistan,* Longmans, Pakistan Branch, Lahore, 1961
Correspondence With Mr Gandhi August 1942—April 1944, Manger of Publications, Delhi, 1944
Dalmia, Vasudha, *Fiction as History,* Permanent Black, Ranikhet, 2017
Datta, V. N., *New Light on the Punjab Disturbances Vol. One,* IIAS, Simla, 1975
Deshpande, Sharad ed., *The Philosophy of G. R. Malkani,* ICPR, New Delhi, 1997

Dhar, Niranjan, Aurobindo, *Gandhi and Roy, Minerva,* Calcutta, 1986
Duby, Georges, *History Continues,* University of Chicago Press, Chicago, 1994
Eudin, X. J. and R. C. North, *Soviet Russia and the East 1920-1927,* Stanford
French, Patrick, *Liberty or Death*, Penguin, London, 2011
Gandhi, M. K., *The Story of My Experiments with Truth* Vol. II, Navajiav Press, Ahmedabad, 1929
Geyl, Pieter, *Debates with Historians,* Collins, 1967 (1955 में पहली बार प्रकाशित)
Ghosh, Suniti Kumar, *The Tragic Partition of Bengal,* Indian Academy of Social Sciences, Allahabad, 2002
Gupta, Amit Kumar, 'Defying Death : Nationalist Revolutionism in India, 1897-1938', *Social Scientist,* Vol. 25, No 9/10 (Sep.-Oct., 1997)
Gupta, Manmathnath, *They Lived Dangerously,* People's Publishing House, Delhi, 1956)
Gurudutt, *Hindustan Under the First Year of Congress Rule*, Bharatiya Sahitya Sadan, New Delhi?
Guru Dutt, *India In The Shadow of Gandhi And Nehru,* Hindi Sahitya Sadan, Delhi, 1969
Hasan, Mushirul, *Mohammed Ali Ideology and Politics,* Manohar, Delhi, 1981
Hale, H. W., *British Records of Revolutionary Movement in India* Vol. III, Unistar, Mohali, 2017
Hayashida, Tatsuo, *Netaji Subhas Chandra Bose : His Great Struggle and Martyrdom,* Allied Publishers, Bombay, 1970
Iggers, Georg G. Iggers etc, *A Global History of Modern Historiography,* Routledge, Oxon, 2013
Jaidev, *The Culture of Pastiche,* IIAS, Shimla, 1993
Jha, Avanindra Kumar & Pankaj, *Prefacing History : Text and Context,* Ashutosh Press, New Delhi, 2020
Judt, Tony, *Thinking the Twentieth Century,* Vintage Books, London, 2013
Karanjia, R. K., *The Mind of Mr Nehru*, George Allen and Unwin Ltd, London, 1960
Karanjia, R. K., 'The Politics of Free India', *Tribune,* 29 August, 1947
Khaliquzzaman, Choudhry, *Pathway to Pakistan,* Longmans Green & Co. Ltd., Lahore, 1961
Khan, Nawabzada Liaquat Ali, *Jinna-Gandhi Talks October,* 1944
Kripalani, J. B., *My Times : An Autobiography,* Rupa & Co,New Delhi, 2004
Kudaisya, Medha. M, *The Life and Times of G. D. Birla,* OUP, Delhi, 2006 [2003]
Limaye, Madhu, *Indian National Movement : Its Ideological and Socio-Economic Dimensions*, Radiant Publishers, New Delhi, 1989
Lochan, M. Rajiv, 'Pangs of Partition', *Summer Hill IIAS Review* Vol. VIII, No. 1, Summer, 2002
Malik, Yogendra K. ed., *Politics and the Novel in India,* Orient Longman, New Delhi, 1978,
Mathur, Ramesh & Mahendra Kulasrestha, *Writings on India's Partition,* Simant Publications India, Delhi, 1976

Mazumdar, R. C., *Historiography in Modern India,* Asia Publishing House, Bombay, 1970
Mehrotra, S. R., *The Mahatma and the Doctor: The Untold Story of Dr Pranjivan Mehta Gandhi's Greatest Friend and Benefector*, Vakils, Feffer & Simons Pvt Ltd, Mumbai, 2014
Mehta, Ved, *Fly and the Fly-Bottle : Encounters with British Intellectuals,* Weidenfeld and Nicolson, London, 1963
Mitra, Ashok, *Towards Independence 1940-1947 : Memoirs of an Indian Civil Servant,* Popular Prakashan, Bombay, 1991
Mukherjee, Haridas, *The Emancipation of Historical Research,* Shiksha Tirtha, Calcutta, 1959
Mukherjee, Prithwindra, *Bagha Jatin,* Manohar, Delhi, 2016
Mukherkee, Tapan K., *Taraknath Das : Life and Letters of A Revolutionary in Exile,* Jadavpur University, Calcutta, 1997
Munslow, Alun, *The Future of History,* Palgrave Macmillan, 2010
Minault, Gail, *The Khilafat Movement : Religious Symbolism and Political Mobilization in India,* OUP, Delhi, 1982
Misra, B. B., *The Unification and Division of India,* OUP, Delhi, 1990
Misra, B. B., *The Indian Political Parties : A Historical Analysis of Political Behaviour up to 1947,* OUP, Delhi, 1976
Mitra, Ashok, *Calcutta Diary,* 2014 (Kindle Edition)
Mujahid, Sharif Al ed., *Quaid-I—Azam and His Times,* Vo I, Quaid-I-Azam Academy, Karachi, 1990
Mukherjee, Dhurjati Prasad, *On Indian History,* Hind Kitabs, Bombay, 1945
Mukherjee, Haridas & Uma, *Bande Mataram and Indian Nationalism 1906-1908,* Firma K. L. Mukhopadhyay, Calcutta, 1957
Mukherjee, Uma, *Two Great Indian Revolutionaries : Rash Behari Bose & Jyotindra Nath Mukherjee,* Firma K. L. Mukhopadhyay, Calcutta, 1966
Murty, B S N, *Dr. Rajendra Prasad : The First President of India,* South Asia Press, New Delhi, 2018
Nanda, B. R., *Mahatma Gandhi : A Biography,* George Allen & Unwin Ltd, London, 1958
Nanda, B. R., 'Socialism in India 1919-1939: A Retrospect', in 'Proceedings of the Seminar on Socialism in India' Part I, Nehru Memorial Museum and Library, New Delhi, 1970
Nanda, B. R., *The Nehrus,* OUP, New Delhi, 2008 [1962]
Nehru, Jawaharlal Nehru, *Whither India,* Kitabistan, Allahabad, 1933
—, *An Autobiography,* Penguin Books, New Delhi, 2004 [इसका प्रथम प्रकाशन 1936 में लंदन से हुआ था]
—, *Mahatma Gandhi,* Signet Press, Calcutta, 1949
Nussbaum, Martha C., *Poetic Justice : The Literary Imaginationa and Public Life,* Beacon Press, Boston, 1995
Ojha, P. N., *History of Indian National Congress in Bihar 1885-1985,* K. P. Jayaswal Institute, Patna, 1985
Pandey, Gyanendra, *The Ascendency of the Congress in Uttar Pradesh 1926-34,*

OUP, Delhi, 1978
Panikkar, K. M., *Asia and the Western Domination,* George Allen & Unwin, London, 1961 [1953]
Paranjape, Makarand, *Towards a Poetics of the Indian English Novel,* IIAS, Shimla 2000
—, *The Death and Afterlife of Mahatma Gandhi,* Random House India, 2015
—, 'Introduction to the New Edition', Raja Rao, *Mahatma Gandhi The Great Indian Way,* Penguin, 2020
—, *Cultural Politics in Modern India,* Routledge, London, 2016
Select Writings and Speeches of Mohammed Ali
Proceedings of the Indian History Congress, Vol. 13 (1950)
Proceedings of the Indian History Congress, Vol. 24 (1961)
Pyarelal, *A Nation Builder at Work,* Navajivan Publishing House Ahmedabad, 1959 [1952]
Rajput, A. B., *Muslim League : Yesterday and Today*, Mohammad Ashraf, Lahore, 1948
Ramesh, Jairam, *Intertwined Lives,* Simon and Schuster, 2018, London)
Ramesh, Jairam, *A Chequered Brilliance,* Penguin, Gurgaon, 2019
Ray, Rajat Kanta, *Social Conflict and Political Unrest in Bengal,* OUP, Delhi, 1984
Ray, Sibnarayan ed., *Gandhi, India and the World,* Nachiketa Publications Ltd., Bombay, 1970
Roy, M. N., *Selected Works of M. N. Roy,* Vol. I, OUP, Delhi, 1987
Roy, Samaren, *M. N. Roy and Mahatma Gandhi,* Minerva, Calcutta, 1987
—, *India's First Communist,* Minerva, Calcutta, 1998
Sagar, Prem, *An Epic Life Ramanand Sagar,* Westland Publications, Chennai, 2019
Saiyid, Matlubul Hasan, *Mohammad Ali Jinnah* (A Political Study), Shaikh Muhammad Ashraf, Lahore, 1945
Sampath, Vikram, *Savarkar*, Penguin Random House India, 2019 (digital edition)
Sarkar, Sumit, *Modern India: 1885-1947, Macmillan,* New Delhi, 1983
—, *Popular Movements and 'Middle Class' Leadership in Late Colonial India,* K. P. Bagchi & Company, Calcutta, 1985 [1981]
Sen, Mohit, *Revolution in India : Path and Problems,* Peoples' Publishing House, Delhi, 1977
—, *A Traveller and the Road : The Journey of an Indian Communist,* Rupa & Co., New Delhi, 2003
Shah, K. T., *Why Pakistan? And Why not?* Pratibha Publication, Bombay, 1944
Sharma, Raghav Sharan, *India's War of Independence through Kisan Documents 1,2,3,* Manohar, New Delhi 2014
Singhal, Damodar P., *Pakistan,* Prentice Hall, New Jersy, 1972,
Sinha, V. B., *The Red Rebel in India,* Associated Publishing House, Delhi, 1968
Sitaramaiyya, B Pattabhi, *The History of the Indian National Congress,* Padma Publications, Bombay,1946 [1946]
Source Material for a History of the Freedom Movement in India (Collected from Bombay Government Records) Vol. II

Tagore, Rabindranath, *Nationalism, F P Classics,* New Delhi, 2019
Trivedi, Harish, 'Introduction', *This Is Not That Dawn* (translation of Jhootha Sach), 2012 (digital edition)
Trivedi, 'Introduction', Rahi Masoom Raza, *Topi Shukla,* Oxford, Delhi, 2005
Usmani, Shaukat, *Historic Trips of a Revolutionary,* Sterling Publishers, New Delhi, 1977)

बांग्ला ग्रंथ

बर्मन, रेबती, *समाज ओ सभ्यतार क्रम बिकास,* नेशनल बुक एजेंसी, कलकत्ता, 1952
कुंडू, चन्दन कुमार, *चोल्लिसेर दांगा ओ देश भाग : बांग्ला उपन्यासेर दर्पणे,* बंगीय साहित्य संसद, कोलकाता, 2012 (बंगाब्द)
मजूमदार, रोमेश चन्द्र, *जीबनेर स्मृति दीपे,* जनरल प्रिंटर्स, कलकत्ता, 1959

अनुक्रमणिका